株洲年鉴

ZHUZHOU ALMANAC

2018

株洲市地方志编纂委员会办公室编

方志出版社

图书在版编目（CIP）数据

株洲年鉴. 2018／株洲市地方志编纂委员会办公室编. --北京：方志出版社，2018.9
ISBN 978-7-5144-3255-8

Ⅰ. ①株… Ⅱ. ①株… Ⅲ. ①株洲—2018—年鉴
Ⅳ. ①Z526.43

中国版本图书馆CIP数据核字（2018）第209267号

株洲年鉴（2018）

编　　者：株洲市地方志编纂委员会办公室

责任编辑：齐　笑

出 版 人：冀祥德

出 版 者：方志出版社

地址　北京市朝阳区潘家园东里9号（国家方志馆4层）

邮编　100021

网址　http://www.fzph.org

发　　行：方志出版社图书经销中心

电话（010）67110500

经　　销：各地新华书店

印　　刷：株洲美彩印务中心

开　　本：889×1194　　1/16

印　　张：31

字　　数：1200千字

版　　次：2018年9月第1版　　2018年9月第1次印刷

印　　数：0001～1300套

ISBN　978-7-5144-3255-8　　定价：280.00元

株洲市地方志编纂委员会

名誉主任	毛腾飞	市委书记、市人大常委会主任
主　　任	阳卫国	市委副书记、市人民政府市长
副 主 任	何剑波	市委常委、市人民政府常务副市长
	钟　燕	市人大常委会副主任
	杨胜跃	市人民政府副市长
	余群明	市政协副主席
委　员（排名不分先后）		
	尹朝晖	市委常务副秘书长
	刘正平	市人大常委会秘书长
	龙志华	市人民政府秘书长
	袁生华	市政协秘书长
	董小平	市人民政府副秘书长
	朱胜辉	市纪委常务副书记、市监委副主任
	欧阳权	株洲军分区政治工作处主任
	晏首先	市委组织部常务副部长
	颜　峻	市委宣传部常务副部长
	段晓茅	市委统战部常务副部长
	何建红	市委政法委常务副书记
	欧阳瑞丰	市机构编制委员会办公室主任
	苏立群	市国家保密局局长
	李知文	市中级人民法院副院长
	湛晓丹	市人民检察院副检察长
	向　平	市发展和改革委员会主任
	吴安浩	市教育局局长
	陈大雄	市科技局局长
	刘海宾	市经济和信息化委员会主任
	黄进革	市公安局副局长
	易湘东	市民政局局长
	龙松林	市司法局局长
	李能斌	市财政局局长
	蒋湘晖	市人力资源和社会保障局局长
	蒋开建	市国土资源局局长

章文才　　市环保局局长
何安国　　市住房和城乡建设局局长
李晓彤　　市城市管理和行政执法局局长
黄升阳　　市规划局局长
江余生　　市交通运输局副局长
陈艳娟　　市农业委员会主任
彭良平　　市水务局局长
陈　诚　　市林业局局长
姚永告　　市商务和粮食局局长
杨小幼　　市文体广电新闻出版局局长
张纯良　　市卫生和计划生育委员会主任
刘　方　　市审计局局长
吉振君　　市工商行政管理局局长
刘　伟　　市质量技术监督局局长
殷顺堂　　市安全生产监督管理局局长
李余粮　　市食品药品监督管理局局长
陈玉明　　市统计局局长
曹跃良　　市人民政府法制办公室主任
黄上峰　　市旅游外事侨务局局长
龙晓红　　市税务局局长
唐　琪　　市人民政府经济研究和金融工作办公室主任
谭智勇　　市人民防空办公室主任
吴晓光　　市人民政府国有资产监督管理委员会主任
莫大德　　市档案局局长
李一平　　市地方志编纂委员会办公室主任
金祖远　　市地方志编纂委员会办公室副主任
陈北宏　　市地方志编纂委员会办公室副主任
吴　娜　　市地方志编纂委员会办公室党组成员
董　巍　　天元区人民政府区长
文专文　　炎陵县人民政府县长
江小忠　　茶陵县人民政府县长
苏　涛　　攸县人民政府县长
康月林　　醴陵市人民政府市长
刘克胤　　株洲县人民政府县长
杨晓江　　芦淞区人民政府区长
王利波　　荷塘区人民政府区长
邓元连　　石峰区人民政府区长
付访华　　云龙示范区管委会主任

株洲年鉴编辑部

编 辑 说 明

一、《株洲年鉴》是株洲市人民政府主办，株洲市地方志编纂委员会办公室承编，株洲年鉴编辑部编纂出版的的年度资料性文献，是一部综合性、纪实性、权威性大型年刊。

二、《株洲年鉴》一年一卷，逐年连续出版，本卷（2018）为创刊以来的第30卷。它以马克思列宁主义、毛泽东思想、邓小平理论、“三个代表”重要思想、科学发展观、习近平新时代中国特色社会主义思想为指导，坚持辩证唯物主义和历史唯物主义的立场、观点、方法，全面、系统、真实地记录了2017年度株洲市政治、经济、文化、社会和生态建设等方面的新情况、新变化、新经验，为各级党政领导和社会各界人士了解株洲、服务株洲、建设株洲提供资料信息和参考依据。

三、本卷年鉴采用条目式记事，分类编纂，设类目、分目、条目三个层次，部分分目下设子目。全书共设34个类目，主要设有特载、大事记、株洲概况、工业、园区建设、农业和农村工作、城乡建设、教育等。

四、本卷资料由各部门各单位提供，并经各单位领导审核。反映全市国民经济和社会发展总体情况的统计数据由市统计局提供，各行业中具体数字由各部门各单位提供，有些数据由于统计口径不同有所差异，读者在查阅引用时加以注意。

五、本卷的“组织机构及负责人名单”，以2017年12月31日任职为准；卷中所刊照片由各刊登单位和有关摄影爱好者提供，一律不署作者姓名。

六、本卷的编辑出版得到了全市各级党委、政府的高度重视，得到了各有关单位和社会各界的大力支持，广大撰稿人员为此付出了辛勤劳动，在此一并致以最诚挚的谢意。由于编辑水平有限，书中难免存在疏漏之处，恳请广大读者予以指正，并提出宝贵意见。

图 片 专 辑

市委书记、市人大常委会主任毛腾飞慰问贫困老人

市委副书记、市长阳卫国到炎陵县指导扶贫工作

扶贫誓师大会

株洲市“心系扶贫”大型签名募捐活动

2017年国家扶贫日株洲募捐现场

健康扶贫送到家

2017年7月1日，株洲市医疗精准救治行动在茶陵县渡里村启动

2017年7月13日，开展“就业扶贫主题月”活动

举办全市贫困户家禽养殖培训班

攸县大田村旅游扶贫活动

2017年10月25日，株洲市第四届“罗霄放歌”文化扶贫主题月专场演出在炎陵县举行

扶贫路通到大山深处

“四好农村路”建设

扶贫工作人员上户调查摸底，了解贫困户家庭情况

攸县首批光伏扶贫发电站项目开工

第二届“向日葵”助学活动

炎陵县黄桃产业园

茶陵县腰潞镇烟叶产业园

茶陵县枣市镇洞头村枣树产业园

黑木耳基地

指导贫困户种植蔬菜

指导贫困户种植何首乌

指导贫困户种植烟叶

安装太阳能路灯，解决村民夜间出行安全问题

水坝改造

新建稻谷烘干场

农田整治

镇卫生院

文化广场乡村大舞台

村民健身

光伏扶贫

民居改厕改水

扶贫搬迁集中安置点

乡村靓了

收割机收割水稻

环境美了

村民喜摘罗汉果

村民乐了

“项目攻坚年” “企业帮扶年”活动大会

2017年12月8日，国内最大的动力产业展示馆——中国动力谷展示中心开馆

2017年4月8日，株洲市创业广场开工

2017年4月8日，湖南云龙大数据产业园开工

2017年8月30日，中国航发株洲航空动力产业园开工

株洲汽车博览园

中国动力谷自主创新园核心区南片区

莲株高速改扩建工程项目

中车风电产业园

湘江河东风光带

2017年9月14日，湘江大道一期工程建成通车

智慧路灯网

2017年3月21日，湘江七桥竣工通车

施工中的株洲航电枢纽二线船闸

2017年12月28日，株洲市机场大道（启腾路一株洲县界）竣工

陶瓷艺术馆升级工程

2017年9月14日，铜锣湾保税物流（B）型项目竣工

2017年6月10日，三门镇响水百花园开园迎客

搬迁扩建后的株洲市特殊教育学校

2017年9月1日，新马小学建成开学

中国茶祖文化产业园

1	2	3
4	5	

1. 攸县脐橙
2. 松西子葡萄
3. 炎陵新世纪梨
4. 王十万黄辣椒
5. 白关丝瓜

唐人神香肠

苗妹子豆制品

三旺香猪

沙坡里腊肉

炎洣神米粉

金紫峰菜籽油

湘福园辣椒酱

银丹皮蛋

茶陵大蒜

攸县麻鸭

攸县香干

荷花基地

蔬菜基地

油菜花基地

黄桃基地

水稻基地

桃花基地

黄豆种植基地

茶叶基地

白关镇汉唐·周庄

手工制茶

攸县花卉

茶乡花海生态健康产业园

樱花花海

虎源生态园林

油菜花花海

汉唐·周庄花园

荷花花海

百园嘴山庄

悠移庄园

松西子

众森生态农庄

农田飞防

机械化耕田

机械化插秧

机械化收割

污水处理池

文化科技卫生“三下乡”

黄桃生产技术培训

丰收的喜悦

稻谷飘香

中车株机公司出口巴基斯坦拉合尔橙线项目首列地铁车

2017年6月2日，全球首款智轨列车在株洲下线

中车株机公司生产的长沙磁浮车

中车株机公司生产的地铁三号线列车下线

中车株机公司出口塞尔维亚货运电力机车

中车株机公司生产的深圳龙华有轨电车

中车时代电气研发的增程插电式12米车

中车时代电气首创的12米纯电动智能驾驶客车

中车时代电气客车法国开跑

中车株机公司生产的磁悬浮列车

翔为B-70RH机

山河SA60L-N农林机

翔为B-7537机

山河B-3612机

中车株洲电力机车研究所研发的世界最大容量压接型IGBT

醴陵烟花

株洲硬质合金集团“钻石”产品达五洲

北汽株洲分公司D50

北汽株洲分公司绅宝X25

醴陵陶瓷

株洲凤凰山风电场

栗雨工业园一隅

醴陵旗滨玻璃现代化的生产线

中车长江车辆有限公司株洲分公司台车车间车轴加工生产线

中车株机公司车组和城轨车辆制造厂房

北汽二工厂生产车间

株洲 · 动力谷自主创新园

正在打造的百亿工程——汽车产业集群

2017年12月28日，湖南长城电脑智能设备下线

2017年9月，北京汽车株洲基地全新绅宝D50批量投产下线

2017年3月10日，全球最大深海挖沟犁在中车株洲电力机车研究所开工

2017年3月6日，北京汽车株洲基地C40D项目首台白车身下线

2017年6月13日，株洲飞鹿高新材料技术股份有限公司上市，成为株洲市首家登陆创业板公司

2017年11月21日，株洲宏达电子股份有限公司上市

2017年12月2日，湖南省首个通用机场——株洲芦淞通用机场建成运营

民族牌楼

“白米下锅”瀑布

炎陵县瑶族乡龙渣村是炎陵县辖下的唯一少数民族乡，位于炎陵县最南端，地处株洲、郴州两市及炎陵、桂东、资兴3县交界处，下辖6个村民小组，总人口610余人，其中少数民族人口580余人，主要以瑶族、畲族为主。村落有450多年的历史，2010年获评“湖南省少数民族特色村寨”，2017年获评“中国少数民族特色村寨”。

瑶族乡龙渣村耕地面积134公顷，平均海拔1000余米，是一个典型的山区乡。境内溪谷密布，山岭陡峭，平地极少，山地面积12.1万亩，森林覆盖率达85%；有丰富的水电资源和珍稀动植物资源，如国家一级保护植物——俗称活化石的银杉，国家二级保护动物山牛、石羊也有少量生存。

清晨瑶族龙渣乡

风景宜人的炎陵县瑶族龙渣乡

特色瑶文化墙

特色瑶寨

《麒麟降瑞》

瑶族龙渣乡石刻壁画

瑶寨风雨桥

《喜鹊登梅》

《围山狩猎》

炎陵星火龙

瑶舞——长鼓舞

瑶舞——竹竿舞

“株洲春晚”展演特色瑶文化

龙渣村盘王节活动

传承龙渣瑶歌瑶舞

市级非物质文化遗产项目——龙渣瑶拳

◀ 龙渣瑶民冬至时节打糍粑

▼ 瑶膳

攸县探灯

炎陵三人龙

醴陵星子灯

百龙祭祖

攸县打铁花

炎帝陵祭祖大典

阳升观庙会

闹狮龙

端午赛龙舟

畲族村“三月三”活动

畲族村“三月三”活动

茶陵古城城门楼

茶陵古城墙

茶陵古城墙，俗称“南宋古城”，位于茶陵县云阳街道办事处前进村。茶陵古城墙始筑于南宋绍定四年（1231年），次年筑成。明至清代先后维修数十次，其中明洪武二十二年（1389年），清乾隆二十九年（1764年）分别进行大修。2013年3月，国务院公布为第七批全国重点文物保护单位。

现存城墙4段共1536米，有城门（含月城）2座（迎湘门、迎薰门），马道1条，宋代镇堤铁犀1座，沿江护城堤700多米，护城河1700余米，宽25—80米。这些地面遗存主体建筑基本完好，其余城基遗址尚存。茶陵古城墙是中国古代军事防御与堤防完美结合的杰作。古城墙南、东、北三面为洣水环流，西郊是巍峨挺拔的云阳山，形成了傍山为屏，凭江为险，以濠为堑，据城而守的军事防御体系；同时，因城、堤结合的特点，又形成了以堤护城，以城防洪，以濠泄洪，以犀示警的堤防体系。

茶陵古城城墙

茶陵古城铁犀

渌江桥

渌江桥桥名

渌江桥位于株洲醴陵市城区胜利路，始建于南宋乾道年间（1165~1173年），最初为石墩木梁桥，后数次毁于水火，现存石拱桥于民国十三年（1924年）由县人集资建成。2013年3月，国务院公布为第七批全国重点文物保护单位。

渌江桥由南向北横跨于醴陵城东渌水之上，分为正桥、引桥和支桥三部分，全部用湖南望城县丁字湾麻石修成。正桥长189.56米，宽7.84米，共9墩10拱，拱高均为12米。正桥两端为引桥，呈斜坡状，北引桥长18.2米，南引桥长22.5米。正桥东侧中心位置设支桥，连接江中小岛状元洲，支桥长45.35米，宽4.63米，共六拱。正桥西侧面中心位置镶刻有康有为于1925年所书“渌江桥”三字，正桥中部石墩镶有南社著名诗人付熊湘所书修桥碑文。

渌江桥是湖南境内跨度较大、保存完好的石拱桥。该桥设计匠心独运，为中国石拱桥建筑艺术及文化的研究提供了重要的实物标本。

◀ 渌江桥雪景

▼ 渌江桥全景

▲ 醴陵沩山古窑

◀ 醴陵沩山村

▲ 醴陵窑月形湾窑区

◀ 醴陵窑饭瓢岭窑区

醴陵窑

醴陵窑遗址核心区域位于醴陵市沩山镇沩山村、望仙桥村和新庵村，外围涉及到枫林市乡、新阳乡、黄獭嘴乡、王仙镇、孙家湾镇和醴陵城区。总分布面积约129平方公里，核心区域面积为20.3平方公里。2013年3月，被国务院公布为第七批全国重点文物保护单位。

醴陵窑核心区域现存自宋以来的各类窑址约84座，与窑址相关的瓷泥矿井、瓷器运输故道、生活设施、古塔庙宇等其它文物古迹110处。核心区域外还有五代时期孙家湾镇毛头岭窑址。醴陵窑自五代起开始烧造瓷器，以青瓷、白瓷和酱色瓷为主，明清时期开始大量烧制青花瓷，清末民初，醴陵窑继承和发扬了传统釉下彩的特点，成功烧制出釉下五彩瓷，成为中国釉下五彩瓷的发源地。新中国成立后，醴陵窑又以生产国家领导人用瓷、国家宴会瓷和国家礼品瓷而被誉为“红色官窑”。

醴陵窑远景

渌江书院

渌江书院大门

渌江书院

渌江书院位于醴陵市城区西山的半山腰上，始建于清乾隆十八年（1753年），后几经迁建、扩建，光绪二十七年（1901年）增建宋名臣祠。院、祠、寺三位一体延用至今。2013年3月，国务院公布为第七批全国重点文物保护单位。

书院坐西朝东，为砖木结构。现存书院由头门、讲堂、内厅、靖兴寺、宋名臣祠、单层考棚、双层考棚、教工宿舍、学生宿舍和洗心泉古井组成，总建筑面积4123平方米。留有清代门联、石刻等文物。渌江书院历史悠久，文化底蕴深厚，为湖湘文化的形成与传播作出了贡献。书院诸建筑在选址布局、建筑风格等方面是该类建筑的典型代表，具有较高的艺术价值。

洣泉书院

洣泉书院

洣泉书院位于湖南省炎陵县霞阳镇新市街，是工农红军在炎陵县开展革命活动的重要旧址之一，书院始建于清乾隆十八年（1753年）。2013年3月，国务院公布为第七批全国重点文物保护单位。

1928年3月，井冈山革命根据地基本建立，为壮大根据地的武装力量，毛泽东率工农革命军第一师第一团离开井冈山，第一次攻克酃县县城，3月15日在洣泉书院门前的大操坪召开有千余人参加的群众大会，宣传土地政策、工商政策，号召贫苦群众打土豪分田地。同年4月19日，毛泽东率军从湘南回师井冈山，再次来到酃县县城，入住洣泉书院，第一团的团部设在书院内；次日毛泽东和团长张子清在这里指挥接龙桥战斗，击溃敌一个团，有力地掩护了湘南起义部队朱德、陈毅部队向井冈山转移。

洣泉书院建筑面积1485.9平方米，坐北朝南，砖木结构，硬山顶，屋面勾头滴水，封火山墙，实为清初江南三进两厢的祠堂建筑形制，分前院、讲堂、寝堂三进。

目 录

中国共产党株洲市委员会

株洲市人民代表大会常务委员会

株洲市人民政府

中国人民政治协商会议株洲市委员会

民主党派·工商联

社会团体

军 事

法 治

综合经济管理

工 业

园区建设

农业和农村工作

商贸服务

非公有制经济

旅游·外事侨务

交通·邮电

财政·税务

金　融

城乡建设

住宅与房地产

国土·环保

科学技术

教　育

文化・体育

出版·传媒

医疗卫生

县市区

示范区

人　物

市党、政、军及各部门、单位负责人

文件选登

特 载

在市委十二届四次全体（扩大）会议上的讲话

毛腾飞

同志们：

这次市委全会的主要任务是，报告市第十二次党代会以来市委常委会的主要工作，全面贯彻落实省委十一届三次全会精神，研究部署下半年工作，动员全市上下鼓足干劲、务实担当，为实现整体脱贫、全面建成小康社会而努力奋斗。下面，我代表市委常委会向大会报告工作。

一、担当作为，攻坚克难，各项工作实现良好开局

新一届市委常委会在省委的坚强领导下，团结带领全市人民，紧紧围绕市党代会确立的“1142”总体思路和更好发挥“四个作用”的新定位，主动引领经济新常态，积极践行发展新理念，准确把握工作新要求，有力实现了各项工作良好开局。

1. 注重总揽全局，形成了高效顺畅的运行机制。按照地方党委工作条例的要求，对党的建设全面负责，对五位一体建设实行全面领导。一是在牢固树立“四个意识”中把准方向。始终在思想上政治上行动上同以习近平同志为核心的党中央保持高度一致。对党的十八届六中全会、省党代会，以及中央、省委召开的全局性工作会议、作出的重要决策部署，市委都在第一时间组织学习传达、制定落实举措，确保政令畅通，确保落地生根。二是在科学规范原则下完善机制。坚持把纪律和规矩挺在前面，以《市委工作规则》为总揽，以“组织制度、领导制度、自身建设制度、监督保障制度”4大板块为架构，以51个配套制度为支撑，建立完善了“1 + 4 + 51”的运行机制，事事讲规矩、处处有规范，确保全市“一盘棋”、上下“一条心”。三是在统筹协调工作中凝聚合力。根据市委的统一部署，市人大、政府、政协、株洲军分区各司其责、紧密协作、步调一致地开展工作。项目攻坚、企业帮扶、关键领域改革、脱贫攻坚、中国动力谷打造、清水塘老工业区搬迁改造、军民融合发展等大事，市几套班子一起做，市级领导共同抓，汇聚成干事创业的强大合力。四是在狠抓落实中彰显工作绩效。办实事、抓落实成为工作导向和目标追求，市委常委带头践行“六个表率”。大力倡导求真务实的工作作风，深入开展“马上就办、真抓实干”活动，大力推进“五问工作法”，着力整治为官不为、环境不优、落实不力等问题，有力推动了问题解决、工作落实。

2. 突出推动发展，巩固稳中求进、进中争先的态势。始终把加强对经济工作的领导放在重中之重的位置，无论爬坡过坎的阵痛有多难、转型升级的任务有多重、关停并转的压力有多大，全力以赴稳增长，上半年经济发展呈现总体平稳、稳中向好的态势。全市 GDP 增长 7.5%，规模工业增加值增长 6.7%，固定资产投资增长 13.6%，一般公共预算收入增长 10.8%。产业结构和投资结构持续优化，高新技术产业增加值增长 16.3%，工业投资增长 14.6%，战略性新兴产业投资增长 24.3%，民间投资增长 26.4%。株洲继去年成为国务院表彰的 20 个稳增长先进地市之一后，今年又有培育发展战略性新兴产业、老工业基地转型升级、公立医院改革三项工作被国务院表彰。

一是以打造株洲·中国动力谷为核心，推进创新发展。加快建设制造强市，株洲·中国动力谷声名鹊起。北汽二工厂、通用机场等一批重大项目竣工投产，两机重大专项、轨道交通城等项目加快推进，全球首列虚拟轨道列车在株洲惊艳面世，12米纯电动智能驾驶客车在株洲首发。人民日报刊发了《中国动力谷　世界正瞩目》的专题报道，在“砥砺奋进的五年”重大工程巡礼中，被誉为支撑中国制造业向中高端升级的典型代表。大力推进中国制造2025试点示范市建设和国家自主创新示范区建设，实施“100项科技成果转化工程”。申报国家创新驱动示范市建设通过专家论证。大力推动创新创业，通过制定青年投资创业基金等系列政策措施，上半年新增创业主体1.6万家，新增“四上”企业108家。

二是以湘江保护治理和加快清水塘老工业区搬迁改造为重点，推进绿色发展。全面推进湘江保护与治理第二个“三年行动计划”，按照家毫书记“一年初见成效、三年大见成效”的要求，清水塘老工业区搬迁改造实现了重大突破性进展。今年以来，现有的153家企业，已递交停产申请147家，已关停95家，55家土地收储企业中有51家签订了土地收储协议，50家企业落实了承接地。9月底前，除株冶及与之高度关联的4家企业外可望全部实现关停。扎实推进“三去一降一补”，新关闭小煤矿6家，淘汰落后烟花鞭炮企业76家。大力开展“碧水蓝天青山净土”行动，全面推行河长制，湘江株洲段水质标准从国家Ⅲ类改善为Ⅱ类。市区空气质量优良天数不断增加。配合国家环保大督查，集中整治环境污染突出问题，责令整改企业154家。株洲成功获批老工业城市产业转型升级示范区、国家低碳城市试点，绿色成为最鲜明的底色。

三是以建设“一带一部”先行区为契机，推进开放发展。立足于我市处于“一带一部”核心区的优势，拓宽发展视野，提升开放度。成功争取一批开放战略平台，株洲经开区获批为省级经开区，铁路口岸和保税物流中心（B型）正在加快建设。积极实施“引进来、走出去”战略，开展系列招商活动，上半年实际利用外资增长21.7%。大力抓会展经济，成功举办了回乡会、湘台会、中国企业家年会等活动。上半年累计新签约项目141个，合同引资总额1867亿元。

四是以实施国家新型城镇化综合试点市为抓手，推进协调发展。坚持城乡统筹发展，“五大试点改革”加快推进，“一区一县九镇”多规合一基本完成，城市管理经验在全省推介。基础设施“五张网”加快建设，城市轻轨正式运营，跨城区的湘江六桥、七桥相继通车，气化株洲、智慧株洲等工程有序推进。交通畅通、城市绿荫、旧城提质、碧水蓝天“四大行动”快速推进。上半年新完成棚户区改造2.05万户，集体土地征地拆迁2.04万亩，国有土地房屋征收20万平方米，新增社会融资372.3亿元。株洲县撤县设区有望尽快获批，攸县撤县设市正在迎检验收。深入实施新农村建设五年计划，大力推进“一廊十镇百村”美丽乡村示范工程，扎实推进20个特色镇和200个示范村建设，省级新农村示范村达到30个。

五是以脱贫攻坚为主战场，推进共享发展。牢固树立以人民为中心的发展思想，把脱贫攻坚作为第一民生工程，对照“两不愁、三保障”标准，深入推进“7＋6”精准扶贫行动，有力地解决贫困群众的住房、教育、医疗等突出问题。进一步提高精准识别率、退出率和群众满意度，调整退出贫困人口26204人，调整进入21965人，净减少4239人。深入开展脱贫攻坚工作大督查，全面查摆、全面诊断、全面整改存在的问题，得到中央、省委督察组肯定。深入实施“民生100工程”，上半年为民办实事项目完成进度70%，新增城镇就业3.09万人，农村五保对象基本医疗费用全额减免，株洲职教城建设快速推进，创建国家公共文化服务体系示范区通过中期评估，各项社会事业全面进步，人民群众获得感不断增强。

3. 全面深化改革，持续激发发展活力和动力。坚持把改革作为推进发展的关键一招，破解发展中的难题。着力强化系统谋划，全面推进10大类137项改革，特别是围绕重点领域发展中的难题，推进改革的系统集成，加强了国家自主创新示范区建设、新型城镇化建设、国企国资等十大综合集成改革，并取得重要进展。着力推进试点探索，公立医院改革获国务院通报表扬，建设领域投资审批制度改革、荷塘区“一门式”政务服务改革获全省管理创新奖，老工业城市绿色发展的经验在全国经济体制改革会议上作了典型发言，获批国家首批产融合作试点城市，创新金融服务破解企业融资难的做法在全国推介。着力创新工作举措，开展“一把手”抓改革的述职，建立“一把手抓、抓一把手”的常态化机制，组织第三方评估机构对改革项目进行评估，有力促进了改革落地。

4. 创新社会治理，营造文明和谐稳定的环境。以提升治理能力和治理体系现代化为目标，着力营造发展良好氛围。强化舆论宣传引导，加强党对宣传思想和意识形态工作的领导，落实意识形态工作责任制，巩固了向上向善向好的局面。深入开展“文明提升十大行动”，加快建设更高水平的全国文明城市和国家卫生城市。有效应对历史罕见的持续暴雨灾害，组织十万干部群众奋战抢险一线，把灾害损失降到最低限度，确保了全市未垮一库一堤，无一人因灾伤亡。高度重视安全生产，妥善处理了攸县“5•7”重大煤矿事故，开展安全生产大排查大管控大整治百日行动，全面实行“一单四制”，确保安全生产平稳可控。圆满完成全国“两会”、“一带一路”北京峰会等重大活动的维稳安保，实现了“零登记、零非访”。社区网格化建设全面铺开，平安株洲、法治株洲加快建设，刑事发案持续下降，综治维稳工作获全省先进。

5. 坚持从严治党，建设山清水秀的政治生态。深入贯彻十八届六中全会精神，压紧压实管党治党政治责任，推动全面从严治党向纵深发展。扎实推进“两学一做”学习教育常态化制度化。制定“1 + X”学习内容清单，开展七大主题活动，市委常委会成员做到以上率下，带头落实“十条措施”。举办6期十八届六中全会精神专题研讨班，副处级以上干部实行了全覆盖、封闭式学习研讨。切实加强干部队伍建设。坚持“六重六用”标准，通过市县换届，换出了好干部、配出了好班子。深化人才体制机制改革，出台“人才30条”政策，面向全国市场化选聘国企高管，选派百名优秀干部挂职。深入开展选人用人专项检查和“带病提拔”倒查，全面完成“三超两乱”专项治理和因私出国境证照清理。出台《建立容错纠错机制支持干部改革创新干事创业的暂行办法》，激励干部担当作为。大力夯实基层党建工作。深入开展“基层党建提升年”活动，推进“深化拓展工程”等六大工程，认真落实基层党建7项重点任务。圆满完成村(居)“两委”换届工作，配齐配强基层党建队伍，基层党建工作获评全省优秀。积极推进党风廉政建设。大力开展“治陋习、树新风”和“雁过拔毛”式腐败问题专项整治行动，加强村（居）“两委”换届风气监督，加大扶贫领域监督执纪问责力度，始终保持惩治腐败的高压态势。全市共处置问题线索1890件，立案976件，涉及县处级干部38件，结案554件，处分556人。实行市县巡察“一体化”推进，巡察工作走在了全省市州前列。

在肯定成绩的同时，我们也清醒认识到发展中的困难和问题：一是稳增长压力较大，在清水塘老工业区整体搬迁改造、攸县“5•7”事故和环保督察背景下，大量企业关停对工业增长影响大，而新产业的培育还不足以补“空”。二是投资稳定提速后劲不足，好项目大项目不多，征地拆迁进度不够快。三是完成脱贫攻坚和全面小康任务比较艰巨。四是影响社会安全稳定的风险点依然较多，社会风险防控和应急处置能力亟待提高。五是一些干部应对新常态的能力和水平亟需提高。这些问题，需要我们下大力气加以解决。

二、咬定目标，真抓实干，奋力推动经济社会持续健康发展

做好下半年的工作，关键是咬定全年目标，持续用力抓推进，全力以赴抓落实。重点是做好六个方面的工作：

（一）要着力推动创新引领开放崛起战略落地见效

刚刚召开的省委十一届三次全会专题部署了推进创新引领开放崛起战略，审议通过了《若干意见》，为株洲更好发挥“四个作用”、加快推进创新驱动转型升级战略的实施提供了基本遵循。我市创新驱动转型升级战略和省委创新引领开放崛起战略在内涵上高度一致，要全面贯彻落实省委部署，紧密对接“451”工程，开展解放思想大讨论，结合株洲实际，尽快出台落实省委意见的实施意见，以更大的力度、更加务实的举措提升株洲创新开放发展新境界。一要紧密对接“四大创新”，全力打造创新驱动发展新高地。要在推进“四大创新”上持续发力，大力推进科技创新、产品创新、文化创新和管理创新。要在实施“八大工程”上不断加力，深入实施科技创新、产品创新牵引、文化创新支撑、管理创新示范、创新基地建设、人才优先发展、创新政策体系、创新环境建设“八大工程”，细化深化具体化，切实把一切创新活动变成实实在在的项目行动、产业活动，在创新中培育发展新动能。要在实现全民创新上更加聚力。坚持高端科技创新和草根大众创新双向联动，既面向科技前沿，攻破一批关键核心技术，又实施“双创建设”专项行动，培育更多“创客”“微客”，形成大众创业、万众创新生动局面。二要紧密对接“五大开放行动”，全力打造对外开放新高地。以“一带一部”开放发展先行区建设为总揽，全面对接落实“五大开放行动”。突出产业发展，对接500强提升产业链行动，全面对接世界500强、中国500强、民营500强企业，争取有更多项目和产业链布局在株洲。突出“优进优出”，对接“新丝路”推动走出去行动，鼓励支持株洲优势企业出海和优势产品出境，让外国人坐株洲产的地铁，看株洲产的烟花、用株洲产的瓷器、穿株洲产的衣服，提升株洲的国际知名度。突出平台建设，对接自贸区提升大平台行动，加快建设保税物流中心（B型）和口岸经济区，全力申报株洲国家经开区，争取渝长厦铁路在株洲经过并设站、湘欧快线延伸至株洲，构建对外开放新格局。突出招商引资，对接湘商会建设新家乡行动，发挥各类商会的桥梁纽带作用，依托湘商大会、沪洽周、中博会等重要活动，鼓励株洲籍湘商回乡创业，引导农民工返乡创业，实现共赢发展。突出优化环境，对接“北上广”优化大环境行动，着力破解制约和影响经济发展环境的突出问题，创造宽松有序的投资环境、高效务实的政务环境、快捷便利的贸易环境，构建“亲”“清”新型政商关系。三要紧密对接“芙蓉人才计划”，全力打造人才集聚新高地。要全面落实“人才30条”，大力实施顶尖人才引领、领军人才集聚、紧缺人才倍增、企业家人才提升、高技能人才支撑、基层人才特别支持、柔性引才汇智“七大工程”，聚天下英才而用之。要密切跟踪各地出台的人才政策，在对比借鉴中持续优化现有政策，及时研究新的政策，确保人才引得来、留得住、发展得好。四要加快破解改革难题，不断激发创新开放新活力。改革的力度决定创新的高度、开放的深度。在落实创新引领、开放崛起战略中，要更加注重以改革集成的办法破解难题，以系统改革的突破激发创新动力和开放活力。紧紧围绕落实省委“451”工程、打造“三个新高地”，破解观念和体制机制障碍，尽快出台聚焦创新开放的改革方案，打出系统集成推进改革的“组合拳”，为推动创新开放提供有力支撑。

（二）要确保完成全年目标任务

对照年初目标和工作部署，要始终保持战略定力，排出时间表、任务书，把落下的工作补上来，把滞后的进度追上来，把落后的指标抓上来。一方面，要切实加强经济运行调度。突出宏观经济形势研判，密切关注政策动态，准确把握政策导向，用心研究、主动对接，切实找准自身工作的结合点和着力点。突出经济运行分析和调度，强化风险意识，坚持问题导向，对症下药，精准施策，努力把不利因素影响降到最低。突出目标管理，对照省市绩效考核目标，全面梳理工作，认真查漏补缺，及时采取措施，确保迎头赶上。另一方面，要深入推进“两个年”活动。项目攻坚方面，要着力解决要素保障支撑不足、项目前期不实等突出问题，以项目建设的加速带动经济发展的提速。要精准对接项目需求，加快土地报批报建，加大征地拆迁力度，努力化解用地难问题；要借中央金融工作会议的东风，加强政策支持，引导社会资金进入实体经济，积极创新投融资方式，拓宽融资渠道，扩大直接融资比重，优化融资结构；要加强项目策划开发，积极对接国家“十三五”165项重大工程，努力争取军民融合、海绵城市、地下综合管廊、创新城市、创新创业、智能制造、现代农业等领域的试点示范项目；要强化项目服务调度，抢抓工期，加快进度，确保完成全年建设任务。企业帮扶方面，要着力帮在实处、帮在宽处、帮在深处、帮在高处，通过释放企业活力助推经济发展。要继续深化“放管服”改革，坚决把该放的放开放活，该管的管住管好；全面贯彻落实国务院和省委、省政府关于降低企业成本的具体要求，主动帮助企业减轻负担；积极搭建合作平台，组织参加各类展销会，拓宽销售渠道，帮助企业开拓国内国外市场。

（三）要加快产业和城镇双升级

坚持产城互动，双向升级。一要加快构建现代产业体系。加快推进“中国制造2025”试点示范市建设，大力实施工业“1093”行动，全力打造“株洲·中国动力谷”。更加注重产业配套，深入推进百家配套企业引进行动，积极对接全省20个新兴优势产业链培育计划，力争率先实现突破，努力占据产业价值链的中高端；更加注重产业融合，推动三次产业融合、工业化与信息化融合以及军民融合，提高产业发展层次和水平。加快发展现代金融、现代物流、电子商务、研发设计、检验检测、中介服务等生产性服务业，以及文化旅游、健康养老、教育培训等生活性服务业，全面提升现代服务业水平，特别要发挥株洲旅游资源优势，加快推进全域旅游。以农业供给侧结构性改革为主线，调优农业产业产品结构，打造优势特色产业，培育壮大新型主体，加快农业现代化发展步伐，推进农业转型升级。二要充分发挥园区主阵地作用。要尽快启动园区攻坚三年大会战，按照“一园一策”“一园一单”思路，对各园区发展现状进行大体检，制定差异化、精准化的三年行动计划和考核目标。要进一步理顺园区管理体制，赋予园区更多经济管理权限，有力激发园区发展活力。要把招商引资作为首要任务，充分发挥园区招商的主阵地作用。三要大力推进城镇转型升级。以“双修双改”为契机，大力实施交通畅通、城市绿化亮化美化净化、旧城提质、碧水蓝天、城镇设施配套“五大行动”，加快推进特色镇、美丽乡村建设，重点打造20个特色小镇、200个美丽乡村示范点，着力改善城乡人居环境。全面推进湘江保护治理第二个“三年行动计划”，重点抓好10大类259个湘江保护治理重点项目的实施，加快推进清水塘老工业区搬迁改造，确保9月底前全部关停除株冶及与之高度关联企业外的148家企业。要全面完成中央环保督察组交办的突出环境问题的整改，解决一批环保“老大难”问题和群众反映强烈问题，推动绿色发展、可持续发展。

（四）要坚决打赢脱贫攻坚战

今年实现整体脱贫，是我市一项底线性任务，必须以背水一战的意志和决心，打赢这场输不起的硬仗。一要紧盯目标抓攻坚。要紧盯茶陵与炎陵两县“摘帽”、全市整体脱贫的目标，以习近平总书记精准扶贫战略思想作为根本遵循，聚焦聚集聚合脱贫攻坚，特别是炎陵县、茶陵县要以脱贫攻坚统揽全县经济社会发展大局。在工作思路上，要把脱贫攻坚与加强党的建设、干部人才队伍建设有机结合起来；在政策措施上，要统揽脱贫攻坚与产业发展、项目建设等相关政策，不断增强政策的整体性、有效性、联动性；在资源力量上，要建立多规划衔接、多部门协调的长效机制，确保人、财、物等各种资源优先安排贫困地区、优先覆盖贫困人口。二要把握重点抓攻坚。要着力推进产业扶贫，深入开展“百企帮百村、百村建百社、百员联百村、百社扶万户”行动，大力发展劳动密集型产业，落实激励政策，带动增收脱贫；着力推进就业扶贫，加强与商会的联系，加大劳务输出力度，推动贫困劳动力就业，增加务工收入；着力推进健康扶贫，落实好“大病集中救治一批、慢病签约服务管理一批、重病兜底保障一批”政策，特别是可以一次性治愈的病人要抓紧救治，争取更多的患病群众通过治愈转化为劳动力；着力推进教育扶贫，要加大贫困学生经济保障力度，完善资助体系，确保贫困家庭的孩子也能受到良好的教育，决不能让孩子们输在起跑线上；着力推进住房扶贫，坚决完成农村危旧土坯房改造和易地扶贫搬迁各项任务，通过改善群众生活条件推动脱贫。三要凝聚合力抓攻坚。要落实“省统筹、市县抓落实”的工作机制，特别是要发挥县委一线指挥部和县委书记一线总指挥的作用。要加大驻村和结对帮扶力度，用心用情、精准精细，既送温暖又送智慧，既“输血”又“造血”，既解决“物质贫困”又解决“精神贫困”，充分调动贫困地区干部群众的内生动力。要夯实基层党组织，鼓励和选派思想好、作风正、能力强、愿意为群众服务的优秀年轻干部、退伍军人、高校毕业生到贫困村工作，真正把基层党组织建设成带领群众脱贫致富的坚强战斗堡垒。要抓住“中国社会扶贫网”在株洲试点的契机，动员和凝聚全社会力量广泛参与，构建“人人有责、全民参战”的社会扶贫大格局，形成全市脱贫攻坚工作大合唱。

（五）要率先全面建成小康社会

今年在全省率先实现全面小康，继而开启基本现代化的新征程，是市党代会对全市人民的庄严承诺，现在到了临门一脚、最后冲刺的关键时候，必须全力推进、全面实现。一要整体推进。我市城市四区和株洲县已经实现小康达标认定，但小康考评是动态过程，不能有丝毫懈怠，要持续用力，确保有更高的小康水平。当前的重点就是南四县，醴陵在一类县排名靠后，攸县小康发展受煤炭去产能影响，茶陵、炎陵是两个国贫县，任务都很重，务必精准对标新修订的指标体系，找出差距，补齐短板，确保达标。二要补齐短板。当前制约我市实现全面小康最大的短板是县域经济总体水平不高。要加快发展县域经济，根据各自资源禀赋，依托产业园区，不断扩大有效投资，加快发展优势产业，做大经济规模。要着力提高人均收入，深入开展引老乡、回故乡、建家乡活动，鼓励株洲籍湘商回乡创业，引导农民工返乡创业，带动百姓就业，促进一方发展。要把县域经济发展与县域城镇建设、新农村建设结合起来，坚持全域统一规划布局建设，持续改善城乡居民生产生活条件。三要精准落实。各县（市）党委政府是全面建成小康社会的责任主体，党政主要领导是第一责任人，要切实做到一把手亲自抓研判调度，带头抓实施推进，严格抓督查落实，传导知责、明责、履责、尽责的压力，以强大的推动力完成神圣的使命。

（六）要为十九大的召开营造良好的环境

下半年党中央将召开十九大，这是我国政治生活中的一件大事，开好这次大会，对于凝聚全党全军全国人民的力量，实现中华民族伟大复兴具有重大意义。我们一定要为十九大的召开营造良好环境。一要浓墨重彩地迎接学习宣传贯彻党的十九大。把这项工作作为下半年的一条主线来展开。要把学习贯彻习近平总书记系列重要讲话和治国理政新理念新思想新战略推向深入；要积极加强成就宣传、典型宣传，全面展示党和国家事业的光辉成就和全省、全市科学发展的生动实践，讲好株洲故事，展示株洲风貌，弘扬主旋律，凝聚正能量；要提前谋划部署学习贯彻党的十九大工作，大会闭幕后第一时间传达学习、宣传解读、贯彻落实，把广大干部群众的思想和行动统一到大会精神上来。二要深入推进“两学一做”学习教育常态化制度化。要把学习教育同身边事身边人、同中心工作重点任务紧密结合起来，既要从具体问题改起，又要从基层基础抓起，确保“两学一做”的良好效果。三要全力以赴维护和谐稳定。要强化安全生产责任制，持续开展安全生产大排查大管控大整治行动，深入推进重点行业领域专项整治，全面落实安全生产隐患排查和治理工作“一单四制”制度，坚决遏制重特大安全事故发生。要加快建设平安株洲，全面落实社会稳定责任制，加强矛盾纠纷源头防范化解，努力把不稳定因素化解在萌芽状态，坚决杜绝大规模群体性事件发生；加强社会治安综合防控，推进社区网格化服务管理，提高人民群众安全感和满意度。四要毫不懈怠地抓好抗灾救灾。要始终把人民群众生命安全放在首位，继续保持防大灾、抗大灾、救大灾的工作状态。一方面，要抓好灾后恢复重建。要注重科学重建，抓好水毁工程修复、灾后作物抢种补损，尽快恢复群众正常生活和各行业正常生产，力争大灾之年生产不减产、生活不受影响。另一方面，要抓好后段的防汛抗旱工作。要进一步落实抗灾救灾责任制，针对防汛抗灾中暴露出来的薄弱环节，着力加强山洪地质灾害治理，加快推进城市防洪和内涝治理等基础设施建设。要高度关注旱涝急转，提高应急处险能力，提早做好抗旱准备。

三、加强领导，凝心聚力，为实现整体脱贫、决胜全面小康提供坚强保证

越是任务繁重，越是关键时期，越要加强党的领导，提振干部精气神，调动各方积极性，迎难而上，合力攻坚。

一是要坚持精准发力。抓工作，一定要在精准精细精致上下功夫，用心用情抓、求真务实抓。要向形式主义宣战，坚决杜绝“大而化之”。大而化之、笼而统之抓工作是不会有好效果的。失之毫厘，谬以千里。每一项工作都差那么一点点，最终的结果会差很多。能“细”是种能力，想“细”是种品德。天下大事必作于细，要细致一点、严谨一点、认真一点，注重落细落小落实，因时因地因事制宜，做到细中见大、细中抓大、细中成大。要有强烈的到位意识，坚决杜绝华而不实。要坚决杜绝浅尝辄止、华而不实抓工作。要严格工作标准、严格工作程序，每一个步骤、每一个环节都要做到位，确保干一件成一件，积小胜为大胜。要切实做好反馈工作，坚决杜绝逃责失责。工作部署了，实际效果怎么样，执行是否有偏差，关键看反馈。各级领导干部要以身作则，亲自抓好反馈评估，把反馈贯穿于事前、事中、事后全过程，切实保证工作不走样，效果不打折。对那些习惯于将工作尽早脱手、把责任赶紧下移、不在乎工作开展情况和具体实效的现象，要严肃问责处理。

二是要锤炼过硬本领。面对发展中的矛盾问题，本领恐慌是最大的危机。要善于研究新情况、分析新问题、学习新经验，不断提升干事创业、推动发展的能力水平。要善于统筹谋划。抓工作要有大局观，要有系统性，不能抓点不抓面，抓芝麻丢西瓜，一定要善于顺大势、谋大事，自觉在大局中找准自身的位置，善于在大系统中找准工作的切入点，从工作方案的制定、到重点任务的清单、到工作责任划分，再到工作推进的每一个环节的把控，都要系统考虑，统筹谋划，既着力在点上突破，又善于在面上推动，不断提升工作水平和成效。要强化专业素养。要把学习作为追求，靠学习走向未来，坚持干什么学什么、学什么精什么，努力成为行家里手。要善于用专业思维推工作，抓宏观管理的要善于研究经济原理，抓城市建设的要深谙城市发展规律，抓投融资的要精通资本运作，抓社会治理的要善于运用法治思维。要用好调查研究这个传家宝，到基层一线、矛盾集中的地方发现问题，解剖麻雀，在实干中提升专业水平，以专业素养增强推动工作的能力。要狠抓工作落实。深入开展“马上就办、真抓实干”活动，全面推行“五问工作法”，对市委、市政府部署的重大决策、重要工作、重大项目，要抢着干，不要等着看，多想怎么办、如何干，少讲不能办，以实际行动干在实处、走在前列，以实际成效彰显作为、体现担当。

三是要营造干事创业浓厚氛围。株洲一直有开放包容的天然禀赋，有干事创业的良好氛围，要不断巩固好、提升好、发扬好。要用正确的用人导向引领干事创业。坚持“六重六用”，坚持正向激励与负向惩戒相结合，注重在推动经济社会发展的第一线、在项目建设的主战场、在急难险重的关键处锻炼干部、识别干部、发现干部、使用干部，对有激情、有能力、有担当的干部，敢于搭梯子、给位子、压担子，对不作为、慢作为、乱作为的干部，该调整的调整，该处理的处理，形成能者上、庸者下、劣者汰的良性机制。要严格落实“三个区分开来”，容错纠错，为主动作为、敢于担当的干部撑腰鼓劲，让他们在干事创业中甩开膀子、干出样子，干出一个更加出彩的株洲。要用温情的人文关怀激励干事创业。创新开放越往深处推，干事创业越往难处攻，广大干部遇到的矛盾越多，承受的压力越大。对干事创业的干部，我们既要严格要求，更要关心体贴。对生活上有困难的干部家庭，要及时给予适当的帮助；对长期在偏远地区、在基层一线的同志，要主动为他们排除生活上的困难和困扰；要加强与干部的沟通和交流，注重心理疏导，保证干部身心健康，更好地投身工作。要用山清水秀的政治生态保障干事创业。切实加强市委常委会自身建设，更好发挥市委总揽全局、协调各方的领导核心作用，注重发挥人大、政协的监督评议作用，发挥统战凝聚人心的作用，发挥群团组织的桥梁作用，加强军地共建共享，形成齐心协力干事创业的良好局面。要严明党的政治纪律和政治规矩，严格落实管党治党的政治责任，严肃查处违反中央八项规定、损害群众利益等腐败问题，深入推进党风廉政建设和反腐败斗争，以全面从严治党的良好成效赢得民心、凝聚力量。

四是要严格督促考核。要切实用好督查这把利剑，紧扣中央和省委重大决策部署，推进巡察、督查和检查相结合，围绕全市的重大决策、重要工作、重点项目，把准督查方向，加大督查力度，切实推动问题整改，形成抓落实的制度链条，确保每项工作善始善终、善作善成。要充分发挥考核“指挥棒”作用，不断优化考核指标和方法，使考核结果能够真正反映各级各部门推动创新开放发展的成果和抓落实的成效，能够更加有效地激励各级干部干事创业，努力形成崇尚实干、鼓励干事的良好风尚。

同志们，任在肩，担当则必胜；事虽难，唯勤则必成。让我们在省委的坚强领导下，真抓实干、开拓进取、奋发图强，为更好发挥“四个作用”、加快建成“一谷三区”、奋力实现“两个走在前列”作出更大贡献，以更加优异的成绩迎接党的十九大胜利召开！

（根据2017年7月26日录音整理）

政府工作报告

——2018年1月3日在株洲市第十五届人民代表大会第二次会议上

阳 卫 国

各位代表：

现在，我代表市人民政府向大会报告工作，请予审议，并请各位政协委员提出意见。

一、2017年工作回顾

过去的一年，是本届政府的开局之年。我们坚持以习近平新时代中国特色社会主义思想为指引，认真贯彻落实新发展理念，在市委的坚强领导下，攻坚克难，真抓实干，全市经济保持平稳健康发展，社会大局和谐稳定。预计全市地区生产总值2700亿元，增长8%，固定资产投资增长13.5%，规模工业增加值增长7.2%，一般公共预算收入增长8%，社会消费品零售总额增长11%，城乡居民收入增长8%。人均GDP跨越1万美元大关。

——这一年，我们坚持以迎接、学习、宣传、贯彻党的十九大为工作主线，推动稳增长、促改革、调结构、惠民生、防风险等各项工作取得新进步。培育发展战略性新兴产业、老工业基地转型升级、公立医院改革三项工作获国务院表彰。在2017年中国百强城市排行榜全省6个上榜城市中，排第2位。

——这一年，我们加快建设中国动力谷，轨道交通、通用航空、汽车等优势动力产业壮大发展，中国动力谷被誉为中国制造业向中高端升级的典型代表，获得国家层面的充分肯定和认同。

——这一年，我们加快建设“一带一部”开放发展先行区，加快“引进来”和“走出去”步伐，成功举办中国企业家年会、轨道交通产业国际高峰论坛、陶瓷产业博览会、服饰产业博览会等重大活动，城市知名度和开放度显著提升。

——这一年，我们加快建设老工业城市转型发展示范区，以壮士断腕的决心、背水一战的意志推进清水塘老工业区搬迁改造，147家中小企业关停验收，其中61家企业转型发展，转型升级取得突破性进展。

——这一年，我们加快建设城乡统筹发展幸福区，以“敢叫日月换新天”的气概决战脱贫攻坚，有望在全省率先实现整体脱贫，全面建成小康社会。大力实施交通畅通、旧城提质、城市绿荫、碧水蓝天等行动，成功蝉联全国文明城市，以全省第一的成绩通过国家卫生城市复审。

一年来，我们主要做了六个方面的工作：

（一）着力调结构、兴产业，实体经济加速壮大。现代农业稳步发展。农业增加值增长3.5%，农产品加工总产值增长21%。粮食产量稳定在180万吨以上，新增高档优质稻面积31万亩，建立农业标准化示范基地80个。新增农民合作社127家。建成省级以上畜禽养殖标准化示范场60个，新增农产品“三品一标”认证71个。工业经济提质增效。大力推进中国制造2025试点示范市建设，成功入选国家首批通用航空产业综合示范区、国家首批老工业城市和资源型城市产业转型升级示范区、国家低碳城市试点。新增规模工业企业203家，新开工园区工业项目105个，新引进配套企业106家，实现科技成果转化110项。北汽二工厂、长城电脑、两机重大专项、IGBT产业化二期等一批重点项目，顺利推进或建成投产。加快建设国家自主创新示范区，全球首列智轨列车、12米纯电动智能驾驶客车、石墨烯超级电容器等一批高端新产品诞生。株洲高新区在全国的排名提升至23位，较上年前进5位。株洲经开区挂牌运行。服务业发展提速。第三产业增加值突破千亿大关。成功举办首届神农医药文化产业论坛、湖南夏季乡村旅游节、湖南（株洲）第三届电商峰会等活动。金融业快速发展，飞鹿股份、宏达电子首发上市，上市挂牌企业数量居全省第二。全市接待游客5265万人次，实现旅游总收入463.7亿元，分别增长17%、18%。

（二）着力攻项目、扩投资，发展后劲持续增强。项目建设扎实推进。持续开展“项目攻坚年”活动，全市新开工项目4168个，竣工项目3599个，其中重点项目完成投资1200亿元。环线贯通工程、中车物流基地等一批重点项目开工建设，轨道交通城、汽车博览园、湖南移动大数据中心、中国陶瓷谷、东城大道等一批项目加快推进，通用机场、华锐硬质合金、南方宇航高精传动等一批项目竣工投产或建成运营。项目引进力度加大。获批国家智能制造、工业强基等项目13个、制造强省项目38个。通过港洽周、深圳产业对接会、北京项目对接会等招商活动，成功引进恒大健康养生城、华夏幸福、万魔声学等重大项目，合同引资2859亿元。重点招商项目履约率87.3%。要素保障支撑有力。强化精准供地，大力开展征地拆迁“百日攻坚”和集中控违拆违行动，完成集体土地征拆4.3万亩、国有土地房屋征收58.2万平方米，城区拆违116万平方米。强化多元融资，全市新增社会融资760.2亿元，其中新增直接融资471.5亿元，社会融资规模居全省前列。

（三）着力破瓶颈、激活力，改革开放纵深推进。供给侧结构性改革持续深化。坚持引促结合、分类推进、关收并举，推进清水塘老工业区搬迁改造，中小企业关停取得决定性胜利，企业转移转型、环境治理、新城建设、产业导入同步推进。钢铁过剩落后产能全部退出，关停退出煤矿、烟花爆竹企业163家。积极化解商品房库存，商品房待售面积下降40%。深入开展“企业帮扶年”活动，推出“24小时见面机制”、第三方机构评估等新举措，全市共收集交办企业各类问题2380个，办结率90%。全面实施正税清费行动，减免企业税费超13亿元。规范政府融资与债务管理，有序推进政府债务偿还和置换。重点改革取得突破。加大“放管服”力度，建设领域投资审批制度改革和“一门式”服务获省首届管理创新奖。在全省率先开展“减证便民”改革，精简幅度超过90%。实现“41证合一”，是全省整合证照最多的市州之一。出台实施“财源建设12条”，财税质量稳步提升。组建金融服务集团，完成农信社改革。土地“三权分置”有序推进，农村土地承包经营权确权登记颁证基本完成。党政领导干部生态环境损害责任追究、绿色信贷管理等改革全面实施。对外开放不断扩大。保税物流中心（B型）验收运营，铁路口岸和国际物流平台加快建设。全年完成进出口总额21.2亿美元，增长

28.4%。实际利用外资11.6亿美元，增长10.9%。醴陵市成为全国首个出口电瓷质量安全示范区。“湖南跨贸云”项目落户株洲。中车株机、旗滨集团、联诚集团等海外投资项目有力推进。

（四）着力抓建设、强管理，城乡面貌不断改善。中心城区提质升级。湘江七桥、湘江大道一期等建成通车，响石广场改造工程启动建设。航空城、轨道交通城路网加快拉通。“公交都市”“绿色交通城市”创建力度加大，出租汽车行业改革稳步推进。改造小街小巷67条，完成老旧小区专项整治项目10个，改造开工棚户区3.3万户。启动杜甫草堂、白石人家等历史文化特色街区保护工程。完成湘江株洲城区河东段综合治理等70个工程景观建设。建成林荫道路9条，林荫停车场14个。城市管理更加精细。深入推进城管综合执法体制改革，获评全国先进。积极引导社会力量参与城市管理，“西瓜地图”“夜宵地图”等人性化管理获人民网点赞。智慧城管、智能交通、社会治理网格化管理等系统逐步完善。城乡建设步伐加快。“一区一县九镇”多规合一基本完成，武广新城、枫溪新城等片区加快开发。皇图岭镇、白兔潭镇分别获批全国特色小镇和省级美丽乡镇。《株洲市农村村庄规划建设管理条例》顺利实施。硬化农村公路235公里，窄路加宽226公里，改造危桥44座，建设农村招呼站150个。新增城镇管输天然气用户5.1万户、自来水用户4.2万户。兴建各类水利工程1.8万处，解决16.5万农村人口饮水安全问题。环境治理取得实效。全面推行河长制，市县乡村四级河长体系初步建立。扎实推进湘江保护治理“一号重点工程”，259个项目顺利实施。完成3处城市黑臭水体整治和6个工业园区污水处理设施建设，洗水工业园、枫溪污水处理厂建成运行。淘汰黄标车7816台。关停不达标规模养殖场372个。完成生态环保红线划定和267个行政村环境整治。造林18万亩，湘江流域退耕还林还湿试点项目有序推进。中央环保督察交办问题基本整改到位。

（五）着力办实事、惠民生，群众福祉日益提升。脱贫攻坚成效显著。大力实施“七个一批”“六大工程”，深入推进专项扶贫、行业扶贫和社会扶贫。5.67万贫困人口实现脱贫，126个贫困村退出，炎陵、茶陵已顺利通过省检，全市贫困发生率由2016年的3.64%下降到1.29%，脱贫攻坚取得决定性成效。“民生100”工程逐一落实。民生支出占财政总支出比重保持在70%以上。新增城镇就业和农村劳动力转移就业任务超额完成。城乡居民大病保险全面实现市级统筹、分级管理，在全省率先实施异地就医联网结算。最低生活保障标准和国家扶贫标准实现“两线合一”。农村五保对象基本医疗费全额减免。切实保障干部工资待遇，企业和机关事业单位退休人员养老待遇同步提升。获批全国居家和社区养老服务改革试点城市。完成农村危房改造9500户。市特殊教育学校建成使用，市属三所职业院校主体工程基本完工。爱心大院、云龙医院、田心医院提质改造有序推进，计划生育工作连续三年全省优秀。创建国家公共文化服务体系示范区通过中期评估，“一宫三馆四中心”全面建设，成功举办炎帝陵省祭、全国老年合唱节、全球华人羽毛球赛等重大文体活动。社会大局和谐稳定。圆满完成村（居）两委换届工作。平安株洲、法治株洲建设深入推进。成功侦破“3•15”维卡币特大网络传销案。第四次捧回“长安杯”。获全国综治工作优秀地市“六连冠”，全省唯一。大力开展安全生产大排查大管控大整治百日行动，妥善处置攸县“5•7”重大中毒窒息事故。食品药品安全监管持续加强。全力应对历史罕见洪涝灾害，取得了未垮一库一堤、无一人因灾伤亡的全面胜利。出色完成党的十九大等重大活动的信访维稳安保工作。积极开展军民共建，全面完成民兵训练、兵员征集任务，国防动员能力不断加强。

（六）着力转职能、树形象，政府自身建设全面加强。突出制度建设，进一步规范政府权力配置和运行。“马上就办、真抓实干”活动扎实开展。以“十个100”为抓手，严格实施重点工作月度考核，驰而不息推动工作落实。全面贯彻执行法治政府建设实施纲要。深入推进“两学一做”学习教育常态化制度化。严格落实全面从严治党“两个责任”，廉政建设和反腐败斗争不断加强。认真办理市长热线和市长信箱，积极回应群众诉求。坚持重大问题及时向市委汇报，全面执行市人大及其常委会法规、决议和决定，自觉在市人大、市政协和社会各界监督下开展工作，充分吸纳各民主党派、工商联、无党派人士和社会各界的意见、建议。积极落实市人大常委会关于中国动力谷建设等6个审议意见。认真办理人大代表建议297件、政协提案344件，解决率不断提升。

与此同时，统计、审计、工商、质监、检验检疫、外事侨务、人防、国安、移民、供销、广电、新闻出版、档案、地方志、气象、水文、民族宗教、住房公积金、对口支援、妇女儿童、残联、文联、红十字、贸促、侨联、对台等工作都有新进步。

各位代表！过去的一年，我们付出了艰辛，流下了汗水，干了一些难事，办了一些大事。这些成绩，是在经济形势复杂多变、经济增长动力不足的背景下取得的，是在清水塘搬迁改造、煤炭烟花爆竹去产能力度空前、老工业城市转型阵痛加剧的条件下取得的，是在抗洪抢险、环境治理、脱贫攻坚等多重压力叠加的情况下取得的。这是市委正确领导的结果，是市人大、市政协监督与支持的结果，饱含了各位代表、各位委员的智慧和奉献，凝聚了全市人民的心血和力量。在此，我代表市人民政府，向全市广大干部群众，向人大代表、政协委员，向各民主党派、工商联、无党派人士和人民团体，向驻株部队官兵以及中央、省驻株单位，向离退休老同志，向所有关心支持株洲发展的各界朋友，表示崇高的敬意和衷心的感谢！

在总结成绩的同时，我们也清醒看到存在的矛盾和问题：一是经济下行和结构调整的压力依然较大，产业发展新不足以补旧、小不足以补大、增不足以补减，新动能培育有待进一步加强。二是项目储备不多，特别是产业项目偏少，发展后劲不足。发展的不平衡问题较为突出，县域经济支撑还不够有力。三是经济社会发展中的风险不容忽视，防范化解债务风险的压力较大，安全生产、征地拆迁、信访维稳、非法集资等领域风险防控还需加强。四是部分干部思想观念、专业素养、创新意识、担当精神与新时代的发展要求还不适应，少数干部存在为官不为、精神懈怠的问题。对此，我们将采取有力措施，加以解决。

二、2018 年主要目标和任务

2018 年是全面贯彻党的十九大精神的开局之年。党的十九大立足社会主要矛盾新变化、经济发展新常态、国际国内新形势，确立了新思想，明确了新目标，提出了新要求，为我们指明了前进方向，提供了根本遵循。2018 年是改革开放 40 周年。从改革发端，到深化改革，再到全面深化改革，改革开放为发展积聚了更大动力、释放了更强活力，我们将逢山开路，遇水架桥，将改革开放进行到底。2018 年是我市基本现代化的起步之年。我们正处在实现整体脱贫、全面建成小康社会、开启基本现代化新征程的崭新发展阶段，将朝着经济现代化、政治现代化、文化现代化、社会现代化、生态文明现代化的道路迈出坚定有力的新步伐。“新故相推，日生不滞。”新时代的伟大征程已经开启，我们要勇做新时代的坚定者、奋进者、搏击者，不驰于空想，不骛于虚声，一步一个脚印，在新时代的宏阔画卷上绘就更加辉煌的图景，大踏步迈向更加美好的未来！

2018 年政府工作的指导思想是：全面贯彻党的十九大精神，以习近平新时代中国特色社会主义思想为指导，认真落实省委、省政府和市委的决策部署，坚持稳中求进、进中争先工作总基调，坚持新发展理念，紧扣社会主要矛盾变化，按照高质量发展要求和更好发挥“四个作用”要求，坚持以供给侧结构性改革为主线，切实落实省委创新引领、开放崛起战略，以产业项目建设年为抓手，着力构建现代化经济体系，统筹做好稳增长、促改革、调结构、惠民生、防风险各项工作，实现整体脱贫和全面建成小康社会目标，开启基本现代化新征程。

今年发展的主要预期目标是：地区生产总值增长 8.5% 左右；规模工业增加值增长 7.5%；全社会固定资产投资增长 12%；社会消费品零售总额增长 11%；一般公共预算收入增长 7% 左右；城乡居民收入高于经济增长；完成省下达的节能减排任务。

各位代表！新时代最鲜明的特征是，经济由高速增长阶段向高质量发展阶段转变。做好今年政府工作，要致力于推动高质量发展，重点把握以下几点：

*一是坚持“稳中求进、进中争先”总基调，准确把握工作节奏和力度。*审时度势，尊重规律，该稳的稳住，该进的进好，该争的力争。“稳”是主基调，主要是稳预期、稳增长、防风险、守底线。“进”是主方向，重点在产业升级、改革创新、开放发展、乡村振兴等关键领域积极进取。“争先”是主要求，是株洲发挥“四个作用”、实现“两个走在前列”的应有之义、应担之责。按照这一总基调，我们确立了保持 8.5% 左右的增长速度，既体现了省委、省政府的要求，也体现了自我加压、奋勇争先的坚定决心。

*二是推动“三大变革”，着力提升经济发展的质量和效益。*高质量发展，就是能够很好满足人民日益增长的美好生活需要的发展，是体现新发展理念的发展。要坚持质量第一、效益优先，以提高供给体系质量为主攻方向，深化供给侧结构性改革。坚持以抓改革为重点推动动力变革、

以优服务为重点推动效率变革、以促创新为重点推动质量变革，加快形成推动高质量发展的指标体系、政策体系、绩效评价和政绩考核体系，加快实现向高质量发展的根本转变。

三是开展“产业项目建设年”，突出抓重点、补短板、强弱项。抓经济的关键是抓产业、抓项目。把“产业项目建设年”作为今年经济工作的主抓手，既落实上级要求，又符合株洲实际，是我市近几年推进“项目攻坚年”和“企业帮扶年”的提升和深化。我们将全面对接全省“产业项目建设年”提出的“5个100”工程，重点推进“五个一批”计划，聚力实施“五大行动”，加快构建实体经济、科技创新、现代金融、人力资源协同发展的产业体系。

新时代开启新征程，新使命呼唤新作为。我们将以永不懈怠的精神、一往无前的勇气，凝聚全市上下同心共筑中国梦的磅礴力量，下定决心，不怕牺牲，排除万难，去争取建设富饶、美丽、幸福新株洲的新胜利！

三、2018年重点工作

围绕以上目标和要求，主要做好以下七个方面工作：

（一）加快产业转型升级

实施规划引领行动。持续推进工业“1093”行动，制定中国动力谷实施方案，编制新材料、先进陶瓷、生物医药等新兴产业规划，完善产业规划体系，优化产业布局。围绕11个优势产业链，针对关键节点和薄弱环节，明确任务书、路线图、时间表，着力补链、强链、延链。优先策划主机引进项目，年内引进1家以上。注重产业规划融合，加快建设大数据、工业云平台，开展三年千家企业“上云”行动，积极培育智能制造、网络众包、云制造等新技术、新模式、新业态。加快南方军民融合协同创新中心建设，促进军民融合。

实施项目攻坚行动。总结推广“项目攻坚年”成功经验，重点攻坚项目前期、招商引资、要素保障等关键环节，提高投资效益，力争全年产业投资过1000 亿元，占固定资产投资40%以上。对接落实省“5个100”建设任务，充分发挥产业优势，积极争取国省项目和资金支持，着力策划引进一批项目，强化产业发展支撑。重点实施一批重大产业项目：启动商用车车桥及高速齿轮制造、株冶锌基材料等项目建设；推进孚能新能源动力电池、高速道岔产业化及智能制造等项目建设；确保格斯特航空发动机零部件生产及配套一期、中车时代电动汽车系统产业化等项目竣工投产。创新融资手段，设立产业发展引导基金，支持政策性融资担保公司做大做强，全年新增社会融资400亿元以上。加大征拆力度，完成集体土地征拆3.18万亩、国有土地房屋征收40万平方米。

实施园区升级行动。大力开展园区攻坚三年大会战。力争园区引进项目当年履约率70%以上，当年开工率50%以上，园区主特产业占园区经济总量达到60%以上。健全园区管理体制，赋予园区在项目审批、土地开发、财政收支等方面更多的自主权。进一步优化园区产业布局，突出差异化、特色化发展，引导和支持优势产业链向县市工业园区延伸，加快建设数据湖、信息港、华夏幸福云龙产业新城、醴陵电力电瓷电器产业园、攸县长明新能源基地等一批产业发展平台。进一步强化园区建设管理，完善生产和生活配套，重点整治田心片区、董家塅片区等一批老工业区周边环境。加大园区土地储备和开发力度，切实提高标准厂房的使用率。创造条件支持醴陵经开区、株洲经开区申报国家级经开区。推动株洲经开区与长沙的产城对接，发挥株洲在长株潭一体化中的主动作用。

实施设施配套行动。坚持以“支持产业发展、满足企业需要、方便员工生活”为导向，完善水、电、路、气、讯等基础设施，加强教育、医疗、文化等公共服务设施建设，提升产业配套服务功能，促进产城融合。大力发展现代金融、现代物流、职业教育和人力资源等生产性服务业，加快株洲电商城、中车物流等项目建设，推进金融集聚区发展，打造一批电子商务平台、物流配送平台和金融服务平台，推动生产性服务业与制造业相互促进、融合发展。

实施环境优化行动。着眼于提升城市软实力和核心竞争力，把优化发展环境摆在更加突出的位置，为实现高质量发展提供更加有力的支撑。优化政策环境，坚决落实产业扶持政策，完善相关产业配套政策，加强诚信政府建设，兑现已出台政策。优化服务环境，加大企业帮扶力度，进一步优化审批程序，完善重大项目联系服务机制，围绕企业需求提供快速、精准和一站式服务。优化法治环境，规范涉企检查行为，加大对强买强卖、阻工揽工等违法行为的打击力度，切实维护企业的合法权益。构建“亲”“清”新型政商关系，既要积极引进新企业，又要支持本土企业发展壮大，努力营造亲商安商富商的浓厚氛围。

（二）坚决打好“三大攻坚战”

打好防范化解重大风险攻坚战。坚持问题导向、底线思维，加强重点行业、重点领域的风险防范化解。摸清政府债务底数，进一步规范政府举债行为，严格依法依规实施PPP、政府购买服务，科学制定偿债计划，严格控制增量，逐步消化存量。积极推进混合所有制改革和政府投融资公司市场化转型。严厉打击非法集资、非法揽存等违法违规金融活动，严密防控民间融资、各类交易场所、互联网金融等金融风险，坚决守住不发生系统性风险的底线。健全社会矛盾排查预警、重大决策社会稳定风险评估、矛盾多元化解机制，加快建设“综治中心＋网格化＋雪亮工程”的一体化综合平台。

打好精准脱贫攻坚战。瞄准特定贫困群众精准帮扶，聚焦深度贫困地区精准发力，确保现行标准下的脱贫质量，确保贫困县脱贫摘帽一举成功，确保省下达的减贫人口任务圆满完成。完善脱贫攻坚长效机制，全面落实“四个不摘和四个只增不减”的要求，持续做好产业、就业、教育、健康、住房安全、兜底扶贫等工作，让有劳动能力的贫困户家家有就业，让特殊群体贫困户人人有保障，确保稳定脱贫不返贫。

打好污染防治攻坚战。深入开展湘江保护治理第二个“三年行动计划”，压实四级河（湖）长管水治水护水职责，将环保网格化监管延伸到水面。完成枫溪港、陈埠港、凿石港黑臭水体整治，加快重点建制镇污水处理厂建设。全面完成水生态文明城市建设试点任务。切实加强企业达标排放、扬尘污染管控、餐饮油烟整治等工作，不断提高空气质量，打赢蓝天保卫战。抓好世行、亚投行土壤治理项目、铜霞路以南地块生态修复，完成国家环境污染第三方治理试点任务。推进生态绿心地区工业企业退出，完善生态补偿机制。深化农村人居环境整治，实施农业面源污染综合防治工程，加快污染耕地修复治理。

（三）深化改革创新

深化供给侧结构性改革。重点在“破、立、降”上下功夫，着力提升供给体系质量。大力破除无效供给，全面处置“僵尸企业”，淘汰煤炭、烟花鞭炮等行业落后过剩产能。坚定不移、全面关停株冶及配套企业，确保清水塘老工业区搬迁改造取得标志性进展。大力培育新动能，积极导入新业态，启动建设清水塘科技创新园。坚持“房子是用来住的、不是用来炒的”，加快建立多主体供给、多渠道保障、租购并举的住房制度，加大非住宅商品房去库存力度，促进房地产市场健康平稳发展。调整和公布涉企收费目录清单，全面清理规范中介服务，进一步降低企业制度性交易成本和融资、人力、物流等成本。毫不动摇鼓励、支持、引导非公有制经济发展，制定民间投资引导目录，放宽民间投资领域的范围。弘扬优秀企业家精神，完善公平竞争环境，促进民营企业加快发展。

推进重点领域改革。深化“放管服”改革，把经济管理权放到市场最需要的地方，把社会管理权放到群众最方便的地方。结合“智慧株洲”建设，积极推广“一门式”政务服务，重点推进“最多跑一次”改革，让数据“多跑路”、群众“少跑腿”。深化财税体制改革，完善预算管理制度，全面实施绩效管理，提高财政收入质量和财政资金效益，做好增值税、消费税、个人所得税等配套改革。深化金融体制改革，增强金融服务实体经济能力，实施上市公司培育工程，利用好多层次资本市场。深化农村综合改革，完善“三权分置”制度、农民闲置宅基地和闲置农房政策，推进农村集体产权制度改革试点。深化生态文明制度改革，全面开展第三次土地资源大调查，启动自然资源确权登记。深入推进统计管理体制改革，抓好第四次全国经济普查工作。统筹推进监察、环保、教育、医疗、文化、市场监管、供销合作、安全生产监管等领域改革，力争在两型社会、新型城镇化等“国字号”改革试点上形成新经验新模式。

激发创新创业活力。统筹推进国家自主创新示范区、国家创新驱动助力工程示范城市以及国家创新型城市建设。着力建设一批“双创”平台，推动IGBT技术创新中心、轨道交通制造业国家级创新中心建设，支持高新区申报国家级双创示范基地，新增孵化器面积20万平方米以上。着力推进一批重大科技创新项目，重点实施两机重大专项、中车电器技术与材料工程研究院等项目。加快组建10亿元以上的科技成果转化基金，全年推进100项以上科技成果转化。着力推进一批重大产品创新，重点实施跨坐式单轨车辆、小型通用飞机涡桨发动机、碳陶新材料等研发生产项目。着力培育引进一批科技创新人才，落实国家“千人计划”、省“芙蓉人才计划”和市“人才新政30条”，实施高层次人才集聚工程，设立全球动力产业专家人才库，建设100名科技领军人才队伍。支持企业建设院士工作站、博士后工作站等人才集聚平台，新建一批高端创新团队。弘扬工匠精神，加大高素质技能人才培养力度，促进人才队伍与产业发展深度融合。加强名品名牌建设，确保全国质量强市示范城市创建通过验收。策划引进国家级检测认证机构，参与行业标准体系制定，提升株洲制造话语权。

（四）加大开放发展力度

加强招商引资。大力推进“对接500强、提升产业链”行动和“对接湘商会、建设新家乡”行动，完善招商项目库和3个500强信息库，掀起大招商、招大商热潮。依托“沪洽周”“厦洽会”等平台，加强以商招商、产业链招商、科技招商和资本招商。充分利用株洲异地商会等各类湘商资源，引进一批湘商回株发展。大力发展会展经济，探索运用市场化模式，办好五大产业会展和第十五届国际茶文化研讨会。建立重大招商引资项目服务联动协调机制和项目代办机制，以钉钉子的精神招商引资，对看准的大项目、好项目，快速决策，盯住不放，确保落地。力争全年实际利用外资增长14%以上，利用内资增长18%以上，签约亿元以上重大项目100个以上。

壮大外经外贸。大力推进“对接新丝路、推动走出去”行动，全面实施外经外贸“破零倍增”计划，力争全年进出口总额增长15%以上。加大“引进来”力度，加强与阿里国际站和中国国际电子商务的合作，引进高端电子商务物流商，建设跨境电商订单履约仓和备货集货中转中心。加快“走出去”步伐，打造株洲硬质合金、醴陵陶瓷、芦淞服饰等区域性国际品牌，加强通关、结汇、退税、物流、信保等服务，支持优势产业、优秀企业和优质产品走出去。

夯实开放平台。大力推进“对接自贸区、提升大平台”行动和“对接北上广、优化大环境”行动。建立健全口岸经济区管理机构，完善株洲保税物流中心功能，启动铁路口岸、外贸综合服务平台、口岸经济区建设。争取“湘欧”快线延伸至我市，加快打通水、陆、空开放通道。支持一批外贸平台企业开展一站式综合服务，引进一批供应链综合服务商。推动贸易便利化改革，落实关检“三个一”深度合作，全面实现国际贸易“单一窗口”，推进全国通关一体化合作。

（五）提升新型城镇化发展水平

完善城市综合功能。开展“城市双修”，不断提升城市承载能力。大力实施交通畅通行动，启动湘江八桥、铁东路北段全线路基工程建设，加快火车站改建等项目进度，拉通北环线C段、中车大道等一批骨干道路和园区道路，打通航空大道、黄山西路、劳动支路等一批城市“断头路”，疏通响石广场等一批交通堵点。启动建设路、新华路BRT项目建设。大力实施城市绿荫行动，加快推进神农生态带、雪峰岭公园、云峰森林植物园等项目建设。大力实施旧城提质行动，加快“两岸一线”景观靓化、历史文化街区、老旧小区等项目建设。实施绿化美化亮化净化工程，进一步提升城市品质品位。启动“十大公园十大湖”“一江八港六走廊”建设，加快推进地下综合管廊和海绵城市建设。

推进城市管理升级。深化城市管理和综合执法体制改革，全面实施《株洲市城市综合管理条例》，强化环卫保洁、园林绿化、市政养护、渣土运输等精细管理，巩固“创文”“创卫”成果。加快餐厨废弃物资源化利用、垃圾焚烧发电厂二期、南郊垃圾填埋场封场等项目建设。持续抓好查违拆违控违，完成城区拆违100万平方米。深入开展“文明城管”行动，推进智慧城管升级，积极探索“城管+律师”执法新模式，提升城市管理人性化、智能化、法治化水平。

加快特色城镇建设。深化国家新型城镇化综合试点，大力推进城乡一体化发展。加快攸县撤县设市、株洲县撤县设区步伐。统筹城市和城镇规划布局，推广首批12个乡镇村庄规划建设管理行政审批试点经验。突出工业、农业、旅游、文化、康养、金融等业态融合，重点培育20个特色城镇，形成各具特色的小城镇建设发展模式。加快扩权强镇步伐，将规划、建设、城管等行政执法权授予特色镇行使。通过“以奖代补”竞争机制配套城镇基础设施资金。运用PPP、财政贴息、发行项目收益债等多种方式，激励社会资本投入，释放城镇建设潜力。

（六）大力实施乡村振兴战略

加快现代农业发展。深化农业供给侧结构性改革，坚持质量兴农、绿色兴农，加快推进农业由增产导向转向提质导向，构建现代农业产业体系、生产体系、经营体系。突出结构调整，大力发展高档优质稻，推进经济作物提质增效，完成省里下达的农业结构调整指导性任务。重点推进中华茶祖文化产业园、万樟园林、炎陵白鹅等产业项目建设。加快农产品加工业转型升级，新增市级以上龙头企业20家，农产品加工业总产值增长15%以上。突出品牌提升，推进“三品一标”产品认证工作，支持“炎陵黄桃”“皇图岭辣椒”等申请国家地理标志农产品。加大农业标准化示范基地创建和质量溯源体系建设力度，打造一批农业标准化基地和农产品质量安全追溯点。突出新型主体培育，发展适度规模经营，培育一批农民合作社示范社和示范家庭农场。依托农业科技研发平台，建设一批现代农业科技示范园和特色产业园。坚持全景式打造、全产业发展、全方位服务、全社会参与，大力发展全域旅游，加快酒埠江、九郎山、云阳山、神农谷、大京等旅游景区建设，创建炎陵、醴陵全域旅游示范县和炎帝陵国家5A级景区，打造大湘东旅游带。

加强农村基础设施建设。坚持以工补农、以城带乡，把公共基础设施建设的重点放在农村，推动农村基础设施建设提档升级。推进茶界高速、渌水航道、S205、S207等项目前期工作。加快S105、东城大道、长株攸快速通道等项目建设，力争莲株高速全线建成通车，确保航电枢纽二线船闸竣工通航。推进“四好农村路”建设，完成自然村通水泥（沥青）路590公里，提质改造农村公路288公里，完成安保工程400公里、危桥改造30座。连片推进农田水利基础设施建设，完成酒埠江大型水库、龙潭中型水库年度除险加固任务和102座小Ⅱ型水库除险加固。推进健康乡村建设，持续改善农村人居环境，大力实施“一廊十镇百村”美丽乡村示范工程，推进村容村貌综合整治，开展村庄规划建设管理试点，整治农村空心破败房。加强网络基础设施建设，实现“三网”融合全覆盖。推进“气化株洲”长输管线建设，开展“气化村镇”试点建设。

创新乡村治理体系。推动社会治理重心向基层下移，创新基层民主管理模式，健全自治、法治、德治相结合的乡村治理体系。提高基层组织凝聚力和战斗力，选好管好用好农村基层组织带头人，培育一批专业人才，扶持一批乡村工匠，培养造就一支懂农业、爱农村、爱农民的“三农”工作队伍。健全覆盖城乡居民的公共法律服务体系，加大法律援助力度，切实提高基层法治水平。严肃查处侵犯农民利益的“微腐败”，建设平安乡村。加强农村思想道德建设，传承发展提升农村优秀传统文化，加强农村公共文化建设，开展移风易俗行动，不断提高乡村社会文明程度。

（七）持续保障和改善民生

深入实施“民生100”工程。坚持把满足人民日益增长的美好生活需要，作为政府工作的责任、动力和取向。在全面完成各项民生指标任务的同时，着力解决一批老百姓的操心事、烦心事：深入推进“厕所革命”，全年新建改建120座公共厕所；改造城市棚户区2.24万户，改造农村危旧土坯房6156户，着力解决困难群众住房难题；开展居民小区违章建筑、消防安全、房屋质量、电梯质量安全等综合治理，加强小区物业规范化管理；修通和改造47条支路及小街小巷；加快“互联网+停车”功能停车信息系统建设，建成一批公共停车场，缓解城市停车难；加大重点拥堵路段改造力度，优化交通秩序管理，打通一批交通堵点；解决11万农村人口饮水不安全问题；继续推进一批农贸市场的提质改造；实施60所农村学校“改薄”工程，改善义务教育办学条件。

促进社会事业发展。加快教育强市建设，着力解决学前教育资源不足、中小学生课外负担重、“超大班额”等突出问题。完成南方中学新校主体工程建设，提质改造市一中、三中、八中，推进航空产业职院建设，加快建设铁道职院，确保工业学校、幼师学校和汽车工程职院秋季搬迁开学。支持湖南工业大学内涵建设、特色发展，加快湖南工业大学醴陵陶瓷学院建设。推动民办学校分类登记和管理，扩大普职融通范围。加强教师队伍建设，实施乡村教师支持计划和教师成长幸福工程。深入推进健康株洲建设，深化公立医院配套改革，全面建立分级诊疗，实施第二批临床医学重点专科建设项目，推进平安医院建设，加快基层公共服务能力提升，促进公共卫生服务均等化。争取湖湘中医药博物馆落户株洲。完成国家公共文化服务体系示范区创建。加快市博物馆、美术馆搬迁，完成市群艺馆改扩建，启动市图书馆新馆和文化市场数字化监管平台建设。推动湖南工业博物馆和工业遗址公园建设。全面铺开国家文化消费试点工作。积极参加省第六届艺术节、省第十三届运动会。

加大社会保障力度。深入实施就业优先战略和更加积极的就业创业政策，确保全年新增城镇就业5万人、农村劳动力转移就业1.25万人。稳步实施全民参保计划，确保全年新增企业养老保险参保3万人。健全低保标准增长机制，完善社会救助体系，最低生活保障月人均补差提高10%以上。对80岁以上老人，实行高龄补贴扩面提标。新增公积金建制人数1.5万。推动医疗救助与基本医疗保险、大病保险有效衔接，完成9.05万农村适龄妇女“两癌”免费检查。积极应对人口老龄化，推进医养结合，鼓励社会资本进入养老领域，努力打造居家和社区养老服务圈。

加强和创新社会治理。构建社会治安立体化防控体系，加快“智慧株洲”电子眼联网项目建设，降压发案数，提高破案率，重点打击黄赌毒、黑拐骗，提升人民群众安全感。深入开展安全生产隐患排查治理，确保安全生产形势平稳有序。开展信访维稳“三无”创建活动。完善突发事件应急管理机制，增强应急处置能力。深入开展国家食品安全示范城市创建，确保人民群众“舌尖上的安全”。做好民族宗教工作。加强国防动员和民兵预备役工作，统筹推进人防及军事设施保护、管理和建设，深入开展军民共建。

各位代表！“幸福都是奋斗出来的。”走进新时代，开启新征程，实现新目标，不是喊喊口号，做做样子就能完成的。我们必须俯下身子，撸起袖子，切实加强自身建设，着力打造“法治、诚信、创新、效能、廉洁”政府，为实现全市人民的共同愿景付出更为艰辛的努力。必须忠诚坚定。忠诚于党，增强“四个意识”，提高政治站位，时刻不忘出发志、不失主心骨、不丢方向盘，坚定不移执行党的路线、方针、政策，坚定不移落实中央和省委、市委的决策部署。忠诚于法，深入推进法治政府建设，运用法治思维、法治方式、法治手段行使权力、履行职责，依法接受人大法律监督和工作监督，自觉接受政协民主监督和社会公众监督。忠诚为民，坚持民生优先，不忘公仆之心，永葆民本情怀，利民之事，丝发必兴；厉民之事，毫末必去。必须创新进取。以敢闯敢试的勇气，自我革新的状态，勇于变革、勇于创新，永不僵化、永不停滞。按照党的十九大提出的增强“八种本领”的要求，大兴学习之风、调研之风，不断培育专业精神，提高适应新时代、实现新目标、落实新部署的专业水平。必须务实担当。大力弘扬“火车头”精神，深入开展“马上就办、真抓实干”活动，以真抓的实劲、敢抓的狠劲、善抓的巧劲、常抓的韧劲抓落实，干事业。勇于挑最重的担子，敢于啃最硬的骨头，善于接最烫手的山芋，善谋善断、善作善成。必须清正廉洁。严格落实全面从严治党责任，驰而不息改作风、纠“四风”，重点整治表态多调门高、行动少落实差等问题。加强对重点领域、关键环节的监管，实现公共资金、国有资产、国有资源和领导干部经济责任审计全覆盖，做到干部清正、政府清廉、政治清明。

各位代表！人民对美好生活的向往，就是我们的奋斗目标。让我们更加紧密地团结在以习近平同志为核心的党中央周围，坚持以党的十九大精神为指引，在省委、省政府和市委的坚强领导下，不忘初心，牢记使命，奋勇前行，为加快建成“一谷三区”、实现“两个走在前列”而继续不懈努力！

名词解释：

1. 三品一标：无公害农产品、绿色食品、有机农产品和农产品地理标志。

2. 41证合一：对23个工作部门的41个涉企证照事项进行整合，改为由工商行政管理部门核发加载统一社会信用代码的营业执照，被整合证照不再发放，被整合证照事项不再办理。

3. 三权分置：所有权、承包权、经营权分置。

4. 一区一县九镇：云龙示范区，炎陵县，高垅镇、网岭镇、白兔潭镇、朱亭镇、白关镇、三门镇、仙庾镇、东富镇、酒埠江镇。

5. 七个一批：发展特色产业脱贫一批、劳务输出脱贫一批、易地搬迁脱贫一批、生态保护脱贫一批、加强教育脱贫一批、医疗保险和救助脱贫一批、保障兜底脱贫一批。

6. 六大工程：交通扶贫，水利扶贫，通信和电力、光伏扶贫，农村危房改造与环境综合治理扶贫，文化扶贫，乡村旅游扶贫工程。

7. “一宫三馆四中心”：工人文化宫、博物馆、图书馆、美术馆、夕阳红文化艺术中心、青少年活动中心、妇女儿童活动中心、神农文化传承中心。

8. 十个100：进入国省科技计划项目100个，新增规模以上工业企业100家，科技成果转化100项，城市拆违100万平方米，清水塘关停搬迁企业100家以上，园区新开工工业项目100个，三大动力产业新引进配套企业100家，民生100工程，竣工投产重点项目100个，改造支路、小街小巷及新建片区道路共100条以上。

9. “5个100”工程：实施100个重大产业项目、100个重大科技创新项目、100个重大产品创新项目，引进100个500强企业、100位科技创新人才。

10. 五个一批：推进一批重大产业项目、一批重大科技创新项目、一批重大产品创新和引进一批“500强”企业、一批科技创新人才。

11. 工业“1093”行动：发展轨道交通、航空、汽车、陶瓷、服饰、电子信息、新材料、新能源、生物医药、节能环保等10大重点产业；实施智能制造示范、创新能力建设、人才队伍培育、质量品牌提升、健全服务体系、园区升级发展、绿色生产制造、产业跨界融合、“互联网+”应用等9大专项行动；打造标志性产业基地（轨道交通、航空、汽车）、标志性产业集群（陶瓷、服饰、电子信息、新材料）、标志性领军企业（10家百亿级行业龙头企业）等3大标志性工程。

12. 企业“上云”：运用互联网手段，建立工业互联网云平台，通过嵌入APP企业客户端，实现网上在线链接，达到云诊断、云管理、云服务甚至是云交易、云制造的目的，为企业插上人工智能的翅膀。

13. 四个不摘和四个只增不减：“四个不摘”即摘帽不摘责任、摘帽不摘政策、摘帽不摘帮扶、摘帽不摘监管；“四个只增不减”即工作力度只增不减，资金投入只增不减，政策支持只增不减，帮扶力度只增不减。

14. 僵尸企业：已停产、半停产、连年亏损、资不抵债，主要靠政府补贴和银行续贷维持经营的企业。

15. “湘欧”快线：中国开往欧洲的快速货物班列中的一条线路，自长沙出发经满洲里出境，途经俄罗斯、白俄罗斯、波兰，抵达德国杜伊斯堡。

16. 关检“三个一”：海关和检验检疫部门“一次申报，一次查验，一次放行”通关作业模式。

17. 城市双修：生态修复、城市修补。

18. 两岸一线：两岸即湘江株洲城区段两岸，一线即城际铁路株洲城区沿线。

19. 十大公园十大湖：“十大公园”即博古山公园、雪峰岭公园、月形山公园、清水塘遗址公园、轨道城中央公园、枫溪公园、新苗公园、凤凰山公园、天池公园、九郎山森林公园；“十大湖”即万丰湖、星月湖、沧水湖、清水湖（暂定名）、云峰湖、云龙湖、升龙湖、潜龙湖、日月湖、凤栖湖。

20. 一江八港六走廊：“一江”即湘江水系；“八港”即河东的霞湾港、白石港、建宁港、枫溪港，以及河西韶溪港、陈埠港、万丰港、凿石港；“六走廊”即神农生态带、霞湾景观生态带、天易自主创业园生态带、中环大道景观生态带、湘江风光带东岸综合治理、湘江风光带西岸综合治理等六大生态景观走廊。

21. 四好农村路：建好、管好、护好、运营好农村公路。

22. 一廊十镇百村：“一廊”即106国道、醴茶高速沿线美丽乡村示范长廊；“十镇”即每个县市区以镇（片区）为单位建设一个美丽乡村示范片区；“百村”即全市选择200个基础条件比较好的村实施美丽乡村示范创建。

23. 四个意识：政治意识、大局意识、核心意识、看齐意识。

24. 八种本领：学习本领、政治领导本领、改革创新本领、科学发展本领、依法执政本领、群众工作本领、狠抓落实本领、驾驭风险本领。

大　事　记

1月

2日　株洲市文同义和殷术高在在长沙召开的湖南省见义勇为表彰大会上受到表彰奖励，并被省政府记二等功。

是日，央视新闻频道（CCTV13）元旦大型特别直播节目《苟日新日日新》，直播中车株洲电力机车有限公司及其马来西亚制造基地、中车株洲电力机车研究所有限公司。

3日　省委常委、省委统战部部长黄兰香率队到株洲，开展“不忘合作初心，继续携手前行”专题教育“同心行”学习考察活动。

3—7日　政协株洲市第九届委员会第一次会议召开。会议宣布市政协第九届委员会主席、副主席、秘书长、常务委员选举结果；书面报告市政协九届一次会议提案审查情况；通过《政协株洲市第九届委员会第一次会议政治决议（草案）》；通过《关于政协株洲市第八届委员会常务委员会工作报告的决议（草案）》。

4—8日　株洲市第十五届人民代表大会第一次会议召开。大会表决通过《关于株洲市人大常委会工作报告的决议》《关于政府工作报告的决议》等7项决议；选举毛腾飞为株洲市第十五届人民代表大会常务委员会主任，选举阳卫国为株洲市人民政府市长，选举周凯军为株洲市中级人民法院院长，选举刘光跃、王建之、刘柏生、李智、冯建湘、邓尚文、刘春生、钟燕为株洲市第十五届人民代表大会常务委员会副主任，选举何剑波、李晓葵、黄芳、杨胜跃、谭可敏、顾峰、何朝晖为株洲市人民政府副市长，选举宾兴林为株洲市第十五届人民代表大会常务委员会秘书长。

4日　中国首台欧标电力机车从株洲启运，“开往”塞尔维亚。至此，中车株机成为电力机车、动车组、城轨车辆全系列轨道交通装备出口欧洲的唯一中国企业。

是日，全省市州首家文史馆——株洲市政协文史馆揭牌。该馆是集展示、交流、研究、宣传、馆藏等功能于一体的市级综合性文史馆。

6日　醴陵新世纪艺术馆正式挂牌为省级涉外参观点。至此，株洲市有3家省级涉外参观点，其他两家分别为株洲国家高新技术产业开发区和炎帝陵风景名胜区。

是日，住建部公布第四批“美丽宜居小镇示范”“美丽宜居村庄示范”名单，攸县网岭镇罗家坪村榜上有名。

9日　全省“最美基层文化人”名单揭晓，株洲市邹艳君、黄永平、彭水明3人获“最美基层文化人”提名奖。

12日　株洲硬质合金集团有限公司通过国家知识产权优势企业复核，发明专利“网状结构硬质合金及其方法”“组合式液压预紧锁紧装置及硬质合金复合轧辊”获得中国专利奖优秀奖，知识产权管理主办谢英获评全国企业知识产权工作先进个人。

是日，2016年中国压铸锌合金品牌10强产生，株洲冶炼集团股份有限公司“火炬”牌铸造锌居10强之首。

是日，株洲市食药监管局荣获全国食品药品监督管理系统“先进集体”称号，这也是湖南省唯一获此殊荣的单位。

13日　2016年度湖南专利奖获奖名单出炉，全省51项获奖专利中，株洲市8项专利榜上有名。其中，中车株洲电力机车有限公司发明的“轻轨车辆及其铰接式转向架”专利摘得全省唯一特等奖。

14日　攸县法院被授予“全国优秀法院”称号。湖南省仅有3家法院获此殊荣。

15日　株洲市首届最美社区评选结果揭晓，大岭社区等获评“十大最美社区”。

是日，中车株洲电力机车有限公司研制的龙华有轨电车示范线列车抵达深圳亮相，这是深圳首列现代有轨电车。

20日　醴陵渌江书院开门迎客。

22—23日　省委书记、省人大常委会主任杜家毫深入攸县、茶陵县和炎陵县，专题调研脱贫攻坚工作，走访慰问贫困村民。

2月

3日　省委副书记、省长许达哲率队到株洲调研产业园区工作。省领导傅奎、黄关春、张剑飞、杨光荣、赖明勇，市委书记、市人大常委会主任毛腾飞，市委副书记、市长阳卫国参加调研。

是日，市委书记、市人大常委会主任毛腾飞，市委副书记、市长阳卫国与中国五矿集团公司副总裁李福利开展交流座谈。双方就加强清水塘老工业区搬迁改造、株冶集团转移转型和株洲硬质合金产业发展等事宜进行磋商交流。

是日，株洲市在“全面改薄”绩效考核中，排名全省各市州前列，醴陵市、芦淞区、株洲县、攸县分别获得省奖励资金150万元、100万元、100万元、50万元。

5日　国务院扶贫办信息中心副主任刘翔到株洲市调研脱贫攻坚工作。

7日　株洲市召开市委议军暨国动委主任述职会议，深入学习贯彻省委议军会议精神，研究支持深化国防和军队改革有关事项，组织县市区国动委主任述职，部署全市武装工作和国防后备力量建设。

8日　株洲市“马上就办”网络问政平台手机端正式开通，市民可随时通过手机登录株洲新闻网，进入问政窗口，把问题反映给相关部门，并能得到及时回复。

8—9日　省人大常委会副主任陈君文率调研组到株洲调研脱贫攻坚工作。市委书记、市人大常委会主任毛腾飞，市委副书记、市长阳卫国陪同调研。

10日　工信部、财政部、人民银行、银监会四部委正式公布“国家产融合作试点城市（区）”名单，株洲市成功入选。

13日　全市深入推进“项目攻坚年”“企业帮扶年”活动大会召开。会议全面总结2016年“两个年”工作，安排部署2017年工作任务。市委书记、市人大常委会主任毛腾飞，市委副书记、市长阳卫国出席会议并讲话。

14日　国家发改委副主任胡祖才一行到株洲，就当前经济形势开展调研。副省长、省发改委主任谢建辉，市委书记、市人大常委会主任毛腾飞，市委副书记、市长阳卫国陪同调研。

是日，省高级人民法院院长康为民到株洲调研市县两级法院司法改革等工作，希望全市法院系统开创新局面创造新辉煌。

是日，宇业集团董事局主席、总裁周旭洲一行到株洲考察。市委副书记、市长阳卫国陪同考察。

15日　省委常委、宣传部部长蔡振红到株洲调研宣传思想文化工作，并对株洲宣传思想文化工作取得的成绩给予充分肯定。市委书记、市人大常委会主任毛腾飞，市委副书记、市长阳卫国陪同调研。

15—16日　工业和信息化部副部长徐乐江率国务院水泥玻璃淘汰落后产能专项督查组到株洲督查。副省长张剑飞，市委书记、市人大常委会主任毛腾飞，市委副书记、市长阳卫国陪同督查。

是日，省人大常委会副主任、省总工会主席刘莲玉到株洲调研指导产业工人队伍建设和工会工作。市委书记、市人大常委会主任毛腾飞，市委副书记、市长阳卫国陪同调研。

18日　株洲市召开清水塘老工业区搬迁改造攻坚大会。市委书记、市人大常委会主任毛腾飞，省政府副秘书长陈仲伯发表讲话。市委副书记、市长阳卫国作主题报告。

19日　株洲市二中学生殷倩莲、株洲县渌口镇中学学生刘诗哲被授予2016年度全国“最美中学生”；湖南汽车工程职业学院学生何青松被授予2016年度全国“最美中职生”。

20日　株洲市荣获2016年度省脱贫攻坚工作先进市（州）称号，醴陵市获评2016年度脱贫攻坚先进县（市、区）。

27日　中车株洲电力机车有限公司产品研发中心教授级高级工程师曾艳梅荣获“全国五一巾帼奖章”，获此殊荣的女性全国仅有10名。

3月

3日　市委农村工作暨决胜脱贫攻坚大会召开，总结2016年农业、农村、脱贫攻坚和计划生育工作，安排部署2017年工作。市委副书记、市长阳卫国出席会议并讲话。

是日，株洲市卫计委获“全国三八红旗集体”称号，成为株洲唯一获此殊荣的单位。

是日，株洲市儒学会入选全国最佳志愿服务组织。

是日，株洲市国税局稽查局再次获得“全国打击非法发票违法犯罪活动先进单位”荣誉，这是该局连续两年获此殊荣。

6日 深圳麦格米特电气股份有限公司（下称麦格米特）成功在深圳证券交易所挂牌交易。麦格米特是国内知名的智能家电电控产品、工业电源和工业自动化产品供应商，于2010年在株洲高新区落户。

6—9日 市委副书记、市长阳卫国率市直有关部门和高新区、云龙示范区负责人，赴深圳拜访省驻深办和部分知名企业，与相关负责人深入洽谈，为株洲产业转型升级争取更大支持。

7日 中央农村工作领导小组副组长、中央农办主任唐仁健到株洲调研，要求株洲市大胆探索，打造田园综合体、培育农业农村发展新动能，推动城乡一体化发展。副省长、省政协副主席戴道晋，市委书记、市人大常委会主任毛腾飞参加调研。

8日 省委常委、组织部部长王少峰到株洲，就国企党建及人才队伍建设工作进行调研。市委书记、市人大常委会主任毛腾飞，市委副书记、市长阳卫国陪同调研。

10日 株洲市《关于促进外经贸加快发展若干政策措施的通知》正式下发，企业开拓国际市场，实现“破零倍增”、高新技术产品出口，将获得补助和奖励。

11—12日 市委书记、市人大常委会主任毛腾飞率市直有关部门负责人赴京，拜访中国五矿集团、中国中车集团、北汽集团，分别与各企业负责人深入洽谈，会商集团在株企业发展有关事宜。

13日 市委副书记、市长阳卫国率市直有关部门负责人，赴北京拜访中国铁路总公司相关负责人，洽谈株洲火车站改建等涉铁项目、渝长厦高铁长赣段线路走向有关事宜，以进一步推进项目建设，为株洲发展争取更大支持。

14—15日 省政协副主席欧阳斌率“对接‘一带一路’新战略，加快湖湘文化走出去步伐”课题组到醴陵市调研，了解湘瓷、醴陵花炮文化走出去等情况。

20—23日 中共中央政治局委员、中央政法委书记孟建柱到株洲调研，先后考察株洲职业教育科技园、中车株洲电力机车研究所有限公司IGBT、湘江株洲城区河西段综合治理工程。省委书记、省人大常委会主任杜家毫，省委副书记、省长许达哲分别参加调研；省领导陈向群、易炼红、黄关春、胡衡华、张剑飞，市领导毛腾飞、阳卫国、杨玉芳、毛朝晖陪同调研。

21日 横跨湘江的渌口大桥正式通车。同时，渌口大桥河西连接线——龙洲路开工建设。

26日 炎陵县中村瑶族乡龙渣村被评为第二批“中国少数民族特色村寨”。

是日，中车时代新材公司云母带产品成功通过美国GE运输集团装机和出厂测试，获得批量订单。这是中国制造的云母带首次成为海外牵引电机的主绝缘材料。

27日 《株洲市集体土地征收及房屋拆迁补偿安置办法》颁布实施。

28日 国家安监总局局长杨焕宁一行到株洲，深入中洲烟花有限公司醴陵市金利来出口礼花弹厂，实地督导检查安全生产工作。副省长、省政府秘书长杨光荣，市委书记、市人大常委会主任毛腾飞陪同督查。

29日 由市城郊农信联合社、天元区农信联社合并组建的株洲农村商业银行正式挂牌开业。

是日，株洲市“红军标语博物馆和中国工农红军革命活动炎陵纪念馆”被中宣部命名为全国爱国主义教育示范基地。

30日 株洲火车站改建工程正式启动建设。市委书记、市人大常委会主任毛腾飞宣布项目正式开工，市委副书记、市长阳卫国出席开工仪式并讲话。

是日，省委常委、统战部部长黄兰香一行深入醴陵市，实地考察调研非公经济发展情况，听取非公经济代表人士的意见建议。

4月

1日 全市城乡建设管理工作会议暨旧城提质行动、碧水蓝天行动动员大会召开，传达中央和省有关会议精神，安排部署2017年任务，动员部署旧城提质行动和碧水蓝天行动。市委副书记、市长阳卫国出席会议并讲话。

6日 湖南、湖北、江西三省联合举办的“书香湘鄂赣”全民阅读系列活动之“寻找最美读书人”评选结果公示，醴陵市五彩书吧创始人胡念成“书香湘鄂赣最美读书人”。

8日 株洲市创业广场开工建设。该项目占地面积9.47公顷，总投资5.86亿元，是一个现代化高标准的市民创新创业服务综合体。

9日 茶陵县枣市镇洞头村被评为“中国美丽乡村百佳范例”，是株洲市唯一入选的村。

11日　中车株洲电力机车有限公司与马来西亚交通部签订13列混合动力电动车组和9列现代超级动车组的销售合同。这是中国混合动力动车组的首次出海，也是中车株机与马来西亚的第11次“牵手”。

12日　“2017年全国少年儿童阅读年”系列活动启动式暨“株洲读书月”十年庆典仪式举行。省文化厅党组书记、厅长禹新荣，市委副书记、市长阳卫国到场致辞。

是日，中车株洲电力机车研究所有限公司的博士许峻峰获2016年茅以升铁道科学技术奖、茅以升铁道工程师奖，中车株洲电力机车有限公司的王位，中车株洲机车有限公司的吴勇分别获得茅以升铁道工程师奖。

14日　株洲市召开湘江保护和治理工作2017年第一次全体会议，研究部署2017年工作。市委副书记、市长阳卫国出席会议并讲话。

15日　1999年出生的株洲人覃海洋，在2017年全国游泳冠军赛中夺得男子200米蛙泳冠军，并打破坛泳名将毛飞廉保持的全国纪录。

18日　副省长张剑飞一行到株洲，就省环保厅近日对株洲环保工作进行暗访发现的突出问题进行交办和督察。市委副书记、市长阳卫国出席汇报会并陪同督察。

20日　株洲市与省气象局就共同推进气象服务株洲经济社会发展签订合作协议。省气象局党组书记、局长常国刚，市委副书记、市长阳卫国分别代表双方签署合作协议。

24日　共青团中央办公厅发布第三批“全国青年创业示范园区”名单，全国共37家入选，其中，株洲高新区创业服务中心是湖南省唯一一家获得殊荣的平台。

24—25日　全国政协常委、省政协副主席杨维刚率调研组到株洲，就“优化非公经济发展法治环境”展开调研监督。市政协主席蔡溪主持调研座谈会。

25日　市委书记、市人大常委会主任毛腾飞率市党政代表团赴“看、学、议”活动现场学习首站——广州市进行考察。广东省委副书记、广州市委书记任学锋会见株洲市党政代表团一行。

26日　株洲·中国动力谷汽车零部件暨汽车后市场招商推介会在香港举行，株洲精心打造的汽车产业项目受到现场近百家投资商的热捧。

是日，株洲农副产品香港对接会在香港举行，这是株洲农副产品生产加工企业首次走进香港。

26—27日　株洲市党政代表团赴东莞市、深圳市进行“看、学、议”活动现场学习，以加强交流合作，借鉴先进经验，加快推进株洲发展升级。市委副书记、市长阳卫国参加深圳考察活动。

27日　株洲市2017年庆祝“五一”国际劳动节暨劳动竞赛总结表彰大会举行，78名2016年度“株洲市五一劳动奖章”获得者、29个2016年度“株洲市工人先锋号”获得单位等受到表彰。

是日，在第二届全国“敬老文明号”和“全国敬老爱老助老模范人物”评选中，株洲市荷塘区敬老院等4家单位获评全国“敬老文明号”称号。

28日　2017年湖南株洲（深圳）动力产业对接暨市情推介会在深圳五洲宾馆举行，现场有31个重大项目实现签约。

5月

1日　中央电视台品牌栏目《焦点访谈》《生活圈》接连聚集株洲，讲述“株洲工匠”故事。《焦点访谈》以“为中国制造加注智慧”为主题，报道中车株洲电力机车有限公司产品研发中心教授级高级工程师曾艳梅。《生活圈》节目播出五一特别制作专辑《致敬劳动者的双手》，其中讲述中车株洲电机有限公司维修钳工盛金龙的故事。

是日，炎陵县大院农场产的“高山乌龙茶”第三届亚太茶茗大奖评比中获特别金奖，是全省唯一的特别金奖。

是日，在长沙举行第九届“小荷风采”全国少儿舞蹈大赛湖南省决赛中，株洲市胡露金点舞蹈艺术学校表演的自创舞蹈《梦绘瓷娃》获金奖。

4日　时代新材自主研发制造的轨道减振器获准进入新加坡。首批2万套产品，即将安装在新加坡地铁汤姆森线上。

是日，中央文明办在中国文明网发布4月“中国好人榜”，株洲县残疾义工易海明荣登榜单，获评“助人为乐”类好人。

6日　由中国企业联合会、中国企业家协会主办、株洲市人民政府承办的2017年全国企业家活动日暨中国企业家年会在株洲市隆重举行。来自全国各地的1000余名企业家汇聚一堂，围绕“弘扬企业家精神，振兴实体经济”主题深入研讨，积极找寻振兴实体经济新路径。

7日 株洲市餐饮协会被中国烹饪协会授予“中国餐饮30年卓越社团奖”，成为湖南省唯一获此殊荣的单位。

10日 株洲市“一种可感知衣服异物的报警洗衣机”“校园信息接收实时反馈平台设计”等8个项目荣获第38届湖南省青少年科技创新大赛一等奖。

11日 省人大常委会副主任陈君文率调研组到株洲，就市人大财政预算联网监督工作开展调研。市委书记、市人大常委会主任毛腾飞，市人大常委会党组书记、常务副主任刘光跃参加调研。

是日，广晟公司董事长、党委书记许光一行到株洲，考察投资环境，沟通对接有关合作发展事宜。市委副书记、市长阳卫国出席交流座谈会。

是日，由中车株洲所旗下中车时代电气研发生产的JJC接触网检修作业车，收获铁路总公司16.88亿元订单。这是全球首个采用集中检修作业模式的接触网作业车。

11—12日 全国政协常委、经济委员会副主任李毅中率队到株洲，开展“激发民间投资活力，促进投资主体多元化”专题调研。全国政协常委、经济委员会副主任、民建中央副主席王永庆，市委书记、市人大常委会主任毛腾飞参加调研。

18日 2017年中国·株洲“农商银行杯”第九届全球华人羽毛球团体锦标赛在株洲市体育中心羽毛球馆开幕。

是日，湖南省科技奖励暨创新奖励大会在长沙召开，39个项目获得首届创新奖，其中7个创新大奖由株洲斩获。

19日 全市河长大会召开，安排部署全面推行河长制工作。

是日，由湖南山河科技股份有限公司自主研发生产的山河“Aurora SA60L-T”飞机，获得中国民航局颁发CAAC型号设计批准书（TDA）。这是国内首款高原型轻型运动飞机。

20日 中车株洲电力机车研究所有限公司总工程师，教授级高工冯江华获第十届“湖南光召科技奖”。

21日 湖南省炎帝陵基金会炎帝陵祭祖典礼在炎陵县举行。祭祖典礼由湖南省炎帝陵基金会主办，炎帝陵基金会理事长石玉珍担任主祭人，省人大常委会副主任陈君文，市委书记、市人大常委会主任毛腾飞，市委副书记、市长阳卫国敬献花篮。

22日 全省职业教育校企合作推进会暨2017年职业教育宣传活动周启动仪式在株洲举行。副省长向力力出席会议并宣布活动正式启动。市委书记、市人大常委会主任毛腾飞致辞，市委副书记、市长阳卫国代表株洲作典型发言。

24日 省委常委、省委政法委书记、省公安厅厅长黄关春到株洲检查防汛工作。市委书记、市人大常委会主任毛腾飞陪同检查。

31日 由中车株洲电力机车有限公司研制的中国首批出口欧洲的动车组——马其顿电动车组项目通过TSI认证。这标志着中国动车组正式获得欧洲铁路产品的EC（欧共体）符合性认证证书，赢得欧洲技术标准认可，拿下相关产品服务于欧洲市场的通行证。

6月

1日 财政部副部长史耀斌到株洲调研，现场考察金砖国家新开发银行贷款支持的长株潭绿心区域生态综合治理项目。市委书记、市人大常委会主任毛腾飞陪同调研。

2日 省脱贫攻坚督查组第八组到株洲市进行督查。督查组组长、省住建厅厅长鹿山，督查组副组长、省住建厅副厅长邓磊参加督查见面会。市委书记、市人大常委会主任毛腾飞主持督查见面会，市委副书记、市长阳卫国代表市委市政府作表态发言。市委副书记雷绍业参加见面会。

是日，由中车株洲电力机车研究所有限公司研制的“智能轨道快运系统”（简称“智轨”，英文缩写为ART）的全新交通产品在株洲市首次亮相，融合现代有轨电车和公共汽车各自优势。

4日 全市创新与人才工作大会在市委礼堂召开，集中表彰为推进株洲创新发展做出突出贡献的科技工作者和创新实践者，安排部署创新与人才工作。会上，《株洲市创建国家创新型城市实施方案（2017—2020）》正式发布。

是日，全市卫生与健康大会召开，深入传达贯彻落实全国、全省卫生与健康大会精神，安排部署当前和今后一个时期全市卫生与健康工作，动员全市上下全面推进健康株洲建设。

8日 四川省政协党组副书记、副主席高峰率调研组到株洲调研轨道交通产业发展情况。市委书记、市人大常委会主任毛腾飞和市领导雷绍业、蔡溪、余群明参加调研。

是日，省政府驻上海办事处主任王华平率团到株洲，考察株洲市先进制造业发展现状，寻求产业合作契机，为“引进来”“走出去”搭建平台。市委书记、市人大常委会主任毛腾飞参加调研。

是日，中车长江车辆有限公司株洲分公司货车产品首次登陆肯尼亚，为其提供总数200辆X70集装箱平车。该车长13.5米、宽2.9米，载重70吨。

11日 株洲市醴陵市沩山村、炎陵县中村瑶族乡、茶陵县秩堂镇3个村镇入选为湖南省“经典文化村镇”。

14日 省人大常委会副主任李友志率队到株洲，就株洲市贯彻实施《中华人民共和国著作权法》情况展开执法检查，就相关情况进行座谈。市委书记、市人大常委会主任毛腾飞陪同检查，市人大常委会党组书记、常务副主任刘光跃陪同检查并主持座谈会。

是日，万魔声学科技有限公司投资株洲炎陵协议签署仪式在炎陵县举行。

14—15日 全国政协常委、北大光华管理学院教授厉以宁，国务院参事、北大光华管理学院特聘教授徐宪平一行到株洲考察调研，并与株洲市企业家代表座谈。市委书记、市人大常委会主任毛腾飞陪同调研并主持座谈会。

18日 省委副书记、省长许达哲深入炎陵县和茶陵县，专题调研脱贫攻坚工作。副省长杨光荣、省政府秘书长王群参加调研，市委书记、市人大常委会主任毛腾飞陪同调研。

21日 湖南股交所株洲分所“工大专板”开通。这是省内首个为高校学子创新创业企业服务的专板。当天，湖南工业大学孵化园内50家创业企业，率先挂牌优先板。

27日 省委常委、统战部部长黄兰香到株洲调研指导“两学一做”学习教育常态化制度化工作，并给农村基层党员干部上党课。市委书记、市人大常委会主任毛腾飞参加调研。

28日 2017湖南夏季乡村旅游节在炎陵县神农谷开幕。省人大常委会副主任陈君文宣布开幕，市委书记、市人大常委会主任毛腾飞致辞。

29日 中车株洲电力机车有限公司、株洲时代新材料科技股份有限公司荣获第五届省长质量奖。

7月

4—5日 省委常委、省委政法委书记、省公安厅厅长黄关春深入攸县、茶陵县，检查指导防汛救灾工作并调研政法综治工作。市委书记、市人大常委会主任毛腾飞，市委副书记、市长阳卫国陪同检查。

7日 省人民检察院检察长游劝荣深入株洲县人民检察院，调研基层检察院防汛救灾工作，慰问检察干警。市委书记、市人大常委会主任毛腾飞陪同调研。

8日 首届神农医药文化产业发展论坛在株洲市盛大开幕。来自全国中医药界的数百名专家学者、百余家中药企业代表等汇聚株洲，弘扬中医药文化，共商合作、共谋发展。

10—11日 省委副书记乌兰深入茶陵和炎陵县调研脱贫攻坚工作。市委书记、市人大常委会主任毛腾飞，市委副书记、市长阳卫国，市委副书记雷绍业参加调研。

13日 省住建厅厅长鹿山率队到株洲调研城市工作和新型城镇化工作。市委书记、市人大常委会主任毛腾飞主持调研座谈会，市委副书记、市长阳卫国，市委副书记雷绍业出席会议。

16日 市委新型城镇化工作和城市工作推进会召开。会议深入贯彻中央、省委新型城镇化工作和城市工作会议精神及系列决策部署，总结过去，研判形势，安排部署下阶段工作。

18日 中车株洲电力机车研究所有限公司旗下的中车电动自主研发的全球首款12米电动智能驾驶客车惊艳亮相。该车每辆可容纳80人，可自动完成牵引、转向、变道等动作，最高时速可达40公里，遇障绕行可减速停车，全程不需要干预。

19日 电动汽车热点问题系列研讨会——株洲峰会召开，来自全国各地的相关专家、学者齐聚一堂，聚焦“新能源汽车电力电子技术”开展交流研讨。中国电动汽车百人会理事长陈清泰出席会议。市委书记、市人大常委会主任毛腾飞到会致辞。

21日 国务院第十二督查组株洲对接会召开，以住房和城乡建设部副部长倪虹为组长的国务院第十二督查组到株洲开展第四次大督查工作。市委书记、市人大常委会主任毛腾飞，市委副书记、市长阳卫国作表态发言并陪同督查。

22日 农业部公布第七批全国“一村一品”示范村名单，湖南省有11个村镇入围，茶陵县高垅镇石冲村榜上有名，是株洲市惟一入选的村镇。

24—25日　为纪念中国人民解放军建军90周年、水口连队建党90周年及井冈山革命根据地创建90周年，由开国将军后代组成的合唱团到炎陵，沿着先辈们的足迹追寻红色记忆，传承红色基因，铭记历史，不忘初心。朱德元帅孙女朱新华、罗荣桓元帅之女罗北捷、陈赓大将之女陈知进、黄克诚大将之女黄楠、宋时轮上将之女宋百一、张经武中将之子张华川等50余人到炎陵演出。

31日　株洲市村（居）“两委”换届选举工作全面完成。这标志着株洲市新一轮合乡并村改革后进行的第一次换届选举工作全面完成。

8月

1—2日　在吉隆坡，中车株机公司与马来西亚国家基建公司，签订吉隆坡轻轨三号线42列车的供货合同。这是中车株机首个海外全自动无人驾驶轻轨车辆项目。

3日　副省长杨光荣率有关部门负责人深入攸县、醴陵市督查安全生产工作。市委书记、市人大常委会主任毛腾飞出席座谈会作表态发言，市委副书记、市长阳卫国汇报株洲市有关工作情况。

4日　省委组织部副部长、省委“两新”工委书记蔡建和一行到株洲调研城市基层党建工作。市委书记、市人大常委会主任毛腾飞主持座谈会。

是日，中国自主研制的首列双动力48头钢轨打磨车，在四川成汶线试作业打磨成功。该列车由中车时代电气轨道工程机械事业部研制生产，填补了国内铁路钢轨打磨列车自主品牌的空白，标志着国产钢轨打磨装备关键技术研究与应用取得新突破。

8日　株洲市纪委派驻机构全覆盖工作会议召开，对26家派驻纪检组进行授牌，这标志着市纪委派驻机构设置已经完成，派驻机构全覆盖工作全面实施。

8—10日　省人大常委会党组书记、副主任韩永文率省人大办公厅脱贫攻坚联系点督查组到茶陵县督查脱贫攻坚工作。市委书记、市人大常委会主任毛腾飞，市人大常委会党组书记、常务副主任刘光跃陪同督查。

10日　大唐华银电力股份有限公司总经理徐永胜一行到株洲考察，并就大唐华银株洲发电有限公司转型发展事宜与株洲市进行座谈交流。市委书记、市人大常委会主任毛腾飞参加座谈会。

11日　第十七届“湖湘文化之旅”海峡两岸青少年音乐会在神农大剧院奏响，台湾先啬宫青少年民乐团、上海市金山区学生民乐团、株洲市青少年交响乐团以“青春畅想·乐动两岸”为主题同台献艺，以乐会友。

是日，由省台办、省青联、株洲市政府主办的丁酉年海峡两岸炎帝神农祭祀大典在炎帝陵举行，来自海峡两岸各界代表600余人参加盛典。

14日　株洲市召开新兴优势产业链协会及代表企业负责人座谈会。市委书记、市人大常委会主任毛腾飞出席并讲话。

15日　市委副书记、市长阳卫国会见中信银行长沙分行行长王顺清一行。双方就加强中信银行长沙分行与株洲深度合作进行深入探讨和交流。

15—16日　西藏自治区山南市委副书记、市政协主席丁俊峰率南山市党政代表团到株洲考察。市委书记、市人大常委会主任毛腾飞出席答谢晚会。市委副书记、市长阳卫国出席座谈会并讲话，市委副书记雷绍业主持会议并介绍株洲市情。

是日，全国政协常委、民进中央常务副主席蔡达峰，全国政协副秘书长、民进中央副主席朱永新，率民进中央调研组到茶陵开展脱贫攻坚民主监督调研。省人大常委会副主任谢勇参加调研。省委统战部副部长胡东风、民进湖南省委主委潘碧灵、副主委马石城，市领导刘光跃、覃万成、余明刚陪同调研。

17日　省经信委主任谢超英、副主任黄东红一行到株洲，就航空发动机和燃气轮机国家重大科技专项推进情况作专题调研并座谈。市委副书记、市长阳卫国参加调研。

是日，株洲市卫计委被评为“全国卫生计生系统先进集体”，是湖南省唯一获此殊荣的市州卫生计生行政主管部门。

19日　中国燃气控股有限公司执行董事、总裁黄勇到株洲考察，并就在株洲投资相关事宜与市相关部门座谈交流。市委副书记、市长阳卫国参加座谈会。

21日　由中国化工株洲橡胶研究设计院有限公司代表中国主导制定的国际标准《气象气球规范》正式发布。这也是中国乳胶行业主导制定的第一项国际标准。

21—23日　省委省政府信访工作专项督查组到株洲，就中央和省委省政府系列决策部署的贯彻落实情况、2017年信访工作的推进落实情况等开展专项督查。省委省政府信访工作专项督查组认为，株洲信访维稳工作成效明显。市委副书记雷绍业出席汇报会并讲话。

24—25日 第四届“创青春”湖南省青年创新创业大赛商工组晋级赛在株洲举行，来自全省各地的50个优秀项目登上擂台，争夺10张总决赛的“通行证”。

26—27日 省委副书记、省长许达哲深入醴陵市、芦淞区、株洲县，就转型升级、园区建设、环境保护、安全生产等工作进行调研。省政府秘书长王群，市委书记、市人大常委会主任毛腾飞，市委副书记、市长阳卫国参加调研。

27日 株洲市文体广新局获评“全国体育系统先进集体”。

28日 贾明亮、李树文两名株洲人参与的湖南队，夺得第十三届全运会男子轻量级四人单桨无舵手项目比赛银牌。

是日，株洲市大型民族歌舞剧《英雄恋歌》，入选文化部2017年“中国民族歌剧传承发展工程”9部重点扶持剧目。

29日 湖南工业大学、醴陵市人民政府和湖南陶瓷技师学院举行签约仪式，共同签订《湖南工业大学醴陵陶瓷学院联合办学协议》。

30日 “两机”专项中国航发株洲航空动力产业园开工，省委副书记、省长许达哲出席开工仪式，并宣布开工。

是日，株洲运动员贾明亮、李树文与队友一起，在第十三届全运会男子四人单桨无舵手赛艇比赛中，以5分50秒03的成绩获得冠军。这是株洲市在本届全运会上收获的第一枚金牌。

31日 2017年“院士株洲行”活动启动。中组部人才工作局副局长牛伟宏，中国科协党组成员、书记处书记项昌乐，市委书记、市人大常委会主任毛腾飞，市委副书记、市长阳卫国，省委组织部部务委员由红军，省科协主席、中国工程院院士张尧学，省科协党组书记、副主席刘小明等出席见面会并见证签约。市委副书记雷绍业主持见面会暨签约仪式。

9月

6—7日 省政协主席李微微到株洲调研微建议试点与脱贫攻坚工作。省政协副主席张大方，省政协秘书长卿渐伟，市委书记、市人大常委会主任毛腾飞，市政协主席蔡溪等参加调研。

8日 株洲铜塘湾保税物流中心（B型）顺利通过验收。市委副书记、市长阳卫国与长沙海关关长黎对贞共同签署《验收纪要》。

是日，株洲籍运动员在第十三届全运会获得2金4银4铜的好成绩，其中游泳名将覃海洋入选本届全运会十大新星。

9日 株洲市召开庆祝第33个教师节教师代表座谈会。市委书记、市人大常委会主任毛腾飞出席座谈会。

12日 株洲市文学艺术界联合会第七次会员代表大会开幕。省政协副主席、省文联主席欧阳斌，市委书记、市人大常委会主任毛腾飞出席开幕式。

是日，2017年株洲（深圳）产业对接暨市情推介会举行，现场签约26个重大项目。市委副书记、市长阳卫国到会致辞。

13—14日 “志愿湖南行，共筑中国梦”湖南省第二届青年志愿服务项目大赛总决赛在株洲举行。市委副书记雷绍业出席大赛颁奖仪式并致辞。

17日 株洲市政府与中国燃气控股有限公司签署“气化村镇”燃气项目战略合作协议。中国燃气控股有限公司执行董事、总裁黄勇，市委副书记、市长阳卫国出席签约仪式。

18日 中国餐饮行业祭拜食祖炎帝大典在炎帝陵举行。中国饭店协会会长韩明主持祭典。省人大常委会原副主任周时昌、副市长黄芳，及商务部、省市相关部门领导，中国饭店协会及34个省市餐饮业协会会长、大师，还有港、澳、台地区的餐饮界精英参加活动。

19日 市委书记、市人大常委会主任毛腾飞主持召开全市经济形势分析会，研究2017年1—8月经济运行情况，安排部署下一步工作。

是日，在全国社会治安综合治理表彰大会上，株洲市第六次荣获“全国社会治安综合治理优秀城市”称号，第四次捧得“长安杯”，成为全省唯一一个连续这么多次获得全国综治最高奖的市州。

是日，共青团株洲市第十六届委员会第一次全体会议召开，选举产生新一届常务委员会委员和书记、副书记。梁天琛当选新一届团市委书记，袁媛、汤立，蔡丽平、李金龙、屈贝儿当选副书记。

21—24日 由文化部主办，文化部公共文化司、省文化厅、株洲市人民政府、中国合唱协会承办的“永远的辉煌”——第十九届中国老年合唱节在株洲市神农大剧院举行。

是日，2017湖南服饰业湘商大会举行，逾300名来自全国各地的湘籍服饰企业家相聚株洲，共叙“湘情”，交流考察，共谋服饰产业发展大计。

22日 由全国政协副主席何厚铧任团长的澳门特别行政区全国政协委员考察团到株洲，参观考察渌江书院、醴陵世界陶瓷艺术城。

是日，2017湖南服饰产业博览会暨芦淞服饰节在汇美国际展贸中心开幕，约5000名国内外服饰企业代表及专业观众代表等齐聚株洲，共享行业盛会。

是日，文化部党组副书记、副部长杨志今到炎陵县，考察基层文化建设，以及地方特色文化开发与保护等工作。

是日，湖南省IGBT产业对接会暨中国IGBT技术创新与产业联盟第三届学术论坛在株洲市举行。中国工程院院士、中国IGBT技术创新与产业联盟理事长、中车株洲所董事长丁荣军，英国皇家工程院院士、剑桥创业中心董事弗洛林·乌德雷亚，省经信委副主任陈松岭、殷林波，市人大常委会党组书记、常务副主任、市电子信息产业领导小组组长刘光跃，市委常委、常务副市长何剑波出席会议。

是日，株洲市民警王德胜荣膺全国“百佳刑警”称号。

是日，“薄施淡染——陈扬龙醴陵釉下五彩瓷技艺传承展”在中国国家博物馆开展。这是国家博物馆举行的首个醴陵釉下五彩瓷个人展。

22—23日 省委书记、省人大常委会主任杜家毫，省委副书记、省长许达哲率领产业项目观摩团，到株洲考察重点企业和产业项目。

23日 来自中央人民广播电台、《中国日报》《法制日报》《中国环境报》、湖南卫视等16家国家级、省级媒体“砥砺奋进的五年”之“绿水青山新湖南”大型采访团走进株洲，推介株洲生态文明建设的成效和经验。

是日，在2017年湖南省青少年体操锦标赛上，株洲斩获25金全省第一，以499分名列全省总分第一。

25日 中国铁路总公司副总经理黄一民一行到株洲调研，深入了解株洲火车站改扩建项目、株洲铁路综合物流基地项目。副省长张剑飞，市委书记、市人大常委会主任毛腾飞，市委副书记、市长阳卫国陪同调研。

26日 北京汽车全新绅宝D50量产仪式在北京汽车株洲分公司二工厂举行。市委书记、市人大常委会主任毛腾飞，市委副书记、市长阳卫国，北汽集团党委副书记、总经理张夕勇，北汽集团副总经理蒋自力，北京汽车党委副书记、总裁陈宏良及100家北汽株洲基地供应商参加仪式。

是日，“中医中药中国行——中医药健康文化推进行动”湖南省启动仪式在株洲市举行。

26—28日 全国精准扶贫典型经验专题调研专家组到株洲调研精准扶贫工作。国家发改委社会发展研究所所长、研究员杨宜勇，国务院发展研究中心宏观经济研究部研究室主任、研究员张俊伟，人民日报社《人民论坛》杂志社副总编辑陈阳波等参加调研。市委书记、市人大常委会主任毛腾飞出席调研座谈会。市委副书记雷绍业主持座谈并陪同调研。

27日 丁酉年“祭祀炎帝陵”典礼在炎帝神农氏陵寝圣地炎陵县炎帝陵举行。典礼活动由省人民政府主办，株洲市人民政府及炎陵县承办，省内外各界人士代表及现场群众4000余人参加祭祀典礼。

28日 以“中国陶瓷谷·五彩新醴陵”为主题的2017中国醴陵国际陶瓷产业博览会在中国陶瓷谷国际会展中心开幕。联合国教科文组织国际陶瓷学会（IAC）副主席托比恩，国务院发展研究中心党组成员、办公厅主任余斌等参加开幕式。副省长何报翔宣布瓷博会开幕。市委书记、市人大常委会主任毛腾飞致辞，市委副书记、市长阳卫国主持开幕式。

10月

9日 株洲市召开开放发展大会。市委书记、市人大常委会主任毛腾飞出席会议并作重要讲话，市委副书记、市长阳卫国作动员报告。

10日 株洲市第十二次妇女代表大会开幕。在市妇联第十二届执委会上，选举产生市妇联第十二届主席、副主席、常务委员。

11日 湖南省人民检察院对株洲市两级检察机关工作进行督查。省人民检察院党组书记、检察长游劝荣参加督查，市委书记、市人大常委会主任毛腾飞，市委副书记、市长阳卫国陪同督查。

是日，市委书记、市人大常委会主任毛腾飞，市委副书记、市长阳卫国会见国家开发银行湖南省分行行长袁建良一行。

12日 株洲经济开发区正式挂

牌成立。市委书记、市人大常委会主任毛腾飞，市委副书记、市长阳卫国出席挂牌仪式并揭牌。

是日，“点击中国动力谷——第二届全国主流网络媒体看株洲”活动正式启动。市委书记、市人大常委会主任毛腾飞出席活动并致辞。

16日 省委常委、宣传部部长蔡振红到株洲督查安全播出工作。市委副书记、市长阳卫国陪同督查。

是日，副省长隋忠诚深入炎陵县和茶陵县，专题调研脱贫攻坚和农业农村工作。市委副书记、市长阳卫国，市人大常委会党组书记、常务副主任刘光跃陪同调研。

17日 株洲市第二次总河长会议在醴陵召开。市委副书记、市长、市总河长阳卫国出席，要求全面推动全市河湖管理保护不断取得新成效。

21—24日 国家煤监局行管司司长辛广龙率国务院安委办督查组到株洲开展安全生产大检查“回头看”。

23日 株洲市产业招商推介暨轨道交通城项目发布会举行，这也是2017中国（湖南）国际轨道交通产业博览会暨高峰论坛活动的第一个环节。市委副书记、市长阳卫国到会祝致辞。

是日，在天元区神农大道，全球首条智能轨道快运系统示范线一期工程启动线路匹配测试和试乘，标志着“智轨”列车实现上路运行。这列“智轨”由中车株洲所研制。

24日 2017中国（湖南）国际轨道交通产业博览会暨高峰论坛在株洲开幕。来自全球内政产学研用等领域约1300余名嘉宾齐聚一堂，聚焦轨道交通产业智能化、国际化、人才培养及投融资等热点议题，共商轨道交通产业发展。

是日，副省长何报翔到攸县调研旅游产业发展工作。市委副书记、市长阳卫国参加调研。

29日 省政协副主席、省科技厅厅长赖明勇一行到株洲调研科技创新助力精准扶贫工作。市委副书记、市长阳卫国调研。

是日，株洲市第十三届运动会在市体育中心开幕。省体育局党组书记、局长李舜致贺词。市委书记、市人大常委会主任毛腾飞宣布开幕，市委副书记、市长阳卫国致开幕词。

31日 工信部信息化和软件服务业司司长谢少锋一行到株洲，调研智能制造和电子信息产业发展情况。市委副书记、市长阳卫国陪同调研。

11月

2日 市委副书记、市长、市地名委员会主任阳卫国召开市地名委员会2017年第一次会议，审议相关法案，研究地名管理工作。

6日 在全国行政服务大厅典型案例总结会上，荷塘区政务服务中心荣获“信息化优秀单位”称号。

14—16日 省委常委、常务副省长陈向群深入炎陵县、茶陵县督查调研脱贫摘帽工作。市委书记、市人大常委会主任毛腾飞，市委副书记、市长阳卫国参加督查和座谈。

15日 株洲市召开城市基层党建工作推进会，学习贯彻党的十九大精神，研究部署城市基层党建工作。

17日 新华社授权发布第五届全国文明城市、文明村镇、文明单位和第一届全国文明校园名单。株洲市继续保留全国文明城市荣誉称号，株洲6个村镇、5家单位、2所学校分别获评全国文明村镇、全国文明单位、全国文明校园。

是日，市委书记、市人大常委会主任毛腾飞率市政府经济金融办等部门负责人拜访国家开发银行，与国家开发银行党委副书记、副董事长、行长郑之杰就深入推进战略合作等事宜进行全面交谈。

20日 市委书记、市人大常委会主任毛腾飞赴深圳市，参观中国国际高新技术成果交易会，考察前海深港现代服务业合作区。

21日 株洲宏达电子股份有限公司成功在深圳证券交易所创业板上市交易。

21—22日 省人大常委会党组书记、副主任韩永文率省委脱贫攻坚常态化联点督查组到茶陵县开展督查工作。市委书记、市人大常委会主任毛腾飞陪同。

21—24日 2017年湖南经济合作洽谈暨第八届湘商大会在郴州举行。市委副书记、市长阳卫国率领株洲市代表团参会，邀约重要客商，洽谈投资合作。

23日 省第十七次市州关工委主任会议在株洲市召开。全国人大常委会原副委员长、中国关工委主任顾秀莲出席会议并实地考察株洲市关心下一代工作。

是日，中国核工业建设集团公司党组成员、副总经理李清堂一行到株洲，考察投资环境及相关项目，对接洽谈有关合作发展事宜。市委副书记、市长阳卫国陪同并参加座谈。

25日 全市县处级领导干部学

习贯彻党的十九大精神第一期集中轮训班在市委党校开班。

27日 省委常委、长沙市委书记胡衡华率长沙市党政代表团到株洲市考察。市委书记、市人大常委会主任毛腾飞陪同。

是日，市委副书记、市长阳卫国赴北京拜访中国科学院微生物研究所，洽谈有关合作事宜，推动更多科技成果转移转化项目在株洲落地。

28日 省委书记、省人大常委会主任杜家毫到株洲市，专题调研清水塘搬迁改造、航空产业发展情况。省委常委、省委秘书长谢建辉，市委书记、市人大常委会主任毛腾飞参加调研。

是日，醴陵瓷谷获评“国家工业遗产旅游基地”。

12月

1日 省政协副主席、民盟省委主委杨维刚率调研组到株洲调研“盟员之家”建设情况。市委副书记雷绍业陪同调研。

是日，2017湖南技能大赛、第45届世界技能大赛湖南选拔赛开幕式在湖南工贸技师学院举办。

6日 市委书记、市人大常委会主任毛腾飞，市委副书记、市长阳卫国率株洲党政代表团赴长沙市、湘潭市学习考察。

7日 中共株洲市第十二届委员会第五次全体会议召开。会议听取和讨论市委常委会工作报告，审议通过《中共株洲市委关于深入学习贯彻党的十九大精神 加快建设“一谷三区”奋力实现“两个走在前列”的意见》。

8日 市委书记、市人大常委会主任毛腾飞会见三胞集团有限公司董事长袁亚非，共商合作发展事宜。

12日 副省长何报翔率省直有关部门负责人到株洲调研信访和开放型经济发展情况。市委副书记、市长阳卫国陪同调研。

是日，在北京举行的第十九届中国专利颁奖大会上，中车株洲所“一种三电平双模式空间矢量过调节方法及系统”及“一种单片集成IGBT和FRD的半导体器件”亮相专利，分别获得专利金奖和专利优秀奖。

20日 省委常委、常务副省长陈向群到株洲调研航空产业发展情况。市委书记、市人大常委会主任毛腾飞，市委副书记、市长阳卫国参加。

26日 株洲市政府与中铁十五局集团有限公司战略合作框架协议签约仪式举行。市委副书记、市长阳卫国，中铁十五局集团总经理丁力见证签约。

是日，以“融实业、创变未来”为主题的第三届长株潭互联网大会在株洲召开。市人大常委会党组书记、常务副主任、市电子信息产业领导小组组长刘光跃，省经信委党组成员、总经济师熊琛出席大会。

26—27日 株洲市委经济工作会议召开，深入贯彻落实党的十九大和中央、省委工作会议精神，总结2017年经济工作、部署2018年经济工作。市委书记、市人大常委会主任毛腾飞，市委副书记、市长阳卫国出席会议并讲话。

27日 “‘两型’新征程，人居新梦想”株洲市“两型”十年系列颁奖典礼举行。省长株潭“两型社会”试验区工委副书记、管委会常务副主任易春阳，市委书记、市人大常委会主任毛腾飞，市委副书记、市长阳卫国参加典礼。

28日 中车株洲物流基地项目正式施工。市委副书记、市长阳卫国，中车集团公司党委常委、中国中车股份执行董事、党委常委徐宗祥出席施工动员会。阳卫国宣布项目开工。

是日，株洲市第十三届运动会胜利闭幕。运动会于8月开赛，历经4个月的赛程。

株洲概况

自然地理

【区域位置】 株洲市位于湖南省东部、湘江下游。北纬26°03'05"~28°01'27"，东经112°57'30"~114°07'15"。东西最宽处88.75千米，南北最长处219.25千米。东邻江西省萍乡市所辖的湘东区、上栗县、莲花县及吉安市所辖的永新县、井冈山市、遂川县，南连郴州地区所辖的桂东县、永兴县、资兴市；西接郴州市所辖的安仁县、衡阳市所辖的衡东县和湘潭市及所辖的湘潭县；北依长沙市所辖的长沙县、浏阳市。2017年年末，株洲市土地面积11247.6平方千米，其中市区建成面积138平方千米，全市城镇建成面积337平方千米。（朱　鉴）

【地形地貌】 株洲市境位于罗霄山脉西麓，南岭山脉至江汉平原的倾斜地段上，市域总体地势东南高、西北低。北中部地形岭谷相间，盆地呈带状展布；东南部均为山地，重峦叠嶂，地势雄伟。最高点位于炎陵县东南的酃峰，海拔2115米；最低点天元区马家河镇古桑洲，海拔34.6米。水域637.27平方千米，占市域总面积的5.66%；平原1843.25平方千米，占16.37%；低岗地1449.86平方千米，占12.87%；高岗地738.74平方千米，占6.56%；丘陵1916.61平方千米，占17.02%；山地4676.47平方千米，占41.52%。山地主要集中于市域东南部，岗地以市域中北部居多，平原沿湘江和渌水两岸成带状分布，而以湘江和渌水下游集中。（朱　鉴）

【地质地震】 株洲市地质构造复杂，地处长寿街—株洲—祁东—全州、茶陵—永兴、茶陵—临武、酃县—郴州—蓝山、朱田铺—五里墩断裂带、何家坝—石峰断裂带、龙头铺—南华断裂带和芦淞区董家塅三三一厂地质构造破碎断裂带。株洲地区的抗震设防烈度为6度。株洲市近期虽没有发生中强地震，但小震不断，自1971年有准确记录以来，已经发生20多次有感地震，市区内最大地震为1989年的白石港2.9级地震。（胡毅力）

【自然资源】 株洲境内矿产资源丰富，已探明的矿产有煤、铁、钨、铅、锌、锡、铀、铜、铌、钽、稀土、萤石、石膏、硅石土、高岭土，及石灰石等44种，矿床（点）360处，其中大型矿床3处，中型10处，小型103处。矿产资源赋存具共伴生矿产多、单一矿产少，资源和矿产地分布相对集中的特点。铌、氧化钽、高岭土、铸石用辉绿岩、冶金用石英岩5种矿产资源储量居全省之首，煤、铁、锡、氧化铌、细晶石、陶瓷土、普通萤石，及熔剂用灰岩8种矿产资源储量居全省2位~5位。株洲土壤种类多样，分9个土类、18个亚类、82个土属、304个土种，其中红壤、水稻土分别占土壤总面积47.42%和13.22%。境内溪河纵横，其中长度5千米以上的341条，长度30千米以上的19条，100千米以上的7条，均为湘江水系。湘江干流在株洲市域内全长89.6千米，占湘江总长的10.46%，自南向北，纵贯株洲县和株洲市区。市域内湘江一级支流较大的有洣水、渌水；湘江二级支流长度在100千米以上的有洮水、攸水、澄潭江、铁水等4条。株洲市域的植物种属古老，种类繁多，群落交错，分布混杂。自然分布和引种栽培的约有106科、296属、884种。其中珍稀乡土树种约有40余种。全市共有古树名木3万余株，其中500年以上的国家一级古树245株。有阔叶林、针叶林、灌丛（灌草丛）和草甸4个植被型组；有常绿阔叶林，常绿. 落叶阔叶混交林，低山针叶林，灌丛、中山草甸等9个植被型。有维管束植物219科、906属、2066种，天然分布的国家重点保护野生植物31种，其中国家一级保护野生植物10种；国家二级保护野生植物21种。全市天然分布的陆生野生动物224种。按类分，哺乳纲41种，鸟纲122种，两栖纲6种，爬行纲55种。其中属国家一级保护野生动物4种，如云豹、金钱豹、黄腹角雉等；国家二级保护动物25种；湖南省地方重点保护野生动物195种。株洲属中亚热带季风性湿润气候。年平均气温17℃~18℃。年降水量平均在1348毫米~1490毫米之间，气候温暖，四季分明，雨量充沛，无霜期长，光热充足，冬寒期短，属宜于耕作之地。受季风影响，雨季和旱季明显，旱涝频率较高。

（陈 岱 何 超）

【水资源】 2017年，全市年平均降水量1566.7毫米，折合水量176.4亿立方米，比往年平均偏多3.8%；地表水资源量（当地天然河川径流量）114.7亿立方米，折合年径流深1018.1毫米，比往年平均偏多12.1%；地下水资源量29.81亿立方米，扣除重复计算量29.81亿立方米，水资源总量（不包括入境流量）114.7亿立方米。全市范围属平水偏丰年份，辖区内降水较历年均值偏多，洣水支流河漠水、沔水、攸水上游地区降水量偏多，渌水支流铁水流域、湘江干流株洲段降水量偏少。

（吉惠质）

【水文状况】 2017年，株洲市发生5次大的降雨过程。受降雨影响，湘江株洲站发生3次洪水过程，渌水大西滩站发生6次（其中3次超警、1次超保）洪水过程，洣水茶陵站发生3次（其中1次超警）洪水过程。“一江两水”最大洪水过程均发生在6月22日—7月6日暴雨洪水期间，6月28日洣水茶陵（二）站出现年最高水位101.22米，年最大流量2314立方米/秒；渌水大西滩（二）站7月2日出现年最高水位52.62米，年最大流量为1880立方米/秒；湘江株洲站7月3日出现年最高水位43.06米，年最大流量为18400立方米/秒。

（吉惠质）

【气候特点】 2017年，株洲地区异常气候事件频发。气温整体偏高，其中冬季气温异常偏高；降水整体正常，3月和6月出现阶段性异常；日照整体正常；年内经历1次寒潮、11次强对流天气、多次连阴雨、多段高温热害天气等灾害性天气；6月22日—7月2日株洲市区出现一次超历史极值的强降水天气过程，10天累计降雨量达428.9毫米，为有历史记录以来的最大值，达到重度洪涝标准，醴陵出现中度洪涝，攸县、茶陵和炎陵均出现轻度洪涝。

气温：2017年株洲地区气温偏高。年平均气温18.5℃，较历年偏高0.6℃；年平均最低气温15.2℃，较历年异常偏高0.7℃；年平均最高气温23.5℃，较历年偏高0.8℃；极端最高气温39.7℃（醴陵7月23日），极端最低-2.4℃（炎陵2月12日）。空间上呈中部高、南北低分布，炎陵年平均气温明显低于其他县（市）。四季中冬季气温异常偏高，2016—2017年冬季是自1971年以来，与1999年冬天并列的第一暖冬。

降水：全年株洲地区降水正常，年降水量为1579.1毫米，较历年偏多4.8%；空间上呈中部少，南北部多分布；四季中夏季降水量较常年偏多，其余季节正常；降水日数较历年正常，呈中南部多北部少的空间分布，3月、6月和11月偏多，其他月份正常。

日照：全年株洲地区日照正常，总时数为1452.5小时，较历年偏少95小时；空间上呈南北两端多、中北部少分布；四季中冬季和春季偏多、秋季和夏季偏少，期间2月、4月和5月日照偏多，3月和6月属阴雨寡照月份。

（匡舒也 朱 劲）

【气象灾害】 寒潮：2017年2月20—23日株洲地区出现一次强寒潮过程。株洲、醴陵和攸县从2月20日开始，48小时内同一时刻气温降幅达20℃以上，22日最低气温仅2℃；茶陵与炎陵从21日开始，24小时内同一时刻降温幅度达17℃以上，22日最低气温低于4℃。茶陵县出现偏北大风，极大风速达18.2米/秒（2月21日20时）。

霜冻：2017年12月株洲地区出现霜冻的天数较多。其中株洲市出现6天霜冻，醴陵市出现1天霜冻，攸县出现7天霜冻，茶陵出现4天霜冻，炎陵出现8天霜冻。

冬旱：2016—2017年冬季株洲地区降水量为159.4毫米，较历年偏少33.4%，达到冬旱标准。其中，株洲市区、醴陵、茶陵与炎陵冬季降水量分别较常年偏少35%、36%、30%、37%，达到冬旱标准。

连阴雨：2017年株洲地区出现多段连阴雨天气。其中，株洲市区3月9—22日、6月20日—7月2日出现重度连阴雨，醴陵3月9—22日出现重度连阴雨，攸县3月4—10日出现轻度连阴雨、12—25日出现重度连阴雨，茶陵3月4—10日出现轻度连阴雨、12—22日出现中度连阴雨，炎陵3月4—10日出现轻度连阴雨。

暴雨洪涝：2017年，株洲地区出现暴雨过程11次，主要集中在3月、6—9月；年暴雨日数3.6天，较历年偏少0.4天，较上年偏少0.2天。共引发92

起地质灾害，其中中型灾害4起，均发生在6月；强降雨导致株洲站发生3次洪水过程，洣水茶陵站发生1次，渌水大西滩站发生6次。

其中，6月22日—7月2日全市出现一次超强降水过程，其中株洲市区10天降雨量428.9毫米，醴陵345.2毫米，攸县239.3毫米，茶陵237.8毫米，炎陵214.2毫米，株洲市区出现有历史记录以来10天累计降雨量的最大值，达到重度洪涝标准。全市195个区域自动站中≥25毫米的172个，≥50毫米的167个，≥100毫米的158个，≥200毫米的117个，大于等于300毫米的45个，≥400毫米的14个，≥500毫米的6个，≥600毫米的3个，最大的是石峰区的井龙村609.9毫米。在此次强降雨过程中，株洲地区受灾71051人，死亡和失踪0人，紧急转移安置2399人，分散安置2395人，需紧急生活救助515人，农作物受灾面积15306公顷，其中农作物绝收1009公顷，倒塌房屋243户共787间，严重损坏房屋102户共241间，一般损坏房屋675户共1349间，总计直接经济损失2.14亿元。

高温热害：2017年株洲地区平均高温日数为40.4天，较历年偏多5.1天，属偏多年份，极端高温为39.7℃，出现在醴陵市。

5县（市）均出现多段高温热害天气。其中，株洲市区出现3段高温热害天气（7月21—29日、8月2—8日、8月19—25日），醴陵出现4段高温热害天气（7月12—18日、7月21—30日、8月2—8日、8月19—25日），攸县出现4段高温热害天气（7月12—17日、7月21—28日、8月3—8日、8月19—23日），茶陵出现3段高温热害天气（7月20—30日、8月3—8日、8月19—25日），炎陵出现4段高温热害天气（7月12—17日、7月21—28日、8月5—9日、8月18—22日）；其中，7月20—30日茶陵达到中度高温热害标准。

雷雨大风：2017年株洲地区雷雨大风多发生在7—9月，共发生20起。7月发生雷雨大风天气6起，其中7月23日株洲地区白关镇、雷打石镇等地区出现七级阵风，导致5处房屋屋顶被掀，无人员伤亡。8月发生雷雨天气11起，其中8月15日攸县和炎陵出现雷雨大风天气，最大风速19米/秒以上。9月发生雷雨天气3起。

冰雹：2017年5月3日，株洲市区、株洲县、醴陵等部分乡镇出现强对流天气，局地出现冰雹，直径约4~5厘米，冰雹持续时间6分钟左右。据中小尺度自动站记录显示，5月3日全市出现8站暴雨，5站的日极大风速达到7级。

霾：2017年，株洲地区出现霾天气，出现频率从北向南依次减少，达到霾标准的天数在2天（炎陵）~16天（株洲）。株洲地区霾日多出现在11—3月，4—9月空气质量良好，全市无霾日。　（匡舒也　朱　劲）

行政区划

【建置沿革】　株洲，古称建宁，又名槠州。三国吴太平二年（257年）已有建宁县，属长沙郡。隋开皇九年（589年），隋灭陈，废建宁县。唐高祖武德四年（621年），复置建宁县，属南云州。唐太宗贞观元年（627年），将建宁县并入攸县。民国23年（1934年）12月，湘潭县辖10个区，1个直属乡。区以下分10个镇，40个乡。所设株洲镇隶属湘潭县第二区。民国36年（1947年）2月，株洲镇和白关乡、昭阳乡合并为株洲乡，直属湘潭县政府。同年8月，株洲乡辖33保，495甲，108783人。1949年8月，湘潭县下设株洲区，辖株洲、藕灵2个乡。1950年1月，株洲区改为第一区。1950年6月，湘潭县下设株洲镇（区级），辖一至四街居民委员会、田心塅乡、董家塅乡、石子头乡，株洲镇公所（后改为株洲镇人民政府）驻殷家祠堂。1951年6月6日，湘潭县辖株洲镇升格为株洲市（县级），隶属湖南省人民政府长沙区专员公署。以原株洲镇和湘潭县第一区的太平桥、荷塘、龙洲、大京、白关、百井、南华七个乡和荷花乡的5个村为其行政区域。株洲市人民政府驻殷家祠堂。1953年4月14日，株洲市改为省辖市（县级），由湖南省人民政府湘潭区专员公署领导。株洲市人民政府驻大胜岭，1954年迁建设大道（株洲军分区）。1956年3月23日，株洲市升格为省辖地级市，由湖南省省委、湖南省人民委员会直接领导。　（朱　鉴）

【行政区划】　2017年，株洲市辖5县4区，5县即株洲县、醴陵市、攸县、茶陵县、炎陵县；4区即天元区、芦淞区、石峰区、荷塘区。各县（市）区共辖33个街道、7个乡、61个镇、365个社区，及1016个村。其中：天元区3个镇3个街道，28个村70个社区；芦淞区1个镇7个街道，32个村48个社区；荷塘区1个镇5个街道，24个村34个社区；石峰区（含云龙示范区）1个镇6个街道，9个村59个社区；株洲县8个镇，129个村10个社区；醴陵市19个镇4个街道，215个村55个社区；攸县13个镇4个街道，244个村53个社区；茶陵县10个镇2个乡4个街道，215个村27个社区；炎陵县5个镇5个乡（含1个民族乡），120个村9个社区。

（朱　鉴）

人口·民族宗教

【概况】 2017年年底，全市户籍人口1191097户，比上年增加3957户；全市户籍总人口4026044人，比上年减少16262人，负增长0.40%。户籍总人口中，男性为2044059人，女性为1981985人，男女性别比103.13∶100；全市城镇户籍人口1834678人，户籍人口城镇化率45.57%，较上年增加2.75%。全市出生登记50786人，出生登记数占户籍总人口12.614‰；死亡注销60873人，死亡注销数占户籍总人口15.120‰；户籍人口自然负增长10087人，人口自然负增长2.505‰。全市迁入数28321人，迁出数37035人，全市农业转移人口落户城镇人口156650人，比上年减少63756人，其中城区27241人、县（市）129409人。全市户籍总人口中，荷塘区208977人，芦淞区238315人，石峰区245757人，天元区275879人，株洲县349891人，攸县817256人，茶陵县645060人，炎陵县192990人、醴陵市1051919人。

2017年，全市登记流动人口280595人，其中荷塘区74843人，芦淞区72041人，石峰区38402人，天元区47797人，经济开发区12226人，株洲县7432人，攸县6541人，茶陵县5393人，炎陵县2718人、醴陵市13202人。

（文　利）

【民族】 株洲属少数民族散杂居地区，下辖1个民族乡（炎陵县中村瑶族乡）、1个民族村（炎陵县十都镇洋岐畲村）。截至2017年年底，株洲市共有46个少数民族，人口总数为2.3万人，占全市总人口比例为0.57%。其中人口总数排名前8的少数民族分别为土家族5067人、苗族3992人、瑶族2723人、畲族1455人、侗族1238人、壮族1063人、回族977人、满族570人，人口数合计17085人，占全市少数民族总人口的比例为77.6%。流动少数民族人口近4万人。

（蒋　龙）

【宗教】 株洲宗教历史悠久，佛教、道教、天主教、基督教、伊斯兰教5大宗教俱全。株洲是全省宗教工作重点市州，有正式登记的宗教活动场所534处。其中佛教172处，道教283处，基督教74处，天主教4处，伊斯兰教1处，宗教活动涉及全市90%以上的乡镇。正式登记备案的宗教教职人员318人。其中佛教比丘、比丘尼133人，道教全真派道士61人、正一派道士60人，天主教神甫2人，基督教牧师4人、教师3人、传道员54个，伊斯兰教阿訇1人；民间信仰场所82处，省级重点宗教活动场所10处，市、县两级宗教团体14个，全市有宗教信徒约4万人，信教群众近40万人。

（蒋　龙）

精神文明建设

【概况】 2017年，全市精神文明建设战线牢牢把握培育和践行社会主义核心价值观根本任务，着力加强公民思想道德建设，持续深化群众性精神文明创建，不断提升市民文明素质和社会文明程度，各项工作取得新进展新突破新成效。

做强主题宣传大声势。紧紧围绕迎接学习宣传贯彻中共十九大这条主线，把学习习近平新时代中国特色社会主义思想和中共十九大精神作为推动精神文明建设的首要政治任务，广泛组织开展生动活泼、深入浅出的学习宣传。组建宣讲团开展十九大精神“七进”（进企业、进农村、进机关、进校园、进社区、进军营、进网站）活动，在农村、企业、机关、学校等基层集中宣讲155场，举办微宣讲5000多场次。在新闻媒体开辟“砥砺奋进的五年”，精心策划60多个专题报道，全方位多层次多角度展示十八大以来株洲经济社会发展成就。加大公益广告刊播力度，利用电台、电视、户外显示屏及新媒体等播放公益广告。组织社会主义核心价值观系列主题微电影和剧本征集活动，有2部作品入选全国参展作品。

奏响文明创建大合唱。坚持全民共建、全民共享的工作理念，把为民利民惠民要求贯彻到群众性精神文明创建活动全过程，着力提升市民的主体感、参与感、获得感和幸福感。深化文明城市创建。着力深化文明城管、文明交通、文明乡村等十大文明行动，推动文明行动大提升，广泛开展礼让斑马线、整治露天烧烤、推进移风易俗等系列活动，文明新风进万家，中国文明网、《湖南日报》等媒体竞相推介，打响了株洲精神文明建设新品牌。立体化宣传。在《株洲日报》刊发《致市民的一封信》，印发30万份文明市民手册、40万份宣传单、3万份宣传海报，制作公益围挡7100多条，公共场所发布公益宣传广告3800多块，群众知晓率和参与度明显提升。常态化督查。全年围绕文明城市创建工作，展开督查200余次，实地督办1180个点，发放《整改通知书》185份，问题整改率达到80%左右；全年组织四次模拟测评，进行约谈16次，有力推动工作落实。精准化培训。突出针对性实效性，分众分层举办文明城市创建实地测评培训班、资料整理培训班、浙江大学文明创建提升班，提升了能力、凝聚了合力。深化文明村镇创建。改善农村基础设施建设，加强农村环境综合治理，开展群众喜闻乐见的“三下乡”等惠民活动和“星级文明农户”“最美农家”等评选活动，大力提倡移风易俗，培育文明乡风。评选出天元区雷打石镇等52个村镇、街道办事处为市文明村镇、街道办事处。深化文明单位创建。着力提升职业道德，树立行业新风，切实为广大市民提供文明优质服务。评选出株洲市总工会等13家单位为市文明标兵单位，湖南山河科技股份有限公司等86家单位为市文明单位。深化文明家庭创建。在“5•15国际家庭日”之时，出版《株洲百户优秀家庭事迹汇编》，传承优良家教家风。评选出史君、马星家庭等20户家庭为市文明家庭。深化文明校园创建。按照“六个好”（领导班子建设好、思想道德教育好、活动阵地好、教师队伍好、校园文化好、校园环境好）文明校园创建标准强化举措，评选出攸县第一中学等6所学校为市文明标兵校园，株洲县龙潭中学等31所学校为市文明校园。

搭起市民活动大舞台。创新活动载体，完善活动阵地，突出活动主题，广泛搭建市民乐于参与、便于参与的精神文明建设活动舞台，让市民在践行中提升自我。志愿服务常态长效。精心设计志愿服务项目，打造一批具有株洲特色、深受市民欢迎的志愿服务活动项目品牌，“雨润新苗·花季护航”“彩虹邮包”“金秋助学”等项目人人知晓。充分利用时间节点，广泛发动市民有时间做志愿者、有困难找志愿者，其中3月共组织学雷锋活动500余场，参与人数近2万人；高考期间开展“爱心送考”行动，2万多台爱心车辆为考生参考保驾护航。2017年，共有6名个人、1个组织、2个项目、1个社区分别获得全省志愿服务最佳，11名志愿者入选湖南当代雷锋。公共文化活动精彩纷呈。以创建国家公共文化服务体系示范区为抓手，繁荣文化事业，丰富群众文化活动。神农大剧院运营以来，公益演出100多场。民族歌舞剧《英·雄》入选国家文化部“中国民族歌剧传承发展工程”。“欢乐潇湘·欢乐株洲”活动，演出场次多，参与演员多，观众人数多。加大文化惠民力度，全年完成公益演出672场，城乡放映公益电影1.9万场，得到广大市民的热烈欢迎。未成年人思想道德建设得到加强。深化拓展“我们的节日”主题活动，举办全省“我们的节日·清明·慎终追远·同心圆梦”祭祖活动，从未成年人抓起，大力弘扬中华民族优秀传统文化。持续深化“我的中国梦”主题活动，举办“清明祭英烈”、学习和争做美德少年活动、“向国旗敬礼”“快乐童声·童心向党”歌咏大赛等系列活动，增强未成年人爱党爱国的热情。启动“珍爱生命·健康成长”未成年人主题教育活动，帮助广大未成年人尊重生命、珍爱生命、健康快乐成长。身边好人之花竞相绽放。开展“我评议，我推荐身边好人”活动，获评“中国好人”9人，获评“湖南每周之星”4人，获评“湖南好人”22人。加大道德典型宣传力度，在株洲市博物馆进行集中展示近50位株洲市道德楷模典型人物事迹，制作道德模范、身边好人挂历5万份，成功举办湖南好人榜2017年三季度名单发布暨中国好人与身边好人（株洲·天元区）现场交流活动。（胡　妮）

【获评荣誉】　2017年，株洲成功蝉联“全国文明城市”荣誉称号，6个村镇获评“全国文明村镇”，6家单位获评“全国文明单位”，2所校园获评“全国文明校园”，《株洲晚报》志愿者联合会获评“全国百佳志愿服务组织”，2位市民被授予全国道德模范提名奖，市图书馆获评第四届全国学雷锋活动示范点，后两项均实现株洲市零的突破，其中一批文明单位典型、两位全国道德模范提名奖获得者、市图书馆得到央视、《光明日报》《湖南日报》等多家主流媒体报道。

（胡　妮）

【开展文明提升“十大行动”】　文明城管行动方面，先后开展“强转树”“城管五进”等9大主题活动。对照文明城市建设“负面清单”，开展建设工地扬尘污染、露天烧烤油烟污染、城区行道车辆违停等近30项专项整治行动。文明交通行动方面，新增线路3条，优化调整公交线路4条，新建两个充电站，建成一条BRT快速公交系统，更新投放自行车5407台，优化站点完成100%。大力整治交通秩序，开展“礼让斑马线”行动，成效明显，非法营运行为受到严厉查处。文明餐桌行动方面，开展“五个专项”整治，实施“四大工程”，拓展工作成果。开展“文明餐桌示范单位”创建活动，在市区评选4条食品安全示范街、63家“文明餐桌行动示范单位（店）”，4家获评“湖南省文明餐饮示范单位”。文明旅游行动方面，开展文明旅游“六进”“手机随手拍”和文明旅游知识竞赛活动。对全市旅游从业人员进行培训教育，进一步规范旅游行为。新建改造旅游厕所，完善旅游基础设施和公共服务。文明家庭行动方面，不断深化家庭文明创建工作，举办最美家庭事迹巡讲、家庭文明建设十年巡礼等活动，醴陵市刘天健家庭获评全国首届文明家庭。文明网络行动方面，组织各网络媒体开设文明专栏、刊发文明新闻、刊播公益广告，大力营造网络文明氛围。加强网络媒体管理，依法约谈属地网站以及微信公众号13家，关闭发布违规信息的网站株洲时间网、大攸网及微信公众号“号外株洲”。文明乡村行动方面，在10个示范镇、100个美丽乡村创建村深入开展文明乡村创建，建成基层综合文化服务中心1044个，农家书屋1561个，攸县农家书屋创新管理的经验得到中央领导批示并在全国推广。文明校园行动方面，实施“六礼三仪”教育，增强学生的社会责任感。加强学生心理健康教育，建设心理健康教育特色校和示范区，培育学生健全人格。强化乡村学校少年宫建设，形成“一宫一品”特色。各县市区基本建成1处未成年人校外活动场所，认定首批21个学生社会实践基地。文明社区行动方面，按照《株洲市社区服务场所提质改造三年行动计划（2016—2018）》，完成76个社区提质改造任务。报亭社区等社区居民出行通道等市政道路设施得到提质改造，方便社区居民出行。文明单位行动方面，17家省文明单位在《湖南日报》进行宣传展示，市国税局文明单位创建经验得到省委常委、统战部部长黄兰香的批示；各级文明单位积极参与扶贫攻坚、爱心帮扶、抗洪救灾等公益活动，切实履行社会责任，发挥示范带头作用。

（胡　妮）

全面深化改革

【概况】　2017年，株洲市培育发展战略性新兴产业、老工业基地转型升级、公立医院综合改革三项工作受到国务院通报表彰，建设领域投资审批制度改革和荷塘区“一门式”服务两项工作获湖南省管理创新奖。加强党对改革的集中统一领导。全年共组织6次市委深改组领导小组会议，审议35个改革文件，确保重大改革事项“应上尽上、应审尽审”。市委深改组确定的10大类137项年度重点改革任务，完成115项。市委书记毛腾飞、市长阳卫国分别领衔推动构建创新引领体制机制、供给侧结构性改革等11项重大改革，形成全市各级各部门推改革“一把手抓、抓一把手”的良好局面。注重改革的系统性、整体性、协同性。开展“减证便民”专项行动、建设投资项目“三测合一”，实现涉企证照事项“四十一证合一”；集成推进生态文明体制改革，“大环保”工作格局基本建立，清水塘老工业区搬迁改造取得重要阶段性成果，绿色转型发展经验在全国经济体制改革会上推介；围绕国家自主创新示范区建设，突出打造株洲·中国动力谷，《人民日报》、新闻联播多篇次集中报道；加快推进“五大试点改革”，统筹推进农村“三块地”、城乡建设用地增减挂钩改革，城镇规模不断扩大；统筹推进党建、纪检改革，完善以《市委工作规则》为总揽的“1 + 4 + X”的运行机制，出台加强国企、“两新”、医院、学校等领域党建的8个实施意见，构建“两新”党建“2 + 8”制度体系。从严压实责任，高校落实推进机制。建立改革动态信息管理平台。以“改革月”“双函制”（督办函、提醒函）为手段，全年开展8次专项督察，督办46项改革事项。坚持开展全面深化改革第三方评估工作。组织全面深化改革中期评估工作，形成专题评估报告。以宣传引领凝聚合力，及时收集整理、总结推广一批改革创新案例，评选首届创新奖。组织评选株洲市“两型”改革典型案例10个。

（李海燕）

【加速产业转型升级】 2017年，株洲全面落实省委“创新引领、开放崛起”战略，以产业绿色化、服务优质化、价值高端化、制造智能化为目标，倾力推进“中国制造2025”建设，大力开展工业“1093”行动，全市工业转型升级蹄疾步稳、成效显著，成功入选国家首批老工业城市和资源型城市产业转型升级示范区，特色优势产业转型升级获国务院通报表彰。

突出绿色发展，传统产业焕发新活力。坚持“两型”建设，注重可持续发展，大力化解过剩产能，积极推进绿色制造体系建设，传统产业焕发蓬勃生机。全力推动旧产能退出。扎实推进供给侧结构性改革，制定出台实施方案，扎实推进钢铁、煤炭、花炮等行业过剩产能化解。截至2017年年底，全市立窑水泥全部关停，钢铁行业基本退出，炼铅生产线全部淘汰，基础化工全部关闭，煤炭、花炮行业过剩产能化解进展顺利，产业结构持续优化。全速推进清水塘搬迁。大力实施清水塘搬迁改造“三年大见成效”行动，抽调一批骨干力量常驻办公，出台一批政策文件专项支持，强力推进清水塘老工业区搬迁改造，原有的153家企业已关闭147家，提前完成省委、省政府交办的工作任务。全面推广“两型”新模式。全面实施百家企业节能行动，严格实行清洁生产审核计划，2017年实施16个节能技术改造，节约标煤4.1万吨，12家企业通过清洁生产审核，2家企业获评省“两型”工业企业。大力支持绿色制造、绿色工厂、绿色产品创建，南方阀门获工信部绿色制造集成项目试点，洁宇日化获国家绿色产品创建试点，时代绝缘获国家绿色工厂创建试点。

突出降本增效，服务企业营造大环境。持续开展企业帮扶活动，努力营造稳定、公开、透明和可预期的营商环境。减降同步强支持。严格落实上级关于降低实体经济成本有关政策文件，全面实施清费降税行动，持续加大“放管服”力度，在全省率先开展“减证便民”改革，对实体经济的支持力度不断加大。全年累计为企业减少或降低各类成本57亿元。上下联动强纾困。推行“24小时见面制”，积极引入第三方评估，“市级领导—驻企联络员—各级各部门”三位一体、全面覆盖的帮扶体系初显成效，100个专业服务机构为企业提供全方位、全天候、多层次的服务。全年共收集交办问题2243个，办结率99.96%。拓拉并举强集聚。在帮助企业拓市场、拉配套方面全面发力，动力谷“3+5+2”产业集聚度不断提升。成功举办中国企业家年会、轨道交通博览会、陶博会、服博会等活动，全年引进项目224个，配套企业106家，涉及金额2188亿元。先后组织参加国内外各类会展、博览会等40多场次，签下订单40多亿元。推动中车集团“三巨头”发布近380亿元配套需求，一大批中小企业成功对接。育引结合强保障。积极推进产融合作试点，411家企业在股交所实现挂牌，宏达电子等2家企业主板上市，银企对接为中小企业融资授信475亿元。新引进3名院士、12名国家“千人计划”人才，507位专家教授加盟动力产业专家人才库。

突出创新驱动，产业发展迈向中高端。用活用足国家自主创新示范区配套政策，积极对接国省战略，不断加快技术创新、产品创新、品牌建设步伐，推动产业迈向价值链中高端。技术创新占领新高地。引导加大研发投入，运用新工艺、新技术、新装备，着力突破产业发展中的关键共性技术，推进成果转化。全年高新技术产业实现增加值666.9亿元，增长17.8%；每万人发明专利拥有量超过9.28件，全省排名第二；完成工业技改投资665.8亿元，增长25%，增幅居全省第一。品牌质量竖起新标杆。大力开展“三品”活动，积极培育知识产权运用标杆、质量标杆和品牌标杆企业。国家级工业品牌培育示范企业达18家，拥有中国驰名商标33件，省著名商标177件，中车株所、中车电机、时代电气等企业竞相突破一批国内空白、国外垄断的关键技术。联诚控股亮相2017年金砖五国会议，成功跻身世界舞台。全年规模工业新产品实现产值468.5亿元，增长43.1%。中国动力谷与深圳无人机等被视为中国制造“新版图”，与安徽声谷等地并称中国腹地新五“谷”丰登。平台建设孕育新动能。积极探索技术创新中心建设，引导联合研发、行业共享、协同创新，搭建国省市三级全覆盖的企业技术创新平台。全市现有省级以上技术创新平台114家，省级以上重点实验室、工程研究中心50家。成立全国唯一的IGBT国家级技术创新战略联盟，建立省级产业技术创新战略联盟6个，入围国省重大关键技术17项，实现科技成果转化107项，转化率达62%。株洲国创轨道科技有限公司获批全省首家制造业创新中心。

突出制造强市，产业集聚迈上新台阶。全面推进产业融合发展，大力推进制造强市建设，全力打造中国动力谷。2017年，株洲市成功获批国家智能制造、工业强基等项目14个，制造强省项目26个，成功入选国家首批通用航空产业综合示范区，轨道交通产业获批国家区域品牌建设试点，制造强市、军民融合获省政府通报表彰。做强龙头企业。持续实施工业“十百千”工程，全面实行服务责任制、政策优惠制、成长激励制，促进龙头企业上台阶。全市有过亿元企业725家，过10亿元企业16家，过50亿元企业2家，过百亿元企业7家。大力培育行业隐形冠军，全年新培育“小巨人”企业24家，株硬集团获国家制造业单项冠军示范企业，株洲橡胶研究院的“气象气球”获国家制造业单项冠军示范产品。补齐配套企业。对照全省20个工业新兴产业链推进方案，全面梳理本土11个特色产业链条，列出各产业链企业名单，找准强链、补链、延链环节，完善产业链条，促进产业链集聚发展。轨道交通、汽车、航空、电子信息等产业本地配套率分别达70%、40%、20%、30%。推进跨界融合。围绕产业链，完善资金链，延伸价值链，布置创新链，推动互联网、大数据、人工智能、服务业与制造业深度融合，全面加快“两化”融合步伐。制定出台军民融合专项扶持政策，积极筹建军民融合协同创新中心，促进军民两用技术双向转化，推动“民参军”企业达23家。（周　德）

【推进清水塘老工业区搬迁改造】2017年，株洲市大力度推进清水塘老工业区搬迁改造，按照企业关停与土地收储、搬迁改造、人员安置、污染治理、新城建设同步推进的要求，153家企业已关停147家，完成棚改拆迁10051户，完成重金属污染治理项目9个，完成居民避险安置4642户，取得重要阶段性成果。

坚持高位推进，健全机制形成合力。成立高规格领导机构。省级层面成立清水塘老工业区搬迁改造协调小组，由省发改委牵头；市级层面成立由市委书记任政委、市长任指挥长的搬迁改造工作协调指挥部，按照“一厂一组”原则组建重点企业搬迁改造工作组；区级层面相应成立指挥部，负责操作层面的具体推动。强化顶层设计。先后出台《关于推进株洲清水塘老工业区搬迁改造工作的指导意见》《企业土地收储实施办法》等文件政策，明确“一年初见成效，三年大见成效，五年完成综合治理，十年建成新城”的总体目标以及资金、土地、奖惩等方面内容。建立联动机制。省、市、区三级联动，市、区指挥部全面推行“一单四制”工作制度，对重点工作进行预安销号制度，日安排、周讲评、月调度；与省发改委等省直部门紧密联系，定期向省委、省政府汇报工作。

坚持促引结合，关停搬迁企业。促引结合关停企业。以最严标准，组织相关部门开展地毯式执法检查，同时，加大政策宣传力度，促使企业关停。主动帮扶搬迁企业。积极帮助企业与搬迁承接地和上级主管部门进行对接，引导异地发展。先后与柳州柳化集团、省海利集团及岳阳临湘等搬迁承接地对接，柳化株洲基地等21家企业先后在市内外确定选址，大部分企业开始新址建设。创新土地资产处置模式。以“土地收储＋奖补激励”的模式对企业土地进行收储。企业土地收储成本控制在每亩80万元左右，则按照企业关停搬迁的时间节点给予10万元/每亩~15万元/亩的奖补。

坚持防治并举，全面改善生态环境。大力实施“碧水蓝天”和“青山净土”行动，加大污染治理力度，确保不欠新账、多还旧账。全面进行强力防控，实行清水塘环保片区责任制，实现环保网格化监管“全覆盖”。着力污染治理。积极争取中央、省级专项资金5.8亿元，完成霞湾港重金属污染综合治理工程等9个综合治理项目；积极推进国家第三方治理试点工作，已完成项目的土地征拆、工程设计、工程招标等工作；取得世界银行支持，启动总投资15亿元的全国首个污染土地修复及再开发世行贷款项目，清水、铜霞片区重金属污染土壤治理工程等子项目正在实施；按照“边搬迁、边治理”的思路，启动12家关停搬迁企业污染治理项目的前期工作。

坚持市场运作，开发建设新城。以“三统两分”推进新城建设，“三统”即由市政府负责统一政策、统一规划、统一基础设施建设，“两分”即分头开发土地，分块治理污染，既提高多元投资主体的积极性，缓解政府融资压力，又明确各级责任，加快了推进的步伐。由市本级平台公司出资成立清水塘新城投资集团，通过市场运作的模式，吸引战略合作伙伴，探索PPP建设模式，统筹推动清水塘片区的企业搬迁改造、环境治理和片区开发工作。截至2017年年底，清水塘科创园与清华启迪控股签定战略协议，工业遗址公园等项目与湖南省博物馆达成合作意向，在完成企业关停搬迁和污染治理的同时，实现新的产业有效导入和替代。

坚持民生优先，切实保障群众利益。全面实行居民避险安置。借助国家棚户区改造政策，从2016年起，先后启动清水塘棚改项目一、二期，共涉及居民6910户，征收补偿投资约48亿元，已完成4642户；2017年，完成清水塘棚改项目三期共3659户申报工作。切实做好职工安置。出台《关于对清水塘老工业区搬迁改造企业失业人员实行再就业帮扶的实施办法》，通过搬迁企业带走一批、专场招聘安排一批、免费培训转型一批、引导自主择业一批等方式，千方百计促再就业。（周　德）

【构建多种模式医疗联合体】 株洲市通过协议合作、技术支持、人才培训、管理指导等方式，组建多种模式医联体，落实区域医疗中心对下级医疗机构的技术指导和对口帮扶责任，推进分级诊疗制度建设。全市组建各种形式医联体25个，涉及各类医疗机构169家，所有三级公立医院积极引领医联体建设，均牵头或参与到各类医联体中，“基层首诊、双向转诊、急慢分治、上下联动”分级诊疗格局基本形成。

全面建立区域联盟。建立市县医疗联盟。由市级三级医院，联合县级公立医院、乡镇卫生院，形成资源共享、分工协作、技术帮扶的管理模式，推动市级优质医疗资源向基层和边远贫困地区流动。建立城区医疗联盟。由城市四区医疗中心与城区各社区卫生服务中心组建城区医疗联合体。通过探索区域医疗协同管理模式、特色专科发展、急慢分治、日间手术与双向转诊等，突出“亲、诚、融、惠”四字合作原则，真正实现资源共享、责任共担、利益共享。建立县域医疗联盟。由各县级医院牵头与辖区范围内的乡镇卫生院、村卫生室建立紧密型医联体，通过“传帮带”等形式和方法带动基层医疗机构服务能力提升，逐步形成县乡村三级医疗卫生机构分工协作机制。2017年，全市各县上转病人28774人次，同比增长104.6%，下转基层医疗卫生机构的康复期等患者15798人，同比增长44%，节约医保资金5993万元。

积极构建专科联盟。根据不同专科优势特点，充分整合优势资源，以特色专科技术力量为支撑，组建区域间若干特色专科联盟。组建市妇幼健康服务联合体。充分发挥市妇幼保健院的专科优势，通过整合全市妇幼健康服务技术资源，实现联合体内妇幼健康与计划生育服务技术资源共享，妇幼健康工作重心和优质资源得到下移、下沉，全市妇幼健康与计划生育服务能力不断提升，让广大居民享受到连续性的保健服务。积极发展中医医联体。由省直中医院牵头，纵向联合5县市中医院组建医联体，突出打造中医及中西医结合特色和优势。由市中医伤科医院牵头，联合攸县中医骨伤科医院组建医联体，突出打造中医骨伤科特色和优势。由省直中医院牵头，市中医伤科医院协助，联合城市5区基层医疗卫生机构的中医馆组建城市中医馆联盟，突出打造中医养生保健、中医特色康复、中医特色健康管理等中医药适宜技术特色和优势。

注重建立跨区域联盟。与国内顶级医疗机构和优质医疗资源建立长期合作关系，将市外优质医疗资源引入株洲，实现患者在市内就能享受国内顶级优质医疗资源。与中南大学签署合作协议，将市中心医院建设成湘雅医学院附属株洲医院，打造成长株潭区域医疗中心、全国一流的地市级医院；与上海市卫计委签署合作协议，全面深化株洲市公立医院改革试点工作；首批建设的5个重点专科分别与上海复旦大学附属华山医院和附属妇产科医院、第二军医大学附属东方肝胆医院、中国科学院北京阜外心血管病医院、湖南省肿瘤病医院等国内顶级医院，在人才培养、技术指导、远程医疗、转诊服务等方面建立长期合作关系，全面提高专科的医疗、教学和科研水平。（周　德）

【治安防控体系改革】 株洲市创新推出以“四巡四防”为基础的防控发案机制，在全市主城区构建了一张动静结合、全时空、立体化的社会治安防控网络，实现刑事发案和刑事警情显著下降。2017年，全市接报刑事警情、刑事立案同比分别下降15.34%、40.63%，群众安全和满意度大幅提升，创新防控发案机制被评为全省公安机关优秀改革项目。

推行社会化“夜巡”。通过市场机制购买保安公司巡防服务方式，年投入1300余万元，组建455人的夜间巡防队伍，从晚上7点巡逻至凌晨3点，解决警力不足、夜间巡防力量薄弱、案件高发等问题。夜巡开展以来，现场抓获各类违法犯罪嫌疑人 57 人，做好人好事 2000 余件。

做实专业化“昼巡”。在主城区设立 47 个巡区、32 条巡逻线路，整合公安民警、辅警等专业巡防力量，对人流密集、治安复杂和案件高发区域实行网格化“昼巡”，与“夜巡”无缝对接。昼巡启动以来，全市累计抓获 603 名违法犯罪嫌疑人，其中，刑事拘留 355 人，行政处罚 248 人。

健全武装化“联巡”。整合巡警、特警、铁路公安和武警精干力量，每日出动 120 名武装巡逻警力，分成 9 支武装“联勤”小组，携带武器装备在主城区重点部位、重点路段开展常态化武装联勤巡逻，有效防控街面暴恐犯罪，及时处置各类突发（案）事件 30 余起。

创建现代化“空巡”。依托株洲通用航空产业优势，通过警企合作，运用固定翼滑翔机、警用直升机开展空巡，成立 11 个警务航空中队，两批次培训警用无人机驾驶员 32 名、列装警用无人机 26 架，有序开展空中巡逻、空中拍摄、空中取证、空中搜捕、空中侦察、空中指挥、空中支援、空中测绘等工作，利用警用无人机协助抓获犯罪嫌疑人 20 余名，取得较好的实战效能。

构建无缝化“技防”。全面启动“智慧株洲”电子眼建设及联网工程建设，在全市新建高清摄像头，对社会摄像头进行升级整合、联网，实现点位之间、区县之间的联网共享。

调动立体化“民防”。发挥社区民警作用，通过召开月警情通报会、季工作报告会、建立社区微信群、组建义务巡防队伍，发动广大基层干部、老百姓积极开展守院护栋、邻里守望、义务巡逻等群防群治活动。全市共组建义务巡防队 425 支，队员 1611 人，由社区民警组织开展治安防范，共破获各类现行案件 160 余起。

开展密集化“预防”。加大对可防性侵财案件的预防力度，成立“打击治理电信网络新型违法犯罪中心”，印制《防范打击非法集资、电信诈骗违法犯罪宣传手册》30 万册，发放至全市居民；充分利用微信平台、广播电视、报刊网络和社区板报、电子屏等载体，密集开展防盗、防抢、防骗等宣传工作，切实提升群众安全防范意识和自我防范水平。

启动治安岗亭“点防”。采取公司出资、警银亭合建的模式，在株洲主城区和 5 县（市）城区建设标准化的治安岗亭 40 个、公安检查站 20 个，实行警力值守全天候、指挥调度扁平化、勤务运行责任制，治安岗亭成为公安机关围捕重大犯罪嫌疑人的卡点、巡逻防控的驻点、接处警与交通秩序维护的支点、接受群众报警求助的站点。治安岗亭运行以来，受理群众报警求助 41469 次，处置 110 警情 412391 起，接受群众扭送违法嫌疑人 36 名，现场抓获违法犯罪嫌疑人 69 名，破获案件 184 起，获得社会各界和人民群众的一致好评。（周　德）

国民经济和社会发展

【概况】 2017 年，株洲市地区生产总值比上年增长 8%。其中，第一产业增加值增长 3.9%；第二产业增加值增长 6.7%，其中，工业增加值增长 7%，建筑业增加值增长 4.4%；第三产业增加值增长 10.7%。

全市三次产业结构由2016年的 7.9：53：39.1调整为8：48：44，第一产业和第三产业占比分别较上年同期提升0.1个和4.9个百分点，第二产业占比回落5个百分点。第一、二、三产业对GDP的贡献率分别为3.6%、47%和49.4%。

2017 年株洲市国民经济分行业增幅表

表 1

指　标　名　称	增速（%）
地区生产总值	8.0
#非公有制经济增加值	7.6
#第一产业	3.9
第二产业	6.7
#工业	7.0

续表 1

指　标　名　称	增速（%）
建筑业	4.4
第三产业	10.7
# 交通运输、仓储和邮政业	7.9
批发和零售业	4.2
住宿和餐饮业	7.0
金融业	8.9
房地产业	3.2
营利性服务业	19.3
非营利性服务业	10.4

（谭　倩）

分区域看，城区 GDP 比上年增长 8%，占全市的比重为 46.6%；县域 GDP 增长 8%，占比为 53.4%。城区一般公共预算收入 134.6 亿元，增长 8.6%；县域 119.4 亿元，增长 8.2%。

市区商品零售价格比上年上涨 1.7%，工业生产者出厂价格上涨 5.8%，工业生产者购进价格上涨 7.2%，固定资产投资价格上涨 8.8%。市区居民消费价格上涨 1.8%。（谭　倩）

【农业】 2017 年，株洲市农林牧渔业增加值比上年增长 4%。其中，农业增加值增长 3.5%；林业增加值增长 4.5%；畜牧业增加值增长 4.4%；渔业增加值增长 3.2%；农林牧渔服务业增加值增长 8.9%。

全市粮食播种面积 269.4 千公顷，

2017 年株洲市区居民消费价格指数比上年涨跌幅度表

表 2

指　标　名　称	涨跌幅度（%）
居民消费价格指数（市区）	1.8
按类别分	
# 食品烟酒	–0.7
衣着	0.6
居住	1.3
生活用品及服务	1.6
交通和通信	4.1
教育文化和娱乐	5.7
医疗保健	3.8
其他用品和服务	0.4

（谭　倩）

比上年增长 2.7%；蔬菜种植面积 71.2 千公顷，增长 4.2%；油料种植面积 39.9 千公顷，增长 0.9%；棉花种植面积 1.5 千公顷，增长 6.3%。

全年粮食产量 184.4 万吨，比上年增产 1.5%；蔬菜产量 315.6 万吨，增产 5.3%；水产品产量 9.5 万吨，增产 3.2%；油料产量 6.4 万吨，增产 3.8%；水果产量 31.2 万吨，增产 1.8%。猪、牛、羊肉总产量 33.4 万吨，增产 2.4%；禽蛋产量 4.8 万吨，减产 0.3%。

年末，农业机械总动力 361.6 万千瓦，增长 3.8%。耕地流转面积 4.54 万公顷，增长 3.4%。农产品加工企业 2805 家，国家级龙头企业 2 家，省级龙头企业 34 家，实现农产品加工总产值 485.1 亿元，增长 20.6%；销售收入 480.7 亿元，增长 20.3%。休闲农业经营收入 15.2 亿元，增长 36%。

（谭　倩）

【工业和建筑业】 2017 年，株洲市工业增加值比上年增长 7%。其中，规模工业增加值增长 7.3%，高于全国 0.7 个百分点，与全省持平。高加工度工业增加值占工业增加值的比重为 42.7%，增长 9.8%；园区规模工业增加值占比 74.4%，增长 10.3%。在规模工业中，非公有制企业增加值占比 69.8%，增长 10.3%；分行业看，轨道交通装备业、汽车及零部件业、航

2017 年株洲市规模工业增加值增幅表

表 3

指　标　名　称	增幅（%）
规模工业增加值	7.3
1. 按经济类型分	
# 国有企业	7.0
集体企业	–6.7
股份制企业	8.6
外商及港澳台投资企业	3.8
2. 按企业规模分	
# 大型工业企业	8.2
中型工业企业	7.4
小微型工业企业	6.5
3. 按主要行业分	
# 非金属矿物制品业	9.8
化学原料及化学制品制造业	4.6
铁路、船舶、航空航天和其他运输设备制造业	6.3
计算机、通信和其他电子设备制造业	13.1
有色金属冶炼及压延加工业	5.2
汽车及零部件产业	9.4
电力、热力生产和供应业	23.0
医药制造业	11.9

（谭　倩）

空装备业等三大动力产业增加值增长7.1%，计算机、通信和其他电子设备制造业增长13.1%，非金属矿物制品业增长9.8%，化学原料及化学制品制造业增长4.6%。

规模以上工业企业主营业务收入增长11.5%；实现利润增长12.1%。

株洲市建筑业增加值比上年增长4.4%。具有建筑业资质等级的总承包和专业承包建筑业企业实现产值690.2亿元，增长11.3%。房屋建筑施工面积4079.2万平方米，增长9.1%；房屋建筑竣工面积1832.4万平方米，增长4.9%。 （谭　倩）

【固定资产投资】 2017年，株洲市固定资产投资比上年增长13.3%，分别高于全国、全省6.1个和0.2个百分点。分经济类型看，国有投资下降10.8%；非国有投资增长29.5%。分产业类型看，第一产业投资增长88.1%；第二产业投资增长10%，其中，工业投资增长9.9%；第三产业投资增长11.5%。分投资方向看，高技术产业投资增长71.7%；生态投资增长30.3%；战略性新兴产业投资增长1.2%；基础设施投资下降6.7%。全市亿元以上项目494个，比上年增加51个；新开工亿元以上项目478个，比上年增加216个。

全市房地产开发投资比上年增长16.1%。商品房销售面积755.2万平方米，增长1.2%；商品房销售额371.1亿元，增长19.4%；年末，房屋待售面积93.2万平方米，下降38.5%。

（谭　倩）

2017年株洲市固定资产投资分行业增幅表

表4

指　标　名　称	增幅（%）
固定资产投资额（500万元以上）	13.3
1. 按投资方向分	
#工业投资	9.9
基础设施投资	-6.7
房地产开发投资	16.1
战略性新兴产业投资	1.2
民生投资	-40.2
高技术产业投资	71.7
生态投资	30.3
2. 按资金来源分	
#国内贷款	-11.5
自筹资金	18.0

（谭　倩）

【交通运输和邮政电信】 2017年，株洲市交通运输、仓储和邮政业增加值比上年增长7.9%。全市客货运输换算周转量210.5亿吨千米，增长11.5%。货物周转量207.5亿吨千米，增长11.9%，其中，公路周转量185.6亿吨千米，增长12.7%，水运周转量21.9亿吨千米，增长5.4%。旅客周转量30.2亿人千米，下降8.9%。年末民用汽车保有辆44万辆，增长10.8%。

全市邮政电信业务总量64.4亿元，比上年增长45.7%，其中，电信业务总量48亿元，增长51.4%；邮政业务总量16.4亿元，增长31.5%。年末互联网宽带用户数达76.7万户，增长32.3%。（谭　倩）

【旅游】 2017年，株洲市旅游总收入538.6亿元，比上年增长36.9%。其中，国内旅游人数5418万人次，增长18.9%，国内旅游收入537亿元，增长36.9%；境外入境旅游人数7万人次，增长23.8%，国际旅游外汇收入0.2亿美元，增长36%。（谭　倩）

【国内贸易和对外经济】 2017年，株洲市社会消费品零售总额1038.5亿元，比上年增长10.7%，分别高于全国、全省0.5和0.1个百分点。分经营地看，城镇零售额965.6亿元，增长10.5%；乡村零售额72.9亿元，增长13.3%。分消费形态看，商品零售额922.5亿元，增长10.8%，餐饮消费额116亿元，增长9.3%。分行业看，批发和零售业907.6亿元，增长10.9%，住宿和餐饮业130.8亿元，增长8.8%。分限额类别看，限额以上441.9亿元，增长13%，限额以下596.6亿元，增长9%。

全年进出口总额21.9亿美元，比上年增长29.9%。其中，出口16.6亿美元，增长40.4%；进口5.3亿美元，增长5.2%。分产销地区看，对亚洲出口6.2亿美元，增长24.4%；对北美洲出口3.5亿美元，增长13.1%；对欧盟出口3亿美元，增长32.8%；对东盟出口1.6亿美元，下降19.2%；对中东出口1.4亿美元，增长23.2%。分商品类别看，机电产品出口9.8亿美元，增长33.2%；家用陶瓷器皿出口2.3亿美元，增长13%。

新批外商投资项目119个，比上年增长13.3%，新批境内省外项目504个，增长52.7%。实际利用外资金额12.1亿美元，增长14.7%。实际利用内资金额409.3亿元，增长16.8%。

（谭　倩）

2017年株洲市社会消费品零售总额情况表

表5

指　标　名　称	总量（亿元）	增幅（%）
社会消费品零售总额	1038.5	10.7
1. 按销售地区分		
#城镇零售额	965.6	10.5
乡村零售额	72.9	13.3
2. 按消费形态分		
#商品零售额	922.5	10.8
餐饮消费额	116.0	9.3
3. 按行业分		
#批发和零售业	907.6	10.9
住宿和餐饮业	130.8	8.8
4. 按限额类别分		
#限额以上	441.9	13.0
限额以下	596.6	9.0

（谭　倩）

【财政】 2017年，株洲市一般公共预算收入337.8亿元，比上年增长8%。其中，地方收入224.1亿元，增长4.2%，上划中央收入92亿元，上划省级收入21.7亿元。全市各项税收总收入230.1亿元，增长15.1%，占一般公共预算收入的比重为68.1%。

株洲市一般公共预算支出445.1亿元，增长9.3%。其中，财政用于民生支出327.4亿元，增长10.8%；财政八项支出340.7亿元，增长13.3%。

（谭　倩）

2017年株洲市一般公共预算收入和支出情况表

表6

指　标　名　称	总量（亿元）	增幅（%）
1. 一般公共预算收入	337.8	8.0
地方收入	224.1	4.2
上划中央收入	92.0	15.7
上划省级收入	21.7	19.8
2. 一般公共预算支出	445.1	9.3
民生支出	327.4	10.8
财政八项支出	340.7	13.3
#一般公共服务	66.6	13.5
教育	55.4	4.0
科学技术	11.0	66.4
文化体育与传媒	10.8	1.2
社会保障和就业	57.3	11.8
医疗卫生	30.2	−1.9
节能环保	10.3	2.1
城乡社区事务	88.6	24.0
农林水事务	30.2	−16.8
住房保障	19.2	38.2

（谭　倩）

【金融和保险】 2017年年末，株洲市金融机构本外币存款余额3068.8亿元，比上年增长8.5%。其中，住户存款余额1662.2亿元，增长8.7%；非金融企业存款余额954.8亿元，增长6.8%。金融机构本外币贷款余额1578.8亿元，增长18.2%。余额存贷比为51.4%。

全市共有证券公司营业部35家，上市公司12家。企业证券市场融资298亿元，证券交易额3299亿元，期货公司成交金额399.8亿元。

全市各项保费收入76.6亿元，比上年增长16.8%，其中，财产保险收入21.6亿元，增长21.8%；寿险收入48亿元，增长14.7%。各项赔款和给付额21.6亿元，增长7.7%。其中，财产保险赔付额11.2亿元，增长

2017 年株洲市金融机构本外币存贷款情况表

表 7

指　　标　　名　　称	总量（亿元）	增幅（%）
金融机构本外币各项存款余额（年末数）	3068.8	8.5
# 非金融企业存款	954.8	6.8
住户存款	1662.2	8.7
金融机构本外币各项贷款余额（年末数）	1578.8	18.2
1. 短期贷款	307.8	–2.6
# 消费贷款	49.6	126.7
经营贷款	94.5	–11.4
2. 中长期贷款	1253.6	26.9
# 消费贷款	454.0	45.0
经营贷款	106.2	–3.5
3. 个人住房贷款	381.5	30.8
房地产开发贷款	126.9	31.1
保障性住房开发贷款	48.9	141.6

（谭　倩）

14.8%；寿险赔付 8.6 亿元，下降 6%。

（谭　倩）

【教育和科技】 2017 年年末，株洲市有普通高校 11 所。普通高等教育研究生毕业生 409 人，普通高等教育毕业生 27295 人，中等职业教育毕业生 10582 人，普通高中毕业生 17930 人，初中学校毕业生 34421 人，普通小学毕业生 37972 人，在园幼儿 14.8 万人。小学适龄儿童入学率 100%，九年义务教育巩固率 96.4%。各类民办学校 1022 所，民办学校在校学生 17.7 万人。发放高校国家奖学金、助学金 2859 万元，落实义务教育保障资金 4.4 亿元。

全市高新技术产业增加值增长 17.8%，占全部工业增加值比重为 63.5%。承担国家安排科技攻关计划项目 11 项，国家各类科技计划项目 13 项。拥有省级工程（技术）研究中心 6 个，省级企业重点实验室 3 个。专利申请 7476 件，其中，发明专利 2709 件；授权专利 3728 件，其中，发明专利 919 件。

（谭　倩）

【文化、卫生和体育】 全市文化和创意产业增加值占 GDP 比重为 7.1%，比上年增长 2.7%。艺术表演团体 5 个，群众艺术馆、文化馆 10 个，公共图书馆 8 个，博物馆、纪念馆 10 个，放映农村公益电影 1.9 万场。广播电台 6 座，广播综合人口覆盖率 100%；电视台 6 座，电视综合人口覆盖率 100%，有线电视用户 79.2 万户。

全市卫生机构 2918 个。其中，医院和卫生院共 190 个，妇幼保健院（所、站）10 个，社区卫生服务中心 32 个，专科疾病防治院 2 个。卫生技术人员 2.6 万人，其中，执业医师和执业助理医师 10623 人，注册护士 11534 人。防疫站 10 个，技术人员 408 人。卫生监督检验机构 6 个，技术人员 24 人。医院和卫生院拥有床位总数 2.5 万张。

全年共有体育场地 5386 个。其中，体育馆 18 座，运动场 526 个，游泳池 39 个，各种训练房 291 个。全市开展全民健身项目 149 项次，经常参加体育锻炼人数 41 万人，新建农民体育健身工程的行政村 1021 个。

（谭　倩）

2017 年株洲各级学校招生、在校及毕业生人数及其增幅表

表 8

指标	招生人数		在校（学）人数		毕业人数	
	绝对数（人）	增幅（%）	绝对数（人）	增幅（%）	绝对数（人）	增幅（%）
研究生教育	562	6.2	1641	10.1	409	-9.7
普通高等教育	31459	1.9	95196	2.9	27295	1.9
中等职业教育	9999	-9.9	29603	-6.4	10582	-15.5
普通高中	21084	1.1	59206	3.0	17930	2.8
初中学校	37954	0.5	109080	2.8	34421	-3.1
普通小学	50509	2.5	276987	4.7	37972	0.6
特殊教育	293	296.0	680	30.0	116	205.3

（谭　倩）

【人口、人民生活和社会保障】 2017 年年末，株洲市常住人口 402.15 万人，比上年增加 0.52 万人。按城乡分，城镇人口 264.08 万人，乡村人口 138.07 万人；按性别分，男性 205.82 万人，女性 196.33 万人。年末城镇化率为 65.67%。

全市城镇居民人均可支配收入39787元，比上年增长8%。其中，工资性收入22828元；转移性收入8190元；经营净收入5224元；财产性收入3545元。农村居民人均可支配收入18340元，增长8.4%。其中，工资性收入8533元；家庭经营纯收入5921元；转移性收入3220元；财产性收入666元。城乡居民收入比为2.17∶1。城镇居民和农村居民人均消费支出分别为26070元和13841元，其中，城镇居民和农村居民人均食品支出分别为6961元和3956元。城乡居民恩格尔系数为27.2%，比上年下降1.3个百分点。

全市新增城镇就业 5.22 万人，新增农村劳动力转移就业 1.43 万人。基本医疗保险参保人数 390.9 万人，基本养老保险职工人数 283.1 万人，参加工伤保险职工人数 54.7 万人，参加生育保险职工人数 33.4 万人，参加失业保险职工人数 37.9 万人。获得政府最低生活保障的城镇和农村居民分别有 5 万人和 6.5 万人，发放居民最低生活保障经费 4.3 亿元，其中，城镇 2.4 亿元，农村 1.9 亿元。

（谭　倩）

【安全生产】 全市发生各类生产安全事故 153 起，比上年减少 81 起，各类生产安全事故死亡 80 人；亿元 GDP 生产安全事故死亡人数 0.03 人。全市发生道路交通事故 143 起，比上年减少 75 起，工矿商贸企业生产事故死亡人数 7 人，比上年减少 4 人；煤矿百万吨死亡人数 1.1 人。（谭　倩）

【资源和环境】 全市已发现矿种 44 种，探明资源储量矿种 20 种。其中，能源矿产 5 种，金属矿产 16 种，非金属矿产 22 种，水气矿产 1 种。实施地质勘查项目（含续作项目）25 个。

全社会用电总量 111.2 亿千瓦时，增长 0.5%，其中，工业用电量 63.1 亿千瓦时，下降 2.1%。规模工业综合能源消费量 420.7 万吨标准煤，增长 11.5%，其中，6 大高耗能行业综合能源消费量 367.9 万吨标准煤，增长 13.4%。空气质量优良率 74.5%，细颗粒物（PM2.5）浓度下降 1.9%。自然保护区 5 个，其中，国家级自然保护区 1 个，省级自然保护区 1 个。

（谭　倩）

备注：

1. 本公报数据均为初步统计数，部分数据因四舍五入的原因，存在与分项合计不等情况。正式数据以统计年鉴为准。

2. 地区生产总值、各产业增加值绝对数按现价计算，增长速度按可比价计算；规模工业及其分行业数据均不含部分军工企业数据。

3. 根据《国民经济行业分类》（GB/T 4754—2011），2013年国家统计局对三次产业划分进行修订，将“农、林、牧、渔业”中的“农、林、牧、渔服务业”“采矿业”中的“开采辅助活动”和“制造业”中的“金属制品、机械和设备修理业”等三个大类调入第三产业，2017年三次产业数据按照此标准进行统计。

4. 数据来源：本公报中安全生产数据来自市安全生产监督管理局；交通运输数据来自交通局；邮政、电信数据来自邮管局和电信公司；对外经济数据来自商务局；旅游数据来自旅游局；财政数据来自财政局；金融数据来自人民银行；保险数据来自保险协会；教育、卫生、科技和文化体育数据分别来自教育局、卫生局、科技局和文体广新局；社会保障数据来自人社局；其他数据来自市统计局和国家统计局株洲调查队。

中国共产党株洲市委员会

综 述

【概况】 2017 年，中共株洲市委坚持以习近平新时代中国特色社会主义思想为指引，深入实施创新驱动、转型升级总战略，加快建设“一谷三区”（全力打造中国动力谷，加快建成“一带一部”开放发展先行区，老工业城市转型发展示范区和城乡统筹发展幸福区），全市经济建设、政治建设、文化建设、社会建设、生态文明建设和党的建设取得新的进步。全年实现 GDP 增长 8%，规模工业增加值增长 7.3%，固定资产投资增长 13.3%，社会消费品零售总额增长 10.7%，一般公共预算收入增长 8%，城乡居民收入增长 8%。2017 年株洲市成功蝉联“全国文明城市”，公立医院改革、培育发展战略性新兴产业、老工业基地转型升级 3 项工作获得国务院表彰。

（田业强）

【市委全会】 2017 年，株洲市共召开市委全会 3 次。

1 月 23 日，召开中共株洲市第十二届委员会第三次全体（扩大）会议。市委书记毛腾飞通报市委常委班子 2016 年度民主生活会情况；市委常委组织部部长彭爱华作《关于我市出席党的十九大代表候选人提名工作的说明》；酝酿并以无记名等额投票方式确定株洲市出席中共十九大代表候选人推荐提名人选名单。

7 月 25—27 日，召开市委十二届四次全体（扩大）会议暨 2017 年第二次“看学议”活动。25 日，开展项目考察流动现场会，到各县市区现场考察项目建设情况。26 日上午，召开市委十二届四次全体（扩大）会议。26 日下午—27 日上午，召开 2017 年上半年重点工作调度评议会。

12 月 7 日，召开市委十二届五次全体会议。会议听取市委常委会的工作报告；审议通过《中共株洲市委关于深入学习贯彻党的十九大精神，加快建设“一谷三区”奋力实现“两个走在前列”的意见》。

（市委常委办公室）

【市委常委会议】 2017 年，株洲市共召开市委常委会议 52 次，主要事项有：

1 月 2 日，听取株洲市 2017 年度重大前期研究课题情况汇报；研究人事事项。

1 月 8 日，研究人事事项。

1 月 10 日，听取市委常委班子专题民主生活会意见建议征求情况，研究市委常委班子对照检查材料、株洲市出席中共十九大代表候选人推荐提名人选。

1 月 20 日，讨论中共株洲市委《关于以发挥“四个作用”为引领，加快建成“一谷三区”的决定》；听取市十二届纪委二次全会筹备情况汇报，研究有关事项；研究《市委常委班子 2016 年度民主生活会整改方案》《市委常委班子 2016 年度民主生活会情况通报》。

1 月 23 日，传达杜家毫书记在株调研情况及重要讲话精神。

2 月 10 日，审议 2017 年市委、市人大常委会、市政协工作要点；听取“项目攻坚年”暨“企业帮扶年”活动动员大会筹备情况汇报，审议有关事项。

2 月 17 日，审议《调整株洲市清水塘老工业区搬迁改造工作协调指挥部组成人员方案》《2017 年清水塘老工业区搬迁改造工作方案》。

2 月 24 日，研究《全市县处级主要领导干部深入学习习近平总书记系列重要讲话精神专题研讨班方案》；审议《株洲市旧城提质行动实施方案》，听取全市环境保护工作情况汇报；审议《关于认真做好全市村（社区）党组织和村（居）民委员会换届选举工作的实施意见》；听取全市信访工作情况汇报，安排部署“两会”特护期有关工作。

3月10日，听取综治考核评估结果及落实综治奖励政策的汇报；听取全省住建工作会议暨“双修双改”工作动员会精神汇报；审议株洲经济开发区有关事项。

3月27日，听取《关于贯彻落实领导干部报告个人有关事项两项法规及中组部、省委组织部培训班精神的汇报》；审议《株洲市贯彻落实全国国有企业党的建设工作会议精神重点任务的意见》起草说明；审议《关于建立容错纠错机制、鼓励干部改革创新干事创业的实施办法（试行）》；审议《全市党建工作要点》《关于继续开展“基层党建提升年”活动的通知》《关于加强非公有制经济组织党建工作的实施办法》《关于加强社会组织党建工作的实施办法》《关于规范全市基层党组织归口管理的意见》；研究人事事项。

4月1日，审议《中共株洲市委巡察工作实施办法（试行）》；听取全市安全生产工作情况汇报；听取经济工作情况汇报，研究部署经济工作；研究人事事项。

4月11日，听取2017年全市党风廉政建设和反腐败工作专题汇报；审议《株洲市政协协商民主建设实施办法（试行）》；听取市关工委工作情况汇报；研究人事事项。

5月8日，听取攸县黄丰桥镇吉林桥煤矿“5•7”事故情况汇报，研究有关事项。

5月10日，通报攸县黄丰桥镇吉林桥煤矿“5•7”重大气体中毒事故情况，听取全市精神文明建设工作情况汇报；研究全市贯彻落实“两学一做”学习教育常态化制度化有关事项；学习《中国共产党党委（党组）理论学习中心组学习规则》。

5月17日，研究当前经济形势；听取市场化选聘企业管理人员情况汇报。

5月25日，听取创新与人才工作情况汇报，审议创新与人才工作大会方案、《关于进一步推进人才优先发展的30条措施》；听取关于2016年绩效考核结果的汇报；听取关于抓落实工作会议筹备和“马上就办、真抓实干”活动开展情况汇报，审议《株洲市马上就办抓落实的若干规定》；审议《株洲市百名优秀干部挂职实施方案》；听取异地交流干部住房安置方案。

6月2日，审议《中共株洲市委工作规则（试行）》《中共株洲市委全会工作规则（试行）》汇编出台市委工作规则及相关配套制度，《关于加强市委常委会自身建设的意见》；听取关于2017年市绩效考核实施方案及指标制定情况的汇报；听取关于全市首届创新奖遴选情况的汇报；听取2016年度市管领导干部年度考核汇总情况的报告。

6月6日，研究人事事项。

6月12日，研究国有企业有关工作；研究政法有关工作。

6月23日，研究人事事项；听取关于省脱贫攻坚第八督查组到株洲反馈意见情况的汇报。

6月29日，研究人事事项。

7月3日，布置防汛工作；听取2017年绩效考核实施方案及指标的修改完善情况汇报；审议关于有关干部处分意见。

7月16日，研究人事事项。

7月24日，听取市委十二届四次全体（扩大）会议筹备情况汇报，讨论《市委全会报告（审议稿）》；听取关于株洲市派驻纪检全覆盖工作有关机构编制事项的汇报；研究人事事项。

7月31日，听取当前宣传思想文化工作有关情况汇报；听取关于全市“美丽乡村”建设情况汇报，审议《关于推进“美丽乡村”建设提质升级的实施意见》；研究人事事项。

8月10日，听取关于城市党建工作汇报；审议《株洲市贯彻落实中央第六环境保护督察组反馈意见整改方案》；研究进一步推进十九大宣传工作；审议市委巡察组正副组长日常管理有关问题。

8月18日，审议《中共株洲市委关于加强和改进新形势下党校工作的实施意见》；听取《共青团株洲市委改革实施方案（审议稿）》起草和市第十六次团代会筹备情况汇报；听取《株洲市妇联改革实施方案（送审稿）》起草和市第十二次妇代会筹备情况汇报；听取《株洲市文联深化改革实施方案（征求意见稿）》的起草和第七届文代会筹备情况汇报；听取关于有关部门处分意见的请示。

8月29日，听取全市防范和处理邪教工作情况汇报。

9月6日，听取株洲市城市管理立法情况的汇报；研究人事事项。

9月13日，审议《中共株洲市委关于贯彻落实〈中共湖南省委关于大力实施创新引领开放崛起战略的若干意见〉的实施意见（审议稿）》；听取全市宗教工作情况汇报。

10月8日，学习《党的十八大以

来中央巡视工作总结》《推动全面从严治党向纵深发展——党的十八大以来中央巡视工作综述》、新修改的《湖南省贯彻〈中国共产党巡视工作条例〉实施办法》和《关于市县党委建立巡察制度的实施意见》《被巡视党组织配合省委巡视工作规定》《2017年—2021年省委巡视工作规划》，审议新修改的《中共株洲市委巡察工作办法》和《被巡察党组织配合市委巡察工作规定》《2017年—2021年市委巡视工作规划》《关于实行县市区异地交叉巡察的实施办法（试行）》《株洲市后备干部参加巡察工作办法（试行）》；研究省委拨付党费及全市清理收缴党费安排使用建议方案；审议株洲市加快建成“一带一部”开放发展先行区相关文件；审议有关干部处分意见。

10月13日，审议《在全市开展“贯彻发展新理念转型升级补短板”讨论活动的实施方案》。

10月29日，研究学习宣传贯彻落实中共十九大精神有关工作。

11月3日，听取省绩效评估指标落实情况汇报；审议2017年全国“三八红旗手”推荐名单。

11月13日，听取全市投资情况及下一步建议情况汇报；听取全市侨联工作情况汇报；研究人事事项。

11月16日，研究全市深化监察体制改革试点工作；听取省第十三届人大代表推荐人选情况汇报。

11月22日，审议《株洲市深化国家监察体制改革试点工作实施方案》；听取市十五届人大二次会议、市政协九届二次会议筹备工作情况汇报。

11月28日，研究有关人事事项。

11月29日，研究干部有关工作。

12月5日，听取市委十二届五次全会筹备情况汇报；审议《中共株洲市委关于进一步加强和改进新形势下人大代表工作的意见（审议稿）》；通报《湖南省监察厅〈关于株洲市攸县吉林桥矿业有限公司“5•7”重大中毒窒息事故有关责任人员处理意见的通知〉》《关于给予谭润洪同志党内严重警告处分的决定》《关于给予苏涛同志党内严重警告处分的决定》；审议《关于王海明所犯错误处分意见的请示》。

12月11日，研究人事事项。

12月18日，总结2017年经济工作，研究谋划2018年经济工作。

12月19日，听取关于报送2018年度拟提请省委常委会会议审议的议题和拟举行的重要会议、活动的情况汇报；研究人事事项。

12月25日，听取市委经济工作会议筹备情况的汇报；听取关于中央环保督察问题整改情况的汇报。

12月28日，审议《市人大常委会工作报告（送审稿）》；审议《市政府工作报告（送审稿）》；审议《市政协工作报告（送审稿）》；听取关于2018年市本级预算编制情况的汇报；听取关于省十二届政协委员拟提名人选的情况汇报；审议《关于给予周恒立开除党籍处分的请示》。

12月31日，听取市“两会”工作领导小组各工作组及“两会”秘书处工作方案的汇报。

（市委常委办公室）

【2017年市委重要政事活动】 1月2—7日，召开政协株洲市第九届委员会第一次会议。2—8日，召开株洲市第十五届人民代表大会第一次会议。3日，省委常委、省委统战部长黄兰香率“同心行”学习考察组到株洲开展“不忘合作初心，继续携手前进”专题教育活动。毛腾飞、阳卫国等参加活动。22—23日，省委书记、省人大常委会主任杜家毫到株洲调研罗霄山脉贫困地区脱贫攻坚情况并走访慰问困难群众。毛腾飞、阳卫国等参加活动。23—24日，省委副书记乌兰到株洲调研。毛腾飞、阳卫国、刘光跃、蔡溪等参加活动。

2月3日，省委副书记、省长许达哲带队到株洲调研产业园区。毛腾飞、阳卫国等参加活动。8—9日，省人大常委会副主任陈君文一行到株洲调研茶陵县、炎陵县脱贫攻坚情况、千金药业。毛腾飞、阳卫国等参加相关活动。14日，省高级人民法院院长康为民到株洲调研，并召开座谈会。毛腾飞、阳卫国等参加活动。是日，国家发改委副主任胡祖才一行调研中车株洲电力机车有限公司、清水塘居民避险安置棚改项目现场、清水塘含重金属废渣治理项目现场、清水塘科技创新园项目选址现场。毛腾飞、阳卫国参加活动。15日，省委常委、省委宣传部长蔡振红考察华强文化科技产业基地、北汽一工厂、麦格米特公司、神农大剧院、市文化传承中心、湖南华联瓷业股份有限公司、中国瓷谷。毛腾飞、阳卫国等参加活动。15—16日，工业和信息化部副部长徐乐江率国务院水泥玻璃淘汰落后产能专项督察组到株洲，现场督查醴陵旗滨玻璃、中材水泥、华新水泥，并召开汇报会。张剑飞、向曙光、谢超英陪同督查。毛腾飞、阳卫国等参加活动。是日，省人大常委会副主任、省总工会主席刘莲玉到株洲调研。毛腾飞、阳卫国等参加活动。

3月3—5日，国家发改委体改司司长徐善长到株洲考察中车株洲电力机车研究所、市公共资源交易中心、天元区高塘社区、天易科技城。毛腾飞、阳卫国等参加活动。6日，省政协副主席袁新华到株洲调研。毛腾飞等参加活动。7日，中央农村工作领导小组副组长、中农办主任唐仁健考察荷塘区仙庾镇仙庾村的休闲农业、云龙示范区龙头铺镇蛟龙村的美丽乡村建设、天元区马家河镇高塘社区的村级集体经济和城乡统筹发展情况。戴道晋、刘宗林陪同调研。毛腾飞等参加活动。8日，省政府副省长、省发改委主任谢建辉到荷塘区仙庾镇联星村“退休军人之家”调研民政服务机构情况。毛腾飞参加活动。是日，省委常委、省委组织部部长王少峰到株洲调研。毛腾飞、阳卫国等参加活动。13日，省政协副主席欧阳斌率省委调研组到株洲开展全省市州年轻干部专题调研。毛腾飞、阳卫国等参加相关活动。15—16日，全省加快推进国土绿化现场会在茶陵县召开。省政府副省长、省政协副主席戴道晋出席。毛腾飞、阳卫国等参加相关活动。22—23日，中央编办副主任何建中率中央调研组到株洲调研市场监管领域综合执法改革有关工作。魏旋君陪同调研。毛腾飞、阳卫国等参加相关活动。23日，中央政治局委员、中央政法委书记孟建柱一行到株洲，考察株洲职业教育科技园、中车株洲电力机车研究所有限公司IGBT项目、湘江株洲城区河西段综合治理工程、荷塘区芙蓉社区。毛腾飞、阳卫国等参加活动。28日，国家安监总局局长杨焕宁一行到株洲督导检查安全生产工作。毛腾飞等参加活动。是日，科技部副部长李萌一行到株洲考察调研。毛腾飞、阳卫国等参加相关活动。3月30日，省委常委、省委统战部部长黄兰香到株洲调研非公有制经济发展情况。毛腾飞等参加活动。

4月1日，省人大常委会党组书记、副主任韩永文到株洲考察方特二期、清水塘循环经济工业园、湘江株洲城区河西段综合治理工程。毛腾飞、阳卫国等参加活动。6—8日，全省文化市场管理工作现场会暨综合执法改革推进会在株洲召开。省文化厅党组书记、厅长禹新荣出席。毛腾飞、阳卫国等参加活动。10日，马来西亚交通部部长廖中莱一行到株洲参观考察中车株洲电力机车有限公司。毛腾飞、阳卫国等参加活动。12—21日，毛腾飞随同省委书记杜家毫访问白俄罗斯、塞尔维亚、意大利。13日，印度驻广州总领事馆总领事唐施恩一行到株洲考察中车株洲电力机车有限公司、中车株洲电力机车研究所。阳卫国参加活动。18日，省政府副省长张剑飞到株洲督查环保工作。阳卫国等参加活动。23—24日，中巴“友谊竹”移栽活动在醴陵市举行。巴基斯坦驻华大使马苏德·哈立德出席；南昌大学公共管理学院院长、南昌大学MPA教育中心主任、教授耿焱，陈毅元帅之子陈小鲁，粟裕大将之女粟惠宁及其他老一辈无产阶级革命家后代出席；省政府副省长何报翔出席。毛腾飞、阳卫国等参加活动。24—25日，省政协副主席杨维刚一行到株洲调研“优化非公经济发展法治环境”重点课题。毛腾飞、阳卫国等参加活动。25—26日，阳卫国等在香港参加2017湖南（香港）投资贸易洽谈周活动。

5月6日，省委副书记、省政府省长许达哲到株洲督察环保工作。阳卫国参加活动。6—7日，2017年全国企业家活动日暨中国企业家年会在株洲市召开。省委书记杜家毫，省委副书记、省政府省长许达哲一同会见与会企业家代表。张剑飞、赖明勇、王群及罗海燕、陈质颖、向曙光、邓立佳、谢超英出席。中国企业联合会、中国企业家协会常务副会长兼理事长朱宏任及全国知名企业家张瑞敏、傅成玉、宗庆后、徐和谊、宋志平、赖小民、刘化龙等出席并发表演讲。毛腾飞、阳卫国等参加相关活动。7—8日，省委副书记、省政府省长许达哲，省政府副省长杨光荣，省政府秘书长王群，省安监局局长李大剑一行到株洲处理攸县黄丰桥镇吉林桥煤矿事故。毛腾飞、阳卫国等参加活动。11日，省人大常委会副主任陈君文一行到株洲调研。毛腾飞、阳卫国等参加活动。11—12日，全国政协常委、经济委员会副主任李毅中率队到株洲，开展“激发民间投资活力，促进投资主体多元化”专题调研。全国政协常委王永庆、徐一帆，全国政协委员李勇库、梁骧、伍跃时、许善达随同调研。毛腾飞、阳卫国等参加相关活动。13—16日，华南督查中心副主任袁道凌率中央环保督察组到株洲督察。毛腾飞、阳卫国等参加相关活动。20—21日，举行湖南省炎帝陵基金会炎帝陵祭祖典礼。湖南省炎帝陵基金会理事长石玉珍，湖南省人大常委会副主任陈君文出席。

毛腾飞、阳卫国等参加相关活动。22日，省政府副省长向力力到株洲调研。毛腾飞、阳卫国等参加活动。

6月1日，财政部副部长史耀斌一行到株洲调研，现场考察金砖国家新开发银行贷款支持的长株洲潭绿心区域生态综合治理项目。毛腾飞、何剑波参加活动。10日，中国湖南—白俄罗斯莫吉廖夫州赠车仪式在株洲市举行。由中车时代电动为白俄罗斯量身定制的2辆纯电动巴士正式赠予白俄罗斯莫吉廖夫州。白俄罗斯驻华大使鲁德·基里尔，白俄罗斯莫吉廖夫州执行委员会副主席尼古拉舍维奇·维克多出席仪式；省政府副省长杨光荣，省政府副秘书长张银桥，省政府外事侨务办公室主任肖百灵出席仪式；毛腾飞等参加活动。14—15日，北京大学光华管理学院教授、全国政协常委厉以宁，北京光华大学管理学院教特聘教授、国务院参事徐宪平一行到株洲考察醴陵陶瓷博物馆、炎帝陵、神农园、茶祖文化园，并与株洲市企业家座谈。毛腾飞、刘光跃、蔡溪等陪同考察或参加座谈会。17—18日，省委副书记、省长许达哲赴炎陵、茶陵调研脱贫攻坚工作。毛腾飞等参加活动。22日，全国妇联副主席、书记处书记谭琳一行到株洲调研督导。毛腾飞等参加相关活动。27日，省委常委、省委统战部部长黄兰香到株洲调研指导“两学一做”学习教育常态化制度化。毛腾飞、阳卫国等参加活动。

7月7—9日，首届神农医药文化产业发展论坛在株洲市开幕。国家中医药管理局副局长马建中，湖南中医药大学校长秦裕辉，中国工程院院士李连达，国医大师孙光荣、熊继柏、李佃贵，中华中医药学会秘书长王国辰，省中医药管理局副局长肖文明出席论坛，毛腾飞、阳卫国、刘光跃等参加相关活动。10—11日，省委副书记乌兰一行到株洲调研。毛腾飞等参加活动。7月31日—8月2日，省人大常委会副主任王柯敏一行到株洲就《湖南省农村扶贫开发条例》贯彻实施情况开展执法检查。毛腾飞、阳卫国等参加相关活动。

8月3日，省政府副省长杨光荣到株洲督查安全生产工作。黎咸兴、吴卫龙随同督查。毛腾飞、阳卫国等参加活动。4日，团中央书记处第一书记秦宜智一行到株洲调研。毛腾飞、阳卫国等参加活动。8—11日，省人大常委会党组书记、副主任韩永文率省人大常委会办公厅脱贫攻坚联点督查组到茶陵县督查。毛腾飞、刘光跃等参加活动。9—12日，第十七届“湖湘文化之旅”暨丁酉年海峡两岸炎帝神农文化祭活动在株洲举行。毛腾飞、阳卫国等参加相关活动。14—17日，全国政协常委、民进中央脱贫攻坚民主监督工作领导小组副组长、民进中央常务副主席蔡达峰率民进中央调研组到株洲调研。毛腾飞、刘光跃等参加相关活动。15—16日，国家发改委副主任连维良率国务院防控化解地方政府债务风险调研组到株洲调研。毛腾飞、阳卫国等参加相关活动。8月26—27日，省委副书记、省长许达哲到株洲调研。王群、邓立佳、谢超英、石建辉、李大剑随同考察。毛腾飞、阳卫国等参加调研或座谈。28—30日，省委常委、省委统战部部长黄兰香到株洲举行2017年全省宗教界代表人士谈心活动。毛腾飞、阳卫国等参加相关活动。30日，省委副书记、省长许达哲到株洲出席国家“两机”专项中国航发集团株洲航空动力产业园开工动员仪式，考察中国航发湖南动力机械研究所和中国航发南方工业有限公司。毛腾飞、阳卫国、蔡溪等参加。8月30日—9月1日，举行2017年院士专家株洲行活动。李仲平、丁汉、翟婉明、甘晓华等23位院士专家到株洲。毛腾飞、阳卫国等参加相关活动。

9月4日，中共中央政治局常委、中央纪委书记、中央巡视工作领导小组组长王岐山，中共中央政治局委员、中央书记处书记、中央组织部长、中央巡视工作领导小组副组长赵乐际到株洲调研，考察市委巡察办、中车株洲电力机车有限公司，并召开巡察工作座谈会。杜家毫、傅奎、谢建辉陪同调研。毛腾飞等参加活动。6—7日，省政协主席李微微一行到株洲调研微建议试点与脱贫攻坚工作。毛腾飞、阳卫国等参加相关活动。8—12日，省人大常委会副主任王柯敏、省文化艺术基金会主席肖雅瑜一行赴株洲市开展“民族一家亲”慰问演出。毛腾飞、阳卫国、刘光跃等参加相关活动。11—13日，阳卫国、黄芳在深圳市参加株洲(深圳)产业对接暨市情推介会。12日，省委常委、省委秘书长谢建辉到株洲调研重点项目情况，考察湖南长城计算机系统有限公司。毛腾飞等参加活动。14日，举行重点项目集中开竣工仪式。毛腾飞、阳卫国、刘光跃、蔡溪等参加活动。15日，2017年湖南青商交流大会在株洲市召开。湖南省工商联主席、省总商会会长张健参加。毛腾飞等参加相关活动。16—20日，国务院安委会督查（考核）组到株洲开展安全生产大检查工作。毛腾飞、阳卫国等参加相关活动。20—25日，举行“永远的辉煌”第十九届中国老年合唱节活动。文化部党组副书记、副部长杨志今，省政府副省长向力力，省委宣传部副部长杨金鸢，省文化厅党组书记、厅长禹新荣出席。毛腾飞、阳卫国、雷绍业、刘光跃、蔡溪等参加相关活动。21—24日，举行2017湖南服饰产业博览会暨芦淞服饰节活动。省政府副省长向力力，中国纺织工业联合会副会长、流通分会会长夏令敏，中国经济研究院院长白津夫出席开幕式。毛腾飞、阳卫国、雷绍业、刘光跃、蔡溪等参加相关活动。22日，全国政协副主席何厚铧率澳门特别行政区全国政协委员考察团一行到株洲考察文化产业发展。省政协副主席、致公党省委主委胡旭晟陪同考察，蔡溪等参加活动。22—23日，省委书记、省人大常委会主任杜家毫，省委副书记、省长许达哲，及省领导陈向群、胡衡华、谢建辉、韩永文、张剑飞率全省14个市州党政主要负责人、分管副市（州）长，以及省直有关部门和全省高新技术产业开发区、综合保税区主要负责人到株洲，考察湖南长城计算机系统有限公司、中车株洲电力机车研究所IGBT项目。毛腾飞、阳卫国、雷绍业、刘光跃、蔡溪等参加相关活动。23日，省委副书记乌兰到株洲调研，考察芦淞服饰市场群、2017湖南服饰产业博览会展馆、湖南通用航空城、中国航发航空动力机械研究所、中国航发南方工业有限公司。毛腾飞、阳卫国等参加相关活动。25日，中国铁路总公司副总经理黄民到株洲考察，调研株洲火车站改扩建项目、铁路物流园项目。省政府副省长张剑飞出席活动，毛腾飞、阳卫国参加活动。26日，中医中药中国行湖南省启动仪式在株洲举行。省政协副主席欧阳斌出席，毛腾飞、阳卫国、蔡溪等参加相关活动。26—27日，湖南省人民政府丁酉年“祭祀炎帝陵”典礼活动在炎陵县举行。省委副书记、省长许达哲担任主祭人，副省长向力力主持祭典仪式，省内外各界人士代表及现场群众4000余人参加祭祀典礼。毛腾飞、阳卫国、雷绍业、蔡溪等参加。27日，省政协副主席胡旭晟一行到株洲考察。毛腾飞、覃万成、余群明参加相关活动。28—30日，举行2017中国醴陵国际陶瓷产业博览会。联合国教科文组织国际陶艺学会副主席托比恩，国务院发展研究中心党组成员、办公厅主任余斌，中国轻工业联合会副会长兼秘书长、中国陶瓷工业协会理事长杜同和，省政府副省长何报翔等出席，毛腾飞、阳卫国、雷绍业、蔡溪等参加相关活动。28—29日，国务院扶贫办副主任洪天云一行到株洲调研脱贫攻坚工作。毛腾飞、阳卫国、雷绍业等参加活动。

10月11日，省人民检察院党组书记、检察长游劝荣一行到株洲督察市两级检察机关工作。毛腾飞等参加活动。11—14日，举行“点击中国动力谷——第二届全国主流网络媒体看株洲”活动。人民网、新华网、华声在线等全国30多家主流网络新媒体聚焦中国动力谷。毛腾飞等参加活动。12日，举行株洲经济开发区挂牌仪式。毛腾飞、阳卫国、刘光跃、蔡溪等参加。15—16日，省政府副省长隋忠诚赴炎陵县、茶陵县调研脱贫攻坚和农业农村工作。阳卫国、刘光跃等参加活动。15—24日，毛腾飞、丁荣军、袁建松参加中国共产党第十九次全国代表大会。16日，省委常委、省委宣传部部长蔡振红一行到株洲督查安全播出工作。阳卫国等参加活动。24日，省政府副省长何报翔一行到株洲调研开放型经济和旅游产业。阳卫国等参加活动。24—26日，2017中国（湖南）国际轨道交通产业博览会暨高峰论坛在湖南株洲举行。斯洛伐克驻华大使杜尚·贝拉，缅甸驻华大使帝林翁等国外嘉宾；省政府副省长何报翔；原铁道部部长、中国工程院院士傅志寰，原铁道部副部长、中国工程院院士孙永福，中国工程院院士、中南大学校长田红旗，中国工程院院士、中车株洲机公司专家委主任刘友梅，中国国防交通协会、中国铁道学会、中国城市轨道交通协会领导赵占平、马福海、宋敏华，中国中车集团公司、中轨集团、中国中车股份有限公司、中国中铁股份有限公司领导孙永才、李阔、徐宗祥、刘成军，国家发改委城市中心综合交通院院长张国华，中国国际贸促会投资促进部副部长舒寰出席开幕式。毛腾飞、阳卫国、雷绍业、刘光跃、蔡溪等参加相关活动。29日，省政协副主席、省科技厅厅长赖明勇一行到株洲调研科技创新助力精准扶贫工作。毛腾飞、阳卫国等参加相关活动。是日，举行株洲市第十三届运动会开幕式。省体育局党组书记、局长李舜出席。毛腾飞、阳卫国、雷绍业、刘光跃、蔡溪等参加。

11月4—7日，十一届全国人大环境与资源保护委员会副主任曹伯纯一行到株洲考察。省政协主席李微微，省委常委、省政府常务副省长陈向群，省政协原副主席王汀明，省粮食局原局长夏文星到株洲参加有关活动。毛腾飞、蔡溪等参加相关活动。11日，中国·株洲2017CKC中国卡丁车锦标赛年度总决赛在株洲举行。国家体育总局汽车摩托车运动管理中心主任、中国汽车摩托车运动联合会主席詹郭军出席。阳卫国等参加活动。14—16日，省委常委、常务副省长陈向群赴炎陵县、茶陵县检查脱贫摘帽工作。毛腾飞、阳卫国等参加相关活动。21—22日，省人大常委会党组书记、副主任韩永文率省委脱贫攻坚常态化联点督查组到茶陵县开展督查。毛腾飞等参加活动。同日，阳卫国等到郴州参加湖南经济合作洽谈会暨第八届湘商大会。22日，省委常委、省委宣传部部长蔡振红一行到株洲调研。阳卫国等参加活动。27日，省委常委、长沙市委书记胡衡华率长沙市党政代表团到株洲考察。长沙市领导徐宏源、程水泉、文树勋等参加考察，毛腾飞、雷绍业、刘光跃、蔡溪等参加活动。28日，省委书记、省人大常委会主任杜家毫到株洲专题调研清水塘搬迁改造、航空产业发展情况。毛腾飞等参加相关活动。29—30日，由中国企业联合会主办的中车株机管理创新经验推广交流现场会在株洲市召开。全国人大财经委副主任委员邵宁，中企联常务副会长兼理事长朱宏任，工信部产业政策司司长许科敏出席。毛腾飞、阳卫国等参加相关活动。

12月1日，省政协副主席、民盟湖南省委主委杨维刚到株洲调研盟务工作暨“盟员之家”建设。毛腾飞、阳卫国、雷绍业、蔡溪参加相关活动。6日，毛腾飞、阳卫国率株洲市党政代表团赴湘潭市、长沙市学习考察。雷绍业、刘光跃、蔡溪等参加。8—9日，省人大常委会副主任谢勇一行到株洲调研。刘光跃等参加活动。12日，省政府副省长何报翔一行到株洲调研铜塘湾保税物流中心（B型）项目、中国动力谷自主创新园、天元区泰山办事处，并召开开放型经济和信访工作汇报会。阳卫国等参加相关活动。13—15日，国家发改委体改司培训班在株洲市举办。国家发改委体改司司长徐善长参加，毛腾飞、阳卫国等参加相关活动。14日，省政协副主席、致公党湖南省委主委胡旭晟一行到株洲参加海归论坛活动。毛腾飞等参加相关活动。14—15日，第十届世界旅游大使冠军总决赛颁奖典礼在株洲市举行。斯里兰卡驻华大使科迪图瓦库、毛里求斯驻华大使李淼光等出席；毛腾飞、阳卫国等参加相关活动。15日，阳卫国在长沙参加湖南航空制造业单位“走进中国商飞”产业合作专项对接会。20日，省委常委、常务副省长陈向群到株洲调研航空产业。毛腾飞、阳卫国、蔡溪等参加相关活动。

（市委常委办公室）

【推动经济建设】 2017年，株洲加快转型升级，推动经济平稳健康较快发展。推进“三去一降一补”。钢铁过剩落后产能基本退出，关停退出煤炭、烟花爆竹企业163家。商品住宅去化周期较上年缩短5.1个月。规模以上工业企业资产负债率下降0.8个百分点，有序推进存量政府债务置换。清费降税行动累计为企业降低税费、制度性交易、融资等各类成本57亿元。非公经济、第三产业等发展短板，园区、交通等基础设施短板，生态环境、公共服务等民生短板都有新提升。打造株洲·中国动力谷。2017年，“3+5+2”（“3”是指轨道交通、汽车、航空三大优势产业，“5”是指新能源、新材料、电子信息、生物医药、节能环保五大新兴产业，“2”是指陶瓷、服饰两大传统产业）产业实现总产值2207亿元，增长11.3%，占规模工业比重70%。新兴产业加快发展，高新技术产业投资和战略性新兴产业投资分别增长35.1%、12.4%。传统产业升级，运用新技术新业态改造提升有色冶炼、化工、烟花等传统产业，工业技改投资增长33.4%。现代服务业跨越发展，“中国动力谷”科技创新等9大服务业集聚区建设，第三产业增加值突破千亿大关，增长10.7%，对GDP增长贡献率49.4%。推进农业供给侧结构性改革，加快推进3个“百千万”工程，农业产品结构不断优化、经营体系更加完善、融合发展步伐加快。落实创新引领开放崛起战略。出台《关于贯彻落实创新引领开放崛起战略的实施意见》，大力推动创新创业，新增创业主体3.7万家，全球首列虚拟轨道列车、12米纯电动智能驾驶客车等一批重大科技成果在株洲诞生，轨道交通专业化众创空间入选首批国家专业化众创空间，国家自主创新示范区建设取得重要进展，株洲经开区正式组建挂牌运行。全力落实“五个对接行动”，加快建设铁路口岸，铜塘湾保税物流中心封关运营。成功举办中国企业家年会等5个大型会展活动，积极参加港洽周、深圳招商会等系列大型招商活动，新签约项目262个，落地项目70个，投资331亿元。开展“两个年”（即“项目攻坚年”和“企业帮扶年”）活动。“项目攻坚年”活动建设重点项目469个，完成投资1200亿元。“企业帮扶年”活动收集交办各类问题2258个，办结率93%。强化经济运行调度，坚持每个季度专题分析研究经济工作，开展项目“看学议”活动，及时出台政策措施。推动新型城镇化建设。召开新型城镇化工作和城市工作推进会，推进“五大试点改革”，全面实施“双修双改”，加快建设基础设施“五张网”，全面推进交通畅通、城市环境绿化美化亮化净化、旧城提质、碧水蓝天、城镇设施配套“五大行动”，着力打造20个特色镇、200个示范村，城镇规模不断扩大，功能不断增强，活力不断激发，形象不断提升。（田业强）

【推进全面深化改革】 2017年，株洲不断激发发展动力。坚持对标对表抓改革。主动对标中央和省委重大改革部署，抓好贯彻落实。全国“两型”社会综合改革试验区建设、国家自主创新示范市建设、国家新型城镇化试点市建设、公立医院改革、土地增减挂钩等43项国省级试点改革取得重要进展，构建创新引领体制机制、构建开放崛起体制、推动供给侧结构性改革等15项市级试点有序开展。创新金融服务破解企业融资难的做法在全国推介，建设领域投资审批制度改革、荷塘区“一门式”政务服务改革获全省管理创新奖，涉企证照事项实现“四十一证合一”。经济、政治、文化、社会、生态文明建设和党的建设等领域改革统筹推进，中国动力谷等10大综合集成改革纵深推进。市委深改组先后召开7次会议，研究出台43个改革方案，年初确定的10大类137项改革稳步推进。（田业强）

【推进政治建设】 2017年，株洲市委总揽全局，引导全市上下思想同心、目标同向、行动同步，聚力干事创业。加强人大工作，召开市委人大工作会议，制定出台加强和改进新形势下人大代表工作的意见，支持市人大常委会履行立法、监督、重大事项决定、人事任免等各项职权。加强政协工作，召开市委政协工作会议，支持政协履行政治协商、民主监督、参政议政职能，推进协商民主广泛多层制度化发展。努力扩大人民民主，开展“不忘合作初心，继续携手前进”主题活动，积极支持各民主党派履行参政议政、民主监督职责，“大统战”工作格局初步形成，政党关系、民族关系、宗教关系、阶层关系、海内外同胞关系和谐。强化管武兴武政治责任，重视支持国防动员和后备力量建设，推进军民融合协调发展，建立军地领导联系会议、地方与军工企业沟通协调、南方军民融合协调创新、军民产业融合四大平台，形成具有株洲特色的军民深度融合格局。加强党对群团工作的领导，深化群团组织改革，圆满完成团市委、市妇联、市文联换届工作，群团组织的政治性、先进性、群众性更加彰显。统筹加强民族、宗教、港澳台等工作，健全市县两级民宗、侨联工作机构，进一步巩固和发展齐心协力、干事创业的良好局面。（田业强）

【推进法治株洲建设】 2017年，株洲完成省市立法调研20余项，制定出台《株洲市城市综合管理条例》，在全国新获立法权的设区的市中开创先河。推进依法行政，出台《株洲市人民政府重大行政决策程序规则》等20余项制度，坚持公布“三清单一目录”，全面落实专家论证、公众参与、民主协商、风险评估和合法性审查等法定程序，推动行政权力公开透明运行，确保重大决策规范科学、合理合法。推进公正司法。推进“阳光司法”“便民司法”及司法责任制、刑事诉讼制度、公安改革及司法行政改革等47项司法领域改革事项。在全省率先成立市司法鉴定管理委员会，经验做法被司法部推介。推进全民守法，出台《加强社会主义法治文化建设的实施意见》，严格落实领导干部学法用法联系点、宪法宣誓、法律顾问等系列制度，以“七五”普法为抓手，突出加强青少年普法教育，全民守法氛围越来越好。（田业强）

【加强思想文化建设】 2017年，株洲坚持党对意识形态工作的领导，出台《意识形态工作责任制实施方案》。强化理论武装，举办5期十九大精神集中轮训班、6期十八届六中全会精神专题研讨班，副处级以上干部实现全覆盖，全会审议通过《关于深入学习贯彻党的十九大精神 加快建设“一谷三区” 奋力实现“两个走在前列”的意见》。加强舆论引导，精心组织中国工农红军长征80周年、中国共产党成立96周年等主题教育活动，开展道德模范等系列评选表彰活动，社会主义核心价值观深入人心。推进文化事业和文化产业的繁荣发展，创建国家公共文化服务体系示范区通过中期评估，大型音乐剧《天使合唱团》荣获省“五个一工程”奖，大型民族歌舞剧《英雄恋歌》成为文化部重点扶持的9部民族歌剧之一。深入开展文明提升“十大行动”，成功蝉联全国文明城市。（田业强）

【推进生态文明建设】 2017年，株洲全面推进湘江保护与治理第二个“三年行动计划”，259个项目顺利实施。全面推行河长制，314条河流和18座大中型水库有了河长。清水塘老工业区搬迁改造共关停企业147家。配合中央环保督查，集中整治环境污染突出问题，环保立案数同比增长1.5倍，中央环保督察组反馈的8件重点问题基本整改完成，交办的255个信访件办结率超过95%。持续推进国家“两型”社会综合配套改革示范区建设，开展自然资源资产离任审计试点，全市城乡开展“十进十四社会单元”示范创建活动，推动形成绿色发展新风尚。市区空气质量持续好转，湘江株洲段水质标准由劣Ⅲ类改善为Ⅱ类。株洲老工业城市转型发展的经验在全国经济体制改革会议上作典型发言。（田业强）

【推进社会建设】 2017年，株洲连续4年实施“民生100”工程，公共财政预算支出73.7%投向教育医疗、社会保障、交通畅通工程等民生项目，脱贫攻坚实施“7＋6”脱贫攻坚行动，5.67万贫困人口实现脱贫，126个贫困村退出，全市贫困发生率由3.64%下降到1.29%，炎陵、茶陵顺利通过省检，即将迎接国检，株洲有望实现整体脱贫并同步全面小康。“一张网一个基金一个联盟”的社会扶贫模式成为全国脱贫攻坚的十大案例之一。创新社会治理，健全社会治安防控体系和矛盾纠纷多元化解机制，开展安全生产大排查大管控大整治百日行动，开展“信访维稳百日攻坚”专项活动，提高预测预警预防各类风险能力，全年无重大政治破坏事件、重大非法集聚事件、重大暴力恐怖事件，群众安全感满意度进一步提升，再次获评全国综治工作优秀地市，第4次捧得“长安杯”。（田业强）

【推进党的建设】 2017年，株洲推进“两学一做”学习教育常态化制度化。推行“23＋X”学习模式，开展7大主题活动，市委常委带头落实“十条措施”，把学习教育与中心工作深度融合，与正在做的事情有机衔接，与履行岗位职责相得益彰，做到两手抓两促进。出台各类制度性文件53个。加强干部队伍建设。坚持“六重六用”用人导向，深化人才体制机制改革，出台“人才30条”，市场化选聘国企高管11名。开展选人用人专项检查和“带病提拔”倒查，完成“三超两乱”专项治理和因私出国境证照清理。出台《建立容错纠错机制支持干部改革创新干事创业的暂行办法》。领导班子建设情况调研、选派退出领导岗位干部到村任职等工作得到中组部肯定和推介，株洲选人用人的做法在全省会议上作典型发言。夯实基层党建工作。深入开展“基层党建提升年”活动，推进“六大工程”，出台加强国企、“两新”、医院、学校等领域党建的10个实施意见。完成村（居）换届工作，新组建党组织731个，建成示范点100个。累计投入9.25亿元完成94个乡镇（街道）、897个村服务场所提质改造，基层基础不断夯实。2017年，市州委书记履行基层党建工作述职评议考核等次优秀，人才市场流动党员网上支部建设、加强离退休干部党支部建设“四化”工作法成为全省经验。推进正风肃纪和反腐败斗争。大力开展“治陋习、树新风”和“雁过拔毛”式腐败问题专项整治行动，巩固拓展落实中央八项规定精神成果。“马上就办、真抓实干”活动市领导带头高位推进“五问工作法”，大力整治为官不为、环境不优、落实不力等问题，推动问题解决和工作落实。政治巡察实行市县巡察“一体化”，巡察工作走在全省市州前列，县市区全面异地交叉巡察、上下对口巡察等创新性做法得到王岐山、赵乐际等中央领导的肯定。推进国家监察体制改革试点工作，全市完成转隶139人，市县两级监察委全部挂牌成立。完成市县两级纪委派驻机构改革，市本级设立26个派驻纪检组，实现122个单位派驻监督全覆盖。加大纪律审查力度，全市立案数、涉及县处级干部人数、纪律处分人数分别增长133.6%、120.8%、134.3%，形成强大震慑。（田业强）

市委办公室工作

【概况】 2017年，市委办公室充分发挥参谋部、智囊团作用，积极开展“三满意”竞赛活动，围绕中心，服务大局，忠诚履职，务实进取，各项工作取得新的进步。

政务服务积极有为。紧扣全市中心工作，发挥参谋助手作用，积极开展督促检查，抓工作落实，综调工作围绕中心，服务大局，紧扣“综合、调研、服务、宣传”四大工作重点，撰写文稿480余篇2607万字。信息报送及时准确，为领导开展工作赢得主动。办文法规实现规范，形成市委用制度管权、按制度办事、靠制度管人的良好基础。

事务服务规范有序。2017年，市委办公室协调安排市级领导公务活动和会议1015起，其中，牵头组织接待王岐山、赵乐际等党和国家领导人来株的警卫任务4起，接待省部级领导83批次152人次；组织中国企业家年会，中央环保督查，党政代表团赴广东省等重大活动70多项；组织市委主要领导赴基层调研87次；组织重要会议216次，其中市委常委会议51次。编撰和发放《市委大事记》12期。共发放会议、活动通知1039个，编辑值班专报171期；协调处置突发和信访事件100余次近3000人次，个访1429批次共1700余人。保密防范以“三大管理”为重点，继续开展菜单式保密教育、深化保密工作分层次管理，对核心保密管理单位、重点保密管理单位、部分复印打字店和废旧回收站开展保密检查。为党委、政府提供优质高效的通信保障服务，电子政务内网建设完成市级节点和县市区终端汇集点建设，专用通信开局良好。基本完成机构组建，各项工作有序开展。

年内，市委机关成功创建省级“两型”示范机关、顺利通过省级园林单位复审。（市委办办文科）

【督查工作】 2017年，牵头组织开展督查调研活动48次，编发《督查专报》57期、《督查通报》9期、《督查交流》2期、《督查公函》16期、《督查快报》9期，获市委主要领导肯定性批示25个，确保中央、省委和市委重大决策部署落地生根、政令畅通。（市委办办文科）

【综调工作】 2017年，共撰写文稿480余篇，约260万字，把关《株洲日报》新闻稿件等其他材料130余篇，向中办、省办报送材料40篇，省级以上刊物发表领导署名文章11篇，编辑《参阅件》5期，《市委通报》42期。其中《中共株洲市委关于深入学习贯彻党的十九大精神加快建设“一谷三区”奋力实现“两个走在前列”的意见》等文稿得到一致好评。（市委办办文科）

【信息工作】 2017年，共上报信息1256条。其中上报中办439条，省办817条。编辑内刊620期，其中要情汇报249期，信息专报371期。获得市委书记毛腾飞批示215次，《写好“四篇文章”，推动实体经济振兴》等一批影响大、波及范围广的信息得到省市领导的高度重视。（市委办办文科）

【办文工作】 2017年，制发主要文件268个，其中报省备案审查规范性文件69个。对中央、省委234份贯彻落实性文件及39份电报均提出具体拟办意见。办理请示24件，较好地解决相关问题。出台《中共株洲市委工作规则及相关配套制度》，制定《市委工作规则》及其组织制度、领导制度、自身建设制度、监督保障制度4大板块，共51项配套制度，形成“1＋4＋51”的市委制度体系。（市委办办文科）

【内设机构调整】 2017年，株洲市委办公室调整优化内设机构。综合调研室更名为综合调研一室，新增综合调研二室、综合调研三室，成立市专用通信局，秘书一科更名为办文科，秘书二科更名为市委常委办公室，撤销秘书三科。（市委办办文科）

2017年株洲市委、市委办重要文件目录

表9

序号	文　号	文　件　名　称
1	株发〔2017〕1号	关于以发挥“四个作用”为引领加快建成“一谷三区”的意见
2	株发〔2017〕3号	关于加快金融业改革发展的实施意见
3	株发〔2017〕6号	转发《市委宣传部、市司法局关于在全市公民中开展法治宣传教育的第七个五年规划（2016—2020年）》的通知
4	株发〔2017〕7号	关于印发《株洲市马上就办抓落实的若干规定》的通知

续表 9

序号	文　号	文　件　名　称
5	株发〔2017〕8 号	印发《关于进一步推进人才优先发展的 30 条措施》的通知
6	株发〔2017〕10 号	关于深入推进农业供给侧结构性改革加快培育农业农村发展新动能的实施意见
7	株发〔2017〕13 号	贯彻落实《中共湖南省委关于大力实施创新引领开放崛起战略的若干意见》的实施意见
8	株发〔2017〕15 号	关于深入学习贯彻党的十九大精神加快建设“一谷三区” 奋力实现“两个走在前列”的意见
9	株发〔2017〕16 号	关于进一步加强和改进新形势下人大代表工作的意见
10	株发〔2017〕18 号	关于落实食品安全党政同责的实施意见
11	株发〔2017〕19 号	印发《关于深入推进城市管理和综合执法体制改革的实施方案》的通知
12	株发〔2017〕20 号	关于加快推进农垦改革发展的实施意见
13	株发〔2017〕21 号	关于加快建成“一带一部”开放发展先行区的实施意见
14	株办发〔2017〕2 号	关于引导农村土地经营权有序流转发展农业适度规模经营的实施意见
15	株办发〔2017〕4 号	关于印发《建立容错纠错机制支持干部改革创新干事创业的暂行办法》的通知
16	株办发〔2017〕5 号	关于全面推进政务公开工作的实施意见
17	株办发〔2017〕6 号	关于印发《株洲市特色城镇建设实施方案》的通知
18	株办发〔2017〕9 号	印发《关于推进“两学一做”学习教育常态化制度化的实施方案》《中共株洲市委常委会落实“两学一做”学习教育常态化制度化的十条措施》的通知
19	株办发〔2017〕12 号	关于加快推进“一户一产业工人”培养工程的实施意见
20	株办发〔2017〕13 号	印发《关于进一步深化文化市场综合执法改革的实施方案》的通知
21	株办发〔2017〕18 号	印发《关于建立健全株洲市“十三五”规划纲要实施机制的意见》的通知
22	株办发〔2017〕19 号	关于推进美丽乡村建设提质升级的实施意见
23	株办发〔2017〕21 号	关于印发《深入推进全市公证体制改革的实施方案》的通知
24	株办〔2017〕2 号	关于印发《株洲市 2017 年“项目攻坚年”活动实施方案》的通知
25	株办〔2017〕3 号	关于印发《株洲市 2017 年“企业帮扶年”活动实施方案》的通知
26	株办〔2017〕4 号	关于印发《清水塘老工业区搬迁改造 2017 年工作方案》的通知
27	株办〔2017〕6 号	关于印发《株洲市河长制实施方案》的通知
28	株办〔2017〕8 号	关于印发《2017 年市级领导“五个一”活动方案》的通知
29	株办〔2017〕12 号	关于印发《株洲市旧城提质三年行动实施方案》（2017—2019 年）的通知
30	株办〔2017〕16 号	关于印发《株洲市 2017 年两型社会建设综合配套改革工作计划》的通知
31	株办〔2017〕17 号	关于印发《中共株洲市委全面深化改革领导小组 2017 年工作要点》的通知
32	株办〔2017〕19 号	关于印发《株洲市 2017 年“基层党建提升年”活动实施方案》的通知

续表 9

序号	文　号	文　件　名　称
33	株办〔2017〕22 号	关于印发《2017 年“民生 100”工程实施方案》的通知
34	株办〔2017〕23 号	关于进一步规范全市基层党组织归口管理的意见
35	株办〔2017〕24 号	印发《关于加强非公有制经济组织党建工作的实施办法》和《关于加强社会组织党建工作的实施办法》的通知
36	株办〔2017〕36 号	关于印发《株洲市安全生产大排查大管控大整治百日行动方案》的通知
37	株办〔2017〕40 号	印发《关于加快推进“互联网＋监督”工作实施方案》的通知
38	株办〔2017〕43 号	关于印发《全市党政主要领导干部带头开展脱贫攻坚“三走访三签字”工作实施方案》的通知
39	株办〔2017〕45 号	关于市委秘书长、常务副秘书长、副秘书长和市委办公室领导成员工作分工的通知
40	株办〔2017〕50 号	关于印发《株洲市脱贫攻坚工作问责办法（试行）》的通知
41	株办〔2017〕51 号	关于印发《株洲市信访维稳“百日攻坚再行动”竞赛活动实施方案》的通知
42	株办〔2017〕52 号	关于印发《贯彻落实市委新型城镇化工作和城市工作推进会议精神责任分解》的通知
43	株办〔2017〕53 号	关于印发《株洲市政协微建议工作办法（试行）》的　通知
44	株办〔2017〕54 号	印发《关于坚持和完善计划生育目标管理责任制的实施意见》的通知
45	株办〔2017〕58 号	关于印发《株洲市安全生产事前问责规定（试行）》的通知
46	株办〔2017〕59 号	关于印发《株洲市委市政府领导安全生产工作责任清单》《株洲市市直有关部门安全生产责任清单》《株洲市生产经营企业安全生产主体责任清单》的通知
47	株办〔2017〕61 号	关于印发《株洲市创新驱动助力工程示范市实施方案》的通知
48	株办〔2017〕63 号	关于印发《株洲市损害经济发展环境行为责任追究办法》的通知
49	株办〔2017〕65 号	关于印发《株洲市规范“双随机、一公开”涉企检查的若干规定》的通知
50	株办〔2017〕66 号	关于印发《株洲市“对接北上广优化大环境”行动导则》和 4 个行动计划的通知

（市委办办文科）

组织工作

【概况】 中共株洲市委组织部机关设 14 个职能科室，下设党员教育中心和专家管理服务中心 2 个副县级二级机构，在岗在编人员 49 人。

2017 年，全市组织部门坚持稳中求进总基调，聚焦主责主业，主动担当作为，稳步推进各项工作。年内，中组部先后 3 次到株洲调研指导工作，开展领导班子和优秀年轻干部调研、2 万多名干部奋战在脱贫攻坚最前沿等做法和成效获得中组部肯定，全省脱贫攻坚战工作推进会、人才工作专题调研座谈会等会议在株洲召开，人才新政、国企党建、容错纠错机制等多项工作得到推介。（刘　刚）

【党员干部思想政治建设】 2017 年，株洲市扎实推进“两学一做”学习教育。全面推行“23 + X”学习模式，以“五统一”工作法开展支部主题党日活动。开展“时代先锋”系列报道、“时代风采”图片展等“七大主题活动”。坚持以学促做，引导广大党员干部争当 5 个先锋，推动开工重点项目 210 多个，重点帮扶 120 家企业，解决问题 1780 多个。精心组织开展教育培训。采取集中研讨、专家辅导、学考结合等形式狠抓干部队伍思想理论学习教育。2—4 月，举办深入学习习近平总书记系列重要讲话和十八届六中全会精神专题研讨班6期，举办县处级领导干部学习贯彻中共十九大精神集中轮训班4期，市委书记和常委干部带头作辅导报告，副处级以上干部全覆盖、封闭式研讨。全力做好十九大精神的宣传教育。市级领导带头下基层进乡村进社区，深入宣讲十九大精神。全方位利用报刊、电视、微信平台、乡村广播等平台，制作微文本、微视频、微音频“三微”教材，开设“巡回课堂”，组成10个小分队深入乡村巡回宣讲，掀起学习宣传贯彻十九大精神的热潮。
（刘　刚）

【领导班子和干部队伍建设】 2017年，株洲市委组织部开展领导班子和优秀年轻干部调研。组成7个调研组对县市区领导班子开局工作、市直单位及市管企业领导班子运行和优秀年轻干部调研，面对面谈话2726人，问卷调查3000多份。对10个县市区、106个市直单位领导班子开展综合评价，优秀年轻干部实行入库管理。做好国省两级代表委员推选。确定9人为全国人大代表推荐人选，43人拟作为省人大代表推荐人选，37人拟作为省政协委员建议人选或预备人选。落实正确选人用人导向。按照好干部标准和六重六用要求，全年共调整干部374人。全力支持纪检体制改革，严把标准挑选派驻纪检组长26人。着眼长远发展储备骨干队伍，加强和改进选调生培养管理工作。拓宽视野选贤任能。从金融机构选派7人到县市区挂职副县市区长。推行市场化选聘11名国企高管，推动国有企业领导班子和干部队伍专业化建设。严管厚爱并重。干部日常监督管理注重抓早抓小，做好函询诫免，共函询11人，诫勉41人。落实“三个区分开来”，出台《株洲市建立容错纠错机制支持干部改革创新干事创业的暂行办法》，全力为改革创新和干事创业者担当负责、加油鼓劲。 （刘　刚）

【基层党组织建设】 2017年，株洲市委组织部坚持问题导向抓整改。结合省委书记杜家豪交办的3项任务和各级党组织查摆的问题，制定整改方案，8个方面22项具体任务全部整改到位。推行“五化”试点抓示范。围绕“五化”目标，选择全市党政机关、企事业单位、中小学校、公立医院、“两新”组织等各类型党支部252个开展试点，初步形成示范效应。紧扣重点任务抓统筹。逐项推进中组部和省委组织部部署的基层党建工作重点任务落实。完成10727个党组织和242454名党员的电子信息采集。组成5个工作组，分赴城市4区和上海、长沙等地调研，形成城市基层党建“1 + 5”调研成果。召开全市城市基层党建工作推进会，着力提高城市治理区域联动整体效应。首次采取“看学议”流动现场会的形式，组织10个县市区进行基层党建交流观摩。制定出台加强国企、“两新”、医院、学校等领域党建工作实施意见10个，分系统集中推动党建工作落实。在国有企业和“两新”党组织中启动“不忘初心、携手共行”结对共建活动。做好党代表驻室工作，建立党代表参与脱贫攻坚制度。进一步完善抓党建促脱贫工作机制，加大驻村帮扶和结对帮扶力度，扎实开展“三走访、三签字”活动。强化基层基础抓提升。高质量完成村（居）“两委”换届选举工作，致富带头人、大学生村官、经商返乡人员、回乡大中专毕业生等“能人”所占比例超过40%。出台《株洲市村干部规范化管理办法》，推进村干部队伍专业化职业化建设。推进3个“三年行动计划”，全年共完34个乡镇“六小”设施、584个村（社区）服务场所提质，消灭146个集体经济空白村，新建“两新”党组织731个，新建8个园区党群服务中心，率先建成全省首个芦淞服饰城商圈党群活动服务中心。
（刘　刚）

【人才队伍建设】 2017年，株洲市出台《关于进一步推进人才优先发展的30条措施》，完善制定配套细则文件20多个，初步形成“1 + X”人才政策体系。第7届“院士专家株洲行”邀请23名国内外知名院士专家到株洲现场指导，签订合作项目10个，建立院士工作站10个。组织开展自主创新园开园仪式、“千人计划”专家项目洽谈会、“技能天下”职业技能电视大赛等人才活动，引进入园企业88家，科研成果转化基地15个，评选技能大师30名，认定技能大师工作室22个。优化人才服务。建立市级领导直接联系服务专家制度，20名市级领导对口联系服务22名专家。设立人才服务窗口，开通株洲人才微信公众号，进一步优化服务，增强企业和人才的获得感。 （刘　刚）

【村（居）“两委”换届选举】 2017年2月25日，株洲全面启动村（居）“两委”换届选举工作。截至

6月30日，全市1379个村（社区）全部完成党组织换届选举工作，1379个村（居）民委员会全部完成正式选举大会，换届共选举产生村（居）“两委”班子成员7511名，其中能人3214人，占总数42.79%；新进人员2080人，占总数28.11%；45岁以下3069人，占总数40.86%；女干部2613人，占总数34.78%；拥有大专以上学历3112人，占总数41.43%；较上一届减少2048人，精简率为21.42%。基本达到“提出好思路、选出好干部、配出好班子、换出好风气”的“四好”预期目标。（刘　刚）

【第七届“院士专家株洲行”活动】2017年8月31日，株洲举办主题为“创新驱动、智汇株洲”的第7届“院士专家株洲行”活动。活动邀请23位院士专家（其中两院院士11位）出席，中组部人才工作局副局长牛伟宏，中科协党组成员、书记处书记项昌乐，省委组织部部务委员由红军，省科协主席、中国工程院院士张尧，株洲市委书记毛腾飞等领导参加活动。院士专家先后考察中车株洲所智能轨道快运系统、中国动力谷自主创新园以及联诚集团等相关企业，并就智能制造、新能源、航天航空、陶瓷、生物医药以及科技创新公共服务平台、科技成果转化等14个项目进行现场对接。活动期间，株洲被授予“创新驱动示范市”称号，谭益民、陶一山等省级院士工作站以及株洲院士专家工作站和学会工作站管理服务办公室授牌。湖南省科协、相关学会组织、部分院士专家及其所在企业还就相关项目与株洲签订合作协议。参加此次活动的院士专家均被聘任为株洲市人民政府发展顾问或科技顾问。（刘　刚）

【市场化选聘国有企业经营管理人员】2017年1月，全面启动市场化选聘国有企业经营管理人员工作。经过调研座谈、个别访谈、资料分析等前期工作，从17家国有企业拿出21个高管岗位，委托顾问公司面向社会市场化选聘优秀人才。通过综合考试、考察、背调、面谈等环节，最终从442名人选中，聘请11人。（刘　刚）

宣传工作

【概况】2017年，株洲市宣传思想文化战线以习近平新时代中国特色社会主义思想为指导，围绕市委、市政府中心工作，服务全市经济社会发展大局，在新起点上取得新成绩。落实意识形态责任，坚持制度、管理、督查多管齐下，意识形态工作责任制落实到位。“学习宣传贯彻中共十九大精神”“砥砺奋进的五年”，推介“株洲·动力谷”等重大主题宣传效果显著。培育践行社会主义核心价值观贯彻文明创建全过程，株洲成功蝉联“全国文明城市”。积极推进文化事业建设，文化产业繁荣兴盛。舆情应对及时有效。坚持话题引导、舆情预警、网络管理多维发力，全市舆情形势总体平稳可控。（杨　昆）

【落实意识形态责任】出台《意识形态工作责任制实施方案》《加强意识形态领域情况分析研判方案》《意识形态工作责任制操作流程》《考核办法》等文件，明确意识形态工作责任制的正负面清单。新闻媒体导向管理实行总编辑负责制、内容“三审制”等制度，严把各类论坛、讲座、研讨会的导向，对外请报告人和报告内容实行前置审查。文化市场管理和安全播出做到全覆盖、无盲区、零事故。全年，召开意识形态领域形势的综合分析和预警研判舆情形势分析会6次，开展意识形态工作专项督查。（杨　昆）

【重大主题宣传效果显著】学习宣传贯彻中共十九大精神。聚焦学懂弄通做实中共十九大精神，市委中心组全年组织集中学习8次16天，举办5期县处级干部集中轮训班；组建市委宣讲团开展中共十九大精神“七进”活动，在机关、企业、农村、学校等基层集中宣讲155场，举办各类微宣讲5000多场次；创新推出中共十九大精神沙画网络视频，《人民日报》予以肯定并作报道。回顾株洲发展，宣传株洲元素。新闻宣传以“砥砺奋进的五年”主题宣传为总揽，策划60个专题报道，组织10多场专题新闻发布会，全方位多层次多角度展示中共十八大以来株洲经济社会发展成就；组织第二届全国主流网络媒体看株洲大型采访活动，在央视“喜迎十九大”节目《还看今朝·湖南篇》、央视特别节目《中流击水新湖南》《人民日报》“砥砺奋进的五年”湖南篇、新华社“湖南奋力追梦中国制造2025”中宣传株洲元素。推介“株洲·中国动力谷”。把打响“株洲·中国动力谷”品牌、讲好“株洲·中国动力谷”故事作为

全年舆论宣传的重点亮点热点，全年在央媒省主流媒体发稿共3200多篇。（杨　昆）

【服务文明创建】2017年，株洲宣传系统把培育践行社会主义核心价值观贯彻创建全过程，全面实施“十大文明行动”，建设更高水平文明城市，成功蝉联“全国文明城市”。做好宣传：抓住新闻媒体和社会宣传，市属媒体推出创建专栏发稿500多篇，城乡设置公益广告3200多块，遵德守礼提示牌5600多块，营造浓厚创建氛围。向市民免费发送《市民文明手册》《全国文明城市宣传册》《图说株洲们的价值观》等宣传资料50多万册，提升市民文明创建知晓率支持率。推介典型：6个村镇获评“全国文明村镇”、6家单位获评“全国文明单位”、2所校园获评“全国文明校园”，实现精神文明创建重大荣誉的大满贯；年内，2人被授予全国道德模范提名奖，9人获评“中国好人”，21人获评“湖南好人”。组织活动：组织纪念中国人民解放军建军90周年、水口连队建党、茶陵工农兵政府成立90周年等系列活动，“株洲们的节日”“向国旗献礼”等主题教育生动活泼；学雷锋志愿服务的服务内容和形式有效对接社会需求，活动内涵突出核心价值观主线，注册志愿服务队伍1200多支，各类志愿者53万，占全市总人口的13.25%。（杨　昆）

【文化建设硕果累累】创建国家公共文化服务体系示范区，推进文化事业产业的繁荣兴盛，国家示范区创建中期评估列中部地区第一名。神农大剧院运营以来，公益演出100多场，市群众艺术馆改扩建工程进展迅速，市图书馆重新编制建设方案，市戏剧传承中心二期工程完工，神农艺术中心启动展陈设计，株洲河东湘江风光带文化墙开建。图书馆总分馆建设推进迅速，全市建成基层综合文化服务中心1044个，农家书屋1561个，攸县农家书屋创新管理的经验得到中央领导批示并在全国推广。“欢乐潇湘·欢乐株洲”活动，演出场次、参与演员、观众人数较往年有增加，全省总决赛获3金3银3铜好成绩。承办全国老年合唱节。加大文化惠民力度，全年公益演出672场，送戏下乡到贫困村的经验在《人民日报》刊文向全国推介，城乡放映公益电影1.9万场。音乐剧《天使合唱团》获全省“五个一工程”奖，花鼓戏《一辈传一辈》参加全国基层院团晋京汇演，民族歌剧《英·雄》获2017年重点扶持“中国民族歌剧传承发展工程”。文化产业进一步壮大，成为全国首批国家文化消费试点城市，6个项目获省文化产业发展资金扶持，醴陵陶瓷艺术城入选湖南省文化创新奖，组织评选“株洲市首届文化创新”奖。推进市文联改革、株洲日报社和株洲广播电视台集团化改革、文化市场综合执法改革。“扫黄打非”保持高压态势，文化市场管理规范有序。（杨　昆）

【舆情应对】深入排查舆情风险点推进预警监测，全年监看网络涉株信息30多万条，查删有害信息1047条，编发《涉株舆情》和《舆情快报》224期，市委主要领导批示48次120多条，交办各类民生问题479件，职能部门有效回复471件。做好清水塘老工业区关停搬迁、抗洪救灾、环保督查等重点工作的舆情引导，处置“5•7攸县煤矿中毒事故”“车站派出所蹲式窗口”等重大舆情125起。设置议题40多个，开展网上正面宣传，《网罗民意聚人心》经验入选中宣部教学案例。拓展网上统一战线，团结120多家新媒体和300多位网络名人。开展清理政治类有害信息、整治标题党、净化网上舆论环境等专项行动10多次，处理违法违规账号25个。（杨　昆）

【宣传体系队伍建设】成立网信办。2017年，市委、市政府下发《关于设立中共株洲市委网络安全和信息化领导小组办公室的通知》，批准设立中共株洲市委网络安全和信息化领导小组办公室（简称市委网信办），列入市委工作机构序列，正处级单位，内设网络安全与执法科、网络宣传与综合科、网络舆情监控中心3个科室，编制13人。组织两期宣传文化骨干培训班，120多名宣传干部参加西安交通大学和浙江大学组织的培训学习。落实“走转改”要求，建立健全作家艺术家深入生活的长效机制，文艺家知行讲习会深入基层开展文艺支教、文艺辅导、艺术扶贫等公共文化服务，文化志愿者赴云南、四川开展文艺交流展演。（杨　昆）

【学习宣传贯彻中共十九大精神】2017年，中共十九大闭幕后，全市聚焦学懂弄通做实中共十九大精神，全面开展宣传宣讲。市委书记毛腾飞、市长阳卫国等市领导分别到基层开展十九大精神宣讲。市委理论学习中心组特别邀请江苏省政府研究室顾问卢水生为包括市级领导在内的500多名县处级领导干部讲解中共十九大报告；邀请国家发改委和小城镇改革发展中心主任徐林在全市县处级领导干部学习贯彻中共十九大精神第四期集中轮训班上作专题辅导报告。组建市委宣讲团，开展中共十九大精神“七进”活动，在机关、企业、农村、学校等基层集中宣讲155场，举办各类微宣讲5000多场次。同时，全市用“万只喇叭村村响，万个微群一起转，万名党员下基层，万堂讲课下基层，万册读本进书屋，万块板报传精神”方式全面铺开十九大精神进基层系列活动。发行十九大精神辅导读本30余万册，市级媒体统一开设十九大精神学习专栏、专题、专版。广泛开展“贯彻党的十九大精神转型升级补短板”大调研活动，收集各类“金点子”、调研报告、理论文章共1558篇，择优编发简报53期，精选138篇编印合订本，以此为根据提出43条助推株洲经济社会高质量发展的具体对策。通过全方位、立体式的活动，全市各级各部门推动中共十九大精神的宣传宣讲往实里走、往深里走、往心里走。

（杨　昆）

【网信宣传】 2017年，全市网信工作强化网络建设和管理，网络安全得到有力维护，网络舆论环境良好。

营造网上正面舆论强势。围绕学习宣传贯彻中共十九大工作主线，组织各地各网站开展多角度、多平台、多层次立体式宣传报道，新媒体作品《十九大连着你我他》沙画视频点击量突破10万+，《人民日报》头版、湖南卫视新闻联播多次报道。紧扣市委、市政府工作大局，组织网媒开设《学习贯彻党的十九大精神》、“加快建成一谷三区”“脱贫攻坚”“项目攻坚”等专题专栏120多个，策划“砥砺奋进的五年”“新时代新气象新作为”等主题宣传86次。组织“点击中国动力谷——第二届全国主流网络媒体看株洲”活动，人民网、新华网、凤凰网等全国30多家主流网媒负责人和记者汇聚株洲，撰写和转载新闻报道300余篇，有力宣传推介株洲。网络视频作品《回眸2017　五分钟视频看株洲“芳华”》，在网上反响强烈。

维护网络意识形态领域安全。重大敏感舆情监测到位、研判准确、报送及时、处置得当。全年编发《涉株舆情》246期，专题研判公交调价、公祭炎帝陵、城市道路停车收费、取缔合泰涵洞早市等重点舆情60多个，参与处置重大或较大敏感舆情125起。推进网络生态综合治理，净化网上舆论环境，组织开展“清理政治类有害信息”“整治标题党”“净化网上舆论环境”等专项行动10多次，处理违法违规账号25个，查删封堵各种政治谣言源头和传播渠道，查删有害信息2047条，上报违法违规信息6万余条，网络举报工作受到省网信办表扬。

践行网上群众路线。坚持通过网络走好群众路线，加强网络舆情办理工作的顶层设计，从舆情搜看、研判、交办、处置、督办、备案、奖惩等多方面，形成一系列行之有效的制度规范。全年共交办民生类网民诉求535件，回复处置526件，回复处置率达98.4%，推动各地各单位线上回应民意，线下解决问题。《网罗民心聚民意》的经验被写入中宣部干部培训教学案列。联同“马上就办”网络问政平台、市长热线“12345”落实网络舆情交办工作，在党委、政府和网民群众之间架起连心桥。

提升网络安全防护能力。网信办统筹协调网络安全，建立全市网络与信息安全信息通报制度，初步形成网信部门牵头，公安、经信、国安、保密等部门参与，专家小组和技术单位支持的网络安全通报预警和应急处置体系，全市重要信息系统、政府网站安全反应速度和防护能力得到提升。组织对全市146家单位开展关键信息基础设施检查和网络安全技术检查，在全市范围内组织开展《中华人民共和国网络安全法》宣传周活动，在市内主要网上互动区域全面推行实名制，全力维护全市网络安全。（梁文达）

【国家公共文化服务体系示范区中期评估】 2017年，株洲市推进国家公共文化服务体系示范区创建，建成20个乡镇（街道）综合文化站、40个村（社区）综合文化服务中心，建成图书馆分馆72个，文化馆分馆58个，智能书屋14个，实现市县之间通借通还，数字资源全天候覆盖。突出株洲区域特征，形成一县一品牌、一站一特色，发挥示范区带动作用。推进跨界融合创新，在全省率先推出“韵动株洲”综合文体服务云和公共信息服务平台。文化部国家公共文化服务体系示范中期评估，株洲市名列中部地区第一。

（杨　晶）

【“贯彻发展新理念　转型升级补短板”大讨论活动】 2017年10—12

月底，株洲市开展“贯彻发展新理念，转型升级补短板”大讨论活动，全面贯彻落实省委十一届三次全会精神，实现经济新常态下的新发展，找准补齐短板，推动创新引领开放崛起战略在株洲全面实施。各市级领导带头撰写金点子或调研文章。此次活动共接待来访干部群众30多人次，收集各类“金点子”、调研报告、理论文章共1558篇，择优编发简报53期，精选138篇编印合订本，合计20多万字。市社科联组织30多位智库专家撰文，3篇被省里采用。活动营造出集众智、补短板、促发展的良好氛围，展现出抓重点、补短板、强弱项的突出成效。市委组织起草的《中共株洲市委关于开展补短板工作的实施意见》，针对十大短板问题，提出43条具体对策，推动株洲实现更高质量发展。

（杨　晶）

【大型民族歌剧《英·雄》】 2017年，由湖南省文化厅、株洲市政府打造的民族歌剧《英·雄》经过近两年的创作、打磨，从全国143部民族歌剧中脱颖而出，成为2017年“中国民族歌剧传承发展工程”重点扶持的9部民族歌剧之一。该剧以历史事实为背景，再现株洲炎陵革命先烈何孟雄、缪伯英夫妻二人艰苦奋斗，坚强不屈，勇于牺牲的热血故事。该剧充满红色激情，在形式上集现实主义和浪漫主义手法于一体，打破歌剧壁垒，以民族文化本体与西方歌剧表现形式相融合成为民族歌剧创新尝试。（杨　晶）

【攸县农家书屋经验在全国推广】 2017年3月20日，中宣部作出批示，对株洲市攸县石羊塘乡高桥农家书屋的创办人——退休教授夏昭炎创新农家书屋管理下出“五黄蛋”的经验予以肯定和高度评价，要求总结推广湖南经验。9月25日，由中共中央宣传部、国家发展和改革委员会、中央军委政治工作部、中共北京市委共同主办，在北京展览馆开幕的迎接中共十九大胜利召开的全国“砥砺奋进的五年”大型成就展上，该成就经验以大幅图片展出。（杨　晶）

纪律检查工作

【概况】 2017年，株洲市各级纪检监察机关以党章党纪为遵循，推动全面从严治党向纵深发展，旗帜鲜明讲政治，聚焦主责促发展，刀刃向内铸铁军，党风廉政建设和反腐败工作呈现出良好的发展态势，为营造山清水秀的政治生态、决胜全面建成小康社会提供坚强的纪律保障。

强化党内监督。压紧压实“两个责任”。出台《市委常委会党风廉政建设主体责任分工》《市委常委会党风廉政建设主体责任任务分解》等文件，对各县市区落实“两个责任”情况组织开展专项检查，共查处落实“两个责任”不力问题90个，问责182人。各级党组织和党员领导干部责任意识明显增强，从严管党治党的浓厚氛围日渐形成。推进纪律建设。出台《关于推进全面从严治党向纵深发展的意见》，推进党内监督制度化、规范化、程序化。严把“党风廉政意见回复”关，市县两级纪委共对21584名领导干部进行廉政审查，建议暂缓使用141人，杜绝“带病提拔”“带病上岗”等问题。严肃党内政治生活，坚持以《准则》《条例》为尺子，严明政治纪律、政治规矩，对党的基本路线、方针、政策、法规和党中央重大决策部署落实情况和对党委常委会议事规则和决策程序等制度执行情况进行监督检查，推动上级决策部署在株洲落地生根、开花结果和本地各项决策科学化、民主化。抓实抓严村（居）“两委”换届风气督查，立案58人，纪律处分58人，其他处理108人，取消提名资格31人，宣布当选无效8人，通报典型案例17起，确保换届风清气正。创新开展巡察工作。市、县纪委协助同级党委成立巡察工作领导小组及其办公室，建立巡察组长人才库，市委设立巡察组6个，县市区委设立巡察组31个。市纪委协助市委制定《中共株洲市委巡察工作办法》《被巡察党组织配合市委巡察工作规定》《2017—2021年市委巡察工作规划》《关于实行县市区异地交叉巡察的办法（试行）》《株洲市后备干部参加巡察工作办法（试行）》等5个规范性文件，创造性建立市县巡察一体化工作体系、县市区全面异地交叉巡察工作模式和后备干部参加巡察工作方式。各级纪检监察机关与巡察机构对接，严查管党治党不力和扶贫领域的突出问题。对巡察移交的问题线索深入调查、及时查处。全年，市县共开展三轮巡察，依据前两轮巡察移交的问题线索立案228件，纪律处分282人。株洲市巡察工作受到王岐山、赵乐际等中央领导和杜家毫、傅奎等省委领导充分肯定，相关做法先后被新华社、《中国纪检监察报》《湖南日报》《湖南新闻联播》等中央、省级媒体介绍。

惩腐保持高压态势。严肃查处腐败案件。坚持安全文明执纪，实现依纪依规执纪审查零违纪、安全文明执纪审查零事故、“走读式”谈话突发事件零发生。全年共处置问题线索4426件，立案2107件，涉及县处级干部53人，结案2123件，给予纪律处分2085人。惩治群众身边的腐败问题。拓宽和畅通信访投诉渠道，规范信访处理程序，组织开展农村基层纪检监察信访举报专项行动，全年共接受信访举报1631件次。开展农村集体“三资”和村级财务大清查，推进“互联网+监督”平台建设，加强民生、扶贫等领域资金项目监管，“互联网+监督”公众号关注度居全省第一。“雁过拔毛”式腐败问题专项整治共立案689件，纪律处分658人，组织处理458人，收缴违纪资金3959.75万元，清退969.55万元，通报典型案件175件次。开展监督执纪问责“到扶贫一线去”活动，共发现扶贫领域问题线索236件，立案258件，纪律处分254人，组织处理206人。对茶陵、炎陵两个国家级贫困县开展两轮住房保障和健康保障专项检查，对发现的8大类107个问题进行交办，并跟踪落实。《中国纪检监察报》头版对“到扶贫一线去”活动进行报道。把握运用好监督执纪“四种形态”。全市各级纪检监察机关运用“四种形态”共处理4365人次，其中运用第一种形态的占51.29%，第二种形态占38.74%，第三种形态占6.90%，第四种形态占3.07%。

深化作风建设。创新纠治“四风”工作模式。市纪委协助市委建立起“766”纠治“四风”工作模式（整治违规用权、跑官要官、为官不为、违规吃喝、谋私逐利、索拿卡要、涉赌涉毒“七大陋习”，完善责任落实、线索发现、分析研判、工作联动、整改落实、问责激励“六项机制”，树立勤奋好学的学风、简洁朴实的文风、务实高效的会风、勤勉担当的工作作风、严于律己的生活作风、廉洁和睦的家风“六种风气”），实行机制制度并重、市县联动提效。从社会各界聘请16名党风政风监督员，参与各类监督检查活动，拓宽社会监督的渠道。着力抓好专门监督。紧盯“节日腐败”、紧盯官僚主义、形式主义，开展各项督促检查，推动中央八项规定和省委九项规定精神的贯彻落实。市县两级共开展132轮明察暗访，派出650组次2696人次，查处违反八项规定精神典型问题137起，处理370人次，给予纪律处分252人。制定会议纪律“六项规定”，市县两级共开展309次会风会纪监督检查，通报曝光378人次。集中开展突出问题整治。“治陋习、树新风”专项活动共处置问题线索1365件，立案1262件，处理2675人，涉及县处级干部64人；招投标领域突出问题专项治理问责党政领导干部103人，其中县处级干部40人；环保领域突出问题专项治理中对68件中央环保督察组交办问题和突出环境问题认真整改，实施责任追究，约谈97人，问责252人，受到省突出环保问题整改督办表扬；中小学违规征订教辅资料问题专项整治工作查处172人，立案33人，纪律处分33人，组织处理139人，收缴资金836.1万元，清退资金208.83万元；清理国家公职人员违规参与涉矿等经营性活动专项整治，督促207人退出经营，退出投资金额9700万元，发现问题线索495个，纪律处分5人；违规公款购买消费高档白酒问题专项整治纪律处分40人，组织处理179人。

加强宣传教育。深化廉政教育。加强党章党纪宣讲力度，编印《学思践悟》15000余册发放给全市副科级以上干部学习。组织各级各部门党员干部观看警示教育片，组织有关单位到茶陵监狱、株洲市廉政反腐教育基地开展警示教育，引起强烈反响。挖掘整理本土廉洁文化资源，制作展播《炎陵红军标语博物馆》微视频，评选出渌江书院等市级廉政教育基地；市纪委会同市委宣传部、市文明办、市妇联开展株洲百户优秀家庭事迹评选活动，编撰《家庭·家教·家风》一书，引导党员干部树立良好家风，廉洁修身，廉洁齐家。打造“清风株洲”廉洁文化品牌。聚合各类平台、运用多种形式打造“清风株洲”廉洁文化品牌，全市崇廉尚洁、向上向善氛围日渐浓厚。“清风株洲”廉洁文化创作活动产生广泛社会影响。《湖南日报》以《“清风株洲”正气凛凛》为题对株洲市打造廉洁文化品牌的工作实践进行深度报道。

淬炼执纪铁军。提高政治觉悟。加强对纪检监察干部的思想政治教育，增强党性修养，提高纪检监察干部的政治站位、思想水准和把握政策能力。激发队伍活力。完成市纪委派驻机构改革，实行单独派驻和综合派驻相结合，共设立26个派驻纪检组，负责监督122个单位。增加编制56个，派驻纪检组的人、财、物全部由市纪委统一管理。县市区纪委派驻机构改革全面完成。推动深化监察体制改革试点，市、县两级全部成立深化监察体制改革试点工作小组，制定出改革方案，全力推进改革试点工作。组织各类纪检监察干部参加业务培训149人次，提升干部素质。强化队伍监管。严格对纪检监察干部的监督管理。建立完善请示报告、线索处置、审查审理、涉案款物管理等工作规程，严守执纪审查、信访、保密等工作纪律，规范纪律审查工作。对纪检监察干部违纪违规问题“零容忍”，共受理纪检监察干部信访举报56件，立案21件，处分20人，实施诫勉谈话9人。

（李彦妮）

【市纪委十二届二次全会】 1月23日，市十二届纪委二次全会召开，会议学习贯彻十八届中央纪委七次全会、省十一届纪委二次全会精神，总结上年全市党风廉政建设和反腐败工作，部署2017年工作。市委书记、市人大常委会主任毛腾飞出席会议并讲话。市委副书记、市长阳卫国主持会议。市领导雷绍业、刘光跃、蔡溪、彭爱华、胡鹏飞、杨玉芳、何剑波、毛朝晖、聂方红、羊贵平等出席会议。市委常委、市纪委书记赖馨正作题为《保持定力、竭尽全力，推动全面从严治党向纵深发展》的工作报告。（李彦妮）

【全市派驻机构全覆盖】 8月8日，市纪委派驻机构全覆盖工作会议召开，对26个市纪委派驻纪检组授牌，这标志着市纪委派驻机构设置已经完成，派驻机构全覆盖工作全面实施。市委书记、市人大常委会主任毛腾飞出席并讲话，市委副书记雷绍业主持会议。

（李彦妮）

【设立中共株洲市委巡察工作领导小组办公室】 1月25日，株洲市委决定设立中共株洲市委巡察工作领导小组办公室，作为中共株洲市委巡察工作领导小组日常办事机构，与市委巡视工作联络办公室一个机构、两块牌子，列入市委工作机构序列，设在市纪委，机构规格为正处级，内设综合科和督查联络科，核定行政编制7名（其中：从市纪委连人带编划转3名）。其中：正处级职数（主任）1名，副处级职数（副主任）1名，正科级职数（科长）2名，副科级职数（副科长）1名。主要负责传达贯彻中央、省委、省委巡视办、市委、市委巡察工作领导小组的决策和部署。负责向省委巡视办、省委巡视组、市委巡察工作领导小组报告工作情况；负责省委巡视组对本市开展巡视工作的协调配合和联络工作，负责省委巡视办、省委巡视组反馈交办事项的督办工作；负责统筹、指导、协调市委巡察组开展工作；负责制定年度巡察工作的计划、标准流程以及评价机制，并组织实施；负责对巡察发现的问题进行综合、分析和研究，形成专题报告，提交市委决策。负责对市委、市委巡察工作领导小组决定的事项及巡察移交事项进行督办；负责巡察工作人员的培训、考核、监督和管理工作；负责受理干部群众对巡察工作人员的举报和反映，提出处理意见；负责巡察信息处理和宣传公开工作；承担市委巡察工作领导小组的日常管理工作；完成市委交办的其他工作。（陈润利）

【巡察联动监督】 2017年，株洲市在全省率先构建市县巡察一体推进的工作体系。王岐山、赵乐际等中共中央领导和杜家亳、傅奎等省委领导9月4日到株洲调研巡察工作，对株洲市巡察工作给予充分肯定。相关做法被新华社、《中国纪检监察报》《湖南日报》《湖南新闻联播》等多家中央、省级媒体刊载报道。

实现市县巡察一体化。市委统筹推进市县巡察工作，做到市县两级一体成立巡察机构、一体开展教育培训、一体启动动员部署、一体开展驻点巡察，4月20日，市县两级共37个巡察组全部进驻开展巡察工作。全面推行异地交叉巡察。全年全市共开展三轮巡察，其中两轮为异地交叉巡察，共派出62个巡察组，交叉巡察62个党组织，发现问题线索751条。探索市县对口上下联动巡察。每轮巡察选择1~2个资金和项目较为集中的单位作为被巡察党组织，市和9个县市区同步对口巡察，逐一实地察看项目现场，逐一梳理专项资金流向，对存在的共性问题进行集中治理。聚焦扶贫领域开展巡察。第三轮巡察中市县两级巡察组重点围绕扶贫领域贪污挪用、截留私分、优亲厚友、虚报冒领等腐败问题开展专项巡察。37个巡察组对5个县（市）33个乡镇（街道、场）党（工）委及8个市直扶贫相关责任单位党委（党组）开展巡察，共发现问题线索149条。安排后备干部参加巡察。市县两级共安排44名后备干部参加2017年第三轮的巡察。

2017年，市县两级分别开展三轮对118个党组织的常规巡察，41个党组织的专项巡察，2个党组织的“回头看”。各巡察组先后开展个别谈话6511人次，受理群众来信来电来访1606人次，下发立行立改建议196份，提出意见建议754条，发现问题线索1203条，立案365件，处分353人，移送司法11人，其中涉及扶贫领域的立案65件，处分60人。其中发现并移交了市园林绿化系统和市人民医院的腐败问题线索，相关责任人被“双开”并移送司法机关，巡察的政治“显微镜”“探照灯”作用充分发挥，巡察震慑效果显著。（陈润利）

统战工作

【概况】 2017年，全市统一战线扎实推进各领域统战工作深入开展，重点打造民主党派基层组织“五有”建设、“我新故我行—新的社会阶层人士统战工作”“炎帝神农文化交流”“大爱株洲”公益慈善系列活动等统战工作品牌。市委统战部、致公党株洲市委、茶陵县委统战部获评全省统一战线聚力脱贫攻坚行动成效突出单位；市委统战部“在新的社会阶层人士统战工作中打造‘我新故我行’活动品牌”、荷塘区“‘三建五进’开创城市民族工作新局面”获评2017年度全省统战工作实践创新成果奖；市委统战部课题组、茶陵县委统战部课题组、湖南工业大学邓珊妮教授（民革会员）撰写的调研课题获2017年度全省统战理论政策研究创新成果奖。

学习贯彻中共十九大精神，筑牢共同政治思想基础。组织引导统战干部和统战成员系统学习，树立“四个意识”，坚定“四个自信”，以座谈会、主题党日、联谊会、企业家活动日、宣讲会、“走访贫困户，宣讲十九大”活动、“贯彻发展新理念转型升级补短板”大讨论、知识抢答赛、“不忘合作初心·重走先辈道路”活动等形式组织学习宣传贯彻十九大精神。聚焦统战工作重点和社会热点，组织宣讲队深入民主党派、民族乡村、宗教团体、非公经济、新的社会阶层、港澳台侨、统战机关宣讲十九大精神，有针对性地解疑释惑。全市1000多名统战干部和统战成员开展“学习讨论无处不在、思想火花时时闪耀”主题“微讨论”。统一战线成员撰写的《当好知心人　搭好连心桥　画好同心圆》在《中国统一战线》杂志发表。

全面加强党的领导，逐步完善大统战工作格局。党委统一领导、统战部牵头协调、有关方面各负其责的大统战工作格局逐步完善。党委着力解决新的社会阶层人士统战工作、县级民宗、侨联工作机构设置等重点、难点问题，明确在各县市区政府办公室加挂民宗局牌子，由一名政府办副主任兼任副局长，配备相应的工作人员，保证县级民宗部门执法主体地位不变；明确县市区侨联为同级党委直接领导的群团组织，享受同级人民团体待遇，落实县市区基层侨联组织机构为正科级，编制2~4人的配置。规范统战工作机构设置，株洲市社会主义学院在株洲市委党校（株洲行政学院）正式揭牌成立；市委统战部机关增设知工科（新阶科），醴陵市委统战部、攸县县委统战部均设立新的社会阶层人士工作室。深入宣传发动。以研讨班、座谈会、同心讲堂等各种方式开展统战工作宣传，借助各类媒体平台，宣传统战理论政策、工作动态、先进典型和重要成果。全年在各级媒体发布（报道）各类统战工作新闻1200余条（篇次），在各类微信公众号和客户端发布统战工作信息700余条，中央、省级内刊杂志发表文章100余篇。

着力服务发展大局，彰显统一战线担当作为。积极献计献策。全年全市统战干部和统战成员共献出“金点子”200余条，撰写调研报告和论文121篇，提交提案、议案、社情民意1500余件。助力项目攻坚。协调市电力局等市直单位帮助天易科技城和湖南移动数据中心解决项目（园区）高压电线搬迁等多个问题；聘请浙大网新睿规划研究院为全市园区进行综合评估诊断，对接北京鉴衡认证中心设立检测认证机构、提供专业服务；动员非公企业积极参与“港洽周”活动，现场签约项目31个，总投资182.626亿元；参与清水塘搬迁，帮助中盐株化集团完成3000余名职工分流安置，推动中盐红四方复合肥新项目落户醴陵市。助力脱贫攻坚。全市统一战线开展“万企帮万村”“千侨帮千户”“一家一”助学就业、“泛海助学行动”“金秋助学”“关爱健康”“宗教慈善周”“大爱株洲·为特困群众送年货”等系列活动助推全市脱贫攻坚，“社会扶贫我在行动”募捐活动共筹集300余万元资金和物质。加强“四同创建”。2017年，攸县网岭镇里旺村授牌省级“同心乡村”，湖南三茶产业扶贫项目（茶陵县）授牌省级“同心项目”，17个市级“四同创建”申报点正在验收之中。截至2017年年末，全市64

个创建点，验收合格市级创建示范点40个，省级“同心乡村”“同心社区”“同心项目”8个，逐步建立“点、片、面”相结合的创建工作体系。各创建点共组建90余支社区同心志愿服务队，开展各类志愿服务活动600余次。“四同创建”的奖补资金已由每年150万元提高至200万元。

认真抓好落实创新，稳步推进各领域统战工作。坚持推行多党合作。支持各民主党派开展“不忘合作初心，继续携手前进”主题教育活动，强化同心思想引领；支持和引导民主党派积极参政议政，特邀7名社会知名人士为市政协委员；民进中央、省委及7个民主党派市委开展脱贫攻坚民主监督取得系列成果；各民主党派基层组织“五有”建设得到继续加强，全市176个民主党派基层组织全部实现工作经费行政化、活动场地专用化、学习培训制度化、履职平台多样化、综合评价科学化、组织活动正常化；支持民主党派和无党派人士参与政治协商，广泛听取意见建议；落实“一个常委对三个党外代表人士”联谊交友机制（简称“1 + 3”）和“一个市政府领导带领三个政府部门与一个民主党派市委组织”（简称“1 + 3 + 1”）对口联系机制；开展暑期谈心活动。加强统战队伍建设。党外代表人士实职安排工作取得突破性进展，两名市政协党外副主席当选上任，市县两级政府组成部门党外正职、法检两院领导班子党外副职按政策配备到位；举办各类专题培训班19期次，培训600余人，实现党外人大代表和政协委员培训全覆盖；做好有关党外代表人士推荐、呈报工作。服务民族宗教领域。中村瑶族乡发展黄桃、茶叶、旅游等产业，支持展示少数民族特有民俗文化，中村瑶族乡龙渣村获评“中国少数民族特色村寨”，举办“三月三”畲族文化节、“四月八”少数民族传统节日联谊活动等，促进民族乡村经济社会发展；继续推行“五统一”“两进两建两提升”管理模式，加强清真“三食”供应管理和定期督查，落实少数民族优惠政策，组织召开在株洲经商的回、维族代表人士座谈会，维护城区少数民族人员合法权益，成功调处10余起涉少数民族流动人口纠纷；开展和谐寺观教堂创建和教风整顿活动，指导市天主教、市伊斯兰教举办政策法规学习班；加强县乡村三级宗教管理网络建设，落实两级责任制；加强宗教团体建设，规范宗教事务管理，制定《全市性宗教团体及负责人年度考评办法的实施办法》等文件；加强宗教工作执法，加大信访矛盾处置和非法宗教活动打击力度，依法妥善处置一批涉及宗教因素的敏感问题和事件；召开全市民族宗教工作调度会，按照“一单四制”的要求，宗教领域安全隐患大排查、大整改共排查出7个方面18处安全隐患，并限期进行整改。加强非公经济联络。加强非公企业党建工作，促进非公经济发展；组织动员非公企业积极投入招商引资、脱贫攻坚和清水塘整体搬迁等中心工作；积极开展“企业帮扶年”和“访民企、办实事、强信心”活动，帮助企业解决问题和困难800余个；推荐78个重点培育企业进入全市“十百千”工程笼子；开展以“守法诚信，坚定信心”为重点的理想信念教育实践活动，弘扬企业家精神，引导构建“亲”“清”新型政商关系；非公经济代表人士培训纳入株洲市“万名人才培训计划”，培训非公经济代表人士1000余人次；指导成立株洲咸宁商会、深圳株洲商会等。团结引导党外知识分子。创新打造“我新故我行”新的社会阶层人士统战工作品牌取得初步成效。建立“中国动力谷”、市律师协会、株洲画院、市互联网协会等4家新的社会阶层人士统战工作示范基地，举办新的社会阶层人士“助力中国动力谷”“助力脱贫攻坚”“学习党的十九大精神”等活动，引导新的社会阶层人士自发组建以“新行者”冠名的各种联盟，从事法律援助、医疗扶贫、抗洪救灾、“文化惠民进万家”等各类“公益服务”；发布“我新故我行”宣言、《助力脱贫攻坚倡议书》《井冈山宣言》，在全市经济社会发展中产生好影响、发挥好作用。港澳台海外统战有新成效。依托炎帝神农文化持续加强港澳台海外联络联谊、经贸合作和交往交流。积极开展“三联三为”主题服务活动，举办“第十七届湖湘文化之旅暨丁酉年海峡两岸炎帝神农文化祭”活动、株洲市“回乡企业家新春交流暨株洲市重大项目发布会”和新春台商团拜会、侨界迎春联谊会；创建健坤外国语学校等涉台教育基地，支持成立株洲市侨商联合会和株洲海归协会，做好株洲海联会换届筹备工作；保障港澳台同胞、海外侨胞、归侨、侨眷、黄浦同学等人士的权益，协调处理9起台商、台胞、台属求助事件。做好侨界群众服务工作，在株洲市职工维权帮扶中心专门设立“为侨服务窗口”，完成全国人大要求提交的《株

洲市华侨权益保护专题调研报告》，服务侨界群众100多人次，帮助解决各类困难问题50多件。（李朝晖）

【新的社会阶层代表人士学习十九大精神】 10月24—26日，组织全市30余名新的社会阶层代表人士到井冈山深入学习中共十九大精神，开展“忆党恩、听党话、跟党走”系列活动，并召开新的社会阶层人士学习中共十九大精神座谈会。（李朝晖）

【叶小文作宗教工作专题报告】 10月16日，全体市领导率400余名领导干部参加“同心讲堂·株洲分场”活动，听取全国政协文史和学习委员会副主任叶小文主讲的“画出最大同心圆——宗教工作的理论与实践”专题辅导。（李朝晖）

【召开全市新的社会阶层代表人士统战工作会议】 12月15日，召开全市新的社会阶层代表人士统战工作会议，制发《加强新的社会阶层人士统战工作实施方案》，成立株洲市新的社会阶层人士联谊会。（李朝晖）

政策研究工作

【概况】 2017年，市委政研室牵头完成市委第十二届四次五次全会、经济工作会议、“两会”，市委新型城镇化、开放发展等全市性工作大会以及迎接、参加、学习十九大等领导讲话、理论文章近百篇50万字，参与研究和修改材料60万字。调研成果丰硕。撰写的《株洲集中连片贫困地区脱贫攻坚的实践与探索》在《求是内参》上发表；撰写的《株洲经开区、云龙示范区运行体制机制调研报告》《株洲市城市基层党建情况调研报告》《抓落实极为重要也十分紧迫——关于株洲市抓落实工作的调研报告》等，提出的对策建议转化为市委、市政府的具体决策；牵头组织完成市级领导“五个一”调研课题撰写。（李海燕）

【全面小康建设】 2017年，株洲全面小康实现程度在全省连续4年稳居第二。3月31日，在湖南省全面小康社会推进工作会议上，株洲市荣获全面小康综合优秀奖；芦淞区、荷塘区、株洲县被认定小康达标；芦淞区获得全面小康推进工作前十位县奖；荷塘区获得全面小康推进工作十快进县奖；醴陵市、攸县获得经济十强县奖。分解责任。针对2017年省市县小康指标体系做出的较大调整，组织各县市区、市直相关部门对指标逐项研究，进行指标责任分解、目标设定。掌握动态。编辑整理小康资料汇编、小康指标分析资料，下发到各地各单位进行业务指导。邀请省小康办、省统计局的专家到醴陵、攸县、荷塘区实地调研指导。将基本实现现代化研究列为全市重大调研课题，聘请国家发改委国际合作中心专家，组成课题组深入研究，形成初步的目标、思路、架构和指标体系。协调调度。采取一月一碰头、一季一调度，以专项调研、定期督查、随机抽查相结合的方式，进行面对面、点对点的探讨、分析和指导。多次召开全市小康指标责任单位工作碰头会，指导各指标责任单位对指标进行模拟测试，监测进度，加紧推进。（李海燕）

【决策咨询】 2017年，市委决咨办针对以株洲·中国动力谷、“一带一部”开放发展先行区、老工业城市转型发展示范区等为研究方向的“一谷三区”5个重大研究课题、以加快创新发展上发挥带头作用、在长株潭一体化建设上发挥主动作用、在振兴实体经济上发挥领军作用等为研究重点的6个重大研究课题，开展广泛深入调研，初步形成一批决策咨询成果。将研究报告进行收集整理，编辑《决咨建言》供相关领导和部门研究室参考。（李海燕）

【编发特色刊物及文章】 组织编发2017年市情手册。组织编发《决策参考信息》12期。《株洲工作》出刊8期，从第4期开始，对《株洲工作》在刊物定位、栏目设定、文稿选择、编辑排版等方面进行改革创新，注重重点解读中央、省委最新重大战略决策，重点关注市委、市政府当前中心工作、重点工作进展情况，重点宣传推荐株洲各领域的好做法、好经验。先后策划中共十九大、全面深化改革、市委全会等专辑。新创《株洲工作》（简报版），出刊3期，开设中央精神、省内政情、上级关怀、株洲动态、学习园地等栏目，形成《株洲工作》“1 + 1”的办刊模式。2017年在各类报刊媒介上登载文章20篇，撰写理论文章9篇，宣传推介株洲工作，扩大影响。其中《发挥创新发展带头作用　全力打造人才集聚、创新发展新高地》刊发于《湖南工作》第3期，《聚焦五个根本加快创建国家创新型城市》《株洲市推进开放发展纪实》刊发于《湖南日报》《株洲着力发挥“四个作用”纪实》于10月中旬在《湖南日报》连刊4期。

（李海燕）

机关党建工作

【概况】2017年，株洲市各级机关基层党组织认真学习宣传贯彻习近平新时代中国特色社会主义思想和中共十九大精神，坚持全面从严治党，围绕市委、市政府的工作大局开展工作，机关党的建设得到进一步加强。株洲市机关党建经验《重思想、重服务、重基础——株洲市扎实推进机关党的建设》在《中直党建》杂志上推广；市人社局便民服务大厅和荷塘区政务服务中心两个案例分别评选为全国“百优”行政服务大厅信息化优秀案例和标准化优秀案例；市直机关工委在全省市州机关工委考核中被评为优秀。

（袁大为）

【强化思想政治建设】2017年，株洲市直机关工委把学习习近平总书记系列重要讲话精神和中共十九大精神作为学习教育的重点，为980个基层党组织购买发放相关学习资料，强化机关党员干部的思想理论武装。市直机关各基层党组织深入开展“两学一做”学习教育，推动学习教育常态化制度化。加强机关党员和党务干部培训，全年市直工委集中组织开展党务干部业务培训700余人次。

（袁大为）

【助推市委重点工作落实】2017年，市直机关党员干部按照“马上就办、真抓实干”的要求，扎实开展服务“项目攻坚年”“企业帮扶年”活动。积极推进脱贫攻坚工作，机关基层党组织和党员干部开展的“社会扶贫　我在行动”主题活动取得较好成效。开展服务群众工作，建立起机关党组织与社区党组织联动机制，以“八个一”活动为载体推进在职党员进社区工作。积极推进“贯彻发展新理念转型升级补短板”讨论活动，为全市经济社会发展出谋划策。（袁大为）

【“机关党建提升年”活动】2017年，市直机关各级党组织通过开展“机关党建提升年”活动，落实省委“四个意见”，规范党支部工作记实，推进党支部“五化”建设，不断夯实机关党组织基础。市直机关26个党建示范点和10个党支部“五化”建设示范点通过复查和考核验收。从严落实党建责任制，抓好基层党组织书记“双述双评”工作，定期不定期对机关基层党建工作落实等情况进行督促检查。利用多媒体拓展党员学习教育和党建宣传渠道，重新开办株洲机关党建网和微信公众号，90%以上的机关党员按要求注册激活红星云APP。

（袁大为）

【机关作风和反腐倡廉建设】2017年，株洲市各级机关党组织严格落实党风廉政建设要求和“两个责任”，加强机关作风建设和反腐倡廉建设，对中央“八项规定”、省委“九项规定”、市委“若干规定”等规定制度的落实开展监督检查，加大明查暗访力度，严肃查处违法违纪人和事。市直机关各级党组织积极参加第一届“清风株洲”廉洁文化创作活动，宣传推介廉洁文化作品。（袁大为）

【倡导市直机关树立良好道德风尚】2017年，株洲市各级机关全面配合株洲市迎接“全国文明城市”和“卫生城市”复检工作，提升机关文明创建的“硬功夫”和“软实力”。市直机关各单位加大“创文”宣传力度，积极参加“十大文明行动”，17家机关单位“示范餐桌”在深化“文明餐桌行动”中通过考核验收并被表彰。积极参加“志愿者行动”，机关党员干部职工坚持到全市主要交通路口、路段开展文明劝导，并广泛参与扶困帮贫等活动。广泛推广“道德讲堂”，40家获得市文明单位以上称号的单位或者人数超过50人的机关，每季度至少进行一次授课。市直机关各单位文明建设创先争优的积极性空前高涨，文明建设工作取得明显成效。

（袁大为）

【机关活动形式多样化】2017年，株洲市直各机关单位积极开展各类活动，营造团结和谐、健康向上的工作氛围。机关工会组织依法代表和维护职工的合法权益，持续开展“天天慈善一元捐”活动。加大人文关怀，市直机关工委在春节期间慰问397名困难党员和老党员，送去慰问金64.25万元。各市直机关单位党组织筹集300余万元资金和慰问物资，走访慰问2000余名生活困难党员、老党员，联系社区困难群众、结对帮扶对象，取得“慰问一人、温暖一户、带动一片”的社会效果。（袁大为）

【县市区机关党建各具特色】 2017年，各县市区直机关工委扎实推进机关党的建设，党建形式不断创新发展，党务干部队伍进一步充实加强，机关党建工作迈上一个新台阶，服务中心工作取得新成效。天元区直工委继续深化“元元”党建品牌，受到党员领导干部的纷纷点赞。芦淞区直工委根据“基层党建提升年”有关要求，对“三会一课”“主题党日”、党员积分等均实现清单式管理。荷塘区直工委实行党建工作任务挂牌、点名通报、随机督查机制。石峰区直工委开展“石峰号”主题党日活动，将惠民政策落实到户。云龙示范区直工委开展“四创”党建引领示范行动，促进各级党员干部的干事创业激情。株洲县直工委将全县56个县直单位党组织统一归口县直机关工委管理，加强机关党组织的管理。茶陵县直工委通过“红歌会”“党建知识竞赛”等活动，强化“两学一做”学习教育。醴陵市直工委组织市直机关“六个先锋”评选推荐，引导广大党员积极投身于“四个醴陵”建设实践。攸县直工委建立基层党建工作“十问责、十重奖”考核机制，压实党建责任。炎陵县直工委开展“基层党建提升年”活动，推进和落实7项基层党建工作重点任务。 （袁大为）

信访工作

【概况】 2017年，全市信访形势整体平稳可控。全年接待办理群众信访总量6479批16640件（人次），同比批次、人次分别增加30.13%、11.72%。其中，进京非接待场所登记178人次；接访劝返赴省访927批2166人次；接待处理到市访1258批9432人次；办理群众向党政领导或机关来信、网信3794件，其中中央交办65件、省级交办135件、中央转送824件、省级转送1181件、市委书记市长信函件366件，办结率99.32%。交办督办重点信访积案446件，其中，中央和省交办积案37件、市交办131件、县级交办278件，化解364件，化解率81.61%。全年没有发生重大群体性事件、大规模进京集体访和极端恶性上访事件。 （言 彦）

【健全领导责任体系】 市委常委会议、市政府常务会议定期研究信访工作，出台《关于进一步加强信访工作的实施意见》《株洲市信访工作责任制实施办法》《株洲市级党政领导接访下访群众工作方案》一系列与中央、省委、省政府有关改革要求相适应的机制、办法。市委书记、市长带头接访下访、调研信访工作，以上率下。健全完善党政领导定期接访工作制度、信访工作联席会议制度，联席会议召集人靠前指挥调度，重大特护期轮流带队驻京。 （言 彦）

【接访工作】 2017年，市、县两级领导干部接待群众2683批11439人次，共解决信访问题2548件，其中市领导到市信访局接待34批140人次。驻京驻长接访劝返实行每两个月轮流安排各县市区信访、公安骨干力量参与值班。市级建立和完善联合接访制度，10个市直涉访部门（周一至周五上午）和公职律师（周一、周四全天）到市信访局轮流坐班接访。 （言 彦）

【信访重点治理】 开展“信访问题源头治理”“信访积案清零”“信访行为依法规范”等行动，最大限度减少矛盾积累、信访上行。全年预防发生规模越级集体上访58起，依法训诫、行政拘留、刑事拘留涉访违法行为233人次。炎陵县创建“三无”县市区、荷塘区“军人之家”等工作做法在全省作典型发言。 （言 彦）

【信访督查考核】 出台《关于加强信访事项实地督查的意见》《株洲市信访工作约谈制度》，联合开展两个信访维稳“百日攻坚”行动，安排300万元奖励先进单位的信访维稳一线干部；定期对县市区领导接访进行视频督查，联合开展专项督查，进行追责问责，对6个县市区点对点通报，全市约谈科级领导干部80人、组织调整9人、纪律处分4人，树立从严治理的鲜明导向。 （言 彦）

老干部工作

【概况】 截至2017年年底，株洲市有离休干部1315人，其中抗日战争时期参加革命工作的91人，解放战争时期参加革命工作的1224人。全市退休干部65360人，其中市直副处级以上2395人，副厅级以上108人。全市离退休党员5.71万人，离退休干部党组织657个。

2017年，全市老干部工作加强思想政治引领，提升离退休干部党建工作水平，全面落实离退休干部政治待遇和生活待遇，主动为老干部办实事、解难事，各项工作取得新的成绩。

加强离退休干部的思想政治引领。各级老干工作部门通过组织集中收听收看大会报告，开展集中宣讲活动，举办报告会、辅导班、主题党日集中收看专家解读视频等方式学习十九大精神；通过主题讲座、座谈讨论、撰写心得体会的方式，在全市离退休干部中组织开展“做全面从严治党的坚定支持者和模范践行者”专题讨论，收集老干部优秀心得体会860余篇。

提升离退休干部党建工作水平。各级老干部工作部门开展离退休干部党建专项督查，离退休干部党组织负责人工作补贴等政策全面落实。夯实离退休干部党建工作基础。开展“建家”工程和“双找”活动，建立和完善离退休干部党员信息库；开展示范离退休干部党支部创建活动，4个离退休干部党支部成为省级示范支部，15个支部成为市级示范支部。推进离退休干部“两学一做”学习教育常态化制度化。组织引导各级离退休干部党组织建立主题党日、党员积分管理、党支部书记“双述双评”、党员民主评议等制度，在全省离退休干部党建工作推进会上，作《加强离退休干部党支部建设，推进全面从严治党向基层延伸》的经验推介发言。

落实为离退休干部服务工作。在全市县（处）级领导干部中开展“坚持‘四个带头’，做尊老敬老好领导”先进事迹宣传活动，共收到先进典型材料65篇，其中35篇被“组工网”登载宣传。做好住所老干部服务保障工作，出台《困难离休干部帮扶资金管理使用暂行办法》，对离休干部和遗孀进行走访慰问；集中开展易地安置离休干部走访，协调化解医疗费异地结算等难题；组织全市公立医院42名副主任以上医师接受老年病学专业能力提升培训；组织40名骨干医护人员参加全省老年医学人员队伍能力提升培训班。

引导老干部增添正能量。全市各级各单位共组织参观考察活动125次，召开专题座谈会316场，收集整理老干部意见建议682条；在老干部中开展“我点赞、我建言、我奉献”网宣活动，利用微信、微博、QQ群等媒体及时转发点评，为十九大胜利召开营造正确的舆论导向；“贯彻发展新理念转型升级补短板”讨论活动中，征集全市离退休干部“金点子”意见建议81篇。（陈　志）

【关心下一代工作】 2017年，株洲市关工委全面加强青少年思想道德教育和青少年法治教育，出台《株洲市青少年法治宣传教育五年规划》，在全市深入开展“五个一”活动，在全市开展法治巡回宣讲，组织“关爱明天、普法先行”主题演讲比赛，编撰《法制副校长指导读本》法制辅导书籍，筹集20万元对100名“五失”青少年进行资助，按照“高效、优质、精细”的要求承办湖南省第十七次市州关工委主任会议，全国关工委主任顾秀莲，省委常委、省委宣传部部长蔡振红及10多位省级老领导与会。（尹稀琳）

【老年教育】 坚持政治建校、文化立校，调整专业设置，增强课程针对性和时代性，突出形势政策、历史文化、艺术修养、养生保健，提高特色专业班比重；坚持“教、学、乐、为”相结合，举办学习成果专场汇报演出、广场演出等活动，展示学员学习成果；注重老年学员作用发挥，以老年艺术团为主体，组织进社区、进学校、进乡村；组织老年书画学员开展送春联活动；组织离退休干部参加“喜迎十九大·颂歌献给党”合唱比赛，选送11个节目参赛，通过网络投票、网上展播等形式，扩大活动影响；市老年书画协会先后举办“笔墨浓情颂党恩、万众欢庆十九大”老年书画美术作品展、“送文化到基层”等活动喜迎中共十九大胜利召开。

（张　力）

【行业离退休干部管理】 2017年，株洲市行业办公室有在职工作人员27人，离退休人员303人。年内荣膺“全国文明单位”，友谊新村老干党支部被评为首批“全省示范离退休干部党支部”，机关党支部成功创建市级“五化”示范性党支部。

市行业办用心服务离退休老干部，充分发挥老干正能量作用。搭建老干部活动平台，成立书画写作、网宣摄影、歌舞文艺等3个老干兴趣小组和“老干网宣志愿者分队”，建立全省首个“老干网宣工作室”。开展“点赞株洲新变化”系列网宣活动，全年行办老干部累计在人民网强国论坛、红网、株洲论坛等平台上发布正能量图帖500多个。《中国老年报》对行办老干部传播正能量工作进行专访。

巩固深化文明单位建设。强化硬、软件建设，做好省“模范职工之家”建设和综合治理工作。发动离退休志愿者对100多名空巢老人、孤寡老人、年高体弱老人和困难家庭进行“一帮一”结对帮扶。开展道德讲堂、文明

餐桌、经典诵读和“文明活动室”“文明五星”创建等文明行动，形成文明建设浓厚氛围。（邓应德）

对台工作

【概况】 2017年，全市对台工作以深化经贸合作、扩大株台交流为主线，以炎帝神农文化为载体，立足全局，开拓创新，形成独特的“株洲工作面”与“株洲影响力”。

深化经贸合作。炎陵县大院农场株洲龟龙窝观光生态茶园等6个第十二届湘台会签约项目履约落地，新引进的株洲罗莎蛋糕新马食品厂、株洲元创精密科技有限公司等项目建成投产，落地资金2.45亿元。不断推进台湾工业园建设。多次与湖南天易集团就台湾工业园手续完善、项目招商、优惠政策进行协商，积极督促台湾工业园加强基础设施建设。支持在株洲台资企业发展。组织2017新春台商团拜会及中秋台商座谈会，指导市台协组织开展4次台商联谊活动，推动台商间友好交流与合作。市委常委、市统战部部长覃万成，副市长黄芳带队到台资企业考察调研，深入了解台资企业困难，积极为企业出谋划策、联系协调。

交流交往不断。成功举办丁酉年炎帝神农文化祭暨第十七届湖湘文化之旅。株台教育交流逐渐升温，湖南工业大学与台湾中华大学、中原大学签订交换生协议，湖南汽车工程职业学院和湖南化工职业技术学院派教师赴台交流学习技职教育。株台交流持续热络，全年共审批26批次赴台团组，其中公务交流团组3批30人次，学术交流团组2批40人次、经贸交流团组21批48人次。2017年累计接待台湾到访500多人次。

突出涉台宣传。以新媒体平台为主阵地，发动各县（市、区）台办积极参与，深入挖掘基层对台宣传素材。2017年，市委台办官网、微信共发稿461篇，总阅读量达9万多人次。60余篇稿件被省台办采用，9篇稿件被国台办采用，“株台视窗”头条号被纳入国台办新媒体矩阵。新媒体宣传工作多次受到国台办新闻局新媒体处、省台办新闻宣传处和市领导认可。邀请台湾中天电视台、台湾《民众日报》合作拍摄《魅力东方·走进攸县》专题宣传片，台湾联合报系到株洲对海峡两岸交流基地炎帝陵进行专题宣传采访，提高株洲在台湾的知名度。涉台教育“三进”工作扎实开展。市委和各县（市、区）委将涉台教育纳入党校主体班课程。株洲健坤外国语学校成功创建涉台教育基地。涉台教育展馆建设工作稳步推进。积极争取上级支持，将株洲涉台教育展馆申报为省级涉台教育重点扶持建设项目。

服务台胞周到迅速。全年共协调处理14起台商、台胞、台属求助，对在株洲台商进行全面走访，上门慰问台胞、台属，向岛内台胞邮寄贺年卡。（李　超）

【举办“丁酉年海峡两岸炎帝神农文化祭”暨“第十七届湖湘文化之旅”活动】 “丁酉海峡两岸炎帝神农文化祭”活动在8月5—12日与“湖湘文化之旅”活动套期举行，台湾中华神农大帝协进会创会理事长李乾龙、新任理事长游炎川率台湾27个宫庙的近100名信众到株洲市考察交流、祭拜始祖炎帝。80多名台湾青少年全程参与活动。8月11日，海峡两岸青少年音乐会在株洲神农大剧院奏响，1600多名现场观众聆听音乐盛宴。（李　超）

保密工作

【概况】 2017年，株洲市保密工作贯彻落实《湖南省关于贯彻落实〈中共中央关于加强和改进保密工作的意见〉的实施意见》，依据要求，结合株洲实际情况，出台《株洲市加强和改进保密工作的实施办法》。

保密教育形式多样化。全市40多家单位对领导干部开展保密教育，市委党校1个月以上的各类期班均开设保密知识培训教育课程。继续推进“菜单式”保密教育，全市30多家党政机关、涉密单位邀请市国家保密局的有关人员进行专题保密知识全员培训，1000多名党政领导干部和涉密人员接受保密教育。为全市3000余名专业技术人员、300多名新任公务员、200多名涉密考试单位考务人员分期开展保密教育培训。

开展保密检查与自查。2017年，市国家保密局对21家核心保密管理单位、51家重点保密管理单位、12家打字复印店、1家废旧回收站点开展保密检查，共检查计算机176台次，下发整改通知书27份，依法封存计算机1台、U盘3个。各县市区都对辖区内单位开展分层次保密检查，株洲县对县直机关各单位的保密检查做到“月检查、季抽查”，攸县、醴陵市、株洲县、茶陵县、石峰区分别联合公安、文体、教育、国土、工商等部门开展专项保密检查。对全市53家党政机关、涉密单位保密自查自评和信息公开保密审查工作开展专项检查，各县市区均开展自查自评专项检查。全市大部分机关、单位保密自查自评工作实现常态化、制度化、规范化。

完善保密技防措施。市保密局与市财政局、市网信办等部门协调，落实经费，推进涉密领域国产化替代工程，启动全市涉密计算机违规外联监控平台、涉密单位互联网接入口保密检测平台项目建设，在市委办、市政府办等市直机关和各县市区安装“三合一”保密技术防护专用系统，防范涉密信息泄露，为市委、市政府重要涉密会议活动提供安全保密技术服务，确保各类涉密会议的安全保密，完成涉密人员备案工作。

保密业务指导有成效。2017年，3家企业通过三级军工保密资格认证现场审查，5家军工单位通过现场重审，3家军工单位通过现场复审，2家公司通过省国家保密局现场审查获得涉密信息集成资质，2家公司正在进行申报中。市国家保密局组织对市教育考试院、市人社局、市司法局、市卫计委、市住建局等单位14项国考试卷的保密监管，县市组织对高考、学考等国考的试卷的保密监管，全年无失泄密事件，各项考务工作顺利进行。全市各涉密单位的废旧纸介质、硬盘和移动存储介质等涉密载体、设备实行统一销毁处理。把好涉密载体管理“最后一道关口”。（罗岳新）

讲师团工作

【概况】 2017年，株洲市委讲师团开展理论学习、宣讲和研究，被评为全省讲师团工作争先创优先进单位。

市委理论学习中心组学习服务。制定《2017年市委中心组理论学习安排意见》，明确学习习近平总书记关于全面从严治党、创新发展、生态文明建设、供给侧结构性改革、城乡统筹发展、意识形态工作等方面的重要论述以及习近平总书记“7•26”重要讲话精神、中共十九大精神8大学习主题。全年举办集中学习9次，完成学时21天。其中，在市委礼堂举办集中（扩大）学习报告会7场。把“讲规矩、守纪律”摆在首位，严格遴选授课专家，邀请14名国内和省内知名专家学者到株洲讲课。出台《中共株洲市委理论学习中心组学习制度》，进一步规范市委中心组学习。

县级党委（党组）理论学习中心组学习。制定《关于加强和改进党委（党组）理论学习中心组学习的实施办法》。开展考核督查。9—10月，会同株洲市委宣传部对全市10个县市区和30个市直机关及企事业单位党委（党组）进行“意识形态工作和中心组学习”专项现场督查；年底，书面督查全市100多个县级以上党委（党组）理论学习中心组学习，均通报督查情况。组织培训。组织县（市）区委中心组学习秘书参加全省县级以上单位党委（党组）理论学习中心组学习秘书培训班；会同株洲市委宣传部举办全市县以上单位党委（党组）中心组学习秘书培训班，邀请湖南省委讲师团专家专题辅导，130多名市直机关和企事业单位中心组学习秘书参学。

理论辅导和宣讲。制定《党员干部理论学习专题课目录》，提供30多个专题课向全市县以上单位下发。准备20多个精品课，为全市“红色讲堂”提供专题辅导服务。深入基层广泛授课166场（次），满足县市区、市直机关和企事业单位领导干部及普通党员的学习需求。深入乡镇（街道）、社区、村组开展基层“微宣讲”活动，与群众面对面交流，答疑解惑。组织宣讲成员参加湖南省“学而习讲坛：中国共产党的自信从哪里来”微宣讲比赛，联合株洲市委宣传部举办“好声音讲坛——讲话精神进基层”百姓微宣讲系列活动。1人被湖南省委宣传部评为2017年基层理论宣讲先进个人。

理论研究。参加全省讲师团系统学习贯彻党的“十九大”精神理论研讨会暨宣讲备课会，3篇论文入围全省讲师团系统学习贯彻党的“十九大”精神理论研讨会，其中1篇获三等奖。

（李 蓓）

【宣讲中共十九大精神】 10—12月，株洲市委讲师团组织衔接中共十九大代表、省委宣讲团成员朱建纲到株洲作十九大精神宣讲报告会2场；对全市副处级以上领导干部进行专题辅导；牵头组建市委宣讲团，将宣讲对象扩大到各县市区副科以上干部，分层次在全市开展宣讲200多场；“让十九大精神走进千家万户”系列活动通过有奖问答、展出宣传展板、发放宣传资料、节目表演等形式取得良好效果。

（李　蓓）

【规范党委（党组）理论学习中心组学习】　2017年1月30日，中共中央办公厅印发《中国共产党党委（党组）理论学习中心组学习规则》，第一次以党内法规的形式出台学习规则。5月31日，株洲市印发《关于加强和改进党委（党组）理论学习中心组学习的实施办法》，制定十五条中心组学习细则。6月2日，株洲市印发《中共株洲市委理论学习中心组学习制度》，对市委理论学习中心组学习的组织、责任、计划、内容、形式、要求、服务、考核、经费等9大方面作出具体要求，进一步规范中心组学习。

（李　蓓）

【创办《党委中心组学习参考》】　株洲市委讲师团将国内最新的“宣传和阐释党的最新理论创新成果，解读党和国家的重大政策及中央领导重要指示精神”等方面的学习专题汇编成《党委中心组学习参考》，提供给市委理论学习中心组成员，为中心组学习提供更加优质的服务。2017年，共编印3期，选编的32篇高质量前沿文章，涵盖政治、经济、文化、社会等方面。（李　蓓）

接待工作

【概况】　2017年，市委市政府接待处高质量完成接待任务435批次。其中接待党和国家领导人3批次，接待省部级领导82批次，接待外地市党政代表团21批次，接待招商引资考察项目55批次，全年承担79起市级重要投资考察、重大会议、重点活动的接待服务工作。重点完成2017年全国企业家活动日暨中国企业家年会、丁酉年“祭祀炎帝陵”典礼活动、国务院第十二督查组、国务院防控化解地方政府债务风险调研组、中央环保督察组、国务院安委办到株督查安全生产工作、“院士专家株洲行”活动、全国文明城市复检、市党政代表团赴长沙湘潭学习考察、2017年回乡企业家新春交流暨重大项目发布会、首届神农医药文化产业发展论坛、省环保突出问题整改督办专项工作组、2017中国（湖南）国际轨道交通产业博览会暨高峰论坛活动、2017中国（醴陵）国际陶瓷产业博览会、2017湖南服饰产业博览会暨芦淞服饰节等重大接待任务。

2017年年底，在第三次全国接待交际工作评选中，市委市政府接待处“接待工作为当地经济建设发展服务成绩突出”，首次获全国城市接待工作协会最高奖项——“全国城市优秀党政接待部门”。（王　霞）

党校教育工作

【概况】　2017年，株洲市委党校（行政学院）共有编制119名，在编教职工105人，内设机构14个，即办公室（工作处）、组织人事处（机关党委）、教务处（公务员培训处）、学员工作处（对外交流中心）、科研处（株洲发展问题研究中心）、行政财务处、基础理论教研部、经济教研部、管理教研部、党建教研部、政法教研部、公共管理教研部、图书馆（图书情报中心）、网络信息电化教育中心，原学历教育处于2017年12月29日更名为学员工作处，加挂对外交流中心牌子。

2017年，株洲市委党校共举办各类班次33期，培训各类干部4049人次，较上年同比增长35.15%，其中主体班18期，培训人数1271人；轮训班、计划外办班15期，培训人数2778人次；完成2个省委党校在职研究生班共90人的学习管理工作。组织党校教师开发红色微党课40余堂，推荐11堂微党课进入市红色讲堂课程库，组织教师深入机关、企事业单位进行理论宣讲近百场次。（黄书耘）

【党校教学改革】　2017年，株洲市委党校党的理论教育和党性教育占到主体班总课时70%以上，其中党性教育占20%以上。党的理论教育坚持问题导向，按照“精准、精深、精细、精妙”的标准，打造“红色经典导读”“习近平总书记系列重要讲话精神解读”“十九大精神宣讲”等系列精品课程。党性锻炼注重体验教育，精心构建包括党课教育、警示教育、体验教育、革命传统教育、党性分析等内容的“五个维度”党性教育课程体系，使学员在参与中感受理论魅力，在体验中锤炼党性修养。全年，教学满意率达到了97.8%。（黄书耘）

【党校教研成果丰硕】　2017年，株洲市委党校坚持做好市委、市政府中心工作的宣传、阐述和解读，开设《加快建设“中国动力谷”》《全力打造“一谷三区”结构化研讨》《坚持创新发展，加快株洲工业升级》等一批具有浓郁地方特色的教学专题，深受学员好评。发挥“株洲发展问题研究中心”作用，围绕“1142”战略部署开展一系列课题研究，完成市政府委托课题1个，在市级刊物发表论文10余篇；咨政平台《内部研究交流》中的《精准扶贫的困境与对策》调研报告获时任市委副书记雷绍业批示，《加快建成“一带一部”开放发展先行区，打造内陆开放新高地》调研报告被省委党校决策咨询中心采用。围绕市委开展的“贯彻发展新理念，转型升级补短板”讨论活动，组织教师积极建言献策，先后有13个金点子被采用，咨政作用充分发挥。科研工作连续16年、第8次获评全省党校行政学院系统先进单位。

（黄书耘）

【举办学习十八届六中全会精神集中轮训班】 2月26日—4月27日，全市县处级领导干部深入学习贯彻中共十八届六中全会精神集中轮训班在株洲市委党校举办。市委书记、市人大常委会主任毛腾飞出席第一期轮训班开班式并作重要讲话，市委副书记、市长阳卫国主持开班式，市领导刘光跃、赖馨正、胡鹏飞、杨玉芳、田卫军、毛朝晖、聂方红、羊贵平等参加开班式。轮训班共4期，每期4天，全市857名县处级党员领导干部参加轮训。

（黄书耘）

【举办学习十九大精神集中轮训班】 11月25日—12月19日，全市县处级领导干部学习贯彻中共十九大精神集中轮训班在株洲市委党校举办。市委书记、市人大常委会主任毛腾飞出席第一期轮训班开班式并讲话，市委副书记、市长阳卫国主持开班式，市领导雷绍业、刘光跃、蔡溪、赖馨正、杨玉芳、何剑波、田卫军、毛朝晖、聂方红、覃万成、羊贵平等出席开班式。轮训班共4期，轮训县处级领导干部2017人次。

（黄书耘）

【市社会主义学院揭牌】 9月13日，市委党校举行株洲市社会主义学院揭牌仪式。市委副书记、市委党校（行政学院）校（院）长雷绍业，市委常委、市委统战部部长覃万成，市委副秘书长尹光良，市委组织部副部长、市委老干部局局长吴佳辉出席揭牌仪式，党校正式进入“一校两院”（市委党校、行政学院、社会主义学院）的全新运行体制。党校事业进入全新发展阶段。

（黄书耘）

株洲市人民代表大会常务委员会

综　述

【概况】　2017年，株洲市人大常委会依法履行宪法和法律赋予的各项职权。全年召开常委会会议10次、主任会议18次，审议通过地方性法规1部，作出决议决定5项，听取和审议各类议题44项，向市政府提交审议意见书6件，形成审议意见24条，选举任免285人次。

市委以全局工作“一盘棋”的思路统筹人大工作，及时召开新一届市委人大工作会议，在全省市州率先出台《中共株洲市委关于进一步加强和改进新形势下人大代表工作的意见》，为新一届人大常委会开创新局面提供政治保障和强大动力。市人大常委会围绕市委中心工作，用法治思维和法治方式谋划推进工作，保障和促进市委的决策部署落到实处。深入学习贯彻中央、省委和市委关于加强县乡人大工作等文件和会议精神，认真梳理县乡人大工作和建设需要研究解决的12个方面的“问题清单”，规范县乡人大工作运行，提升乡镇人大会议质量，实打实地解决乡镇人大专职副主席配备等突出问题。坚持行使人大重大事项决定权与党委决策部署相一致。认真贯彻中发〔2017〕10号文件精神，在全省市州人大率先制定出台《株洲市人民代表大会常务委员会讨论决定重大事项办法》，为全市各级人大行使讨论决定重大事项职权提供制度保障。举办全市人大系统国家宪法日书法作品展，推进宪法理念深植人心。及时对财政预决算、预算调整、入额法官检察官职务报备等事项，依法作出相关决议决定。坚持行使人大选举任免权与党管干部原则相统一。坚持实行严格任前了解、闭卷法律考试、任前发言、审议表决、向宪法宣誓等制度，依法做好新一届市人民政府工作部门33名主要负责人任命工作，依法做好2人次省人大代表辞补、选举任免161人次、市中级人民法院、市人民检察院首批入额法官检察官122人次职务报备以及任命等有关工作，为经济社会发展提供组织保障和人才支持。

着力提高质量，扎实推进地方立法。城管综合立法全国先行。城管综合立法依照近60部上位法律法规，召开各类座谈会100余次，采纳意见建议500余条，修改草案20个稿次，形成26项“株洲创制”。经过专门委员会专门审议和统一审议，常委会会议三审四表决，报省人大常委会审查批准，制定公布《株洲市城市综合管理条例》，在全国新获立法权设区的市中开创了先河。市县立法基础全面夯实。人大政府联动，完成株洲市工业遗产保护条例、绿化管理、农村饮水安全保护、河道管理、炎帝陵风景名胜区保护条例等项目立法调研；启动消防、株洲高新技术产业开发区条例立法调研等；完成固体废弃物污染防治等省级立法调研项目10项。文件备案审查全域覆盖。全年完成备案审查市人民政府规章1件、各类规范性文件51件，办理公民、企业提出的审查建议5件，提出、交办关于完善政府规范性文件的代表建议60余件。指导县（市）区人大常委会备案审查工作，督促县（市）区人民政府整改应报未报规范性文件196件。

紧扣中心工作，有效开展依法监督。着力加强财政和经济运行监督。积极开展经济运行情况调研，督促抓好“两个年”活动，力促全市经济发展稳中有进、进中争先。听取半年计划、预算执行情况的报告，首次组织对4个单位部门审计查出问题整改情况实行满意度测评，强化对政府性债务、国有资产、部门决算、社保基金、专项资金使用管理等审查监督，在全省率先启动财政预算联网监督工作。着力加强改革发展重大问题监督。突出改革发展重点，加强对脱贫攻坚、打造株洲·中国动力谷、“三农”工作、行政审批、司法公正等监督。对全市实施“7＋6”脱贫攻坚工作进行专项评议，开展满意度测评，形成《关于开展“实施‘7＋6’脱贫攻坚行动”专项工作评议的审议意见》。全力促进株洲·中国动力谷加快建设，组织开展株洲·中国动力谷建设情况专项视察、专家会诊、专题审议，形成《关于对株洲·中国动力谷建设情况的审议意见》，通过年度跟踪督办的方式，促进株洲·中国动力谷加快建设。着眼于“智慧株洲＋行政审批制度改革”“大众创业、万众创新”、司法体制改革等工作，深入调研、组织审议，分别形成审议意见，助推株洲市改革发展。着力加强城乡生态环境监督。把积极贯彻实施推进株洲市农村村庄规划建设管理条例作为法律监督的重点之一，协调市县多个部门做好条例实施的基础工作，与市人民政府共同召开条例实施推进工作会议；听取市人民政府2006版城市总体规划2016年执行情况的报告，对2016年许可的建设用地情况进行核查比对，听取三宗地块规划用地性质调整情况汇报，维护规划的严肃性；调研和督促落实湘江保护和治理第二个“三年行动计划”工作任务完成；开展森林资源保护、水资源保护、重金属污染治理等工作调研，促进生态环境突出问题有效解决；整合人大力量，全力推进清水塘老工业区搬迁改造。着力加强民生工作监督。组织开展“农产品质量安全行”“三湘农民健康行”等活动，保障食品安全和人民健康；对全市交通畅通行动路网工程建设情况进行调研，重点对响石广场、新文化路、原建设办事处停车场等项目建设提出意见，对电动车管理等制度建设提出建议，逐步得到有效落实。着力改善城区环境秩序，对武广株洲西站站前交通和管理问题提出优化意见，督促及时改进。着力增进民族团结，深入炎陵县民族乡村调研，全力协助省“民族一家亲”艺术团走进株洲慰问演出，进一步融洽民族团结氛围。着力加强司法和法律实施监督。听取和审议市法院、市检察院法律监督专项工作报告和市公安局关于打击防范涉众型经济犯罪情况汇报，保障全市经济社会建设。组织省市人大代表集中视察法、检两院公正司法建设情况，加大法院庭审听审评议力度，取得良好的法律效果和社会效果。开展“司法公正株洲行”活动，分别对公检法进行刑事案件“百案评查”，形成3个评查综合意见及限期整改材料。探索增强人大信访工作实效，引导来访群众在法律程序内解决问题，全年市人大常委会机关接待来信来电777件次，来访1208人次，批转案件300余件，维护了群众合法权益，促进司法公正。先后对反家庭暴力法、消防法、著作权法、中小企业促进法、残疾人保障法等法律法规的贯彻实施情况进行执法检查，推动法律法规在株洲市贯彻实施。

强化服务保障，优化提升代表工作。加强代表工作制度保障。组织起草《中共株洲市委关于进一步加强和改进新形势下人大代表工作的意见》代拟稿，以及与之配套的代表建议办理、代表联系群众、代表小组活动、代表履职管理等4个办法，得到市委的充分肯定并出台意见。提升代表建议办理效果。狠抓代表建议务实办理，坚持集中交办、巡回督办、日常督办相结合，年初抓及时交办、年中抓限期办结、后期抓督办难点相衔接，抓承办大户督办、运用网络平台督办和建议办理“回头看”相配套，常委会领导牵头重点督办36件重点建议，规范办理全市316件市人大代表建议，代表满意率100%，一批人民群众关心关注的事项得到了较好解决。拓宽代表履职渠道。着力提升代表履职能力。分别对市人大代表和9个县市区的县级人大代表进行新任培训，分三批组织新一届市人大代表参加全国人大培训基地集中履职培训，实现新任代表培训全覆盖。搭建代表履职平台。坚持和完善“双联系”制度，规范代表联系群众工作室建设，利用微信群等新型方式，加强代表同群众的联系，及时为人民群众办理“微建议”，解决“微实事”，实现“微心愿”。创新代表履职管理。通过实行代表履职积分制、履职情况网上实时登记等方式，激发代表履职意识。

（王玉军）

【市十五届人大一次会议】 1月4—8日，株洲市第十五届人民代表大会第一次会议在株洲市会议中心举行。会议听取和审查市人民政府工作报告、市人大常委会工作报告、市中级人民法院工作报告、市人民检察院工作报告；审查、批准株洲市2016年国民经济和社会发展计划执行情况的报告及2017年国民经济和社会发展计划，审查、批准株洲市2016年财政预算执行情况的报告和2017年市本级财政预算；审查株洲市2016年环境状况和环境保护目标完成情况；表决通过有关决议决定；选举毛腾飞为株洲市第十五届人民代表大会常务委员会主任；阳卫国为株洲市人民政府市长；刘光跃、王建之、刘柏生、李智、冯建湘、邓尚文、刘春生、钟燕为株洲市第十五届人民代表大会常务委员会副主任；宾兴林为株洲市第十五届人民代表大会常务委员会秘书长；何剑波、李晓葵、黄芳、杨胜跃、谭可敏、顾峰、何朝晖为株洲市人民政府副市长；周凯军为株洲市中级人民法院院长；胡波为株洲市人民检察院检察长；王龙才等28人为株洲市第十五届人民代表大会常务委员会委员；通过株洲市第十五届人民代表大会各专门委员会主任委员、副主任委员、委员人选名单。（王玉军）

【市十五届人大常委会第一次会议】
1月8日，市十五届人大常委会第一次会议在市人大机关举行。会议通报市十五届人大常委会主任、副主任、秘书长分工安排；集中交办市十五届人大一次会议期间代表建议；审议通过《市人大常委会2017年工作要点》，审议通过有关人事事项。（王玉军）

【市十五届人大常委会第二次会议】
3月22日，市十五届人大常委会第二次会议在市人大机关举行，会议分别审议通过《市人大常委会关于开展第七个五年法治宣传教育的决议》《市人大常委会议事规则》《市人大常委会讨论决定重大事项办法》《市人大常委会不驻会委员联系市人大专门委员会和市人大常委会工作机构方案》《市人大常委会组成人员联系市人大代表方案》，审议通过有关人事事项。

（王玉军）

【市十五届人大常委会第三次会议】
4月23日，市十五届人大常委会第三次会议在市人大机关举行。会议经过表决，任命市人民政府各工作部门主要负责人，审议通过《株洲市人民代表大会常务委员会关于株洲市中级人民法院、株洲市人民检察院首批入额法官检察官职务报备和任命问题的决定》，任免市中级人民法院、市人民检察院有关人员职务。（王玉军）

【市十五届人大常委会第四次会议】
5月22日，市十五届人大常委会第四次会议在市人大机关举行。会议视察“株洲·中国动力谷”建设情况，听取和审议“株洲·中国动力谷”建设情况汇报；听取株洲市市级政府性债务管理情况的汇报；审议了北环路西段建设项目、城市棚户区改造项目有关事宜；会议对全市脱贫攻坚工作开展专项工作评议，并开展专题询问和满意度测评；听取和审议株洲市2006版城市总体规划2016年以来执行情况报告；一审《株洲市城市综合管理条例（草案）》。（王玉军）

【市十五届人大常委会第五次会议】
7月24日，市十五届人大常委会第5次会议在市人大机关举行。会议听取全市上半年经济运行情况和市中级人民法院、市人民检察院上半年工作情况报告；听取和审议株洲市2016年财政决算草案及有关情况的报告、2016年度市本级预算执行及其他财政收支的审计工作报告，审查和批准2016年市级财政决算。会议二审《株洲市城市管理和综合执法条例（草案）》。

（王玉军）

【市十五届人大常委会第六次会议】
10月24日，市十五届人大常委会第六次会议在市人大机关举行。会议听取市人民政府办理《市人大常委会〈关于“脱贫攻坚”专项工作评议的审议意见〉》的情况汇报；听取和审议株洲市“双创”工作情况汇报；听取和审议2017年“企业帮扶年”活动工作情况汇报；会议三审《株洲市农村村庄规划建设管理条例（草案）》。

（王玉军）

【市十五届人大常委会第七次会议】
9月8日，市十五届人大常委会第七次会议在市人大机关举行。会议表决通过《株洲市城市综合管理条例》，提交省人大常委会审查批准。

（王玉军）

【市十五届人大常委会第八次会议】
10月23日，市十五届人大常委会第八次会议在市人大机关举行。会议听取关于市本级审计提出问题整改情况的汇报，并首次对市中级人民法院等4个单位2016年度预算执行审计查出问题的整改情况进行满意度测评；会议审查批准《2017年市级预算调整方案》；听取和审议株洲市“智慧株洲”建设，促进行政审批改革情况汇报；听取建立株洲市人大常委会专家库的情况汇报；通过有关人事事项。

（王玉军）

【市十五届人大常委会第九次会议】
12月19日，市十五届人大常委会第九次会议在市人大机关举行。会议听取市十五届人大一次会议以来代表建议办理和督办情况报告；听取市人民政府关于《进一步加强园区发展支持力度的议案》处理情况的报告；讨论了《市人民政府工作报告（征求意见稿）》和《市人大常委会工作报告（征求意见稿）》，听取株洲市2018年财政收支预算（草案）编制情况报告；会议通过《株洲市人民代表大会代表建议、批评和意见工作办法》《关于市人大常委会组成人员联系代表和市人大代表联系人民群众的办法》及《株洲市人大代表小组和代表专业小组暂行办法》；审议通过《关于召开市十五届人大二次会议的决定》；听取市十五届人大二次会议筹备工作情况报告，审议有关名单及事项；审议通过《市人大常委会关于先进代表小组、代表履职先进个人、优秀代表建议的表彰决定》及关于个别代表资格的审查报告。（王玉军）

【开展脱贫攻坚专项工作评议】 2017年，依据市人大常委会制定的脱贫攻坚专项工作评议方案，市人大常委会5位副主任带领5个评议调研组，分别深入到实施“7+6”脱贫攻坚行动的30个牵头部门、参与部门和承担脱贫攻坚主体责任的株洲县、醴陵市、攸县、茶陵县、炎陵县开展调研。调研组共35次听取市内有关责任部门和五县（市）人民政府关于实施“7+6”脱贫攻坚行动的情况汇报。走访166个贫困村和527户贫困户。召开189次座谈会。发放693张问卷调查表。实地查看300多个扶贫项目现场，获得第一手资料并形成分组和综合评议调研报告以及166个贫困村的问题清单和综合问题清单。通过评议大会专题询问，形成共5个方面的19条审议意见，在6月14日的市政府常务会议上进行交办。随后，市人大常委会采取听取汇报、座谈交流和明察暗访等方式，对市人民政府及有关部门落实审议意见的情况进行跟踪督查，并针对问题，提出整改意见和建议，有力推动全市脱贫攻坚决战决胜工作。（瞿怿珊）

【考察“株洲·中国动力谷”建设情况】 2017年5月22日，市十五届人大常委会第四次会议组织常委会组成人员对“株洲·中国动力谷”建设情况进行考察，听取市经信委代表市人民政府所作的情况汇报以及市人大财经委、常委会预工委的调研情况报告，进行分组审议，向市人民政府提出18条审议意见。11月，市人大常委会针对老工业区生活环境改善情况进行调研，向市委、市政府提出《关于我市老工业区提质改造的建议意见》，推动田心片区、董家塅片区等老工业提质改造进程。（张　辉）

【开展“大众创业万众创新”工作调研】 2017年6月下旬—7月上旬，市人大常委会副主任钟燕带队开展全市“大众创业万众创新”工作调研。先后走访多家市内创新创业平台，与小微企业和创业者进行座谈交流，赴江苏常州市、北京海淀区东升科技园和清华工研院开展学习考察，组织召开座谈会，通过市人大常委会审议：就株洲市“双创”工作从统筹管理、资源配置、社会环境、平台服务等4个方面，向市人民政府提出12条建议及13条问题清单，交市人民政府进一步办理整改，全力助推全市创建国家创新型城市。（刘娅娟）

【完善制度建设】 市人大常委会从建立和完善人大代表工作制度、机制入手，相继起草创制《关于进一步加强和改进新形势下人大代表工作的意见》《株洲市人民代表大会代表建议、批评和意见工作办法》《株洲市人民代表大会代表履职管理试行办法》《关于市人大常委会组成人员联系代表和市人大代表联系人民群众的办法》《株洲市人大代表小组和代表专业小组工作暂行办法》等文件，通过多次召开座谈会，分别向省人大联工委、各县市区人大常委会、部分人大代表、市人大各委室、市人民政府办公室等相关单位征求意见，提请市委常委会、市人大常委会党组、市人大常委会审议通过意见和制度。形成“坚持代表主体地位、发挥代表主体作用”的比较系统的制度体系，以制度、机制的顺畅和完善来推动代表工作整体水平和实效的提升。（龙　迪）

【开通预算联网监督系统】 2017年7月，株洲市人大常委会全面启动预算联网监督工作，12月6日完成初验和上线测试，12月29日正式开通预算联网监督系统。该系统初步实现了监督分析功能，并与市财政国库支付系统联网。监督分析共分为监督指南、审查监督、监督预警、代表意见、政策法规、文档资料、联网平台、省级系统、区级系统等9个模块，具有查询、预警、分析、服务功能。（张　辉）

株洲市人民政府

综　述

【概况】 2017 年，面对经济形势复杂多变、结构调整阵痛加剧、经济增长动力不足等多重压力，株洲市人民政府坚持以习近平新时代中国特色社会主义思想为指引，积极践行新发展理念，认真贯彻落实党中央、国务院和省委、省政府的决策部署，注重抓重点、补短板、强弱项，大力实施创新驱动、转型升级总战略，深入开展"项目攻坚年""企业帮扶年"活动，全市经济保持平稳健康发展，社会大局和谐稳定。全市地区生产总值增长 8%，固定资产投资增长 13.3%，规模工业增加值增长 7.3%，一般公共预算收入增长 8%，社会消费品零售总额增长 10.7%，城乡居民收入增长 8.6%。培育发展战略性新兴产业、老工业基地转型升级、公立医院改革三项工作获国务院表彰。在 2017 年中国百强城市排行榜全省 6 个上榜城市中，排第 2 位。 （李　艳）

【市十五届人民政府全体（扩大）会议】 7 月 28 日，市十五届人民政府第一次全体（扩大）会议召开。会议总结上半年经济社会发展情况，部署下半年工作，确保完成全年各项目标任务。市委副书记、市长阳卫国讲话，市委常委、常务副市长何剑波主持会议。

12 月 29 日，市十五届人民政府第二次全体（扩大）会议召开。市委副书记、市长阳卫国讲话，市委常委、常务副市长何剑波主持，市政府党组成员、市政府秘书长龙志华作《政府工作报告（征求意见稿）》说明。 （李　艳）

【市政府常务会议】 2017 年，株洲市政府召开常务会议 22 次，主要研究事项：

1 月 9 日，听取市政府办关于《政府工作规则》修订情况的汇报，政府办关于《株洲市人民政府市长碰头会议制度》的起草情况汇报，听取市政府办关于制定《市政府月度重点工作考核方案》的相关情况汇报，听取市政府办关于 2017 年《政府工作报告》重点工作任务分解有关情况的汇报，听取市房产局关于《株洲市旧城提质行动实施方案（草案）》编制情况的汇报。

2 月 7 日，听取市清水塘搬迁指挥部办公室关于制定《2017 年清水塘老工业区搬迁改造工作计划（送审稿）》的相关情况汇报，听取市发改委关于开展 2017 年"项目攻坚年"活动的相关情况汇报，听取市经信委关于开展 2017 年"企业帮扶年"活动的相关情况汇报，听取市国土局关于修改完善《株洲市集体土地征收及房屋拆迁补偿安置办法》的工作情况汇报。

2 月 27 日，听取市政府法制办关于政府立法行政应诉工作情况的汇报，听取市环保局关于全市环境保护工作的相关情况汇报，听取市安监局关于全市安全生产工作的相关情况汇报，听取市卫计委关于 2016 年度全市人口和计划生育工作考核评估结果情况的汇报，听取市卫计委、市文体广新局关于"全市卫生与健康大会"拟下发的相关文件的起草情况汇报，听取市商务粮食局关于起草进一步做好全市开放型经济工作相关政策措施和考核办法的情况汇报，听取市卫计委关于迎接国家卫生城市复审工作情况的汇报。

3 月 21 日，听取市政府党组民主生活会情况通报，听取市住建局关于起草《株洲市推进特色城镇建设实施方案（送审稿）》的相关情况汇报，听取市科技局关于全市科技工作有关情况的汇报，听取市财政局关于起草《株洲市人民政府关于进一步培植有效财源促进财政增收的若干意见》的相关情况汇报，听取市民政局关于株洲市殡葬管理工作情况的汇报。

4 月 12 日，听取关于湖南开放强省培训班、省粮食工作会议、省旅游工作会议、省深化供销社综合改革推进会议、省食品药品监督管理工作会议、"港洽周"工作会议精神通报以及下阶段工作打算，听取市公安局关于全市公安工作的相关情况汇报，听取市政府法制办关于起草《株洲市城市综合管理条例（草案）》的相关情况汇报，听取市农委关于全市美丽乡村建设情况的汇报，听取市政府督查室关于一季度市政府月度重点工作任务完成情况的汇报。

4月24日，分析研究一季度经济形势，听取关于一季度市政府月度重点工作任务完成情况的汇报。

5月23日，听取市“两型”办关于《长株潭城市群生态绿心地区总体规划（2010—2030）局部修改株洲片区建议方案》的汇报，听取市水库移民开发管理局关于株洲市第三批大中型水库移民避险解困试点工作的汇报，听取市创建办关于株洲市BRT项目建设工作有关情况的汇报，听取市总工会关于市第二工人文化宫提质改造有关事项的情况汇报，听取市教育局关于市二中初中部及附属小学的情况汇报，听取市教育局关于市二中初中部及附属小学的情况汇报。

6月2日，听取市科技局关于全省创新奖励大会精神和我市首届创新奖遴选有关情况汇报 ，听取市旅游外侨局关于赠送白俄罗斯莫吉廖夫州两台纯电动巴士有关事宜的情况汇报，听取市政府督查室关于4月市政府月度重点工作任务完成情况的汇报，安排部署当前工作。

7月7日，听取市商务局关于审议进一步加快建成“一带一部”开放发展先行区和召开全市开放发展大会筹备方案的有关情况汇报，听取市住建局关于《株洲市人民政府关于支持特色小镇建设的意见》编制情况的汇报，听取市国资委关于《株洲市属国有企业经营性投资监督管理办法》等6个规范性文件起草情况和《株洲市6户政府投资公司2017年度经营计划》编制情况的汇报，关于5、6月市政府月度重点工作任务完成及7月任务交办情况汇报。

8月3日，听取市国土局关于城市各区征地拆迁实施细则审核情况的汇报，听取市国资委关于《株洲市属国有企业经营性投资监督管理办法》等6个规范性文件起草情况和《株洲市6户政府投资公司2017年度经营计划》编制情况的汇报，听取市国资委关于支持渌湘集团信用升级有关情况的汇报，听取市交通局关于审定深化出租汽车改革三个规范性文件的情况汇报，听取市编办关于审议《株洲市城市管理和综合执法体制改革方案》的情况汇报，听取市监察局《关于给予张仲秋撤职处分的请示》情况的汇报。

8月11日，听取清水塘投资集团关于清水塘老工业区新城开发建设招商合作政策的情况汇报，听取市财政局关于涉农资金统筹整合改革办法的情况汇报，听取市交通局关于醴娄公路扩容工程有关情况的汇报。

8月24日，听取市规划局关于市人大常委会《关于株洲市2006版城市总体规划2016年以来执行情况的审议意见》办理情况的汇报，听取市扶贫办关于当前脱贫攻坚工作情况的汇报，听取市经信委关于落实市人大常委会《关于对株洲· 中国动力谷建设情况的审议意见》的情况汇报，听取市安监局关于安全生产工作情况汇报，听取市政府督查室关于7月市政府月度重点工作任务完成及8月任务交办情况汇报，听取市监察局关于给予3名干部开除公职处分的请示。

8月29日，传达省长许达哲在株洲调研讲话精神，研究贯彻落实意见，传达2017年全省抗洪救灾总结大会精神，研究贯彻落实意见，听取市财政局、国税局、地税局关于落实省政府“两个坚决”要求，提高财税质量的情况汇报，听取炎基办关于丁酉年“祭祀炎帝陵”典礼活动的情况汇报，听取市民政局关于株洲市地名管理工作情况汇报。

9月15日，听取市水务局关于全省2017年第一次总河长会议精神的情况汇报，听取市法制办关于《株洲市农村村庄规划建设管理条例实施细则（草案）》并按程序发布实施的情况汇报，听取市文体广新局关于株洲市市本级文化基础设施项目建设的情况汇报，听取关于市编办“关于行政许可事项、中介服务事项、公共服务事项、基础证明事项清理”的情况汇报，听取市政府督查室关于8月市政府月度重点工作任务完成及9月任务交办情况汇报。

9月29日，听取市工商局关于推行株洲市“多证合一”改革的情况汇报，听取市审计局关于审议《关于进一步完善审计制度深入推进审计全覆盖实施意见》的情况汇报，听取云龙示范区关于拟引进华夏幸福打造云龙产业新城的情况汇报，听取市发改委《关于深化投融资体制改革的实施意见（审议稿）》及相关文件起草的情况汇报。

10月8日，听取市商务和粮食局关于审议全市开放发展大会相关文件的汇报。

10月30日，贯彻落实中共十九大精神及省政府全会精神，研究全市前三季度经济形势，听取市住建局关于株洲市海绵城市建设实施方案相关情况汇报，听取市法制办关于《株洲市政府法律顾问工作规定》起草情况和法律顾问工作情况的汇报，听取市政府办关于《市人民政府常务会议议题意见征求暂行规定》起草情况的汇报，听取市监察局《关于给予张兴仁撤职处分的请示》的情况汇报。

11 月 23 日，传达省委市州委书记视频会议精神，研究贯彻落实意见，听取市环保局关于环保督察问题整改和环境治理战役工作情况的汇报，听取市政府督查室关于 9、10 月市政府月度重点工作任务完成及 11 月任务交办情况汇报，听取市民政局关于全市高龄老人生活补贴提标扩面工作的情况汇报，听取市交警支队关于株洲市道路交通管理工作的情况汇报，听取市消防支队关于全市消防工作的情况汇报。

12 月 8 日，研讨《2018 年政府工作报告》；听取市法制办关于全市法治政府建设工作情况汇报，听取市文体广新局关于开展引导城乡居民扩大文化消费试点工作的汇报，听取市人社局关于提请决定给予 2 名干部记功的情况汇报。

12 月 15 日，听取 2018 年《政府工作报告（征求意见稿）》起草情况的汇报，进行讨论修改，听取炎陵县政府关于炎帝陵创建国家 AAAAA 级旅游景区情况汇报，听取市财政局关于 2018 年市本级预算报告编制情况的汇报。

12 月 25 日，听取关于“企业帮扶年”活动开展情况的人大审议意见落实情况的汇报，听取关于对全市推进“大众创业、万众创新”工作情况的人大审议意见落实情况的汇报，听取关于全市“智慧株洲”建设，促进行政审批制度改革情况的人大审议意见落实情况的汇报，听取市住建局关于《株洲市地下综合管廊建设实施方案》的情况汇报，听取市财政局关于推进市直行政事业单位经营性资产集中统管工作的情况汇报，听取市安监局关于全市安全生产工作情况汇报。

12 月 29 日，听取市发改委关于 2018 年国民经济与社会发展计划（草案）编制情况的汇报，听取市发改委关于 2018 年市本级政府投资计划和 2018 年市重点项目计划的情况汇报，听取市人社局关于“民生 100”工程有关情况的汇报，听取市环保局关于审议《株洲市 2017 年环境状况和环境保护目标完成情况及 2018 年环境保护目标的报告》的汇报。（李　艳）

【民生工程】 2017 年，市委、市政府围绕省重点民生实事目标任务，全力实施市本级“民生 100”工程，8 大类 108 个省、市考核指标基本完成任务，其中 13 个省重点民生实事指标全部完成任务。高度重视、组织领导到位。市委、市政府主要领导多次专题研究和安排部署有关工作，分管领导及时协调处理有关问题。细化任务，责任分工到位。市委、市政府下发《2017 年“民生 100”工程实施方案》，明确各项指标的牵头单位和参与单位，建立责任体系、指标体系和考核体系，提出工作要求，确保任务到人，责任到位。注重协调，合力凝聚到位。市委、市政府常务会议专题研究“民生 100”工程，及时解决实事项目推进中存在的问题和困难。建立部门联席会议制度，对于部分实事项目共同协商推进。各相关责任单位紧密配合，用足用活各项优惠政策，开辟“绿色通道”，简化审批手续，切实提高实事项目实施效率。强化督查，考核评估到位。对全市落实实事项目的情况进行专项督查，并将督查情况在全市通报。实施“民生 100”工程半年自查和定期调度，对指标进度情况实行“一月一分析、一月一通报”。严格按照省里要求，年终进行考核验收，考核结果纳入全市绩效考核内容。（李　艳）

2017 年株洲市“民生 100”工程完成项目

表 10

工程	项目名称	指标任务	主要责任单位	累计完成	完成年度目标 %
就业增收工程	▲新增城镇就业	5 万人	市人社局	52223 人	104.45%
	实现“零就业家庭”动态援助	100%		100.00%	100.00%
	新增农村劳动力转移就业	1.25 万人		14254 人	114.03%

续表 10

工程	项目名称	指标任务	主要责任单位	累计完成	完成年度目标 %
就业增收工程	创业培训	8000 人	市人社局	9300 人	116.25%
	支持高校毕业生微创业	200 名		239 名	119.50%
	创业扶持城乡残疾人	100 名	市残联	183 名	183.00%
	土地托管服务	5 万亩	市供销社	74069.59 亩	148.14%
	惠民综合服务中心（社）	100 个		104 个	104.00%
	扶持农机专业合作组织	50 家	市农机局	112.00%	112.00%
	新建、维修、改造农村机耕道	4000 千米		4000 千米	100.00%
社会保障工程	新增企业养老保险参保人数	3 万人	市人社局	39341 人	134.14%
	▲新增养老床位	906 张	市民政局	4057 张	447.79%
	推进居家养老服务示范点	10 个		10 个	100.00%
	确保城区城镇人均最低生活保障线标准	不低于 470 元 / 月		100.00%	100.00%
	确保全市农村最低生活保障线标准	不低于 280 元 / 月		100.00%	100.00%
	确保农村五保户年分散供养标准	不低于 3600 元 / 年		100.00%	100.00%
	加快爱心大院（三期）建设	加快爱心广场、爱心联盟总部、戴碧蓉助残中心 3 个功能区域建设		100.00%	100.00%
	向民办幼儿园购买普惠服务工程	全市购买普惠性民办幼儿园园位 70000 个		80098 个	114.43%
素质提升工程	乡村小规模学校提质工程	28 所学校 28 个项目，总投资 1800 万元	市教育局	累计完成投资 2429 万元	134.94%
	全面改善农村贫困地区义务教育薄弱学校基本办学条件	55 所学校 70 个项目，总投资 8500 万元		累计完成投资 8874 万元	104.40%
	消除义务教育大班额	全市义务教育大班额率下降 2 个百分点		下降 8.59%	429.50%
	义务教育学位扩容计划	新建改扩建学校 30 所，新增学位 2 万个，缓解就学难题		总投资 77600 万元，已投资 93764.5 万元	117..21%
	市特殊教育学校搬迁扩建项目	建成开学		总投资 6000 万元，已投资 6500 万元，已经建成开学	108.33%
	市示范性综合实践基地项目	全面开放		总投资 4973 万元，已投资 5300 万元	106.58%
	建成“三个中心”（市青少年活动中心、市妇女儿童活动中心、市老年活动中心）	完成建设、完成投资 1.58 亿元	市湘江集团	完成 100.00%	100.00%

续表 10

工程	项目名称	指标任务	主要责任单位	累计完成	完成年度目标 %
素质提升工程	启动市图书馆建设、完成市博物馆、美术馆装修布展和群艺馆、戏剧传承中心一期提质改造	明确市图书馆新馆选址；完成市博物馆、美术馆陈列布展设计施工总承包招投标，完成陈列布展工程深化设计、启动扫尾设计施工；完成群艺馆、戏剧传承中心一期提质改造	市文体广新局	市图书馆建设方面，已将立项所需要的相关资料上报；市博物馆、美术馆装修布展陈列布展设计施工一体化已挂网招标；市群艺馆、戏剧传承中心一期提质改造已完成	100%
	市、县两级完成公益演出	672 场		908 场	135.12%
	城市免费放映公益电影	500 场		500 场	100.00%
	农村免费放映公益电影	18900 场		18900 场	100.00%
	神农大讲坛举办公益讲座	40 场		40 场	100.00%
	举办美术书法展览	8 场以上		16 场	200.00%
	举办市民课堂，开展全民艺术普及培训	8000 人次		12145 人次	151.81%
	建设职工之家示范基地	10 个	市总工会	10 个	100.00%
全民健康工程	▲孕产妇产前免费筛查	44450 人	市卫计委	44450 人	100.00%
	▲农村适龄妇女（35–64 岁）“两癌”免费检查	82460 人（省任务 68500 人）	市妇联 市卫计委	5 县市完成 69500 人，5 城区完成 14819 人	完成省任务的 101.46%，完成市任务的 102.25%
	市妇幼保健院搬迁改扩建项目	基本完成一期工程建设任务	市卫计委 市发改委	完成一期工程建设任务	100%
	启动市中心医院田心院区提质改造	启动原老旧住院楼部分拆迁工作	市卫计委	原老旧住院楼（1965 年建）部分拆迁工作完成	100.00%
	推进分级诊疗工作	在全市启动分级诊疗工作，初步建立分级诊疗制度		100.00%	100.00%
	加快远程会诊服务系统建设	制定建设方案，完成招标，力争年内由市级财政支持的 5 个临床医学重点专科远程医疗会诊业务覆盖 80% 县级公立医院		100.00%	100.00%
	免费国民体质监测	1 万人次	市文体广新局	11861 人次	118.61%
	举办体育免费培训班	1 万人次以上		12343 人次	123.43%
	公共体育场馆免费开放接待	20 万人次		441313 人次	220.66%
	建设全民健身路径工程	50 套		50 套	100.00%

续表 10

工程	项目名称	指标任务	主要责任单位	累计完成	完成年度目标 %
安居宜居工程	▲农村危房改造	6300 户（省任务 3960 户）	市住建局	开工 9808 户 完成 9808 户	155.68%
	▲城市棚户区改造	32861 户	市房产局	已开工 32861 户	开工率 100%
	发放城镇低收入住房困难家庭住房租赁补贴	4450 户		8498 户	190.97%
	推进老旧小区改造	10 个		10 个	100%
	开展居民小区餐饮油烟、违法违规搭建、占道经营和夜间噪声污染综合治理，规范居民小区管理秩序	开展居民小区餐饮油烟、违法违规搭建、占道经营和夜间噪声污染综合治理，规范居民小区管理秩序	市城管局 市环保局 市规划局 市工商局	处理居民小区违章占道经营 2800 次，清查无照经营 7983 户，引导办证办照 6570 户，立案查处 318 件，罚没金额 182.38 万元，拆除违法建筑面积 9.21 万平方米	进度达标
	新增住房公积金建制人数	15000 人	市住房公积金中心	21052 人	140.35%
	新建改建城市供水管网	28 千米	市住建局	55.02 千米	196.50%
	新建改造市政燃气管网	60 千米		141.163 千米	225.27%
	新增城镇管输天燃气用户	25000 户		完成新增 51777 户	207.11%
	市本级污水处理率	达到 95%，年处理 13374 万吨		完成 96.6%	101.68%
	县级以上城镇污水处理率	达到 90.5%，年处理 3769 万吨		完成 95.8%	105.86%
	枫溪污水处理厂完成建设	投入试运行		通水通入试运行	100.00%
	实施 5 处城市黑臭水体综合治理，促进城市水环境持续改善	5 处	市住建局 市环保局	100.00%	100.00%
	健全规范市级烈士纪念场所（流芳公园）	完成烈士公园的整体规划方案，启动烈士公园建设二期工程的征地拆迁工作	市民政局	100.00%	100.00%
	启动株洲云峰森林植物园建设	完成总体规划设计、签订共建合作协议、办理报建手续、举行奠基仪式	市林业局	100.00%	100.00%
	完善神农生态带建设	完成概念性规划设计方案	市天易集团	已完成概念性规划设计方案	100.00%
	启动南郊垃圾填埋场封场和新建固体废物填埋场建设	启动建设	市城管局	100.00%	100.00%
	县以上城镇生活垃圾无害化处理率	达到 100%		达到 100.00%	100.00%
	美丽乡村示范村建设	10 个（88 个项目）	市农委	共计 88 个项目，已完成 96 个项目	109.09%
	小型农田水利项目县建设	4 个（炎陵县、茶陵县、攸县、天元区）	市水务局	计划总投资 4930 万元，累计完成投资 4930 万元	100.00%
	▲解决农村人口安全饮水问题	12 万人（省任务农村饮水安全巩固提升 5.09 万人）		完成省任务人数 5.09 万人，完成市任务数 12 万人	完成省任务的 100%，完成市任务的 100%
	农村饮水水质检测	全市规模以上水厂每年两次巡检	市水文局	2 次	100.00%

续表 10

工程	项目名称	指标任务	主要责任单位	累计完成	完成年度目标 %
安居宜居工程	加强湘江株洲城区段规范化管理	完成 3 个砂石转运基地建设	市水务局	100.00%	100.00%
	主要支流治理	茶陵县、炎陵县洣水湖口墟保护圈（第二期）		总投资 1412 万元，已完成投资 1412 万元	100.00%
	淘汰黄标车	7649 台	市交警支队	7649 台	100.00%
	▲农村宽带网络升级改造	150 个行政村	市经信委	150 个	100.00%
畅通出行工程	▲行政村配电网改造	30 个	国网株洲供电公司	30 个	100.00%
	改造城区 58 条支路和小街小巷，打通群众出行“最后一百米”	58 条	市住建局	69 条	118.97%
	建成公共停车场	6 个	市城发集团	6 个公共停车场项目已完成竣工验收。验收合格率 100%	100.00%
	疏通交通堵点 2 个，缓解城市停车行车难题	2 个	市住建局	总投资 1550 万元，已完成投资 1550 万元	100.00%
	规范中小学周边交通秩序管理	完善学校周边道路交通安全设施，落实护学岗护学制度，大力整治学校周边道路交通秩序，优化交通环境	市交警支队	落实护学岗制定，安排警力上下学期间维持交通秩序，完善交通设施	达到进度
	▲农村公路窄路加宽	226 千米（省任务 210 千米）	市交通局	226 千米	100.00%
	▲农村公路安保设施建设	652 千米（省任务 550 千米）		727.97 千米	111.65%
	危桥改造	45 座		45 座	100.00%
	渡改桥建设	2 座		2 座	100.00%
	建成农村客运招呼站	150 个		荷塘区、云龙示范区、天元区、芦淞区、石峰区、醴陵市建设完成并已验收。株洲县已完成待验收。其他各县已开工建设，完成 100.00%	100.00%
	新增公交线路 1 条、优化调整公交线路 4 条			已完成新增线路 4 条，优化调整公交线路 4 条	140.00%
	新建公交充电站	2 个		ART 快速公交充电站已建好，可以充电使用；金山基地充电站基础实施已建好。	100.00%
	优化中心城区公共自行车站点 200 处，更新投放公共自行车辆 3000 辆			已优化市内中心城区 200 个站点。更新投放车辆 6000 台	100.00%
	渡运公交化改革，渡口渡船改造、公司化经营	公司化 100%、渡口改造 21 道		渡运公交化改革已全面开展，渡口改造已累计完成总投资的 100.00%	100.00%

续表 10

工程	项目名称	指标任务	主要责任单位	累计完成	完成年度目标 %
畅通出行工程	库区旅游船改造升级，旅游船置换	库区公司化经营 100%、旅游船改造置换完成 30%	市交通局	已完成总目标的 100.00%	100.00%
安全管理工程	12345 服务投诉平台全覆盖	5 个县（市）全部建成	市政府办	5 个	100.00%
	▲新增社会治安视频监控摄像头	2000 个	市公安局	2030 个	101.50%
	互联网交通安全综合服务管理平台在全市推广应用	推进互联网平台用户面签、网上预选机动车号牌、缴纳交通违法罚款、预约驾驶证考试、补换机动车牌证、补换驾驶证等		全市 26% 驾驶员注册成为互联网用户，“12123” app 安装量 53481 人次，开放互联网处理交通违章、缴纳罚款、预约选号等业务	达到进度
	菜篮子工程建设	6000 亩	市农委	6160 亩	102.67%
	标准化生产示范基地建设	累计达 80 个		80 个	100.00%
	建设农产品追溯系统追溯点	5 个		5 个	100.00%
	年抽检农产品总数	11 万批次		118300	107.55%
	蔬菜等主要农产品检测合格率	达到 97% 以上		99.88%	102.97%
	“三品一标”新认证数	60 个		71 个	118.33%
	推进 27 个农贸市场改造升级，完成建设改造 5 个农贸市场样板工程	推进 27 个完成 5 个	市商务粮食局	推进 27 个、完成 5 个	100.00%
	新增放心粮油网点	24 家		24 家	100.00%
	全面铺开食品药品网格化监管，在市区建立 40 个监管网格，提升食品药品安全监督水平	40 个	市食药监局	78 个	195.00%
	加强农贸市场、大型超市食品安全的检测和监管，确保市区各大型超市、农贸市场快速检测全覆盖	16 个		28 个	175.00%
	农村中小学校舍防雷工程	71 所	市气象局	71 所	100.00%
扶贫解困工程	▲特困移民解困避险搬迁安置	1218 人	市移民局	1315 人完成搬迁安置	107.96%
	贫困人口脱贫	42800 人	市扶贫办	完成 55094 人	128.72%
	驻村帮扶贫困村	69 个		计划总资金 980 万元，累计完成资金 1490 万元	100.00%
	资助家庭经济困难学生	4 万人	市教育局	115574	288.94%

续表 10

工程	项目名称	指标任务	主要责任单位	累计完成	完成年度目标 %
扶贫解困工程	为困难群众实施法律援助	2000 件	市司法局	2786 件	139.30%
	帮扶救助困难职工	1 万人次	市总工会	17459 人次	174.59%
	职工医疗互助	全市 12 万符合条件职工参加		214154 人	178.46%
	劳模低收入补助和特困救助	380 万元		4169088 元	109.71%
	城区范围内政府购买残疾人居家托养服务	600 名	市残联	600 名	100.00%
	智力、精神及重度肢体残疾人托养	730 名		820 名	112.32%
	贫困残疾人家庭无障碍设施改造	80 户		157 户	196.25%

（芦述进）

市政府办公室工作

【政务督查】 2017 年，市政府督查室围绕市委、市政府的重大决策部署和重点工作积极开展督查活动，开拓创新，扎实工作，确保政府各项工作的落实。重点对《政府工作报告》确定的重点工作目标任务，以及“十个 100”工作进行跟踪督查。扎实推进政府月度重点评价考核工作，全年交办工作任务 354 件，完成率 97%。圆满完成国务院第四次大督查和省政府综合督查等重大督查活动迎检工作，并获得省政府综合督查表扬。组织开展中央环保督察问题整改、全市“项目攻坚年”进展情况、交通畅通行动路网工程、加强财源建设提高收入质量、耕地占补平衡和增减挂钩工作、职教园现场办公会议精神落实情况、“民生 100”工程进展情况、重点项目、“减证便民”落实等重点督查活动，积极协调解决工作中存在的困难和问题，有力推动了各项工作落实。全年共开展督查活动 30 余次，编发《政务督查》通报和专报 17 期，撰写督查专题汇报 10 余篇。共办理反馈中央、省、市领导批示件 458 件。配合做好全市绩效考核工作。获评全省 2017 年政务督查工作优秀单位。（李　艳）

【综合文稿起草】 围绕全市发展大局，积极为发展献良策、为改革出思想、为推动工作出精品，努力做到参之有道、谋之有策。建立重大文稿起草讨论制度，共同研究文稿的框架搭建、观点提炼等工作，力求文稿布局合理、逻辑严谨、观点新颖、措施精准。建立科长、分管负责人、党组书记三级文稿起草把关审核机制，坚持做到文稿起草零差错。2017 年，高质量起草各类综合性文稿 580 余篇。

（李　艳）

【调研工作】 紧扣经济社会发展的热点、难点、焦点问题，广泛深入开展调查研究。组织力量对全市推行“朝九晚五”工作制度、金融服务实体经济、园区经济、创新发展、新型城镇化、人文城市建设、长株潭一体化建设、全域旅游等课题进行深入调研，撰写出《推进供给侧结构性改革促进经济转型升级》《坚持四个突出推进产教融合》等一批高质量的调研报告和署名文章，其中《推行河长制　实现河长治》《大力发展全域旅游推动株洲旅游转型升级》等文章在国省重要媒体发表。科学制定有关政策，参与起草《中共株洲市委关于贯彻落实〈中共湖南省委关于大力实施创新引领开放崛起战略的若干意见〉的实施意见》等政策文件。每月、每季度撰写全市经济形势分析报告，及时分析研判全市经济形势，精准提出对策建设，为市委市政府领导了解情况、科学决策、指导工作提供有力支撑。（李　艳）

【政务信息工作】 2017 年，围绕全市的中心和重点工作，共编发《政务要情》252 期，多次得到相关市领导的批示。关注舆情动态，加强网络舆情的搜集研判，全年共编发《舆情专报》58 期，内容涵盖涉株报道、论坛热帖、微博热点等，广泛反映群众的呼声和要求。加大报送力度，提高政务信息采用率，全年共向省政府办公厅会议处报送信息2165条，其中被国办采用18条，省办采用84条。市政府办被评为“2017年度全省政务信息工作先进单位”。（李　艳）

【建议提案】 2017年，市政府系统各部门把办好建议提案作为推动政府工作落实的手段，努力提高问题解决率。全年共组织办理市人大代表建议297件，政协提案344件，实现见面率、办结率、满意率三个100%。组织办理市人大审议意见6件，市政协主席会议建议案3件、常委会议建议案1件，专题建议案1件。2017年7月，株洲市被省政协确定为“湖南政协云”微建议试点城市。市委、市政府出台《株洲市政协微建议工作办法（试行）》，市政府办对101条微建议进行交办和认真回应。组织承办省建议提案12件，其中省人大代表建议5件、省政协提案7件，办结率和满意率均为100%，年内，株洲市政府被省政协评为“省第十一届政协提案办理先进单位”、被省政府办公厅评为“湖南省建议提案办理工作先进单位”。（李　艳）

【政务公开】 2017年，按照国务院统一部署，在株洲县组织开展全国基层政务公开标准化规范化试点工作；荷塘区扎实推进湖南省“互联网＋政务服务”试点；认真办理“我为政府网站找错”平台的网民留言，共受理办结55件。全市共收到并处理政府信息公开申请527件（其中市级440件，县市区87件）。政务公开政务服务工作被省政府评为优秀单位。

（李　艳）

【公文办理】 截至2017年12月29日，市政府办公室共印发各类文件821件（其中规范性文件53件），发文较上年同期精简10.2%。处理各类上级来文来电1415件，各类下级来文815件。（李　艳）

【电子政务】 2017年，株洲市加快推进“智慧株洲”建设及“互联网＋政务服务”工作，扎实开展政务信息资源整合共享和政务信息系统整合工作，不断提升民生信息化服务水平，取得较好的工作成效。“智慧株洲”统筹建设力度加大。依据“统筹规划、分步实施，政府主导、市场运作，滚动发展、持续运营”的原则，制定涵盖35个重点项目的《“智慧株洲”重点项目建设计划（2017—2020）》，启动实施以“1＋N”为总体框架的政府信息化项目建设工作，计划以“智慧株洲”互联网＋政务服务平台为切入点，打造“智慧株洲”综合平台（基础大数据平台），整合各部门信息系统在综合平台上运行，推动新建信息化项目统筹建设和已有政务信息资源共享，实现“智慧株洲”可持续发展。全市政府网站建设工作取得突破。政府网站工作组织架构健全，强化政府网站普查、抽查、日常监测和督查督办等工作推进机制，各级政府网站实现“零”通报；深化市政府网站集约化建设，整合全市民生服务领域13大类、50家党政机关、企事业单位的800余项服务职能，以及28家市级单位网站和天元区、醴陵市等7个县市区政府网站，所有区县级政府网站全部实现“一县一平台”运行，被省政府办公厅评为2017年度全省优秀政府网站。政务信息资源整合共享。推进“两网”建设工作。在已搭建市、县、乡三级的电子政务专网（原内网）和外网平台的基础上，扩大电子政务专网和外网平台的覆盖范围，加大部门业务专网整合力度，截至2017年年底，市发改委、市交通局、市邮政局等14家单位的业务专网，接入政务专网单位387家，政务外网单位203家，为各政务应用系统从市到村（社区）进行四级覆盖和应用创造了网络基础条件。推进“智慧株洲”数据中心业务汇聚工作。市人大预算监督系统、智慧城管、地下管网、公共自行车、综合治税等24个部门信息系统后台已统一部署在IDC数据中心。全市政务信息化项目建设有序实施。推进市“互联网＋监督”平台部署工作，为市纪委、监察委开展“互联网＋监督”工作提供有力支撑；全面建成“智慧株洲”电子眼（一期）和智能交通卡口升级改造等平安城市项目，极大改善全市社会治安及公共交通管理秩序，有序启动市人社信息网络安全建设、市级突发事件预警信息发布系统建设、市民政四级广域网建设、市统计联网直报监控室改造等一批急用先行的政务信息化项目，为深化全市电子政务应用工作提供有利条件。（李　艳）

【应急管理工作】 2017年，全市应急管理工作有序推进，应急处突能力明显增强，应急管理水平明显提高。强化应急值守工作。值班人员严格实行24小时在岗值班和领导带班制度；健全信息报送机制，2017年，市政府总值班室通过短信方式报送突发事件信息共计2000余条；加强上级领导指示批示督办落实工作，全年共办理突发事件信息省级领导批示24件；共协调处置群体性非正常上访58批次，2130余人次。加强应急预案编制、演练。2017年重新修订5个市级专项应急预案，至此，全市共修订编制市级专项应急预案39件，其中，自然灾害类9件，事故灾难类15件，公共卫生类5件，社会安全类10件；全市先后组织开展各类应急预案大型演练30余次。推动基层应急管理规范化建设。围绕基层应急管理“四进”“五有”的基本要求，推进应急管理工作重心向基层的转移。开展科普宣教培训。2017年，共组织防灾减灾专题活动120多场次，参与活动的市民达20万人。妥善处置突发事件。2017年，全市各级各部门联动合作、科学救援，先后成功处置攸县“5•7”重大中毒窒息事故、“8•28”京港澳较大交通事故等较大以上突发事件10起，确保全市社会大局和谐稳定。（李　艳）

【优化环境】 2017年，株洲市围绕“项目攻坚年”和“企业帮扶年”活动，继续深化“放管服”改革，推进政府职能转变，优化政务服务环境、行政执法环境、市场法治环境，不断加强各类要素保障，经济发展环境进一步优化。推进职能转变，提升服务水平。清理规范与行政审批相关联的中介服务，公布81项中介服务清单，其中取消6项，13项改由审批主管部门负责完成，20项可由企业自行办理，42项可自行委托有资质的中介机构完成。出台《株洲市规范“双随机、一公开”涉企检查的若干规定》，建立市场主体名录库和执法检查人员名录库，全面推行“双随机、一公开”涉企检查制度。落实惠企政策，支持实体经济。开展政务服务明察暗访和降成本政策落实专项行动，推进降本减负政策有效落实。对全市范围内政府招商引资过程中违约失信问题进行全面排查整改。服务发展大局，抓好专项治理。出台“1 + 1 + 5”系列配套文件。全市222家行业协会商会（市级105家，县市区117家）按照“五分离、五规范”的要求与行政机关实现脱钩。抓好工程建设领域违规招投标问题整改落实，督促相关单位完善内控机制，加强招投标知识培训，做到依法办事。为企排忧解困，打造投资洼地。开通“22912345”优化经济发展环境投诉专线，明确优化经济发展环境工作投诉受理6项内容，畅通企业投诉通道。积极走访企业，帮助企业协调解决各类问题67件。出台《株洲市损害经济发展环境行为责任追究办法》，认真办理损害经济发展环境案件，先后查处出租车“飞机表”“沙霸”“虾霸”等典型案件。2017年，共受理投诉事项42件，均依法予以解决。（李　艳）

【创建工作】 市创建办（湘江办）主要承担株洲境内湘江保护和治理、文明城市和国卫提升督查、创建国家公交都市三项工作。2017年，市创建办强力推进清水塘老工业区的整体搬迁改造，年内147家中小企业已完成关停并通过验收，有意向转移的61家企业已确定选址，其中51家落户市内；围绕第二个“三年行动”计划完成项目259个；全面落实湘江河长制，建立湘江联合执法轮值巡查模式，湘江水质持续变好，全市地表水水质总体为优，25个监测考核断面全部达到功能水质要求，全市县级以上集中式饮用水水源水质达标率100%。（李　艳）

【市长热线】 2017年，市长热线共接通来电149996个，各渠道受理市民反映有效事项92995件，其中：“12345”市长热线88315件，市长信箱3177件，政务微博284件，政务微信440件，短信平台18件，人民网和红网网帖76件，110对接685件；来电来信当场答复43067件，占46.3%；办结率99.2%，按期办结率89.5%。其中依照规定对外公开629件。2017年，市长热线共督办市民重复投诉和不满意事项264件，组织有关单位现场督办53次，回访交办事项49254次，市民对事件办理情况的满意度为：“非常满意”占10.5%，“满意”占5.5%，“基本满意”占83.3%，“不满意”占0.7%。共编发市长热线工作简报20期，上报政务要情信息246条，发布市长热线工作动态69条，收到市民感谢电话（信件）238个。“12369”环保热线全年共接通来电8560个，受理市民反映有效事项5233件。市长热线——企业服务专线“22212345”全年共受理有效事项978件，交办“企业帮扶年”活动相关问题2441件，短信推送惠企政策110余万条。

2017年，“听民意，解民忧”领导接听热线活动共开展27期，阳卫国、何剑波、李晓葵、黄芳、杨胜跃、谭可敏6位市领导，以及市城管、环保、工商、安监、公交、国土、规划、住建、质监、食药、教育、交警、自来水、消防、房产、供电、有线网络、人社、新奥燃气、卫计、电信等21个相关部门单位主要负责人先后接听市长热线，受理市民诉求357件，办结率100%。

“12350”安全生产举报投诉电话并入“12345”市长热线开通试运行，全年共接通来电527个，受理有效事项134件，奖励违法行为举报9例，发放奖金1.7万元。整合优化市民诉求反映渠道，在“12345”市长热线基础上加挂“市‘马上就办’服务热线”牌子。4月1日起正式施行株洲市“12345”市长热线24小时快速响应处理机制。推行“不满意事项”销号制和“疑难事项”备案制，全年共销号“不满意”事项46件，备案“疑难”事项37件。“12345”和“110”平台系统对接成功，全年共受理“110”转呈事项685件。出租车投诉平台并入“12345”系统，原“114—6”投诉电话取消。市长热线按照“一城一台，互联互通”的工作模式，推动五县市完成“12345”平台建设。向社会征集2018年“民生100”工程实事议题，通过热线电话、电子邮件、微博、信函等方式征集到市民意见建议195件。

（李　艳）

【民族工作】　民族团结进步创建活动有声有色。突出民族工作“五进”，创建活动取得实效。示范点荷塘区西子社区为少数民族服务窗口共受理并办结业务373件，协调辖区企业为少数民族务工人员提供就业岗位25个；全市共受理少数民族群众来电来访50件次。促进民族团结进寺庙。重新维修清真寺，与在株洲的穆斯林坦诚沟通建立信任感，各类矛盾逐年减少，创建活动取得很好的效果。开展各项活动，宣传民族政策，凝聚感情。指导市少数民族联谊会举办“四月八”少数民族传统节日联谊活动，选派湖南汽车工程职业学院的少数民族学生代表株洲参加由湖南省民宗委、湖南省教育厅、共青团湖南省委三家举办的“建设伟大祖国，建设美丽家乡”演讲比赛并获金奖。落实民族政策，提供贴心服务。依法加强清真“三食”供应的管理服务，完成少数民族“两种考生”审核工作。

少数民族乡村经济社会事业蓬勃发展。民宗局深入炎陵县中村瑶族乡，指导中村瑶族乡农户建立黄桃、茶叶示范基地。截至2017年年底，瑶乡成立11家黄桃种植专业合作社和黄桃销售公司、3家茶叶生产公司，新种黄桃、茶叶、香芋、猕猴桃，带动贫困瑶汉同胞投身产业发展。全乡60%以上贫困户均以土地流转、劳动力、资金等要素投入的方式参与产业发展，大幅增加瑶汉同胞家庭收入，实现脱贫奔小康的目标。11月，在炎陵县中村瑶族乡开展“真心扶贫　爱心助教”活动，宗教界人士、少数民族代表和企业家捐赠少数民族校服1100余套、图书1100余套。2017年，中村瑶族乡、洋岐畲族村先后通过“桃花节”“盘王节”“三月三”畲族文化节，展示特有的民俗文化，吸引了各地游客，两地旅游发展迅速。炎陵县中村瑶族乡龙渣村正式被国家民委授牌“少数民族特色村寨”。

在株洲流动少数民族人口服务管理成效好。排查化解涉及民族因素的各类矛盾纠纷，及时妥善处理涉及民族因素的突发事件。在解决涉及少数民族矛盾纠纷上，坚持有理、有据、有制、有节的原则，妥善处理好各类矛盾纠纷，全年处理7起矛盾纠纷。

（李　艳）

【宗教工作】　依法管理宗教事务。加快推进宗教场所社会信用代码赋码工作。完成全市组织宗教场所社会信用代码赋码工作的摸底调研和信息采集核实。加强辖区内打击非法宗教活动。制止芦淞区广冶大厦素食馆非法传教及非法放生活动，配合市国保支队对“温州基督教家庭”聚会点进行现场安全检查。

加强宗教团体建设。通过制度规范和政策法规宣讲进一步加强全市宗教团体的自身建设。严把政策关，做好宗教教职人员的审核工作。在市天主教、市伊斯兰教分别举办政策法规学习班，全市宗教教职人员政策法规培训班，取得成效。市5大宗教团体为茶陵县清水村捐赠援助资金10万元。继续推进“和谐寺观教堂”创建活动，市天主堂获“第三届全国创建和谐寺观教堂先进集体”称号。

深入调研民间信仰场所。截至2017年年底，全市有民间信仰场所177处，正式登记的73处，未登记的104处，建筑面积在50平方米以下的10处，50~150平方米的35处，150平方米以上的132处。

推进安全隐患排查整改。按照“一单四制”要求，全面落实安全隐患排查整改工作。会同市住建局和市房产局启动全市宗教场所安全摸排，对排查出的18处安全隐患，及时进行整改。

（李　艳）

2017 年株洲市人民政府、政府办公室文件目录

表 11

序号	文　号	文　件　标　题
1	株政发〔2017〕1 号	关于印发《株洲市人民政府工作规则》的通知
2	株政发〔2017〕2 号	关于印发《株洲市妇女发展规划（2016—2020 年）》和《株洲市儿童发展规划（2016—2020 年）》的通知
3	株政发〔2017〕3 号	关于印发 2017 年《政府工作报告》工作目标和任务分解表的通知
4	株政发〔2017〕4 号	关于进一步做好招商引资工作的通知
5	株政发〔2017〕5 号	关于印发《株洲市集体土地征收及房屋拆迁补偿安置办法》的通知
6	株政发〔2017〕6 号	关于印发《株洲市“十三五”深化医药卫生体制改革规划》的通知
7	株政发〔2017〕7 号	关于加快发展体育产业促进体育消费的实施意见
8	株政发〔2017〕8 号	关于印发《株洲市殡葬管理办法》的通知
9	株政发〔2017〕9 号	关于进一步加强食品安全工作的实施意见
10	株政发〔2017〕10 号	关于印发《株洲市全民健身实施计划（2016—2020 年）》的通知
11	株政发〔2017〕11 号	关于印发《株洲市电梯安全管理办法》的通知
12	株政发〔2017〕12 号	关于加强农村留守儿童关爱保护工作的实施意见
13	株政发〔2017〕13 号	关于印发《株洲市城乡居民基本医疗保险实施办法》的通知
14	株政发〔2017〕14 号	关于优化建设工程防雷许可的实施意见
15	株政发〔2017〕15 号	关于公布规范性文件清理结果的决定
16	株政发〔2017〕16 号	关于清理规范 81 项市政府部门行政审批中介服务事项的决定
17	株政发〔2017〕17 号	关于印发《株洲市政府投资管理办法》的通知
18	株政发〔2017〕18 号	关于加强困境儿童保障工作的实施意见
19	株政发〔2017〕19 号	关于深入推进标准化体系建设的实施意见
20	株政发〔2017〕20 号	关于印发《株洲市关于促进招商引资的若干政策（2017—2022 年）》的通知
21	株政发〔2017〕21 号	关于印发《株洲市关于促进外贸发展的若干政策（2017—2022 年）》的通知
22	株政发〔2017〕22 号	关于建立完善守信联合激励和失信联合惩戒制度加快推进社会诚信建设的实施意见
23	株政发〔2017〕23 号	关于调整人防易地建设费收取方式的通知
24	株政办发〔2017〕1 号	印发《关于在市场体系建设中建立公平竞争审查制度的实施方案》的通知
25	株政办发〔2017〕2 号	关于加快株洲会展业发展的实施意见
26	株政办发〔2017〕3 号	关于加强和改进行政应诉工作的实施意见
27	株政办发〔2017〕4 号	关于印发《株洲市被征地农民就业培训和社会保障工作方案》的通知
28	株政办发〔2017〕5 号	关于印发《株洲市加快中医药发展实施方案（2017—2020 年）》的通知

续表 11

序号	文　号	文　件　标　题
29	株政办发〔2017〕6 号	关于印发《株洲市非煤扩山安全生产事故应急预案》的通知
30	株政办发〔2017〕7 号	关于印发《株洲市危险化学品安全生产事故应急预案》的通知
31	株政办发〔2017〕8 号	关于印发《株洲市烟花爆竹安全生产事故应急预案》的通知
32	株政办发〔2017〕10 号	关于印发《株洲市特种设备安全事故应急预案》的通知
33	株政办发〔2017〕11 号	关于印发《株洲市危险化学品安全综合治理实施方案》的通知
34	株政办发〔2017〕12 号	关于印发《株洲市职业病防治"十三五"规划》的通知
35	株政办发〔2017〕13 号	关于印发《株洲市城市供水事故应急预案》的通知
36	株政办发〔2017〕14 号	关于加快充电基础设施建设步伐推动新能源汽车应用的通知
37	株政办发〔2017〕15 号	关于印发《株洲市公共资源交易监督管理暂行办法》的通知
38	株政办发〔2017〕16 号	关于支持特色城镇建设的意见
39	株政办发〔2017〕17 号	关于印发《株洲市大中型水库移民避险解困实施办法（暂行）》的通知
40	株政办发〔2017〕18 号	关于印发《株洲市统筹整合 2017 年市级财政涉农资金支持推进我市脱贫攻坚实施方案》的通知
41	株政办发〔2017〕19 号	关于印发《株洲市食品安全工作评议考核办法》的通知
42	株政办发〔2017〕20 号	关于开展安全生产事故隐患自查自改月报工作的通知
43	株政办发〔2017〕21 号	关于建立"一单四制"制度推动重大事故隐患治理的通知
44	株政办发〔2017〕22 号	关于印发《株洲市取消的村（社区）及基层单位证明事项清单》和《株洲市保留的村（社区）及基层单位证明事项清单》的通知
45	株政办发〔2017〕23 号	关于印发《株洲市土壤污染防治工作方案》的通知
46	株政办发〔2017〕24 号	关于深化改革推进出租汽车行业健康发展的实施意见
47	株政办发〔2017〕25 号	关于株洲市项目前期审批改革的实施意见
48	株政办发〔2017〕26 号	关于印发《株洲市投资重点项目库建设管理办法》的通知
49	株政办发〔2017〕27 号	关于公布《株洲市人民政府部门（单位）公共服务事项目录（2017 版）》的通知
50	株政办发〔2017〕28 号	关于印发《株洲市"多证合一"改革实施方案》的通知
51	株政办发〔2017〕29 号	关于推进森林康养发展的通知
52	株政办发〔2017〕30 号	关于大力推进装配式建筑发展的实施意见
53	株政办发〔2017〕31 号	关于印发《株洲市地下综合管廊建设实施方案》的通知
54	株政办发〔2017〕32 号	关于印发《株洲市海绵城市建设实施方案》的通知
55	株政办发〔2017〕33 号	关于印发《株洲市推进医疗联合体建设和发展的实施方案》的通知
56	株政办发〔2017〕34 号	关于印发《株洲市开展引导城乡居民扩大文化消费试点工作实施方案》的通知

（李　艳）

政务服务

【概况】 2017年，株洲市政务服务中心共受理并办结各类审批服务事项103530件，其中：审批事项38346件，服务事项65184件；完成各类收费5.2亿元；顺利完成国家文明城市复检、省绩效考核拦截问卷调查等工作；成功创建“湖南省文明窗口单位”；政务服务和改革经验被中央电视台报道2次，省级和市级媒体、网络媒体报道超过30次。（赵晓旭）

【推进建设投资项目审批改革】 2017年，政务服务中心梳理建设投资项目审批流程，出台配套操作细则，组织涉及建设投资领域的相关审批部门及全市所有市级平台公司、工业园区、三级以上资质房地产企业百家单位300余人，召开改革方案及实施细则培训大会，使改革理念和操作细则深入人心，对优化企业投资发展环境成效显著。同时，针对改革中发现的新问题，出台并完善项目审批“容缺受理”机制，对重点项目审批提速进行规范。全年，共受理容缺84件，办结79件。

2017年，建设领域涉改部门累计受理项目1561个，办结1367个，为企业降低项目报建成本约6000万元。2017年5月，株洲建设投资项目审批改革获“湖南省首届管理创新奖”。

（赵晓旭）

【完善政务服务标准化体系建设】 落实“两集中两到位”。中心对照“两集中两到位”进驻要求逐个规范27个常驻窗口单位，协调民政局行政审批科进驻政务服务中心集中办公，协调市房产局、市国土局出台行政审批科进驻政务中心窗口的初步方案。全面规范许可项目要素。依据《国务院有关〈政务服务事项实施清单要素〉规定》，对政务服务事项固化的36个基本要素进行逐项梳理填报。36个有审批职能的单位（非常驻单位9个）共梳理各类审批事项295项，其中：审批事项249项，服务事项46项。做好日常上级机关下放的审批事项的承接、本级审批事项的下放及取消事项，将审批事项的优化、调整、修改结果及时录入进网，达到审批规范的目的。加强窗口管理。制定“马上就办”首问首办等系列制度文件，规范窗口服务行为，提升窗口人员形象。加强与窗口单位的互动交流，完善考核通报反馈机制，形成协同共管的良好局面，窗口服务质量稳步提升。市交通运输局窗口获“省依法办事示范窗口单位”，市发改委窗口获“省青年文明号”，市住建局窗口、市工商局窗口获“2016年度市文明窗口单位”，市食药监局获市“首届管理创新奖”。

（赵晓旭）

【开展行政审批制度改革】 力推“多证合一”。市食药监局力推药品经营零售企业“多证合一”改革举措，将原来分别核发单一的药品经营类、医疗器械类、食品类4种许可证合并为一个《药品经营许可证》，改革实施以来共换发新证575个。市工商局注册分局在“三证合一”“五证合一”的基础上，又实行“多证合一”，为近百户服务对象办理全程电子化登记业务。放管结合效果明显。推进简政放权、放管结合，优化服务，各窗口单位做到应放尽放。市发改委窗口对下放的区投区建审批权限明确承接单位，制定审批流程，进行业务培训指导，实行网上审批，加强事中事后监管，达到下放审批事项接得住、管得好。“减证便民”效果明显。市审改办通过“串改并”“单改综”“多变少”等系列措施，对全市证明盖章资料进行清理，废除不合理证明材料100余件，仅保留19件。（赵晓旭）

【开通绿色通道】 全年开展“绿色通道”帮扶项目2个，开展全程代办项目1个，解决“企业帮扶年”活动办公室交办任务7个。及时有效解决联诚集团、市人民医院、景炎学校、日望科技等项目中出现的困难。其中为全市重点项目铜锣湾保税物流园项目全程跟进审批手续，先后专题协调4次，确保项目顺利通过国家海关等4部委的联合验收；协调跟进市级干部交流房建设项目，年内完成土地划拨及收储程序。（赵晓旭）

经济研究

【概况】 2017年，株洲市人民政府经济研究和金融工作办公室围绕全市发展大局，在文稿起草、决策参谋服务、金融服务等方面下功夫，为推动全市经济社会持续健康发展发挥重要作用，获全市维护稳定工作先进单位、招商引资先进单位、“企业帮扶年”活动先进单位。

以文辅政。围绕全市发展大局，积极为发展献良策、为改革出思想、为推动工作出精品。全年高质量起草《政府工作报告》、市委全会讲话、市政府全会讲话、全市开放发展大会讲话和工作汇报、典型发言等各类综合性文稿580余篇，累计达300多万字，彰显了以文辅政的成效。

经济调查研究。紧扣全市经济社会的热点、难点、焦点问题及领导决策需求，组织力量对全市金融服务实体经济、园区经济、创新发展、新型城镇化、人文城市建设、长株潭一体化建设、全域旅游等课题开展调研，形成《推进供给侧结构性改革促进经济转型升级》《坚持四个突出推进产教融合》等一批调研报告和署名文章。

经济政策制定。准确把握上级政策导向，结合全市实际研究制定相应的政策措施。参与起草《中共株洲市委关于贯彻落实〈中共湖南省委关于大力实施创新引领开放崛起战略的若干意见〉的实施意见》等政策文件。同时，每月、每季度撰写全市经济形势分析报告，分析研判全市经济形势，提出对策建议，为市委市政府领导了解情况、科学决策、指导工作提供支撑。

（傅霞林）

“两型社会”建设

【概况】 2017年，株洲按照“系统谋划、突出重点、狠抓落实”的思路，加快推进“两型社会”建设综合配套改革工作，成功获批老工业城市产业转型升级示范区、国家低碳城市试点，被评为中国绿色发展优秀城市。

落地生效中深化改革，“两型”社会建设动力不断增强。

抓改革推进。坚持顶层设计与基层探索有机结合，继续实行“一部门一专项、一县市区一主题”推进机制，安排原创性改革10项。建立“分类指导协调”机制，时间上坚持“一季一调度、半年一小结”；类别上坚持“分种类、分区域调度”；形式上坚持“现场观摩、集中座谈、个别解剖麻雀”，一个节点一个节点调度、一个任务一个任务落实，组织召开县市区改革工作推进会、市直部门改革工作座谈会，多次深入县市区及相关部门现场指导，确保进度和质量。

抓改革实效。自然资源产权制度、两型司法体制、河长制等一批重点改革取得重大进展。自然资源产权制度改革制定出自然资源生态空间用途办法，划定全市生态保护红线。生态文明行政执法与刑事司法衔接机制改革，市检察院成立生态环境资源检察处和驻市环保局检查联络室，有9个县市相继配套设立检察驻环保联络室，办理环保公益诉讼案件10件。生态环境损害赔偿制度改革，出台党政领导干部生态环境损害责任追究办法及实施细则，对环境保护目标责任考核不合格的单位及负责人实行“一票否决”。自然资源资产离任审计在市国土局、市水务局开展试点。“河长制”改革，河长体系全面建设，实现全市所有河流、水库四级河长全覆盖。“两型”产品技术应用改革开展第四批两型技术及产品评审，新评审、复核认证25项（个）“两型”技术和产品。创新湿地保护与修复机制，出台《株洲市湿地保护管理办法》，完成云龙示范区盘龙湖退耕还林还湿试点建设。植树造林市场化改革在石峰区试点，引进专业植树造林平台公司，完成植树造林项目一期33.33公顷。陶瓷产业绿色转型发展机制创新，正式颁布实施全国首个陶瓷业绿色标准——《醴陵釉下五彩瓷器》。

抓总结推广。编写《株洲市“两型”改革典型案例》，总结20个先行先试的经验模式；总结提炼的云龙示范区强制推行绿色建筑标准改革、芦淞区白关片区集成绿色发展体制机制创新、攸县创新矿区生态环境治理和修复机制等4个案例入选全省第二批生态文明体制改革创新案例，数量与质量位于全省首位。株洲“五子”（下单子、想法子、俯身子、压担子、出果子）改革经验法被省“两型”委向全省推介。国家发改委对长株潭尤其是株洲从创建法治、市场、技术协同的流域综合治理机制，创建多元共治的城市环境治理模式，创建第三方治理和农村环保合作社会自治模式，创新绿色理念引领和示范带动相结合的方式等4个方面，向国务院专题报告经验做法，并向全国推广。

动能转换中重塑产业体系，产业转型升级速度不断加快。

产业结构逐步优化。全市三次产业结构由2016年的7.9：53：39.1调整为8：48：44。工业结构持续调优。落后产能加快退出，清水塘老工业区搬迁取得重大进展，关停企业147家，61家企业已确定转移转型选址；关闭退出71家烟花爆竹企业、5家煤矿企业。以动力谷为代表的高新技术产业发展迅速，2017年，全市高新技术产业企业583家，比上年增加143家；实现高新技术产业增加值666.9亿元，增长17.8%，高于全省3.1个百分点。现代服务业发展迅速。第三产业增加值突破千亿大关，对GDP的贡献率提高到49.4%，成功举办首届神农医药文化产业论坛、湖南夏季乡村旅游节、湖南（株洲）第三届电商峰会等活动，方特二期等一批项目建成运营，全市实现旅游总收入463.7亿元，增长18%；生产性服务业企业157家，比上年增加19家，实现营业收入186.64亿元，增长28.3%。农业现代化水平逐步提升。实施农业产业升级“十百千”工程，大力推广“龙头企业＋合作社＋农户”的农业规模化和专业化经营模式，耕地流转面积4.54万公顷，增长3.4%；实现农产品加工总产值485.1亿元，增长20.6%；休闲农业经营收入15.2亿元，增长36%。

产业集聚水平提升。全力实施制造强市计划，大力推进工业“1093”行动，促进产业配套协同、集聚发展，打造“中国动力谷”，轨道交通装备业、汽车及零部件业、航空装备业等三大动力产业增加值达197.5亿元，增长7.1%。中国动力谷自主创新园一期建成开园；北汽株洲基地年产值突破百亿大关，北汽二工厂主体封顶。大力建链、补链和强链，对接省20个工业新兴优势产业链行动计划，重点主攻先进轨道交通装备（含磁浮）、自主可控计算机及信息安全、航空（含北斗）等11个产业链。截至2017年年底，轨道交通产业已发展中小微配套企业300多家，产业本地配套率达到70%以上；汽车产业已发展汽车零部件配套中小微企业220多家，产业本地配套率提升到40%左右；电子信息产业已聚集50多家企业，本地配套率达到30%以上。

创新发展力度加大。大力推进国家自主创新示范区建设，出台“创新10条”“双创8条”，全球首列智轨列车、12米纯电动智能驾驶客车、石墨烯超级电容器等一批高端新产品诞生。建成众创空间17家，获批国家级众创空间5家、省级6家。承担国家安排科技攻关计划项目11项，国家各类科技计划项目13项。拥有省级工程（技术）研究中心6个，省级企业重点实验室3个。株洲高新区在全国的排名提升至23位，较上年前进5位。

在精准治污中改善生态环境，城乡宜居水平不断提升。

坚持铁腕治污。深入推进株洲市湘江保护和治理“第二个三年行动计划”，完成22个水污染治理项目，建成省级以上工业园区污水处理厂6个，整治污水直排口8个，基本完成天鹅湖、翠塘、西湖等黑臭水体整治任务，湘江流域株洲段水质从国家III提升至Ⅱ类标准。启动弃气用煤、建筑扬尘、异味扰民3大专项整治行动，出台11条非常规举措，淘汰燃煤锅炉366蒸吨，完成挥发性有机物治理项目35个，淘汰黄标车7649台，置换双燃料出租车161台，市区空气质量优良率达74.5%，居长株潭地区第一。完成株洲县、攸县、茶陵、醴陵等4个试点县市耕地治理，完成清水片区、铜霞片区、霞湾港二期等重金属污染综合治理工程，修复重金属污染耕地1.83万公顷，受污染耕地安全利用率达91%以上。

坚持不懈造绿。绿心保护力度加强，出台《株洲市生态绿心保护与发展实施意见》，完成新造林108.53公顷，林相改造106.67公顷，督查整改违法违规行为12宗，关闭矿山企业7家。城市绿荫行动加快推进，建成街旁游园、社区游园10个，林荫停车场6个，建成林荫道路9条，新增绿地面积200多万平方米。开展植树造林行动，完成新造林1.15万公顷，义务植树820万株，在全省国土绿化工作考核中获得第一名。完成湘江株洲城区河东段综合治理等70个工程景观建设，“推窗见绿、出门赏景、起步闻香、湘水鹭影”的生活愿景，正在一步步成为现实。

坚持乡村增色。完成360个建制村农村环境综合整治，完成畜禽养殖禁养区划定工作，建成无害化处理中心4个，整治规模畜禽养殖场25家；建成株洲县渌口镇、醴陵市东富镇等13个建制镇生活污水处理厂，完成12个县级以上和93个农村集中式饮用水源保护区划定，县城以上污水处理率达到96.45%；完成醴陵军山枫洞等5个尾矿治理；皇图岭镇、白兔潭镇分别获批全国特色小镇和省级美丽乡镇。

坚持城市提质。实施交通畅通、旧城提质、碧水蓝天、城市环境绿化美化亮化净化、城镇设施配套“五大行动”，进一步提高城市品质。湘江七桥、湘江大道一期等建成通车，响石广场改造工程启动建设；航空城、轨道交通城路网加快拉通，全球首条智能轨道快运系统示范线正式试运行；改造小街小巷67条，完成老旧小区专项整治项目10个，改造开工棚户区3.3万户；将海绵城市和地下综合管廊建设结合，协调推进，城市功能进一步完善，综合承载能力进一步提高。深入推进城管综合执法体制改革，获评全国先进；智慧城管、智能交通、社会治理网格化管理等系统逐步完善，城市管理更加精细。

在节能减排中节约集约资源，转型升级瓶颈约束不断缓解。

推进水资源节约集约利用。落实最严格水资源管理制度，推进35家工业企业清洁生产和节水节能项目，两项大中型灌区续建配套与节水改造全部完工，完成约11.5万户自来水“一户一表”改造任务，万元GDP用水量由95立方米/万元下降至80立方米/万元，同比下降15.8%，农田灌溉水有效利用系数为0.530。

推进土地集约节约利用。制定出台《株洲市促进工业用地节约集约利用暂行办法》，全面清理园区低效用地，并已逐步处置收回低效用地，如，株洲高新区收回未开发建设工业用地1宗，在田心高科园建成标准厂房35.52万平方米，已入驻中小微企业45家，有效提高了工业用地利用水平。园区土地利用效率提高，2017年株洲高新区全国排名由285名提升到270名，醴陵经开区和渌口经开区分别获全省开发园区节约集约评选一等奖和二等奖。

推进能源节约集约利用。开展能效领跑者引领行动，大力推进工业、交通、建筑等重点领域节能。开展万家企业节能行动，实施工业节能技改项目近200多个，节约标煤近50万吨；建成公共建筑能耗监测系统，全市绿色建筑面积已达126万多平方米，规模位居全省前列；推广新能源汽车，新能源出租车达到总量的85%。

积极发展新能源。攸县煤电一体化项目并网发电。攸县太和仙和炎陵金紫仙等风电场加快建设，全市风电场已累计发电4亿多度，累计节约标准煤14.18万吨；光伏已建成并网发电115兆瓦，非化石能源占一次能源消费比重达到11.5%。

全民参与中培育“两型”文化，绿色低碳生产生活方式不断形成。

强化宣传教育。建成神农城两型宣教基地一期建设；制作“两型”公益宣传片，并在株洲电视台滚动播出；策划制作绿心系列报道——“绿心”惠民，并在两会期间播出；在《株洲日报》开设《两型观察》栏目，刊发13期；在株洲新闻网开设两型专版，推送动态200多条。联合株洲电视台制作两型公益宣传片，并在新闻频道滚动播出。

突出活动引导。开展“两型”社会建设十周年庆典系列活动，举办“两型新征程，人居新梦想”株洲市两型十年系列颁奖典礼，评选出十大两型人物、十大两型事件、十大两型项目、十大改革案例，录制专题片《两型这十年》。开展“两型”志愿者进社区、节能宣传周、废旧衣物循环利用等系列主题活动。

全面深化示范创建。起草《株洲市两型示范创建工作指导意见》，编写《两型家庭读本》，株洲市委机关、湖南新世纪陶瓷有限公司等4家单位被评为2017年省级“两型”示范单位，芦淞区何家坳小学、株洲市水仙蔬菜种植专业合作等5家单位被评为2017年省级“两型”示范创建单位。开展市级“两型”示范创建单位评选，评选出5个示范单位、10个示范创建单位。

开展“两型”认证、认可。引入第三方开展认证，荷塘区樟霞村、仙庾村认证成为省级“两型”村庄，神农城、炎帝陵认证成为省级“两型”旅游景区。（张　旭　王琳芝）

机构编制工作

【概况】 2017年，株洲市机构编制部门科学配置执政资源，着力破解体制机制障碍，实现“放管服”改革再升级。株洲机构编制事业率先实现“三大创新”。在全省率先开展建设投资项目的地籍测量、规划测量及房产测绘试行“三测合一”。食药经营许可“多证合一”，有效降低制度性交易成本。积极推进工商注册登记制度整合改革，全市实现企业证照事项“四十一证合一”，企业注册登记所需时间大幅度缩短，营商环境更具吸引力。全力打造“三张目录”。加快梳理行政许可标准化目录，督导市直相关部门单位继续完善权责清单动态调整，组织各县市区编办及政务服务中心集中办公，梳理公布保留行政许可事项144项。持续优化公共服务事项目录，梳理公布31家市级相关单位承担的200项公共服务事项。中介服务事项目录落地，清理规范23个市政府部门的81项行政审批中介服务事项。稳步提升“三大服务”。创新基层审批服务，醴陵市创新“自然人”办事“5＋1”（四街一区＋政务中心）管理模式，“互联网＋政务”综合信息服务平台实现城乡全覆盖。市人社局、荷塘区便民服务案例摘得第二届全国行政服务大厅典型案例“百优十佳”称号。开展“减证便民”服务，取消各类村社（社区）及基层单位证明事项175项，仅保留19项证明事项，精简幅度达90%。强化镇域扩权服务，下放乡镇办理行政审批事项和办事服务事项共31项，其中直接办理20项、受托办理11项，提升乡镇发展内生动力。2017年，株洲市“放管服”工作在国务院第四次大督查、全省重点工作督查中获高度评价，省政府将株洲市和天元区评为深化“放管服”改革成效明显地区。

（滕　玲）

【体制机制改革】 2017年，株洲全面完成市县纪检派驻改革，监察体制改革稳步推进。专题调研拟定市经开区“三定”方案、城区街道体制改革意见以及不动产登记改革建议，为党委政府科学决策提供智力支撑。探索园区改革，科学调整产业园区职能，支持设立高新区企业发展服务中心和芦淞服饰产业园管委会，助力“一谷三区”发展。城市管理体制改革方案在全省首个获批实施，相关经验做法在住建部推进城市管理执法体制改革座谈会上作为全国十大先进典型予以推广。明确提出街道体制改革整体思路，取消街道招商引资职能，回归基层党建和公共服务定位，切实减轻基层负担。精确调整供销机构职责，统一核定县市监事会主任职数，供销体制改革在全省率先完成。

（滕　玲）

【事业单位分类改革】 2017年，株洲市以政府机构改革为契机，将涉改事业单位的行政职能回归机关，深化经营类和公益类事业单位改革。健全制度。出台“1 + 3”管理机制，依据《株洲市事业单位机构设置和编制管理暂行办法》对政府雇员聘用、高职院校编制备案管理及机构编制事前评估等方面予以规范，确保事业资源布局合理。推动改制。明确“事企分开”，出台《株洲市市直从事生产经营活动事业单位改革工作方案》，提出按经济效益情况分步推进的改革目标。优化整合，加大小微机构整合力度，撤销市市政建设重点工程指挥部办公室、市建筑企业劳保基金管理办公室等11家职能萎缩单位。

（滕　玲）

【机构编制增调】 2017年，株洲市编办向省编办争取设立醴陵陶瓷国际会展中心（副处级事业单位），推动茶陵云阳国家森林公园管理局升格为副处级事业单位。全面完善市县两级“河长制”机构编制，强化政法机关重大风险评估职能机构，提升市驻京、驻上海办事机构招商引资能力，服务全市中心工作。优先支持巡察、维稳、网信等重点领域机构设立，适当增加安监、经信等职能部门行政编制，保障重点领域工作力量。全年，为城市四区调增962名教职工编制，有效缓解城区基础教育机构编制刚性缺口。吸引高端人才，保证全年25%的用编计划优先用于市直机关事业单位引进高学历和中高级专技人才，新增研究生以上学历和高级专技人员155人。

（滕　玲）

【规范机构编制管理】 2017年，株洲市编办集中编制审核，在各单位2017年退休减员空编总量之内拟定用编计划。建立健全全市控编减编月报制度，确保全市编制总量和各类编制配置使用始终在限额内进行。将机构编制管理纳入巡视、巡察和经济责任审计内容，对市法院、市工商局、市国土局等20余家单位机构编制事项进行巡查，问题销号率达100%。推进问题台账整改，明确问题整改作为市县两级机构编制事项办理的前置条件，倒逼规范管理。

（滕　玲）

【加快机构编制信息化建设】 2017年，株洲作为“云上编办”全国首批试点城市，加快机构编制信息化建设，全面完成市县两级三定、权责机构沿革信息录入，率先加入全国6家信息共享地级城市行列，“机构编制云”APP在全市各级各单位推广应用。优化事业单位登记管理服务，推进“全事项”“全流程”网上办理，连续两年赋码率、中文域名覆盖率、事业单位年度报告公示率均达到或超过100%。

（滕　玲）

民政工作

【概况】 2017年，株洲市民政局提出“十三五”期间民政工作发展“1563”工作思路，即以“民政为民、民政爱民”理念为引领，以人本化、法治化、标准化、信息化、社会化“五化”民政建设为路径，以提升民生保障标准、提升社会治理档次、提升支持军队和国防建设水平、提升公共服务质量、提升项目建设速度、提升机关工作效能“六个提升”为抓手，着力实现补齐人才、制度、设施三块短板，守牢民生、稳定、安全三条底线，实现在全市改善民生进程中当先锋、在全省市州民政工作中走前列、在市直部门工作中争上游三个目标这“三大愿景”。年内，株洲获批全国居家和社区养老服务改革试点城市，株洲市民政局获全国维护妇女儿童权益先进集体、全省“十大平安”创建示范单位、省民政厅对市州民政工作考核优秀单位等荣誉。（周益民）

【城乡低保】 贯彻落实《社会救助暂行办法》，城乡最低生活保障做到规范操作、动态管理、应保尽保。市区城乡低保标准提高到470元/月，5县市城镇低保标准提高到420元/月、农村低保标准提高到280元/月，全市城乡低保月人均补差水平分别为345.6元和157元，保障水平在全省处于第一方阵。截至2017年年底，全市城乡低保对象5.9万户、11.5万人，其中城市低保3万户、5万人，月人均补差水平为345.6元，较上年同期提高11.5%；农村低保对象2.9万户、6.5万人，月人均补差水平为157元，较上年同期提高25.2%（周益民）

【特困救助】 截至2017年年底，全市共有城乡特困供养对象1.86万人，其中城市特困基本生活标准不低于6500元/年，农村特困不低于4400元/年，超过最低生活保障标准的1.3倍，全自理、半自理、全护理特困人员照料护理标准分别不低于147元/月、245元/月和490元/月，生活不能自理特困人员集中供养率为34.97%。（周益民）

【医疗救助】 对最低生活保障家庭成员、特困供养人员、县级以上人民政府规定的其他特殊困难人员经基本医疗保险、大病保险和其他补充医疗保险支付后，个人及其家庭难以承担的符合规定的基本医疗自负费用，给予补助。2017年，全市累计医疗救助对象23.52万人次，累计支出7186.24万元。其中城市5区救助2.64万人次，累计支出1783.95万元；5县（市）救助20.88万人次，累计支出5402.29万元。（周益民）

【临时救助】 2017年，全市共发放临时救助资金2011.28万元，救助临时生活困难对象16040人次，平均救助标准1253元/人次。其中城市5区救助4049人次，累计支出459.46万元，平均救助标准1134元/人次；5县市救助11991人次，累计支出1551.82万元，平均救助标准1294元/人次。（周益民）

【“两线合一”】 从2017年1月1日起，5县市农村低保标准提高到280元/月，即3360元/年，超过全省3026元/年的扶贫线标准，实现了最低生活保障标准与扶贫标准的“两线合一”。（周益民）

【两项清理】 出台《株洲市农村低保和社会保障兜底脱贫对象认定清理整顿工作方案》，部署“两项清理”工作。截至7月底，全市完成农村低保和社会保障兜底脱贫对象认定清理整顿工作，共有农村低保对象2.78万户、6.16万人，较清理整顿前减少4.85万户、6.99万人，减幅为53.1%；共有社会保障兜底脱贫对象6437户、15881人，较清理整顿前减少1590户、2991人，减幅为15.8%，两项清理减幅均居全省市州前列。（周益民）

【兜底脱贫】 严格按照《株洲市扶贫攻坚三年行动计划（2015—2017年）》《关于印发〈株洲市“发展特色产业脱贫一批”〉等七个脱贫一批实施方案的通知》等有关文件精神，牵头抓好“社会保障兜底脱贫一批”各项任务的落实，配合卫计、人社、扶贫等部门共同做好“医疗保险和救助脱贫一批”工作。截至2017年年底，全市共认定社会保障兜底脱贫对象6437户、15881人，占全市农业人口的0.56%，人均救助水平为280元/月，即3360元/年，超过全省扶贫线标准（3026元/年）334元，实现社会保障兜底脱贫。（周益民）

【救灾救济】 2017年，株洲市共发生6次洪涝、风雹、滑坡等自然灾害过程，共造成20.21万人受灾，紧急转移安置7851人，紧急生活救助1418人，过渡性救助143人，倒塌房屋1541间，损坏房屋6011间，直接经济损失达7.3亿元。有力、有序、有效应对“6·22”强降雨灾情，及时启动三级应急响应，向受灾群众发放灾后救助资金500万元、救灾棉被5700床、棉衣800件、大米1000袋、食用油200桶、方便面300箱，保障受灾群众的“五有”，做到“有大水无大灾”。之后，组织对321户因灾倒损农房实施重建，对其中54户没有能力重建的特困户按8万元/户进行兜底，从资金上给予重点支持，倒损

房屋修复和恢复重建均按期实现竣工率100%。（周益民）

【提升涉军保障能力】 以创建“全国双拥模范城”七连冠为目标，加大支持国防和军队建设力度，继续开展“蛋奶果”工程，加强“双拥”宣传，举办纪念中国人民解放军建军90周年“十个一”系列活动，营造“双拥”工作浓厚氛围。全面落实优抚、安置、军休政策。加大优抚对象走访慰问力度，推进重点优抚对象医疗巡诊、短期疗养工作。大力推进“阳光安置”，按时完成符合政府安排工作的“四类对象”的安置工作。针对全市1978年以来的95名（城市5区79人，5县市16人）退役士兵安置遗留问题，通过督办、汇报、主动约谈等方式，全部妥善解决，实现安置“清零”。

（周益民）

【村居换届】 截至6月底，在全省市州率先完成全市村（居）换届选举工作。据统计，此次换届完成后，全市共有村居干部4717人，其中，35岁以下880人，占比18.7%；女性2146人，占比45.5%；大专以上学历1889人，占比40%，实现年龄层次上“老中青”相结合、性别结构上优秀女性选进班子，文化层次上合理配备不同文化层次村居干部的目标。（周益民）

【社区服务场所提质改造】 落实《株洲市社区服务场所提质改造三年行动计划》。年内完成41个社区服务场所的提质改造任务，其中新建27个，改扩建14个，超额完成年度任务。

（周益民）

【评选“最美社区”】 1月15日，2016年度株洲“最美社区”评选活动在文化园举行颁奖仪式。天元区大岭社区、小湖塘社区、上节街社区、荷塘区袁家湾社区、文化路社区、芦淞区七斗冲社区、石峰区井墈社区、醴陵市车顿桥社区、茶陵县交通社区、炎陵县南区社区10个社区，被评选为2016年度株洲十大“最美社区”。

（周益民）

【行业协会商会与行政机关脱钩】 6月，市委深改组会议专门研究全市第二批行业协会商会与行政机关脱钩有关工作，至8月底，第二批222家行业协会商会与行政机关完成脱钩改革，其中市级脱钩105家。（周益民）

【儿童保护体系建设】 2017年，株洲市共有农村留守儿童17042人，其中市区387人，5县市16655人；困境儿童6889人，其中市区1677人，5县市5212人。年内，出台《关于加强农村留守儿童关爱保护工作的实施意见》《关于加强困境儿童保障工作的实施意见》，逐步建立留守儿童（困境儿童）关爱保护机制，构建“市有示范、县有中心、乡镇有站、村社有家”的四级留守儿童（困境儿童）保护网络体系。截至2017年年底，全市共建成儿童之家225个，救助流浪未成年人64次。（周益民）

【婚姻登记】 深化婚姻登记规范化建设，开展婚登机关的创星工作。完善婚姻登记信息化平台建设，各县市区完成自1994年以来历史数据补录工作。2017年，全市共办理结婚登记23246对，离婚登记8976对，补领婚姻登记证7553对，办理收养登记104例，登记合格率100%。（周益民）

【养老体系建设】 截至2017年年底，全市60岁以上老年人口74.07万人，占全市总人口的18.15%。2017年，落实省、市重点民生实事要求，全市养老床位增至22324张，平均每千名老人拥有养老床位数31.4张，在全省处于前列。以“五查五改、对标达标”为主要内容，认真开展养老院服务质量大检查、大整治。（周益民）

【全国居家和社区养老服务改革试点】 11月10日，民政部、财政部联合印发《关于确定第二批中央财政支持开展居家和社区养老服务改革试点地区的通知》，株洲市成功获批全国第二批居家和社区养老服务改革试点城市，将获中央财政支持开展居家和社区养老服务改革试点工作。（周益民）

【高龄补贴提标扩面】 11月24日，株洲市十五届人民政府第十八次常务会议对高龄老人生活补贴提标扩面工作进行研究，决定按照普惠制原则，对户籍在株洲市的90~100周岁的老人，按照不低于100元/月的标准给予补贴，对户籍在株洲市的80~90周岁的老人，按照不低于50元/月的标准给予补贴，引导社会各界尊老敬老爱老。（周益民）

【殡葬改革】 出台《株洲市殡葬管理办法》《关于推行节地生态安葬的实施意见》，进一步加强全市殡葬管理，加快殡葬设施建设，积极与株洲县对接，加快推进市县共建株洲县殡仪馆。对市万寿山陵园、福寿山庄、醴陵公墓山进行公墓年检，进一步规范经营行为，确保全市经营性公墓健康发展。

（周益民）

【地名管理】 出台《株洲市地名管理办法实施细则》，加强地名管理，规范命名程序。在第二次全国地名普查工作中，成为全省首个通过省级验收的市州。注重地名普查成果转换，编纂出版《湖湘炎帝地名考释》《湖湘地名纪事》，制作乡镇区划调整改革后的株洲市行政区划图，编印《株洲市行政区划简册》。 （周益民）

【慈善事业】 全年募集慈善资金1773万元，救助困难群众1.4万余人。5月启动的“让截瘫患者站起来”大型公益活动，让40多位截瘫患者站起来重新获得新生。全年销售福利彩票4.52亿元，筹集福彩公益金3000余万元，为株洲市社会福利基础设施建设和公益事业的发展提供有力的资金支持。创设福泽潇湘公益品牌，积极开展结对帮扶、慰问困难群众、助学等活动。 （周益民）

中国人民政治协商会议株洲市委员会

综　述

【概况】 2017年，株洲市政协及其常委会践行“忠诚履职，团结奋进”的工作理念，认真履行政治协商、民主监督、参政议政职能，为建设富强美丽幸福新株洲作出积极贡献。

紧扣中心，深化政治协商。发扬求真务实精神，做到选题精准、调研精准、建言精准。全年开展政协全会协商、常委会议协商、主席会议协商、对口协商、界别协商等各层次协商30多次。

在市政协九届一次会议上，委员们广泛建言献策，310多人次通过联组协商、小组讨论等形式，提出意见建议370多条。其中7位特邀委员，从融资、清水塘搬迁改造、文化建设、体育产业、法治宜居城市建设等方面，以专业的角度提出一系列建言。市委、市政府领导及时作出批示，各部门负责人现场及时作出回应。

针对军民融合产业发展课题，提交的《关于加快我市军民融合产业发展若干问题的常委会议建议案》，市委书记毛腾飞作出重要批示。市长阳卫国在政协常委会议参加协商会上采纳意见。就调研中发现的问题，有关部门迅速落实，有效促进航空城基础设施改善和公共服务水平提升。

找准专项工作与政协建言的结合点，开展点对点的精准协商。提交的《关于推进我市城市管理和综合执法体制改革若干问题的主席会议建议案》《关于加快推进分级诊疗制度建设的主席会议建议案》《关于促进我市农村义务教育均衡发展的主席会议建议案》得到市委、市政府及其相关部门高度重视和认真研究采纳。

发挥对口协商切入点小、针对性强的优势，抓住民生热点广泛建言。提交的《关于加快我市养老服务体系建设的专题协商建议》积极推动了市级社会福利中心建设等相关工作；组织对市棚户区改造、历史文化特色街区保护、老旧小区专项整治、农贸市场综合改造、“两岸一线”景观靓化、拆违控违专项整治等开展协商，提出建立完善部门间政策支撑体系、加快制定相关工作方案、建设智慧物业管理服务平台等建议。

聚焦热点，推进民主监督。针对全局工作中的热点、难点问题，融协商、监督、参与、合作于一体，实施民主监督。《人民政协报》头版对株洲市政协民主监督工作进行专题报道。

年内，市政协组织省、市、县三级政协委员150余人，分5个组，分别就各县市区“项目攻坚年”实施情况，采取现场视察、个别访谈、问卷调查、书面汇报、座谈调研等方式，对100个项目开展视察监督。向市委、市政府报送《关于“项目攻坚年”实施情况的视察监督报告》，指出存在的问题和不足，提出工作建议，促进“项目攻坚年”活动深入开展，营造各级政协联动助推中心工作的良好氛围。

就清水塘老工业区人员安置、居民搬迁、基础设施建设、产业落地等问题，持续开展5轮委员视察和监督。从关停治理、改造重建、争取支持及确保社会稳定等方面，为清水塘老工业区积极稳妥推进搬迁改造提出意见和建议，发挥协商监督作用。

组织委员对食品药品检验检测体系、监管网络体系、生产流通企业现场监管体系等进行视察，形成视察监督意见，召开意见反馈会，向市委、市政府反映民意，提出建议，助推食品药品安全监管水平提升。

向市发改委、市住建局、市文体广新局、市民政局集中委派民主监督小组，提出意见和建议20多条。

服务大局，提升参政议政水平。发挥政协人才荟萃、智力密集优势，围绕大局开展调查研究，积极建言献策。

多领域开展调研议政。年内，组

织开展促进精细农业发展、实施开放崛起战略，建设开放强市、国家公共文化服务体系示范区创建、深化公共资源交易市场改革、建设清水塘工业遗址博物馆、株洲市政协协商民主建设情况6个重点调研，各界别开展调研活动80多次，撰写提交调研报告75篇，议题涉及经济社会发展各个方面，调研成果转化为市委、市政府的决策部署。

在全省开展微建议试点工作。试点期间，收到微建议173条，交办101件，处理回复92件，办结率91%，“微建议”株洲模式在全省政协系统得以推广。

配合“项目攻坚年”“企业帮扶年”和“脱贫攻坚”等活动，主席会议成员带头联系服务重点项目、重点企业和贫困村，联系帮扶的贫困村全部按要求达到脱贫目标；清水塘柳化智成企业搬迁、航空城建设等重点项目工作取得进展；中航通发公司、山河科技等一批帮扶企业运营实现突破。

弘扬主题，增进团结合作。主席会议成员积极为各民主党派、工商联和社会各界建言发声搭建平台，各民主党派、工商联在政协全会、常委会议等协商活动中，成为履职“主力军”。各专委会围绕市委的重大决策部署，组织各界别开展各种形式的学习和调研。各界别统一思想，共谋发展，呈现同心协力促发展的局面。

扩大民意表达。全年市政协委员共提交提案338件，立案275件。市政协召开提案办理工作联席会、督办会等会议活动50余次，开展办理工作走访调研、难点协调等督办活动100余次，主席会议成员加大对重点提案的督办力度，提案办复率、委员对提案办理结果满意度进一步提升。委员提交社情民意信息560多条，市委书记毛腾飞对上报的社情民意信息都作出批示。开展网络协商议政，加强“政协云”、政协网站等信息化建设。

排解民忧民难。组织住株洲省政协委员和市、县政协委员深入开展“三个一”结对帮扶工作。年内，2000多名各级政协委员共争取和捐助扶贫资金570多万元，组织开展义诊、义演、科技下乡等活动20多场次。

夯实基础，加强自身建设。稳步推进自身建设基础性工程，全面加强政协常委会、委员队伍、界别和政协机关四个建设。

加强履职制度建设。《株洲市政协协商民主建设实施办法》成为总揽全市政协协商民主建设的基础性制度；出台《株洲市政协提案办理工作办法》规范提案工作。市政协相继出台《政协株洲市委员会常务委员会关于加强自身建设的意见》《加强对县市区政协联系指导暂行办法》《政协株洲市委员会委员履职考核评价办法》《政协株洲市委员会界别工作考核评价办法》《市政协机关年度考核暂行办法》等文件，以制度促进规范化履职。

加强履职能力建设。召开中青年干部座谈会等专题会议，加强思想建设、作风建设和能力建设，提振干部精气神；组织开展市政协委员市情民情、政协业务、履职方法等学习辅导活动，联合浙江大学举办首期委员学习班；开展“政协工作机制”“政协工作向基层延伸”等课题研究。政协委员和政协机关的履职能力不断增强。

加强政协基础工作。组织召开县市区政协工作座谈会，各专委会召开对口联系会，交流基层政协工作经验；与县市区政协联合开展多次调研视察活动，共享成果；完善县市区政协主席、秘书长联席会议制度；接待兄弟政协到株洲交流考察40多批，编辑出版《秋瑾烈士年谱新编》，市政协文史馆接待参观团队50多个；全年在各类媒体刊播政协新闻报道420多篇次，《人民政协报》两次开辟专版宣传推介株洲政协工作，全年，报送各类稿件6900余条，发出株洲政协好声音，展示株洲发展新形象。　（易　湛）

【政协株洲市委员会九届一次全体会议】 2017年1月3—7日，中国人民政治协商会议株洲市第九届委员会第一次会议召开。会议听取并审议政协株洲市第八届委员会常务委员会工作报告、八届市政协期间提案工作情况的报告；会议选举蔡溪为政协株洲市第九届委员会主席，余明刚、朱庸靖、余群明、周恕、金继承、黄诗燕、周雪辉为政协株洲市第九届委员会副主席，朱振湘为政协株洲市第九届委员会秘书长，王扬等56人为政协株洲市第九届委员会常务委员；提案委员会书面报告政协株洲市第九届委员会第一次会议提案审查情况；听取并协商市人民政府工作报告和市计划、市财政、市环保、市中级人民法院、市人民检察院工作报告。会议号召，全市各级政协组织、市政协各参加单位和全体市政协委员，在中共株洲市委的坚强领导下，深入学习贯彻落实中共十八大以来历次全会、习近平总书记系列重要讲话和市第十二次党代会精神，忠诚履职，团结奋进，为加快建

成“一谷三区”、实现“两个走在前列”作出积极贡献。（易 湛）

【政协株洲市委员会九届一次常委会议】 1月7日，市政协召开九届一次常委会议。市政协主席蔡溪主持会议并讲话。会议审议通过《政协株洲市第九届委员会副秘书长建议名单》《政协株洲市第九届委员会各专门委员会主任、副主任建议名单》。

（易 湛）

【政协株洲市委员会九届二次常委会议】 7月14日，市政协召开九届二次常委会议。市委副书记、市长阳卫国出席会议并讲话。市政协主席蔡溪主持会议。会议审议通过《政协株洲市委员会常务委员会关于加强自身建设的意见》，协商通过《关于加快我市军民融合产业发展若干问题的常委会议建议案》。阳卫国充分肯定九届市政协开局之年的工作，并指出，全市上下要提高站位，增强责任感和使命感，抢抓军民融合发展新机遇。市委常委、常务副市长何剑波通报全市上半年经济社会发展情况。（易 湛）

【政协株洲市委员会九届三次常委会议】 12月25日，市政协召开九届三次常委会议。市委书记、市人大常委会主任毛腾飞出席会议，充分肯定市政协九届常委会取得的工作成绩，强调要学深悟透中共“十九大”精神，充分发挥独特优势，广泛凝聚智慧力量，推动株洲更好发挥“四个作用”、加快建设“一谷三区”、奋力实现“两个走在前列”。市政协主席蔡溪主持会议。市委常委、常务副市长何剑波在会上通报市政协九届一次会议以来建议案和提案办理情况。会议审议通过有关人事事项、《关于召开政协株洲市第九届委员会第二次会议的决定》；协商通过《政协株洲市第九届委员会第二次会议议程（草案）、日程（草案）》；审议通过《政协株洲市第九届委员会第二次会议秘书处（筹）机构设置和负责人名单》《政协株洲市第九届委员会第二次会议拟邀请人员名单、分组召集人名单、联组协商召集人名单》；协商讨论《政协株洲市第九届委员会常务委员会工作报告（草案）》《政协株洲市第九届委员会常务委员会关于九届一次会议以来提案工作情况的报告（草案）》。

（易 湛）

【市委政协工作会议】 4月10日，中共株洲市委召开政协工作会议。会议主要任务是深入学习习近平总书记系列重要讲话精神，以及贯彻落实中央、省委关于加强社会主义协商民主建设的一系列决策部署以及省委政协工作会议精神，研究部署新形势下人民政协工作。市委书记、市人大常委会主任毛腾飞出席会议并讲话，市委副书记、市长阳卫国主持会议。市领导雷绍业、刘光跃、蔡溪、赖馨正、彭爱华、杨玉芳、何剑波、田卫军、毛朝晖、聂方红、羊贵平等出席会议。中共茶陵县委、炎陵县政协、市发改委、芦淞区政协分别作典型发言。

（易 湛）

【专题协商】 4月11日，市政协召开九届三次主席会议，与市委、市政府及市直相关部门专题协商推进株洲市城市管理和综合执法体制改革。市政协主席蔡溪主持会议。市委常委、常务副市长何剑波，副市长谭可敏与会。会议协商并原则通过《关于推进我市城市管理和综合执法体制改革若干问题的主席会议建议案》。

5月18日，市政协召开九届五次主席会议，与市委、市政府及市直相关部门专题协商推进株洲市分级诊疗制度建设。市政协主席蔡溪主持会议，副市长杨胜跃出席会议并讲话。会议协商并原则通过《关于加快推进分级诊疗制度建设的主席会议建议案》。

10月26日，市政协召开九届九次主席会议，与市委、市政府及市直相关部门专题协商助推株洲市农村义务教育均衡发展。市政协主席蔡溪主持会议。副市长杨胜跃出席会议并讲话。会议协商并原则通过《关于促进农村义务教育均衡发展的主席会议建议案》。（易 湛）

【开展“微建议”试点工作】 7月，省政协决定在株洲市开展湖南政协云“微建议”试点工作，试点工作主要由株洲市政协承担。株洲市政协围绕“利用政协微建议对接党委政府微建设、微服务”主题，突出工作机构、衔接协调、工作流程、技术支撑四大重点，建立“进行微调研、提出微建议、组织微协商、实施微监督、开展微评议”的“五微”模式。试点工作在省政协做典型经验交流，“微建议”株洲模式在全省政协系统得以推广。

（易 湛）

【株洲市政协文史馆揭牌】 1月5日，市委书记、市人大常委会主任毛腾飞，市委副书记、市长阳卫国为全省市州政协首家文史馆——株洲市政协文史馆揭牌。市领导雷绍业、黄曙光、何剑波、毛朝晖等出席，蔡溪主持仪式。株洲市政协文史馆是集展示、交流、研究、宣传、馆藏等功能于一体的市级综合性文史馆。该馆位于市政协机关办公楼一、二楼，总面积1200平方米。一楼为展厅，设有人民政协光辉历程展、株洲市政协发展历程展两个展区。二楼为文史资料征集研究出版室和书画创作交流展示室。（易　湛）

【《秋瑾烈士年谱新编》出版发行】

株洲市政协港澳台侨外事和文史学习委员会编辑的《秋瑾烈士年谱新编》于2018年由中国文史出版社出版发行。全书87.7万字，印数1000本。该书对秋瑾烈士的生平事迹进行较系统的梳理，有益于人们全面认识秋瑾，理解她的革命思想、学习她的革命精神。

（易　湛）

民主党派·工商联

中国国民党革命委员会株洲市委员会

【概况】 中国国民党革命委员会株洲市委员会下设参政议政、经济、祖统、文宣、妇女、青年、社会和法制等7个工作委员会，有1个县级市委会——民革醴陵市委会，有基层支部26个，小组1个。2017年成立民革株洲市委监督委员会。全年发展新党员35人。截至2017年12月31日，共有党员605人，其中株洲市人大代表4人、县（市）区级人大代表16人、湖南省政协委员2人、市政协委员21人、县（市）区级政协委员51人，担任政府等行政、事业单位处级干部4人。民革市委机关编制5人，在职5人，设有办公室、组宣科、经联科。

在民革湖南省委第十五次代表大会上，刘春生当选为民革湖南省委副主委，刘春生、汪迎伟、李忆湘、娄健4人当选为省委委员，汪迎伟当选民革省委监督委员会委员，6名党员当选为民革省委专委会副主任和委员。刘春生、汪迎伟当选为民革中央十三大代表并于12月20日赴北京参加民革中央第十三次全国代表大会。

2017年，民革株洲市委组织建设工作、参政议政工作分别获民革全国先进集体称号，民革市委获全市统战系统宣传信息工作先进单位，市委委员刘铁成被评为民革全国“社会服务工作”先进个人。 （常　虹）

【参政议政】 2017年，民革湖南省委主委、湖南省副省长何报翔根据民革株洲市委会提交的《发展“中国动力谷”需要积极整合各类发展资源——“中国动力谷”发展资源》调研报告，在全国政协会上提出加速推进“中国动力谷”建设的建议。湖南省政协会议上民革市委主委刘春生提出《公开、公平选择政府存量资金的开户银行”》提案，同时建议加快株洲航空产业积聚发展，将全省航空产业新增项目集中布局在株洲航空产业城，并设立湖南省航空产业发展集团。

株洲市“两会”期间，民革委员共提交建议案12件，提案43件，立案37件。市委会提交的《关于中国动力谷产业结构情况调研报告》被评为2017年度市政协优秀调研报告一等奖。市委会有7件集体或委员个人提案获优秀提案奖；娄健等8人获株洲市政协“优秀委员”称号。市委会全年完成6件集体课题的调研，基层组织上报33篇调研文章。党员邓珊妮撰写的《论习近平统一战线中药思想的新维度》一文，获全省统战理论政策研究创新成果三等奖。 （常　虹）

【社会服务】 2017年，民革“博爱”讲师团开展身心健康、法律普及等各类公益讲座50多次；与株洲新闻频道、法制频道合作直播节目22次；开展网络直播，新闻媒体、微信公益咨询达1000多人次；民革党员王辉平获湖南省红十字会“优秀志愿者”称号。株洲6月的洪涝灾害发生后，全市民革党员募集救灾捐款6万余元，先后对宁乡、株洲市荷塘区、天元区受灾群众进行慰问。全年为60多名老兵送去慰问金和物资近20万元。在“大爱株洲·为特困群众送年货”活动中，慰问攸县黄桥镇富头村、茶陵县清水村、株洲县龙门镇花冲村、炎陵县策源乡、醴陵市左权镇等地特困群众、学生及五保户近150人，共计捐款捐物20余万元。六一儿童节为石峰区新民学校创建“新芽儿”书吧，捐赠1000余本图书和万余元购书款。 （常　虹）

【《中国梦·两岸情》北京正举沈鹏书画院湖南专题展盛大开幕】 2017年9月29日，民革株洲市委、北京正举沈鹏书画院、湖南谭嗣同爱国公益基金会联合主办的《中国梦·两岸情——北京正举沈鹏书画院湖南专题展》在湖南湘潭齐白石纪念馆隆重开幕。北京正举沈鹏书画院尹燕青、王瑞林、陈文玲等16位顾问、33位作者联袂提供77件精美作品参展。开幕式上，12件义卖书画作品酬得爱心款63000元，全部捐献给民革株洲市委，用于慰问健在的原国民党抗战老兵。

株洲籍国民党抗战老兵张茂宜等2位老兵代表现场接受民革株洲市委的现金慰问。株洲、湘潭两地政府有关部门、企业界、文化界代表共260多人参加开幕式。（常　虹）

【"不忘合作初心　继续携手前进——纪念民革成立70周年"知识竞赛】8月30日，民革株洲市委在株洲市公共资源交易中心举办“不忘合作初心　继续携手前进——纪念民革成立70周年”知识抢答赛。民革醴陵市委以及民革株洲市委7个工作委员组成的8个代表队参加比赛。民革醴陵市委会、民革文宣工作委员会和民革环保支部获优秀组织奖，民革青委会获一等奖，民革石峰一支部78岁的老党员陈万流获特别荣誉奖。（常　虹）

中国民主同盟株洲市委员会

【概况】截至2017年年底，中国民主同盟株洲市委员会有成建制基层组织43个，盟员744人，其中发展新盟员36名，平均年龄53.95岁。盟员中具有中高级以上职称的598人；担任副处级以上职务31人，其中副厅4人；省、市、区县（市）三级人大代表、政协委员104人。年内，区（县、市）工委建设得到加强，新成立醴陵市工委，完成芦淞区工委和职教工委的班子调整工作，完成成立荷塘区工委和石峰区工委的筹备工作。（罗卫云）

【提案议案】2017年初各级“两会”上，102名盟员人大代表、政协委员共提交代表建议、委员提案98件。在市政协九届一次会议上，提交“将我市企业大数据建设与互联互通纳入智慧株洲建设”等4件集体提案，8人在市政协会上作联组发言。7件提案获评市政协优秀提案，6人获评优秀市政协委员。沈言锦提供的《关于发展我省职业教育，打造大国工匠的建议》被盟省委作为集体提案提交湖南省政协十一届五次会议，获副省长向力力批示。（罗卫云）

【课题调研】全年共完成省委课题立项课题、市级招标课题、市政协界别协商课题10个，其中省委立项课题《加大绿色建筑规模化发展的建议》确定为盟中央重点课题，民盟株洲市委联合安徽民盟组成调研组，撰写出调研报告提交盟省委。年内，提交调研成果《重点突破，打造“互联网+”智慧养老平台》《市委经济工作座谈会上的发言》《对政府工作报告的几点建议》等，提出加大创新力度、充分发挥各市场主体的作用等6条意见。（罗卫云）

【社会服务】积极参与脱贫攻坚工作。主委结对帮扶株洲县朱亭镇龙凤村，定期赴村走访慰问对口贫困户；开展“大爱株洲——送年货”活动；同心社区松西子社区“三对一”帮扶活动中看望慰问孤寡老人11人和特困家庭25户；捐款5万元修建市委统战部扶贫联系点同心桥；联合民盟天元区第一支部到泰山路街道大岭社区慰问特困家庭17户。黄丝带帮教活动持续开展。连续10年在市强戒所开展黄丝带帮教活动，赠送70套保暖内衣裤。积极推动“未检”帮教工作，帮助10个孩子找到工作，2个孩子返校继续学习。烛光行动成果巩固扩大。打造农村小规模学校提质工程，先后3次在炎陵县为54位教师进行心理健康知识培训；组织志愿者为株洲县90位学生开展为期5天的夏令营活动；爱心助考接送考生200余人次；与株洲同心社会服务中心为市十三中和市一中的高考学子开展考前减压活动。深入一线抗洪救灾。近百名盟员参与抗洪抢险，盟市委为灾区募捐5万元；洪灾后，开展推进同心社区创建工作，为松西子社区居民义诊、开展健康知识讲座、发放药品2万余元。内联外引显成效。民盟醴陵工委残疾人创新创业孵化基地落成，第一期培训39人，12人经过考试成为阿里巴巴的员工。（罗卫云）

【盟员之家建设】2017年，民盟市委成立“盟员之家”建设工作领导小组。大多数基层组织均有固定活动室，所有基层组织的活动经费全部纳入财政预算，共完成21个“民盟之家”挂牌工作。省人大副主任、盟省委主委杨维刚到民盟湖南铁路科技学术学院支部和株洲县总支调研“盟员之家”建设情况。3个基层组织获全省优秀“盟员之家”称号。（罗卫云）

中国民主建国会株洲市委员会

【概况】截至2017年12月31日，全市共有民建会员406名，4个总支，18个基层支部。2017年，中国民主建国会株洲市委员会发展新会员14名，平均年龄为31岁，新会员中有非公经

济代表人士、政府部门人员、新社会阶层人士等。（詹　昱）

【参政议政】 2017年，民建株洲市委会广泛调动和整合会内资源，开展系统、深入、扎实的调查研究，形成一批情况反映详实、问题分析精准、建议切实可行的调研成果，《精准施策，大力推进我市“万众创新，大众创业”》《加快建设公共文化“云”平台》等专题调研报告得到市委、市政府主要领导重视；《区域视角下特色小镇创建与精准治理》《大力发展全民健身事业，加快推进健康株洲建设》等重点调研课题入选2017年度民建湖南省委参政议政重点招标课题；《增强民主监督实效性的机制创新探析》《大智兴邦集众思——浅论全面建成小康社会中民主党派作用的发挥》等理论研究课题入选2017年度民建湖南省委理论研究重点招标课题；《株洲市全域旅游发展调研报告》《依托B型保税物流中心，打造对外开放新平台》《完善招商引资政策，提升招商引资实效》等专题调研报告受到市委、市政府、市政协高度重视。（詹　昱）

【助力脱贫攻坚】 2017年10月，民建株洲市委赴茶陵县思聪街道清水村开展脱贫攻坚专项调研，建议市各民主党派共同建造“同心桥”。12月，民建株洲市委捐款5万元，用于茶陵县清水村“同心桥”建设。天元二支部所创同心爱心购平台与茶陵县清水村和相关商家签定株洲市第一批小订单预售合同，开创一种全新的商业扶贫模式——小订单预售模式，探索出解决扶贫点农产品市场化销售难点的新路径。该项目签约共涉及清水村所产大米3吨，价值人民币4.2万元。

（詹　昱）

【参加湖南民建第二届运动会】 2017年9月8—10日，湖南民建第二届运动会在岳阳举行。比赛共设羽毛球、乒乓球、气排球、射击、拔河、篮球接力、围棋快棋7个项目，有11个代表队、近300名运动员参加比赛。株洲市代表团共派出20名运动员参赛，角逐羽毛球、气排球、篮球接力、射击4个项目，获团体总分第一名、气排球金牌、羽毛球团体金牌、篮球接力金牌。（詹　昱）

【“四同创建”再谱新篇】 2017年，株洲民建秉承“同心助力”的社会服务工作理念，动员和组织会内会员、会员企业、基层组织等积极自发地利用自身优势特长，开展形式多样、贴近民生的社会服务公益活动。继续推进芦淞区七斗冲社区、石峰区大冲村等对口联系的“同心社区”“同心乡村”建设，大力促进“同心书屋”“同心超市”“代表委员工作室”的提质升级。年内累计投入资金2万余元。

（詹　昱）

【“法泽校园”获社会赞誉】 民建株洲市委与株洲市法建办、市司法局、市教育局共同主办“法泽校园”青少年法治主题教育活动。通过专家讲座、法律咨询、板报、宣传册展览等方式，普及中小学法治教育，增强学生的道路交通安全意识、依法维权意识和防范校园暴力的能力，共同创建平安校园。（詹　昱）

中国民主促进会株洲市委员会

【概况】 截至2017年12月，中国民主促进会株洲市委会有会员441人，其中女会员206人。全市共设26个基层支部小组，其中1个委员会，1个总支，21个支部，3个活动小组。市委会设置办公室、组织科、参政议政科和宣传信息科等职能部门，下设：参政议政工作委员会、统战理论与多党合作理论研究委员会、信息与宣传工作委员会、老龄与妇女工作委员会、社会服务工作委员会等专门工作委员会。配备专职干部4人。全会有省政协常委1人，市人大常委1人，代表2人，市政协常委5人，市政协委员16人。

2017年，民进株洲市委坚持和发展中国特色社会主义学习实践活动，凝聚思想共识，扎实推进政治交接，聚焦改革发展，不断加强自身建设，提升履职能力，各项工作彰显出新形象、打造新亮点、取得新突破，实现七届会市委的良好开局。2017年，民进株洲市委获“民进全国机关工作先进单位”称号以及民进湖南省委综合考核一等奖。（杨　清　尹冰也）

【参政议政】 协商议事。会市委积极参与中共市委全会、政府工作报告、政协常委会报告的协商会议，并提出建议。积极参加党风廉政与反腐工作，法院、检察院、财政工作等安排的各种协商活动。议政建言。在年初全市的“两会”上，会市委提交的《弘扬红色文化，构建社会主义核心价值体系》获优秀集体提案，荣军辉的《全面加快高中提质，积极应对新高考》、陈代陆的《进一步加强食品监管的建议》获优秀个人提案。“关于加强农村小规模学校建设的建议”被评为市人大常委会主任会议重点督办建议并获优秀建议。“全面加快高中提质积极应对新高考”“关于试点多层住宅加装电梯的建议”“关于调整和加快落实芦淞区北片基础教育规划的建议”3篇提案被评为市政协主席会议督办提案并获市委书记毛腾飞批示。社情民意“关于加强房地产开发项目开盘前管理工作的建议”获市委书记毛腾飞批示。邹艳君被评为优秀界别召集人，谢恺俐、卞华、方芳、刘文辉4位会员被评为优秀市政协委员。调研有成效。2017年，开展“打造炎帝神农医药文化品牌”“助推株洲旅游产业发展的自媒体营销策略创新研究”“加快株洲全域旅游发展”“以特色小镇建设为节点，推动乡村振兴战略”“提升株洲职业教育实训能力建设”等5个重点课题调研。8月，会市委联合市农委及天元支部赴茶陵、炎陵两地开展神农医药文化调研，视察何首乌、厚朴种植基地。9月，会市委组织市实验小学支部以及部分教师会员开展“基础教育专题调研座谈会”，针对全市基础教育在发展中所面临的困难进行调研与讨论，并提出对策建议，会省委副主委汤素兰参加座谈。会市委提交的《关于推进我市“互联网+集成服务”改革工作的调研报告》《助推株洲旅游产业发展的新媒体营销策略研究报告》分别获市政协优秀调研报告二、三等奖。

（杨　清　尹冰也）

【思想建设】开展“不忘合作初心，继续携手前进”主题教育活动，涌现出一批“身边的先进”。推进统战理论研究。在株洲市政协的理论征文评比中，会市委获1篇一等奖，1篇二等奖，4篇三等奖的佳绩；全市统战工作会上，会市委统战调研文章获一等奖1篇，三等奖3篇，并连续4年获全市统战调研先进单位。会员姚冬梅的理论文章《自媒体环境下人民政协用好话语权的思考》获省政协理论征文三等奖。学习贯彻中共十九大精神。先后邀请湖南大学教授为会内各级人大代表、政协委员作题为《十九大会议精神辅导——习近平统战思想解读》的专题讲座，邀请中共市委讲师团许志汉为市委委员、基层负责人、部分骨干成员以及新会员作《坚持和发展新时代中国特色社会主义的政治宣言和行动纲领》主题宣讲，联合天元支部开展学习贯彻中共十九大精神知识抢答，在全会营造深入学习贯彻中共十九大精神的浓厚氛围。

（杨　清　尹冰也）

【民进基层组织建设】加强基层组织建设。在全会开展基层活力提升工程，领导与帮助民进醴陵总支换届和民进湖南工业大学委员会成立。新成立民进经济支部、民进天元支部。组织参加省代会。市委全会选举14名代表以及任克平、罗泽贤、颜佑启、周罗轩4位历任主委列席参加民进湖南省委会第八次代表大会。会上，郝建东当选民进湖南省第八届委员会常务委员会委员，刘朝晖、陈艳娟当选会省委委员，刘朝晖当选民进第十二次全国代表大会代表。加大后备干部培养。加强与后备干部所在单位、所辖统战部门的沟通与协作，力争共同纳入视野，共同加强培养，共同搭建平台。

（杨　清　尹冰也）

【社会服务】开展扶贫帮困慰问活动。“大爱株洲”送年货活动中，为石峰区报亭社区、漂家井社区和杨古老社区共80户特困群众送慰问金4万元；为“同心社区”松西子20户困难家庭送去1万元慰问金和春联；会市委对茶陵县贫困村清水村捐款5万元用于“同心桥”建设，设计印刷价值近7000元的米袋支持清水村特色大米销售；组织民进界别政协委员全年两赴攸县丫江桥村三峰镇结对帮扶3户困难家庭；8月，会市委联合市农委、天元支部赴茶陵县舲舫中心小学开展“同心结缘，金秋助学”爱心捐赠活动，共资助贫困学生20人，发放助学金2万元；石峰支部赴炎陵，帮助困难家庭销售黄桃2400余斤等。开展文化惠民活动。免费送春联公益活动送出400多幅春联；会员丁碧牵头举办的“绿色湖南，精彩人生”保护湘江公益晚会取得不错的社会反响。积极参与抗洪救灾。在2017年上半年的抗洪救灾中，全市36名会员直接参与抗洪救灾，株洲县支部组织义务巡堤及淤泥清扫工作并向受灾群众捐款7000元。7月6日，会省委主委潘碧灵、专职副主委马石城、会市委主委郝建东等赴株洲县渌口镇和南洲镇昭陵村察看灾情，了解救灾情况，慰问防汛救灾一线工作人员。热心校园公益。9月，会市委组织开展“庆祝教师节暨专家公益讲座进校园活动”。特邀全国政协委员、著名儿童文学家、会省委副主委汤素兰为市实验小学全校师生作《像作家一样观察、想象、表达》的专题讲座，并通过网络直播的方式让周边几所小学近3000名师生同步收看。汤素兰主委为现场小听众捐赠200册作品，会市委为市实验小学捐赠价值15000元的图书。

（杨　清　尹冰也）

【“庆祝民进株洲市委成立三十周年”系列活动】 2017年是民进株洲市委成立三十周年，民进株洲市委组织开展系列庆祝活动。在全会开展“我与民进共成长”主题征文活动，并择优编印出庆祝会市委成立30周年纪念专刊；制作的专题庆祝片中，各基层组织以丰富多彩的活动与形式，抒发对会组织的热爱与祝福之情，历届新老主委对株洲民进发展的点点滴滴回顾，期待着新时代株洲民进创造新辉煌；总结表彰会上，提炼总结出30年株洲民进自身发展、参政履职、服务社会的主要成果与经验，表彰一批先进基层组织、优秀会员和会务工作者，中共市委常委、时任统战部部长羊贵平代表中共株洲市委致贺词；发挥文化界别的人才优势，自编自导一台高水平的专题文艺汇演。

（杨　清　尹冰也）

【民主监督开新局】 积极开展民主监督活动，分别对全市272家畜禽养殖关闭退出以及湘江株洲城区段规范化砂场建设项目进行监督。醴陵市官庄镇横江村和株洲县龙泉镇神山村被确定为民进市委脱贫攻坚民主监督定点观察窗口。5月，民进市委主委郝建东陪同民进湖南省委专职副主委马石城赴醴陵市官庄镇横江村进行视察。8月，时任全国政协常委、民进中央常务副主席蔡达峰，全国政协副秘书长、民进中央副主席朱永新，率调研组在茶陵开展脱贫攻坚民主监督活动。省人大常委会副主任谢勇参加调研。通过开展座谈及实地走访，调研组收集、整理茶陵在脱贫攻坚工作中取得的成绩、总结的经验以及面临的困难，确定茶陵县为民进中央、民进省委脱贫攻坚民主监督的观察窗口，中央媒体《团结报》专题介绍“茶陵经验”。

（杨　清　尹冰也）

【先进会员】 会员文美胜、部焕获2017年“株洲市优秀教师”称号，文奇英获“株洲市招商引资先进个人突出贡献奖”，刘珊珍获评“株洲市十大‘两型’人物”，黄金当选2017年1月的“湖南好人”，郝建东积极推进株洲市建设领域审批制度改革获“湖南省首届管理创新奖”，龙永红获“湖南科技进步奖二等奖”，邹艳君指挥编排的合唱获第十九届全国老年合唱节金奖，翁纯在庆祝香港回归20周年“星光耀香港”全国校园综艺大赛中获“艺术教育先进工作者”称号，刘辉率乐团夺“亚洲国际艺术大赛”一等奖，朱舸明获世界排舞大赛水晶组冠军。

（杨　清　尹冰也）

中国农工民主党株洲市委员会

【概况】 2017年，中国农工民主党株洲市委员会发展新党员13人，全市党员达372人。农工党员中有63人次担任省、市、区三级人大代表和政协委员，其中省政协常委1人，省政协委员2人，市政协副主席1人、市人大代表5人（其中常委1人）、市政协委员17人（其中常委3人）、区（市、县）人大代表6人、区（市、县）政协委员33人。

2017年，市委会被农工党省委评为“不忘合作初心，继续携手前进”专题教育活动优秀组织奖。市委副主委袁仕炜被农工党中央评为中国农工民主党开展坚持和发展中国特色社会主义学习实践活动“先进个人”。

（王雨青）

【参政议政】 2017年，农工党员周恕、皮硕煌、肖文红、肖志荣向市政协提交联名提案《推进分级诊疗，要发挥区域医疗中心的积极引导作用》被市政协采纳，李文灿提案《在市县两级开展早期肺癌高危人群筛查的建议》获农工党中央采纳。8—9月，农工党株洲市委会赴市卫计委、市中医伤科医院、省直中医院调研全市医联体建设情况，撰写提案《建设智慧医联体，推动医疗资源下沉》被市政协采纳。8月，农工党株洲市委会组织考察团赴邵阳城步苗族自治县开展全域旅游基地建设课题调研。2017年，农工党株洲市委向市政协提交提案11项，调研报告4项。其中《凝心聚力创建国家食品安全城市》被评为2017年市政协优秀提案，《人口老龄化背景下，医养结合模式的研究》获2017年度市政协优秀调研报告。农工党株洲市委集体提案《大力推进“医养结合”完善养老服务体系》作为市政协大会发言获得多家媒体报道，产生强烈反响。

（王雨青）

【社会服务】 2017年，市委会参加“大爱株洲·为特困群众送年货”活动为40户困难群众送过年物资；市委会连续两年在邵阳市开展对口扶贫工作，对农工党邵阳市委会扶贫联系点新宁县清江桥乡清江村进行定向帮扶；对邵阳市委同心助医工程捐款；牵线党内企业和兄弟市委会，连续3年在炎陵县职业技术学校开展“一家一”助学活动，举办“农工班”，2017年市委会捐款10万元开展教育扶贫；向茶陵思聪村捐款修建同心桥；与株洲市天元区大领社区结为帮扶共建单位，在社区建立同心诊所，在社区活动中心开展义诊，赞助健康治疗仪器和常用药品等；市委主委周恕组织党内专家、党内政协委员和市委会机关干部赴攸县菜花坪镇万美村、株洲县南洲镇、醴陵市沩山镇、明月镇、官庄镇、均楚镇、茶山镇等开展“因病致贫、因病返贫”的精准摸排、筛查、评估以及义诊和大病救治工作，对当地基层卫生单位进行技术帮扶，走访贫困户20余次，为贫困户捐赠粮油、棉被等生活物资；整合资源，搭建调研和宣传平台引资引智，选准扶持产业，发展养鸡厂、光伏发电、油茶产业基地等项目，对当地经济社会发展进行长远的可持续的精准帮扶。农工党株洲市委被农工党湖南省委授予2017年度社会服务先进单位。 （王雨青）

中国致公党株洲市委员会

【概况】 截至2017年年底，中国致公党株洲市委员会有成建制的基层组织23个，其中总支1个，支部22个。有市直工委1个，区工委4个。有党员429名，其中男性党员236人，女性党员193人，平均年龄49.9岁。归侨、侨眷、归国留学生及其他有海外关系的代表性人士占69.2%。具有中、高级职称284人，在各级政府和职能部门担任副处级以上领导干部18人，在编机关干部5人。 （皮贻茂）

【参政议政】 开展专题调研。市委会针对“直通车”课题、参与市政协专题调研课题、参与省委调研子课题、党派民主监督课题、一般课题等6个课题深入开展调研。完成《关于加强株洲科技创新基地建设的建议》等5篇调研报告，完成市政协专题调研协商会议发言材料7篇，向中共株洲市委、市政府提交“直通车”建议——《关于加强我市非物质文化遗产传承和保护的建议》，并得到市长阳卫国和副市长杨胜跃的批示。22个基层支部共完成调研报告14篇。

“两会”建言有成效。市政协九届一次全会上，市委1篇调研报告获一等奖，1篇调研报告获二等奖，1件优秀集体提案，2件优秀个人提案。6名致公党员被评为优秀市政协委员。在年初各级“两会”上提交议案、建议和提案80余件。

社情民意有成果。向市政协报送社情民意信息近60条，其中《关于发展株洲临终关怀事业的建议》等两条社情民意得到中共株洲市委毛腾飞书记的批示。向中共株洲市委统战部和致公党湖南省委报送社情民意信息20余条，其中《在全国范围内将克罗恩病纳入城乡医保特殊病种管理目录》等4条被中共中央统战部和致公党中央采用。开展“加强我市脱贫攻坚”等系列民主监督活动，完成《关于我市医疗保险救助脱贫攻坚的民主监督报告》。 （皮贻茂）

【社会服务】 成立株洲“致公·宝利班”致爱小组，全年开展活动6次；致公党株洲市委“爱心妈妈”与茶陵县清水村20名留守儿童结对帮扶，捐赠扶贫资金7万元；参与“四同创建”打造的荷塘区青少年农业科普基地获批为市级“同心项目”，在该基地开展“亲子游学”“美乐爱党”青少年成长陪伴等活动；在田心社区、西岭村、桃坑乡开展“大爱株洲·为特困户送年货”活动；医卫专委会赴“同心致福村”东岭村开展“致福送诊”活动，省委专职副主委向佐谊与市委领导考察“同心致福村”项目，为东岭村发展杨梅和水蜜桃特色产业答疑解困、献计献策，为东岭村争取建设资金10万元，争取杨梅、水蜜桃基地专项开发建设资金100万元；全年开展“致公助学”活动7次，资助贫困学生76人，资助金额13万余元；开展“迎春送对联，助老送温情”“‘校园欺凌’的预防”等公益活动6次。2017年，市委获致公党中央社会服务工作先进集体，党员蒋文忠、帅清民获致公党中央社会服务工作先进个人。

（皮贻茂）

【组织建设】 2017年，中国致公堂株洲市委发展新党员21人，本科以上学历达95%，其中硕士研究生以上学历4人，留学归国工作人员2人。增补1名市委委员，届中调整南车支部和石峰教育支部班子。调整、充实、扩大专委会人才队伍，专委会的数量增加到12个，形成工作委员会、专业委员会和特别委员会三大类的总体格局。在致公党湖南省委2016年度对市级组织考核中，致公党株洲市委的组织工作、社会服务工作、侨海联络工作获优秀奖。在“支部达标创优和党员创先争优”活动中，荷塘区一支部、江山支部获省委先进支部，张江华等8名党员获省委优秀党员。

（皮贻茂）

【思想宣传】 开展学习实践活动。致公党株洲市委及各基层支部相继开展形式多样的专题教育和学习十九大精神活动30余次。芦淞区二支部获致公党中央“开展坚持和发展中国特色社会主义学习实践活动”先进集体，喻小如获先进个人。承办致公党湖南省委“不忘合作初心，继续携手前进”主题教育巡回宣讲（株洲站）活动，100余名基层骨干党员参加学习。举办宣传骨干培训班。对外宣传成效显著。市委会在中国致公网站刊登新闻稿57篇，湖南致公网站刊登新闻稿190篇，株洲政协网站刊登新闻稿110篇，株洲统战网站刊登新闻稿34篇，在株洲致公微信公众号制作、推出新闻稿96篇，编印2017年《株洲致公》两期，举办喜迎中共“十九大”书画作品展。理论研究成果丰硕。围绕中国致公党“三大”召开70周年纪念、“互联网+致公党工作”“治理能力建设”、老党员多党合作记忆、人民政协和统战理论等专题撰写22篇理论研究文章。

（皮贻茂）

【侨海联络】 “侨”“海”工作扎实开展。开展侨海工作专题调研，撰写《加强与我市留学人员创业园的对接，建立留学人员回国服务联盟，做好服务延伸工作》调研报告。成立致公党株洲市委青年海归联谊会，牵头组织成立株洲市留学人员回国服务联盟，12月14日，在炎帝广场神农城成功举办株洲市第三届青年海归发展论坛。联络工作有声有色。积极参与海外联络活动，在参加菲律宾中国洪门致公党第二支部庆祝成立二十八周年活动之际，组织党员、知名花鸟画家萧旭将其创作的五米长卷《富贵和平》牡丹作品，以致公党湖南省委的名义赠送给中国驻菲律宾大使馆收藏。各工委、支部相继开展建立友好支部、参观市政协文史馆、“同心杯”拔河比赛等内容丰富的联谊活动。

（皮贻茂）

九三学社株洲市委员会

【概况】 截至2017年12月，九三学社株洲市委下辖1个基层委员会、5个工作委员会、21个支社、1个直属小组，有社员440人。全市社员中，高级职称189人，占46.4%，中级职称193人，占47%，女社员148人，占36%。全年社市委共发展新社员38人，其中硕士以上学历13人，高级职称14人。社员中担任省人大常务委员会委员1人，省政协委员1人，市人大代表4人，市政协委员22人，县（市）区人大代表7人、政协委员43人。年内，被社省委授予“组织工作先进集体”称号和“坚持和发展中国特色社会主义学习实践活动”先进市级组织。

（宋道燕）

【组织建设】 2017年，九三学社株洲市委员会通过民主推荐，选举出15名代表，参加社湖南省第八次代表大会，选举出新一届省委委员。社市委主委金继承当选新一届社省委副主委，社市委专职副主委肖运平当选社省委委员、社省委监督委员会委员。金继承当选九三学社第十一次全国代表大会代表。年内，社市委带领组织部分社员赴贵阳、九江、常德等地的市级组织进行学习、交流。大同九三、郴州九三到株学习、交流。各工委、支社活动纷呈。全年，信息报送社中央网站发稿7篇，社省委网站28篇，三湘统战网7篇，中共株洲市统战网40多篇，株洲市政协媒体48篇。出刊《株洲九三》一期。

（宋道燕）

【参政议政】 围绕中心建言献策。2017年，社市委参加中共株洲市委、市政府、市政协和其他有关部门召开的各类座谈会、协商会、情况通报会、征求意见会共计12次。全年，提交人大代表建议案4件，政协委员提案30余件，其中社市委集体提案9件。2017年，九三界别获市政协先进工作界别称号，7人获优秀市政协委员称号，获奖提案4篇、优秀调研报告2篇。深入开展专项调研。社市委除申报社省委6个重点课题外，还组织6个重点课题研究小组，由主委班子带队在全市开展特色小镇、美丽乡村、黑臭水体整治、清水塘搬迁改造、脱贫攻坚等专题调研，形成一批高质量的调研报告。及时反映社情民意，全市社员积极向社省委、市政协提交社情民意信息50余篇。围绕项目攻坚、城市建设、民生工作等方面开展委员视察活动。年内，相继赴荷塘区、石峰区对全市的重点项目工程及“项目攻坚年”活动进展情况开展专项视察监督，对食品领域相关企业开展食品安全视察监督。（宋道燕）

【开展社会服务】 送医下乡惠民生。5月，社市委组织17名社员医生赴醴陵市社会福利中心开展义诊活动，为福利院老人送去价值5000多元的药品和健康宣传资料，受到广大群众的高度好评。送戏下乡暖人心。10月，精心组织一场以“喜迎十九大、不忘初心携手前行，惠民暖人心、参政议政合作共赢”为主题的戏曲，为省级贫困村茶陵县清水村和炎陵县水口村群众送去精彩的文化大餐。文艺支社组织赴炎陵霞阳镇炎西村、龙渣乡乐平村、垄溪乡三口龙村、船形乡新生村、策源乡竹园村等贫困地区送戏下乡活动，提振贫困地区群众的精神风貌。扶贫济困献爱心。2017年，社市委投身“四同创建”“同心项目”社会实践、“大爱株洲——为困难群众送年货”脱贫攻坚、抗洪救灾等活动。其中社市委筹资6万元为特困户和社内贫特困社员送温暖，胡志清抗洪救灾英勇事迹登上社省委的专题网页，陈华获评株洲市抗洪救灾先进个人，社员共捐款5万余元支持灾区重建家园。向扶贫点茶陵县清水村、攸县富头村捐款5万元。各基层组织通过开展多种活动助力脱贫攻坚，醴陵工委组织10位艺术家捐献作品举行“瓷艺同心”扶贫义卖活动，所得善款7.5万全部支持醴陵市板杉村的脱贫攻坚。渌口支社募集6500元爱心款支持渌口镇张公岭村的脱贫攻坚。（宋道燕）

株洲市工商业联合会（总商会）

【概况】 2017年，株洲市全市工商联会员12756个。其中企业会员7751个，个人会员4840人，团体会员165家。截至2017年年底，株洲市、县两级工商联和全市非公人士在县级以上人大代表、政协委员有742人（非公企业家733人）。其中全国人大代表2人，省人大代表9人，省政协委员3人，市人大代表65人，市政协委员87人，县市区人大代表204人，县市区政协委员372人。市工商联（总商会）第十一届执委中，市人大代表15人，市政协委员27人。（何细勇）

【参政议政】 围绕非公有制经济发展重点、难点、热点开展调研，王坚撰写的《做好“联”字文章，聚力发展非公经济》在全省工商联系统推介，《论非公经济涉腐防控体系的构建》等3篇调研报告获得省工商联一、二、三等奖，专题调研成果《关于优化非公经济发展环境的调研报告》得到全国政协和省政协调研组的高度好评。工商联界别全年共向市政协提交立案提案19件，社情民意30件，微建议10条，先后组织非公经济代表人士参加全国政协、省政协、省工商联课题调研组以及相关座谈会，株洲非公企业家的心声和诉求以及非公经济如何健康发展得到越来越多领导的关注和重视。（何细勇）

【经济服务】 开展企业帮扶。制订《市工商联（总商会）2017年“企业帮扶年”活动实施方案》，将更多会员企业纳入政府直接帮扶对象，引导各商协会帮扶一批企业，鼓励企业与企业之间的相互帮扶，激发各方活力，谋求共赢。配合市委政研室编写《株洲市非公有制经济发展报告》蓝皮书；与市经信委合作调研，起草《促进株洲非公有制经济发展十条（征求意见稿）》，将惠企政策印制成册，通过商协会和中介机构一对一服务推送，确保各项惠企政策落地生花。与人社局、总工会建立“劳动关系三方四家协商制度”，积极协调劳资纠纷，构建和谐劳动关系。全年共举办各类人才招聘会近100场，为8000余家企业提供工作岗位近8万个，求职人数达9万人。充分发挥法律顾问团作用，为红舞依服饰文化、日盛房产、易达酒庄、天泽置业、亿达实业等企业提供法律维权服务。突出重点培育。与发改委、商粮局等单位对接，推荐78个重点培育企业进入全市“十百千”工程笼子，帮助株洲湘铁锻业等企业成功入选省中小企业发展扶持重点企业。加强交流合作。与咸宁、吉林、南宁、钦州、昆明等地级市签订友好商会协议，积极组织会员企业参加广西、甘肃在湖南举办的专题推介活动，加强与外地商协会的往来与交流。（何细勇）

【组织建设】 出台《株洲市工商业联合会（总商会）执委履职管理办法》，建立非公经济人士电子档案，调整出9名执委，新增补7名执委，执委人数达158名，成立7个执委联络组，先后召开14次执委联组会议，为执委之间学习交流、经验分享、寻找商机、共同发展提供空间和方便。年内，指导成立株洲咸宁商会、新宁商会、常德商会、岳阳商会、建材家居协会以及深圳市株洲商会、上海市株洲商会；指导完成株洲台州商会和机械机电商会换届；发展株洲装修装饰协会为市工商联团体会员。开展“四好”商协会创建，选树株洲县工商联和株洲市温州商会为省级“一会一品牌”典型，选树茶陵县工商联、株洲市台州商会、中小微商会为市级“一会一品牌”典型。

（何细勇）

【宣传教育引导】 组织教育培训。将民营企业家培训纳入株洲市“万名人才培训计划”，在市委党校举办60名非公经济代表人士培训班，组织57名非公企业家或企业高管参加浙大“创业接力”培训班，在希尔顿酒店先后举办“明阳心学”与经济发展论坛和国学与企业管理研修班。注重典型引路。在《株洲日报》开辟非公经济转型创新专栏，10家省以上媒体集中采访推介华联瓷业、湖南升华科技、神通光电、日望精工等现代化管理民营企业，万企帮万村典型代表罗平被湖南卫视“乡村发现”栏目采访宣传，全国精准扶贫领导小组将湖南万樟园林集团有限公司参与万企帮万村的典型事迹向全国推广学习，在全社会营造出尊重财富、尊重创业、尊重企业家的良好舆论氛围。（何细勇）

【非公党建】 理顺管理体制和工作机制，成立市工商联直属会员综合党委。探索非公企业党组织组建模式，根据企业产业链的延伸，形成“产业链”党组织模式，实现企业每个产业链上党组织全覆盖。全市共有52家执常委单位建立党组织，党员总数3343名；异地商会有9家建立党组织，党员211名。坚持示范引领，重点培育江山集团和健坤集团党委、天泽置业、维格磁流体支部等不同类型的党建示范点10个，带动整体工作水平提升。江山集团党委坚持把党建工作融入企业发展，成功打造江山集团特色党建品牌，规范化建设获省、市委组织部表扬，在全省非公党建工作现场会上作典型发言，带动非公党建整体跃上一个新的水平。（何细勇）

【参与扶贫攻坚】 工商联积极引导民营企业家以产业扶贫、就业扶贫、资金扶贫等形式，参与株洲市扶贫攻坚活动。截至2017年年底，全市有2800余名非公经济人士、709家非公企业参与488个村的扶贫攻坚工作，共投入资金27.96亿元，帮助转移农村剩余劳动力8.8万人。与株洲电视台合作举办“爱暖儿童、情系未来”向贫困山区留守儿童捐赠图书活动，倡议和组织非公人士投身济贫救灾，共捐赠图书12万元，捐赠现金100余万元。其中工商联联系点攸县富头村投资90万元修建村部，引进光伏发电项目给村集体增加年收入4万元，建立产业合作社并引进猕猴桃产业基地、农家小客栈项目，从根本上解决村民增收问题，筹资200余万元完成村级道路硬化、延伸、拓宽和路灯安装，危房改造3户贫困户。组织华鑫电瓷等400余家民营企业参与“万企帮万村”精准扶贫行动，帮助贫困村发展绿色农业、文化旅游、转移富裕劳动力，得到国务院扶贫办调研组的高度好评。

（何细勇）

社会团体

株洲市总工会

【概况】 株洲市总工会直管9个县市区总工会、14个系统工会、128家企事业工会、2个行业工会联合会和2个派出机构工会。市总工会机关内设11个部室，干部职工40名，下辖2个工人文化宫。截至2017年年底，全市共有基层工会组织16902个，工会会员1200733人。

2017年，市总工会坚定政治方向，聚焦主责主业，突出改革主线，夯实基层基础，圆满完成各项工作任务，在2017年度全省市州、省直工会考核中获评“优秀单位”。（聂伟平）

【职工劳动竞赛】 坚持劳动竞赛与劳模先进选树相结合，在劳动竞赛中充分传承和弘扬劳模精神，发现、培植、选树劳模先进。全市电力、卫生等行业性劳动竞赛如火如荼，延伸到所有省市重点工程。积极参加“湘字号”传统技艺工匠大赛并承办湘瓷项目决赛，湘瓷竞赛冠军花落株洲，十强选手株洲占6名。在省内工会系统首创指尖上的劳动竞赛暨“安康杯”知识竞赛活动，参与职工达17.6万人次。（聂伟平）

【职工创新创造】 加快劳模创新工作室建设，截至2017年年底，指导企业创建市级以上劳模创新工作室48个，成立技能大师工作室36个，企业自主建立劳模创新工作室50多个。深化职工书屋建设，中车株洲电机公司等3家单位成功创建全国职工书屋示范点。开展职工科技创新活动，实现重大技术创新成果289项、技术革新4500余项、发明创造2600多项、发明专利800多个。举办全市女职工素质教育优秀成果展示赛，员工心理关爱计划等4个项目获全省女职工素质教育“优秀成果奖”，《最美芙蓉》节目代表湖南登上全国工会女职工风采展示舞台。（聂伟平）

【职工权益维护】 深入开展行业和区域工资集体协商，建立“咨询、协调、援助、仲裁”四位一体的职工维权联动机制，促进劳动关系和谐。全市已开展集体协商企业5833家，签订区域、行业协议118份，涵盖职工39.9万人，建制率达92.3%。劳动关系三方四家联动密切，组织联合调研督查组对各县市区、部分企业工资集体协商工作进行专项督查，株洲市连续3年代表湖南在全国行业集体协商交流研讨会上作典型发言。积极指导开展厂务公开民主管理示范单位创建活动，中车株洲电机有限公司获“全国厂务公开民主管理先进单位”称号。加强劳动争议调处参与力度。全年工会仲裁庭审理92件劳资争议，调解成功62件，提供法律援助63件（含农民工法律援助36件），帮助受援人挽回经济损失290.3万元。（聂伟平）

【职工帮扶服务】 “一户一产业工人”培养工程高位推动，市总工会组织全市各级工会深入企业、社区开展双向摸底，在此基础上开展技能培训，重点对清水塘搬迁改造企业转岗人员开展育婴师、维修电工、电子商务、保安员等技能培训班，培训职工224名。全市全年举办各类培训班43期，培训学员1.1万人，其中工会系统培训2100人，基本实现再就业或成功创业。扎实开展大病致困职工（农民工）医疗救助活动，全年为17459名困难职工（农民工）提供医疗、生活、大病救助。广泛开展安全生产大检查和“情系职工送清凉”活动，督促企业落实高温天气劳动保护措施，市县两级筹集资金90万元，走访慰问高温作业职工1.5万余人。长期开展“芙蓉情缘”活动，破解职工婚恋难题，建立单身职工档案1.1万余人，举办多种形式交友联谊活动60场，参加活动单身职工1万余人次，促成正式交往1200对，喜结连理77对。规范劳模服务管理，全年慰问走访劳模600人次，发放慰问金、低收入补助金、救助金416.9万元，分7批次组织劳模开展疗休养活动。联合市教育局等13个部门开展“大爱株洲·金秋助学”活动，严把申报、考察关，资助1005名大一新生，发放助学资金502.5万元。职工医疗互助活动提质扩面，开展第四期职工医疗互助活动，149694名职工参加职工住院医疗项目，64460名女职工参加女职工特殊疾病保障项目，全年向9500人（次）患病职工发放住院补助金897.594万元，向70名女职工发放特殊疾病保障金70万元，极大缓解患病职工的经济负担。（聂伟平）

【职工文化建设】 大力繁荣职工文化，为广大职工群众提供丰富的精神食粮。“送文化·惠职工”系列活动持续不断，全年向一线职工免费赠送演出票4.2万张、电影票1万张。举办第五届职工健步行、全市职工乒乓球大赛、职工美术大赛、职工书法大赛等文体活动，组织书画艺术家“进企业、访劳模、送文化”活动2场，开展“送春联”活动4场。（聂伟平）

【职工之家建设】 2017年，全市净增工会组织涵盖法人单位2001家，净增会员70550人，其中农民工会员58360人。在全省率先成立餐饮、物流2家行业工会联合会和1家街道总工会，筹备成立建筑行业工会联合会。市总工会拿出160万元专项经费奖扶“中国动力谷”职工之家等10个示范基地。加快建设“工会云”，打造“云工会”，深化网上建家，“云工会”平台的功能和内容完善，运行顺畅，线上线下融合的工会工作格局初步形成，“株洲工会”微信粉丝突破14万，荣膺“全国最具影响力工会新媒体”称号。（聂伟平）

【职工争先创优】 加强职工政治教育和思想引领，弘扬劳模精神、工匠精神，努力推动职工深入学习贯彻中共十九大精神。开展“工人阶级宣传月”系列活动，举行庆“五一”暨劳动竞赛总结表彰大会，成功推选中国航发湖南动力机械研究所主任设计师赵海凤、株洲百货股份有限公司超市中心店店长张智勇2人获评“全国五一劳动奖章”，推选北京汽车股份有限公司株洲分公司总装分厂、株洲联城集团有限责任公司铝蜂窝组装班两个集体获评“全国工人先锋号”。巾帼工匠曾艳梅获“全国五一巾帼奖章”，并登上《焦点访谈》五一特别节目。加强职工职业道德建设，指导荷塘区政务服务中心获评“全国职工职业道德建设先进单位”。（聂伟平）

2017年全国工人先锋号

北京汽车股份有限公司株洲分公司总装分厂 北京汽车股份有限公司株洲分公司总装分厂建成于2009年9月，主要承担绅宝D20、绅宝X25、威旺M50F、新能源、出口车、右舵车等车型的装配制造与检测任务。一工厂已实现20万辆整车的年产能，累计产能超过70万辆。二工厂建成后将形成年产50万整车制造能力。分厂现有职工1061名，其中党员32名，平均年龄27岁，是一支蓬勃向上、积极进取、勇于担当的队伍。总装分厂“吴端华”创新工作室获株洲市级和北汽集团级创新工作室，累计申请国家发明专利2项，完成公司级重大创新项目57项，培养株洲市“五一劳动奖章”3人，培养高级技师、技师42人。总装分厂多次获株洲市模范职工之家、北汽集团优秀党支部、先进集体和模范职工之家等荣誉称号。总装分厂多个职工小家获株洲市级工人先锋号、模范职工小家和巾帼文明岗及北汽集团模范职工小家等荣誉称号。2017年，获“全国工人先锋号”称号。

株洲联诚集团有限责任公司铝蜂窝组装班 株洲联诚集团有限责任公司铝蜂窝组装班有员工8名，主要负责机车、城轨、动车车辆地板、司机室电气柜、顶板、端板、隔墙等内饰部件组装工作，组装班员工个个是技术能手，持有钳工、粘接、铆接多项技师、高、中级技能资质。组装班历年来都超额完成工作任务，多次获各类先进集体、组装班成员多次获各类先进个人荣誉。组装班精成团结、同心同力，全年组装班平均每人每月加班时间超过120小时，超年度定额150%完成生产任务，产品产值2000万元以上，人均劳动生产率达250万元/人。组装班锐意创新，是公司工艺方法和工装器具改善积极参与和成果成效最明显的班组，涌现出多名“改善达人”，参与公司多个国内外重大项目的工艺攻关工作，2016年“保护膜快速去除工具”获集团公司创断成果二等奖。2017年，获“全国工人先锋号”称号。（聂伟平）

共青团株洲市委员会

【概况】 共青团株洲市委员会内设办公室、宣传部、团务部、基层组织建设部、社会联络部5个部室，专职团干15人。截至2017年年底，全市共青团系统有团委347个，团支部（总支）4297个，覆盖团员15.6万名。

（李怡娴）

【学习宣传贯彻中共十九大精神】 团市委广泛开展“青春喜迎十九大·不忘初心跟党走”主题宣传活动1600余场，参与青年12万余人。举办学习贯彻十九大精神主题读书班，先后邀请团中央宣传部、中央团校、团省委领导到株洲宣讲。各级团委班子成员参加学习培训428次，深入基层授课1108场。运用新媒体进行宣传引导，团市委官方微博发起“青春献礼十九大”“新时代新青年”等话题，阅读量达到220万次。各级团组织积极开展“不忘初心 牢记使命”十九大精神征文、演讲比赛等各类学习、宣传活动，累计覆盖人数达20余万人次，得到团中央督导组的高度肯定。广泛开展“与信仰对话”“彩虹人生”等宣传教育活动共计150余场，覆盖近10余万青少年。开展“缅怀革命先烈，弘扬爱国情怀”清明祭扫。挖掘传统文化，选送的《把老祖宗留下来的好东西传下去》获评全国优秀国学教育项目。（李怡娴）

【网上共青团建设】 构建团属新媒体“微平台”，团市委微信公众号单篇推文最高阅读量达17万，微博单篇最高阅读达110万+，株洲共青团新媒体平台已成为地区最具影响力的政务媒体平台之一。实施网络宣传“1510”工程，积极开展网络舆论斗争，被团省委授予2017年度“青媒奖·最具影响力微信”“青媒奖·最佳舆情处置案例奖”荣誉称号。推动“青年之声”“青年之家”线上线下深度融合，“智慧团建”有序推进。（李怡娴）

【选树典型】 持续开展“双红双优”等评比表彰，在团内形成比学赶超的浓厚氛围。湖南汽车工程学院团委书记蔡丽平获“全国优秀共青团干部”荣誉称号，彭森森、成昌龙、邹毅、周宇获省“五四青年奖章”，申政获省“湖湘青年英才”计划支持。开展向上向善好青年分享团走基层暨推选活动，共推选出各类向上向善好青年71名。

（李怡娴）

【推动《中长期青年发展规划（2016—2025）》落实】 邀请《中长期青年发展规划（2016—2025）》主要执笔人之一、团中央宣传部文化体育处处长吕通义就《规划》内容作专题辅导讲座，让基层团干部有更加深刻的认识。开展市2017年度社会科学开放课题申报工作，围绕基层团组织破解“四缺”等10个与青年成长息息相关的热点问题，成立10个课题组开展专项研究，形成“全团抓研究”的良好态势。

（李怡娴）

【构建青少年社会化维权体系】 改进“共青团与人大代表、政协委员面对面”活动，不断健全工作制度，拓宽反映和表达青年利益诉求渠道。创新“12355阳光行动”活动形式，开展讲座86场，受理心理咨询3482人，发放宣传资料5万余份，开展青少年心理健康、禁毒、防艾系列服务，营造关注青少年健康成长的良好社会氛围。全市预防青少年违法犯罪工作连续6年在全省综治考核中排名第一。

（李怡娴）

【服务青年】 扎实开展“青春恋爱季”“O2O小环境治理”等公益活动，创新、活泼、时尚、多元的株洲青年文化蔚然成风。开展“心手相牵 快乐成长”“关爱农民工子女”爱心帮扶活动，开发“株洲共青团就在你身边”公益平台，累计筹集资金120万元，帮助青少年解决一批实实在在的困难。23家“青年之家”全部入驻省级“青年之家”云平台，累计开展活动123次，辐射凝聚青年2万余人。（李怡娴）

【引领青年创新创业】 2017年，共青团株洲市委以“青春创业季”活动为总揽，开展“走进企业关注青年创新创业”等活动。积极对接市外资源，承办湖南省2017年创新创业大赛商工组比赛，为全市创业青年搭建展示交流平台。开展以电商、“互联网+”、众筹、众创空间为主题的创业培训，共培训2616人，新增市县两级青年就业创业见习基地154家，接收青年上岗实习3640人。推介“青创贷”项目，打造全市首个青年创业绿色通道，贷款180余笔，金额2000余万元。

（李怡娴）

【助力精准扶贫】 实施农村青年创业致富“领头雁”培养计划，培养市级农村青年致富带头人12人，戴永红、刘芬获“全国农村青年致富带头人”荣誉称号。实施“希望工程”“青e工程”等项目，资助730名困难学生就学。

（李怡娴）

【志愿服务项目化运作取得新成绩】 2017年，32家青年社会组织入驻株洲市青年社会组织孵化中心。第三届全国公益创业大赛中，虹雨社工中心“稻草人”项目获铜奖。第二届省青年志愿服务项目大赛中，“小青桔赛会志愿者服务项目”等5个项目获金奖。第二届省公益创投大赛中，株洲市小动物保护协会、株洲市畅想慈灯社工服务中心获大赛一等奖。大同社工中心留守儿童服务项目获团中央“伙伴计划”示范项目称号，青年社工王鹏获评全省唯一的全国青少年事务社工榜样。（李怡娴）

【共青团队伍建设】 提升团组织活力。狠抓基层团组织规范化建设，全面实施“活力提升”工程，湖南铁道职业技术学院铁道车辆与机械学院团总支获“全国五四红旗团总支”称号。联合市委组织部下发《关于开展“五带六同步”活动大力加强全市非公有制组织和社会组织党建带团建工作的意见》，新建“两新”团组织162家。企业团建工作成效显著，企业团组织推优入党工作不断规范化、制度化。各类创建活动不断深化，株洲中车时代电气制造中心路外产品部、湖南中车时代电动汽车电驱动系统事业部生产班组获全国“青年安全生产示范岗”称号。完成驻深团工委换届工作，选优配强工作力量，驻外团建工作活力持续提升。

转变团干部作风。严格落实团干部协管职责，联合市委督查室、市委组织部对全市县市区团委机关干部配备情况进行专项督查，推动基层力量配齐配强。常态化开展团干部培训，全年全市共轮训各级团干部1518人次，拓展学习阵地，团干部在线学习覆盖率100%。狠抓团干部作风，开展“青年·清风”主题系列活动30余场次，讲规矩、守纪律成为团内常态。

增强团员归属感。严格落实“一人一号”团员发展调控计划，全年发展团员数11500人。狠抓“三会两制一课”落实，积极开展“践行新思想 拥抱新时代”主题组织生活会。开展大学生暑期社会实践营，“盛夏光年”等共青团“筑梦计划”，不断吸引新兴青年，为株洲发展添智添活力。

（李怡娴）

【青联工作】 2017年，市青联全面加强对新阶层、新组织、新群体青年的联系和吸纳。在复旦大学举办“群众工作能力提升班”，开展“品味国瓷”“扶贫攻坚”“青联委员看新农村建设”等专题调研活动，委员履职、议事能力全面提升。（李怡娴）

【学联工作】 2017年，市学联不断巩固和完善“一心双环”团学组织格局，建立“学校、院系、班级”三级联动工作模式，推行“第二课堂成绩单”，切实服务学生成长成才，学生对学联组织的认同感和参与度不断增强。

（李怡娴）

【少先队工作】 2017年，共青团株洲市委履行全团带队职责，全面加强少先队专业化建设、“少先队辅导员名师工作室”创建等工作，提升少先队工作规范化水平，少先队工作时代感和针对性进一步增强。（李怡娴）

【株洲市第十六次团代会】 9月19日，共青团株洲市第十六次代表大会胜利召开。市委书记、市人大常委会主任毛腾飞等全体市委常委出席大会开幕式，毛腾飞在开幕式上做重要讲话，勉励全市青少年要志存高远、要练就本领、要锤炼品格、要担当作为，要在建设株洲进程中绽放青春光彩，成就无悔人生。大会通过《不忘初心、勇于担当，为加快建成“一谷三区”、实现“两个走在前列”贡献青春力量》的工作报告，选举产生共青团株洲市第十六届委员会。（李怡娴）

【共青团改革攻坚】 2017年，共青团株洲市委在深入调研的基础上在全省率先出台《共青团株洲市委改革实施方案》，共青团团代表大会、委员会、常委会基层和一线比例分别达87%、68%和55%。团市委选举产生1名挂职副书记、2名兼职副书记，形成专挂兼相结合的领导班子结构。改革机关设置，梳理调整部门工作职能，设立基层组织建设部、社会联络部。改进青年参与团的工作机制，推行“机关开放日”等联系青年制度，中车株洲电力机车有限公司团委书记李金龙工作事迹作为全国4名典型之一，在《中国青年报》进行专题报道。青联、学联、学校、少先队改革有序推进，湖南工业大学等3所高校出台改革实施方案，走在全省前列。统筹推进县市区改革攻坚，株洲县在全省率先出台县级共青团改革方案。（李怡娴）

【服务团中央第二轮常态化下沉基层工作】 根据团中央统一安排，由团中央宣传部思想理论教育处处长赵博担任组长的5人工作组到株洲（荷塘区、芦淞区、醴陵市）开展为期1年的常态化下沉基层工作。团市委召开专门会议进行研究部署，为工作组营造便捷、舒适、顺畅的工作环境。积极配合下沉工作，累计开展宣讲9场，走访基层团组织30家，座谈25场，访谈青少年1000余人。有效对接工作项目，圆满完成电影《灵魂的救赎》拍摄协调工作，得到下沉工作组的高度认可。（李怡娴）

株洲市妇女联合会

【概况】 2017年，全市各级妇联以强“三性”、去“四化”为重点，全面落实党中央群团改革要求，纵深推进妇联组织改革，围绕中心、服务大局、服务妇女，各项工作在改革创新中实现整体提升。市妇联获评“全国巾帼建功先进集体”荣誉称号。（杨　媛）

【学习宣传贯彻中共十九大精神】 2017年，市妇联编印《“她视界”时政热词100条》《党的十九大100个知识点》4000册，分发到全市妇联干部、妇代会代表、妇联执委等广大妇女手中，传达贯彻党委要求和十九大精神。全年组织专题学习13次，“她心声·有话对党说”“廉洁故事”征集“巾帼心向党·她心声”200余条。对应市、县、乡、村四级妇联，开展“百千万巾帼大宣讲”活动（组织百名妇联干部深入基层开展宣讲、千名妇联执委联系基层学习宣传、万名妇女群众受教育）。全市开展线上宣讲专题606次，受益5.5万人，线下开展宣讲活动1275次，受益3.58万人。（杨　媛）

【妇联组织改革】 3月，株洲市全面启动村（居）“会改联”和乡镇区域化建设。6月，全市1371个村（居）全部完成改革，选举产生村（居）妇联主席1371人，副主席2744人，执委21127人。8月，全市101个乡镇（街道）全部完成改革，选举产生乡镇（街道）妇联主席101人，副主席207人，执委2590人。9月，市委出台《株洲市妇联改革实施方案》中明确乡镇街道妇联主席由领导班子中女性成员兼任，村居妇联主席按照法定程序进村支两委，乡镇街道和村居妇联工作经费列入县市区财政预算，分别不少于2万元和5000元。（杨　媛）

【开展基层新增执委培训】 2017年，市妇联举办各类培训班14期、培训2700人次。推进在“两新组织”和社会组织广泛建立妇女组织工作，率先建立首个工地“妇女之家”，指导教育局率先成立教育系统妇联。全市已在“两新组织”和社会组织中建立妇女组织93家。（杨　媛）

【保障妇女儿童权益】 推动“两个规划”各项指标落地。女代表和委员比例大幅度上升。此届市人大女代表119人，占比30.43%，首次突破“两个规划”要求的30%指标。此届市政协女委员102名，占比31.58%。构筑社会化维权体系。实施“家和万事兴——为爱加油”项目，推广“等等吧”婚调机制，持续开展“家庭律师社区行”“不让毒品进我家”等宣教活动，举办“回娘家”维权心理沙龙6次。推进农村适龄妇女“两癌”免费检查工作。为84319名妇女提供检查，任务完成率102.25%，全市各级妇联自筹65.75万元帮扶“两癌”贫困妇女593人。打造一批株洲妇儿实事项目品牌。“感恩慈母”行动、彩虹邮包、“有爱不孤单”成长爸妈、“春蕾爱心屋”“稻花香”读书会等一批妇儿实事项目走出“株洲”，创出品牌。“稻花香”读书会举办亲子共读、游学活动275次、服务家长儿童13000余人次。“有爱不孤单”成长陪伴计划项目获评省最佳志愿服务项目，入选全国志愿服务“四个一百”先进典型。巩固妇女儿童活动阵地建设。在市级，市政府投资逾2亿元新建2.1万平方米的株洲市妇女儿童活动中心，计划2018年整体搬迁。在县市区，株洲县、攸县、炎陵县拥有独立的妇女儿童活动中心，其他县市区都在积极筹备过程中。在农村，加强农村社区“妇女之家”建设。2017年，株洲市已建成“妇女之家”2006个，基本实现“哪里有妇女，哪里就有妇女组织”，发挥“身边一个家”的聚合和服务作用。（杨　媛）

【推行“她代表”微信工作室】 2017年，株洲市探索建立“1＋1＋1”妇代会代表发挥作用的工作机制，在全省率先出台《株洲市妇联妇代会代表发挥作用的实施意见》《妇代会代表发挥作用的工作制度》和《“她代表”微信工作室管理办法》等指导性文件，建立“她代表”微信工作室300多个，联系和服务2万余名妇女骨干和工作对象。市妇联按每个县市区实体代表工作室每年5000元、每位代表每年200元向县市区增拨代表履职工作经费。《中国妇女报》进行专题报道。（杨　媛）

【株洲市第十二次妇女代表大会】 2017年10月9—10日召开株洲市第十二次妇女代表大会。市委书记、市人大常委会主任毛腾飞出席开幕式并讲话，市委副书记、市长阳卫国出席开幕式，省妇联党组成员、副主席张媛媛到会致辞。市领导雷绍业、刘光跃、蔡溪、赖馨正、杨玉芳等出席开幕式，全市各界320名女性代表出席会议。会议选举产生新一届妇联领导班子，邹展晖当选市妇联主席，杨琼、罗玉珍、吴静、陈碧、马清霞当选副主席，同时产生51位妇联执委。

（杨　媛）

【深化家庭文明建设】 2017年，株洲市妇联开展“一封家书”征集活动，收集家书2000余篇，获评省“家书抵万金”征集活动优秀组织奖。牵头株洲市文明家庭创建行动，持续推进寻找“最美家庭”活动，常态化开展“文明家庭、两型家庭、书香家庭、平安家庭”等创建创评活动，编印《株洲市百户优秀家庭事迹汇编》，市委书记毛腾飞在《株洲日报》《株洲晚报》发表《时代需要好家风》署名文章，带头谈家风议家训。全市各级“妇女之家”举办家风评议会、故事会273次，4.8万人次参与晒家训，100个家庭获评全国、省市各类家庭荣誉。 （杨　媛）

【开展“双创”主题活动】 2017年“巾帼建功活动”，创建全国巾帼文明岗4个、市级巾帼文明岗20个、巾帼建功先进集体10个。搭建创业就业平台，举办第二届家政职业技能竞赛，组织开展“春风行动”、巾帼招聘专场42场，帮助6500余名妇女实现就业，联合人社部门组织技能培训80余期、受益妇女近万人。推动妇女创业小额担保贷款政策实施，帮助702名妇女获得6307万元资金扶持，带动3463名妇女就业创业。 （杨　媛）

株洲市归国华侨联合会

【概况】 2017年，株洲侨联围绕株洲市中心工作，服务全市经济发展，维护侨益，开展联络联谊，积极参政议政、弘扬中华文化、参与社会建设。

服务经济发展，争做招商引资的生力军。3月，邀请深圳和广州侨商考察团对株洲市芦淞大京风景区、荷塘仙庾风景区、云龙示范区的旅游健康养老产业项目进行实地考察和调研，芦淞区大京100多亿旅游休闲项目方案报送市里。4月，邀请以香港铜锣湾集团为代表的港、澳侨商项目投资考察团，对株洲市醴陵渌江新区和攸县东部新区的城市综合体、垃圾焚烧发电项目进行实地考察，醴陵市城市综合体项目达成初步投资意向30多亿。8月，组织侨商参加株洲教投集团在云龙的土地推介会。10月，组织部分株洲籍或在株侨商赴株洲县、炎陵、茶陵对接当地政府的招商引资项目。年内完成株洲高铁西站地产项目投资6.88亿，株洲蓝海引进侨资3.2亿元打造董家塅五星级建材市场。

维护侨界权益。全市拥有5万多归侨侨眷和10多万株洲籍海外侨胞。市侨联走访、调研侨界群众150多人次，宣讲党和国家的侨务政策，及时了解、掌握并帮助处理侨界群众的所难所急所需。全年走访慰问归侨、侨眷50多人次，发放慰问金5万多元。筹资8万多元为全市98位老归侨、侨眷免费体检。解决侨界群众事业、工作和生活上的困难和问题30多起，维护了侨界群众的合法权益。

加强联络联谊。市侨联一直遵循侨务工作“群众性、民间性、涉外性、统战性”的规律，注意发挥血缘、地缘、业缘优势，用好亲情、乡情、友情纽带，深交老朋友，广交新朋友，深入挖掘海外侨界优秀资源，不断扩大侨联的“朋友圈”。1月23日，邀请全市300多位侨界群众代表参加市侨联主办的2017年侨界迎春联谊会；1月24日，邀请到10位海外华人华侨企业家，参加株洲市组织的回乡企业家迎春联谊会暨株洲市重大项目发布会；7月21日，成功举办株洲市侨商联合会的成立庆典活动；9月25日，召集并带领在株洲的老侨、新侨参加市委市政府举办的2017年侨界迎国庆中秋茶话会。

发挥界别作用，做好参政议政的召集人。向人大和政协积极推选新侨中的杰出代表，组织侨界政协委员，就全市经济建设和社会发展情况进行广泛走访调研，向相关部门提交多篇调研报告和社情民意提案，及时、准确地反映社会热点问题及侨界群众的要求和呼声，发挥他们参政议政的作用。

侨界献爱心推动公益事业发展。采取“自愿、引导、精准、鼓励、宣扬”原则，市侨联组织引导设立龙威公益基金，湘运集团每年捐资助学上百万元公益项目，美籍华人钟武雄先生多年来向家乡醴陵捐资助教300多万元的公益善举。 （王　珩）

【成立株洲市侨商联合会】 2017年7月21日，株洲市侨商联合会正式成立。株洲市侨商联合会是由株洲市境内归侨侨眷、侨属、海归、华侨华人企业家自愿组成的优秀团队，聚集了侨界株洲籍或在株洲的优秀企业家，吸纳会员120名。（王 珩）

【海归协会启动服务】 株洲的海归人数有3000多人，株洲市海归协会于2014年开始筹办，2017年株洲海归协会各项工作正式启动。该协会主要提供包括创业就业指导、政策解读、文化交流、慈善公益、海外联谊等服务。协会成员400多人，理事成员50人。全年协会举办联谊活动达百场之多，参与人数2800人次。（王 珩）

株洲市社会科学界联合会（株洲市社会科学院）

【概况】 2017年，株洲市社会科学界联合会有在职在编干部7人，内设办公室（加挂研究室牌子）、学会管理科（加挂社科院牌子）2个科室，共有团体会员单位64个。在全国大中城市社科联第28次工作会议上，被评为“全国社科组织先进单位”，报送的《株洲建设“中国动力谷”对策研究》获“改革与城市发展”征文一等奖第一名（全国仅有5个一等奖）。（张秋华）

【社科理论宣传】 开展主题座谈会和理论研讨活动。组织社科界人士开展“着力发挥‘四个作用’、加快建成‘一谷三区’”“建设新湖南喜迎十九大·热点话题谈心录”“贯彻发展新理念转型升级补短板”等专题理论座谈会，为全市经济社会发展营造良好的理论宣传氛围。（张秋华）

【社科课题研究】 牵头组织省社科评审委重点课题《老龄社会环境下的老年人经济研究》，研究成果由省社科联通过《新声专报》呈报省委、省政府领导。2017年，全市申报市级社科课题258项，立项159项，其中应用课题研究立项比重达到60%。出台《株洲市社会科学研究开放课题管理办法》。“清水塘老工业区转型升级对策研究”“株洲美丽乡村建设研究”等6项市级重点课题进行公开招标。（张秋华）

【新型智库建设】 完善建设机制。在充分调研的基础上，牵头起草《关于进一步繁荣发展中国特色哲学社会科学的实施意见》《关于加强株洲新型智库建设的实施意见》《关于成立株洲特色新型智库联盟的通知》《株洲市哲学社会科学中长期发展规划（2017—2025）》等系列文件。彰显咨政作用。组织智库专家开展“贯彻发展新理念转型升级补短板”讨论活动，共收集到省级层面献金策18篇，推送献金策理论文章6篇，省委宣传部《决策参考·湖南智库成果专报》采用1篇，《湖南日报》刊用2篇；共收集到市级层面的金点子49篇，推送献金策理论文章32篇。开展决策服务。6月13—14日，省社科智库专家围绕株洲县撤县设区后融城发展的难点问题开展调研，在株洲县召开专家现场咨询会，提出一批切实可行的对策和方案，专题调研成果被《湖南日报》“理论智库”专版整版刊登。表彰优秀成果。精心组织市第十三届哲学社会科学优秀成果评选工作，共评出一等奖4项，二等奖25项，三等奖30项。（张秋华）

【贯彻落实《湖南省社会科学普及条例》】 3月7日，市十五届人大常委会第三次主任会议听取《关于我市实施〈湖南省社会科学普及条例〉代表专题调研报告的交办意见》的整改落实情况汇报。3月24日，株洲市人民政府同意建立株洲市社会科学普及工作联席会议制度。联席会议由分管副市长担任总召集人，市政府副秘书长、市委宣传部分管副部长、市社科联主要负责人担任召集人，联席会议成员由团市委、市妇联、市教育局等16家单位相关负责人组成。5月24日，株洲市在市规划展览馆召开2017年社会科学普及工作联席会议第一次会议，会议由市政府副秘书长董小平主持。市社科联党组书记、主席周文杰汇报全市2016年社会科学普及工作基本情况，并部署安排2017年社科普及活动。各成员单位积极献言献策。市政府副市长杨胜跃参加会议并讲话。（张秋华）

【社科普及活动周主题展览】 5月24—31日，市社科联在市规划展览馆组织开展以“弘扬优秀传统文化 建设富饶美丽幸福新株洲”为主题的社科普及宣传周活动。此次展览分为两部分：第一部分以“悠久的文化历史，丰厚的文化底蕴”为主题，展示株洲各个时期的各级历史文化保护单位、各级非遗项目、遗址遗迹等，让市民通过展览了解株洲发展的沿革；第二部分以“唱响特色文化品牌，提升文化核心竞争力”为主题，展示株洲各项重大文化项目建设，让市民了解株洲的炎帝文化、红色文化、工业文化、生态文化。主题活动周面向广大市民推出精彩纷呈的社会科学普及大餐，免费向社会公众发放《株洲历史文化资源开发利用研究》《株洲文明史略》等3000多册（份）社会科学知识宣传资料。（张秋华）

【第八届湖南省社会科学界学术年会专场报告会】 12月5日，第八届湖南省社会科学界学术年会“创新引领，开放崛起·生态强省”专场报告会在湖南工业大学音乐厅举行。报告会由省社科联主办，湖南工业大学和株洲市社科联共同承办，省社科联党组成员、副主席郑升主持会议，湖南工业大学谭益民、张亚东，省社科联学会处处长刘平、方丽，市社科联周文杰及湖南工业大学教职员工和学生代表、株洲市委党校中青班、团干班学员共计300多人出席报告会。此次报告会由湖南工业大学校长、博士生导师谭益民，湖南农业大学经济学院院长、博士生导师匡远配，湖南生态文明研究与促进会副会长、湖南省绿色经济研究基地首席专家、长沙理工大学马克思主义学院博士生导师刘解龙三位专家，分别作《生态文明建设与绿色发展战略问题》《大力推进湖南省农业绿色发展问题研究》《全面开创生态文明建设新时代》主题演讲，对建设天蓝地绿水净美丽湖南等具体目标提出切实可行的操作方案，是一场思想、学术、文化的盛宴。演讲后，三位专家与听众就“生态强省”等问题进行互动。（张秋华）

株洲市残疾人联合会

【概况】 株洲市残疾人联合会是全市残疾人联合性群众团体组织。机关下设1室3部，即办公室、教育就业部、康复部、组织宣传文体基金部，二级机构3个，即残疾人劳动就业管理中心、残疾人权益维护中心和残疾人康复中心，共有在编在岗干部职工23人。

2017年，全市有各类残疾人24.5万人，占总人口的6.44%。按残疾情况分类，肢体残疾7.12万人，视力残疾3.64万人，听力残疾5.92万人，言语残疾0.38万人，智力残疾1.64万人，精神残疾1.81万人，多重残疾3.99万人；按地域分布情况，城区5.57万人，农村18.93万人。（陈翘楚）

【残疾人康复服务】 开展精准康复扶贫服务。市级共投入资金300余万，为309名0~7岁残疾儿童开展康复训练，为残疾人发放辅助器具（轮椅、拐杖、站立架、坐厕椅、盲杖等）150台（件），为1000名贫困精神病患者提供门诊服药补贴。各县市区为15429名残疾人提供基本康复服务，其中为6613名残疾人提供基本辅助器具适配。开展康复进社区工作。重点支持10个社区康复示范站建设，与卫生计生部门合作，推动社区卫生服务中心、有条件的乡镇卫生院和村卫生室开展基本康复服务、残疾预防及相关健康教育，推动为残疾人提供家庭医生签约服务；健全社区康复协调员队伍，为100名社区康复协调员开展业务培训，逐步实现社区康复协调员持证上岗；创新残疾人家长学校工作，支持10个残疾人家长学校工作，积极参加全省残疾人家长学校办学运行模式研讨班。加强全市康复体系建设，推进残疾预防和康复宣传。支持县级普遍建立残疾人康复服务中心，引导和鼓励社会力量参与残疾人康复设施的运行和管理；完善全市辅助器具机构的三级网络建设，重点加强县级及以下辅助器具服务设施和能力建设；加强政府与社会资本合作，扩大政府购买残疾人康复服务，支持民办康复机构发展；推进残疾人康复工作信息化管理，推动湖南省残疾儿童康复管理数据平台的使用，做好中国残联康复人才信息管理系统动态更新；利用“爱眼日”“爱耳日”“世界孤独症日”“精神卫生日”“唐氏综合症日”等节点，广泛开展残疾预防和康复知识宣传教育活动。开展康复培训，准确掌握康复人才培训需求。全市开展康复专业人才实名制培训，举办各类残疾康复管理、专业技术人员培训班培训人员500人次；选派各级残联和康复机构骨干70余人次参加上级举办的康复管理、听力语言康复、智障康复、自闭症、引导式教育专业人员等各类培训班。（陈翘楚）

【残疾人社会保障】 2017年，株洲市投入项目资金280万元，其中市级200万元。通过向县市区分解任务，开展相关人员培训，组织集中托养机构评定等方式，做好残疾人托养工作。完成城区政府购买残疾人居家托养服务600名，全市开展残疾人托养服务820名。完成省残疾人托养任务1760名，完成率133%。春节期间，全市残联系统筹集资金170余万元，以调研、走访、慰问的形式慰问困难残疾人3500余户。与深圳独立团网络科技有限公司联合开展“先科净水机”和轮椅公益捐赠项目，为全市贫困残疾人家庭捐赠价值210万元先科净水机530台、轮椅100辆。（陈翘楚）

【残疾人就业创业】 2017年，株洲市培训残疾人1507人。其中，投资149万元，17期残疾人就业培训进社区班共培训残疾人510名；投资69万元，10期特色培训班共培训残疾人232人；各县市区开展培训20余期，共培训残疾人765人。本级投入项目经费58万元，对183名残疾人创业者展开扶持，完成率183%。“就业援助月”活动中一对一帮扶25户就业、创业困难残疾人家庭，2017年残疾人专场招聘会上，127名残疾人与用人单位达成就业意向，各县市区通过残疾人专场招聘会帮助100多名残疾人解决就业难题。（陈翘楚）

【助残扶贫】 全市残联系统通过建档立卡，摸清兜底脱贫持证贫困残疾人情况。全市840名农村残疾人列入阳光增收脱贫计划任务。其中醴陵市对244名建档立卡残疾人贫困户在种植、养殖和设施农业等方面给予全力帮扶，5户家庭人均年收入达8000元以上，3户家庭带动和帮助10户以上残疾人家庭实现阳光增收脱贫；市残联对攸县鸾山镇江冲村12户贫困残疾人家庭进行对口帮扶，帮助该村发展集体经济、光伏发电、楠竹加工等产业，使村民的经济状况得到极大改善，全年投入帮扶资金约50万元。班子成员邓彬华在送鸡苗的山路上勇救下滑三轮车的事迹被《株洲日报》刊登。开展就业扶贫示范基地建设。2017年度，共有8家基地被认定为市级残疾人就业扶贫示范基地，其中2家申报省级就业扶贫示范基地，市级基地给予6万元~7万元建设补助资金。

（陈翘楚）

【助残志愿服务品牌】 2017年，全市共有10个助残服务联系站，1700多名助残志愿者。专业化、团队化志愿活动越来越多，“为爱而行，这个冬天很温暖”“残疾人无障碍出行”“艺术之风文化助残”“残疾人无障碍观影”等成为品牌助残项目。益云公益、爱慕家等一批社会助残服务组织的“无障碍出行”“居家关怀”等服务成为全省的服务名片。株洲市弘毅帮帮公益协会等公益助残志愿服务组织在省、市多个志愿服务项目竞赛中获得奖项。市残联驻村帮扶的攸县江冲村成为市残联机关志愿者的长期战场，志愿助残活动成为株洲市常态化的工作。

（陈翘楚）

【无障碍设施改造】 2017年，株洲市共完成无障碍改造任务213户，其中“民生100”任务完成157户，完成率196.25%。（陈翘楚）

【社会扶残助残】 2017年，各类扶残助残主题活动精彩呈现。先后开展“推进残疾预防、健康成就小康”全国助残日主题活动、残疾儿童康复训练、残疾人书画点评会、“诵读经典，与爱同行”读书活动；与株洲新闻综合频道合作开播手语节目，为全市6.3万听力残疾人营造无障碍的信息交流通道；举办“经典诵读”比赛、“缘来你在这里”第二届残疾人交友联谊会、“我幸福、我歌唱”株洲市第二届残疾人歌咏比赛、重度残疾人文化进家庭“五个一”活动等。全年刊登新闻、专访等130余条，电视新闻120余条，广播专栏、新闻120余篇，网络宣传200余条。（陈翘楚）

【残疾人信访和维权工作】 2017年，共接待来信来访300余人次，救助资金近6万元。处理市长信箱和来电来信20余次，“12385”残疾人服务热线正式投入使用，累计接访电话80余次。提供法律救助3次，积极协调司法行政部门、法律服务部门，处理涉残人员矛盾纠纷调解近10余起。向中残联申请2018年度的残疾人机动轮椅车燃油补贴名额6500余名。

（陈翘楚）

株洲市红十字会

【概况】 株洲市红十字会成立于1957年，原隶属于市卫生局，2004年明确为市政府领导联系的独立正处级单位，列入群团组织序列管理，是从事人道主义工作的社会救助团体。内设办公室、赈济服务部、救护培训部、事业发展部，备灾救护培训中心。截至2017年年底，有工作人员17人，退休2人。全市共有9个县级红十字会。

2017年，株洲市红十字会以弘扬人道主义为宗旨，以改善最易受损害群体境况为基本目标，遵循人道性、独立性、公正性、中立性、统一性、普遍性和志愿服务的基本原则，积极依法开展参与推动无偿献血、遗体和人体器官捐献工作、造血干细胞捐献、应急救援、人道救助、应急救护工作、救灾、救护、救济工作。（刘　静）

【“三献”工作实现新突破】株洲市红十字会自2011年启动遗体、器官捐献工作以来，通过捐献典型事迹和人物宣传，市民对捐献的认知度和参与度逐年提升，截至2017年年底，成功完成遗体捐献32例，器官捐献75例，组织捐献35例，遗体器官捐献志愿者申请登记达到404人。领导干部率先垂范，党员每年主动参与无偿献血，全年共采集250余份符合要求的血样，加入中国造血干细胞捐献者资料库，为救治血液疾病患者增加配型成功率；联合株洲市中心血站、企业、学校、医院开展无偿献血、造血干细胞捐献采样入库活动；开展清明节器官遗体捐献者网上追思与陵园缅怀纪念活动；全年争取湖南省红十字会人道救助资金39万元，救助16户志愿捐献人体器官、组织和遗体的贫困家庭。（刘　静）

【打造人道救助新品牌】创新线上线下相结合的筹资模式，联合新闻广播电台和爱心企业开展第二届“向日葵”助学活动，运用“微信捐步”等形式设立“一步一捐”与百万市民一起公益助学，募集14万元“向日葵助学金”资助7位贫困学子；参与养老服务，与湖南盛康养老产业发展有限公司联合签署战略合作协议，设立“盛康博爱助老金”，对困难的孤寡、高龄、失能老人进行扶助；以“五八世界红十字日”活动联合温州商会爱心企业家走进炎陵贫困山村开展物资捐赠活动；连续23年开展“情系炎陵麻风村”活动，连续14年开展金秋助学活动，帮助30位贫困学子圆梦大学；第五届“光明行动在株洲”资助100例贫困白内障患者免费进行手术治疗；第三届“关爱贫困留守儿童”活动为100名贫困孩子送去温暖。2017年，株洲市红十字会共计救助1182人次，发放人道救助金218.54万元，帮助改善最易受损害群体生存和发展境况，提升百姓的幸福感和获得感。（刘　静）

【志愿服务资源】2017年，在已组建的株洲市红十字蓝天救援队、红十字无偿献血服务队、红十字天使志愿服务队、红十字医疗救援队和红十字心理援助队五支志愿团队的基础上，新增红十字养老志愿服务队，进一步拓展志愿服务范围。株洲红十字会对志愿团队开展有针对性的专业培训，引导志愿者参与社会、服务社会。其中：红十字心理援助队开展的《关爱生命大讲堂》活动获评全国优秀志愿服务项目；红十字蓝天救援队开展的应急救护培训“五进”活动，在群众中广泛普及应急救护知识；红十字无偿献血志愿服务队举行的无偿献血公益晚会，在社会上大力倡导奉献精神；红十字天使志愿服务队和养老志愿服务队联合开展“真情慰问残障人士”“关爱老年人”“环卫工人爱心免费早餐”等形式多样的公益活动，为社会弱势群体送去温暖；红十字医疗救援队开展义诊咨询等活动，为群众健康保驾护航。（刘　静）

【应急救护培训普及】2017年，株洲红十字会大力实施红十字应急救护培训“五进”（进社区、进学校、进企业、进机关、进乡镇）活动，在市区普及培训近100场3万余人次；联合株洲日报社、市教育局、市财政局开展第四季“校园记者普及应急自救知识系列活动”，普及学生8000人次；湖南省红十字会应急救护培训项目，在炎陵县开展红十字救护员培训300人，普及应急救护知识2万人次；中国红十字总会“红十字生命健康安全教育项目”落户株洲，建设株洲市红十字会生命健康安全教育馆暨应急救护培训示范基地；“学校+社区”安全健康教育活动培训救护员1809人，开展亲子讲座3000人，应急演练6500人，学校安全教育体验7000人次，主题宣传733人次；举办1期学校安全辅导员培训班和开展2期公益讲座2000人。（刘　静）

【防汛抗洪应急救援】2017年6月，株洲市暴雨成灾，株洲市红十字蓝天救援队奔赴全市4个区，实地勘查灾情，参与应急救援，共安全转移群众80余人。2017年，防汛抗洪期间，株洲红十字会共接收中国红基会、澳门红十字会、省红十字会、山东药业下拨和捐赠的救灾物资157万元，接收本地企业捐赠药品价值5万余元，芦淞区红会募集社会爱心救灾物资价值15万余元。救灾物资均做到捐赠款物公开透明、分配发放公开透明。（刘　静）

株洲市老龄工作委员会办公室

【概况】 截至2017年年底，全市60周岁及以上的老年人口约71.62万人，占全市总人口17.8%，其中65周岁以上老年人口54.62万人，80周岁以上10.36万人，100周岁以上93人，人口老龄化程度不断加深。

2017年，株洲市老龄系统着力重点民生实事项目建设、高龄老人生活补贴提标扩面、完善老龄工作议事联络机制、创新基层老年协会发展、营造养老孝老敬老氛围，开展老年人合法权益维护、老龄政策主题调研、涉老议案答复和意见征询等工作，增强老年人获得感、幸福感和安全感。在第二届“敬老文明号”创建活动中，株洲市天元区敬老院、醴陵市民政局等4个单位获评全国“敬老文明号”，陈头娇、刘春艳等7人获评全国“敬老爱老助老模范人物”。（唐　珂）

【高龄老人生活补贴提标扩面】 2017年，全市高龄老人生活补贴发放以90~99周岁对象为主，补贴标准60元/月（天元区、荷塘区为100元/月）；天元区、芦淞区和茶陵县等县市区先行提标扩面，对80~89周岁的高龄老人发放补贴，补贴标准30~50元/月。全年高龄老人生活补贴人数1.55万人，发放补贴资金923.876万元。针对株洲市高龄老人生活补贴覆盖面窄、标准偏低、同城不同标准的情况，株洲市将市高龄老人生活补贴发放范围和补贴标准调整为“户籍在株洲市，90~99周岁的老人补贴不低于100元/月，80~89周岁的老人补贴不低于50元/月”。补贴资金列入各级财政预算，其中城市5区由市、区两级财政按1∶1分担，其他县市由本级财政全额承担。（唐　珂）

【特殊老年群体保障】 开展百岁老人长寿保健补助工作。2017年，株洲市108名百岁老人按照每人每月500元（天元区为700元，攸县为600元）的补贴标准，发放补贴资金56.26万元。落实基本养老服务补贴制度。2017年，各县市区政府出资为65周岁及以上的失能、半失能的低保老人购买基本养老服务，补贴标准20~100元不等。全市10056人（含集中供养对象2215人）受惠，共发放补贴资金490.16万元，实现基本养老服务补贴覆盖率100%。推进老年人意外伤害保险工作。市老龄办公开招标评选，确定中国人寿、中国平安和中华联合财产3家保险公司负责开展全市老年人意外伤害保险工作。2017年，全市有7.81万老人投保，总保费达634.8万元。其中政府出资205.57万元，为3.52万名低保、五保、三无、重点优抚和失独五类特困老人投保，保险公司优惠52.69万元，覆盖率100%。（唐　珂）

【基层老年协会发展】 2017年，全市建有社区老年协会362个，农村老年协会1017个，城乡建会率100%。同时，株洲市积极引入专业社工、爱心义工及各类社会组织，整合为老服务资源，推动老年协会规范性建设，打造“双工一会”“老年协会＋居家养老”、邻里互助、政府购买等模式，结合开展关爱留守老人社工支持项目，多层次、全方位支持城乡老年协会发展。《株洲市探索“老年协会＋留守老人”居家养老模式》在《中国社会报》上刊发推广，获评2016年度全国“老龄新闻宣传好作品”优秀奖。（唐　珂）

株洲市消费者委员会

【概况】 2017年，株洲市消费者委员会围绕“网络诚信消费无忧”年主题，积极引导消费新观念。通过分领域、分行业开展宣传活动，在全社会营造主动聆听消费者意见、满足消费者需求、让消费者满意的社会氛围；针对新消费领域的商品和服务开展比较试验，发现、展示真正适应消费需求的优质品牌，提升消费信心，促进商品和服务的消费需求；强化消费领域监督，针对消费新热点、新领域、新问题，综合运用投诉、体察、评议等监督手段广泛听取消费者的意见和呼声，推动重点领域消费者权益保护机制的进一步完善；重点引导绿色消费、品质生活消费观念，有序引导消费升级，发挥新消费的引领作用；探索建立跨境、跨地区消费纠纷解决机制，针对消费市场国际化带来的维权新难题，推动搭建区域性消费纠纷合作平台，为消费者反映诉求主张权益提供便利；针对新消费研究建立多元化消费维权和监督模式，搭建消费者可直接参与的监督平台，完善经营者和消费者纠纷解决的协商机制。

2017年，全市消委系统共受理消费者投诉1753件，为消费者解决1751件，到期办结率为99.89%；为消

费者挽回经济损失72.65万元；接待来访来电咨询4710人次；发布消费警（提）示6件次。（刘漫江）

【“3•15”宣传活动】 3月13—14日，株洲市消委会、市工商局与《株洲晚报》、红网株洲站联合举办“3•15”维权直通车栏目，工商、房产、交通等行政职能部门和水电气、公交、通信运营商等20家单位参加节目，现场接听消费者来电和网民在线咨询、投诉并通过媒体连续进行转载刊登。3月15日，围绕“网络诚信 消费无忧”的年主题，株洲市消费者委员会携手各行政职能部门、公用企事业单位、金融保险、三大通信运营商、媒体等47家单位500余人在株洲市中心广场电信大楼前开展“3•15”庆祝活动。现场受理投诉95件次，接受消费咨询4928人次，发放宣传册10150本，宣传资料15400余份。株洲市消委会、株洲市工商局和株洲电视台在活动现场合办“网络诚信 消费无忧”专题节目。同日，市消委会、市工商局通过电视台、报纸、电台、网络等多家媒体通报2016年株洲市十大消费维权案例、2016年十大（申）投诉热点。（刘漫江）

【开展株洲市互联网消费教育“五进”活动】 6—11月，株洲市消费者委员会在全市范围内开展互联网消费教育“五进”活动。活动分别在天元区嵩山路街道办事处湘银社区、湖南省商业技师学院、株洲龙洲矿泉水有限公司、芦淞区欧洲城、醴陵白兔潭镇开展“进社区”“进学校”“进企业”“进商厦”“进农村”启动仪式，活动目的是营造安全无忧的网络消费环境。（刘漫江）

【开展老年消费教育“三进”活动】 2017年，株洲依托居委会、老干办、干休所、社区医院、老年学校等机构，开展老年人消费教育“进社区、进单位、进家庭”活动，引导老年人科学理性消费，维护老年人合法权益，促进老年产业健康可持续发展。积极探索建立老年消费教育基地和老年消费教育指导机构。（刘漫江）

株洲市慈善总会

【概况】 2017年，株洲市慈善总会积极开展形式多样的慈善救助活动。“让截瘫患者站起来”大型慈善救助公益活动让55位截瘫患者重获新生。会同市总工会、市教育局、市财政局、市民政局等单位共同举办的“金秋助学”活动共支出爱心善款482.5万元，资助965名贫困学生，其中市慈善总会出资100万元，资助200名贫困大学新生。继续开展大病救助活动，共计救助145人，支出大病救助款100万元。与市委统战部、《株洲晚报》等有关部门在春节前开展为特困群众送年货慰问活动，共支出80.37万元，给1600多户特困家庭送年货。与市中心医院，组织医疗专家和医务人员赴炎陵，开展“对老区人民提供健康关爱，全面普及健康知识”为中心内容的义诊及慢性病筛查服务等慈善爱心活动，共为200多名村民进行义务诊疗和检查服务，免费发放大量常用药品，并开展健康养生、慢性疾病预防等知识的普及和宣传。全年，共募集社会扶贫款3393万元，拨付扶贫款1582.23万元，分别用于“我想有个家”安居工程；“阻断贫困代际传递”助学行动；定向资助学校、医院、扶贫村；购买食用油、白虎膏发放给炎陵、茶陵、泸溪县贫困农户等项目。（张 灵）

军 事

株洲军分区

【概况】 2017年，株洲军分区以强军思想为引领，坚定对标看齐追随，着眼主责主业定位，聚力新编新职落实，聚焦备战实训中心，狠抓整风肃纪推进，夯实安全发展根基，军分区全面建设在稳定中呈现出良好的发展态势。

紧抓思想政治工作。狠抓政治工作落实。采取集中组学、个人自学、研讨交流等相结合的方式，抓强军思想的学习贯彻，官兵坚定维护核心、坚决听从指挥的思想根基进一步固牢。深化理论武装，大力培育有灵魂、有本事、有血性、有担当的新一代革命军人。严密组织“坚决贯彻主席训令，忠实履行神圣使命”专题教育，凝聚拥护支持改革的意志力量，积极培养官兵“大进步观”，全区在改革大考面前交出合格答卷。召开军分区第五次党代会，总结回顾过去十年特别是中共十八大以来的成绩和经验，规划部署今后五年工作。加强党委班子建设，对团级党委班子进行帮带和指导，团级班子建设水平、领导能力、作用发挥显著提升。全面铺开民兵“学习宣讲习近平新时代中国特色社会主义思想活动”，联合市委宣传部在醴陵市召开现场推进会，取得阶段性成果。持续正风肃纪，深入推进肃清郭徐流毒影响工作，举一反三吸取上级巡视、审计、暗访通报问题教训，不折不扣抓好省军区审计反馈问题和生活费专项审计通报问题整改。

提高战备训练质量。突出军事训练的中心地位，坚持抓重点带一般的思路，围绕新课目、新内容、新标准练单兵、练指挥、练协同，训练水平不断提升。全年共完成民兵训练56期3284人，100%完成训练任务。新大纲试训成果明显，组织机关和部分人武部分类别对《军分区人武部军事训练大纲》和《军事体育训练大纲》部分内容进行试训论证，共编写试训论证报告6份，试训教案37份35万余字。组织军分区本级和各团级单位进行年终训练考核，为评定干部军事素质和单位首长机关组训情况提供重要依据。完成急难险重任务，全年先后出动民兵53次共3600余人参加各类抢险救灾行动，解救被困群众1800余人，处理险情40余处，转移重要物资160余吨。

开展国防动员建设。按照“党委主导、军队主筹、国动委主管、政府主抓、部门（企业）主办”的工作格局，调整完善国防动员领导机构，利用国防动员潜力调查系统，军地多个部门联动，全面开展潜力核查，初步掌握全市可动员的物资、装备、器材等潜力底数。围绕以确保兵员质量为核心、以征集大学生为重点、以净化征兵风气为抓手出色完成征兵任务。全市兵役登记率均达到100%；组织各高校举行大学生启动仪式，近3万名师生参加；协调三大通信运营商、交通、城管等媒体资源广泛开展征兵立体宣传，全面推行征兵体检信息化管理，2017年，全市应征青年报名人数达到10210人。聘请廉洁征兵监督员，建立廉洁征兵零报告制度，采取普查抽查相结合的方式，进行问卷调查，共发放调查表3000余份；落实征兵各环节，圆满完成新兵、直招士官征集任务和定向培养士官的体检政考工作，大学生征集比例达63%。协调市人社、民政等部门组织全市退役士兵免费技能培训和就业专场招聘会，畅通退役士兵安置、就业、培训渠道，搭建退役士兵培训、就业平台，帮助158名退役士兵解决就业问题，中央七台、湖南卫视、国防报等媒体均进行报道。

坚持党管武装工作。武装工作建设纳入经济社会建设的“总盘子”。市委召开专题议军会议研究支持国防和军队改革的措施办法，市委常委会先后6次安排学习习近平强军思想和中央、省委关于加强党管武装工作的重要精神，研究支持国防和军队建设的具体举措。拥军敬武的氛围日益浓厚，举办庆祝中国人民解放军建军90周年书法美术摄影作品展，拍摄《株洲军人风采录》专题片，召开水口连队建党90周年座谈会，加快建设株洲市青少年国防教育基地，《人民日报》内参刊发荷塘区创办复转军人之家经验做法，全市关心支持国防建设的局面加速形成。积极推进军民融合深度发展，出台《株洲市军民融合三年行动计划》，加快《株洲市军民融合创新示范区建设规划》重点项目建设，产业融合和教育融合发展引起省政府的重视。维护军人军属合法权益，支持驻株部队开展停偿工作，妥善处理涉军维权案件纠纷数10例。支持驻地建设，广泛参与精准扶贫，抢险救灾等工作，筹措经费600余万元，引进和资助扶贫项目28个，帮助140户贫困户成功脱贫，为全市总体脱贫贡献力量。

加强部队安全管理。全年开展“学守用法规”活动，先后10次召开党委常委会和安全委员会会议学习文件、研判风险、明确要求。调整改革后，及时健全组织运行、规范制度落实，自上而下逐级签订责任状。开展“条令月”和“百日安全活动”，制定下发“安全工作奖惩规定”，开展“重大安全隐患问题整治”“老旧废武器弹药清查”“网络信息安全专项治理”活动，各种安全隐患有效排除；严格落实大项活动安全风险管控，抗洪抢险、高炮分队演练、年度军事训练考核和新老兵运输等全程安全顺利。部队保持高度集中统一，被省军区评为“安全稳定工作先进师级单位”。

确保后装保障能力。严格落实党委理财，确保经费向战备训练、大项任务聚焦。严格经费监督管控，对表新政新规，深化清查整治。组织全区开展经济责任自查自审自改，全面纠治经济活动中违规违法问题，对照8个方面3类性质的问题，共清查整改问题471个。落实长沙审计中心对军分区部队生活费专项审计指出的问题整改。解决历史遗留问题。稳妥移交“八一新村”物业管理，先后5次召开协调会，将“八一新村”列入市老旧小区改造计划。投入100多万元对民兵武器装备仓库消防、监控扩容等安防设施进行升级改造。组织检查师团两级武器库规范化管理情况。拓宽社会化保障模式，委托地方专业公司对营院物业、社会用工、官兵饮食等实施保障。完成全面停偿任务。人武部新营院建设有序推进。 （陈　余）

【抗洪救灾】 6月25日—7月4日，株洲市普降大到暴雨，累计降雨量600毫米，湘江最高水位达44.08米，同比98年水位高出0.5米，株洲遭遇历史最大洪水灾害袭击。根据市防指的统一部署和军分区的协调指挥，从26日6时起，军分区机关和9个县（市、区）人武部共出动现役官兵50人次、民兵应急分队人员2527人次，保障车辆63台次，以及冲锋舟和橡皮艇83艘和其它救援器材，主要遂行解救被困群众、转移物资、清除漂浮物、巡堤、封堵管涌等任务，共解救被困群众1400余人，处理险情40余处，转移重要物资110余吨，取得抗洪救灾的胜利。

（陈　余）

【开展纪念中国人民解放军建军90周年系列活动】 2017年，株洲军分区以“铭记光辉历史、传承红色基因、凝聚奋进力量、推进强国强军”为主基调，联合中共株洲市委、市政府开展一系列主题突出、形式多样、内容丰富的中国人民解放军建军90周年纪念活动。7月28日—8月20日组织以“赞颂辉煌成就·赓续红色基因·支持改革强军”为主题的株洲市纪念建军90周年图片资料展暨书法美术摄影作品展；8月1日在《株洲日报》头版刊出“八一慰问信”；组织各级领导深入部队、干休所及个人家庭，走访慰问驻株部队、海军株洲舰官兵和重点优抚对象，巩固军政军民关系；联合株洲市广播电视台，用新闻记实手法纪录71集团军特种作战旅围困蟠龙模范连班长邓日明等5名株洲籍优秀现役军人从军故事，拍摄出《株洲军人风采录》专题片，在市电视台《株洲人物》栏目滚动播出。 （陈　余）

【军分区第五次党代会】 12月29—30日，中国共产党株洲军分区召开第五次代表大会，学习贯彻中共十九大精神和省军区第十四次党代会、株洲市第十二次党代会精神，总结军分区第四次党代会以来的工作，规划部署今后五年工作任务，为谱写新时代全市国防动员建设新篇章凝聚意志力量。株洲军分区党委书记、政委胡鹏飞代表军分区第四届党委作工作报告。12月30日，株洲军分区党委五届一次全会召开。全会选举产生了株洲军分区党委新一届常委和第一书记、书记、副书记。毛腾飞、胡鹏飞、李波、胡小合、吴文静、欧阳权当选为株洲军分区第五届党委常委；毛腾飞、胡鹏飞、李波分别当选为第一书记、书记、

副书记。胡小合当选为株洲军分区纪委书记。（陈　余）

预备役步兵师炮兵团

【概况】 2017年，湖南陆军预备役步兵师炮兵团转隶至战区陆军领导管理，全团部队积极践行党在新时代的强军目标，主动适应陆军的新标准新要求，贯彻战区陆军党委抓好“四条线”指示精神，改革过渡期各项建设扎实推进、平稳顺利。

紧贴使命、练兵备战，高标准完成年度战备训练任务。严格落实各项战备制度。正规团战备工作秩序，大力提高战备工作水平，完善团营连三级战备方案。严格落实战备值班制度，上级点验、抽查保持“零差错”。结合节假日战备教育组织反恐维稳行动演练、徒步战备拉练，增强官兵备战打仗意识。实战化训练水平稳步提升。分批次先后组织和参加在职训练、入队训练、现役营连长集训、预任军官集训、专业骨干集训、防暴恐演练、战备拉动、后勤专业集训、赴益阳地区抗洪抢险和年终军事训练考核等，每月组织现役官兵体能测试，团队各项训练开展紧张有序，确保训练“人员、时间、内容、质量”四落实，训练成效明显。

立足现有、依法依规，着力推进后装保障正规化、制度化。深化后勤保障改革。拓宽保障渠道，优化经费物资投向投量，优先保障战斗力和基层建设，提升后勤资源管理使用效益。提升装备保障能力。结合组织调整完成通用装备预征工作，组织对榴弹炮、加农炮、火箭炮的战技术性能进行普查，优化维护保养方式和作业体系，全面提升装备完好率和配套率，增强装备保障能力。搞好装备移交和清理清查工作。严格落实财务新政新规。对各项经费开支严把关，全年共核减各项经费开支30余万元；全面清查核实全团固定资产，进行登记备案和上报。综合保障有力度。完成部队土地确权领证，全面停止对外有偿服务工作，深入开展全军油料系统集中专项整治，对以往存在的油料问题进行全面整改。

转变观念、反复审核，扎实做好预备役改革调整准备工作。改革教育深入落实。结合“维护核心、听从指挥”主题教育和推进“两学一做”学习教育常态化制度化，分阶段先后细化开展改革转隶专题教育、军队规模结构和力量编成改革中思想政治教育、部队规模结合和力量编成改革直前准备阶段教育，夯实官兵的思想根基，确保部队安全稳定。转隶交接底数清楚。组织对全团部队现有的人财务等账目进行全面清查，确保账物相符、底数校准。统筹推进交接工作，依令办理转隶交接手续。固定资产审查登记完善。转隶南部陆军后，团党委研究制定物资资产审查方案，组织对全团所有的固定资产进行审查。

牢记底线、守住红线，强抓部队安全管理工作落实。切实强化安全意识。强化部队安全管理，先后组织“争创安全年”“学法规、用法规、守法规”“六个严防”排查、转隶移交等活动，认真抓好安全工作落实，把全面从严的要求全方位、全员额、全时空落到实处，全团官兵安全意识有效增强。严格落实安全制度规定。提高安全管理工作的针对性和有效性。严格人员管理和车辆管理，强化重点目标管理，确保营院安全。积极做好维护社会稳定工作。积极协调地方国安局、公安局、610办等单位，对相关人员进行政治审查，坚持每季度掌握一次团驻地社民情和易燃易爆危险品情况，并充实完善各类登统计资料。2017年9月，再次对全团涉郭涉徐信息进行清理清查。（谭龙伟）

【抢险救灾】 7月1—4日，团160名官兵开赴益阳桃江、赫山等地抗洪抢险，先后转战200余千米，执行巩固堤坝、封堵管涌、清除障碍、封堵缺口等任务，鏖战三昼夜，高标准完成上级和地方党委政府赋予的各项任务，受到当地人民群众的高度赞扬。

（谭龙伟）

武警株洲市支队

【概况】 中国人民武装警察部队株洲市支队（简称武警株洲市支队）由原武警湖南省总队第二支队和株洲市支队于2005年5月合并成立。2017年，支队坚持以习近平强军思想为统领，把握稳中求进总基调，围绕做好维稳工作，各项任务完成圆满。

强化思想政治引领。开展“维护核心、听从指挥”主题教育，强化官兵思想认同。抓好军队编制体制改革期间宣传教育，凝聚官兵共识。注重发挥新闻宣传“喉舌”功能，展现支队官兵良好形象，在中央级媒体刊稿30余篇，省级以上媒体刊稿20余篇，支队被总队评为“新闻工作先进单位”。

提升核心军事能力。严格军事训练“八落实”要求，聚焦实战化训练，支队在总部半年随机性军事训练考核成绩优异，参加总队优秀教练员评比获团体总分第一，1人被总部评为优秀教练员、2人被总队评为优秀教练员。全年圆满完成汨罗抗洪抢险、重要警卫、“中韩足球赛”机动备勤、黄丰桥煤矿气体中毒事故外围警戒、城市武装巡逻、武装押解等重大临时勤务。

筑牢安全基础。认真落实安全工作“八个规范”，开展“事故案件警示月”和“百日安全竞赛”活动，加强中共十九大和部队改革调整期间人员管控和隐患排查治理，加强手机和互联网使用管理，巩固安全基础。支队连续15年实现“五无”，抓安创安做法得到总部充分肯定，经验做法被武警报头版头条刊发。

加强基层建设。组织8批次常委带队的工作组，深入基层按纲建队考核、蹲连住班和下连当兵，组织2次蹲点干部心得交流，基层基础得到稳步提升。支队三大队炎陵县中队被总队表彰为“基层建设标兵中队”，二大队，一大队一中队，二大队四中队、五中队，三大队茶陵县中队，株洲县中队被表彰为“基层建设先进单位”。

提高综合保障。积极推进荷塘区、株洲县、攸县、七、八中队营房新建和醴陵市、炎陵县、二、四中队营房维修改造，协调联通公司投入经费220余万元，为基层单位建设军营互联网吧，基层物质文化生活得到有效提升。支队保障处被总队评为“先进保障处”。（施永祥）

人民防空

【概况】 2017年，株洲市人民防空办公室不断深化机关文明创建，顺利完成全国文明单位复查工作，继续保持“全国文明单位”称号。

（沈旭华）

【人防工程建设】 株洲市人防办投资1.2亿元、历时3年多，完成人防疏散基地一期项目建设；完成人防指挥所配套物资库主体工程建设；完成株洲县人防战备物资库主体工程建设；《株洲市人防工程建设规划》获批，完成醴陵市、攸县《人防工程总体建设规划》初稿，启动株洲县、茶陵县、炎陵县《人防工程总体建设规划》编制工作。（沈旭华）

【人防指挥通信建设】 进一步完善全市指挥所战备功能，完成攸县指挥所的规划选址等前期筹备工作，完善基本指挥所和机动指挥所通信系统，升级改造全市警报终端系统。全年常态化多样化开展人防训练演练。其中：组织全市9个县（市）区10台人防机动指挥车开展跨区通信系统演练，并与湖北宜昌市人防办进行联合演练；组织市县两级参加省内跨区联合演练；开展市办和城市5区人防系统干部职工野外生存拓展训练；组织城市防空袭人民防空指挥部演练和组织全市9个县、市、区部分机关、企业、学校和社区10多万人进行防空防灾疏散演练。（沈旭华）

【人防行政执法】 修订完善《株洲市人防办合同管理制度》、人防工程质量监督等各项制度。规范工作流程、严格审批监督，全过程规范人防行政许可审批、设计审查、质量监督和竣工验收等手续，依法依规完成17个项目初步设计审查和15个项目施工图备案。加强执法指导、强化案卷管理，完成全市各区近2年的行政审批执法案卷存档的检查指导和执法案卷评查，配合省人防办对株洲县、醴陵市、云龙示范区人防执法进行稽查。

（沈旭华）

【人防教育宣传】 在全市政府机关、写字楼和酒店等210处公共场所，以电梯广告的形式拓宽宣传渠道，开辟人防教育宣传新阵地，进行人防教育知识专题宣传；完成市示范性综合实践基地人防宣教场所、神农城人防宣传教育广场项目的前期建设准备工作；全市新增社区人防宣传教育阵地29个，发放3万册《现代防空防灾》教材，积极开拓人防教育知识普及的广度和深度。（沈旭华）

【人防干部培训】 以专题研讨、专家授课、外出培训的形式加强干部培训。组织全市指挥通信人员全员参加湖南省人防办组织的10次集中辅导授课，分批选送人员到西安、吐鲁番以及省人防办进行业务学习培训，组织全市45名人防系统干部到浙江大学进行培训，不断开拓干部视野、提升队伍综合素养。（沈旭华）

法治

政法及综治

【概况】 2017年，株洲市政法机关忠诚履职、改革创新，全力推进平安株洲、法治株洲、过硬队伍建设，取得“三无六降”的新进步。全年无政治破坏事件、非法集聚事件、暴力恐怖事件；群体性事件下降10.6%、信访总量下降4.3%、进京非正常上访下降7.8%、刑事案件下降11.6%、治安案件下降17.4%、八类严重刑事案件下降19.9%。奋力夺取“长安杯”，获“全国综治工作优秀地市”等国家级荣誉17项、“全省维护稳定工作先进市州”等省部级荣誉近100项。 （陈凯敏）

【维稳工作】 2017年，株洲政法系统全力维护政治安全，加大防范和处理邪教问题的力度，妥善处置一批重大敏感案事件。扎实推进“信访维稳百日攻坚”活动，组织排查矛盾纠纷32轮次，接待办理群众信访6483批16644件次，圆满完成“一带一路”峰会、中共十九大等系列重大维稳安保任务。 （陈凯敏）

【深化平安建设】 2017年，株洲政法系统针对治安突出问题进行集中整治，开展“三打击一整治”等专项行动，连续3年实现现行命案全侦破，全市刑事案件破案率提升至40.63%。全面推进网格化、信息化、法治化、实名制等基础性工作，不断深化平安社区、平安医院、平安学校等“十大平安创建”，社区网格化建设全面铺开，长途客运实名制购票乘车正式实施，寄递安全管理实现“三个100%”要求。创新社会共治机制，醴陵市建成“综治中心＋网格化＋雪亮工程”一体化综合平台；荷塘区探索“社区自治家园”建设，借助“互联网＋”技术，让人民群众在家门口、掌心里就能办成事、办好事。推进立体化社会治安防控体系建设，成功申报全国“雪亮工程”重点支持城市，新建和连通摄像头1.5万余个。统筹推进“四巡四防”工程，加大社会面的防控力度。全年接报刑事警情21654起，较上年下降15.3%。平安株洲建设工作经验得到《法制日报》《长安杂志》《湖南日报》等媒体的肯定和推介。 （陈凯敏）

【护航优化环境】 2017年，株洲政法系统坚持围绕中心、服务大局，积极为经济社会发展保驾护航。市委政法委健全涉企矛盾纠纷排查化解机制，抽调150余名精干力量，参与清水塘老工业区搬迁改造等重大项目矛盾问题摸排化解工作。市公安局开展金融领域专项整治行动，对全市1700余家非融资性投资担保公司及互联网金融机构开展滚动排查，侦破建国以来湖南省涉案金额最大、人员最多、地域最广的“3·15”维卡币特大网络传销案。市中级人民法院为重点项目提供法律服务，稳妥审理中盐株化集团系列破产案、中车时代新能源汽车财产保全执行案等重大案件。市检察院创新“除虫护花”机制，围绕脱贫攻坚等中心工作，深入开展扶贫惠农惠民领域“雁过拔毛”式腐败问题专项整治行动，立案查办涉农领域职务犯罪132人、扶贫领域职务犯罪86人。市司法局深入开展“三调联动解纠纷、防控风险促发展”活动，广泛动员1600多个调解组织、7000余名调解员参与矛盾纠纷多元化解，调处各类矛盾纠纷14000余起，为经济社会发展提供有力的法治保障。 （陈凯敏）

【推进法制建设】 2017年，株洲政法系统认真贯彻落实司法体制改革重大部署，司法责任制等47项司法领域改革事项扎实推进。不断深化以审判为中心的刑事诉讼制度改革，率先在全省非试点法院探索审判团队模式改革，全市法院结案率同比上升36.7%。积极推广“轻刑快办”“律师代理申诉案件”等改革试点成果，相关工作经验得到最高人民检察院的肯定推介。全面推进公安改革具体实施意见31条，深化以“4＋X”中心为构架的警务机制改革，建立11个警务航空中队，努力打造湖南警航建设的株洲样本。积极推进执法公开，健全“阳光司法平台”“阳光警务系统”，裁判文书上网率达100%。认真落实中央政法委部署的集中清理判处实刑罪犯未执行刑罚专项活动，对10余年来的积案进行清理，将111名罪犯予以收监，得到最高人民检察院督查组、省委专项督查组充分肯定。认真落实“谁执法谁普法”责任制，不断推动法治株洲建设向纵深发展。（陈凯敏）

【政法队伍自身建设】 2017年，株洲市政法系统全面贯彻从严治警要求，以“双过硬”活动为抓手，不断提升队伍素质和能力。突出思想政治建设，推动“两学一做”学习教育常态化制度化，增强政法干警“四个意识”“四个自信”。开展业务能力建设，组织开展反恐实战大演练、公诉业务大竞赛、司法警察大练兵等实训活动235期次，涌现出“全国优秀法院”攸县人民法院、“全国文明单位”醴陵市人民检察院、“全国公安机关百佳刑警”王德胜等一大批先进典型。强化纪律作风建设，进一步促进干警清正、队伍清廉、司法清明。加强基层基础建设，全面推进综治中心、监管中心、社区矫正中心、公共法律服务中心建设，不断筑牢政法工作发展根基。

（陈凯敏）

【市委政法工作会议召开】 2018年2月28日，市委政法工作会议在市委礼堂召开。会议贯彻落实中央、省委政法工作会议决策部署，总结安排工作。市委常委、市委政法委书记杨玉芳作工作报告，市中级人民法院院长周凯军主持会议。会上，对炎陵县公安局等22家单位和郭建林等60人分别授予政法工作先进集体和先进个人称号；对石峰区等4个地区、市公安局等10家单位以及龙正来等50人分别授予维稳工作先进县市区、先进单位和先进个人称号。（陈凯敏）

【评选2017年度见义勇为先进个人】 2017年，在创新社会治理、深化平安株洲建设中，涌现出一批先进典型。他们面对违法犯罪行为、灾害事故等，临危不惧，挺身而出，保护了人民群众生命财产安全。为表彰先进，弘扬正气，市社会治安综合治理委员会决定：授予黄正国等5人“株洲市见义勇为先进个人”称号。（陈凯敏）

株洲市2017年度见义勇为先进个人

黄正国　男，汉族，1980年12月出生，株洲县南洲镇湘渌村王家岭小区居民。

2017年11月17日凌晨2时许，家住株洲县南洲镇王家岭小区的黄正国参加村上义务巡逻后回家，路过小区3栋1单元时，发现2楼一住户家防盗门是打开的，他马上警觉起来，大喝一声：“是谁！”。此时，一名年轻男子从该居民家中窜出，慌慌张张往楼下跑去。黄正国立即拔腿追赶，在一楼楼梯口处拦住该男子。该男子威胁黄正国让开，黄正国未予理会，直接冲上前死死抱住并与对方展开激烈的搏斗。该男子为逃脱突然从口袋中拿出刀片，挥手从黄正国的脸上划过。顿时，黄正国的脸上鲜血直流。黄正国毫不畏惧，反而更加拼命抱住对方，直至将其控制并报警。待该男子被民警带走，黄正国才去医院检查治疗，脸上刀口缝了3针。事后，有人问起黄正国，为什么这么勇敢？为什么不怕危险？他的回答是：为了大家的财产受到保护，当时我什么都没有考虑，只是不想让犯罪分子逃脱，为民除害！

盘刘磊　男，瑶族，1987年4月出生，炎陵县中村瑶族乡龙渣村党支部书记。

2017年7月10日凌晨1时许，盘刘磊接到龙渣村铝粉厂看守人员电话，称有人开车到村铝粉厂偷铝粉，嫌疑车辆刚驶出铝粉厂。盘刘磊放下电话，飞速跑到屋外106国道朝铝粉厂方向跑去。见从铝粉厂方向急速驶来一辆银白色面包车，盘刘磊估计是偷铝粉的嫌疑车辆，马上驾驶自己的私家车尾随追赶，约20分钟后将面包车成功拦截。面包车上下来3名气势汹汹的中年男子，冲到盘刘磊车前，连拉带推把他拽出来，接着就是一顿拳打脚踢。由于盘刘磊孤身一人，寡不敌众，3名男子见其已无力再还击，遂赶紧驾驶面包车绕道逃离106国道，驶进公路边的山林中。盘刘磊忍着剧痛，打通村民和派出所电话，民警和附近村民赶来后，盘刘磊不顾自身伤痛，又带领他们一同上山追捕逃进山中的3名男子。经过3个小时搜捕，3名逃窜的犯罪嫌疑人最终被绳之以法。

谢玉龙　男，汉族，1972年11月出生，芦淞区辉煌物流有限责任公司停车场保安员。

2017年9月26日早上6时许，

谢玉龙正当班巡逻，突然发现对面的华丽服饰批发大市场临街6号门面上方浓烟滚滚，一团火苗直往上窜。谢玉龙见状马上大声呼喊："着火啦，快救火！"一边拿起电话拨打119火警，并与另一名同事迅速跑到停车场值班岗亭抱起灭火器一同去灭火。由于着火位置比较高，他们不得不将灭火器高高举起，着火处附近有许多易燃物品，干粉灭火器已经控制不了火势，火势越来越大。在危急时刻，谢玉龙冲到附近消防栓处，以最快的速度接好消防水管打开消防栓。不顾危险爬上着火点旁边的架子，拿着消防枪对着着火点一顿猛喷。在谢玉龙的带领下，20多分钟后火势才渐渐得到控制并逐渐熄灭。因为扑救及时没有造成人员伤亡和重大财产的损害。

谭志刚 男，汉族，1968年4月出生，茶陵县龙下灌区管理局党组书记。

2016年11月5日9时许，谭志刚在茶陵县湖口镇井和村开展扶贫工作，他与电站站长谭志新一同去检查电排和水轮泵灌溉农田的情况。谭志新爬到旁边的高坡检查时，由于地面比较滑，没有站稳，整个人从约3米高的陡坡摔了下来。在这千钧一发的时候，谭志刚毫不犹豫、迅速冲到陡坡下，伸出双手接住了谭志新，巨大的冲击使谭志刚的胳膊几乎脱臼，支撑腿左脚当时就感觉不对劲，无法站立行走。后经湖南省湘雅医院诊断，是左脚半月板和韧带受伤，经过手术治疗后正在恢复中。据了解，谭志刚在2010年7月，还曾在茶陵县青年水库中救起一落水女子。

罗谭勇 男，汉族，1961年12月出生，湖南省金州（株洲）律师事务所律师。

2016年10月29日清晨6时许，罗谭勇正在天元大桥河西桥头下晨练，突然听见湘江边有人喊"快来人救命啊！"罗谭勇意识到有人落水了，他立即打开车尾箱，穿上救生衣，迅速冲到江边呼救处，只见离江边约10米远处，有一30岁左右的男青年在水中拼命挣扎。清晨的江水寒冷刺骨、流速较快，该男子呛了几口水，已经无力呼救。罗谭勇见情势危急，不及多想，立即跳入湘江，朝落水男子游去，并将救生衣脱下帮该男子穿上。由于该男子不识水性、体重较重，罗谭勇在拖带其回岸边的过程中，几次被急流冲击呛水。几经努力，在岸边群众的帮助下，终于将该男子救至岸边。罗谭勇不顾身体的疲乏，又与派出所民警一起将该男子送至医院检查救治。

（陈凯敏）

公　安

【概况】 2017年，全市公安机关持续深入推进"压发案、破小案、强基础、重科技、抓管理、保稳定"六项重点工作，各项工作喜获丰收。株洲公安局连续11年荣获全省公安机关绩效评估优秀单位，获省"优秀公安局"。

强管控稳大局。健全大型活动评估审批、现场指挥、疏导处置等制度，确保市委、市政府承办的祭祀炎帝陵、中国（醴陵）国际陶瓷产业博览会、中国企业家株洲年会等大型活动安全有序。完善警卫执勤模式，圆满完成党和国家领导人到株洲视察和中共十九大、"一带一路"峰会、"两会"等重大警保卫任务。

强防范少发案。统筹推进社会化"夜巡"、专业化"昼巡"、武装化"联巡"、现代化"空巡"、无缝化"技防"、密集化"民防"、立体化"预防"、治安岗亭"点防"等工作，建立起"天、地、人"三网融合的社会治安防控体系。全市公安机关为2017年株洲蝉联全国文明城市，第4次捧得全国社会治安最高奖项"长安杯"，成为全省唯一一个全国综治工作优秀地市"六连冠"的市州作出突出贡献。

强打击多破案。做实"现场必勘、案件必研、信息必录、检材必用"工作机制，在全省率先引入e勘查系统。各项采集率、合格率均排名全省前茅。健全以办案积分制为基础的执法档案管理机制，其积分结果与各单位业绩、经费划拨和民警提拔任用、记功评奖等直接挂钩，激励民警"多办案、办好案、快办案"。建立侦查实战中心，自主研发侦查实战平台，组织开展日常专业研判分析与案件串并，编发研判报告147份。抓好专项行动，部署推进"三打击一整治""春季扫毒"、集打斗争、打击非法集资、缉枪治爆等专项行动。连续三年实现现行命案全破。

加强基础建设。投资3.5亿元的市监管中心，预计2018年竣工，将有效破解关押难、收治难等问题；"智慧株洲"电子眼及联网项目在全市新建高清探头、联网社会探头；智能交通升级，更新城区主要路口的电警和卡口设备，新建智能交通大数据平台；

芦淞分局、石峰分局、经开分局业务用房启动建设，按“全市领先、全省一流”的标准着手新建7个派出所，将在两年内升级改造84个派出所；建成DNA第二条检测线，配置3500XL测序仪等国际一流仪器设备，DNA实验室硬件设备和检测水平位居全省前列。与华为公司在警务云、大数据、视频云、融合指挥等领域开展深入合作。2017年，市公安局获评全国公安机关210工程建设先进集体。

改革取得成效。坚持创新、协调、绿色、开放、共享五大发展理念，全面深化警务机制改革，如期建成并实体运行市县两级“4＋X”警务中心，率先实现市、县两级所有中心横向、纵向视频互联互通，与全市治安岗亭、公安检查站、派出所综合警务指挥室实现三级视频联通。做好全省重点改革项目培育工作，“株洲警务督察”微信服务号获评全省8个优秀项目之一。第二届“平安湖南杯”微改革微创新大赛获单项1金4银1铜。推进户籍制度改革，户籍迁移实现“零门槛”“一站办”。依托株洲动力谷、航空城的产业优势，推进警企合作，创新警务航空工作，运用固定翼滑翔机、警用直升机开展空巡，在全省率先成立11个警务航空中队，三批次培训警用无人机驾驶员54名，列装警用无人机31架，配备无线图传设备22套，构建“空地一体、人机互动”的多维化警务航空体系。

强化管理做实工作。强化实名制管理，全市645家寄递物流企业及分支机构全面落实“三个100%”要求，全市旅馆业、网吧实名登记率分别达到100%、99.69%，9个长途客运站点全部实行实名购票。强化道路交通管理，在主要路段设置隔离护栏5020米。淘汰黄标车7649台，淘汰率达100%。全面打响“百日会战”“四大攻坚战役”，查处交通违法行为128.89万起，现场查处29.71万起。强化消防安全管理，开展冬防、夏防、高层建筑及电气火灾综合治理等专项行动，全年检查单位2.9万余家，整改火灾隐患5.1万余处，完成“结谷巷36户住宅楼”整体拆除任务，芦淞市场群区域性火灾隐患整改取得实质进展，全市连续19年未发生重大以上火灾事故。强化公安监所安全管理，完成市级公安监管指挥平台建设和看守所监控视频联网升级改造，全市连续11年未发生公安监所非正常死亡责任事故。

服务赢得好口碑。履行“保一方稳定、促一方发展”的政治责任，开展“项目攻坚年”“企业帮扶年”活动。全力推行网上服务、自助服务、全时服务、一站式服务，出国境证件实现“一证办”，跨省跨市就近办理实现“全覆盖”，自助申领实现“全时空”，港澳电子签注实现“立等可取”。全年共办理异地身份证1.82万张，自助办理签注19.54万人次，“5＋2”弹性作息制共受理5169人次，自助服务办理港澳签注7.07万人次，自助办理和全时服务位居全国全省先进水平。拓展“网上公安局”服务功能，实现人口、出入境、治安、禁毒、网技、交管、消防等9大警种131项网上办事项目全部网上办理，网上办结各类事项共56.08万件，做到让“数据多跑路，群众少跑腿”。推进“互联网＋交管”便民服务，在全省率先实现100%互联网自主预约驾驶人考试，成功预约考试14.45万人次。启用人脸识别考试系统，比对识别考生10万余人次，大幅缩短考生候考时间。推动开办非株洲籍申领驾驶证业务，受理业务1.29万人次。

建设高素质队伍。全警开展枪械训练、执法记录仪应用培训和体能专项训练，民警实战能力稳步提升。健全立功授奖规范和战时表彰机制，推树全国优秀公安基层单位荷塘分局刑侦大队，全国优秀人民警察麻志翔、段新华和全国百佳刑警王德胜。在全省公安机关率先探索建立巡察工作机制，警务督察工作被公安部推介。

（文　利）

【警用航空建设】 株洲公安依托株洲动力谷、航空城产业优势，推进警企合作，着力打造全省最大最完备的警务航空体系。11个县级公安机关均成立警航中队，在治安、特警、交警、科信、图侦等业务警种设立警航专业岗位，列装警用无人机31架，50名民警考取无人机驾驶证书。围绕“空中巡逻、空中拍摄、空中取证、空中搜捕、空中侦察、空中指挥、空中支援、空中测绘”八大功能推动警航战斗力形成，在防汛抢险、十九大维稳安保、交通管理、案件侦破等实战应用中均发挥出重要作用，成为湖南公安的特色品牌。（文　利）

【警用地图快易拼应用系统】 自主研发的“警用地图快易拼应用系统”具有高效率、高精度、低成本、低门槛等的“两高两低”特点，实现2小时内完成5平方千米PGIS影像地图的更新补图。2017年，运用该系统完成76次补图，更新面积300余平方千米。该项成果在公安部第七届基层技术革新奖评选活动中获二等奖，同时获第二届全省公安机关微改革微创新大赛金牌。（文　利）

【户口清理】 2017年，全市公安机关开展户口清理工作，共清理一人多户958人，清理应销未销37961人，清理纠正户口登记主要项目差错2814个；核对处理跨省人像比对照片相似人员数据1300余条，办理无户口人员登记户口3925人；办理居民身份证321393张。（文　利）

【公安信访工作】 2017年，全市涉警信访总量同比下降1.27%，进京访下降17.4%、赴省访下降6.2%，办结满意度同比提升3%，网上信访量同比增长100%，全市公安信访呈现"两升三降"的态势。在省公安厅部署开展的信访积案"清仓见底"专项行动中，株洲市成为全省公安信访积案化解工作典型。市公安局组织集中评析活动3次，评析60起涉法涉诉信访案件，省公安厅采用36篇，4篇被评为全省优秀案例，2篇获评2017年全省公安信访系统优秀调研文章，以796分的成绩在省公安厅"双廿双百"素质强警工程中斩获第一。（文　利）

【获评"全国维护妇女儿童权益先进单位"】 2017年，株洲市公安局成立"株洲市公安局保障妇女儿童权益工作领导小组"，并健全制度体系，跟进调度督导。成立"株洲市家庭暴力投诉站"，推出"三档"调处模式，帮助存在家庭暴力的家庭走出困境。在"6·1"儿童节、"6·26"国际禁毒日期间，开展防拐骗、盗抢、反家庭暴力、远离毒品等主题宣传活动，在全市建立3个禁毒教育基地，接待中小学生、各界群众参观8万余人次。加强校园周边整治，民警在学生上学、放学时段和案件易发校园周边区域开展巡逻管控工作，确保学生能够"见警察、见警灯、见警车"；派出所领导或民警兼任辖区学校法制副校长，定期为学生上法律知识课；定期对校园周边的出租房屋、旅馆、网吧、音像图书店等开展清查，及时消除治安隐患，净化校园周边环境。2017年，被全国妇联评为"全国维护妇女儿童权益先进单位"。（文　利）

【禁毒工作】 2017年5—7月，市禁毒委在全市开展"以人民的名义——唱响禁毒之声"禁毒宣传季活动。6月26日，由株洲市禁毒委员会主办，株洲日报社、株洲市新媒体中心承办的"6•26"国际禁毒日"禁毒之声•唱享健康"大型主题宣传活动在神农城广场举行，同时，株洲市公安局在株洲市生活垃圾焚烧发电厂开展2017年全市毒品公开销毁活动。销毁2012年以来全市已结案件所缴获的68.7公斤毒品（其中冰毒27.3公斤、麻古37.7公斤、K粉0.9公斤、其它毒品2.8公斤），239.28公斤易制毒化学品。（文　利）

【开展易制爆危险化学品和寄递物流专项整治行动】 2017年，对全市302家易制爆危险化学品从业单位进行全面彻底摸排，督促严格落实流向登记、凭证购买、丢失被盗报告、转让报告4项流向管理制度，实现易制爆危险化学品全要素、全过程、全环节封闭式管理，做到来源可查、去向可追、流向可控、责任可究。全市共开展安全检查302家次，整改问题隐患79处，消除重大隐患10处。严格督促寄递物流业落实"三个100%"制度，共排查寄递物流单位（网点）642家，发现隐患229处，查处行政案件66起，刑事案件7起，抄送邮政部门查处违规寄递企业5家。会同邮政部门依据《反恐怖主义法》，对市韵达快运公司作出罚款11万元的处罚。通过寄递物流安全管理，成功破获非法持枪案14起，查处非法寄运人员20人。（文　利）

【重点单位安全监管】 开展安全大检查，共检查中小学校、幼儿园1560余家，医院112家，银行金融机构65家，水电油气等单位23家，整改隐患230余处，调处医患纠纷、化解矛盾121起。成功化解"9·10"株洲市人民医院涉医纠纷案件；深入推进"项目攻坚年""企业帮扶年"行动，抓获破坏重点工程建设秩序的违法犯罪人员34人，侦破刑事案件12起、行政案件8起；安排400名公安民警联系服务200家重点帮扶企业；深入开展"平安单位""平安医院""平安校园""平安小区"的创建评比活动。（文　利）

【派出所建设提标升级】 2017年，株洲市公安系统建成公安派出所综合警务指挥室35个、城区社区警务室97个、乡镇警务室20个；推进社区民警专职化，全市316个警务室，配备民警378人、辅警516人，城区派出所专职社区民警配备率达100%；加强派出所动态等级评定，全市共评定一级派出所10个，二级派出所27个，三级派出所53个，四级派出所1个。对26个派出所开展提质改造建设。

（文 利）

交通警察

【概况】 株洲市公安局交通警察支队下设21个正科级二级机构，其中：9个内设机构，即办公室（加挂道路交通指挥中心牌子）、政工科（含团总支）、警务保障科、纪检（监察）组织、安全宣传科、警务督察大队、执法监督大队、交通秩序管理大队（行政审批科）、交通事故预防与处理大队；6个下属机构，即车辆管理所、驾驶人管理所、机动车安全技术检测监督管理所、交通管理科技所、客运车辆交通安全管理所、直属大队；6个派出机构，即荷塘大队、芦淞大队、天元大队、石峰大队、云龙大队、快速环道管理大队。6个下属机构和6个派出机构中又下设61个内设单位，均为副科级机构，其中44个中队、17个室。担负着全市71万辆机动车，98.9万名驾驶人，13000多千米城乡道路的交通安全管理任务。

2017年，全市公安交警部门以“三改四创”为抓手（三改：改善交通秩序，改造智能交通，改观执法形象。四创：以大联合为主导创新安全管控，以大中心为统领创新警务管理，以互联网为依托创新服务手段，以五标准为要求创新警队建设），全面推动株洲公安交管工作转型升级，实现全市道路交通安全形势总体平稳可控、道路交通和谐畅通、交管服务群众满意三大工作目标。截至12月31日，全市累计保有机动车71万辆，机动车驾驶人98.9万人。全年全市共发生一般程序道路交通事故986起，死亡258人，受伤1186人，直接财产损失285万元，同比分别下降32.05%、21.34%、33.41%和15.62%，道路交通安全形势始终保持平稳；全市共查纠道路交通违法128.89万起，吊销驾驶证619本，行政拘留1764人，刑事立案891起，刑事拘留134人。互联网自主预约驾驶人考试达14.45万人；自主创新启用人脸识别系统，驾考实现自助缴费，圆满完成黄标车淘汰工作任务。期间涌现一大批先进集体和模范人物，其中省级先进集体3个、市级先进集体2个、市局先进集体3个，获市级先进个人2人、35人次立三等功、142人次受到上级嘉奖。（夏 乐）

【成立城市交通管理委员会】 2017年5月27日，市人民政府办公室正式下发《关于成立株洲市城市交通管理委员会》的通知，标志着市道路交通管理工作结束了传统的、单一依靠交管部门的管理理念，形成“政府主导、部门协作、社会参与、多元共治”的工作机制，构建了城市交通管理工作的新平台。城市交通管理委员会由市委副书记、市长阳卫国任主任，成员涵盖主管副市长、四区区长、云龙管委会主任以及公安局、财政局等18个职能部门的主要负责人。委员会下设办公室和专家组两个机构。

（夏 乐）

【“百日会战”行动】 2017年6月7日，全市集中打击重点交通违法行为“百日会战”行动圆满收官。行动期间，全市公安交警部门共查处各类交通违法43.8万起，其中“六类重点违法行为”21.76万起，破获危险驾驶案件280起，行政拘留1007人。道路交通事故四项指数较上年同期分别下降56.57%、10.71%、62.46%、28.86%，全市道路交通安全形势持续好转。（夏 乐）

【交通安全整治】 2017年，全市公安交警系统严格交通安全评价制度，完善重点车辆运输企业数据通报制度，建立交通违法抄告、安全隐患排查制度，落实道路交通安全隐患治理“一单四制”机制。截至12月31日，全市共排查出逾期未检验车辆48台，重点车辆驾驶人31483人。排查安全隐患路段78处，省级8处完成治理并通过验收，市级20处仅攸县2处仍在治理。与166家重点运输企业签订责任状，督促企业与重点驾驶员签订交通安全责任状3375份，通过GPS监控平台查处疲劳驾驶违法22起、曝光终生禁驾人员12名、严重超员超速危险驾驶刑事案件2起、不礼让斑马线车辆2.1万台、逾期未年检车辆200台、严重交通违法车辆300台和运输企业5家，向重点车辆驾驶人发送安全提示短信500多万条。城区共查处违法39.85万起，现场查处违法14.95万起。其中，查处“三驾”违法666起、“三乱”违法8万余起、“两牌”违法455起、“两闯”违法3.35万起、非机动车及行人违法4700余起；查处涉牌涉证违法383起。（夏 乐）

【新车管所项目开工】 2017年12月26日，市新车管所项目在市汽博园正式开工。该项目总用地将达到2.6万平方米，总建筑面积1.36万平方米。建成后，拥有5条从资料收集、车辆查勘、号牌制作、号牌安装的一条龙的流水作业窗口，是省内最先进的车管业务平台。 （夏 乐）

【黄标车淘汰工作】 2017年12月31日，全市2017年度黄标车淘汰工作圆满完成任务。期间共计出动警力9000余人次，组织专项整治行动179次，源头追缴323辆，查处黄标车违法2839起，查扣黄标车176辆，拆解报废1415辆，累计发放补贴588.79万元，设置禁行路段176条，禁行标志251块，发放宣传资料3.5万份。全市除省环保厅核定的87台绿标车之外，黄标车淘汰率达100%，注销率达92.06%。 （夏 乐）

公安消防

【概况】 2017年，株洲市公安消防系统推进火灾隐患大排查大整治行动，加快灭火和应急救援体系建设，确保全市火灾形势的平稳。消防支队党委连续7年被总队评为先进党委班子，3个部门被评为全省先进部门，芦淞大队长肖建新当选“2017年度CCTV中国（湖南）法治十佳人物”，特勤中队士官长成昌龙获第十六届“湖南青年五四奖章”，全市部队2个集体、343人次先后立功受奖。 （吴 昱）

【实战化训练及灭火救援工作】 开展“百日大练兵”活动，在全省执勤岗位练兵考核中名列第二。分别组建高层建筑灭火救援和水域救援专业队，举行跨区域综合演练10余次，全面检验实战化练兵成效。推动多种形式消防队伍建设，年内建成微型消防站1290个，组建34家化工企业工艺处置队。举办企业专职队和微型消防站比武竞赛活动，提升社会消防力量“灭早灭小”能力。全市部队全年共接警出动2597次，抢救疏散被困人员2795人，抢救财产价值3亿余元，圆满完成各项急难险重任务。

（吴 昱）

【公共消防基础建设】 组织编制实施《株洲市城市消防专项规划》，指导全市64个县（市）、重点镇、一般建制镇完成消防规划编制工作。推进消防基础设施建设，全年新增市政消火栓776具。推进“消防安全社区达标创建”，打造达标社区323个、新建消防体验室36个，社区建设经验被公安部推广。将“智慧消防”纳入“智慧株洲”建设整体框架，开展远程监控系统建设试点，在老旧社区、福利机构等场所安装火灾探测报警器3785个，基层火灾技防水平显著提升。推动将消防安全“网格化”管理纳入株洲市城乡社区“网格化”管理平台内容，80%的乡镇（街道）实现消防网格规范化管理。按照“位置相邻”或“行业相近”原则，将微型消防站和治安岗亭纳入区域联防范围，建立区域联防制度和通讯联络、应急响应机制，组织开展互查互检、会议会商、业务交流、培训演练等活动，全面提升社会单位隐患自查自改、火灾自防自救和区域应急联动能力。 （吴 昱）

【火灾隐患整治】 推进夏防、冬防和高层建筑、电气火灾综合治理等专项行动，联合民政、文化、住建等20余个部门，集中开展人员密集、易燃易爆场所等14类专项整治。全年共检查单位3.1万余家，整改火灾隐患5.3万余处，推动34处重大火灾隐患成功销案。全市连续19年未发生重大以上火灾事故，支队被总队评为十九大消防安保先进单位。 （吴 昱）

【消防宣传教育】 搭建消防宣传六大阵地(一报一网一台一电一博一微)，投入400多万元全面铺开宣传服务“外包”，采取“线上+线下”模式开展全民宣传教育，全年培训民众50余万人，组织逃生疏散演练1800余次。策划开展“119消防宣传月”等系列活动，全市7万余名中小学生参加消防知识网络大赛，220余名典型公众人物担任公益宣传大使，制作代言海报、视频在各平台滚动刊播，组织官兵深入宾馆、饭店等人员密集场所，宣传安全用火、用电、用气、用油和火灾报警、初起火灾扑救、逃生自救常识。全市消防站每周面向社会公众开放半天，接受机关、团体、企事业单位、学校、幼儿园以及辖区群众参观体验，将消防安全宣传延伸到千家万户。

（吴 昱）

检 察

【概况】 2017年，全市检察机关充分发挥检察职能作用，为全市经济社会发展提供强有力的司法保障。

服务经济转型升级。围绕株洲·中国动力谷、“一带一部”、老工业城市转型等重大建设，依法查办发生在征地拆迁、环境治理、企业改制等相关领域职务犯罪24人，对项目审批、资金拨付等环节存在的问题提出检察建议14件，为政府采购、项目招投标等经济活动提供行贿犯罪档案查询服务9090次。积极参加“企业帮扶年”“项目攻坚年”活动，依法保护各类市场主体的合法权益，与60余家企业开展帮扶对接，市院获评株洲市企业帮扶工作先进单位。石峰、芦淞、荷塘等基层检察院为清水塘老工业区搬迁改造及株洲汽博园、轨道交通城、航空城建设提供多方位的法律服务。

优化干事创业环境。市检察院出台“除虫护花”办案机制，既惩治涉企“蛀虫”，又保护企业发展。推行“依法容错”办案机制，在“重拳”治渎的同时，依法宽容改革创新中出现的偏差和失误，鼓励干部履职担当、干事创业。

履行法律职责，维护社会公平正义。深化平安株洲建设。全年共批捕各类刑事犯罪2100人，起诉4240人。办理公安部督办的106人涉嫌特大维卡币跨国网络传销案、株洲众财投资管理有限公司黄石山等47人涉嫌集资诈骗、非法吸收公众存款案等一批大案要案。着力惩治重大安全生产犯罪和破坏生态环境资源犯罪，共批捕25人、起诉49人，督促“补植复绿”80余公顷。接待和妥善处理群众来信来访404件次。选派12名干警担任法制副校长开展法治进校园活动。以普法宣传、大走访、进企业、进社区等形式为群众提供法律服务。天元区检察院未检工作得到国家关工委和社会各界的充分肯定。攸县检察院被评为“全省检察服务大厅建设示范院”。

保障法律统一正确实施。提出“依法监督、全面监督、规范监督、有效监督”，着力解决监督对象不明、监督措施不硬、监督质效不佳的问题。组织编印《业务部门职责清单汇编》《刑事实务指引》，推动监督理念落地生根。推动重大监督事项由“办事模式”向“办案模式”转变，依法规范办理流程，确保跟踪监督、全程留痕，突破监督措施刚性不足的瓶颈。成立云龙地区检察院作为派出机构，专司刑事执行检察监督工作，探索制定《刑事执行违法（违规）事项案件化办理规定》，共案件化办理监督事项217件。监督刑事立案、撤案98件，追捕62人，追诉81人；提起刑事抗诉14件，已审结10件，其中改判8件；纠正减刑、假释、暂予监外执行不当132件，纠正刑罚执行、监管活动违法75件；办理各类民事、行政监督案件210件；办理生态环境和资源保护、国有土地使用权出让等领域公益诉讼案件33件，已发出诉前检察建议28件，挽回直接经济损失500余万元。

保持反腐高压态势。查办各类职务犯罪案件132件176人。其中立案查办贪贿犯罪案件104件122人，渎职侵权犯罪案件28件51人。重点查办一批影响大的案件。完成预防调查和犯罪分析报告50件，开展警示教育63场，受众1.3万余人次。针对公共资源交易、医疗卫生、安全生产监管等领域开展预防调查，帮助完善社会管理。与中国航发南方工业有限公司等企业签订“检企协作”意见，提升预防职务犯罪的检企共建效果。

全面从严治检，打造过硬检察队伍。提升队伍素质。履行全面从严治检主体责任，落实“一岗双责”，全力抓好党风廉政建设。市检察院共开展任前廉政谈话38人次、日常廉政谈话232人次。市检察院党组通过以会代训、对口联系指导等方式，对9个基层院新任检察长开展“传帮带”，提升基层检察长的履职能力。检察队伍素质整体提高，2017年，有44人次获评全国、全省检察业务标兵、业务能手等称号。

规范司法行为。构建“谁办案谁负责、谁决定谁负责”的检察权运行机制，强化对司法行为的过程控制、实时监督和事后评价，全年共评查案件209件，开展个案督察37件，对司法不规范问题逐一整改，办案质量和检察形象不断提升。醴陵市检察院获评“全国文明单位”，株洲市检察院及荷塘、石峰、醴陵等基层检察院获评“全国检察机关文明接待室”，全市6个驻看守所检察室均获评国家二级规范化检察室。

推进改革创新。完成检察官员额制改革，全市共选任员额检察官260人，检察辅助人员284人、司法行政人员93人，建立新的人员分类管理体系。做好两级检察院职务犯罪侦防部门转隶的沟通、协调和衔接工作，两级检察机关共转隶141人。制定《轻微刑事案件快速办理（公诉程序）实施细则》，办案效率提升20%；出台《检察环节律师代理申诉案件实施细则（试行）》，共办理律师代理申诉案件23件，全部息诉息访。在食药监督、环保、公安、水务等单位派驻了41个检察联络室，强化靠前监督、及时监督。

自觉接受监督。落实人大对检察工作的决议、决定和审议意见。向市人大常委会专题报告检察官员额制改革和检察职务人员提请任免情况。自觉接受政协民主监督，坚持定期通报工作情况，听取意见建议。开展“司法公正株洲行”活动，邀请人大代表、政协委员、人民监督员、特约检察员列席重大会议、出席重要活动、参与涉检信访案件接访。开展重大疑难复杂案件检务听证、检务评议、检务见证38案次。接受社会监督，公开案件程序性信息6642条、法律文书3077份，公布重要案件信息181条，发布检察新闻动态2143条，举办“检察开放日”14场次。（黄　浩）

【推行“依法容错”机制】 出台《株洲市检察机关推行“依法容错”办案机制暂行规定》，在严肃查处不作为、慢作为、乱作为等失职渎职犯罪的同时，对于改革创新中出现的失误、偏差甚至造成一定损失的行为，严格依据刑法、刑事诉讼法和渎职犯罪的立案标准依法处理，对于符合国家法律、政策规定，有利于改革创新和经济社会发展的行为，予以支持保护，为敢想的人“开绿灯”，为敢干的人“兜住底”，促进中央、省委、市委各项决策部署落地。2017年，全市检察机关依照该办案机制依法从轻处理4人。（黄　浩）

【推行“除虫护花”机制】 出台《株洲市检察机关推行“除虫护花”办案机制暂行规定》，着力惩治涉企“蛀虫”，全面保护企业发展。规定在查办涉企案件的线索分析、初查、立案、侦查、批捕、起诉等诉讼阶段，除进行办案合法性评估、安全性评估、社会稳定性评估外，还要进行经济发展影响评估。针对评估预测的企业经营风险，制定预案进行有效防范和处置，避免因办案方式不当造成生产经营困难、洽谈项目流产、工程建设停滞、引发媒体舆论炒作或群体性事件，最大限度减少办案对企业正常生产经营的不利影响。2017年，株洲市检察院共对涉案的15家企业开展风险评估，对35名涉案企业人员采取稳妥的办案方式，没有一家企业因检察机关办案方式不当而导致生产经营困难、洽谈项目流产或工程建设停滞。（黄　浩）

【推行“轻刑快办”机制】 2017年，出台《株洲市人民检察院轻微刑事案件快速办理（公诉程序）实施细则》，旨在规范推动刑事案件繁简分流，优化司法资源配置，提高刑事案件办理质量与效率，维护当事人合法权益，实现办案的法律效果和社会效果有机统一。全年共适用该机制办理公诉案件501件586人，平均每案办理时间约为7天，平均庭审时间约10分钟，且一般当庭宣判，无一上诉或抗诉。（黄　浩）

【推进司法责任制改革】 2017年，全市检察机关检察人员分类管理改革全面完成。按照省院要求，全市检察机关首次员额平均配比为37.2%，其中市检察院首次员额比例为34%，基层检察院员额比例最高的是芦淞区院48.4%，最低的是炎陵县院28%。分类后全市有员额检察官260名、检察辅助人员284名、司法行政人员93名，分别占队伍编制总数的36%、39%、13%。（黄　浩）

【职务犯罪侦查预防部门转隶】 2017年，株洲市检察机关完成反贪局、反渎局、职务犯罪预防处三个部门的机构职能编制划转和人员转隶的沟通衔接工作，共划转159个编制、转隶141人。其中市检察院划转32个编制、转隶32人，石峰区院划转14个编制、转隶14人，荷塘区院划转13个编制、转隶10人，天元区院划转13个编制、转隶13人，芦淞区院划转15个编制、转隶14人，醴陵市院划转19个编制、转隶12人，攸县院划转16个编制、转隶14人，茶陵县院划转14个编制、转隶13人，炎陵县院划转11个编制、转隶8人，株洲县院划转12个编制、转隶11人。（黄　浩）

【查办唐国栋受贿、巨额财产来源不明案】 经湖南省检察院指定，株洲市检察院对省公安厅禁毒总队原总队长唐国栋涉嫌受贿、巨额财产来源不明犯罪一案进行侦查。经侦查查明，1994—2017年期间，唐国栋利用其职务上的便利，为他人在工程承揽、设备采购、职务调整等方面谋取利益，单独或与他人共同收受侯某某、易某某、王某某、彭某某等29人钱物折合人民币806.9万元，其家庭财产及支出明显超过收入，差额折合人民币1049万元，且不能说明来源，或者说明来源后查证不属实。此案已移送永州市人民检察院审查起诉。（黄　浩）

法　院

【概况】　2017年，株洲市两级法院共受理各类案件61861件，审执结56714件，同比分别上升22.63%、36.69%。其中中级人民法院（简称中院）受理各类案件6961件，审执结6544件，同比分别上升11.68%、24.01%。年内，中院被最高法院评为“2017年度司法宣传工作成绩突出单位”，中院办公室获评“全国法院工作先进集体”，攸县法院获评“全国优秀法院”。

（汪明卓）

【服务地方发展】　立足全市工作大局，服务“项目攻坚年”和“企业帮扶年”，通过调查研究，中院出台《为“一谷三区”总任务和“两个走在前列”总目标提供司法保障与服务的意见》，为清水塘搬迁改造、天元区“三个中心”、城际铁路、湘江风光带和石峰区B保物流中心、芦淞区大美物流中心等重点项目提供法律服务。依法审理征地拆迁非诉行政执行案件和司法强拆案件32件，确保项目、园区建设的顺利推进。注重对企业的司法保护，在审理湖南中车时代电动汽车股份有限公司诉怀化某公司买卖合同案中，依法妥善完成对269台电动汽车的异地保全扣押，维护企业的合法权益。保护破产企业职工、破产企业债权人和破产企业的合法权益，审理企业破产改制案件13件，稳妥推进中盐株化集团系列破产案件，完成土地收储。加强知识产权保护，在“中国动力谷”组织召开涉知识产权保护企业座谈会，审理知识产权案件191件，2个案例入选省法院年度知识产权司法保护十大典型案例。（汪明卓）

【推行高效司法】　开展“集中清理积案、提高司法绩效”百日办案竞赛活动，全市法院结案数较上年同期上升46.56%，中院上升45.27%，《人民法院报》进行专题报道。推行院、庭长办案常态化，中院院、庭长审结各类案件1458件，占全院审结案件数的22.27%。（汪明卓）

【维护民生合法权益】　2017年，全市审理房屋买卖、劳动争议等案件3296件。审结家事案件5319件，在攸县法院、天元区法院开展家事审判方式和工作机制改革试点，通过设立家事审判庭、引入心理咨询、发布人身安全保护令等方式，保护妇女、儿童、老年人合法权益，效果良好。审理拖欠农民工工资、土地承包流转、非法占用耕地等案件279件。完善矛盾纠纷多元化解决机制，召开全市保险纠纷诉调对接机制建设座谈会，规范保险纠纷诉调对接平台建设及运作程序，在荷塘区法院、石峰区法院开展诉调对接试点。妥善处理涉军案件，维护军人和军属合法权益。（汪明卓）

【法院队伍建设】　落实“百案评查”要求，邀请市人大代表30人次旁听评议庭审5次。全市326名人民陪审员参审一审普通程序案件陪审率为94.43%。自觉接受人大和政协、检察以及社会各界的监督，办理人大代表建议、政协委员提案7件，满意率100%。注重法官业务培训，开展“办案能手”“优秀合议庭”评选，提高干警的能力素质。加大协管工作力度，调整基层法院班子成员22人，优化全市法院队伍。坚持有案必查，以零容忍态度查处违纪违法案件，根据“四种形态”给予诫勉谈话、提醒谈话和其他组织处理6人。推行院领导联系基层制度，加强对基层法院的审判业务指导。支持人民法庭建设，中院多次对炎陵县、茶陵县、攸县和醴陵市等地人民法庭布局、便民诉讼服务、队伍建设状况等开展调研，现场办公，帮助解决实际问题。强化科技思维，加大“智慧法院”建设力度，借力数字化办公、数字化审判管理等信息化平台，积极推动网上办公办案，提高工作效率。（汪明卓）

【刑事审判】　2017年，全市法院共受理刑事案件3971件，审结3778件，同比分别上升21.88%、27.64%，结案率95.13%，其中中院受理刑事案件427件，审结400件，同比分别上升24.13%、35.59%，结案率93.67%。严厉打击刑事犯罪，对故意杀人、贩毒的多名罪犯依法执行死刑。严惩职务犯罪，依法审理省科学技术协会原党组书记、副主席毕某受贿案等职务犯罪案件37件57人，其中被告人原为副处级以上干部的5件6人。妥善处理非法吸收公众存款、集资诈骗、生产销售有毒有害和假冒伪劣食品药品、污染环境等涉民生犯罪案件。严惩网络犯罪，全省首例“维卡币”特大网络传销案追缴犯罪金额13.6亿元。严格控制缓刑、管制、免刑的适用，全面清理已决未羁押罪犯。完善未成年人犯罪审判和犯罪预防工作机制。

审结减刑、假释、暂予监外执行案件1548件。中院首次通过远程视频系统公开审理网岭监狱服刑罪犯减刑假释案件，由院、庭长组成合议庭，部分市人大代表受邀旁听并评议。

（汪明卓）

【民商事审判】 2017年，全市法院共受理民商事案件31657件，审结29268件，同比分别上升14.5%、27%，结案率92.45%，其中中院受理2801件，审结2656件，同比分别上升7.28%、19.96%，结案率94.82%。全市法院调解民商事案件7535件，当事人撤诉7618件，调解撤诉率51.77%。

（汪明卓）

【行政审判】 2017年，全市法院共受理行政诉讼案件2013件，审结1871件，同比分别上升56.9%、68.71%，结案率92.94%，其中中院受理762件，审结741件，同比分别上升145.02%、168.48%，结案率97.24%。中院首次适用简易程序审理行政诉讼案件，缩短了审理周期，提高了审判效率，行政审判工作被《法制周报》等媒体推介。 （汪明卓）

【司法公开】 完善司法公开“四大平台”建设，推进审判流程公开、裁判文书公开、执行信息公开以及庭审公开，全市法院审结的56714件案件全部在中国裁判文书网发布裁判文书或信息，做到上网率100%。通过官方网站、微博、微信公众号等渠道，及时发布审判执行工作信息1135条，举办“法院开放日”活动、庭审网络视频直播68场次，充分保障人民群众的知情权、表达权和监督权。加强案件评查和疑难案件研讨，全市法院评查案件26590件，开展案件研讨218场次。实行审判绩效定期通报和倒逼、审判质量讲评和问责两个机制，召开全市法院司法绩效推进、讲评会议4次，通过通报、讲评、问责等方式，及时查找问题、补齐短板，不断提高司法水平。 （汪明卓）

【司法执行】 2017年，开展“规范执行年”和“金秋亮剑·服务金融安全”专项执行等活动，全市法院共受理执行案件21367件，执结18971件，同比分别上升33.36%、55.08%，执结率88.78%，执结标的35.39亿元，其中中院受理839件，执结636件，同比分别上升8.68%、20.91%，执结率75.8%，执结标的7.6亿元。推进失信被执行人信用惩戒机制建设，将3553个自然人、442个法人和其他组织纳入失信被执行人员名单，对289人次被执行人和协助执行人予以司法拘留或罚款，7人因涉嫌拒不执行判决、裁定罪被依法追究。 （汪明卓）

【司法便民】 推进网上立案，推行档案电子化。通过“12368”司法服务热线及时解答回复各类问题532个。开展“三调联动”，推动律师参与化解矛盾和代理申诉工作。拓宽服务渠道，基层法院和人民法庭深入乡村、社区、企业巡回办案3142件。深化法制宣传，开展法官“五进”等活动，把普法宣传融入审判工作中。加大司法救助力度，依法为老弱病残等弱势贫困群体缓、减、免交诉讼费500.04万元，发放司法救助金120.5万元。全市法院受理刑事再审、申诉复查、管辖权异议等案件1305件，审结1278件。畅通信访渠道，落实院长接访、院长交督办案件、驻京接劝访、判后释疑等制度，积极化解信访矛盾，中院全年共接待来信来访3125人次。

（汪明卓）

【司法改革】 推行审判团队扁平化管理。人大常委会任命报备首批324名入额法官。中院在全省非试点法院探索审判团队模式改革，设立6个审判团队，下设18个审判组，首批63名入额法官全部编入审判团队，并对全院干警进行合理调整，引入法官办案竞赛考评机制，审判力量向一线倾斜。推进以审判为中心的刑事诉讼制度改革。建立科学规范的证据规则体系，严格排除非法证据，坚持疑罪从无，防止冤假错案。推进繁简分流、轻刑快审，在认罪认罚刑事案件的审理中依法适用简易程序。推动司法责任制落地见效。规范细化院、庭长、员额法官、法官助理等人员的职责和权限，赋予入额法官司法文书签发权，实现“让审理者裁判，由裁判者负责”，落实办案责任终身制，妥善处理给办案法官放权与院、庭长监督指导把关的关系，做到放权不放任。中院改革的成效和经验被《法制周报》《人民之友》等刊载。 （汪明卓）

司法行政

【概况】 株洲市司法局下辖直属副处级二级机构2个，即：市强制隔离戒毒所、市国信公证处。局机关内设科级机构 11 个；全市县市区司法局 9 个。全市律师事务所 42 个，执业律师 622 人；“四大类”司法鉴定机构 14 个，司法鉴定人员 172 人；基层法律服务所 34 个，基层法律服务工作者 229 人；人民调解组织 1908 个，人民调解员 7922 人。（喻心仪）

【公共法律服务体系建设】 2017 年，株洲市县、乡镇、村法律服务中心、站、点覆盖率分别达到 100%、100%、93.1%。积极推动法律服务咨询 O2O 模式应用，升级改造“12348”公共法律服务热线，司法行政服务基层群众的渠道更加便捷、通畅。加大法律援助力度，全年共办理 2786 件，同比增长 9.1%。加强行业监管，成立中共株洲市律师协会委员会，律师“维权中心”“投诉中心”挂牌运行。引导律师服务中心工作，全市律师共担任法律顾问 1473 家，免费为 422 家企业进行法律体检，全年诉讼辩护代理 5463 件，非诉讼事务 1369 件。健全司法鉴定议事协调机构，经验做法被司法部推介，全年司法鉴定 7409 件。市基层法律服务工作者协会与司法行政机关脱钩，全市基层法律服务工作者共代理案件 534 件。150 人通过司法考试。（喻心仪）

【司法行政改革】 2017 年，株洲司法改革成效明显，党政主要负责人履行法治建设第一责任人职责得到有效落实，全市 6.3 万名国家工作人员参加学法考试。全市 6 家公证处提前完成事业体制转轨，全年办理公证 25236 件。市国信公证处推出系列便民举措，县域公证处为项目建设、征地拆迁提供保全公证。推行法律顾问和“两公”律师制度，开展律师驻点值班工作，为党委、政府解决信访难题。提升人民监督员监督实效，全年评议案件 10 件，参加检务公开 21 次。（喻心仪）

【服务平安株洲建设】 市司法局积极促进矛盾纠纷多元化解，代拟《关于完善矛盾纠纷多元化解机制的实施方案》。在全市范围内开展“三调联动解纠纷防控风险促发展”专项调解活动，与市中级人民法院启动诉调对接工作。全市各级各类人民调解组织共调处矛盾纠纷 13986 起，成功率 99.06%，防止民转刑 75 起，防止群体性上访 276 起，防止群体性械斗 27 起。有效管控社区矫正。各社区矫正中心有序运行，政府购买社区矫正服务实现全覆盖，劳动教育效果明显。服刑人员核实率、回执率、衔接率始终保持在 99% 以上，确保监管安全。市强戒所实现教育戒治提质和经济效益增长，戒毒警察队伍职业化建设工作经验被司法部网站推介。（喻心仪）

【法治株洲建设】 实施“七五”普法依法治理，法治株洲建设纳入全市绩效考核，强化法治建设组织领导。开展法治宣传。利用“12·4”国家宪法日、农村法治宣传月、青少年法治宣传周等节点，结合文明城市复检，将法律知识送到群众身边。与“株洲日报”联合开办《法治周刊》等栏目。推进法治文化阵地建设，市级法治文化长廊完成选址、设计，茶陵县、株洲县、芦淞区建成法治文化公园。茶陵县委书记彭新军被推评为全省十佳法治建设推进者，荷塘区热心青少年普法的 91 岁老人张庆功当选全省最具影响力法治人物。（喻心仪）

【司法队伍建设】 强化编制管理，市强戒所新增政法专项编制 23 个，各县市区司法局共新增政法专项编制 21 个。全市司法系统队伍专业化、职业化、正规化建设得到加强。2017 年，全市司法行政系统有 6 人在全省司法行政业务技能比武中获得“岗位能手”称号；市司法局获评全市“文明建设先进单位”。（喻心仪）

【株洲市第八次法治宣传教育工作会议】 4 月 28 日，株洲市第八次法治宣传教育工作会议在延年酒店召开。会议总结了全市“六五”普法经验，表彰了“六五”普法先进集体、先进个人，并对全市“七五”普法依法治理工作进行全面部署。市委常委、市委政法委书记杨玉芳出席会议并作重要讲话，市人民政府副市长、市公安局局长李晓葵主持会议。（喻心仪）

【市委书记谈法治】 2017 年 10 月 5 日，市委书记、市人大常委会主任毛腾飞做客红网嘉宾访谈，与网友一起探讨、交流、分享法治株洲建设的一些做法和体会。毛腾飞指出，依法治市这件工作必须作为事关全局的战略性任务和关键性工程来抓，以法治引领和护航株洲经济社会发展，全力打造“全国一流的法治城市”。（喻心仪）

【司法考试】 2017 年 11 月 21 日，2017 年度司法考试成绩揭晓，株洲市

1048名报考考生中，150名通过考试，创十年来新高，最后一届国家司法考试圆满落幕。2018年起，国家司法考试将调整为国家统一法律职业资格考试制度。（喻心仪）

【公证体制改革】 2017年10月，全市6家公证处均完成事业体制转轨，改制后全市公证质量明显提高。市国信公证处推出无偿代为调查取证、无偿代办房屋登记事务、无偿代办邮寄公证书、代办涉外公证书认证等便民举措。（喻心仪）

【司法鉴定议事协调机构】 2017年5月，株洲市成立由市委常委、市委政法委书记任主任，11个部门为成员单位的议事协调机构，明确了司法行政部门对司法鉴定工作的监督、管理和协调的职能职责，经验做法被司法部网站推介。（喻心仪）

【中共株洲市律师协会委员会成立】 2017年7月，中共株洲市律师协会委员会成立，接受市委“两新”工委和市司法局党组双重领导，律师行业党建工作进一步加强。全市律师行业共成立18家律师事务所党支部和1个联合党支部，实现党的组织和党的工作对律师行业全覆盖。（喻心仪）

【司法部到株洲调研法律援助工作】 2017年11月24日，司法部法律援助工作副司长孙春英一行到株洲调研指导法律援助和公共法律服务体系建设工作，实地考察了市公共法律服务中心、驻市看守所值班律师工作室、荷塘区公共法律服务中心、驻荷塘区人民法院值班律师工作室基本情况。孙春英要求全市司法行政系统以公共法律服务体系建设为契机，为群众提供优质服务。（喻心仪）

【矛盾纠纷多元化解机制】 诉调对接借助人民调解“融合法理情、灵活又便捷”优势，减轻群众诉累和人民法院司法成本，有利于提高矛盾纠纷多元化解工作水平。2017年，市司法局与市中院联合启动诉调对接工作，首选医疗纠纷领域作为工作突破点，6月株洲市医疗纠纷诉调对接中心成立后，仅用一周时间就成功调处一起长达2年的涉医患纠纷诉讼案件。

（喻心仪）

【戒毒工作】 1月17—18日，湖南省司法行政戒毒系统教育戒治工作会议暨场所安全形势研判会在市强制隔离戒毒所召开，市委政法委书记杨玉芳、省戒毒局局长曾启尚出席会议并作讲话。2017年省司法厅年度考核中，株洲市强戒所获市州所第一。

（喻心仪）

【社区服刑人员行为规范教育】 2017年，市司法局在社区服刑人员中全面铺开行为规范教育，防止其社区服刑人员脱管、漏管、重新犯罪。6月29日，在试点成果汇报会上，168名社区矫正人员集中展示日常行为规范教育，株洲市检察机关受邀参加。通过学习教育，社区服刑人员身份意识、责任意识明显增强。（喻心仪）

【全市基层司法行政工作综合业务培训】 11月15—16日，市司法局举办全市基层司法行政工作综合业务培训班。培训内容涉及社区矫正、安置帮教、人民调解、法治宣传、公共法律服务和司法所建设等方面，司法行政工作人员140余人通过培训，有效提高了司法行政工作人员的业务技能和知识水平。（喻心仪）

法治政府建设

【概况】 株洲市人民政府法制办公室为株洲市人民政府工作部门，设综合科、规范性文件管理科、行政执法监督科、行政复议应诉科、合同审查管理科（法律顾问室）和立法科6个内设机构，行政编制17名，后勤服务全额拨款事业编制2名。2017年共有行政编制在职人员17名。归口管理的二级机构株洲仲裁委员会秘书处，为正科级公益二类事业单位，核定编制7名，在职人员7名。

2017年，株洲市人民政府法制办公室积极服务优化发展环境，履行法治政府建设督察和行政应诉职责，推进政府法治能力建设和法律顾问制度建设，出台重点领域立法，落实规范性文件审查备案，开展行政执法案卷评查，发挥行政复议解决行政争议主渠道作用，完成“两证”换发，充分发挥仲裁作用，为建设“一谷三区”、实现“两个走在前列”提供强有力的法治保障。（刘耳衡）

【服务优化发展环境】 履行政府法律顾问职责，开展政府合同和政府法律性事务合法性审查，全市共审查各类行政合同和协议967件次。其中：审核市政府与新华联公司、北京三元公司关于太子奶公司的补充协议、株洲市北环路道路建设PPP项目等法律事务性文本共117件，出具法律意见382条。

参与“项目攻坚年”活动。与市、区法院对接，对重点工程建设中须司法强拆的案件逐案研究、一一踏勘、制定方案，确保强拆工作顺利完成。

成立清水塘老工业区搬迁改造法制保障组。提交《关于清水塘地区搬迁治理有关法律问题的对策建议》，对《关于5期缓交关闭破产职工安置相关费用的协议》等清水塘项目合同和法律事务15件进行合法性审查，提供法律意见61条。

参与信访维稳“百日攻坚”“百日再攻坚”行动。坚持重大行政决策合法性审查制度，加强对重大问题决策的社会稳定风险评估，对《株洲市烟花爆竹安全生产事故应急预案》《株洲市集体土地征收及房屋拆迁补偿安置办法》等涉及群众切身利益的30余件市政府（办）规范性文件，5件市委（办）、市政府（办）联合发文文件，30余件其他文件进行合法性审查和社会稳定风险评估，审查率达100%，共出具法律意见书31份，审查意见93条，在源头上减少诱发不稳定的因素。

（傅　南）

【法治政府建设督察】　8月，市政府法制办联合市政府督查室，采取查阅相关资料和案卷，走访有关行政执法单位和召开座谈会进行面对面交流等形式，对9个县市区和行政执法任务较重的市、县行政执法部门推进法治政府建设的情况进行专题督查，推动法治政府建设在基层的落实。

（傅　南）

【政府法律顾问制度建设】　全市各地各部门政府法制机构普遍建立法律顾问队伍，明确工作职责，完善工作机制。市政府按照承办行政复议、应诉工作事项，政府合同审查和重大决策咨询，重大矛盾纠纷协调等非诉法律事务处理三大业务板块，分别与两家律师事务所签订专项法律服务合同。12月21日，向社会公布新修订的《株洲市人民政府法律顾问工作规定》和新一届市政府法律顾问名单。

（刘耳衡）

【重点领域立法】　2017年，市政府法制办通过召开立法听证会和专家论证会，组织相关部门座谈征求意见，《株洲市城市综合管理条例》经市人大常委会通过并报省人大常委会批准，于2017年10月23日公布，2018年3月1日起施行。组织起草《株洲市农村村庄规划建设管理条例实施细则》，于2017年10月10日公布，2017年12月1日起施行。　（刘耳衡）

【规范性文件审查备案】　2017年，市、县政府法制机构共审查规范性文件324件。其中，市政府法制办审查市政府（办）规范性文件67件，市委（办）、市政府（办）联合发文36件，出具合法性审查意见51份，意见建议152条。对85件部门规范性文件实行“三统一”管理，审查登记69件，出具法律审查意见书29份，意见建议68条。对县市区政府报备的75件规范性文件，进行备案审查。对市政府（办）已经发文的42件规范性文件向省政府、市人大报备，报备率达100%。收到异议申请5件，均及时回复申请人。组织开展规范性文件清理。4月和8月，市政府法制办两次组织县、市两级对全市规范性文件进行全面清理审查，截至2017年10月，株洲地区继续有效的规范性文件922件，继续有效的市政府（办）规范性文件229件。　（刘耳衡）

【“两证”换发】　2017年，市、县政府法制机构组织第五轮行政执法人员和行政执法监督人员换发证培训、考试和发证工作，共换发行政执法证件8177份。严格行政执法监督证领取资格审核，全市共换发行政执法监督证173本。　（刘耳衡）

【行政执法案卷评查】　2017年，全市共评查行政案卷3266卷次。其中：市政府法制办邀请市政府法律顾问、法院和部分市直行政执法部门业务骨干等组成行政执法案卷评查专家组，对市、县及中央、省在株洲行政执法部门的124卷行政处罚案卷、73卷行政许可案卷和17卷行政确认案卷进行评查，评选出优秀案卷33卷。

（刘耳衡）

【法治能力建设】　各地各部门将建设法治政府纳入重要议事日程，通过政府常务会议和部门办公会议学法，不断提高“关键少数”的依法行政能力和水平。市政府法制办邀请省高院行政庭副庭长郑波等法学专家在市政府常务会议前讲授相关法律知识。先后两次组织全市行政复议和行政执法骨干到市中院和天元区法院旁听行政诉讼案件庭审，增强程序意识、证据意识和诉讼意识。6月和9月，组织全市部分行政执法单位法制业务骨干分两批参加在吉林大学和华东政法大学举办的“政府法制工作人员培训班”，学习探讨政府法制工作中存在的困惑和疑难问题的解决方法，取得较好的效果。10月，市政府法制办邀请省政府法制办领导为100余名的行政执法人员讲授实务课程。12月，组织全市50余名行政复议工作人员参加行政复议统计软件培训。（傅　南）

【行政复议】 2017年，全市共办理行政复议案件375件。加大行政复议公开力度，连续8年在网站公开已审结的行政复议案件决定书，接受社会和群众监督。10月，市政府法制办按比例抽取15个单位共43本涉及行政强制、行政处罚、信息公开、行政确权等行政行为的复议案卷进行评查，评出优秀案卷42件，案卷优秀率达97.67%。（刘耳衡）

【行政应诉】 出台《株洲市人民政府办公室关于加强和改进行政应诉工作的实施意见》，推动行政机关负责人出庭应诉工作，落实应诉责任。全年全市行政机关负责人出庭应诉率达18%。2017年，市政府法制办共办理行政应诉案件120件，参加庭前协调30余次，开庭102案次。（刘耳衡）

【行政仲裁】 2017年，株洲仲裁委共受理仲裁案件376件，涉案标的额6.85亿，结案299件，其中调解和解215件，占结案数的72%，较好地发挥了仲裁工作“一裁终局、程序简便、便民高效”的优势。（刘耳衡）

【召开法治政府建设推进会】 3月8日，全市法治政府建设推进会召开，市委常委、常务副市长何剑波，市人大副主任李智出席会议。各县市区政府、云龙管委会分管负责人、法制机构负责人，及全市具有行政执法职能单位相关负责人共140余人参加会议。（傅　南）

【行政执法人员培训】 10月25—26日，市政府法制办组织2017年行政执法人员培训，培训内容包括《法治政府建设实施纲要（2015—2020年）》《行政处罚法》《行政复议法》《行政诉讼法》《湖南省行政程序规定》《湖南省规范性文件管理办法》。市直各行政执法单位近200人参加培训。（刘耳衡）

综合经济与管理

发展和改革

【概况】 市发改委共有21个内设机构：办公室（市援藏和对口支援办公室）、人事教育科、财务科、发展规划科、法规科（市公共资源交易管理委员会办公室）、国民经济综合和运行调节科、经济体制综合改革科、固定资产投资科（利用外资和境外投资科）、行政审批科、农村经济科、工业与高技术产业科、地区经济科、财政金融贸易与服务业科、资源环境科、社会发展科、能源与基础产业科、重大项目稽察特派员办公室、价格调控科、收费管理科、服务价格管理科、商品价格管理科。7个二级机构：市国民经济动员办公室（市国防动员委员会装备动员办公室）、市价格监督检查局、市价格成本调查队（市价格监测中心）、市重点建设项目办公室、市经济研究信息中心、市政府投资项目代建管理办公室、市价格认证中心。其中市重点建设项目办公室和市经济研究信息中心为副处级事业单位。共有在职人员138人。

2017年，株洲市发改委着眼株洲实际和长远发展，突出谋大、谋深、谋实，推动参政设谋上水平。规划引领。牵头编制战略性新兴产业、新型城镇化等30余个专项规划，全面完成株洲市“十三五”规划汇编，出台《关于建立健全株洲市“十三五”规划纲要实施机制的意见》，把工作重心聚集到规划任务落实上来。形势研判。加强经济运行监测、研判，坚持月度、季度形势分析机制，撰写专项分析报告40多篇，提出意见建议80余条，为市委、市政府决策提供有力支持。政策引导。对接上情、结合市情，代拟深化投资体制改革、政府投资管理、公共资源交易监督管理和促进服饰产业发展等政策措施10余项，政策关键引领作用显著，其中建设领域投资审批制度改革和“一门式”服务获湖南省首届管理创新奖。问题研究。围绕重点领域和关键环节，全面展开东城大道沿线产业布局、政府投资项目事中事后监管、株洲动力谷补短板等37个全市重大课题研究，转化形成一批项目、一批政策和一批前瞻性研究成果，为全市各级人大代表和政协委员建言献策、参政议政提供重要参考。

抓项目稳投资，经济发展有新支撑。项目建设着力项目攻坚，推动一大批重大产业项目落地见效。重点项目进展顺利。“七大攻坚行动”全面推进，“两机”重大专项、火车站综合客运枢纽工程、棚户区改造等一批代表国省水平、强基础补短板、惠民生提品质项目扎实推进。全市重点项目完成投资1185.6亿元，纳入省考核的38个省重点项目完成投资274.7亿元，均超额完成年度投资计划。有效投资加力见效。第三产业投资份额不断加大，全市三次产业投资额结构为5.0∶38.6∶56.4，高技术产业投资和战略性新兴产业投资继续保持高速增长，中国电机等三个项目新增为智能制造专项国家级示范，民间投资占全部投资比重60.5%，生态环境投资力度不断加大，醴陵官庄湖水系综合开发等4个项目入选省2017年传统基础设施领域PPP推介项目。全年共争取中央、省预算内资金11.6亿元，获批企业债券49.5亿元。完善攻坚机制。强化项目生命周期管理，以调度分层级、汇报分节点、质询分阶段、交办分类别、考核分档次等形式落实项目攻坚，全面实行“一单四制”问题交办制度，建立健全重点项目高位推进、上下联动机制和“383”项目储备推进机制，不断充实“135”项目库，统筹推进重点项目、融资、用地等“八大计划”，优化计划、审批和实施决策流程。全市新开工项目4125个，竣工项目4284个，分别增长26.4%、76.5%；稽查复查项目221个，查核并通报问题147个。

优供给强动能，转型升级有新成效。产业结构不断优化，三次产业比重由2016年的7.8∶54.0∶37.9调整为8.0∶48.0∶44.0。新旧动能转换加速。推动动力产业高端发展，着力构建“3+5+2”产业体系，株洲·中国动力谷得到国家重视并在《人民日报》头版重点推介，全球首列虚拟轨道列车、12米纯电动智能驾驶客车等一批高端新技术、新产品在株洲诞生，高新技术产业增加值占GDP比重达25.8%。“引进百家配套企业”和“百项科技成果转化”工程深入推动，电子信息产业聚集50多家上下游企业，服饰产业链年产值过500亿元，全球第一条组合烟花自动化生产线在醴陵下线。加速传统产业转型升级，推进清水塘老工业区搬迁改造，迁出高污染企业，获批首批国家通用航空产业综合示范区、老工业城市和资源型城市产业转型升级示范区和第三批国家低碳城市试点，大力培育发展战略性新兴产业、推动特色优势产业转型升级两项工作受到国务院表彰。现代服务业加快推进。着力推进九大服务业集聚区建设，铜塘湾保税物流中心封关运营，中车物流基地、汉唐•周庄、华亿庄园等一批重点项目加快建设，第三产业增加值突破千亿大关，增长10.7%，对经济增长贡献率达49.4%，其他营利性服务业营业收入继续保持全省第一。园区发展提质增效。以省“135”工程为重点，扎实推动全市园区“146”工程，近三年累计建成标准厂房700多万平方米，引进企业800余家，争取省预算内资金近2亿元。全面落实“一权两制一司”管理体制和“六个一”工作模式，强力推动“1152”行动和“五个一批”工作，渌口经济开发区、醴陵经济开发区完成调规扩区规划方案和相关规划编制，株洲经开区获批为省级经开区并正式挂牌。

善统筹聚合力，改革创新有新突破。着力在改革实践和制度创新上，协同推动多项重点领域改革。供给侧结构性改革成效凸显。大力推进清水塘老工业区搬迁改造，关停核心区范围企业147家，退出钢铁产能85万吨；关停退出煤炭、烟花爆竹企业163家；商品住宅去化周期同比不断下降，为企业减税13亿元以上，县域经济占比达53.4%；基础设施、扶贫和科技领域的投资保持快速增长，非公、开放、三产、县域“四块短板”不断补足补齐。《中国改革报》两次专题报道株洲推进供给侧结构性改革工作。经济和社会体制改革纵深推进。47项经济体制改革和25项社会体制改革系统集成、纵深推进。财税、金融、价格和国企等改革稳步推进，完成市级公共资源交易平台整合，政府投资管理改革获全市管理创新奖，公平竞争审查工作走在全省前列，绿色发展实践经验成为全国经济体制改革典型。社会体制改革中期评估顺利完成，公立医院综合改革获国务院通报表彰。新型城镇化综合试点稳步实施。“五大试点改革”纵深推进，“一区一县九镇”多规合一基本完成。制定出台《2017年株洲市新型城镇化综合试点工作要点》《株洲市特色城镇建设实施方案》等，启动全市首批20个特色镇建设，严塘、高陇、酒埠江等试点镇建设成效明显，攸县皇图岭镇获评国家级特色小镇。大力推进“一廊十镇百村”美丽乡村示范工程，茶陵石冲村入选全国“一村一品”示范村镇，醴陵白兔潭镇获批“省级美丽乡镇”，省级新农村示范村30个。城乡一体化进程加快，城镇化率达65.67%，提高近2个百分点。

优服务办实事，民生民利有新改善。扎实推进基本公共服务均等化。统筹推进全民健康保障和社会服务兜底工程，争取的中央、省预算内资金80%以上用于农业农村、公共服务和社会保障，“一宫四馆四中心”、株洲职教城、爱心大院（三期）、市妇幼保健院搬迁改扩建等民生项目加快建设，全年完成棚户区改造投资315.3亿元，占年度计划的118.8%。深入推动扶贫攻坚。协调推进产业扶贫和易地扶贫搬迁，重点完善贫困地区的通水、通电、通路等基础设施配套和教育、卫生等社会公共服务畅通，促进搬迁当地由“靠山吃饭”向“农旅工商多方发展”转变，“十三五”期间易地扶贫搬迁4202户13434人任务全部完成，41个安置项目全部竣工，住房建设完成率100%，搬迁入住率100%。央视《朝闻天下》栏目专题报道株洲市脱贫攻坚易地搬迁工作所取得的成绩，炎陵经验获省委书记杜家毫充分肯定并在全省推介。强化价格监管。推进“价格诚信株洲”创建行动，强化价格监管，开展涉企收费、医药收费、教育收费专项检查和民生价费热点整治；积极推动公交票价等涉民领域成本监审，核减不合理成本费用4亿多元；开展价格认证，未发生一起复核案件和错案。年内，获评全国农产品成本调查工作优秀集体、价格认定工作先进单位，以及全省依法治省示范窗口单位。（朱军霖）

【援藏工作】 2017年，株洲市援藏工作以推进扎囊县社会经济全面发展为目标，积极融入到扎囊县各项工作中。全年共争取计划外资金750万元（其中株洲市财政预算安排270万元）、争取设备捐赠总价值300余万元，通过援藏渠道引进扎囊企业共6家，投资落地项目9个，总投资6亿多元，招商企业数量和投资金额均遥遥领先湖南省其他3个对口援藏县。

扎囊县援藏“十三五”规划项目2类8个，总投资1.27亿元。援藏项目资金重点投向“一镇两校三院”。“一镇”即重点配合建设桑耶镇特色小城镇，整合国家资金配套建设桑耶扶贫易地搬迁安置点。具体包括易地搬迁配套、产业扶贫、农牧民配套设施改善、村容村貌整治、村集体收入帮扶等工作。“两校”即扎囊县中学和扎其乡完小建设。具体包括提升扎囊中学基础设施、改善中学面貌，建设民族传统文化传承实践基地、教工之家、室外运动场和扎其完小的足球场、教工宿舍及相关配套设施建设。“三院”即以打造健康扎囊为目标，全面抓好以扎囊县人民医院为龙头、乡镇卫生院为枢纽的县域医疗卫生服务体系建设。具体包括：扎囊县人民医院重点专科建设、藏医药浴中心建设和完成二甲医院创建工作，做好医疗人才组团式援藏工作；吉汝乡中心卫生院和阿扎乡卫生院的住院楼建设、检验设备添置和全县5所乡镇卫生院的医疗急救车的购置。

株洲市第八批援藏工作队援藏期间完成规划项目投资7982万元。2017年度应开工项目4个，投资45万元完成内地初高中代培班项目，其他3个项目总投资1550万元，已进入前期工作。帮助扎囊县人民医院成功创建为二级甲等综合医院。利用援藏计划外资金完成扎其乡卫生院院内硬化建设项目。成功举办两期扎囊县赴株洲市卫生人才内地培训班。

资金扶贫。2017年，援藏队侧重扶持家庭产业，成效显著。其中资助扎塘镇施贡村6户贫困家庭，购买挖掘机，承接招商落地企业的工地工程，使每个家庭每月可以取得收入3000余元。产业扶贫。援藏队利用落地的投资项目吸收贫困农牧民就业。央企中科建设开发总公司落户扎囊，投资建设现代农业产业园、高效温室、奶牛养殖基地和万亩草场四个大项目，带动农牧民就业300余人。智力扶贫。2017年6月，在湖南省工贸技师学院为扎囊县14名贫困家庭农牧民举办汽车维修与美容技能培训班。培训结束后，援藏队扶持学员在县内创业或就业。健康扶贫。2017年，株洲市派出由7名副主任医师组成的援藏医疗队在县内开展义诊活动3次，开设健康讲座8场，给贫困家庭免费送药10000余元。

2017年，株洲先后选派16名援藏医生和5名交通、国土、农牧、旅游、环保等技术工程师到扎囊县进行技术援藏。协调株洲市多家医疗机构与扎囊县医疗机构结成友好往来单位。通过积极对接，扎囊县住建局与株洲醴陵市住建局、城管局，扎囊县五保户集中供养中心与株洲醴陵市福利院结成友好单位。扎囊县选派16名干部到株洲市挂职锻炼；32名村支书到株洲市委党校学习党建知识、到株洲党建优秀村和社区现场参观学习。先后邀请扎囊县商务、国土、卫生等单位赴株洲市实地考察金山工业园、中车、千金药业等企业，与株洲市相关单位结成友好单位；邀请扎囊县人大主任及5个乡镇的人大主席一行，到株洲市考察人大工作和招商工作。（朱军霖）

【基础产业】 2017年，株洲大力实施基础设施建设工程，交通基础网络不断完善。全年完成交通建设投资130亿元以上，与上年同比增长7.8%。其中，莲株高速、醴娄高速有序推进，湘江大道一期工程竣工通车，东城大道各段进展顺利，S105旅游通道分段开工建设，长株攸快速通道正加速前期工作。大力实施运输服务保障工程，交通运输经济稳定发展。全年公路运输总周转量、水路运输总周转量、邮政业务总量分别增长12.3%、5.4%、31.5%，增速位于全省前列。大力实施交通扶贫攻坚工程，全力推进贫困地区基础设施建设。全市共完成扶贫投资4亿元，完成一批贫困地区干线公路、农村公路、危桥改造和安保工程建设，惠及160多个贫困村。（朱军霖）

【能源产业项目】 风电项目。“十三五”期间，全市共规划13个风电场，规划总装机容量为84万千瓦。攸县太和仙风电场、炎陵金紫仙风电场已开工建设；株洲县龙潭风电场、株洲县太湖风电场、株洲县淦田风电场、炎陵下村乡风电场、垄溪仙坪风电场、茶陵西岭风电场、茶陵太和仙风电场、茶陵三湘风电场、攸县丫江桥风电场、攸县太和仙二期风电场、醴陵贺家桥风电场已进行前期工作。其中，茶陵县太和仙风电场项目已于6月核准；醴陵贺家桥、茶陵太和仙进入湖南省2017年风电建设项目。

光伏项目。利用工业标准厂房、商业楼、行政办公楼等闲置屋顶，建设分布式光伏发电项目；与光伏精准扶贫相结合，推广光伏发电应用；争取省林业厅调规，建设茶陵地面分布式电站。截至2017年11月30日，全市分布式光伏发电项目已建成并网发电的有115兆瓦。

新能源汽车充电基础设施项目。全市已建成充电站16座，已建成公共充电桩194个，其中：直流充电桩157个，交流充电桩37个，可服务1000辆新能源汽车。

“气化株洲”工程。全市天然气管网3000公里，天然气门站5个，投入使用加气站7座。天然气居民用户54万户。中石化潜江—韶关输气工程株洲段管道开工建设，衡—炎线天然气管道项目12月底开工建设。

（朱军霖）

【环境与资源保护】 2017年，株洲市发改委积极配合清水塘老工业区搬迁改造工作，出台相关政策，争取支持。拓宽融资渠道，多方筹措资金。全年达成各类融资意向金额近50亿元，放款9.75亿元。配合国家低碳城市试点。1月，株洲市成功获批国家低碳城市试点。进行专项调研，编制《株洲市国家低碳城市试点实施意见》。

争取环资类项目资金。围绕清水塘老工业区搬迁改造、城镇污水垃圾处理设施建设及污水管网、资源节约循环利用等工作争取国家、省预算内支持。截至2017年年末，共争取8个项目，共计资金8565万元，其中中央预算内资金3565万元，省预算内资金5000万元，有力支持株洲市环资类项目建设。

督促节能减排。完成全市“万家节能企业”的数据调度和管理工作；配合省节能监察中心完成对医院、高等院校等公共机构节能情况的监察；参加省节能监察中心组织的节能监察执法业务培训 ；配合省节能监察中心，依托第三方机构完成重点企业2014—2016年温室气体排放报告；组织相关市直部门开展“节能宣传周”宣传活动。

协调服务环境保护工作。中央环保督查期间，积极配合市环保督查办做好资料收集、整理等前期准备工作；限时办结环保督查交办件3件，较好地完成了中央环保督查任务。2件人大建议、政协提案提前办结。开展项目调度督查。对2013—2017年中央、省预算内项目进行调度，对未开工和进展缓慢项目召开项目协调会，对未开工项目下达项目督办函。做好改革试点服务。完成2014—2016年生态文明体制改革任务中期评估；完成河长制成立相关准备工作，配合市河长办做好相关工作；配合市水务局做好水生态文明城市试点；并在对口的生态文明建设、湘江流域治理、黑臭水体整治、碧水蓝天行动等方面完成多项相关工作。（朱军霖）

价格管理

【价格改革】 2017年，株洲围绕资源产品价格和价格“放管服”方面开展的一系列改革在减低企业成本、促进行业技术进步、提高能源资源利用效率、推进钢铁水泥行业供给侧结构性改革、化解过剩产能、简化审批手续等方面起到积极作用。

资源产品价格改革。电价方面。2017年1月1日起，对钢铁企业实行差别电价、阶梯电价政策。2017年6月1日起，取消电网企业对铁路运输企业收取的电气化铁路配套供电工程还贷电价，定额下浮铁路货物运价，降低企业物流成本。该项政策为全市的相关运输企业降低成本1475万元。水泥企业实行阶梯电价政策。推行输配电价改革，共为企业减负1.57亿元。2017年，两次下调一般工商业目录电价。2017年1月1日起，下调1.57分钱，2017年4月1日起，下调0.7分钱。2017年7月1日起，降低农村一般工商业用电价格，实现城乡一般工商业用电价格同价。气价方面。2017年8月1日起，下调醴陵末站管输价格0.04元/立方米，醴陵市非居民用气价格降至2.99元/立方米，为企业节约成本100万元。2017年9月1日起，降低非居民用天然气基准门站价格0.1元/立方米，降价后非居民用天然气终端销售价格降低0.12元/立方米，直接为企业减负1000多万元。

推进价格“放管服”改革。放开食盐价格。2017年1月1日起，全面放开食盐出厂、批发、零售各环节政府定价管理方式，实行市场调节价，由企业根据生产经营成本、食盐品质、市场供求状况等因素自主确定。减少电价审批环节。2017年4月1日起，对国家发改委已制定标杆上网电价的风电、光伏发电、生物质发电（含垃圾焚烧发电、垃圾填埋发电和沼气发电）等可再生能源发电项目，市发改委不再进行申报。（朱军霖）

【价格监督检查】 2017年，株洲市价格监督工作围绕加强市场价格、民生价费和相关行业价格监管，促进市场公平竞争开展工作，着力规范价格收费秩序，切实服务地方经济发展。全年接受价格咨询、举报共1616件，其中咨询件1310件，正式受理投诉举报306件。

加强市场价格监管。安排节假日市场巡查。“春运”期间，加大对城乡道路客运价格检查力度，维护客运市场价格秩序。元旦、春节、五一劳动节等重大节假日期间，采取日常巡查和重点检查相结合，市区两级联动、新闻媒体跟踪报道，在全市范围内对居民生活必需品开展市场价格检查，规范节假日和特殊时期的市场价格行为和市场价格秩序。

配合全市文明城市复检工作，对全市样板街明码标价进行检查。现场检查走访商户600多家，对存在不规范行为的60多家商户下发整改通知书。

开展专项检查。开展教育收费开学督查和专项检查。由价监局牵头，在春季开学之际，联合市纪委、市教育局等部门对城区范围内15所中小学、幼儿园春季开学收费情况进行督查整改。对20所城区学校开展教育收费专项检查。9月由省发改委价监局带队，市价监局参与，对全市的供电单位、发电企业进行电力价格专项检查，防止电力价格执行中出现乱加价、乱收费行为，有效缓解实体经济困难，切实降低实体经济成本，促进实体经济健康发展。开展全市商业银行收费检查。对株洲市工行、中行、农行、建行、交行5家国有银行和天元联社、城郊联社、株洲县联社、攸县农商行、醴陵农商行、茶陵农商行、炎陵农商行7家农村商业银行共计12家金融机构开展商业银行收费检查。对部分银行存在只收费、少服务等违价行为进行处理。采取“双随机”方式开展药品价格专项检查。在开展药品价格调研的基础上，采取软件按比例随机抽查方式。重点检查株洲市中心医院、株洲湖南省直中医院的药品价格，对价格违法行为进行处罚。开展商品房销售明码标价专项检查。联合市房产局对随机抽到的磐石辉煌时代等30家在售楼盘和中介机构门店进行商品房销售明码标价专项检查。发现部分在售楼盘商品房价格与房产信息网公示价格部分不符、明码标价上缺失部分规定内容等问题，下发提醒告诫函13份，限令问题单位整改到位。

开展公平竞争审查工作。出台《关于在市场体系建设中建立公平竞争审查制度的实施方案》，建立健全部门联席会议制度，召开全市公平竞争审查工作推进会，召开公平竞争审查工作培训会。全市50多家政府组成部门负责公平竞争审查工作的工作人员参加培训。在全市开展公平竞争审查巡查。（朱军霖）

【农产品成本调查】 2017年，完成全市早晚籼稻、小规模生猪、茄子、黄瓜、肉鸡等常规、直报调查，开展种植意向、农户存粮、农资购买专项调查和主要农产品的产量、成本、收益预测调查。进行调查研究分析。深入炎陵县、攸县、醴陵、株洲县等地进行调研，两篇调查报告被《中国物价》刊发，专题调研《关于株洲市发展新兴种养殖业的调查与思考》为政府提供可靠的成本数据和可行的政策建议。关于农产品批发市场的调研成果得到专家好评。（朱军霖）

【价格成本监审】 2017年，株洲市完成省直中医院和市二医院医疗床位费、公办幼儿园保育费、公交票价等近20项成本监审。审核成本 28亿多元，核减成本4亿多元。各县（市）相继开展景区门票、天燃气、垃圾处理等价格成本监审，确保价格改革和调整的顺利进行。（朱军霖）

【价格监测】 2017年，完成340多种商品和服务价格监测，报送价格监测分析材料和调查报告30余篇。向省价格监测中心上报周报、旬报、月报等基础报表500多份、上报各种数据4万多个。（朱军霖）

【服务价格管理】 医药价格管理工作。完善医疗价格管理体系。定期公布各医院医药费用总体情况、单病种费用情况、季度间费用变化情况等三项指标保障患者的选择权和知情权。对全市县级及以上各公立医院医药价格改革进行跟踪评估，确保全市医药价格改革平稳、有序。及时贯彻落实医药价格改革政策。加强收费公示。加强株洲市公立医疗机构病房床位价格管理，明确规定：公立医疗机构病房床位价格依照病区单元床位数量和服务性能分别实行政府指导价和市场调节价，单人间、套间病房床位价格实行市场调节，由公立医疗机构自主定价，但其床位数不得超过本院《医疗机构执业许可证》登记的总床位数的10%。对收到患者关于医药价格的100余起咨询、投诉进行妥善回复和处理。选择106个临床路径规范、诊断明确、技术成熟、并发症少、疗效确切的常见病和多发病种，实行按病种收付费。

经营服价性收费管理工作。公布市级景区管价目录，建立政府管价景区目录实行动态调整机制，各地可根据管理需要每年1月调整一次，调整后目录需及时向社会公布。落实省发改委关于取消、降标和放开部分服务性收费工作。加强对辖区内涉企经营服务性收费进行清理规范，制定《株洲市机动车停放服务收费实施细则》，对市级政府定价涉企行政审批前置服务收费目录清单和涉企经营服务收费目录清单进行动态调整和公布。

（朱军霖）

【行政事业性收费管理】 2017年，市发改委贯彻落实行政事业性收费管理工作。清理规范一批行政事业性收费项目。取消涉案物价格鉴证收费、机动车抵押登记费、白蚁防治费、房屋转让手续费等4项涉企行政事业性收费；停征利用测绘成果、成图资料费、船舶及船用产品检验费、卫生检测费等8项涉企行政事业性收费；取消航务管理费、违法驾驶员道路交通安全教育培训费、集体户口簿工本费等8项行政事业性收费。降低一批行政事业性收费标准。无线电频率占用费收费标准降标20%；水土保持补偿费收费标准降标30%；机动车行驶证工本费、临时入境机动车号牌和行驶证工本费，均由每本15元降为每本10元。减轻企业和社会负担60余万元。建立收费单位情况和收支状况报告制度。公布《株洲市涉企行政事业性收费项目清单》，有效制止各种乱收费，减轻企业负担。

贯彻落实教育收费政策。规范公办幼儿园和中小学教育收费管理。全面放开市中小学（幼儿园）学生用车（船）运行服务管价权。依法进行教育收费定调价。全省中小学校（幼儿园）教育收费督查中，株洲市教育收费管理受到高度评价。（朱军霖）

项目管理

【重大项目稽察】 2017年，株洲围绕稳增长、扩内需、促投资，加强重大项目实施监督检查，促进投资项目开工建设、规范管理、问题整改和发挥效益，服务经济建设大局。全年配合上级稽察、审计、核查等8次，其中国家级检查5次，涉及中央投资项目20个；省级检查3次，涉及中央投资项目22个；市级稽察办开展专项稽察2次，共检查项目95个；涉及中央资金1.99亿元、省级资金1.34亿元，通报问题33个；开展项目整改专项复查2次，共复查项目83个，涉及114个问题。针对稽察检查中发现问题较严重的县区和单位，印发督促整改通知书23份，涉及项目46个。

（朱军霖）

【重点项目建设】 2017年，株洲持续开展“项目攻坚年活动”，着重实施重点项目300个以上，完成投资1000亿元以上，新开工建设200个、竣工100个。全市重点项目完成投资1185.5亿元，占全市固定资产投资的45.2%；235个项目实现开工，103个项目实现竣工投产。“两机”专项、转向架智能制造等一批代表国、省水平的项目顺利推进，广铁物流、火车站综合客运枢纽工程等一批强基础、补短板的项目陆续实施，易地扶贫搬迁工程、棚户区改造等一批惠民生、提品质的项目超出预期。省重点项目中，株洲市调度的46个省重点项目完成投资601.8亿元，占全年任务的124%，继续位居全省前列，成为固定资产投资增长和重点项目投资增长的重要支撑。（朱军霖）

【市级政府投资项目建设】 2017年，市政府投资计划项目106个，其中新开工项目57个、续建项目26个、前期推进项目23个；总投资1125.81亿元，全年完成投资350.71亿元，其中中央及省补助8.12亿元，市级投入9.27亿元，市级预期财力投入24.20亿元，融资及其他309.12亿元。从投资主体来看，市级平台公司28个，市直相关部门40个，区政府及其他单位38个。共完成土地报批指标366.13公顷，土地征收364.8公顷（其中国有土地66.13公顷）。（朱军霖）

2017 年株洲市重点新开工项目完成情况一览表

表 12

序号	项目名称	项目性质	总投资（万元）	计划投资（万元）	2017 年完成情况	
					完成投资（万元）	占计划比例（%）
	(一)、产业发展类		7803632	2913400	2894512	99.4
	第一产业		466300	208430	171934	82.5
1	株洲市高标准农田建设	新建	45000	20000	32702	163.5
2	悠移农业园	新建	45000	26000	26090	100.3
3	株洲众民香料产业科技园	新建	45000	28130	3900	13.9
4	佳和种养结合及生态环保现代农业循环经济产业园	新建	45000	15000	3900	26.0
5	宏湘景盛生态畜禽养殖基地	新建	45000	12000	1455	12.1
6	泽域美景生态农业开发	新建	45000	19000	9967	52.5
7	祥能新竹材产业园	新建	20000	6000	1000	16.7
8	振源脐橙现代产业示范园	新建	20000	8000	10725	134.1
9	龙华农牧（东冲二期）	新建（竣工）	16300	16300	20625	126.5
10	飞鹏特色楠竹开发建设项目	新建	50000	35000	35429	101.2
11	炎陵高山生态茶叶基地	新建	50000	10000	13974	139.7
12	天星寨自然农耕生态科技园	新建	20000	8000	8367	104.6
13	炎陵县白鹅产业发展及配套体系建设	新建	20000	5000	3800	76.0
	第二产业		1732223	694000	762032	109.8
14	中车电气技术与材料工程研究院（创新实验平台建设项目）	新建	95318	40000	64980	162.5
15	九方装备技扩创新中心	新建（竣工）	18000	18000	5582	31.0
16	8 英寸 IGBT 智能制造与数字化工厂建设	新建	33983	10000	34835	348.4
17	株机智能制造项目	新建	30000	20000	500	2.5
18	先进轨道交通装备关键部件和系统机车车辆轮轴系统产业化	新建	19961	15000	14460	96.4
19	九方智能制造及改造升级项目	新建	23000	20000	9962	49.8
20	轨道装备产业扩能与制造智能化建设项目	新建	100961	60000	53100	88.5
21	航空发动机和燃气轮机国家科技重大专项 608 所科研设计大楼建设	新建	40000	15000	21850	145.7
22	航空发动机和燃气轮机国家科技重大专项试验基地建设项目	新建	250000	45000	50980	113.3
23	两机重大专项 – 中国航发南方工业有限公司项目	新建	154000	20000	26540	132.7

续表 12

序号	项目名称	项目性质	总投资（万元）	计划投资（万元）	2017 年完成情况	
					完成投资（万元）	占计划比例（%）
24	中国航发南方科研生产能力提升项目	新建	250000	65000	69950	107.6
25	航空城科创园建设项目	新建	60000	7000	14094	201.3
26	年产 50 万台套高精密汽车冲压件制造基地	新建	14000	10000	10620	106.2
27	九洲四维一期	新建	22000	12000	20549	171.2
28	基于 SDN 的可编程网络硬件设备盒子研发及产业化	新建	21000	15000	21000	140.0
29	天睿精工	新建	20000	10000	32800	328.0
30	高端耐磨零部件精密制造产业基地	新建	32000	20000	9220	46.1
31	金泰特链	新建	30000	16000	17156	107.2
32	三湘硬质合金	新建	21000	5000	8561	171.2
33	欧科亿数控精密刀具	新建	22000	9000	18021	200.2
34	飞鹿二期高分子涂料项目	新建	21000	12000	9371	78.1
35	湘江电焊条项目二期	新建	25000	13000	9921	76.3
36	科能二期 OLED 电极项目	新建	20000	11000	6725	61.1
37	瑞美包装材料生产线	新建	22000	12000	3762	31.4
38	广翰新材生产基地	新建	27000	12000	22432	186.9
39	宏信建材建设	新建	20000	8000	17080	213.5
40	地博光电	新建	30000	15000	19795	132.0
41	年产 5.4 亿瓦时锂离子动力电池产业化项目	新建	20000	6000	4065	67.8
42	春华碳酸锂新能源电池	新建	20500	12000	3973	33.1
43	理昂生物质发电项目	新建	20000	16000	11992	75.0
44	炎陵县金紫仙风电场	新建	44500	15000	13000	86.7
45	生物质能源微波裂解气化技术及装备开发与推广应用	新建	20000	12000	20000	166.7
46	环保除尘器生产项目	新建	20000	9000	4168	46.3
47	博世科环保装备生产基地	新建	20000	15000	16000	106.7
48	陶瓷花纸生产项目	新建（竣工）	20000	20000	21890	109.5
49	旭日陶瓷二期	新建（竣工）	30000	30000	24857	82.9
50	利坤服饰城	新建	20000	13000	38011	292.4

续表 12

序号	项目名称	项目性质	总投资（万元）	计划投资（万元）	2017 年完成情况	
					完成投资（万元）	占计划比例（%）
51	醴南职业服装生产基地项目	新建	25000	16000	6300	39.4
52	湘融服饰产业园建设	新建	50000	15000	3930	26.2
	第三产业		1936443	658485	599257	91.0
53	株洲市农副产品批发交易中心（一期）	新建	101625	40000	28040	70.1
54	金山现代综合物流中心	新建	52000	18000	3927	21.8
55	中南 . 金杉国际商贸物流园项目	新建	63300	20000	12000	60.0
56	安迅物流中心及标准化仓库（厂房）建设项目	新建	23000	12000	12000	100.0
57	中国陶瓷谷・培智工业街区	新建	56000	12000	51904	432.5
	中国陶瓷谷・陶子湖片区项目	新建	120000	40000	19688	49.2
58	汇金・财智天下	新建	67000	31000	27971	90.2
59	万博珑商业广场	新建	56000	30000	18000	60.0
60	广源家居	竣工	50000	30000	33813	112.7
61	艾玛斯特儿童城	新建（竣工）	30000	30000	5070	16.9
62	一二三职院校商业配套	新建	20000	15000	1600	10.7
63	航空城核心片区综合配套开发一期	新建	73000	13000	2900	22.3
64	日月湖蓄洪生态公园综合开发项目	新建	100000	25000	35544	142.2
65	水竹湖片区综合开发	新建	21000	7000	40154	573.6
66	攸县城南片区综合开发	新建	350000	70000	69990	100.0
67	九龙湖商贸配套工程	新建	21000	6000	3600	60.0
68	北部旅游之沩山古窑片区开发	新建	111800	20000	76620	383.1
69	花香里文化艺术村及旅游产业项目	新建	28000	14485	21521	148.6
70	云阳山创 AAAAA 景区项目	新建	115000	35000	20883	59.7
71	秩堂镇乡村旅游开发	新建	20000	12000	9978	83.2
72	华强创业基地及配套工程	新建	30000	25000	3000	12.0
73	炎陵神农洞天美丽乡村建设	新建	101318	30000	4500	15.0
74	炎陵县旅游公共服务基础设施建设	新建	31800	10000	2470	24.7

续表 12

序号	项目名称	项目性质	总投资（万元）	计划投资（万元）	2017 年完成情况	
					完成投资（万元）	占计划比例（%）
75	颐和寿康健康养老项目	新建	20000	10000	5518	55.2
76	宏泰健康养生园项目	新建	20000	13000	2472	19.0
77	逸都总部经济园	新建	70000	15000	8890	59.3
78	创客中心	新建	21600	10000	15100	151.0
79	渌江产业发展中心	新建	33000	22000	19247	87.5
80	醴陵陶瓷文化产权大数据交易平台项目	新建	50000	20000	4448	22.2
81	茶陵经济开发区经济总部	新建	50000	8000	38259	478.2
82	炎陵县电子商务产业园	新建	30000	15000	150	1.0
	（二）、基础设施类		4479610	1379675	1562185	113.2
83	S105 云龙楠山铺至醴陵塘坊公路	新建	107700	43080	43080	100.0
84	株洲市农村公路提质改造	新建	43042	34369	49634	144.4
85	炎陵县公路提质建设	新建	31000	10000	27600	276.0
86	株洲主电网建设	新建	21800	14400	14606	101.4
87	株洲城网建设	新建	93700	63700	62779	98.6
88	农网改造升级工程	新建	183000	123000	13882	11.3
89	智慧株洲					
	株洲市政府门户网站及网上无纸化行政审批服务平台	新建（竣工）	5326	5326	100	1.9
	社会综合治理网格化管理平台	新建	2700	500	100	20.0
	市民一卡通项目	新建	54000	5400	200	3.7
	智慧路灯网建设项目	新建	8300	2000	300	15.0
	智能交通卡口系统升级改造	新建（竣工）	5800	2000	2000	100.0
90	宽带中国	新建（竣工）	34500	34500	31017	89.9
91	炎陵县城区公共服务设施提质工程	新建	30000	10000	5299	53.0
92	铁东路工程·铁东路（规划 26 路－新华路）	新建	179877	11000	11600	105.5
93	中环贯通工程·环线贯通匝道工程	新建	129385	12000	23740	197.8
94	天元区·神农大道 A 段	新建	27000	12000	20483	170.7
	天元区·龙洲路（湘江七桥—S333 连接线）	新建	47835	20000	22575	112.9

续表 12

序号	项目名称	项目性质	总投资（万元）	计划投资（万元）	2017 年完成情况	
					完成投资（万元）	占计划比例（%）
95	荷塘区·芙蓉路（新华路–新塘路）、白云路新建工程	新建	35000	17500	35570	203.3
	荷塘区·美的小学周边路网建设	新建	22489	13125	24685	188.1
96	石峰区·藏龙路	新建	55600	23000	2582	11.2
	石峰区·疏港大道（旗芸路–近江路）	新建	33086	15000	26117	174.1
97	株洲县·航空大道（株洲县段）	新建	51000	20000	13329	66.6
98	醴陵市·向阳河路	新建	30000	15000	8121	54.1
	醴陵市·明月峰路	新建	30000	10000	20024	200.2
	醴陵市·样板街建设（一期）	新建	52000	20000	52000	260.0
99	攸县路网·洣水三桥及连接道路	新建	30000	12000	8675	72.3
	攸县路网·洣水四桥及连接道路	新建	30000	20000	16497	82.5
100	茶陵县·茶陵西环线	新建	30000	10000	30158	301.6
101	天易科技城自主创业园二三期	新建	317776	50000	14100	28.2
102	中国动力谷·新马动力创新园	新建	48000	12000	109100	909.2
103	株洲新芦淞玉城服饰白关产业园二期	新建	35000	20000	15614	78.1
104	嘉德工业园二期	新建	30000	18000	6298	35.0
105	国投金汇二、三期	新建	30000	13500	1270	9.4
106	金城华亿标准厂房一期	新建	35000	20000	35000	175.0
107	航空城配套基础设施·株洲航空城基础设施建设项目	新建	256000	19000	54403	286.3
	航空城配套基础设施·两机重大专项三通一平及附属工程（一期）	新建	48020	15000	47819	318.8
108	服饰城配套基础设施·株洲市芦淞区龙泉核心片区开发项目	新建	150000	39800	31435	79.0
109	金山新城片区基础设施配套	新建	22200	14000	22148	158.2
110	东富工业园配套基础设施项目	新建	150000	60000	114009	190.0
111	网岭循环经济园配套基础设施建设	新建	40000	12000	850	7.1
112	工业园区污水集中治理工程	新建	300000	50000	12900	25.8
113	罗霄山炎陵片区扶贫攻坚综合开发建设	续建	200000	60000	63983	106.6
114	茶陵县贫困村配套基础设施建设	新建	58000	20000	12431	62.2
115	武广新城综合开发·市二中初中部	新建	25768	10000	70	0.7

续表 12

序号	项目名称	项目性质	总投资（万元）	计划投资（万元）	2017 年完成情况	
					完成投资（万元）	占计划比例（%）
116	枫溪生态新城综合开发·爱心大院配套道路（南环线南辅道）	新建（竣工）	1794	1774	1468	82.8
	枫溪生态新城综合开发·枫溪生态城湘江东岸综合整治一期工程	新建	29954	5000	20371	407.4
117	天元区示范镇·三门镇	新建	100000	35000	35000	100.0
118	芦淞区示范镇·白关镇	新建	50000	10000	59456	594.6
119	荷塘区示范镇·仙庾镇	新建	280000	150000	187203	124.8
120	株洲县示范镇·淦田镇	新建	200000	20000	15150	75.8
121	攸县示范镇·酒埠江旅游小镇	新建	32500	20000	6048	30.2
	攸县示范镇·网岭镇	新建	100000	15000	19211	128.1
	攸县示范镇·黄丰桥镇	新建	100000	15000	36014	240.1
122	茶陵县示范镇·高陇镇	新建	100000	15000	4174	27.8
123	炎陵县示范镇·霞阳文化旅游小镇建设	新建	100000	25000	7160	28.6
	炎陵县示范镇·水口镇城镇提质建设	新建	22600	11000	13950	126.8
	炎陵县示范镇·下村特色边界口子乡镇建设	新建	30000	10000	4460	44.6
124	华强旅游小镇	新建	52858	13701	7660	55.9
125	茶陵县界首镇特色小镇建设	新建	100000	15000	5677	37.8
126	美丽乡村百村示范项目	新建	30000	6000	31000	516.7
	（三）、生态环保类		459300	141300	156971	111.1
127	株洲清水塘地区清水湖区域重金属污染综合整治工程（环境污染第三方治理试点项目）	新建	41100	8300	44103	531.4
128	株洲县段湘江风光带建设	新建	200000	60000	37799	63.0
129	阳升观水库	新建	38200	18000	28446	158.0
130	耕地重金属污染修复治理工程	新建	50000	10000	10000	100.0
131	炎陵县农村环境综合整治整县推进	新建	10000	3000	2200	73.3
132	九郎山森林公园景区生态治理工程	新建	15000	9000	4900	54.4
133	株洲云峰森林植物园	新建	15000	3000	3860	128.7
134	仙山公园提质改造	新建	30000	10000	18000	180.0
135	创国家园林城市绿化项目	新建	60000	20000	7663	38.3

续表 12

序号	项目名称	项目性质	总投资（万元）	计划投资（万元）	2017 年完成情况	
					完成投资（万元）	占计划比例（%）
	(四)、社会民生类		3897099.8	2941693	3459930	117.6
136	解决贫困村基础设施和公共服务设施突出问题三年行动计划项目					
	1. 交通扶贫工程	新建（竣工）	15333.8	15333.8	21038	137.2
	2. 水利扶贫工程	新建（竣工）	6340	6340	6340	100.0
	3. 通信和电力、光伏扶贫工程	新建（竣工）	18660	18660	30107	161.3
	4. 农村危房改造和环境综合整治扶贫工程	新建（竣工）	10000	10000	18701	187.0
	5. 文化扶贫工程	新建（竣工）	1000	1000	1000	100.0
	6. 旅游扶贫工程	新建（竣工）	2000	2000	1920	96.0
137	株洲市棚户区改造工程	新建	3317949	2654359	3153372	118.8
138	创业中心二期（培训及培训住宿配套项目）	新建	20000	5000	3850	77.0
139	南方航空科技有限公司“三供一业”职工家属区物业移交改造项目	新建	24000	8000	15800	197.5
140	中车集团株洲车辆厂生活区物业移交维修改造工程	新建	17000	8000	17000	212.5
141	炎陵县老年社会福利中心	新建	11000	3500	2630	75.1
142	芦淞政法系统项目	新建	12681	2800	8575	306.3
143	中美医院	新建	50000	20000	24667	123.3
144	株洲县中医院改扩建门诊住院楼建设及污水处理项目	新建	10000	5000	6903	138.1
145	天元区学校建设・新马中小学	新建	49000	18500	651	3.5
	天元区学校建设・市二中初中部	新建	25768	13000	8000	61.5
	天元区学校建设・白鹤小学尚格分校	新建	12236	5200	13136	252.6
146	荷塘区学校建设・荷塘区小学新建项目	新建	17905	8000	21629	270.4
147	石峰区学校建设项目・石峰区学校提质工程	新建	14000	7000	10670	152.4
148	攸县学校建设项目・春联学校	新建	15000	10000	20000	200.0
149	株洲县学校建设项目・潇湘实验学校扩建项目	新建	15000	7000	13460	192.3
	株洲县学校建设项目・株洲县城区学位扩容工程	新建	10000	6000	22407	373.5
150	茶陵县学校建设项目・东阳学校（怀麓书院）	新建	32000	18000	9566	53.1
151	炎陵县学校建设项目・炎陵县教育基础设施提升工程	新建	13500	5000	2723	54.5

续表 12

序号	项目名称	项目性质	总投资（万元）	计划投资（万元）	2017 年完成情况	
					完成投资（万元）	占计划比例（%）
152	全市农村综合服务平台建设	新建	100000	25000	10286	41.1
153	荷塘区夕阳红、妇女儿童、文体三中心	新建	21727	14000	7061	50.4
154	陶瓷艺术馆升级工程	新建（竣工）	30000	30000	2319	7.7
155	茶陵县文体中心广场	新建	25000	15000	6119	40.8

（朱军霖）

统　计

【概况】 2017 年，全市统计系统全面深化统计改革，坚持依法治统，加强统计基层基础建设，提升统计服务能力，圆满完成农业普查和其他调查任务，有效推进部门联动综合治统，为服务全市经济社会发展提供优质高效的统计服务。年内，市局机关继续保持“省级文明单位”荣誉，综合考核蝉联全省统计工作先进单位， 2 人获 2017 年全市“三八红旗手标兵”和“最美女性”荣誉称号。

推进各项统计改革。积极研究深化统计管理体制改革举措。市统计局通过调研、专题座谈讨论、征求意见，草拟形成《株洲市关于深化统计管理体制改革提高数据真实性的实施意见》。深化统计方法制度改革。组织开展核算方法制度培训，完成金融业增加值和研发支出纳入 GDP 核算改革工作，实现市与县 GDP 全部衔接。组织天元、石峰等 5 个县区开展财务支出法投资统计改革试点；落实“三新”统计、“四众”平台和重点互联网平台调查；统筹推进服务业统计改革，做好旅游业增加值核算等工作，探索“幸福产业”统计；会同相关部门研究绿色发展评价体系，建立节能减排监测评价办法，全面落实各项改革要求。

多措并举抓实数据质量。摸清统计起报单位。加强名录库管理，确保统计起报单位不重不漏，真实可靠。坚持部门行政记录与名录库信息比对，组织县市区对全市 3226 家“一套表”调查单位进行自查，核查确认 2867 家单位名录库信息与部门行政记录相符，占“四上”企业的比重为 88.8%；全年全市完成“四上”企业申报 587 家。严格数据审核评估。建立数据质量责任机制，加大对数据的监管，规范专业数据报送业务流程，加大专业人员在线审核把关力度，强化对数据协调性、逻辑性和匹配性审核，提高统计数据质量有关措施，完善各专业《数据质量评估办法》。按照国家统一部署，组织对工业、贸易和投资等专业数据进行核实评估，积极稳妥做好历史数据修正工作。开展数据质量巡查。建立数据质量责任制，强化工作责任，提高工作效率。组织市县两级的工业、服务业、投资和名录等专业全面巡查、自查和核查，先后检查 1000 多个“四上”企业、971 家投资项目，对发现的问题及时反馈通报，提出整改意见，督促做好整改，有效保障源头数据质量。

加强法治和基层基础工作。加大统计执法力度。全年对 299 家单位进行统计执法检查，处理统计违法案件 6 起。加强统计普法宣传教育。首次将《中华人民共和国统计法》纳入市委党校主体班，举办全市统计法律法规知识专题培训班；结合农业普查，组织统计法律法规知识竞赛；开展统计法治征文等统计法律法规宣传活动，提高社会公众对统计法规的知晓度。强化基层基础建设。组织全市统计“双基”建设交流会，积极推介攸县、株洲县等地向社会力量购买统计服务充实乡镇（街道）统计队伍的经验做法；按照《意见》要求，解决炎陵县统计局依法单设问题；统筹统计信息化建设，开展株洲市大数据应用系统课题研究；组织全市 1700 多名统计人员参加统计继续教育，开展全市性专业培训 10 多期，以提高基层统计人员业务素质。

提升统计服务能力。加强经济运

行监测与分析。每月开展一次专业经济形势分析会，每季开展一次部门经济形势分析会，全面监测全市经济社会运行情况，分析经济运行走势，有效把握株洲经济社会发展的阶段性特征，为各级党委、政府决策经济工作做好参谋服务。提高统计分析课题数量和质量。全年全市统计系统撰写统计分析及课题348篇，获各级领导批示25篇次，被党委政府及报刊媒体采用143篇次。组织县市区和各科室参加科研分析论文评选，其中，《新常态下株洲市加强经济运行监测预警方式研究》《加强乡镇（街道）统计基础工作问题研究》获2017年度统计科研讨论会优秀论文；课题《株洲·中国动力谷统计监测体系研究》被评为2017年度湖南省统计科研A类结项课题，《株洲市涉农行业调查研究》被评为B类结项课题。及时发布解读统计数据。召开全市经济运行情况新闻发布会，印制《砥砺奋进的五年——中共十八大以来株洲经济社会发展成就系列分析汇编》，展示十八大以来全市经济社会发展的辉煌成就；借助各类媒体及市政府门户网、株洲统计信息网、领导微信群，及时向社会发布统计数据、统计分析和统计工作信息；做精做优月报、公报、年鉴等统计产品，首次编印《五大幸福产业统计工作手册》。开展统计监测。2017年，市统计局相继完成省市绩效评估考核、文明城市创建、国家卫生城市复查、国家创新型城市、创业型城市、“两型”社会建设、妇女儿童两纲监测等各项统计数据监测任务，为全方位反映和评价社会各领域发展成果及民生改善成效提供精准服务。 （袁　滢）

【完成农业普查】 2017年，株洲市统计局组织全市5000多名普查员，圆满完成对全市68万农户、5000多农业生产单位、4000多规模农业经营户的现场登记、数据采集处理、质量审核、资料汇总等工作，株洲市第三次全国农业普查任务按时按质完成，“三农”基础数据全面摸清。在数据质量抽查阶段，株洲市代表湖南省接受国家质量抽查，国务院检查组对株洲市农业普查数据质量给予高度评价。

（袁　滢）

【常规调查】 严守联网直报“四条红线”，执行《统计数据质量评估管理办法》，顺利完成各项定报年报任务；推进投入产出调查、企业景气指数调查、城市商业综合体调查、限上产业个体调查及5000万以下财务支出抽样调查，获取大量翔实的基础数据。开展网络安全风险评估，完善网络硬件设施，为统计调查顺利开展提供安全保障。精心组织社情民意调查。先后共开展县市区委书记抓基层党建、乡镇（街道）社会管理综合治理、党风廉政建设等10多项社情民意调查，紧密对接各级各有关部门的决策需求，为其掌握社情民意、进行科学决策发挥作用。 （袁　滢）

【社会联动综合治统】 2017年，株洲市统计局全面落实市政府《关于加强社会联动综合治统工作的通知》要求，建立健全市、县两级联席会议机制、对口联系机制、信息共享机制、数据联审机制等工作机制，推动形成各部门高度重视、大力支持统计工作的良好局面。统计部门与税务、工商、编制、民政等部门对单位名录信息共享进一步深化；与发改、经信、商粮、住建、食药、旅游、文化等部门对行业统计人员的联合培训进一步加强；在GDP核算中，财政、金经、交通、住建等部门的数据给予有力支撑；在农业普查中，农委、畜牧等部门派出业务骨干全程跟踪指导。 （袁　滢）

【《优秀统计分析报告集萃(2017年)》出版】 市统计局编印的《优秀统计分析报告集萃（2017年）》是一本综合反映2016年度株洲市优秀统计分析及课题成果的资料性年刊，是全面系统地展示株洲市优秀统计成果的重要统计产品之一。全书精选6篇市局优秀统计课题、10篇市局优秀统计分析和10篇县市区局优秀统计分析，结合市情实情，多维度展示全市经济社会发展的各个方面，以专业视角解读统计数据背后的逻辑关系，定性定量分析相关经济指标间的数量关系，并有针对性地提出相应的对策建议，为市委、市政府及社会各界了解株洲市经济社会发展提供参考依据。自2002年起，市统计局已连续15年编印年度优秀统计分析报告集。 （袁　滢）

【举办“砥砺奋进的五年”·全市经济运行情况新闻发布会】 10月12日，“砥砺奋进的五年”·全市经济运行情况新闻发布会在株洲市新闻发布中心举行。发布会上，全面介绍十八大以来株洲市经济运行总体情况，并就全市经济运行特色亮点、县域经济发展成就、城乡居民收入增长水平、全市整体物价情况和后期经济发展形势等现场回答媒体记者提问。此次发布会由市委宣传部组织，株洲市统计局、国家统计局株洲调查队承办，株洲电视台、《株洲日报》、红网等新闻媒体、国家统计局株洲调查队等部门干部职工及社会公众代表共60余人参加新闻发布会。（袁 滢）

统计调查

【概况】 2017年，国家统计局株洲调查队贯彻执行湖南调查总队的决策部署和湖南国家统计调查工作会议要求，不断夯实基层基础，提高数据质量，打造调查品牌，提升服务水平，较好地完成各项工作任务并获评“湖南省文明单位”。

开展各类专项调查测评。按照国家统计局及国家统计局湖南调查总队的统一部署，选派业务骨干参加全国城市文明程度指数测评、湖南省绩效评估民意调查和湖南省城市文明程度指数测评，完成对市辖10个县市区和132个机关单位、医院、学校的绩效考核社会公众评估民意调查，为株洲市开展年度绩效考核提供依据；完成4次株洲市城市文明程度指数模拟测评，组织实施“马上就办、真抓实干”专题活动效果调研、株洲市“企业帮扶”和“项目攻坚”两项主题活动效果和满意度调查以及基层党建考核等专项专题调查。

发挥参谋服务作用。及时针对常规调查数据情况、各级有关政策落实情况、经济社会发展中的难点热点问题等进行动态监测反映，深入开展调查分析研究。2017年共撰写《株洲调查》86篇、《调查快讯》31篇、《重要信息》17篇、《工作信息》109期，信息数量和质量取得飞跃，经省总队、国家局采编后有12篇信息被中央领导批示，13篇被中办、国办采用，49篇被省委、省政府办采用，3篇分析、6篇信息被国家统计局全文刊登，3篇被市委书记、副书记批示。2篇分析获得湖南省调查队系统优秀分析二等奖，课题获得优秀课题三等奖。

丰富调查技术手段。不断将信息技术与十多年统计调查经验相结合，通过反复研讨设计、测试修改，探索开发专项调查软件。该软件具有样本框自动匹配、自动抽样、现场无纸化调查、调查网点实时显示、后台跟踪、自动录入汇总等功能，实现无纸化、现代化专项调查新模式和实时跟踪、实景掌握的数据质量监督新模式，在2017年11月株洲市绩效评估民意调查中全面启用。设立“株洲国家调查”微信公众号，成为统计调查宣传、发布和解读权威数据、开展民意调查的重要渠道。（何 秀）

【开展三农普农作物播种面积调查】 对照《湖南三农普农作物面积遥感测量存在的问题及建议》等文件进行问题整改，组织“四县”业务人员进行集中培训，详细讲解调查方案和要求，现场解答疑难问题，选派专业技术人员赴四县对PDA操作及报表填报等事项进行现场指导，高质高效完成株洲地区三农普农作物播种面积调查。（何 秀）

【轮换住户调查样本】 2017年，国家统计局株洲调查队通过开展住户调查抽样框更新、村级单位拆分、建筑物清查、摸底调查、新样本户开户等多个阶段的工作，在全市抽选90个调查样本小区，共900户新记账户作为株洲市2018—2022年居民收支与生活状况调查记账户。新记账户于2017年11月30日起正式通过手机、PDA、电脑等进行电子记账方式开始记账，并实时将记账数据传输到国家统计局数据库。（何 秀）

【创新消费价格调查】 创新构建CPI（居民消费价格总水平）“纵横结合”（横向盘活辅助调查员队伍存量，纵向分级开展数据审核评估）的数据质量闭环管理模式，完善数据质量入口到出口的链条管理，盘活采价队伍存量空间，加强数据审核评估。采取“例会三流程”工作法，定期召开采价辅助调查员工作例会，提高采价工作质量。此外，积极探索电脑辅助采价工作，联合株洲市4家超市全面实施电脑辅助采价，实现采价方式的多样融合。（何 秀）

【2017年主要经济指标】 居民收入：2017年全市城乡居民人均可支配收入31234元，同比增长8.6%，其中城镇居民人均可支配收入达39787元，同比增长8%；农村居民人均可支配收入18340元，同比增长8.4%。消费价格：2017年全市CPI上涨1.8%，其中非食品价格上涨2.6%；服务价格上涨3.7%；工业品价格上涨1.9%；食品价格下降1.5%；消费品价格上涨0.7%。规模以下工业：2017年株洲市规模以下工业增加值同比增长3%。粮食生产：2017年株洲县、攸县、茶陵县和醴陵市4

个产粮大县粮食总产量为146.8万吨，同比略增0.1%；播种面积为306.7万亩，同比增长0.48%。生猪生产：2017年株洲县、攸县、茶陵县和醴陵市4个生猪调出大县年末生猪存栏195.4万头，同比增长3.2%；能繁母猪存栏为18.9万头，同比增长1.7%；全年出栏数量为288.7万头，同比增长2.5%。

（何　秀）

审　计

【概况】 2017年，株洲市审计局人员编制83人，在编64人。设有办公室、人事教育科、审计技术科、内部审计管理科、法制审理科、财政审计科、金融与社会保障审计科、行政事业审计科、固定资产投资审计科、外资运用审计科、农业与环保审计科、经贸审计科、经济责任审计一科、经济责任审计二科、政府平台公司审计科15个职能科（室）；设有1个二级机构：株洲市国家投资审计处；按规定和章程设立机关党委、纪检监察室。

2017年，株洲市审计机关完成单位审计366个，其中审计项目361个，专项审计调查项目5个。查出主要问题金额254.77亿元，其中违规金额50.71亿元、损失浪费金额1.45万元、管理不规范金额202.60亿元；审计发现非金额计量问题1121个；审计处理处罚金额85.78亿元；审计促进整改落实有关问题金额36.63亿元。移送司法机关、纪检监察机关和有关部门处理事项49件，涉及128人，金额5843万元；出具审计报告及专项调查报告463篇，被批示、采用8篇；提交审计信息151篇，被批示、采用72篇；提出审计建议647条，被采纳625条；向社会公告审计结果8篇。

（冯　立）

【审计创新发展】 依据政府投资建设项目主要集中在市县一级的特点，构建政府投资建设项目“三全”审计法，即以结算审计为依托，实现对政府投资建设项目程序的全过程、内容的全方位和范围的全覆盖审计；并针对政府投资建设项目征拆征收成本畸高的情况，出台《株洲市征地拆迁资金和项目审计操作办法》，将审计监督范围拓展到土地征收、征拆等项目建设全过程。依据市县级国有企业主要为政府平台公司的特点，提出政府平台公司“五个五”审计思路，即：立足政府平台公司在体制改革、发展壮大、政企关系、资产负债经营实质、经营建设管理长期不规范5个方面的现状和特点；加强对政府平台公司审计机构、主要任务、总体安排、工作原则、审计模式5个方面的总体设计；探索政府平台公司资产、负债、投资项目、征地拆迁、经营效益5个方面的审计方法；总结审计发现的资产管理、财务管理、对外投资合作、融资成本、工程建设管理5个方面存在的主要问题；广泛运用在整改、规范、会商、移送、指导5个方面取得的审计成果。

（冯　立）

【经济责任审计】 2017年，株洲市审计局对全市99名（市本级15名）领导干部开展审计。市级根据省厅安排，组织开展对湘乡市委书记、市长的审计，在全省经责项目评比中排名第二；探索开展市国土局、市水务局主要负责人自然资源资产离任审计试点，初步形成每年审计2个单位、指导县市区局审计1个以上单位的格局。

（冯　立）

【政策跟踪审计】 2017年，株洲市审计局对辖区内8个县市区重大政策落实情况进行跟踪审计，审计发现的主要问题被省审计厅《审计要情》采用，省长、常务副省长和主管副省长先后作出重要批示，责令整改。

（冯　立）

【财政预算执行审计】 2017年，株洲市审计局对全市76个财税部门或行政事业单位开展预算执行审计，审计工作报告和整改报告得到各级人大常委会的高度评价；配合人大改进审计整改报告机制，首次对部门的整改报告进行满意度测评。

（冯　立）

【政府投资项目审计】 2017年，株洲市审计局对全市32个政府投资项目开展审计和审计调查，重点对政府投资项目招投标政策执行、市电商产业园征拆等情况开展审计，推动出台《进一步规范招标投标领域相关工作的意见》《市征地拆迁实施细则》《征地拆迁资金管理办法》等多个规范性文件。

（冯　立）

【政府平台公司审计】 实行对政府平台公司经营管理建设等情况年度全覆盖审计调查。通过3年探索实践，于2017年年底完成对市级平台公司的全面审计，审计发现问题被市委《要情通报》采用，市委书记毛腾飞作出批示，推动出台《市属国有企业经营性投资监督管理办法》等多个规范性文件。市审计局及时总结审计经验，出台《政府平台公司审计监督办法和操作指南》，指导和规范全市政府平台公司审计工作。（冯　立）

【民生资金和项目审计】 2017年，全市安居工程审计向纪检监察机关移送案件线索9起，共50余人受到相关党纪政纪处理，并推动株洲市出台《公共租赁住房管理办法》，及时修订公租房租金标准；组织对株洲县、醴陵市、攸县等县市脱贫攻坚开展专项审计，针对贫困村“村账乡代理”、扶贫小额信贷、光伏扶贫工作中存在的违规问题，向市委、市政府提交《审计要情》3期，并对审计发现的问题进行督促整改。（冯　立）

人力资源和社会保障

【概况】 2017年，全市人社系统坚持唯标是夺、争创一流，坚持锐意进取、真抓实干，圆满完成各项年度目标任务。市人社局获评湖南省第六届“人民满意的公务员集体”。

坚持围绕中心，服务大局彰显作为。主动融入全市脱贫攻坚大局，积极发挥职能作用，推出系列就业扶贫措施，专项列支4000万元实施精准扶贫，帮助3800余名农村贫困劳动力实现转移就业。落实社会保险向贫困家庭倾斜政策，为近3万名贫困对象代缴居民养老保险费300余万元，贫困人口参加城乡居民医保个人缴费部分由财政全额补助，就医费用报销比例提高10%，大病保险起付线降低50%。深入开展“企业帮扶年”活动，全面实施“三去一降一补”，继续落实阶段性降低养老、失业保险费率政策和工伤保险基准费率调整政策，封定养老保险缴费基数，实行过渡费率试点，减轻参保企业经济负担3.6亿多元。落实企业稳岗补贴政策，发放援企稳岗补贴4866万元。全力配合清水塘搬迁改造，协助出台《关于对清水塘老工业区搬迁改造企业失业人员实行再就业帮扶的实施办法》（《帮十条》），争取5000万元专项资金，妥善解决5000余名职工再就业问题。围绕加快建设制造强市战略，大力实施各类人才工程，加大人才智力供给，引进公共服务领域高层次人才62人，争取省级引智项目立项22个，引进外国专家85人，选拔确定第四批市级学术技术带头人100名。加强高技能人才培养，选送620名优秀高级技术工人参加专修培训；组织参加湖南省技能大赛暨第45届世界技能大赛湖南选拔赛，获得市州团体第一名，12人入选省集训队；举办第四届“技能天下”职业技能电视大赛，评选表彰第四届株洲市技能大师10名。株洲人才服务窗口在市政务中心启动运行，审核确定新引进高层次人才安家补贴发放对象112人。广泛搭建人才供需平台，举办各类招聘会256场，帮助企业招聘人才4.1万人。认真履行“民生100”工程牵头职责，强化调度督查，108个省、市考核指标全面完成。

坚持惠民共享，保障民生敢于担当。把促进就业作为重中之重，制定实施就业培训、创业贷款、社保补贴、公益性岗位管理等多个配套文件，加强对高校毕业生、返乡农民工、零就业家庭等重点群体的就业援助和政策托底，全市新增城镇就业5.22万人、农村劳动力转移就业1.43万人，失业人员实现再就业2.45万人，就业困难人员实现就业0.54万人，“零就业家庭”保持100%动态清零。加强创业资金扶持，提高贷款额度，扩大覆盖范围，激发创业活力，全年发放创业担保贷款1.41亿元，扶持大学生微创业239人，完成创业培训9300人，促进全市新增创业主体2.72万户，带动城乡就业6.3万人。进一步织密扎牢社会保障安全网，在全省率先完成52万多名未参保人员信息采集和数据录入，全市社会保险参保总人数达到792万人次，征缴基金107亿元，发放各项待遇133亿元。企业退休人员养老金实现十三连涨，月人均基本养老金达到2083元；城乡居民基础养老金最低标准提高到85元；失业保险金最高提至每月1343元；城乡居民医保政策范围内报销比例达65%以上，最高支付限额提高至35万元，大病保险人均受益金额约8900元。企业工资集体协商走在全省前列，职工工资收入稳步增长，最低工资标准提高至1580元，增长14%。加强劳动用工网络备案管理，全年用工备案23万余人。积极维护劳动者合法权益，处理劳动人事争议案件约2700件，立案查处劳动保障维权案件1400余起。开展治理拖欠农民工工资专项执法行动，为1200名农民工追回工资2200万元。加强农民工工资保障金管理，通过保障金账户为2800名农民工发放工资2500万元，较好解决了建设领域拖欠农民工工资问题。

坚持问题导向，重点改革有效突破。把推进改革作为推动发展、破解难题的重要抓手，促进人社事业创新发展。人才体制机制改革取得突破。深化中小学教师、基层卫生专业技术人员职称制度改革，完成高级职称评审1488人。加强职业技能鉴定机构清理整顿，规范职业技能鉴定所（站）审批和管理，深化职业资格管理方式改革。社会保障制度改革取得新成就。五险统一征缴加快推进，社会保险诚信等级评定成为常态。城乡居民医疗保险制度和管理体制实现整合，城乡居民大病保险全面实现市级统筹、分级管理，跨省异地就医联网结算率先在全省成功实施。机关事业单位养老保险制度改革深入推进，全市11.9万名职工纳入新制度参保。人事制度改革持续深化。精心组织公务员考录和事业单位公开招聘，全市考录公务员372名，市直机关单位公开遴选公务员（参公）45人，公开招聘事业单位工作人员1624人。圆满完成4万余人的人事组考任务，实现零差错、零事故、零投诉。积极支持深化国防和军队改革，全面完成125名军转干部安置任务。收入分配制度改革稳妥推进。积极推进国有企业负责人薪酬制度改革，全面完成法官、检察官工资制度改革，启动公立医院薪酬制度改革试点，县以下机关公务员职务与职级并行制度形成常态。

坚持固本强基，服务效能大幅提升。强化就业公共服务，组织开展“春风行动”“就业援助月”等系列公共就业服务活动，“就业去哪儿”“高校毕业生就业服务月”成为株洲市高校毕业生就业创业公共服务的“金字招牌”。全面推进网上经办服务建设，开启城乡居民养老、医保手机缴费模式，开通200多家工伤保险参保单位人员异动、工伤事故备案网上申报，退休人员养老金领取资格实现手机APP认证，医保异地安置实现电话、“智慧人社”手机APP、传真资料等多种备案方式，经办流程持续优化。深入推进社会保障信息化建设，全市社会保障卡持卡人数达300万人，102项人社系统业务应用全面开通。推进阳光信访、法治信访、责任信访，畅通信访投诉渠道，优质高效回复市长热线、市长信箱、“马办”热线1024件，办理群众来信来访921件。改造社保服务大厅，实行“前台后办，内部流转”，实现“一站式”办结，获评第二届全国行政服务大厅“百优”案例“标准化”优秀单位。（凌应良）

【人社扶贫工作成效显著】 推出就业扶贫“5 + 2 + 2”政策。即：贫困劳动力可享受公益性岗位补贴、交通补贴、创业培训补贴、生活费补贴、创业担保贷款5项政策；就业扶贫爱心培训机构和中介组织可享受职业培训补贴和就业创业服务补助2项政策；就业扶贫爱心企业和用人单位可享受社保补贴、一次性岗位补贴2项政策。全年帮助3800余名贫困劳动力实现转移就业。医保扶贫实现“三个率先”。在全省率先实现建档立卡贫困人口零缴费，贫困人口个人缴费由财政全额补贴；率先扩大对建档立卡贫困人口大病保险的倾斜范围，所有建档立卡贫困人口（包括非低保对象）大病保险起付线降低50%；率先实现基本医保、大病保险和民政医疗救助“一站式”结算，将包括低保人员、特困人员、计生困难家庭和贫困人口在内的各类困难人群倾斜和救助政策程序纳入医保系统，免去参保群众垫资跑腿报销的麻烦。（芦述进）

【“就业扶贫主题月”活动启动】 7月13日，2017年株洲市“就业扶贫主题月”活动启动仪式在云龙示范区举行，省人社厅副巡视员吕志纲，市人民政府副市长顾峰出席活动。此次“就业扶贫主题月”活动的目的是通过为贫困劳动力提供相应的岗位和免费技术培训，进一步动员全社会的力量来关注、参与、支持就业扶贫工作，促进贫困人口更高质量转移就业、稳定就业、增加收入、脱贫致富。启动仪式上宣布株洲市就业扶贫爱心企业、爱心培训机构评选结果，并对认定的20家扶贫爱心企业，5家扶贫爱心培训机构进行授牌。（芦述进）

【创业扶持】 突出资金扶持，投入创业补贴资金逾1千万元，加大对大学生、返乡农民工创业扶持。突出载体打造，先后拨付奖补资金近1000万元用于基地建设，建成基地总面积超过100万平方米。截至2017年年底，全市市级以上创业基地31家、特色双创基地11家，入驻各类创业主体2300余家，带动就业4.2万人。突出典型培树，通过“1225”工程表彰创新创业带动就业先进县区、街道、社区52个，通过“100创优”工程培树典型个体工商户20个、初创微小企业29个。突出奖补激励，奖补创业担保贷款优秀经办企业单位16家，发挥了创新创业带动就业示范作用。（芦述进）

【创业培训】 在全省率先建立创业培训定点机构远程实时监控系统；在全省率先确立“三关六制度”创业培训新模式，即创业培训机构准入关、开班审批关、教学监管关，教学远程监控值班制度、不定期现场抽查制度、学员回访制度、信息比对系统检测制度、网上公示制度、资料联审制度；在全省率先推出“百人百堂创业微课直播”活动，探索新型创业培训授课方式，邀请百名创业讲师、创业专家通过“互联网＋创业培训”服务广大创业者，全年开课55期，关注人数达56万余人次。（芦述进）

【创业引领者专项活动暨第二届创业培训讲师大赛】 为进一步推进“大众创业、万众创新”，6月，市人社局组织开展株洲市创业引领者专项活动暨第二届创业培训讲师大赛。大赛邀请5名国家级培训师现场为株洲创业培训老师授课辅导，4名培训老师、7件课程设计作品获奖并晋级省级决赛。在7月湖南省创业引领者专项暨创业培训讲师大赛中，株洲市获大赛个人综合能力二等奖1名、三等奖1名、优胜奖1名、优秀课程设计作品奖1名。其中李聃获全省第二名晋级全国总决赛，并在随后的全国决赛中获第四名的佳绩，跻身国家级培训讲师行列。（芦述进）

【全民参保登记工作全面完成】 2017年，市人社局通过报纸、电视、广播、网络、微信公众号等媒体平台，全方位、立体式开展参保登记政策宣传；组建全民参保登记工作领导小组及办公室，派出10个督导小组，对县市区工作情况每天一通报、每周一调度，督促工作落实；从县市区抽调4000多名乡镇劳保专干、社区社保专干开展入户调查。8月底，完成未参保人员信息采集和登记入库工作，被评为全省全民参保登记工作成绩突出单位。（芦述进）

【机关事业单位养老保险制度改革全面启动实施】 2017年，市人社局全力推进机关事业单位养老保险制度改革。围绕启动新制度时的基金结算及相关注意事项、新制度的业务经办流程等重点课题，分两个批次对全市260余家机关事业单位的500多名业务经办人员和财务人员进行专项培训。积极协调相关部门，完成财政全额拨款单位退休人员养老待遇发放的平稳交接，核准参保人员特别是退休人员的参保数据，确保发放工作准确无误和顺利实施。截至2017年年底，全市机关事业单位76338名在职人员及42390名退休人员完成了新的养老保险制度的启动实施。（芦述进）

【五险统一征缴】 根据省人社厅统一部署，市人社局于2016年年底启动五险统一征缴工作，健全五险统一征缴工作组织机构，出台市级《经办规则》和《分账规则》，并选定中国银行株洲分行为合作银行。市级五险统一征缴系统正式上线运行，500家参保单位先行试点，在一套系统内实行统一参保登记、统一基数核定、统一基金征缴，有望2018年在全市全面实施。实行五险统一征缴将逐步打破五险经办机构之间业务分立、信息不通的状态，方便群众办事，同时杜绝用人单位选择性参保、侵害职工社会保险权益的行为。（芦述进）

【城乡居民医保实现深度融合】 2017年8月，株洲市出台《株洲市城乡居民基本医疗保险实施办法》，全市实行新的城乡居民医保制度。城乡居民参保人员就医时使用统一的药品目录、诊疗项目目录和服务设施目录；参保人员住院执行统一的起付标准和报销比例；参保人员统筹基金年度最高支付限额统一为15万元，大病保险最高支付限额统一为20万元。（芦述进）

【跨省异地就医联网结算在全省率先实施】 2017年，市人社局积极完善信息系统，完成跨省异地就医联网结算系统改造、社保卡用卡环境改造、异地就医人员基本信息库建设；严格规范制度流程，加强信息采集，简化办理程序。7月14日，株洲市与广东省江门市人民医院成功联网结算第一例患者的医疗费用，这是湖南省地市州第一例成功联网结算的患者。截至2017年年底，全市有25家协议医疗机构接入国家异地就医结算系统，累计结算215人次；每个县市的人民医院和中医院均开通跨省异地就医联网结算系统，较好地解决了参保人员跑腿报账、垫资住院的难题。（芦述进）

【医保智能监控系统上线运行】 医保智能监控系统是根据《湖南省基本医疗保险、工伤保险和生育保险药品目录》《湖南省基本医疗保险诊疗项目目录》，结合医保政策、物价规定、医学知识库等，建立医疗保险审核监控规则，对协议定点医疗机构上传的数据进行事前、事中、事后的全面监控，实现医疗费用监控的精细化、标准化和智能化。2017 年，株洲市人社局完成医保智能监控系统的开发、测试、上线试点等工作，实现智能监控覆盖率达 95% 以上。（芦述进）

【公立医院薪酬制度改革试点工作启动】 2017 年 5 月，株洲市与郴州市、张家界市被确定作为全省公立医院薪酬制度改革试点城市。株洲市人社局联合市财政局、卫计委等相关部门对市直公立医院收入水平及福建省福州市、三明市尤溪县薪酬制度改革情况进行调研，于 10 月出台《株洲市公立医院薪酬制度改革试点实施方案（试行）》，在公立医院薪酬结构、薪酬水平、落实分配自主权、考核评价机制等方面积极探索。（芦述进）

【“技能天下”职业技能电视大赛持续升温】 2017 年 3 月，株洲市“技能天下”职业技能电视大赛启动。此次电视大赛以“成就梦想，点亮人生”为主题，来自全市 300 多家企业（行业）的 3.35 万名职工和职业技工院校（教师）学生，参加铣工、维修电工、装配钳工、冷作钣金工、陶瓷装饰工、陶瓷质检工等 10 个项目（工种）比赛。全市共有 34 名选手获“株洲市技术能手”“株洲市青年岗位能手”荣誉称号和“株洲市五一劳动奖章”。此次电视大赛采取微信直播方式，对 5 场 PK 赛比赛现场进行同步播放，累计吸引 100 余万人次在线观看，大赛荣获全市企业帮扶“十大主题”活动。（芦述进）

【流动党员管理服务走出新路】 2017 年，市人社局创新实施流动党员网络支部实地新建工程，通过地毯式查找、快步走建立、常态化管理，破解人力资源服务中心流动党员动态难掌握、活动难组织、管理难到位等难题。先后在北京、上海、深圳、广州、杭州、武汉、南宁、西安、东莞、长沙、湘潭、衡阳等地，实地建立“网络支部”21 个，让 437 名在外流动党员回“新家”。对 180 多名暂时无法确定信息的流动党员，划分 14 个网络支部，确立支部筹备人，负责前期组建工作，走出了一条“互联网 + 支部”管理服务流动党员的新路子。（芦述进）

【清水塘搬迁改造职工安置】 2017 年，市人社局安排 5000 万元就业资金，用于清水塘地区的职工安置。协助出台《关于对清水塘老工业区搬迁改造企业失业人员实行再就业帮扶的实施办法》，对失业人员给予个性化帮扶。组织 4 次大型再就业培训会，3500 多名下岗职工参加订单式学习。引进口碑好、评价高的劳务派遣公司开展招聘，稳住清水塘地区的失业率。截至 2017 年年底，已经完成中盐株化关闭破产和湖南昊华公司改制的职工安置，另外 3 家省属国企的职工安置工作也在快速推进，妥善解决 5000 多名职工再就业问题。（芦述进）

【株洲南方航空高级技工学校发展步入正轨】 2015 年，株洲南方航空高级技工学校调整为市人社局下属正科级事业单位后，历经两年时间，迈出转型发展、内涵发展、特色发展的坚实步伐。截至 2017 年年底，在校学生已达 3000 余人。学校先后与深圳无人机协会、湖南圆方、湖南翔为、麦格米特、山河科技等企业、协会达成战略合作协议。与深圳无人机协会、湖南翔为共同研发的“通航多功能工作梯”“直升机旋翼专业支撑杆”两项专利产品，填补国内空白；“高像素五镜头飞思相机直升机悬挂系统”正在申报专利。无人机团队参加 2017 年浙江省科研类航空航天模型锦标赛，夺得 1 个第一名、2 个第二名、1 个第三名的成绩，受公安部邀请在 2017 第三届“连云港论坛”现场进行无人机飞行表演展示。（芦述进）

株洲市公共资源交易中心

【概况】 2017 年 1—12 月，市级共完成公共资源交易项目 732 个，交易金额 572.4 亿元，节约资金 6.4 亿元。其中，完成 PPP 项目 9 个，交易金额 224.3 亿元；完成土地使用权出让项目 87 个，交易金额 106.4 亿元；完成工程建设项目 430 个，交易金额 110.7 亿元；完成政府采购项目 161 个，采购金额 130.9 亿元；完成排污权交易 44 个，交易金额 0.01 亿元；完成采矿权出让项目 1 个，交易金额 0.04 亿元。

（莫莉萍）

【公共资源交易诚信体系建设】 2017 年，市公共资源交易中心出台《招标代理机构场内行为管理规范》《开评标场内纪律要求》《评标专家劳务费发放细则》等制度，对代理机构和评标专家场内行为进行严格考评。全年，市公共资源交易中心通报 22 家违

规代理公司，约谈5家代理机构，通报批评1名专家，并纳入黑名单，有效规范代理机构和专家的场内行为。（莫莉萍）

【开展代理机构和评标专家培训】2017年，市公共资源交易中心牵头，组织6场政府采购评标专家培训、1场政府采购代理机构培训和1场建设工程代理机构培训，共培训1000余人次，为推动实现公共资源交易全流程电子化打下基础。（莫莉萍）

国有资产监督与管理

【概况】 株洲市人民政府国有资产监督管理委员会（以下简称市国资委），内设机构有办公室、组织干部科、政策法规科、业绩考核与分配科、国有资本经营预算科、产权管理与规划发展科、改革改组科、董事会监事会工作科、工会。管理企事业单位26家，其中市政府明确的直接监管企业11家。截至2017年年底，监管企业资产总额达到1838.81亿元（未包含千金药业、天桥起重），同比增长18.55%；累计实现营业收入93.1亿元，同比增长15.28%；实现利润15亿元，同比增长41.91%；6户政府投资公司累计完成融资385.95亿元，同比增长14.7%；完成投资313.49亿元，同比增长18.7%，主要经济指标增长高于全省平均数。（邓 圳）

【规范国有资产经营管理】 完善董事会、监事会工作。推进市属国有独资企业外部董事占多数的董事会建设，向市委组织部呈报专职国有产权代表委派建议；督促12家企业报送2016年度董事会工作报告；组织3家企业报送监事会年度监督工作报告，审核国投集团等企业的监事会年度重点监督事项。组织企业监事会成员参加全省国资系统监事会业务培训。组织修订清水塘投资集团、金融服务集团等4家公司的公司章程。调整优化业绩考核。重新修订企业负责人经营业绩考核、薪酬管理、工资总额预算管理，调整优化2017年度企业负责人经营业绩考核指标设置。积极探索经理层市场化选聘工作。按照市委、市政府的统一部署，拿出21个国企高级经营管理岗位进行市场化选聘，最终确定聘用13人。理顺党建管理体制。接受8户市管国有企业和2户市国有资本控股的上市公司党组织隶属关系。向外移交联诚集团、唐人神等4家企业党组织管理。（邓 圳）

【规范国有资产产权管理】 对8家政府投资公司年度投资计划、市城发集团等企业发债方案、市国投集团中车轨道交通产业等基金设立方案、市清水塘生态新城开发有限公司等组建方案、市政公司等增资方案进行审核，办理兴业公司等一批股权划转事项。（邓 圳）

【国有资产财务监督】 审核市属企业年度经营计划，2017年，全市监管企业国有资本收益上缴5877.12万元。对标财预50号等系列文件要求，指导企业对其投融资项目情况进行逐项清理整改。对照市审计局审计调查和专项审计中发现的问题，督促企业严格进行整改。出台《关于推行财务集中核算的指导意见》，在监管企业中推行财务集中核算工作。（邓 圳）

【深化国有企业改革政策制度体系基本形成】 出台《株洲市国资委监管企业专职外部董事管理实施细则》《株洲市国资委监管企业专职外派监事管理实施细则》《株洲市市管国有企业负责人经营业绩考核办法》《株洲市市管国有企业负责人薪酬管理办法》《株洲市市管国有企业工资总额预算管理办法》5个国企改革配套文件，截至2017年年底，已出台15个改革制度或方案，“1＋N”国企改革制度体系基本形成。（邓 圳）

【推进混合所有制改革和员工持股试点】 继续在市城发集团、市国投集团稳妥推行混合所有制改革试点，由集团公司选择1~2家处于一般竞争领域行业的子公司进行试点。市城发集团拟通过发展混合所有制经济打造市政板块上市主体。市国投集团众普森科技（株洲）有限公司、湖南奥悦冰雪旅游有限公司等两家企业混改工作有序推进。天桥起重获省国资委批准成为株洲市唯一开展员工持股试点企业。（邓 圳）

【政府投资公司改革重组取得阶段性成果】 2017年，经市委、市政府同意，出台交文旅集团、地产集团、清水塘投资集团、金融服务集团继续深化政府投资公司改革方案。金融服务集团、水务集团完成工商注册和挂牌，清水塘投资集团过渡主体挂牌并运营。除市交文旅集团和市地产集团2家一级企业集团尚未组建外，其他均已组建并运营，基本构建株洲市“8 + 2集团”（即一级企业集团8家，二级企业集团2家）发展新格局。投资公司重组转型的经验得到湖南省国资委的肯定，《政府投资公司重组转型的株洲模式》被省国资委以《国资简报》专刊向全省推介。（邓　圳）

【项目攻坚】　湖南华联五个分厂日用陶瓷智能制造升级改造项目完成主体建设，进入竣工验收阶段。组织政府投资公司策划包装招商项目33个。组织项目招商洽谈，积极对接中节能公司城区集中供能、北控水务股权合作等7个项目，其中城区集中供能项目已落地实施。加强对投资公司项目前期工作的协调服务，1—3季度累计新开工项目43个，竣工项目32个。（邓　圳）

【“三供一业”分离移交】　截至2017年年底，列入计划的19家央企供水分离移交已签约84.21%，供电分离移交已签约78.94%。列入计划的供水、供电分离移交签约率100%。（邓　圳）

安全生产监督管理

【概况】　2017年，株洲市共有危险化学品生产经营企业602家，烟花爆竹生产企业230家（经营网点1000余家），煤矿54家，非煤矿山企业188家（含尾矿库67座）。发生各类生产经营性安全事故153起，同比下降34.6%，死亡89人。非煤矿山和烟花爆竹行业零事故，危化行业事故起数、死亡人数同比均下降50%，工贸行业事故起数、死亡人数同比分别下降25%和50%，安全生产保持总体平稳态势。（刘泰谊）

【安全隐患自查自改】在全市煤矿、非煤矿山、危险化学品、烟花爆竹四大高危行业开展安全隐患自查自改月报工作，建立累计扣分机制、双随机执法机制、重奖重罚的激励约束机制，并以此为切入点，探索建立政企互动的隐患排查治理体系。2017年，全市四大高危行业自查隐患总数15392项，完成整改15143项。（刘泰谊）

【网格化实名打非工作】　针对非法生产行为，市安监局推出打非责任片区网格化实名负责制。按照“片区包干、划分网格、实名负责、职责到位”原则，以乡镇街道为一个责任片区，村社区为基本网格，通过实名备案的方式，明确村社区党支部书记和主任、乡镇街道党政主要负责人、县市区党政主要负责人为辖区内打非工作第一责任人，建立不留“盲区”的快速排查工作机制和公检法进行捕诉判全程联动、不留“空挡”的快速打击工作机制。2017年，关闭取缔企业213家，追究刑事责任60人。（刘泰谊）

【安全重大事故隐患治理】　市安监局每半个月对各单位“一单四制”工作进行调度、排名、通报。对列入清单的1630个重大事故隐患治理任务，全面实行交办制、台账制、销号制、通报制管理，全年整改销号1135个。开展“12350”安全生产有奖举报，网上交办核查处理事件96起，核发奖金共计1.7万元。（刘泰谊）

【安全专项整治】　非煤矿山方面，重点开展露天石料矿“一矿一干部”驻矿督导制度和全面安全“体检”专项行动，责令停产整顿或停止建设16家，经济处罚25家次，罚款61.2万元。煤矿方面，做好逐矿检查盯守工作，对暂保留的54个煤矿企业和2013年以来关闭退出的53个煤矿企业进行全覆盖地安全大检查，责令停止生产37个，责令停止建设20个，责令停止使用设备设施128台（套）；经济处罚37矿次，罚款305.5万元。危化品方面，全力做好清水塘老工业区冶炼化工企业搬迁过程中的安全监管工作，中盐株化889个液氯钢瓶2017年9月全部安全处置完毕。对危化企业立案15起，罚款31.18万元，注销生产经营许可证37个，吊扣证4个。烟花爆竹方面，抽查烟花爆竹企业65家，责令停产整顿3家，暂扣安全生产许可证15个，合计处罚233.6万元。职业卫生方面，监督检查用人单位232家（次），发现问题和隐患456余项，下达限期整改指令文书179份，立案处罚企业10家，罚款25.5万元。（刘泰谊）

【安全普法培训】　2017年，全市四大高危行业998名主要负责人参与安全培训教育，并严格把控参训人员的考试合格通过率。对补考仍不合格的企业负责人，纳入重点监管执法检查对象，并对其企业安全体检不合格的纳入安全生产不良记录“黑名单”。（刘泰谊）

【整顿关停落后产能企业】 深入推进供给侧结构性改革，切实打好煤矿、烟花鞭炮和危化企业的整顿关闭与淘汰落后产能攻坚战。2017年，全市退出关闭烟花爆竹生产企业114家，退出关闭煤矿企业3家。清水塘老工业区企业搬迁改造取得阶段性成果。通过关停退出实现黑色经济向绿色经济转型、高风险高污染产业向安全环保型产业转变。 （刘泰谊）

【推进“科技兴安”】 推行煤矿掘进和开采机械化，所有煤矿机械化装岩率达90%以上，创建三级安全质量标准化煤矿企业54个。非煤矿山行业推行企业正规化开采，全市完成二级标准化非煤矿山企业2家、三级标准化非煤矿山企业121家。全市205家爆竹生产企业涉药工序100%实现机械生产。中洲烟花醴陵金利来礼花弹厂研发出全国第一条组合烟花自动化生产线。爆竹自动化生产被列为国家级试点。 （刘泰谊）

工商行政管理

【概况】 2017年，株洲市共有各类市场主体229787户，比上年同期增加29988户，增长15.01%。其中，各类企业52585户，比上年同期增加8441户，增加19.12%；个体工商户177202户，比上年同期增加21547户，增长13.84%。全市各类市场主体注册资本总额（出资额）合计为4021.85亿元，比上年同期增加1015.48亿元，增长33.78%。 （罗 彦）

【商事制度改革】 推进“多证合一”改革。2017年，株洲市工商行政管理局牵头确定对23个部门的41个涉企审批事项进行整合，实现“四十一证合一”，成为全省各市州中整合证照最多的地区之一。全年全市共办理“四十一证合一”的营业执照4212户。全市新增市场主体40367户，较上年同比增长1.8%。其中新增企业10517户，同比增长10.45%，新增个体工商户29850户，同比减少0.9%。启动注册登记全程电子化。通过“网上提交材料、网上审查核准、网上核发执照、网上自动存档、网上公示”等方式实现全流程电子化登记，实现群众办照“最多跑一次”。2017年，全市办理“全程电子化”营业执照183件。创新市场准入服务举措。继续落实《注册登记六项便民措施》，推进工商注册登记便利化；建立全市代办机构名录信息库，实行代办中介服务机构红黑名单管理；加强政银合作，以银行免费为企业金融服务为主要内容，与建设银行株洲分行签订合作协议，实现工商登记窗口的延伸、金融服务的深化和创业者的便利。 （罗 彦）

【服务地方经济】 开展“企业帮扶年”活动。开展“打假护牌”专项行动，确定23家知名企业作为打假护牌行动重点帮扶企业，与之联动协作、精确打假。与阿里巴巴总部所在地杭州市余杭区市场监督管理局共同签署国内首份网络交易监管异地协作协议，通过“网络交易监管异地协作系统”实现网络交易监管异地协作。专项行动为中石化株洲分公司、方特、株百、雪宝、太子奶、中材虹波等株洲知名企业挽回经济损失近2亿元。启动“个转企”工作。制定《株洲市促进个体工商户转型升级为企业工作实施方案》，按照政府引导、主体自愿，分类指导、科学推进，依法依规、强化服务的原则，推进个体工商户转型升级为企业。2017年，全市共完成个体工商户转企业246户，直接引导转企805户，分别完成市政府规定目标任务数的125%和268%。实施商标广告战略。截至2017年年末，全市拥有中国驰名商标41件、湖南省著名商标160件、地理标志证明商标13件、马德里国际商标33件，各项商标数量均居全省第三位。湖南包装广告创意基地落地湖南工业大学，2017年4月正式挂牌成立。加强非公党建工作。成立中共株洲市非公有制经济组织委员会，加大全市非公经济党建工作指导力度。截至2017年年底，全市有非公企业党委18个，党总支9个，党支部1363个，党员人数11124人，开拓了良好的党建工作格局。 （罗 彦）

【市场监管执法】 查处不正当竞争。2017年，全市工商和市场监管部门共立案查处不正当竞争案件51起，办结37起，涉案金额284.5万元，罚没入库85.2万元。推进信用监管。通过“全国企业信用信息公示系统”向社会公示的行政处罚案件367件，列入经营异常名录的企业及农民专业合作社达5606户。开展专项整治。重点开展“八大专项整治行动”。在网络市场监管专项整治中，网上检查网站766家，实地检查网络经营户124家，全年办结网络案件15起，罚没入库50.61万元；受理网络消费投诉482件，办结

466件，为消费者挽回损失17.3万元。在虚假违法广告专项整治中，加大对全市媒体广告监测力度，共监测广告88650条次，对违法广告的处理率达100%，立案查处虚假违法广告17件，罚款入库40.3万元。在红盾质量维权专项行动中，共出动执法人员117人次，检查市场经营主体415户，查处销售不合格商品案件40起，罚款28万元。在打击传销专项行动中，捣毁传销窝点36个，教育劝返遣散传销人员565人次，解救误入传销人员124人；查处传销案件4起，移送司法机关案件2起，移送司法机关7人，案值3.7亿元，没收违法所得128.33万元，罚款535.54万元。在红盾护农专项行动中，抽检农机具样品12个，化肥样品37个，不合格样品均已交由相应县级局调查处理，立案54起，结案54起，罚没入库35.179万元。同时，查处一起省局交办的销售假冒湖南某种业公司种子大案，罚没入库6.3万元。在打击商标侵权专项行动中，立案查处商标侵权案件51起，办结38起，罚没入库52.89万元。在格式合同专项整治中，实地走访相关企业32家，收集格式合同文本23份，针对汽车销售和维修、保险、旅游等行业存在的“霸王条款”现象，工商系统严厉整治不公平格式合同条款，切实规范企业合同行为。在开展无照经营专项整治中，共清查无证无照经营3148户，引导办证办照2752户，立案查处134件，罚没金额54.72万元。

（罗　彦）

【消费维权】　加强消费宣传。开展形式多样的“3•15”宣传活动，致力提高经营者的诚信意识和广大消费者的维权意识。围绕“网络诚信.消费无忧”年主题，综合运用各类媒体及多种宣传方式组织互联网消费教育“进社区、进农村、进学校、进企业、进商厦”活动，向社会广泛宣传互联网消费知识。拓展维权网络。开展“12315”“五进”工作。在全市各类经营场所设立“12315”维权服务站329家，方便广大消费者就近投诉、就近解决消费纠纷。提升维权效能。2017年，全市“12315”消费者投诉举报平台共接到消费者各类咨询投诉举报42603件。其中，受理消费者投诉3764件，办结3758件，办结率99.84%，为消费者挽回经济损失631.03万元；受理举报1080件，已办结1072件，办结率99.26%；处理“12345”市长热线（信箱）转办件882件，办结率为100%，满意率均为99.55%。

（罗　彦）

质量技术监督

【概况】　2017年，株洲市质量技术监督局机关内设科室12个，下辖高新产业技术开发区分局、株洲市质量技术监督稽查支队、株洲市计量测试检定所、株洲市产商品质量监督检验所、株洲市质量技术监督信息管理所和株洲轨道交通高分子材料及制品监督检验中心6个单位；有在编人员120人。

全年，株洲市质量技术监督局以创建“全国质量强市示范城市”为核心目标，以提升服务质量水平为强力抓手，以突出六项基本任务为工作重点，全市绩效考核优秀等次、获省对市州政府质量考核第一名、市文明建设标兵单位、市企业帮扶先进单位等诸多殊荣，所属的全额事业单位株洲轨道交通高分子材料及制品监督检验中心通过验收。

（肖利花）

【质量强市强力推进】　夯实创建基础。召开高规格动员大会，国务院参事张纲、省质监局局长欧阳彪、市长阳卫国分别作重要讲话或报告；制定《创建全国质量强市示范城市规划》，成立全市创建工作领导小组，完善各单位创建工作职责分工表和完成时间表；成立创建办，建立内部职责分工和外部对口协调的责任机制。严格考核督查。质量强市创建工作纳入各县（市）区和各相关职能部门的年度绩效考核范围，实行半月一通报、一月一督促的工作机制。强化沟通协调。多次与国家总局、省质监局进行请示汇报沟通，广泛开展与各职能部门的协调配合，争取上级大力支持，凝聚各部门的力量，使创建工作进展迅速。

（肖利花）

【优化民生服务平台】　全面整合“12345”市长热线、“12365”投诉热线、“马上就办”投诉平台、信访举报等多种投诉渠道和人员，集中在大厅内设立统一的民生服务平台，对百姓投诉、举报、咨询实行统一接待、统一管理、统一回复。2017年共处理各类投诉举报476起，办结率、反馈率达到了100%，群众回复满意率为88%，处理结果满意率为76%，比上年分别提高33%和21%。

（肖利花）

【落实服务发展举措】 局领导实行对口联系2个县市区（园区）10家企业，为企业发展提供政策和技术支持，帮助解决实际困难。积极对接芦淞区服饰产业园，成功与湖南经天纬地电子商务科技有限公司签订战略合作协议，创建服饰电商检测平台，助力株洲服饰产业转型升级。组织经费30余万元，免费举办食品相关产品、重点用能单位能源计量管理、检验检测机构管理等多个培训班，为企业培训人员300多人次。（肖利花）

【提升检测服务实力】 株洲轨道交通高分子材料及制品监督检验中心（国检中心）高分通过总局的验收。启动出租车计价器和衡器等民生项目实验室改造以及恒温室、大型长度标准设备实验室建设。全年完成产品委托检验615批次、监督检验77批次；完成计量器具检定28978台件，其中强检计量器具12730台件；筹建强检计量器具备案管理平台，完成63家企事业单位4298台件强检计量器具的备案；取消强检计量器具检定收费，为企事业单位及其他部门减免费用近300万元。（肖利花）

【突出品牌示范】 助推中车株洲电力机车有限公司、株洲时代新材料科技股份有限公司2家企业获第五届省长质量奖，指导中车株机冲刺2017年的“全国质量奖”最高荣誉。组织35家企业申报湖南省名牌产品，协助市农委举办全市农业品牌创建工作培训班。（肖利花）

【推进标准化引导】 全市167家企业公开声明1518项标准，涵盖1762种产品。对第九批国家和省级农业标准化示范区项目（攸县万亩现代脐橙、茶陵现代园林、炎陵红提栽培）、国家高端装备制造业标准化项目（轨道交通装备）、公共自行车、国家综合标准化试点项目等重点项目进行督查和指导，建立标准化综合服务平台和人才库、专家库。推荐株洲钻石人力资源管理服务有限公司申报2017年度国家级人力资源标准化试点，荷塘区政务中心、中都（株洲）物流有限公司等单位申报省级服务标准化试点项目。制定《株洲市行政许可标准化建设工作实施方案》，完成全市行政许可事项的清理工作，其中市级审批事项106项，市县分级审批事项40项。（肖利花）

【质量监督执法】 组织重点工业产品、农资产品、电线电缆、烟花爆竹、地条钢、特种设备等专项整治和质量提升行动，办理行政执法案件32起，其中大要案6起，移送公安机关追究刑事责任案件1起，1起案件被国家质检总局评为“2017年度‘质检利剑’行动典型案件”。组织各类专项执法活动6次，检查各类企业514家，抽检样品32批次，排查特种设备安全隐患110余起，全年无一起行政诉讼和行政复议案件。（肖利花）

【质量诚信自律建设】 加强企业质量信用档案建设，建立行政处罚案件网上公示制度。开展“涉企信息统一归集公示”工作，初步建立“企业质量诚信红黑榜”和质量分析报告、质量新闻发布等制度。进一步推动诚信计量体系建设，在市区集贸市场、超市、医疗机构、配镜行业、加油站、加气站等与人民群众密切相关的领域开展“诚信计量示范单位”创建活动。（肖利花）

【推动落实企业安全主体责任】 开展特种设备“落实安全生产主体责任年”活动，制定《株洲市质监局落实“安全生产主体责任年”实施方案》，出台维保机构信用等级评定办法，与特种设备使用、生产企业，危化品获证企业签订质量安全承诺书。（肖利花）

【隐患防控排查】 制定《安全生产大排查大管控大整治百日专项行动方案》《株洲市烟花爆竹产品区域整治行动方案》《2017年整治假冒伪劣消防产品专项活动方案》等文件，组织开展质量安全大检查。全年共检查85家重点企业使用的601台自动扶梯与自动人行道、20余台大型游乐设施、116台压力容器、6台场（厂）内机动车，发现管理缺陷和事故隐患41个，向市安委会申报对两起重大事故隐患实行挂牌督办；检查危化品获证企业14家，其中停产3家，提出整改意见40条；检查车检机构5家，立案查处2家；检查食品相关产品生产企业9家，提出整改意见4项；督促醴陵、攸县等加强烟花爆竹生产企业监管。创新工作机制，协调特检院抽调10名检测人员在市局集中办公，同时推出重大事故隐患“一单四制”工作机制（交办制、台账制、销号制、通报制）。避免特种设备行政监察与检测机构两张皮的问题，防止重大责任事故的发生。这一模式在全省质监系统属于首创。（肖利花）

【质量安全宣传】 出台《株洲市电梯安全管理办法》，发布《株洲市特种设备应急预案》，利用党员主题活动日、质量“五进”、质量安全月等载体进行广泛宣传，提高市民对质量安全的认识。2017年，全市没有发生一起重大质量安全责任事故，守住全市质量安全“红线”。开展质量宣传活动，与市电视台、日报社、新闻网等市内主流媒体签订合作协议，组织“3•15国际消费者权益日”“世界认可日”“世界计量日”、安全月、防震减灾日、质量月等多项主题活动，营造“人人关注质量、人人共建质量、人人共享质量”的社会舆论氛围。2017年，在各级各类媒体宣传质监工作110篇次，有效提升质监形象，扩大质监影响力。 （肖利花）

食品药品监督管理

【概况】 株洲市药品监督管理局成立于1999年12月；2001年8月划归省药品监督管理局垂管；2004年6月增加食品安全综合协调职能后成立市食品药品监督管理局；2010年由省垂直管理调整为市政府工作部门；2014年年底，原市食药监局、食安办、工商局、质监局、商务局等涉改单位的食品药品监管职能全面整合到位，成立新食品药品监管部门并加挂食品药品安全委员会办公室牌子，进一步健全食品药品监管体系。机构改革后，市食品药品监督管理局主要职责是对全市食品、药品、化妆品、保健食品、医疗器械（以下简称“四品一械”）进行监督管理。市本级共有编制283名，在编340人，在岗234人，局机关设立13个内设科室，下设天元、石峰、芦淞、荷塘4个垂管分局和12个监管中心所，设立5个直属事业机构；5个县市均成立食品药品工商质量监督管理局，设42个乡镇（街道）监管所。2017年，株洲市有注册登记食品药品生产经营企业39666家，其中，城区20011家，各县（市）19655家；食品生产经营企业35793家，药品生产经营企业1313家，化妆品生产经营企业1113家，保健食品生产经营企业1320家，医疗器械生产经营企业127家。

2017年，全市食品药品公众测评满意度提升5个百分点，株洲市食品安全工作在全省考核中排名第一，市人民政府被省食安委评为“食品安全工作先进单位”，市食药监局被省食药监局评为“2017年度食品药品监管工作先进单位”。 （向章琳）

【食药整治行动】 2017年，株洲市食品药品监督管理局针对群众反应强烈的突出问题，着力开展一系列整治行动，取得良好成效。配合国卫复审、创文复审工作和“安全生产百日行动”，深入开展“一清零两提高”“双百行动”“护老行动”“护苗行动”“秋风行动”“清网行动”、豆制品、工地食堂、小诊所等专项整治，共检查市场主体2.7万余家次，督促补办食品经营许可证、健康证1.6万余个，责令整改4148家，取缔经营户（摊贩）760户；收回药品零售企业GSP认证证书7张，直接注销3家；查处违法案件1029件，涉案货值2800万元，罚款金额630余万，移送司法机关案件16件，查办重大案件12件，公安厅督办2件。强化应急管理。承办国家示范性Ⅱ级食品安全事故应急演练，妥善应对“粉丝可燃烧”“肉松是棉花”等舆情，积极参与抗洪救灾，维护社会和谐稳定。 （向章琳）

【食药风险排查】 加强风险防控。强化风险排查，获证食品生产企业全部完成风险分级等级评定，建立风险隐患突出问题和监管措施清单，实施分级分类管理。强化监督抽检，成立食品安全抽检监测工作秘书处，出台《食品安全监督抽检工作制度》，全年完成食品和食用农产品监督抽检4287批次，检出不合格食品118批次，交办不合格问题食品核查处置205件次；完成药品监督抽检518批次，检出不合格品57批次，抽检完成率、信息公开率、系统填报处置率均达到100%。强化风险监测，上报药械不良反应报告7220份。 （向章琳）

【提升食药监管能力】 2017年，株洲市食品药品监督管理局创新监管手段，不断满足新时代食药监管工作的需求。检验检测体系化。全面完成“民生100工程”，实施市食药检所二期提质工程，市区农贸市场和大型超市全部建成食品快检室，购买第三方快检服务完成监督抽检1660批次、快检11万批次，快检车完成快检2201批次，基本形成以市检验所为主、第三方机构为辅的专业权威检测，基层场所和快检车的快检筛查，以及重点单位的快检自查相互融合的“三位一体”检验检测体系。基层治理网格化。聘请170名网格员，培训后发放“巡检工作证”，明确“查外观、看店名，查人员、看健康，查证件、看事项，查场所、看规范，查商品、看线索”“五查五看”巡查职责；建立1个市局总平台、4个分局平台、130个网格的“1＋4＋130”网格体系，消除监管盲区；启动“智慧食药监”项目，开发“网格化监管平台”系统，实现PC端和手机端兼容运行，具备信息采集、移动执法、统计分析等功能。监管队伍职业化。整合全市系统和其他部门、行业协会、专业公司的人才资源，择优选拔238名职业化检查员，建立食药安全专家库；举办首期赴浙大培训班；选送300多人次参加上级举办的培训班，安排19人次参加省局组织的飞检；组织市内飞行检查22次，共出动检查员280余人次，提高队伍的职业化、专业化水平。（向章琳）

【服务产业发展】 树立安全监管和产业发展“两手抓、两促进”的理念，推进“放管服”和供给侧结构性改革，大力支持食品及医药产业发展。支持指导药品零售企业电子处方试点工作（微问诊），引导企业投资建成豆制品集中生产加工基地，促成国药控股收购湖南宁康医药公司，帮扶瑞邦等3家药品生产企业入编湖南省医疗器械“十三五”规划，新增和变更个改企“四上”企业19家，完成“个改企”10家，提升食品药品产业供给质量和发展水平。（向章琳）

【食药安全社会共治】 构建“党委领导、政府推动、部门监管、行业自律、公众参与”的食药安全治理模式。将食品安全工作纳入市委、市政府对成员单位绩效考核，开展部门联动。新增市检察院、市编办、市民政局为市食药安委成员单位，成立市检察院驻食药监检察联络室，联合教育、工商、住建、民政、卫计等部门开展“护老”“护苗”“护工”“护康”等整治行动，联合市卫计委出台《株洲市医疗机构药品使用质量管理规定（试行）》。推进政企互动。举办培训班10期培训1000余人次，集中约谈企业负责人800余人次，以宣传教育引导企业落实主体责任；发挥行业协会作用，评定企业诚信等级，号召企业签订安全责任承诺书，提高食品安全责任保险覆盖率，试点药品零售企业电子处方，开展“文明餐桌行动”，以行业自律推动企业落实主体责任；强化政务公开，举行“十大典型案例”新闻发布会，依法公示处罚、抽检、检查等信息6950条，以信息公开倒逼企业落实主体责任。做好宣传发动。开辟《株洲日报》《株洲晚报》“食药安全”专栏，举行“株洲食品药品安全十大典型案例”新闻发布会，拍摄《守护舌尖上的安全》宣传片，举办“食药安全，伴你健康成长”主题绘画比赛和“你关注、我行动”食品安全“双十”征集活动，开展“12331”、食品安全宣传周、安全用药月等主题宣传活动，发放宣传册10万余份，各类活动吸引群众110余万人次；受理来电来访2940件，同比增长8.93%，办结率100%，食药安全共治氛围明显增浓。实现示范带动。积极筹备创建国家食品安全示范城市，醴陵、炎陵先后成功申报第一批、第二批省级食品安全示范县，指导天元超市成功申报省级“放心肉菜示范超市”，在市区评选4条食品安全示范街、63家“文明餐桌行动示范单位（店）”，行业整体水平不断提升。（向章琳）

海关缉私

【概况】 中华人民共和国株洲海关业务管辖范围为株洲全境，有关员25名。内设办公室、综合业务科、监管科、保税物流中心监管科；驻外机构：驻醴陵办事处，业务管辖范围为醴陵市、茶陵县、炎陵县、攸县。

2017年，株洲海关共审结进出口报关单3369份，增长54.9%；监管货运量17.3万吨，增长3.9%；货物进出口总值8.5亿美元，增长25.4%；累计查验进出口报关单130份，查获15份；设立加工贸易手册12份，加贸内销补税912.4万元，增长1.2倍；审核办理征免税证明427份，减免税款8120万元；税收入库5.85亿元，增长9.8%；新增备案进出口企业共计168家，累计进出口企业1008家，其中高级认证企业4家，一般认证企业49家。（张卓贤）

【海关改革】 2017年，株洲海关大力推行全国通关一体化改革、“汇总征税”和“自报自缴”税收征管改革制度。深化企业信用管理改革，对关区5家高级认证企业重新认证，其中湖南株冶火炬金属进出口有限公司因未通过重新认证被下调至一般认证企业。积极推进无纸化申报，2017年，株洲关区无纸化申报率83.94%，全国通关一体化申报普遍适用，汇总征税企业扩展到3家。全力压缩通关效率，2017年株洲海关出口平均通关时间为1.51小时，进口平均通关时间为9.33小时，比上年同期缩短33.8%和68.7%。（张卓贤）

【株洲B型保税物流中心顺利通过验收】 9月8日，株洲铜塘湾保税物流中心（B型）顺利通过由长沙海关牵头的联合验收组的验收，黎对贞关长代表联合验收组与株洲市市长阳卫国签署《株洲铜塘湾保税物流中心（B型）验收纪要》。株洲市副市长黄芳，以及长沙海关办公室、加贸处、技术处、株洲海关主要负责同志参加验收活动。11月1日，长沙海关批准在株洲海关增设保税物流中心监管科，核定编制为3人，科级领导职数为1正1副，主要负责保税物流中心内企业管理、对出入铜塘湾保税物流中心货物的实际监管等工作。（张卓贤）

【服务地方经济】 积极开展政策宣讲及培训。2017年，株洲海关多次下厂调研，宣传海关支持外贸发展新政策。充分发挥醴陵办事处和炎陵县海关工作站桥梁作用，联合地方政府在株洲、醴陵和炎陵开展企业外贸培训，帮助企业熟悉外贸政策和进出口通关流程，共计530余家企业850多人次参与。

协助参与招商引资。积极配合市、县相关部门开展招商引资工作，参加项目洽谈会、广交会等，兑现海关优质服务承诺，协助引进大型外贸企业落户株洲。积极协助开展保税物流中心的同步招商引资和保税展示交易中心筹建，一批轨道交通、电子电器等高科技制造业企业形成入区发展意向。

全力提升参谋辅政水平。开展促进株洲市开放崛起调查研究，《株洲市加快建设“一带一部”开放发展先行区实施方案（2017—2020）年）》《株洲市开放型经济工作相关政策措施和考核办法》等文件的制定中，海关积极建言献策。持续开展进出口监测预警分析，2017年，向株洲市委市政府以及相关部门报送海关要情9期，海关工作呈报2期，进一步发挥参谋辅政的作用。（张卓贤）

出入境检验检疫

【概况】 2017年，株洲出入境检验检疫局共受理出入境货物报检5141批、33601.7万美元，同比批次下降10.9%、货值下降10.34%。其中：出境货物报检4827批、28648万美元，同比批次下降10%、货值下降10.6%；入境货物报检314批、4953.7万美元，同比批次下降22.3%、货值下降8.9%。包装鉴定4674批、939万件，同比批次上升0.39%，件数上升1.95%。受理集装箱报检783个标柜。签发各类检验检疫证单7585份，电子通关2239份。签发各类原产地证书8085份，签证金额21784.11万美元，同比签证份数上升14.5%，签证金额增长54.69%。其中各类优惠原产地证书2720份、8789.6万美元。（刘龙生）

【服务地方】 2017年，株洲出入境检验检疫局全心扶持破零倍增。帮扶株洲红翻天实业有限公司，使之成为株洲首家获得对美注册资格的出口食品企业，并成功打入美国市场。帮助株洲千金药业股份有限公司成为株洲首个获得出口食品备案资质的固体饮料生产企业，并致力于推动其固体姜茶进入美国市场。指导唐人神肉制品有限公司成为株洲局辖区首个获得进口肉类产品备案收货人资质的企业。（刘龙生）

【企业产品质量提升服务】 2017年，助推中车株机、时代新材获省长质量奖并申报第三届中国质量奖。为中车株机出口机车、中车株洲研究所高科技元器件研发、中航工业株洲所航空发动机设计研发等重点项目引进先进技术、关键零部件和生产设备提供优质服务。《中国国门时报》对株洲局服务拉合尔轨道交通橙线项目机车出口（“一带一路”国际高峰论坛召开后中巴合作首个成果）作了报道。（刘龙生）

【提高通关效率】 举办ECIQ网上申报系统培训，培训企业人员240人。全面推行无纸化、诚信管理和分类管理，报检无纸化率100%。采取各项措施，有效压缩检验检疫全流程时长，出境和入境全流程时长仅为上年的60%。（刘龙生）

【助推企业产品出口】 与黄骅局沟通联动，采用“黄骅局实施检验、株洲局凭检验结果出证”模式，帮助北汽集团解决出口汽车的报检和退税难题，北汽株洲2017年度出口汽车近3000台。针对株洲二氧化硅出口通关难题，开展专题研究，形成建议，及时提请检验处向总局检验司汇报并被采纳，理顺相关产品查验通关流程。在风险分析基础上，对出口低风险市场的中药材、竹木制品等采取视频监管，推动相关产品出口扩量。

（刘龙生）

资产经营企业选介

株洲高科集团有限公司

【概况】 株洲高科集团有限公司（以下简称株洲高科）主要负责株洲河西示范园的开发建设，拥有土地一级开发权、经营权和收益权。公司下设8个部门（党群综合部、纪检室、战略规划投资部、审计法务部、运营服务中心、人力资源部、融资财务部、土地储运部）。土地开发事业部1家，全资公司11家，控股公司16家，参股公司22家，业务涉及土地开发、工业地产、商住地产、工程建设、企业孵化、创新创业、企业投资、金融服务和物业管理等领域，形成土地一级开发、土地二级配套建设、创新创业服务三大平台。截至2017年年底，公司注册资本20亿元，总资产412亿元，净资产170亿元，信用评级AA+，全年实现营业收入19.7亿元，利润总额2.9亿元。

2017年，株洲高科获评第五届全国文明单位、湖南省档案工作规范化管理省特级。新动力众创空间获评国家级众创空间，万丰湖水利风景区获评省级水利风景区，汽配园智尚众创空间获评国家级备案众创空间、湖南省级众创空间，高科栗雨工业园获评湖南省双创示范基地，新马动力创新园一期工程管理中心获评2015—2016年度第二批湖南省优质工程、2015—2016年度第二批湖南省建设工程芙蓉奖、株洲市优质工程神龙奖。土地开发有序。年内，株洲高科土地一级开发完成投资32.91亿元，批回用地指标47.8公顷，完成征地拆迁278.47公顷，平整土地60公顷，新建道路8千米，续建并完工道路10.6千米；土地挂牌67.40公顷，其中工业地10公顷，商业地57.41公顷。二级配套建设完成投资11.3亿元，其中标准厂房新开工26.41万平方米，竣工21.81万平方米；商住房产新开工33万平方米，竣工21.21万平方米。

推进项目建设。2017年，株洲高科相继完成风电产业园、ART、新马金谷物流园、株洲利德公司定制厂房等一批项目竣工验收，动力谷展示中心、动力谷大厦、动力谷文体中心、人才公寓、创意独栋完工并交付使用，国际学术交流中心开始进行二次精装修，3.3期电商大楼完成主体工程，万丰湖周边道路万水路、新丰路、万丰路、新马大道、仙月环路基本建成，新马中学完成公开招标资格预审，汽车博览园基本完成新车贸易区路网建设。北汽大道与株洲大道下穿主线桥通车，AB匝道桥完成施工，汽车交易中心、服务中心、二手车市场、形象店二期基本建成并完成部分招商，车管所项目开工建设，启动F2赛车场前期工作。园区4S店签约26家，整车经销商开业17家。产业招商丰硕。年内，株洲高科策划万丰文旅、物流园等一批重点招商项目。完成招商项目签约88家，项目开工38个。挂牌出让恒大集团、碧桂园等商业地。抢抓房地产市场回暖机遇，积极主动联络对接，土地签约数量创近五年新高；在“湖南（香港）投资贸易洽谈周”举办汽车零部件暨汽车后市场招商推介会，与恒大集团签订健康养生谷项目战略投资协议。拓展金融投资渠道。海外债取得实质性进展，年底发行第一期5000万美元。拓展保险资金融资渠道，“光大永明——株洲高科中国动力谷债权投资计划”获得中国保险资产管理业协会注册通过，金额12亿元。打通银行、保监会、证监会、交易商协会、发改委5个融资渠道。发起或参与设立中科动力基金、动力谷母基金、青创基金、科创基金、株洲时代创新投资母基金、债权性基金6支。完成中科航空动力、湖南机动车检测中心、先进轨道交通装备制造业创新中心、配售电项目、文化餐饮业务等产业投资项目5个。获批成为配售电试点项目区。完成保理、担保牌照申请。新马园区学校PPP项目申报成为湖南省第四批示范项目。创新创业服务。2017年，湖南高科园创完成股份制改造，成功在湖南股交所标准板挂牌，成为湖南股交所首家园区服务类挂牌公司。获批国家级科技企业孵化器、国家级众创空间。园区一站式服务线上平台正式上线，服务5个园区近400家企业，成为株洲首个园区智慧服务系统。高科园创能源公司入围省第一批试点能源公司。打造创新创业孵化服务配套建设综合性服务平台窗口——园创空间。完成耕食饭堂、人才公寓、豪宜酒店等园区生活配套建设。

（夏 瑛）

【举办2017CKC中国卡丁车锦标赛总决赛】 2017年11月11日，2017CKC中国卡丁车锦标赛总决赛在株洲汽车博览园卡丁车国际赛场开赛，比赛历时2天。罗景轩、黄瀚弘、谢咏霖获N7公开组年度前3名，孙啸禹、曹哲铭、许思瀚获N7新人组年度前3，孙铭辰、黄瀚弘、袁缘获N12公开组年度前3，刘海鹭、王子健、刘宇舟获N12新人组年度前3，余家宝、钟肇璠、郑连忠获N14公开组年度前3，庄存义、简卓滔、王涛获N35公开组年度前3。株洲汽车博览园国际卡丁车赛场是湖南最大的卡丁车场，占地面积3.8公顷，赛道长度约1.1千米，符合国际汽车运动联合会（FIA）场地安全标准，从赛道设计到配套设施，均可举办相应级别的国际卡丁车赛事和所有国内卡丁车赛事。此次2017CKC中国卡丁车锦标赛总决赛作为株洲首个承办的国家级大型赛事，标志着以汽车文化为带动优势的株洲汽车博览园的发展已经跨上一个新的台阶。（夏　瑛）

【万丰湖荣获省级水利风景区】 2017年11月29日，万丰湖水利风景区被省水利厅授予省级水利风景区的称号。项目位于株洲高新区新马创新城中心地带的万丰港流域，南起京港澳高速，北至湘江，东、西分别为万丰路、新丰路所夹，总占地面积133.33公顷，其中水体66.67公顷、山体公园10公顷，全长约5千米，流域面积35.3平方千米，总投资约12亿元。

万丰湖因地制宜设计观光、休闲、滨水风情三个功能分区，保留自然山体，起伏变化的游道曲径通幽将各个景点连成一体。形成自然、生态、疏密有致的滨水景观。创造生态游憩、康体健身、休闲商务等功能环境，为智慧株洲、实力株洲、绿色株洲、幸福株洲的城市建设增添一道新的风景。（夏　瑛）

【中国动力谷展示中心开馆】 2017年12月8日，国内最大的动力产业展示馆——中国动力谷展示中心正式开馆。该项目总投资约1.5亿元，总建筑面积15703平方米。动力产业展示区建设有“聚集动力谷”序厅，轨道交通、通用航空、新能源汽车的三大动力产业展厅，新能源、新材料、电子信息、现代服务业的“3 + 1”产业展示厅及国家自主创新示范区展厅。（夏　瑛）

【汽博园交易中心A馆开馆】 2017年12月23日，汽车交易中心A馆开馆。株洲汽车交易中心A馆建筑面积为26573平方米，规划2层展厅，是中南地区首个专为汽车打造的专业展厅。至年底，有林肯、奥迪、阿尔法·罗密欧、广本、斯柯达、奇瑞、名爵、现代等30多个汽车品牌入驻。汽车交易中心提供五星级购车服务，消费者放心的一站式汽车展示交易平台。（夏　瑛）

国有资产投资控股集团有限公司

【概况】 截至2017年年末，株洲市国有资产投资控股集团有限公司出资企业77家，新增12家。其中，全资子公司10家，收缴国有股红利9267万元。公司资产总额434亿元（含千金药业、天桥起重），净资产总额147亿元，资产负债率66.19%。集团本部及15家全资和绝对控股子公司（不含千金药业、天桥起重）资产总额264.04亿元，净资产89.90亿元，资产负债率65.99%。2017年，公司实现营业收入17.92亿元，利润总额1.27亿元。2017年，公司获评2017年度“全国成长力企业百强”“湖南省十佳普法集体”“全省内部审计先进单位”。（刘守军）

【重点项目建设】 轨道交通城PPP路网工程一期四条主干道通车，承办“2017中国(湖南)国际轨道交通产业博览会暨高峰论坛”取得圆满成功；9月9日，株洲铜塘湾保税物流中心(B型)顺利通过长沙海关、财政部驻湘办事处，省国税局和外汇管理局湖南省分局等联合验收；12月26日，全球最大的单体被动式节能建筑——创业广场项目完成主体封顶；洗水工业园、金城·国投新材料示范园一期2个项目竣工验收。加大园区招商力度，玉城白关服饰产业园引入企业41家，洗水工业园引入企业5家，金城·国投新材料示范园引入企业24家，铜塘湾保税物流中心引入企业8家。（杨　杰）

【投融资工作】 融资到位资金35.27亿元，融资综合资金成本下降至5.9%。公司主体信用评级由AA调升至AA+。出资设立株洲市金融控股集团等7家公司，完成股权投资4560万元；出资8835万元参与茶陵茶祖印象公司增资重组；出资905万元参与组建株洲市国投双杰智慧能源有限公司。出资5.3亿元，与株洲市城市建设发展集团有限公司、株洲市世富投资管理有限公司等共同发起设立总规模30亿元的株洲市产业扶贫投资基金，支持全市扶贫事业发展；启动组建中车轨道交通产业投资基金、湖南航空产业投资基金等6支产业基金，助力产业发展。（杨　杰）

【土地开发】 轨道交通城、铜塘湾保税物流中心、创业广场等重点项目用地报批、征拆及武广片区72.06公顷土地收储工作有序推进。编制土地招商手册，实现土地出让收入3.48亿元。水木阳光里1.1期项目成功开盘，3栋楼盘200套房源全部售罄，成交金额1.33亿元。（杨　杰）

株洲市城市建设发展集团有限公司

【概况】 株洲市城市建设发展集团有限公司经营范围包括城市基础设施投资与建设、公用服务运营、房地产开发（含保障房建设与棚户区改造）、微金融服务、片区投资开发等。公司注册资本40亿元，总资产规模799亿元（含棚改），信用等级AA+，国际信用等级分别为投资级穆迪Baa3和惠誉BBB-，是株洲市资产规模最大、信用等级最高、服务百姓最广的政府投资类企业。

实现转型升级。2017年，城发集团通过战略规划、产业布局、投融并举、市场化运营，实现公司在多个行业布局，完成清水塘投资集团、国信财富集团的组建，市政公司重组及股改工作进展顺利，股改后的国信建设集团进入2017年湖南省拟上市企业名单库。

开展项目建设。围绕“一圈一纵一横五片区”等八大综合性项目和省市重点项目发力，城发集团攻坚克难，全力推进项目建设。全年基础设施项目完成投资74亿元，实现项目开工26个，项目竣工11个。渌口大桥实现竣工通车；火车站改建项目举行开工仪式；二中初中部、铁东路北段、响石广场改造、中环大道贯通工程、龙洲路、航空大道、湘江东岸综合整治一期等项目实质性开工。

多渠道开展融资。公司积极抢占政府购买服务政策窗口，争取政府购买服务项目授信242.94亿元，全年累计放款35.7亿元。积极探索PPP开发模式、特色小镇开发模式等推动武广片区等项目的融资与建设，先后获得交行无抵押项目贷款授信12亿元、光大永明债权投资计划项目险资注册15亿元；准确把握存续产品的发行窗口，及时到位资金且取得较低的融资成本。全年累计发行四期超短融合计35亿元、发行公司债12亿元、发行理财直融5亿元、发行永续中票8亿元；积极推动短融、中票、公司债等传统融资工具上报审批工作，顺利启动北金所权益类债权融资计划项目和险资债权投资计划，首次使用并购贷款模式融资，并放款1.07亿元。

拓展经营项目。2017年，公司优化产业结构，片区土地经营红火。武广片区10号地、20号地拍卖成交价连攀新高，枫溪片区首个自主经营性项目“枫溪记忆”落地，清水塘老工业区完成147家企业搬迁。南洲生态新城项目完成项目签约和项目公司组建。房产板块企稳回升，城发房产公司、城发置业公司获评株洲市房地产企业信用A级，全年商品房销售面积在株洲房企中排名第二，置业公司成功竞拍网挂62号地块，并积极推进林学院项目；公共资源板块经营实质推进，2017年有6个停车场项目竣工、运营，地下综合管廊有序推进，精心组织电力、通信迁改工作，集约管道资源资产化渐见成效。广告资产实现首批政府产权18根高立柱广告位移交，向资源资产化迈出关键一步。（童　韵）

【湘江七桥竣工】 湘江七桥连接株洲县境内的南洲新区与株洲市的雷打石镇，大桥距离上游株洲航电枢纽约5千米，距离下游建宁大桥约12千米，在省道S313线株洲县渌口至米山塘公路项目工程范围内，桥梁全长857米，宽26米，单幅桥梁宽度12.75米，单幅桥面净宽10.75米，行车道外侧设1.5米人行道，内侧设0.5米宽波形护栏。引桥采用预应力连续空心板结构，主桥采用预应力变截面连续箱梁结构。（童　韵）

【一批项目开工】 火车站改建项目。火车站改扩建方案以“湘水扬波、汇通八方”为核心设计思想，将在铁路既有用地内改建，总占地22267平方米。采用线侧式+线上式综合站型，站房由东、西站房及高架候车室组成，西站房及高架候车室进站、地道出战，即“上进下出”。主要工程包括站房和战场两部分，工程总投资14.64亿元，建设工期暂定42个月。响石广场改造项目。响石广场位于株洲市石峰区，是株洲市中环大道的一个重要交通节点。该项目主线全长960米，建设期限为2年。旨在释放株洲市快速环岛的交通能力，缓解城市拥堵，改善周边交通环境，提升城市地块开发价值，具有良好的社会效益和经济效益。铁东路（江渌路—迎新路）项目。铁东路（江渌路—迎新路）工程标准路幅宽40米，双向六车道，北起江渌路，南至迎新路，全长990米，跨枫溪港梁桥一座。工程概算总投资17485万元，其中建安工程费8590万元。2017年完成全线土石方、排水、路面、路灯、交通工程等施工。株洲市二中初中部新建工程。该工程是株洲市2017年重点项目，办学规模为36个班。总面积为6.06公顷，总建筑面积3.31万平方米，概算总值2.57亿元，建安工程费为1.60亿元。2017年完成土地报批拆迁、桩基施工，教学楼、科教楼、宿舍、综合楼、食堂完成主体结构，教学楼、科教楼完成砖砌体，教学楼完成外墙贴砖以及部分场内道路建设。

（童　韵）

湖南天易集团有限公司

【概况】 湖南天易集团有限公司（以下简称天易集团）主要负责株洲天易示范区范围内的城市片区和产业园区开发及经营管理，业务范围涉及城市片区开发运营、科技园区开发运营、产业服务及对外投资管理等。公司注册资本15亿元。2017年，天易集团公司下设10个部门，下辖全资或控股、参股子公司15家、合伙企业5家，有员工279人。

2017年，天易集团资产总额347.3亿元，净资产184.3亿元，资产负债率46.9%，全年累计还本付息40.93亿元，收入20亿元。新增授信合计83.8亿元，融资到位59.71亿元，完成固定资产投资52亿元。批回土地22.07公顷，出让43.93公顷，成交总额17.5亿元。土地征拆投入约7亿元，完成248个房屋编号签字，拆除房屋面积约8万平方米。

（陈婷园）

【招商引资】 2017年，天易集团围绕电子信息、新材料、新能源等战略性新兴产业实现精准招商。园区新签约三元正极、岱勒新材、超广色域钻石屏、思普尔等企业26家，累计签约企业35家，厂房租售率56.5%，鹭湖智库总部完成销售75%。长城电脑新增8条平板电脑生产线、阿李自动化及立方新能源等项目的投产，园区总产值11亿元。

（陈婷园）

【企业转型升级】 2017年，天易集团通过筹建金融事业部、供应链公司、基金公司，参与组建动力谷母基金、互联网小贷公司，与社会资本成立合资公司投资新项目等举措推动企业转型升级。为园区企业提供金融服务，通过获取2年期30亿元PPN和8亿元永续PPN批文，通过国家开发银行托管企业债资金14.9亿元，降低融资成本，平均资金成本较上年下降13%。闲置资金实现理财收益3082万元。积极争取各类政策资金补助4201万元，置换政府债务2.5亿元。完成总投资额120亿元自主创业园项目、中小学校新建工程和五云峰国际生态新城3个项目的包装和入库，其中投资32亿元的自主创业园项目于2017年12月完成项目开标。

（陈婷园）

【优托邦神农太阳城整体开业暨冰雪家年华盛装启幕】 2017年12月26日，优托邦神农太阳城，是优托邦有限公司与天易集团联手打造的旗舰级商业运营项目，拥有南北栋商业、文化休闲街、写字楼等多个商业组成，经营面积达27万平方米。

（陈婷园）

【湖南长城首批智能硬件下线】 2017年12月28日，在长城电脑基地三楼举行“湖南长城首批智能硬件”下线仪式，市人大常委会党组书记、常务副主任刘光跃，市人民政府副市长何朝晖，中国长城科技集团股份有限公司高级副总裁周庚申等参加仪式。此批下线的是尺寸大于手机，小于笔记本电脑的平板电脑，将出口北非市场。此次智能硬件的下线标志着株洲市平板电脑制造产业开启新的篇章。

（陈婷园）

株洲市地产发展中心（地产集团）

【概况】 2017年，株洲市地产集团从省国土资源厅共计批回经营性新增储备土地34宗，总面积130.67万平方米，较上年增长35%；完成千金物流仓库、新华联药业等土地收储19.2万平方米，完成太阳村C、D、E等地块征地拆迁56.80万平方米，向土地市场推出太阳村A地块、天宇地块等地块55.47万平方米。土地出让成交价15.9亿元、待出让土地价值11.9亿元。配合完成清水塘企业搬迁改造工作，企业关停基本到位，企业收储超过预期，共有自有土地企业56家，54家签订收储协议或价格确认书，共收储面积

226.67万平方米。获得近100宗地的省、市2017年棚户区（城中村）改造计划批复，启动2018—2020年棚户区（城中村）改造规划编制工作，已形成初步成果上报政府和省住建厅。全年完成政府性项目投资额18.15亿元，完成经营性项目投资额3020万元。

（姚　芳）

【市政工程项目】　集团主要承担“两房两路一湖一港”的建设和整治工作。水竹湖公租房项目全面完成选房工作，1060套保障房交付使用，剩余1000套保障房已由市房产局启动第二轮选房工作；金山保障房项目进入室外收尾阶段，配套工程全面铺开；江渌路一期路基工程完成95%的工程量，建宁港路项目桥梁桩基础全部完成；天池湖项目完成90%的工程量，已基本建成并开始蓄水；枫溪港黑臭水体整治工程完成项目立项、地勘、方案设计及施工图设计等项目前期工作。自主经营项目全力推进。水竹湖二期项目完成立项、用地规划许可证、土地证、建设工程规划许可证办理工作。泰山西路项目完成项目规划设计与前期报建等相关工作。政和大厦项目完成新建主体结构及室内精装修90%。

（姚　芳）

【参与设立全国首例土地储备基金】　在储备土地抵押贷款被叫停的状态下，储备中心参与设立规模为37.5亿元，期限为5年的全国首例土地储备基金。在2016年6月首次投入7.5亿元的基础上，2017年3月再次投入12亿元，较好地满足土地开发的资金需要。

（姚　芳）

株洲市云龙发展投资控股集团有限公司

【概况】　株洲市云龙发展投资控股集团有限公司主要承担株洲云龙示范区基础设施的投融资和开发建设、国有资源（资产）运营管理、土地一级开发、发展“两型”产业的任务。公司注册资本5亿元，截至2017年年底，资产226亿元，净资产96亿元，外部信用评级AA级。有员工190余名。公司设立董事会、监事会、党委、纪委、工会及团委，法人治理结构完善，群团组织完备。公司设党群工作部、董事会办公室、综合管理部、法律事务部、投融资财务部等10个职能部室，下辖全资子公司10家、控股子公司4家、参股子公司12家。

2017年，集团公司通过壮大经营性资产规模，增加经营性项目有效投资，扩大经营性项目投资占比，全年完成自主经营项目投资14.57亿元，实现营业收入6.1亿元，利润2.36亿元。重点推进华强片区、盘龙湖片区、湖南云龙大数据产业园、磐龙世纪城综合体及云峰雅郡的建设。全年共投入征拆、报批资金5.68亿元，实施征拆面积195.27公顷，交地109.4公顷，完成云龙04加油站土地报批和新奥地块的出让工作，并获2017年征拆征收工作先进单位。（易愈鑫）

【融资工作】　2017年，公司实施融资项目16个，融资总额184.95亿元，到位资金44.76亿元，融资平均成本为5.9%。以项目为主的间接融资业务成效明显。其中集团公司通过华强公司担保，获得天津银行、进出口银行授信共计10亿元，到位资金5.5亿元；以玉龙路等管网资产获得广东越秀融资租赁有限公司融资租赁资金2亿元。以主体信用为主的直接融资业务硕果累累。全年直接融资到位23亿元，占比51%，其中以华强公司为主体成功发行5亿元债权融资计划；以新农村公司为主体成功发行5.5亿元资产证券化项目，为株洲市首单保障房ABS融资产品，置换政府债券5.21亿元；以集团公司为主体获批20亿元债权融资计划，为后期的融资工作打下坚实的基础。（易愈鑫）

【投资项目】　2017年，公司共投资政府性建设项目38个，完成投资9.45亿元。纳入项目攻坚年的4个（含23个子项目）市重点项目共计完成投资7.88亿元，为年度计划7.62亿元的103%，实现大数据产业园、田园路、云天大道、云峰大道二期B-2段、盘龙路南A段、玉龙路二期、兴龙西路B段、龙溪路三期等市重点项目的开、竣工，并获株洲市2017年“项目攻坚年”先进市政府投资公司的荣誉称号。全年启动10个安置房和廉租房在建项目，完成投资1.07亿元，为年度计划目标0.81亿元的132.1%，续建11.5万平方米，新开工2.8万平方米，竣工2.9万平方米。（易愈鑫）

【磐龙世纪城紫竹台项目通过住建部2A住宅性能认定及“广厦奖”初评】　11月15日，公司紫竹台项目被国家住建部认定为2A级住宅性能项目，通过2017—2018年度国家住建部“广厦奖”初评。《住宅性能评定技术标准》是由中国住建部及国家质监局于2005年发布的中国唯一的有关住宅性能的评定技术标准。“广厦奖”是由住宅与城乡建设部颁发，经国务院批准设立的国家级房地产奖，其评选活动由中国房地产业协会、国家住建部住宅产业化促进中心共同组织实施。（易愈鑫）

【云峰雅郡获评株洲市“2017年品质生活大盘”】 在“2018年株洲房地产市场展望暨2017年度株洲优秀房企颁奖典礼”中，云峰雅郡项目获评“2017年品质生活大盘”。该榜单由《株洲晚报》、新浪乐居联合发布，在株洲地产行业内具有一定的影响力。云峰雅郡以绿心·悦心·养心为主题，项目总用地面积22.6万平方米，规划总建筑面积29万平方米，定位为居家、养老、度假的低密度高端住宅地产，目前主要销售双拼洋房，因其优美的环境和合理的设计，深受消费者喜爱。（易愈鑫）

【烟竹路(一期)竣工验收】 1月6日，烟竹路(一期)新建工程通过竣工验收。烟竹路(一期)南起华强片区规划四路，北至云峰大道，道路设计等级为城市支路，路幅宽16~20米，全长780米。（易愈鑫）

【云龙污水处理厂及配套管网工程(厂区)启动建设】 5月5日，株洲市云龙污水处理厂及配套管网工程（厂区）启动建设。云龙污水处理厂及配套管网工程规划用地总面积8.49公顷（含华强路泵站及云田泵站），服务范围包括云龙示范区上瑞高速以北、腾龙路以西区域和磐龙世纪城区域。设计规模处理污水每日6万吨，再生水每日1.8万吨。污水配套收集管网全长88.18千米。初步设计批复概算总投资为5.57亿元，其中污水处理厂为3.08亿元，配套管网为2.49亿元。该项目预计2017年完成一期一批主体施工，2018年完成一期一批投产使用。（易愈鑫）

【华强旅游小镇（云天大道）项目开工】 6月28日，华强旅游小镇（云天大道）开工。华强旅游小镇项目位于云龙示范区北部，总面积约666.67公顷，北至云峰大道，西至长株高速，南至云龙大道，东至腾龙大道，预计总投资90亿元，着力打造中部地区规模较大、内容较丰富、配套较完善的特色旅游小镇。项目一期路网建设投资5.29亿元，包括云天大道、云田路等七条道路。预计2018年建成通车。（易愈鑫）

【“云龙绿地教育健康城”项目合作框架协议签订】 11月16日，云发集团与上海绿地集团签订“云龙绿地教育健康城”项目合作框架协议书。“云龙绿地教育健康城”项目选址株洲经开区、云龙示范区北部华强片区，定位为长株潭地区最具标志性和辐射力的“教育健康”新城。项目结合株洲市打造“教育强市”的要求，融合“云田特色旅游小镇”的总体规划，坚持“健康+”的理念，充分发挥“上海绿地集团”先进的开发建设水平和优质的产业资源，对接国内知名教育品牌与国际知名医疗机构，将建成为集品牌教育资源、国际水准医疗科研、专科医院、“绿地康养酒店”等板块为一体的新型教育健康产业新城。该项目占地166.67公顷，投资约200亿元，项目的开发建设，对推动株洲经开区、云龙示范区华强片区的发展有重大意义。（易愈鑫）

【云发集团成功发行“安置房ABS”】 1月23日，由云龙发展投资控股集团有限公司担任原始权益人的“长城证券—云龙安置房信托受益权资产支持专项计划（安置房ABS）”成功发行。产品总规模5.5亿元，期限为5年期，是株洲市市级平台公司的首单以“安置房信托受益权”为基础资产的企业ABS产品。（易愈鑫）

【盘龙湖退耕还林还湿项目通过省林业厅评估验收】 12月6日，公司项目盘龙湖退耕还林还湿试点工程顺利通过省林业厅的验收。盘龙湖退耕还林还湿试点工程，试点综合治理面积27.68公顷，总投资693.27万元，其中涵盖退耕还林、还湿、水域湿地恢复与重建等面积。退耕还林还湿试点建设对改善生活水质污染、营造湿地复合生态系统，提高环境容量和生态承载力，构建青山绿水“两型”云龙，力促湿地保护建设，发挥森林与湿地功能意义深远。（易愈鑫）

株洲市交通发展集团有限公司

【概况】 株洲市交通发展集团有限公司主营业务为水陆交通投资和现代物流。集团公司设行政人事部等8个职能部门及湘江新城开发建设有限公司等7家子公司，资产总额103.75亿元，在册员工117人。

2017年，公司经营收入5.51亿元，净利润5529万元。其中：市农副产品批发交易物流中心项目一期土地挂牌出让，桐梓坪20.33万平方米地块项目进行招商；报批土地40.87万平方米，湘江大道二期78.2万平方米土地已组卷；征地拆迁有序进行，株洲港生产经营收入实现提升；6个加油站点启动挂牌出让。（言 智）

【项目建设】 2017年，公司投资14.8亿元用于项目建设。其中重点项目有：湘江大道。湘江大道一期工程于9月14日竣工通车，湘江大道二期已开展土地报批和征地拆迁工作，完成投资3.5亿元。株洲港。株洲港白祁庙作业区房建配套工程基本建成，启动港口智能化建设，建霞作业区后方20万平方米地块征地拆迁处于扫尾，项目处于竣工验收阶段，株洲市多式联运物流中心项目开展前期策划工作。市农副产品批发交易物流中心项目一期完成25.33万平方米地块征拆、220千伏杆线迁改、全部大型土石方工程、1#配套办公营销楼和1#蔬菜交易厅主体施工，市场区二标段八栋单体建筑挂网公开招标。增资方案经市国资委、市政府审批通过，在产权交易中心挂网，向社会公开招募股权投资合作者。湘江新城片区前期工作进展顺利。（言 智）

【筹融资】 2017年，公司融资到位20.3亿元。其中：湘江大道、湘江新城城乡一体化项目、湘江新城给排水项目、湘江新城城中村棚改项目融资20.3亿元；农批市场增资方案获批开放股权，在国有产权交易公开挂牌；湘江新城核心区3.99平方千米范围内七路一湖PPP项目（约30亿元）列入市PPP项目库。（言 智）

新芦淞产业发展集团有限公司

【概况】 2017年，株洲新芦淞产业发展集团有限公司（以下简称“新芦淞集团”）资产总额119亿元，净资产总额34亿元。全年公司融资到位21.8亿元。积极争取航空产业项目专项债券，为公司发展和两城建设提供资金保障。共完成产业项目供地88.8公顷，完成航空城核心片区、龙泉核心片区控规调整、枫溪片区14.13公顷工业用地的变性工作；全年共批回土地54公顷，其中商住地5.13公顷。

新城建设展现活力。2017年，公司创造条件、全力推进“两机专项”等19个市、区重点项目，累计完成项目投资22亿元。千亿大道、机场大道、服瑞大道、董航路、董服二路等全线通车，打开了航空城、服饰城开发建设的突破口；航空城云团线、桂团线等14千米杆迁工程完工并通电；株洲芦淞通用机场全面建成并投入使用；沙堤安置房二期、道田安置房一期均已竣工并完成部分交房，龙泉安置房、罗塘安置房1.2期实现主体封顶，航空标准厂房启动建设，南方中学加快推进前期工作。

招商推广培育动能。公司充分利用通航产业高峰论坛、湖南服饰产业博览会等平台，大力推广航空、服饰两大产业及项目；神通光电、博欧合金、华清轨道、二狼狐轩等重点产业项目纷纷落户“两城”。（刘 斌）

【“两机”专项中国航发株洲航空动力产业园开工】 8月30日，国家航空发动机和燃气轮机重大科技专项——“两机”专项中国航发株洲航空动力产业园开工建设，省长许达哲出席开工动员仪式，并宣布开工，中国航发集团党组书记、董事长曹建国出席并致辞。（刘 斌）

【两城“生命通道”全线通车】 9月30日，全长18.5千米，计划总投资23.7亿元的航空城、服饰城两城“生命通道”全线通车。两城“生命通道”涵盖江渌路、铁东路、迎新路、东城大道、千亿大道、服瑞大道、董航路、董服路等8条主次干道。通车后，从芦淞区政府到株洲芦淞通用机场仅需10分钟，到白关产业园仅需15分钟，时间比原来节省一倍以上。

（刘 斌）

【通用航空产业高峰论坛召开】 5月7日，2017年全国企业家活动日暨中国企业家年会重要活动之一“通用航空产业高峰论坛”在株洲芦淞通用机场成功召开，会上，中国工程院院士尹泽勇、刘大响作主旨演讲，论坛吸引了国内百余家航空企业及媒体参加。

（刘 斌）

【举办服饰产业发展高峰论坛】 9月22日，由株洲新芦淞产业发展集团有限公司承办的中国（株洲）服饰产业发展高峰论坛成功举行，专家大咖汇

聚芦淞，聚焦宏观、行业、人才和品牌4个主题词，为株洲服饰产业迈向千亿目标出谋划策。（刘 斌）

【株洲芦淞通用机场验证试飞成功】 12月2日，随着一架多用途轻型飞机塞斯纳208飞机降落，湖南省首个通用机场——株洲芦淞通用机场验证试飞成功。株洲芦淞通用机场由株洲新芦淞产业发展集团有限公司开发建设，是湖南省首个建成的通用机场，也是打造中国·动力谷最重要的公共基础设施。株洲芦淞通用机场项目总投资4.73亿元，占地42.6公顷，一期按昼间目视飞行要求建设，飞行区等级为1B，跑道长800米、宽30米，可起降最大起飞重量5500公斤以下的各型通用飞机、直升机；远期按照3C等级标准建设，规划1800米跑道，可以起降各型公务机和中型客机。

（刘 斌）

株洲市清水塘投资有限公司

【概况】 株洲市清水塘投资有限公司于2017年1月16日完成工商注册，注册资本20亿元。其中：株洲市城市建设发展集团有限公司出资11亿元，占注册资金55%，株洲循环经济投资发展集团有限公司出资9亿，占注册资金45%。公司按照市委、市政府的要求，依市场化原则组建，实行公司化运作，定位于清水塘15.15平方千米核心区搬迁改造及开发投资运营的大型功能类企业。主要负责清水塘核心区的企业搬迁改造及片区的投资、建设、运营等工作。

1月20日，公司正式揭牌成立，下设综合管理部、党群工作部、人力资源部、财务资产部、规划建设部、企划经营部、土地经营部、审计合约部、环境技术部、纪检监察室等职能部门，在职正式员工52人，拥有中高级经济师、会计师、工程师等专业技术和经营管理人才队伍。

8月14日，株洲市清水塘投资有限公司成立株洲市清水塘生态新城开发有限公司，注册资本2亿元。截至2017年12月31日，公司资产总额达到100.76亿元，资产负债率为53.67%。

（王岿庄）

【清水片区治理工程开工】 2017年6月12日，由株洲市清水塘投资有限公司投资，中机国际工程设计研究院有限责任公司设计，株洲南方项目管理有限公司监理，博天环境集团股份有限公司施工的株洲清水塘区域重金属污染环境治理工程世界银行贷款项目——清水片区治理工程正式开工。该项目位于株洲清水塘循环经济工业区清水片区，项目总投资1.19亿元，主要对片区1.06平方千米重金属污染土壤采取稳定化等工艺进行综合治理，治理重金属污染约17.7万立方米（治理范围区域未包括企业场地、废渣场、水塘等区域）。（王岿庄）

【铜霞片区治理工程开工】 2017年5月25日，由株洲市清水塘投资有限公司投资，中机国际工程设计研究院有限责任公司设计，湖南高岭建设集团股份有限公司施工，株洲南方项目管理有限公司监理的株洲清水塘区域重金属污染环境治理工程世界银行贷款项目—铜霞片区治理工程正式开工，该项目位于株洲清水塘循环经济工业区铜霞片区，项目总投资额2.93亿元，主要对清水塘地区铜霞片区1.05平方千米，42.12万立方米的重金属污染土壤进行治理（治理范围区域未包括企业场地、废渣场、水塘等区域）。

（王岿庄）

【清水湖区域重金属污染治理工程通过环保验收】 清水湖区域重金属污染治理工程项目于2016年7月开工，由株洲市清水塘投资有限公司投资（原为株洲循环经济发展集团公司为项目业主，2017年6月1日正式变更项目业主为株洲市清水塘投资有限公司），中机国际工程设计研究院有限责任公司设计，北京高能时代环境技术股份有限公司（一标段）、航天凯天环保科技股份有限公司（二标段）施工，株洲南方项目管理有限公司监理，总投资1.81亿元，主要对清水塘清水湖区域44公顷范围内土壤及水塘进行治理，治理重金属土壤30.53公顷，治理土壤量为12万平方米，治理清水塘清水湖区域17口水塘，共计7.07公顷，清理并处置水塘底泥13987平方米，复绿面积4.4公顷。2017年10月，株洲清水塘地区清水湖区域重金属污染综合治理工程完成。12月22日顺利通过株洲市环境保护局的验收。（王岿庄）

【霞湾港水塘治理完工】 11月25日，株洲启动霞湾港（排污渠）重金属污染治理二期工程（老霞湾港治理工程）——水塘治理，该项目由株洲市清水塘投资有限公司投资，中机国际工程设计研究院有限责任公司设计，湖南大辰环保科技有限公司施工，株洲南方项目管理有限公司监理。项目位于株洲市石峰区，铜霞路以南，霞湾港以西，011乡道附近，总投资77万元，主要包括港渠（主渠、支渠）和下游4处水塘两大治理部分，水塘面积为1.23万平方米，清淤深度30厘米。项目12月10日竣工。治理后的污染场地满足建设用地规划功能及达到《地标》的要求。（王尚庄）

株洲市教育投资集团有限公司

【概况】 株洲市教育投资集团有限公司是经市政府批准由市政府和中国农发重点建设基金有限公司共同出资设立的功能类国有有限责任公司，是湖南（株洲）职教科技园开发建设经营服务商，主营职教科技园开发建设、教育配套服务产业投资与经营等，注册资本24亿元，总资产96.5亿元。集团设8个部门，5家全资子公司（株洲市云龙房地产开发有限责任公司、株洲市就业创业资产经营有限公司、株洲职教城物业园林建筑工程有限公司、株洲市智谷资产经营有限责任公司（筹）、株洲市智慧谷建设开发有限公司），4家参控股子公司（控股：湖南智谷焊接技术培训有限公司、湖南智谷制造技术有限公司，参股：株洲新奥职教城能源服务有限公司、湖南中科智谷教育科技有限公司）。

2017年，教投集团完成投资18.28亿元，实现经营收入5.52亿元，利润总额1亿元，主要经济指标均创新高。（宋钰黄寿）

【项目建设】 园区市属三校43万平方米全面开工，28栋主体建筑封顶。铁道职院全面交地启动建设。新增智慧路、升龙路等8条配套道路，通车里程增加7.7千米，学校片区路网基本形成。太平桥、井龙等安置房项目加速推进。全年完成筹融资到位24.8亿元，争取政策资金7700万元，报批土地54.33公顷，完成征拆交地63.2公顷。（宋钰黄寿）

工 业

综 述

【概况】 2017年，全市工业战线紧扣“稳中求进、进中争先”总基调，围绕加快建成“一谷三区”，奋力实现“两个走在前列”目标，大力实施工业“1093”行动，强力推动制造强市建设，全力抓好中国动力谷建设、园区管理、企业帮扶等重点工作，全年各项工作取得较好成效。培育发展战略性新兴产业、老工业基地转型升级工作获国务院表彰，制造强市、军民融合等5项工作获省政府通报表彰，企业帮扶经验做法在全省经信系统推广。

经济运行稳中向好。全市规模工业企业总数达1647家，总产值增长13.1%；增加值增长7.3%。工业投资增长9.9%，其中工业技改投资增长25%，全省排名第一。全市规模工业实现主营业务收入3045亿元，增长11.5%；利润总额增长12%；主营业务税增长22%。

制造强市成效明显。技术支撑体系日臻完善。成立全国唯一的IGBT国家级技术创新战略联盟。湖南工业大学轨道交通协同创新研究院等平台建成投用。国家新能源汽车检测株洲分中心启动建设。南方军民融合协同创新中心建成运营，成功引进工信部核心服务机构——福松国际。全市技术创新平台总数达198家，其中国家级27家，省级104家。石峰区获批轨道交通产业国家区域品牌建设试点。株洲国创轨道科技有限公司获评全省首家制造业创新中心。质量品牌建设成果丰硕。国家级工业品牌培育示范企业达18家，醴陵成为全国首个出口电瓷质量安全示范区、全国第二个出口日用陶瓷质量安全示范区。6家企业获批省级工业品牌试点。全年获评小巨人企业24家，株硬集团获国家制造业单项冠军示范企业，株洲橡胶研究院的“气象气球”获国家制造业单项冠军示范产品。全球首条虚拟轨道列车示范线建成运营，12米纯电动智能驾驶客车在株洲首发。2017年，全市规模工业新产品产值增长43%。制造装备水平稳步提升。以智能制造为核心，实施“机器代工”行动，大力开展首台套、首批次应用，加快建设一批智能工厂和数字化车间。全年新获批国家智能制造专项4个、制造强省项目12个；新认定先进装备11台套、新材料首批次应用10个，总数排名均居全省第二。2017年，全市制造业增加值增长8.7%，占全市规模工业的比重92%，其中高加工度工业增加值增长9.8%。

动力谷建设稳步推进。中国动力谷“3 + 5 + 2”产业总产值增长11.3%，占规模工业的比重达70%，同比上升2个百分点。其中，轨道交通、汽车、航空等动力产业增长11.2%，电子信息、新能源、新材料、节能环保、生物医药等新兴产业增长12.6%，陶瓷、服饰等优势产业增长11.9%，呈现出特色鲜明、多点支撑的发展格局。成功促成央视新闻联播、新华社、《经济日报》等媒体连续刊发报道，点赞动力谷，中国动力谷影响力迅速扩大，中国动力谷与深圳无人机等被视为中国制造“新版图”，与安徽声谷、湖北光谷、江西稀金谷、河南冷谷并称中国腹地新五“谷”丰登。

园区发展蹄疾步稳。2017年，全市园区技工贸总收入增长18%；利润总额增长13%；税收总额增长15%。园区工业增加值增长13.8%，占全市规模工业的比重达74%，同期提高2个百分点。大力开展项目建设百日攻坚行动，全年新引进配套企业106家，新开工工业项目132个，新竣工工业项目48个；新增规模工业企业203家。长城电脑、北汽二工厂等建成投产，通用机场建成投用，“两机”重大专项、风电产业园等加快推进。株洲高新区位居国家级产业园区持续发展竞争力综合排名第98名，加快园区升级工作获省政府通报表彰。株洲经开区正式挂牌成立，为全市经济社会发展提供新平台、增添新动力。

企业帮扶纵深推进。严格落实上级关于降低实体经济成本有关政策文件，全面实施清费降税行动，持续加大“放管服”力度，全年累计为企业减少或降低各类成本57亿元。大力推行“24小时见面制”，积极引入第三方评估，“市级领导—驻企联络员—各级各部门”三位一体、全面覆盖的帮扶体系初显成效，7个县市区企业服务中心和100个专业服务机构为企业提供全方位、全天候、多层次的服务。全年共收集交办问题2243个，办结率99.96%，开展各类主题活动203项433次，“一门式”服务、“一站式”办理、惠企政策推送等模式创新在全国、全省得到推广。成功举办中国企业家年会、轨道交通博览会、陶博会、服博会等活动，一大批重量级嘉宾到株洲投资洽谈，与本土企业建立合作关系。积极推进产融合作试点，推动企业直接上市融资，441家企业成功在股交所挂牌，17家企业募集资金4.8亿元；飞鹿高新、宏达电子2家企业主板上市。积极贯彻“人才新政30条”，全年新引进3名院士、12名国家“千人计划”人才，507位专家教授加盟动力产业专家人才库，李东林、吴施志、王丽中、章卫国4位企业家获省优秀企业家称号，李东林、周军军、邓天骥3位企业家获全国优秀企业家称号。

供给侧改革深入推进。全市立窑水泥生产线全部关停，钢铁行业基本退出，炼铅生产线全部淘汰，基础化工全部关闭，煤炭、花炮行业过剩产能化解进展顺利。清水塘153家企业已关闭147家，其中有搬迁意向的61家已落实承接地，46家已竣工投产，提前完成省委、省政府交办的任务。全面实施百家企业节能行动，严格实行清洁生产审核计划，全年共实施16个节能技术改造，节约标煤4.1万吨，12家企业通过清洁生产审核，2家企业获评省两型工业企业。积极推进绿色制造体系建设，3家企业获评国家绿色制造集成项目、绿色工厂创建、国家绿色产品创建试点。全市规模工业企业资产负债率下降6个百分点，存货下降4.4%，每百元主营业务收入成本下降1.48元，研发投入增长11%。

（谭小洋）

轨道交通产业

【概况】 2017年，株洲轨道交通装备产业相关企业达300多家，其中规模企业62家，本地配套率达70%以上，2017年继续保持千亿规模。其中，中车株洲所实现产值361亿元，中车株机实现产值190亿元，中车株洲电机实现产值72.8亿元。成功举办“2017中国（湖南）国际轨道交通产业博览会暨高峰论坛”，株洲轨道交通城建设加速推进。株洲已成为轨道交通领域的人才洼地，拥有丁荣军和刘友梅2位中国工程院院士、46名享受国务院特殊津贴的科技专家，万余名轨道交通装备产业技术人才。同时，作为国内最大的轨道交通装备生产和出口基地，株洲制造的轨道交通产品已出口北美、南美、东欧、东南亚以及澳大利亚等70多个国家和地区，株洲地区的电力机车产品已经占全球市场的20%，市场份额居全球第一。

（雷学文）

【全球首列智能轨道快运列车面世】 6月2日，在“道无形，驭有术”智能轨道快运系统（ART）发布会暨示范线路签约仪式上，由中车株洲所自主研发的全球首列智能轨道快运列车（简称智轨列车）正式面世，并宣布在株洲建立全国首条示范运行线。这是一种兼具现代有轨电车和公共汽车各自优势的新型交通工具。智能轨道快运列车通过传感器识别路面虚拟轨道，将信息传送至列车“大脑”（中央控制单元），并根据“大脑”的指令实时调整列车的牵引、制动、转向等状态，保证所有车轮精准地行驶在同一轨迹上，实现列车智能运行。

（雷学文）

【联诚集团受邀参加2017金砖峰会】 9月3日，2017年金砖五国会议在福建厦门举行，金砖五国的工商界领袖共聚盛会，探讨金砖国家共同关注的经贸热点及发展。株洲市联诚集团受邀参加金砖峰会，全省仅5家企业参会。

（雷学文）

【2017中国（湖南）国际轨道交通产业博览会暨高峰论坛召开】 10月24日，主题为“轨道交通，改变世界”的2017中国（湖南）国际轨道交通产业博览会暨高峰论坛在株洲盛大开幕。4位中国工程院院士、“一带一路”沿线及相关国家和地区的政要、驻华使节、行业商（协）会、相关企业及代表团、科研院所专家和代表等1300人参加。论坛举行湖南省先进轨道交通装备制造业创新中心创建单位和湖南城市轨道投资建设有限公司揭牌仪式；发布首个全球智能轨道快运系统示范运营线；举办智能轨道快运系统技术与发展论坛、轨道交通牵引动力

智能技术论坛、轨道交通产业人才发展高峰论坛等5个平行论坛；召开株洲市产业招商推介暨轨道交通城项目发布会和“一带一路”框架下轨道交通国际合作交流峰会；发布4项主旨报告和26篇发言报告，业界顶尖专家齐聚现场，聚焦轨道交通产业智能化、国际化、人才培养及投融资等热点议题，共商轨道交通产业发展新路径。

（雷学文）

【石峰区获批“全国产业集群区域品牌建设试点单位”】 11月30日，工信部发布《第四批产业集群区域品牌建设试点工作组织实施单位和产业集群名单》，同意34家单位为第四批产业集群区域品牌建设试点工作组织实施单位，开展区域品牌建设工作。株洲市石峰区经信局申报的“轨道交通装备产业集群区域品牌建设试点”上榜。这是株洲市继“醴陵陶瓷”后第二个国家级产业集群区域品牌建设试点。（雷学文）

【中车株洲所获中国专利金奖】 12月13日，第十九届中国专利颁奖大会在北京举行，中车株洲所再获佳誉，“一种三电平双模式空间矢量过调制方法及其系统”及“一种单片集成IGBT和FRD的半导体器件”亮相专利，分别获得专利金奖和专利优秀奖。

（雷学文）

航空产业

【概况】 株洲航空工业起步于20世纪50年代初期，是中国“一五”期间重点建设的六大航空工业基地之一。经过60多年的发展，株洲成为全国唯一的中小航空发动机特色产业基地。2017年，株洲航空城拥有涉航骨干企业31家，其中整机制造企业3家，发动机企业4家，配套企业18家，通航运营企业5家，园区开发企业1家，已经形成集发动机研制、整机制造、通航运营、配套衍生于一体的通航全产业链。拥有国家级航空产业技术中心、博士后工作站和近20个各类技术研究机构，拥有以中国工程院院士尹泽勇为代表的航空动力工程领军人物和6000多名航空产业技术人员。航空城规划面积58.1平方千米，累计投入70亿元，用于航空城骨干路网、通用机场、生产及生活配套等建设，机场大道等13条主干道路建成通车，通用机场建成运营；成功获批通航产业综合示范区，“两机专项”加快推进，成功交付用地82.67公顷地，两机专项核心项目——南方航空动力产业园、航空发动机关键零部件试制中心等项目开工建设；编制《航空新兴优势产业链发展方案》，举办通航产业高峰论坛、航空配套企业招商对接会等大型活动，引进德奥通航、龙浩集团、星思科技等航空企业；山河SA160五座机成功下线，山河SA60L-T高原型取得民航适航认证，省内首款警用无人机“云翼”成建制列装；推进产学研协同创新，推动北航、南航、西工大等高校在株洲建立航空发动机智能制造、复杂曲面先进制造等重点实验室，促成载重无人机等科技成果转化12项。2017年，航空产业产值151亿元，同比增长15.5%。（陈 勇）

【通用航空产业高峰论坛】 5月7日，作为2017年全国企业家活动日暨中国企业家年会的重要活动之一，以“逐梦通航·我心飞翔”为主题的“通用航空产业高峰论坛”在通用机场隆重举行。100多家科研机构、高等院校及航空产业相关单位应邀与会。中国工程院院士尹泽勇、刘大响，盘古智库理事长易鹏，山河智能装备公司董事长何清华，北航能源与动力工程学院院长丁水汀分别从通用航空与区域经济发展机遇、通用航空动力发展的机遇和挑战，对通用航空飞机及发动机产业发展的认识等方面作主旨演讲，共同为株洲通用航空产业问诊把脉、献计献策。（陈 勇）

【航空配套企业招商对接会】 7月18日，以“聚焦核心·协作共赢”为主题的航空配套企业招商对接会在株洲举行，全国50多家航空配套企业参加会议。芦淞区政府发布促进航空配套产业发展的扶持政策，湖北盛世远航精工科技有限公司等2家企业与董家塅高科园签订入园协议，江苏图南合金股份有限公司等5家企业与中国航发南方工业有限公司签订军民融合合作协议。（陈 勇）

【株洲航空动力产业园开工】 8月30日，“两机”专项中国航发株洲航空动力产业园开工建设。省委副书记、省长许达哲出席开工仪式，并宣布开工。中国航发南方航空动力产业园位于株洲中国动力谷航空城，占地面积40公顷，规划建筑面积23.8万平方米，规划建设先进制造技术示范中心、智能制造单元、数字化装配和整机试验

中心等。预计一期工程于2018年12月完工投入使用。（陈　勇）

【株洲通用机场试飞成功】 12月2日，湖南省首个通用机场——株洲通用机场试飞成功，这标志着株洲芦淞通用机场即将正式投入运营。株洲通用机场是湖南省首个建成的通用机场，也是株洲航空城最重要的公共基础设施。该项目总投资4.73亿元，占地42.6公顷，一期按昼间目视飞行要求建设，飞行区等级为1B，跑道长800米、宽30米，可起降最大起飞重量5500公斤以下的各型通用飞机、直升机；远期按照3C等级标准建设，规划1800米跑道，可以起降各型公务机和中型客机。（陈　勇）

【航空发动机关键零部件试制中心开工】 12月13日，国家“两机”重大专项——航空发动机关键零部件试制中心项目开工仪式在芦淞区董家塅高科园举行。该项目定位为航空发动机关键零部件试制中心，项目总投资3.9亿元，其中厂房建设投资7820万元，计划2019年7月竣工投产。建设完工后，将承担“两机”重大专项中多个核心零部件的研制任务。

（陈　勇）

【陈向群到株洲调研航空产业发展情况】 12月20日，省委常委、常务副省长陈向群到航空城调研航空产业发展情况。陈向群一行在考察通用机场、南方公司等地后，充分肯定株洲航空产业发展所取得的成效，要求株洲着力搭建平台，推动军民融合发展；加大招商力度，引进一批国内外一流的发动机制造企业，大力发展发动机零部件制造业，推动产业集群发展，加快建成中小航空发动机研发制造基地；积极对接新产业新业态，引进战略投资者，探索无人机物流业、支线飞机制造业等发展，加快建成通航整机制造基地。（陈　勇）

汽车产业

【概况】 2017年，株洲汽车产业得到良好发展，在产业基础、核心技术等方面呈现出明显优势，拥有从新能源汽车轻量化材料（碳纤维等）、器件（汽车级IGBT、SiC）、部件（电机、电池PACK、齿轮）、系统（电驱动系统，相当于传统汽车的发动机）、整车（中车株所商用车、北汽乘用车）的新能源汽车全产业链。汽车及零部件产业产值与增加值同比分别增长12.6%和9.4%，商用车电驱动系统全国排名第一，乘用车驱动系统近200万套订单、全国排名第一，新能源客车整车产销量全国第四，已成为全国首个电动公交城，市区公交电动化100%。株洲已拥有变流技术国家工程研究中心、新型半导体国家重点实验室、国家能源主动配电网研发中心、IGBT产业创新技术联盟等与新能源汽车技术强相关的国家级研发平台；并与上海国家机动车检测中心在株洲成立新能源汽车检测分中心。坚持与世界先进的智能化、网联化技术同步发展，发布全国首台无人驾驶新能源公交车；发布中国首款自主创新的汽车级IGBT并实现批量装车应用。（王　军）

【北汽二工厂建成投产】 5月7日，北京汽车的第一个自主品牌乘用车基地——北京汽车株洲分公司对标“中国制造2025”标准规划建设的二工厂正式落成。该工厂整体投资超过50亿元，投产后北汽株洲分公司总产能将达50万辆。与此同时，北汽绅宝2.0时代的开山之作——全新绅宝D50下线。北汽株洲基地二工厂的落成，是湖南省和北汽集团合作发展的又一座里程碑，标志着株洲与北汽集团产业合作迈上新台阶。（王　军）

【“新能源汽车发展趋势与展望”论坛开讲】 5月6日，“新能源汽车发展趋势与展望”论坛在株洲举行，包括政府领导、行业专家、企业家、媒体等共计200余人参加。株洲所旗下时代电动总经理刘凌发表题以“中车时代电动新能源汽车发展战略”的主旨演讲。（王　军）

【中车电动汽车走出国门】 6月10日，中国湖南—白俄罗斯莫吉廖夫州赠车仪式在中车电动举行。湖南省人民政府副省长杨光荣，中国工程院院士、中车株洲所党委书记、董事长丁荣军，株洲市市委书记、市人大常委会主任毛腾飞，白俄罗斯驻华大使鲁德·基里尔，莫吉廖夫州执行委员会副主席尼古拉舍维奇·维克多，以及湖南省、株洲市等相关领导以及媒体共同见证这一象征两省州友谊的历史时刻。（王　军）

【全球首款“智能驾驶”新能源客车正式面世】 7月18日，时代电动发布全球首款12米智能驾驶客车、第五代纯电驱动系统平台T“动力”等重磅内容。这是全球智能驾驶技术首次应用在12米纯电动客车上，并成功开进法国机场。中车纯电动客车的法国开跑，是比利时客车展之后，中车电动以“ACE绿色智能交通整体方案”进军欧洲市场的实力启航。（王　军）

【湖南机动车检测技术有限公司正式落地】　9月19日，由上海机动车检测认证技术研究中心有限公司、株洲高科集团有限公司、中车株洲电力机车研究所有限公司三方合资成立的湖南机动车检测技术有限公司首届股东会暨合资经营协议签约仪式在株洲召开。这是湖南首家机动车检测中心，影响力将辐射至整个中南华南地区。

（王　军）

【孚能科技（株洲）汽车动力电池项目开工】　12月26日，孚能新能源动力电池项目顺利开工，该项目由孚能科技（赣州）有限公司投资，将建成厂房1.5万平米的新能源汽车动力电池制造基地。项目总投资约5亿元，将形成年产8GWH电池包生产能力。

（王　军）

新能源产业

【概况】　2017年，株洲市有新能源装备企业23家，总产值增长5.6%。增加值增长8.8%。其中风电装备企业有中车株洲所风电事业部和中车电机等企业7家，2017年产值46.2亿元；光伏装备有利德电子等5家规模企业，2017年产值17.8亿元；智能电网装备企业有株洲兆能科技和醴陵高力特电瓷电器等11家，2017年总产值38亿元。在光伏装备方面，株洲市主要有中车生产的光伏逆变器和旗滨玻璃生产的太阳能光伏板。在风电领域，株洲市具有集风电整机、风电叶片、塔筒、逆变器、高精传动齿轮箱以及涂料等完整的装备产业集群，2017年累计装机达2000余台。风能发电方面，全市有株洲县龙亭龙凤和凤凰山两个风电场，装机容量分别为5万千瓦和3.8万千瓦，2017年发电16783万千瓦时。太阳能发电方面，已并网的太阳能发电总容量已达到9.12万千瓦，其中：株洲兰天武陵能源科技有限公司3万千瓦，株洲索拉塞尔新能源有限公司天元区2万千瓦，株洲兴业绿色能源科技有限公司1.17万千瓦，高新技术产业开发区集中连片2万千瓦光伏发电示范项目，太子奶屋顶0.95万千瓦。生物质发电方面。株洲市金利亚环保科技有限公司的石峰区垃圾焚烧发电项目和惠明环保公司南效垃圾填埋沼气发电项目，总装机容量3.32万千瓦。余热发电方面，全市余热发电企业共5家，分别为株洲冶炼集团有限公司、株洲旗滨集团有限公司、湖南远大水泥有限公司、华新水泥（株洲）有限公司、中材水泥等企业，总装机容量5.25万千瓦，年发电约1.26亿千瓦时。（王　军）

新材料产业

【概况】　株洲新材料产业以株洲时代新材为代表的先进复合材料和以株硬集团为代表的先进硬质材料优势突出，拥有国际知名的品牌，集约化程度较高，装备、技术、管理水平国内名列前茅。主要包括先进硬质材料、化工新材料、金属新材料、先进复合材料、先进储能材料等。其中，新型储能材料、特种电瓷材料、新型稀有金属材料等初具规模。2017年，全市新材料企业73家，总产值增长4.6%；增加值增长5.2%。（徐　宙）

【先进硬质合金产业高峰论坛暨产需合作对接会召开】　5月6日，“硬质合金产业高峰论坛暨产需合作对接会”在株洲召开，国内顶尖的硬质合金材料专家及部分相关行业企业家汇聚一堂，共同探讨硬质合金材料产学研应用与协同合作，为“中国制造2025”谋求“强筋健骨”良策。

（徐　宙）

【金洲精工科技股份有限公司入选“优秀民族品牌企业”】　9月，中国电子电路行业第四届“优秀民族品牌企业”产生，全国共61家企业入选。株硬集团子公司金洲精工科技股份有限公司第4次入选中国电子电路行业“优秀民族品牌企业”。（徐　宙）

【株硬集团进入国家第二批制造业单项冠军示范企业名单】　12月，国家工信部网站公布国家第二批制造业单项冠军示范企业名单。入选的企业全国共71家，硬质合金行业仅株硬集团一家入选。12月13日，在第十九届中国专利奖颁奖大会上，株硬集团“硬质合金挤压成型剂及制备、以及在挤

压生产中的应用”专利获中国专利优秀奖。（徐宙）

电子信息产业

【概况】2017年，株洲市电子信息产业发展迅速，产业体系逐渐完备，初步形成集成电路、智能终端、新一代人工智能、互联网+典型应用等于一体的电子信息产业体系。全市规模以上电子信息制造企业38家，产值增长41%；规模工业增加值增长13.1%。作为长株潭国家自主创新示范区重要一极，三大动力配套电子产业列入国家和湖南省战略性新兴产业集聚发展试点，株洲市以大功率IGBT为代表的电力电子产业实现新突破，集成电路、工控系统与工控安全等优势产业发展迅猛，智能终端、工业大数据和工业互联网、新一代人工智能等产业初具规模，“互联网+”与株洲的传统优势产业加速融合。（丁永良）

【中车时代电气成功研制世界最大容量压接型IGBT】中车时代电气坚持自主技术创新，并在中国株洲和英国林肯两地设立功率半导体研发中心，共同推进IGBT先进设计及工艺技术研发。中车时代电气研制的3600A/4500V压接型IGBT模块，是目前市场可见产品中容量最大，且具备双面散热、长期稳定失效短路能力的器件，实现了国内大容量压接型IGBT技术“从无到有”的跨越，再次实现高端装备制造业“中国芯”的突破。

（丁永良）

【宽带建设取得骄人成绩】2017，全面完成株洲市622个行政村光纤宽带覆盖，覆盖16.33万户家庭，为全市85.1万人口解决宽带网络接入、高清电视收看等互联网需求。截至12月，民生100实事项目“行政村宽带网络升级改造”施工总体已完成178个村，完成率为119%。（丁永良）

【湖南省IGBT产业对接会暨中国IGBT技术创新与产业联盟第三届学术论坛召开】9月22日，湖南省IGBT产业对接会暨中国IGBT技术创新与产业联盟第三届学术论坛在株洲成功举行。会上，时代电气、国家电网、南方电网、格力电器、中科院微电子所、中环半导体、湘投控股、时代新材、时代电动的等9家单位现场签署框架协议，约定共同创建新型功率半导体器件与应用创新中心，创新中心将通过协同技术、人才、资金等资源，打通技术研发供给、商业化等链条，打破国外垄断，推动中国新型功率半导体技术的突破。时代电气、国家电网、格力电器司、中科院微电子所、时代电动5家项目单位就IGBT产业合作进行现场签约。（丁永良）

节能环保产业

【概况】2017年，全市节能环保企业近90家，其中规模企业42家，总产值增长11%。增加值增长8.6%。株洲市节能环保产业链，与轨道交通、新能源、新材料、电子信息等产业关联度较高，主要包括节能技术和装备、高效节能产品、节能服务产业、先进环保技术和装备、环保产品与环保服务六大领域。其中，纳入全省重点调度的9家节能环保企业，实现主营业务收入255亿元，增长8.5%；其中节能环保业务收入124.1亿元，增长8.1%。9家企业中，增幅最大的为华新水泥（株洲）有限公司，增长188%。

（周骄阳）

【深圳麦格米特电气股份有限公司上市】3月，深圳麦格米特电气股份有限公司成功在深圳证券交易所挂牌交易，公司普通股股份总数为1.77亿股，其中4450万股于当天起上市交易流通，发行价为12.17元/股。

（周骄阳）

【华新水泥上榜“实现可持续发展目标中国企业最佳实践”名单】由联合国全球契约中国网络主办的2017实现可持续发展目标中国峰会于12月19日在北京举行，峰会公布“实现可持续发展目标2017中国企业最佳实践”名单，华新水泥公司成功入选。2017，华新水泥利用水泥窑协同处置生活垃圾7.26万吨，替代节约标煤13400吨，有效节约建造垃圾填埋场的耕地，杜绝垃圾填埋对环境的二次污染。（周骄阳）

【众普森智能制造第一代流水线调试成功】11月15日，一条50W以下小泛光灯具自动化产线调试成功。该项目总投资5000万元，是众普森科技（株洲）有限公司实施智能化机器人灯具生产线技术改造的创举。至此，该公司累计建设完成灯具半自动生产线10条、全自动化智能生产线1条，灯具产能达到100万套以上。

（周骄阳）

【众普森与CVC威凯签订战略合作协议】　12月25日，广州威凯检测技术有限公司与众普森科技（株洲）有限公司签订《战略合作协议》。根据合作内容，双方将在质量基础服务、核心人员培训、产品质量控制、科研开发等多方面开展合作，有助于众普森高质量产品领跑市场。（周骄阳）

生物医药产业

【概况】　2017年，全市生物医药产业规模企业达到94家，总产值增长16%。增加值增长9.2%。主营业务收入增长16%。千金药业2017年实现产值8.4亿元，增长14.2%；上缴税收1.3亿元，增长21.5%，成功入选“2016年全国制药工业百强”。千金湘江药业两个抗病毒药物顺利通过临床试验并报产，为湖南省首家拥有两个品种通过临床试验的企业，连续四年被评为中国化学制药行业工业企业综合实力百强。（徐　宙）

【“千金净雅”获中国卫生巾十大品牌】　12月20日，由中国品牌排行网主办，效菘世纪（北京）网络技术有限公司承办的“2016年度中国卫生巾十大品牌评选”活动完美落下帷幕。千金卫生用品生产的千金净雅妇科专用棉巾荣登“2016年度中国卫生巾十大品牌”。（徐　宙）

【千金药业获批组建省中药衍生品工程技术研究中心】　10月，千金药业申报的湖南省中药衍生品工程技术研究中心获批组建。该中心是继组建湖南省女性健康药物研究中心之后，成功获批组建的第二个省级工程技术研究中心，千金药业由此成为省内唯一一家同时拥有两个省级工程技术研究中心的企业。（徐　宙）

【两产品登2017“中国制药·品牌榜锐榜”】　11月10日，第29届全国医药经济信息发布会在江苏常州召开，会议公布2017“中国制药·品牌榜锐榜”榜单，千金湘江药业生产的湘江·缬沙坦胶囊、千金协力药业生产的艾普丁·恩替卡韦分散片榜上有名。

（徐　宙）

陶瓷产业

【概况】　株洲陶瓷有1700多年的历史，是世界釉下五彩瓷原产地，被评为“中国陶瓷文化名城”，是中国三大古“瓷都”之一，也是全国八大陶瓷主产区之一。2017年，全市有陶瓷企业650家，其中规模企业192家，自营进出口企业139家，从业人员达20万人，总产值增长13.5%，拥有3个国家地理标志证明商标、15个马德里国际注册商标，有10个国家级、61个省级的品牌荣誉，已形成集陶瓷材料、陶瓷制造、陶瓷机械、陶瓷颜料、配送物流等于一体的完整产业链条，产品包括日用瓷、电瓷、工艺瓷、工业陶瓷、新型陶瓷五大系列4000多个品种。其中，日用瓷产量占全省的94.9%，占全国的14.3%，占世界的10.8%；电瓷产量占全省的98%，占全国的43.3%，占世界的28%。2017年，陶瓷产业陶瓷产品出口全世界150多个国家和地区，占世界市场份额的15.3%。（徐　宙）

【华联瓷业获“中国国家用瓷生产企业”称号】　10月25日，中国陶瓷工业协会第六届五次理事会召开，华联瓷业因圆满完成人民大会堂、中南海、京西宾馆、钓鱼台、外交部等政府单位用瓷承制，顺利交付奥运会、世博会、亚运会、新疆维吾尔自治区成立60周年、内蒙古自治区成立70周年等重大国家项目用瓷，获“中国国家用瓷生产企业”荣誉称号。

（徐　宙）

【华联瓷业股份有限公司入选中国轻工业百强企业】　6月20日，在北京由中国轻工业联合会举办的“关于智慧轻工高峰论坛暨中国轻工业百强企业颁奖盛典”中，湖南华联瓷业股份有限公司入选2016年度中国轻工业百强企业。（徐　宙）

【2017中国（醴陵）陶瓷产业博览会】　9月，中国（醴陵）陶瓷产业博览会在醴陵隆重举行。博览会共接待国内外客商2.1万，国内外游客46.2万人。现场成交额约1.2亿元，合同额6.5亿元；实现旅游收入4.23亿元。醴陵瓷谷成功入围“国家10个工业遗产旅游基地”；招商签约项目32个，合同引资总额达182亿元。

（徐　宙）

服饰产业

【概况】 芦淞服饰产业经过30多年的发展，形成集研发设计（中部时尚产业生态城）、生产加工（白关服饰产业园）、仓储物流（新芦淞大美国际服饰物流园）、展示销售（芦淞服饰市场群、株洲汇美小巨蛋）、公共服务（株洲电商城）于一体的全产业链布局，成为中南地区最大的服饰产业集群。2017年，芦淞服饰产业交易额突破500亿元，拥有天猫、淘宝等线上商家1000余家，2017年线上交易突破100亿元，株洲已与杭州、广州一起成为服饰电商全国三大集聚地。2017年全市服饰企业90个，全年工业总产值增长17.1%，工业增加值增长5.5%。 （徐 宙）

【2017湖南服饰产业博览会暨芦淞服饰节】 9月21—24日，湖南服饰产业博览会暨芦淞服饰节在株洲汇美国际展贸中心举行。整个活动包括芦淞服饰博览会、株洲服饰发展高峰论坛、2017服饰业湘商大会、2017中国“新芦淞杯”设计大赛总决赛、服饰电商发展峰会等7场主题，近5000余名国内外服饰企业代表、专业观众代表亲临现场。博览会共有10个产业项目签约，合同金额达50亿元。其中，面辅料产业园项目选址白关服饰产业园内，建设中部地区最大规模的面辅料市场及总部基地，为株洲的服饰产业提供上下游配套；创创商学院项目将定期召开服饰领域各个专业、各个层级咨询研讨会，全面推动芦淞服饰专业人才培养体系；牛仔小镇项目由株洲纺织工业联合会及广东服饰企业商会牵头，组织相关企业共同参股投资20亿元，在白关服饰产业园内用地66.67公顷，建设集牛仔服设计、生产等为一体的产业园。 （徐 宙）

株洲·中国动力谷建设

【中国动力谷自主创新园】 中国动力谷自主创新园位于长株潭“融城”核心位置，规划总用地面积358.8公顷，其中产业用地315.93公顷，配套商业用地42.86公顷，建设总投资约223亿元。项目定位为集“人才聚合、创新研发、创业孵化、科技服务”4大功能于一体的中国动力谷创新创业核心载体，以营造“山·水·林·园”于一体的生态研发与生产环境，打造政策政务、人才服务、科技金融、公共技术、商务配套、创新文化6大平台，构建科学完善的创新创业服务体系，着力建设中国动力谷科技创新集聚区。中国动力谷自主创新园一期总占地面积66.67公顷，建筑面积约100万平方米，累计完成项目投资60余亿元。围绕“创新链、产业链、资金链”，中国动力谷自主创新园打造“两器两中心”（孵化器和加速器、公共技术中心和管理服务中心），涵盖创新创业链的全过程。

2017年，中国动力谷自主创新园营业收入22.77亿元，较2016年增长19.17亿元，增幅532.5%。研发投入1.11亿元，增幅47.8%。实缴税收5778万元，增幅277.7%。先后获批中国科协海智计划工作基地、创新创业带动就业省级示范基地、省级创业孵化基地、市级创业孵化基地、市级双创基地等荣誉资质。 （易稀梁）

【招才引智】 2017年，110家企业签约中国动力谷自主创新园，10家金融机构、14家科技中介服务机构签订入园协议，15所高校、科研院所在园区设立科研成果转化基地。黄伯云、欧阳晓平等20位院士与中国动力谷企业和项目进行技术合作，聘请国际氢能学会副主席毛宗强、南方科技大学齐欢等62位国家“863”首席科学家、“千人计划”专家为中国动力谷专家顾问委员会委员。尹泽勇、丁荣军等14位院士、专家、投资人被聘请为中国动力谷创新创业导师。建立动力产业专家人才库，涵盖3大动力产业（轨道交通、通用航空、新能源汽车）及3大新兴产业（电子信息、新能源、新材料）507位顶尖专家。（杨会凯）

【株洲·中国动力谷新年首场项目签约会】 1月11日，株洲·中国动力谷举行2017年首场项目签约会，成功签下29个项目，签约总金额181.18亿元。其中50亿元以上项目1个，10亿～50亿元项目4个，5亿～10亿元项目3个，1亿～5亿元项目10个，均为成长性好、创新力强、带动性大的项目。29个项目中，有总部入驻类、研究院入驻类、产业类、高端现代服务业类4大类型。中车株洲投资控股有限公司、江苏弗莱迪斯汽车零部件、东莞阿李自动化动力电池装备、东莞光智通讯光电子元器件、北京津宇嘉信智能信号电源系统、中铼工业铼金属深加工、碳金新材料高性能碳陶复合材料等一大批重大项目入驻新区。阳卫国、雷绍业、刘光跃、蔡溪等出席签约会。（蔡华章　谭景鑫）

【国家轨道交通、新能源汽车知识产权运营中心签约】 6月8日，筹建国家轨道交通、新能源汽车知识产权运营中心项目合作签约仪式在株洲高新区举行。美国联邦上诉法院原首席大法官、OceanTomo董事RandyRRader，美国政府国际贸易委员会ITC原主席Ms.DeannaT.Okun，沃尔沃建筑设备集团中国副总裁詹旭，中国（上海）自由贸易试验区知识产权协会副会长、上海经贸商事调解中心主任张巍，上海新诤信知识产权服务股份有限公司总裁孙凯等嘉宾莅临活动。湖南省知识产权局党组书记、局长肖祥清，中共株洲市委常委、常务副市长何剑波出席签约仪式。

"两个中心"作为全国垂直性知识产权运营平台，战略资源的高位对接，产业资源的定向孵化和培育，将为株洲打通知识产权、资本和产业之间的通道，建构起立足株洲、服务全国、影响全球的知识产权运营生态圈。此次签约的"两个中心"的运营主体为新诤信与株洲高科集团、株洲市技术转移促进中心合资成立"新动力知识产权运营有限公司"。该公司通过轨道交通、新能源汽车知识产权交易平台的运营，以及科技成果转化服务，形成以知识产权交易、知识产权投融资、科研成果孵化和产业化、产业布局与战略咨询四轮驱动的运营服务体系，让知识产权在流通中创造财富，在产业化运用中创造商业价值，打造全国领先的知识产权综合运营及交易平台。（谭景鑫）

【株洲·中国动力谷亮相全国"双创周"上海主会场】 9月15—21日，第三届全国"双创"活动周（2017年全国大众创业、万众创新活动周）在全国各地举行。株洲·中国动力谷作为国家动力产业集聚区、省级创新创业示范基地，代表湖南创新创业平台及创业者，深度参与此次全国顶级创业展。株洲·中国动力谷以中车株洲所、湖南长城计算机为代表，在上海主会场展示风采和成果；以中国动力谷自主创新园为代表，在湖南分会场展示中国动力谷创新创业硕果。（肖天庆）

【中国动力谷国家战略课题组工作调度会在京举行】 10月25日，株洲·中国动力谷国家战略课题组工作调度会在国务院发展研究中心举行。国务院发展研究中心副主任、研究员张军扩，中共十九大代表、市委书记、市人大常委会主任毛腾飞参加会议。国家制造强国战略咨询委员会委员吕薇、徐佳宾，国务院发展研究中心市场所研究室主任、研究员李布等12名专家学者及部分课题组成员，中共十九大代表、中国工程院院士、中车株洲电力机车研究所党委书记、董事长丁荣军，十九大代表、全国劳模、中国航发南方工业有限公司航轴加工中心管理主管袁健松参加调度会。会议听取株洲·中国动力谷国家战略课题研究中期成果有关汇报，与会专家围绕中国动力谷深入对接"中国制造2025"等国家战略的建议及举措、中国动力谷的战略发展意义及发展对策等话题作交流发言。

国务院发展研究中心株洲·中国动力谷发展战略研究课题组研究认为，在株洲建设"中国动力谷"具有重要战略意义，它是株洲践行"五大发展理念"的战略布局，积极主动呼应"中国制造2025"战略的重要支点，是株洲依靠先进主导产业，实现转型驱动产业升级，有效破解发展困局的战略性选择，将进一步做优做强轨道交通、航空、汽车三大动力产业，电子信息、新材料等动力配套产业，生物医药、节能环保等民生动力产业以及服饰、陶瓷等动力转化产业。根据中期研究成果，专家建议把中国动力谷建设成为世界动力产业链的龙头，全球动力产业创新与生产网格中的关键节点，国际动力产业原创技术的重要策源地，践行国家新一轮改革、开放、创新战略的典范，长株潭城市群发展的增长核。（肖天庆）

清水塘老工业区搬迁改造

【搬迁改造背景】 清水塘老工业区核心区面积约15.15平方千米，位于长株潭三市结合部，座落在湘江边，是国家批准的长株潭城市群"两型社会"试验区十八片区之一，也是全国21个城区老工业区搬迁改造试点之一。

清水塘老工业区是新中国工业的缩影，是国家"一五""二五"期间重点建设的老工业基地，以冶炼、化工两大产业为主，曾聚集中国五矿株冶集团、中盐株化等大型央企和智成化工、旗滨玻璃等261家大小企业，发展高峰期年产值256亿元，六十余年累计向国家上缴利税480多亿元。

清水塘工业区是污染物主要排放地之一，以株冶、株化为代表的5家大型基础冶炼、化工企业排放的废水、废气、废渣，分别占该地区90%、98%、98%。这些大型企业在为国家建设做出贡献的同时，也造成严重的历史性环境污染问题。20世纪80年代之前，囿于认识和技术上的局限，清水塘地区企业的“三废”基本上未经处理，直接排入环境之中。大量的含镉、铅等重金属以及砷等污染物随空气飘到空中，随废水渗透到地下，长年累月致使该地区土壤重金属含量严重超标。株洲市在2003年、2004年连续两年被国家环保部列为“全国十大空气严重污染城市”之一。清水塘地区已成为湘江中下游最大的环境敏感区，直接影响株洲及下游长沙、湘潭、岳阳等城市居民的饮水安全。

国家和省委、省政府历来注重清水塘老工业区污染治理和搬迁改造工作，经过历届市委、市政府的持续努力治理，清水塘地区的环境得到较大改善，区域环境空气质量逐步好转，湘江霞湾段从2006年以前重金属含量时常超标，到2016年水质稳定达到国家Ⅱ类水质标准，连续多年未出现超标现象，霞湾港水质基本达到《污水综合排放标准（GB 1978—2006）》一级标准，基本消除清水塘老工业区对下游水源水质影响。（刘吉勇）

【搬迁改造机构设置及职责】 市清水塘老工业区搬迁改造工作协调指挥部负责清水塘老工业区搬迁改造的组织领导、指挥协调，研究相关政策，协调处理工作中遇到的困难和问题。市指挥部工作人员128人，其中常驻人员74人。

指挥部下设办公室，市指挥部办公室内设综合管理科、政策融资科、搬迁转型科、改革改制科、宣传科、成本核查科；下设征拆征收组、土地收储成本核算组、搬迁转型组、改革改制组、新城规划建设组、政策融资组、工业遗址保护组、综合执法管理组、法制保障组、信访维稳组、舆论宣传组、战略投资者引进组。设置驻重点关停搬迁企业工作组，分别是昊华化工工作组、柳化株洲基地工作组、五矿株冶工作组、中盐株化工作组、海利化工工作组、市煤气公司工作组、第三汽车运输公司工作组，负责协调、服务、督查、调度等日常工作。具体包括企业及居民土地的收储、拆迁工作，协调解决征地过程中的问题；对清水塘老工业区搬迁改造企业的土地收储成本进行核查；指导、帮助企业制定搬迁方案，指导企业实施搬迁改造，配合企业落实搬迁项目选址；负责国有企业的改革改制工作，争取职工安置政策，妥善做好搬迁企业职工养老、医疗、“三供一业”及企业办社会职能移交等工作；编制新城规划，指导、协调新城市政路网、棚户区改造、居民安置小区建设以及其他基础设施建设；对上级政策的争取和协调，解决搬迁过程中的融资难问题；清水塘地区工业遗产保护、企业和职工档案的收集和保护以及开发工作；清水塘老工业区关停搬迁综合执法、污染源监管、危化品处置等工作；依法指导企业搬迁及关停等工作，及时做好矛盾纠纷稳控化解；企业搬迁过程中信访维稳；对搬迁改造工作进行宣传报道及与中央、省级有关媒体的沟通联系；清水塘老工业区招商引资特别是战略投资者引进工作；协调争取各方对企业关停搬迁的支持。（刘吉勇）

【搬迁改造工作举措】 统筹推进。修订《株洲市清水塘老工业区整体搬迁改造实施方案（2016—2025年）》；通盘考虑，科学谋划，实行企业关停与土地收储、搬迁转型、人员安置、污染治理、新城建设5项工作同步推进。强化责任。压实责任，对每家企业分类制定任务书、作战图、时间表，做到“一企一组”，密切协作，共同推进。精准施策。实施奖补政策和开展执法行动，实现以关停促转型。探索出“收储＋奖补＋转型支持＋就业帮扶”的模式进行土地收储。以问题为导向，先后出台《企业土地收储办法》《企业关停搬迁奖补办法》等系列政策文件。在资金筹措上，坚持政府推动、市场运作，市区两级注入12亿元资本金，组建清水塘投资集团，多方融资50亿元，用于企业关停收储。筹措地方专项债资金5亿元，争取国家和省级专项资金和奖励资金1.91亿元，用于搬迁改造。在职工安置上，出台“帮扶十条”政策，确保关停搬迁的顺利进行和社会大局稳定。在新城建设上，编制清水塘新城战略规划和控制性详规，根据清水塘规划四大板块的功能定位，先期启动以“一桥一塘四路”为重点的基础设施建设。清湖路已经竣工通车，清雨路、清霞路正在建设，清水塘城市公园已初具雏形，清水大桥正在优化设计方案。在工业遗产保护与开发利用上，进行调查摸底和论证，初步确定工业遗产重点保护名录，组织国家和省级专家学者展开专题研讨。在改革改制上，妥善做好国有企业改制和企业“三供一业”及企业办社会职能移交等工作。协调联动促转型升级。加强与市内相关县市区及市外的协调联动，及时协调解决搬迁中的矛盾和困难，搞好服务，帮助企业在搬迁过程中更新工艺、技术，实现更好发展。党建引领凝聚合力。发挥基层党组织作用，统一思想凝聚合力。成立临时党支部，下设5个党小组，所有党员纳入指挥部临时党支部统一管理，并充分发挥街道、社区及关停搬迁企业党组织的先锋模范作用，指挥部全体党员干部发扬奉献精神，认真细致做好政策解读、思想疏导、组织动员、签约谈判、搬迁帮扶等具体工作，有力促进企业关停、征地拆迁、项目建设等重点工作。（刘吉勇）

【搬迁改造成效】 按照湖南省委、省政府提出的“一年初见成效，三年大见成效”目标要求，2017—2018年，清水塘老工业区共需关停搬迁企业153家。株洲市委、市政府举全市之力，以壮士断腕、背水一战的决心和勇气，以抓铁有痕、踏石留印的作风和干劲，展开清水塘老工业区搬迁改造攻坚阶段工作。省委书记杜家毫2017年11月28日到清水塘考察时，对清水塘搬迁改造的做法和成效给予充分肯定。

企业关停收储。至2017年9月，彻底平稳关停企业147家。剩下的6家企业，昊华化工已签订土地收储协议，中国五矿集团株洲冶炼集团股份有限公司及其高度关联的4家中小企业计划2018年关停。自有土地的56家企业有54家签订收储协议。

企业转移转型。全年共有61家企业实现转移转型，其中落户市内51家、市外10家。

环境质量。在关停搬迁企业的同时，推进9个重点污染项目建设，已完工6个，3个正在实施，完成投资约15.9亿元。2017年石峰区空气优良天数同比增长40天，居民群众对清水塘地区异味投诉量大幅减少。湘江株洲段水质由III类提升到II类，退出重金属污染重点防控区，清水塘地区生态环境明显改善。

战略投资者引进。清水塘转型升级引起国内外战略投资者的高度关注和积极响应，与60余家知名企业就合作开发建设生态科技新城进行洽谈，其中有6家联合体通过资格预审。

棚改安置。启动12336户棚改避险安置，已完成棚改征拆12000余户。

产业导入。加快培育新业态新产业，铜塘湾保税物流中心（B型）封关试运营，广铁物流正式开工，口岸经济等新业态雏形初现。（刘吉勇）

【搬迁进程】 1月20日，市委书记、市人大常委会主任毛腾飞组织召开市清水塘老工业区搬迁改造指挥部第三次全体会议，总结前阶段工作成效，研究审议《2017年清水塘老工业区搬迁改造工作方案》。同日，株洲市清水塘投资有限公司正式揭牌成立，公司为定位于清水塘15.15平方千米核心区搬迁改造及开发投资运营的大型功能类企业，由株洲城发集团和株洲循环集团共同出资成立。

2月7日，市委副书记、市长阳卫国主持召开市十五届人民政府第二次常务会议，研究清水塘老工业区搬迁改造工作，审议并通过《2017年清水塘老工业区搬迁改造工作方案》。

2月18日，市委、市政府召开清水塘老工业区搬迁改造攻坚大会，清水塘老工业区搬迁改造攻坚战全面展开。

3月15日，市指挥部出台三个重要文件。《关于对清水塘老工业区搬迁改造企业失业人员实行再就业帮扶的实施办法》对失业人员给予“个性化”帮扶，提供技能培训补贴、创业培训补贴、社保缴费补贴、自主创业补贴、创业担保贷款、岗位补贴以及失业保险待遇，确保需安置的职工收入有源、就业有岗、培训有门、创业有路。《清水塘老工业区企业市内搬迁转型指导意见》引导有搬迁转型、投资创业意愿的企业有序、便捷转移落户。《清水塘老工业区企业关停搬迁奖补办法补充规定》进一步完善企业关停搬迁、土地收储奖补政策。

5月15日，国家环保督察组听取清水塘搬迁改造情况，进行实地检查，对株洲的工作给予充分肯定，并表示要将清水塘环境治理作为正面典型在全国进行推介。

6月2日，市指挥部举办清水塘老工业区搬迁改造“三个一批”集中签约活动，签订15家企业国有建设用地土地收储协议、15家集体农用地租赁企业退出协议、15家企业搬迁入园协议。

6月13日，市指挥部办公室、市

安委办联合下达《关于认真做好清水塘老工业区搬迁改造企业易燃易爆、有毒有害物质相关工作的通知》，要求按照“四不一必须”安全要求，严格规范涉危涉爆设施拆卸和有毒有害危险物质处置行为，确保企业搬迁过程中的环境与生命安全。

8月30日，昊华化工、中盐株化签定正式土地收储合同。

9月30日，中央电视台携手全国31家省级电视台共同推出喜迎十九大特别报道《还看今朝》，直播清水塘老工业区搬迁改造工作成绩。

11月24日，2017株洲工业遗产保护与开发利用研讨会在株洲万豪酒店举行。工信部工业文化发展中心、省文化厅、省发改委、省经信委、省财政厅、省文物局、省档案局、市政府有关领导，国家发改委宏观经济研究院国土所、上海工业旅游促进中心、江西景德镇陶瓷文化旅游集团、北京首钢建设投资有限公司以及北京大学、清华大学、上海交通大学、华中科技大学、中南大学、湖南大学、湖南工业大学等单位有关专家与学者、来自北影控股集团有限公司等13家投资商代表，市相关部门主要负责人等100余人参加会议。

11月28日，省委书记、省人大常委会主任杜家毫到株洲专题调研清水塘搬迁改造、航空产业发展情况。他要求：要深入学习贯彻中共十九大精神，坚持以习近平新时代中国特色社会主义思想为指导，进一步提高政治站位，以只争朝夕的精神，坚决打赢清水塘搬迁改造攻坚战；要牢固树立新发展理念，培育壮大新兴产业，实现老工业区转型升级。（刘吉勇）

工业企业选介

中车株洲电力机车有限公司

【概况】 中车株洲电力机车有限公司主营电力机车、城轨车辆、城际动车组及磁浮车、轨道工程车、有（无）轨电车等产业。公司设有1个研究院（虚拟）、5个分公司、5大生产事业部、1个研究所、10大营销、研发、运营中心及21个职能管理部门；全资、合资控股子公司共27家，参股企业有12家。在册员工9582人，各类专业技术人员共3335人，工程技术人员2684人。高级技术职称人员有445人，其中教授级高工76人（含工程院院士1人），高级技师人员144人。截至2017年年末，公司资产总额232.25亿元。全年共执行项目95个，其中海外项目19个、国内城轨项目40个、国内机车项目5个、国内工程车项目23个、科研项目8个。组织完成机车落车510节、城轨落车1124辆、机车转向架检修741台、城轨转向架检修98节。全年总产值195.43亿元，营业收入205.17亿元，净利润10.18亿元。

做好规划与投资。洛阳公司纳入公司整体战略布局，编制完成2018—2020年3年滚动发展规划。完成的《面向市场和制造的精益研发体系构建》获得国家级管理创新一等奖。深化与设计院、工程局、关键供应商等大市场营销合作。拓展新型轨道交通装备和总包业务市场，先后与10余家单位开展合资合作交流。加强海外布局。在南非注册成立全资维保服务子公司，拓展公司在南非及南部非洲维保服务市场；完成南非铁路修造装备中心国家部委备案，获得初步设计批复并启动基地建设；策划在欧洲、东南亚、中亚、北美等区域的战略布局，完成ROSE项目补充尽调、项目估值、递交约束性报价和项目SPA谈判等阶段性工作。

注重新产品研发。年内，公司机车与工程车研发项目5项，动车组研发项目8项，城轨车辆研发项目31项，新产业产品研发项目19项，2016年续研项目8个，大型部件研发项目10项。

大力推动科技创新。全年推进实施科研项目412项，完成结题验收80项。成功向湖南省科技厅申报吴澄院士工作站。参与国家重点研发项目申报，获批牵头间歇式供电轨道车辆关键技术及装备研制项目；成功参与高铁安全保障技术研究、城市轨道安全保障技术研究以及快捷货运电力机车研制3个研发课题。完成科技奖励申报18项，获得国家科学技术进步奖二等奖1项、国家工信部首台（套）重大技术装备保费补贴支持项目8个。完成中国中车科技成果项目鉴定6个，其中出口马其顿铰接式电动车组等3个项目被鉴定为国际领先水平，长沙磁浮工程等3个项目被鉴定为国际先进水平。正式获得基于动力单元的大功率交流传动电力机车组型号合格证CEA1A1，为公司开拓路外机车市场提供了支撑。同时，向中国中车就德国联邦铁路柴电混合动力调车机车项目成功申请型号CHA1A1。全年完成专利申请338项，其中国外专利申请16项；取得授权专利228件，其中发明专利108件，发明专利授权量占总授权量的53%。获中国专利奖优秀奖1

项、湖南省专利一等奖1项、湖南省十大优秀发明人1人，24件专利被评为中车核心专利。

拓展营销市场。机车与动车组营销方面，公司力促CJ6型城际动车组运用考核，积极谋划城际动车组市场；成功获取HXD1机车C6修资质，进一步拓展非整车市场；全力开拓机车整车市场，成功新签国铁机车HXD1C（货运）110台、国铁机车HXD1D（货运）55台、国铁HXD1机车81台、非国铁机车HXD1型（神华八轴）19台、非国铁机车（神华十二轴）4台，配件及修理（配件及检修）新签订单19.6亿元。全年交付电力机车269台，实现销售收入74.5亿元。城轨车辆与轨道工程车营销方面，获上海地铁1号线车辆增购、上海地铁18号线（全自动驾驶）、弥勒有轨电车PPP项目、武汉地铁7号线南延、南宁地铁3号线、武汉地铁8号线二三期、无锡地铁1号线南延、深圳地铁2、5、8号线延长线、郑州地铁2号线二期、广州地铁九号线增购、宁波地铁2号线二期、宁波4号线等12个项目1674辆车辆订单，工程车14辆车辆订单，配件市场约3亿订单。海外市场营销方面，公司全年跟踪海外项目35个，完成投标项目32个，共签订7.7亿美元订单，中标300万美元项目。

2017年，公司先后获全国“安康杯”竞赛优胜单位、“装备中国”高端装备创新设计大赛金奖、“中国好设计”优胜奖、“中国好设计”（终级评审）金奖、中国企业文化建设典范企业（连续3年获此殊荣）、第二届全国国企创新成果一等奖、中国机械工业优秀工程咨询勘察设计奖等7项国家级荣誉；获第五届湖南省省长质量奖、全国铁道行业质量管理活动成果优秀奖、中央企业五四红旗团委等3项省部级荣誉。涌现出一批先进个人，其中：曾艳梅获全国“五一”巾帼奖章，刘继元获全国纪检监察系统先进工作者，许贤杰获湖南省“五一”劳动奖章、龙浩获湖南省技术能手，李金龙获“湖南省最美共青团干部”“湖南省优秀团干部”。（俞鸣霞）

【中国电力机车出口塞尔维亚】 4月19日，塞尔维亚为首台出自中国（株机公司）的电力机车举行隆重的接车仪式，塞尔维亚国家电力公司总经理米洛拉德·戈尔契奇与株机公司董事长、党委书记周清和等参加仪式。从此，“中国制造”的电力机车开始在巴尔干最繁忙的货运线路上运行，为塞尔维亚高效能运输提供牵引动力保障。

（俞鸣霞）

【公司获欧盟铁路最高认证】 5月18日，公司研制的马其顿（电力）动车组EMU获TSI证书；6月22日，公司研制的马其顿（内燃）动车组DMU获TSI认证证书。公司是中国唯一在电力动车组和内燃动车组两产品上获得TSI认证证书的企业。此两个证书的获取标志着中国动车组正式获得欧洲铁路产品的EC（欧共体）符合性认证证书，进而获得欧洲技术标准认可与欧洲市场通行证。（俞鸣霞）

【公司获最新国际铁路管理体系标准认证】 12月，公司通过最新国际铁路管理体系标准认证，拿到ISO/TS 22163：2017认证证书，成为国内首家通过该认证的轨道交通装备研制企业。

（俞鸣霞）

【公司首个院士工作站揭牌】 5月26日，公司申请建立的首个院士工作站——吴澄院士工作站在公司隆重举行揭牌仪式。中国工程院院士、清华大学教授吴澄与公司董事长、党委书记周清和共同为该院士工作站揭牌。

（俞鸣霞）

【公司获签首个海外全自动无人驾驶轻轨车辆合同】 8月2日，公司与马来西亚国家基建公司在吉隆坡签订吉隆坡三号线42列无人驾驶轻轨列车合同，这是中国获签的首个海外全自动无人驾驶轻轨车辆合同。（俞鸣霞）

【首列“中国造”地铁列车驶入巴基斯坦】 10月8日，中国（株机公司）为巴基斯坦生产的首列地铁车辆正式交付。巴基斯坦旁遮普省为此举行隆重的接车仪式。随后，此地铁列车在中巴经济走廊的示范性项目——巴基斯坦拉合尔轨道交通橙线上运行。

（俞鸣霞）

中车株洲电机有限公司

【概况】 中车株洲电机有限公司是中国中车旗下一级子公司，主要从事牵引电机、牵引变压器、风力发电电机、高效电机和特种变压器的研制，是中国电力机车、高速动车组、城轨车辆电机和变压器专业化科研、生产基地，风力发电电机最大规模生产企业之一，电力、冶金、石油、造纸、新能源汽车等高效电机产品专业化研制基地，国内油浸式和干式高端变压器一流企业。

2017年年末，公司在册员工3975人（含各子公司员工），其中本部员工2576人。各类专业技术人员共1336人，其中工程技术人员711人。高级技术职称人员133人，其中教授级高工25人。公司注册资本10.43亿元，净资产23.36亿元，总资产近74.21亿元。全年销售收入72.56亿元，利润4.89亿元（归属母公司净利润）。

主持科技创新。全年科研项目共立项366项，其中2017年新立项251项、结转115项，国家级项目4项，中车重点项目15项。项目主要分布在轨道交通、风力发电和工业特种电机、特种变压器领域以及支撑产业领域的基础技术。同时有效利用科研项目管理系统、项目工资等多种管理方式，积极开展“和谐系列机车批量生产技术梳理”“新能源汽车电机技术项目管理”“高速永磁电机关键技术攻关”“特种车辆用系列永磁同步电机研制项目管理”等特色工作。年内完成专利申报180件，其中发明专利70件，实用新型专利87件，国际专利申请1件，外观12件，较上年发明专利申请占比提高15%。轨道交通领域，“复兴号”产品批量交付并实现350千米运行，200千米城际动车组、五模块储能式有轨电车等项目成功研制。风电领域产品创新奠定“两海”基础，6兆瓦直驱和半直驱永磁风电成功交付并挂网运行，7.6兆瓦半直驱永磁风电和森维安3.8兆瓦异步风电进入试制阶段。注重新产品开发，表贴式转子高速电机、电力电子变压器、虚拟柔性同相供电变压器等高端产品成功研制，构建了8.5~12米纯电动商用车和3~7吨物流车驱动产品平台。

拓展营销市场。市场业绩逆势增长。轨道交通实施区域化市场开发战略，发挥服务二次营销作用，构建标准化联络处，为紧密嵌入客户产业链奠定良好基础。机车市场占有率保持稳定，新市场持续渗透；通过新产品突破新客户，实现“复兴号”主机企业的全覆盖；稳固集团内城轨市场份额的同时与集团外客户实现批量化合作；检修业务布局日趋完善。风力发电直驱永磁风电占有率稳居第一，双馈及半直驱风电批量合作客户持续增长；系统谋划“两海”风电战略实施，市场布点、产业布局逐步完善。高效电机市场订单实现翻番，盾构机、电动轮、船舶、煤矿等获批量合同，高速永磁电机重点客户实现小批量供货。特种变压器船舶市场有效突破，新能源市场规模持续壮大，风电箱变基本覆盖“五大四小”发电集团，形成光伏全产业链共赢的合作模式。国际市场有效突破，斩获阿根廷贝尔拉格新增订单，中标印度加尔各答地铁项目，获得德国森维安公司3.8兆瓦风电样机订单并签订批量合作框架协议。

开展企业文化建设。积极践行《企业识别系统（CIS）手册》，召开“深化BI建设，我为公司代言”启动大会，形成独具特色的文化体系，获全国企业文化建设先进单位。围绕新产业和国际化，开展6MW风电下线、新动力进驻“中国尊”、森维安批量供货框架合同签约等专题宣传策划，提高行业知名度和市场影响力。学习型企业建设扎实推进，提炼“共同成长进步，共促效益升级，共享发展成果”共同愿景，建立“乐享学堂”学习交流机制，搭建59个学习实验室，以课题大赛形式推进改善提升。实施效能监察，开展独家和代理采购、“两金”压降等专项督察，助力提质增效取得实效。升级等离子环保设备、增加滴漆回流装置、推广新防暑降温设备，改善现场作业环境。成立阅读者协会、晨风社青年园地、班组长协会，搭建员工自我提升、民主管理的优质平台。2017湖南省企业发展大会上，公司董事长周军军获评“湖南省创新型企业文化建设十大功勋人物”，公司获评2017年度创新企业文化先进单位。在2017中国企业文化建设峰会上，公司获“2017年度全国企业文化建设先进单位”，公司董事长周军军获评“全国企业文化建设功勋人物”。

（周　娜）

【公司“新动力”牵引“复兴号”开跑】6月26日，代表着世界先进水平的两列“复兴号”中国标准动车组在京沪高铁双向首发，中国高铁迎来中国标准动车组的新时代。装备公司高端牵引动力的“复兴号”安全平稳顺利运行，以卓越的性能再次标记中国高铁的新速度。（周　娜）

【公司获“国家知识产权优势企业”】12月，国家知识产权局发布2017年度国家知识产权示范企业和优势企业名单，公司成功入围优势企业榜单。这是公司在知识产权领域继获2016年度“中国专利金奖”“国家知识产权运用标杆企业”后，又一项国家级荣誉。截至2017年12月，公司累计申请专利1289件，授权专利892件，授权发明专利156件。（周　娜）

中车长江车辆有限公司株洲分公司

【概况】　2017年，中车长江车辆有限公司株洲分公司在册员工2339人，其他从业人员（返聘、劳务）656人，占地面积60万平方米，固定资产原值6.35亿元。生产能力为新造铁路货车6500辆/年，大批量主导产品为敞车、平车、矿石漏斗车、罐车、棚车，同时具备多品种、小批量生产能力，且是唯一拥有铺架设备三种车型修理过轨资格的企业。

2017年，公司累计完成25个品种6193辆新造车，全年实现主营业务收入20.11亿元。主导设计DK36型落下孔车、N84重载平车，推动研发悉尼地铁工程车、马来西亚石砟漏斗车和钢轨运输车等5种产品，试制出X5多式联运车、公铁两用车、驼背运输车等11种产品，产品总数达到16种，涉及机、电、液等领域，在电磁兼容、密接式全自动车钩和安全生命线等全新领域都有突破。悉尼地铁轨道装备和印度焊轨机等新产业项目走出国门；印度地铁铺轨机项目实现铺架设备承接订单零的突破。天车改地操工作逐步推进“以机代人”；探索研究智能制造，实施LNG替代LPG的切割气改造，污水处理站房和空压站的远程化智能集中操控改造，推进分布式太阳能电站建设，实现员工减员增效。安全工作顺利通过安全生产标准化一级企业复评，连续14年保持“绿色企业”称号。在中车首届“高铁工匠”评选中，株洲分公司易冉获此殊荣。在集团公司第二届职业技能竞赛中，株洲分公司欧阳王彬斩获焊接设备操作工第一名。　（张　程）

北京汽车股份有限公司株洲分公司

【概况】　北京汽车集团有限公司，简称“北汽集团”，是中国五大汽车集团之一，2017年《财富》世界500强排名第137位。

北京汽车股份有限公司，简称"北京汽车"（1958.HK），2014年12月19日在港交所上市，是北汽集团乘用车资源聚合和业务发展的核心平台。

北京汽车股份有限公司株洲分公司，简称“株洲分公司”，始建于2009年，是北京汽车第一个自主品牌乘用车基地，是中南地区最大的整车制造工厂之一。北京汽车株洲分公司共有两个工厂，位于株洲市区西北区栗雨工业园内，紧邻湘江，占地166.67公顷，职工3000人。

株洲分公司依托北汽集团60年的工艺技术积累，拥有国内领先的冲压、焊装、涂装、总装四大工艺及小型发动机的生产制造能力。在国家提出《中国制造2025》行动纲领后，株洲分公司株洲基地二工厂将现代信息技术与制造系统深度融合，规划建设一座具有“智能、透明、互联、绿色”属性的整车制造工厂，可实现传统燃油车和新能源车的共线生产，具备柔性应对未来汽车市场大规模个性化定制需求的能力。　（黄　进　彭　晟）

【北京汽车株洲基地二工厂落成暨全新绅宝D50下线】　5月6日，北京汽车株洲基地二工厂项目正式落成，北汽绅宝——全新绅宝D50正式下线。中共湖南省委书记、省人大常委会主任杜家毫，湖南省委副书记、省长许达哲，北汽集团党委书记、董事长徐和谊等领导出席下线仪式。此次落成的北汽株洲分公司二工厂项目，是湖南省重点项目，整体投资过150亿元，占地面积116.7万平方米，建筑面积29.86万平方米。该项目拥有冲压、涂装、焊装、总装四大工艺车间，具备30万辆整车和20万台发动机年生产能力。　（黄　进　彭　晟）

【全新绅宝D50量产】　9月26日，全新绅宝D50实现量产。中共株洲市委书记、市人大常委会主任毛腾飞，市委副书记、市长阳卫国，北汽集团党委副书记、总经理张夕勇，北汽集团副总经理蒋自力，北京汽车党委副书记、总裁陈宏良等出席量产仪式。

（黄　进　彭　晟）

【员工现场竞技】　9月13日，株洲分公司2017年度“工于技·匠于心”职工技能大赛总结表彰会举行。该届技能大赛被纳入到株洲市“技能月”活动和株洲市“技能天下”职业技能电视大赛中，作为行业、企业专场举行。株洲市人大常委会副主任、市总工会主席王建之，北汽集团党委常委、工会主席张辉等领导出席。

结合全新绅宝D50精品工程，株洲分公司2017年职工技能大赛设有点焊、车身装调、油漆修补、汽车维修、汽车装调、叉车驾驶等16个工种，参赛职工2600余人。最终63名选手脱颖而出，分获一、二、三等奖。

（黄　进　彭　晟）

中国航发南方工业有限公司

【概况】 中国航发南方工业有限公司隶属于中国航空发动机集团，是中国中小航空发动机研制生产基地。公司总资产96.05亿元，员工7500余人，主要研制生产军民用航空发动机、航空转包生产、燃气轮机、光机电产品等产品。

2017年，公司全面完成年度科研生产任务目标和集团公司下达的主要任务指标，在型号研制、创新驱动、改革调整等方面，保持良好的发展态势。全年实现营业收入43.71亿元，利润总额3.36亿元。公司获评集团公司年度经营业绩“良好单位”，连续3年获评湖南企业100强和湖南制造业企业50强。

军民融合进入新阶段。公司积极参与株洲市通用航空产业示范区建设，在湖南省军民融合产业对接会上，与湖南大学、长沙航院、金天钛业和鼎立科技等单位进行合作洽谈。积极申报湖南省军民融合项目，其中多用途燃机研制项目获省军民融合专项资金450万元，智能制造示范企业获100万元奖励资金，是获湖南省军民融合专项资金支持最多的企业。深化与法国赛峰集团战略合作。与多所知名院校在涂层制备与检测、增材制造等方面开展合作，并联合申报多项国家重点项目。顺利通过国家高新技术企业认定，完成国家企业技术中心认定和省工程技术研究中心定期评估。智能制造加快推进，与西门子公司、华中科技大学等合作，启动公司首个数字化车间和首个智能化生产单元建设项目。智能制造新模式应用示范项目获国家工信部批准。

质量管理能力逐步提高。贯彻质量制胜战略，强化“全面、全员、全过程”质量管理，完成集团下达的各项质量指标。实施全员质量积分制度，全面推行“检验工作五步法”和“三不检”要求，强化自检自分，增强员工规则意识。顺利通过NADCAP认证，并获得延长审核周期的奖励。QC质量管理成效显著，公司获评年度中国航空工业质量管理小组活动优秀企业，精铸公司获评省部级优秀质量管理小组活动优秀企业，航轴加工中心获评集团公司质量工作先进集体。

自主创新和管理工作持续改进。大力推进创新工程三期，深入实施“十三五”技术发展规划。管理创新成果丰硕，公司获全国质量协会精益项目一等奖1项，二等奖3项，三等奖1项，获2016年度湖南省企业管理现代化创新成果二等奖3项，三等奖1项。全面落实安全生产、保密责任制，顺利通过国家一级保密资格认定现场审查。精细化预算稳步推进。坚持“以销定产、以产定采”原则，建立全面预算精细化管理标准，推进预算信息化系统建设。

改革调整与能力建设同步推进。编制厂办大集体破产关闭方案和职工安置方案预案，获集团公司批复。职工家属区供水、供电分离移交改造工程按计划推进；与芦淞区政府签署物业管理分离移交框架协议。投资清理工作全面推进，全面完成集团下达投资清理目标。航空动力产业园一期工程、关键零部件加工中心正式开工建设。信息化建设取得新成效，形成公司互联网+发动机和大数据建设思路，开展IT架构治理工作，全年完成信息化建设项目43项，建成行业领先的生产管控、全面精细化预算和实物技术状态管理系统。（易杜洪）

【公司复杂曲面先进制造技术联合实验室揭牌】 1月19日，公司与北京航空航天大学签订全面深化合作框架协议，拟在复杂曲面加工技术、叶片工艺等方面展开深度合作，双方共同为复杂曲面先进制造技术联合实验室揭牌。该实验室以复杂曲面加工制造研究为核心，在开展高精度、长寿命、超快低成本制造的同时，对机械加工工艺参数优化、刀磨具设计和选用、快速检验技术等领域展开探索研究。双方在签署的框架协议中除规定基础研究与产学研合作的具体形式外，在建立学生就业实习实训基地、企业博士流动站等人才队伍建设合作上达成一致。（易杜洪）

【与西工大共建实践实习基地】 4月14日，“西北工业大学实践实习基地”在公司正式挂牌，公司与西北工业大学签订共建协议书。校企双方在人才培养和使用方面达成共识，即加强产学研深度融合，加强定制化人才培养，培养具有系统专业知识、扎实专业技能的创新型工程技术人才。

（易杜洪）

【与省军工材料产业联盟签订合作协议】 4月24日，湖南省国防科工局军工发展计划处、湖南省军工材料产业联盟24家单位代表到公司调研，并与公司签订3个项目合作协议。此次

签约是省军工材料产业联盟与公司的首次合作，对公司加快新材料研究，助推航空发动机事业发展具有重要意义。（易杜洪）

【中国航发株洲航空动力产业园建设项目开工】 8月30日，中国航发株洲航空动力产业园建设项目在株洲市芦淞区航空城开工建设。湖南省省委副书记、省长许达哲宣布项目开工，中国航发集团党组书记、董事长曹建国，国防科工局党组成员王承文以及湖南省科技厅、湖南省经信委、株洲市委市政府、中国航发集团相关部门、公司和608所领导出席开工仪式。中国航发株洲航空动力产业园建设项目是湖南省"十三五"重要建设项目之一，也是"株洲·中国动力谷"的重点建设项目。（易杜洪）

【杜家毫到公司调研】 11月28日，湖南省省委书记、省人大常委会主任杜家毫，湖南省省委常委、省委秘书长谢建辉及省相关部门负责人到公司调研，株洲市市委书记、市人大常委会主任毛腾飞，公司执行董事、党委书记彭建武陪同。杜家毫一行参观轮盘生产现场及国际转包生产现场，详细了解公司科研生产、"两机"专项实施情况以及军民融合的具体进展。杜家毫对公司工艺制造技术和现场管理水平表示肯定，希望公司加大科技创新力度和人才引进力度，不断提高航空发动机工艺技术水平和企业管理水平，进一步增强核心竞争力，为祖国航空发动机事业的发展作出更大的贡献。（易杜洪）

株洲冶炼集团股份有限公司

【概况】 2017年，株洲冶炼集团股份有限公司深化改革全面启动，转移项目正式开工，转型项目力求突破，经营绩效实现提升，企业发展进入关键时期。全年公司完成铅锌总产量52.38万吨（本部），实现营业收入138.45亿元，实现减产不减效，减量不减收。（肖建成）

【安全环保】 全年废水处理率100%，外排水达标率100%，外排烟气达标率100%，在线监测达标率100%，净化水回用量127.65万吨，外排水量同比减少17.3%。公司整合退出直浸工序、净液二工序、电解八系列工序，加大渣料及外购锌处理力度，开足开好沸腾炉、基夫赛特炉，强化工艺控制，实现生产均衡稳定运行。全年公司完成电锌42.81万吨，电铅9.57万吨。（肖建成）

【挖潜创效】 降本增效关键指标明显改善。下半年铅系统阳极泥含铅稳定控制在16%以内；9月起K炉渣含铅稳定控制在4.5%以内。锌系统析出锌加工成本同比下降近100元/吨，锌回收率达95.7%；铜回收率稳定在53%水平；8月起锌直流电单耗稳定控制在3000kWh/t以下，创10年来最好水平；稀贵系统铟冶炼回收率同比提高0.4个百分点，全面完成冰铜破碎任务，阳极泥实现零库存。整个生产系统设备故障率同比降低11个百分点。（肖建成）

【供销提质】 供销部经营管理实现低库存运营。公司全年采购国内锌精矿25.7万吨，铅精矿7.25万吨；采购外购锌10.25万吨，同比增长16.5%；材料采购较上年同期节约资金近900万元。全年销售各类有色金属产品51.1万吨，硫酸51.65万吨，渣料34.48万吨，合金销售保持80%的投放量；实现锌产品升水146元/吨，铅产品升水201元/吨。铸造锌合金实现毛利1700万元；铅合金向高端市场挺进，电缆护套铅实现销量1.26万吨，同比增加72%。硫酸销售创新定价模式，价格跑赢市场。子公司经营同比增盈。各子公司全年实现销售自营收入21亿元，利润6940万元，同比增长34%。上海公司电缆护套铅同比增长80%。锃科公司、天津公司全面完成利润目标。科开公司累计实现营业收入2.84亿。（肖建成）

【转移转型】 2017年，公司转移转型迈出坚实步伐，铜铅锌产业基地30万吨锌项目于11月29日正式开工。转型业务基本明晰。公司以四大业务板块的滚动式建设来推动转型升级，实现生产型企业向"生产+服务型"企业转变，相关项目成熟一个，推进一个。其中，30万吨锌基材料项目落户株洲县渌口经济开发区南洲新区工业园，实现衡阳、永兴、郴州、湘西片区、邵阳、长株潭本土地区的市场深入开拓及对接，年内完成收入500余万元。技术服务项目立足铅锌冶炼技术和二次资源综合开发，积极与国内外相关企业展开合作，提供各种技术咨询和服务，年内签订技术服务合

同350万元。ITO靶材项目、新能源动力电池综合利用项目，在加快推进相关工作。（肖建成）

【公司改革】 瘦身健体全面铺开。实施机构改革，完成机关精简，职能部室由16个精简为10个，公司二级机构从31个精简到24个。完成生产厂（业务中心）职能业务室和工段整合，精简工段、职能业务室49个，共精简管理人员146名，减少在岗人员1154人，其中正式工556人，派遣工598人，公司全员劳动生产率同比提高77.77%（增加值计）。“压减移交”有序推进。完成郴州火炬矿业有限责任公司和火炬锌业有限公司清算注销、天津金火炬合金材料制造有限公司股权转让，减少公司层级，清理低效资产，法人治理结构更加完善，三供一业移交按计划有序推进。机制改革释放活力。锌焙烧厂、锌浸出厂、锌电解厂实行“全工薪”承包，各项指标重新刷新和分解，全员参与降本增效，运营机制创新在科开公司试点，实现业务和人员重新组合优化。仓储物流集中管理，锌精矿火车一次入仓率92.53%，同比提高2%。开源节流多点创收。开展三降一堵工作，增收节流成效显著。生产系统优化工序运行，降低动力空压机电力消耗，节约用电383万度。合理安排电解装板、优化供电模式及错峰用电，完成分时效益4914万元，同比增加780万元。合理平衡系统蒸汽，实现余热发电3878万度，同比增加376万度，创效近300万元。实施新水管控措施，比上年节约新水20万吨以上。阳光购销挂网品种增加，全年组织各类招议标247次，节约成本664.8万元。费用管控成效明显。各单位开展内部资源、流程整合优化，促进公司主要费用指标的持续下降。公司主要生产单位辅材消耗累计降低375万元。理顺程序、严格审批、规范管理，临时用工费用同比减少266万元。优化物流管理，减少二次转运，公司内部运输费用同比减少364万元。公司管理费用、财务费用、销售费用、维修费用分别同比下降4280万元、4271万元、68万元、1827万元。（肖建成）

株洲硬质合金集团有限公司

【概况】 株洲硬质合金集团有限公司是国内大型的硬质合金生产、科研、经营和出口基地，被湖南省认定为“十大标志性工程”企业。公司主要生产金属切削工具、矿山及油田钻探采掘工具、硬质材料、钨钼制品、钽铌制品、稀有金属粉末制品等六大系列产品，广泛应用于冶金、机械、地质、煤炭、石油、化工、电子、轻纺及国防军工等领域。公司拥有硬质合金国家重点实验室、工业产品质量控制和技术评价实验室、国家认定企业技术中心、国家级分析测试中心；被评为国家技术创新示范企业、国家知识产权优势企业；是湖南省第一家博士后科研工作站挂牌单位。公司通过质量、职业健康安全和环境管理、军工产品体系认证，具有武器装备科研生产单位保密资格。

2017年，公司主导产品棒材、球齿、轧辊、高性能拉丝模、数控刀片、微钻等产品产量均实现两位数的增长，进入国家第二批制造业单项冠军示范企业名单。全年生产硬质合金5563.5吨，同比增长13.7%；销售5645.1吨，同比增长18.1%。完成出口总量3125.78吨，同比增长37.05%；本部完成硬质合金出口1100.8吨，同比增长15.54%。（孔 娟）

【公司改革】 2017年，公司以事业部为基础，下放事权，理顺职能，突出事业部的利润中心作用，充分激发内部的创造力与活力。调整绩效考核体系，将子公司纳入与本部二级单位统一的绩效考核体系；推行量化考核，鼓励多劳多得，引导员工进一步提高劳动效率。2017年公司在岗人员实物劳动生产率提高36.69%。（孔 娟）

【技术开发】 2017年，公司投入技术开发费超过8000万元，重点科研项目进展良好，螺旋孔棒、枪钻等产品研发取得突破。公司本部全年新产品销售收入近6亿元，新产品贡献率超过30%。充分发挥硬质合金国家重点实验室等国家级技术平台的作用，分别与湖南工业大学、中国航发南方工业有限公司和中国铁建重工集团有限公司等签订战略合作协议，建立产业链与产学研协同技术创新联盟。多个项目获得中国有色金属工业协会科技二等奖、中国有色金属工业协会技术发明二等奖、湖南省科技进步三等奖等奖项。全年获得授权专利135项，其中发明专利61项。（孔 娟）

【承办硬质合金产业高峰论坛暨产需合作对接会】 5月7日，2017年全国企业家活动日暨中国企业家年会重要活动之一，公司承办的“硬质合金产业高峰论坛暨产需合作对接会”在株洲召开。国内顶尖的硬质合金材料专家及部分相关行业企业家汇聚一堂，共同探讨硬质合金材料产学研应用与协同合作，为“中国制造2025”谋求“强筋健骨”良策。（孔 娟）

【金洲公司连续获“优秀民族品牌企业”】 2017年9月，中国电子电路行业第四届“优秀民族品牌企业”产生，此次全国共61家企业入选。株硬集团子公司金洲精工科技股份有限公司第4次入选中国电子电路行业“优秀民族品牌企业”。（孔 娟）

【公司进入国家第二批制造业单项冠军示范企业名单】 2017年12月，国家工信部网站公布国家第二批制造业单项冠军示范企业名单。此次入选的企业全国共71家。硬质合金行业仅此公司1家入选。（孔 娟）

【公司一专利获中国专利优秀奖】 2017年12月13日，在第十九届中国专利奖颁奖大会上，公司“硬质合金挤压成型剂及制备、以及在挤压生产中的应用”专利荣获中国专利优秀奖，同时获得五矿集团专利奖二等奖、湖南省专利奖二等奖。（孔 娟）

株洲中铁电气物资有限公司

【概况】 株洲中铁电气物资有限公司拥有固定资产3339多万元，占地面积26万多平方米，其中厂房面积2.6万多平方米，仓储面积10多万平方米，铁路专用线1.17千米，年物资吞吐能力7万吨。有“电气化制品、钢结构产品和物流仓储”3大专业板块，公司有12个职能部门，3个生产经营单位，职工176人。

2017年，公司完成承揽方杆4497余根，等径杆797余根，钢柱6000余吨。在芜广线、茂湛线、京广广坪段、京广武汉段、泗杭线临供项目、雷黄城际、杭黄高铁、贵阳北动车所等项目中公司均取得不错的销售业绩。全年实现新签合同额11027万元，实现营业收入12237.09万元，实现净利润20.46万元，完成产值11456.42万元。

年内，公司被省经委评为“五星级货场”，成为株洲市第一家“五星级货场”铁路专用线单位。（葛 灿）

大唐华银株洲发电有限公司

【概况】 2017年，大唐华银株洲发电有限公司开展“严抓安全生产、全力提质增效、优化人力资源、攻克节能减排、完善管控体系、规范拓展多经、加速项目发展、强化党的建设、改进作风形象”九项核心工作，多方协调解决公司310兆瓦机组年底停产危机，完成年度主要工作任务。

2017年，公司全年完成发电量25.45亿千瓦时，超计划电量5.55亿千瓦时，同比增加4.88亿千瓦时。全年机组利用小时完成4104.8小时，同比增加787.56小时，高于统调火电平均805.43小时。（王 颖 张金喜）

【节能减排挖潜】 设备整治初见成效，现场“跑、冒、滴、漏”现象日益减少。供电煤耗完成331.4克/千瓦时，同比降低0.42克/千瓦时；开展空预器防堵、脱硝喷氨优化相关实验，有效防止空预器堵塞和控制氨逃逸；合理安排浆液循环泵运行方式，降低脱硫厂用电率、脱硫单耗。实现全部污染物排放达标，脱硝设施利用率达75%，环保电价落实到位，国家环保部挂牌督办的公司温排口移位改造工程按期完工。（王 颖 张金喜）

【多经发展成效喜人】 做好代运代维。顺利完成中山代运、新能源西晃山风电机组代维代运项目。完成攸县能源公司600兆瓦1号机组汽机、锅炉、公用系统代维项目以及输煤代维代运项目。完成妈湾、沙角电厂热控、电气、锅炉检修等项目。开展培训服务。承办集团和系统外岗位资格认证、赛前培训等燃料管理各类培训班9期，承接国电广西南宁等系统外电厂仿真培训14期，承办分公司全年值班员竞赛及集团第十五届专业知识和技能竞赛赛前培训，共计参训1149人次。提高综合利用。灰膏销售刷新纪录，全年销售收入同比增收1731.76万元。干灰利用率超116.8%，脱硫石膏利用率达100%，连续4年实现全年无湿排。（王 颖 张金喜）

【转型升级】 由湖南省政府召开公司异地整合专题会议，明确公司“近期整改、中期管控、长期搬迁”的异地整合工作思路。年内，公司完成《华银煤电转型发展研究》的软科学课题研究获得华银电力的肯定与好评，公司传统火电转型升级发展已纳入华银电力健康发展规划，持续开展大型煤电项目可行性研究，明确项目路径和方案，顺利完成联诚集团6兆瓦屋顶分布式光伏发电项目备案，完成株洲市动力谷10兆瓦项目可行性研究报告。（王 颖 张金喜）

园区建设

综述

【概况】 截至2017年年末，株洲市经国家和省政府审核保留的园区共有8个，其中国家级园区1个，省级园区7个。

2017年，全市产业园区实现技工贸总收入3515.9亿元，增长17.8%；实现规模工业增加值754.9亿元，增长13.8%，规模工业占比由2016年的71.9%提升到74.4%；完成固定资产投资1474.1亿元，增长20.3%；完成高新技术产业产值1905.9亿元，增长14.8%；上交税收140.9亿元，增长15.2%。 （王思思）

【园区建设与发展】 2017年，各地坚持园区建设与城镇基础设施建设同步推进、产业集聚功能与城镇承载功能同步提升、产业发展环境与城镇服务环境同步优化，努力实现园区与城区一并规划建设，同步协调发展。

综合实力稳步提升。2017年，株洲高新区在全国146家国家级高新区综合排名第23，获批长江经济带国家级转型升级示范开发区。全市拥有国家级工程技术研究平台24家，省级84家，获批全国老工业城市产业转型升级示范区、通用航空产业综合示范区，在培育发展战略性新兴产业、老工业基地搬迁改造等获国务院表彰。

项目建设明显加快。2017年，全市产业园区新开工工业项目132个，占年度计划的132%。煤电一体化、旗滨玻璃、旭日陶瓷、白关服饰园、陶瓷艺术城、北汽二工厂、长城电脑等项目陆续投产，轨道交通牵引装备部件生产基地改扩建项目（二期）、国声声学项目、中国移动（湖南株洲）数据中心、风电产业园、亿杰科技产业园、高端电磁线生产等项目相继启动。

发展环境不断优化。2017年，市经信委依据国、省最新出台的系列文件，结合株洲园区发展需要和突出问题，起草《关于进一步加快园区转型升级和创新发展的若干意见》《株洲市园区三年行动方案》等推动株洲园区企业发展的系列政策文件。

（王思思）

园区选介

株洲高新区

【概况】 株洲高新区成立于1992年5月，同年12月经国务院批准为国家级高新技术产业开发区，株洲市天元区建区于1997年8月，两区于2000年底进行职能归并、效能整合，实行统一的领导体制、统一的财政体制、统一的人事管理和统一的机构设置，构筑了株洲新区。2008年12月，以株洲高新区为核心设立全省“两型”社会建设天易示范区，株洲新区成为全省“两型”社会重点建设的五个核心示范区之一。2011年2月、2015年11月、2017年4月，经三次行政区划调整后，辖4个街道、3个镇，总面积328平方千米，常住人口36万。

2017年，株洲高新区营业总收入、技工贸收入双双突破2000亿元大关，实现快速增长；完成公共预算收入78.7亿元，增长12.3%，主要经济指标保持平稳增长。综合实力在全国146家国家级高新区中排名第23位，先后获国家转型升级示范区、国家自主创新示范区、国家创新型特色园区等10多项国家级荣誉，和省文明城区、省平安区、省为民办实事先进集体等50余项省级荣誉。 （王思思）

【创新发展】 2017年，株洲高新区工业经济稳中向好，时代电动、时代新材、钻石切削、长城电脑等重点企业发展良好，六大主导产业实现产值400亿元，中小企业产值增长15%。北汽二工厂、长城智能硬件等项目建成投产，新增规模工业企业25家、“四上”企业81家，高新技术企业总数突破100家。自主创新园获批“国家海智计划工作基地”，株洲高科企业孵化器公司获批国家级科技企业孵化器，国家新能源汽车检测中心株洲分中心启动建设，新增7家省级创新平台和众创空间。出台“双创人才”政策，新增4个院士工作站，共与21名两院院士、42名“千人计划”专家开展合作。全球首列智轨列车（ART）试运营，实现32项科技成果转化，连续6年获“全省知识产权工作先进区”。“中国动力谷上升国家战略”初期成果显现，承办企业家年会、院士专家株洲行等系列活动，动力谷展示中心建成开馆。（王思思）

【高新区建设】 2017年，株洲高新区深入开展项目攻坚年活动，实现省、市重点项目开工36个、竣工20个，新建标准厂房54万平方米。完成征拆交地598.67公顷，总量全市第一。动力谷自主创新园一期、天易科技城自主创业园一期、新马金谷等项目基本建成，汽车博览园、月塘生态新城等重点片区加快开发，万丰湖生态公园完成提质改造，被评为省级水利风景区。产业结构不断优化，三次产业比重3.3：44.2：52.5，其中现代服务业占比提高4.6个百分点。总规模30亿元的“动力谷产业发展投资母基金”筹备运行，宏达电子、飞鹿涂料在创业板上市，全区上市公司8家。汽车交易展示中心A馆、卡丁车赛场相继建成，成功举办2017CKC中国卡丁车锦标赛总决赛。完成乡镇总体规划编制，出台南部片区“石三门”现代农业公园推进方案。组建村镇建设开发有限公司。建设26.67公顷菜篮子工程、8个标准化种养示范基地、30个惠农服务中心。悠移庄园、响水百花园等一批农业项目发展良好，首届乡村文化旅游节带动乡村旅游持续升温。实施“农村安全饮水”工程，解决35个村民小组的安全饮水问题。（王思思）

【环境治理】 2017年，株洲高新区实施碧水蓝天行动，落实“河长制”职责，拆除27家非法采砂场，加强城市黑臭水体治理，基本解决陈埠港等区域污水直排问题，完成沿河畜禽禁养区退养，湘江天元区段水质稳定达到三类标准。加强绿心保护，整治绿心区域内违规建设问题。开展5个村重金属污染土壤生态修复，启动8个美丽乡村创建。新马大道、湘江大道一期等主干道建成通车，改造19条小街小巷，打通7条城区“断头路”，完成50千米村道硬化，城乡居民出行更加便捷。启动铁路生活小区“三供一业”分离移交，提质改造22个老旧小区、10个农贸市场，完成棚户区改造3134户，控违拆违29.8万平方米。完成6个公共绿地、小游园的提质升级。开展城市管理专项整治，武广西站、动力谷自主创新园等区域综合管理得到加强。推进保洁机械化作业全覆盖，创新推出“小环境”O2O项目。承办第三季度湖南好人发布仪式暨中国好人、湖南好人现场交流会，高科集团荣获全国文明单位，三门镇响水村荣获全国文明村镇。（王思思）

【招商引资】 着力构建“1＋7”产业招商和投资促进政策体系，招商引资取得新突破，全年合同引资438亿元，到位内资68亿元、外资4.3亿美元，新签约项目96个，其中投资额10亿元以上项目7个，亿元以上项目47个，孚能新能源动力电池、火炬安泰等一批好项目进区。加强对外交流，与德国碳纤维谷、史太白等机构建立合作关系，株洲高新区确定为碳纤维谷2018年年度大会中国的官方合作伙伴。（王思思）

【体制革新】 组建企业发展服务中心，涉企行政审批服务实现“一窗受理、一站办结”，办理时限缩短三分之一以上，运行三个月以来办结业务9740件，非常满意率为99%。配售电体制改革取得突破，株洲高新区跻身全国第二批增量配电业务改革试点。推动城管体制改革，完成行政机关公务用车制度改革，农村土地确权等其他改革有序推进。（王思思）

株洲经济开发区

【概况】 2017年10月12日，株洲经济开发区党工委和管委会正式挂牌成立，与云龙示范区实行“两块牌子、一套人马”的管理模式，采取“一区三园”的发展模式，包含有芦淞区服饰产业园、石峰区轨道交通产业园（不含株洲国家高新区范围）、云龙示范产业园。截至2017年年末，株洲经济开发区已启动开发建设面积达25平方千米，新建主次干道40余条近100千米；以轨道交通及零部件配套、电子信息、生产性服务业为主导的产业形态正在加快布局、集聚发展。

2017年，株洲经济开发区技工贸总收入115亿元，增长30%，其中：主导产业主营业务收入61.31亿元，增长23%；实现规模工业增加值25亿元，增长23.7%；高新技术产业主营业务收入42.56亿元，增长28.8%；利润总额9.47亿元，增长16.6%；上交税金总额4.67亿元，增长24%；期末从业人员1.52万人，增长44.7%。

（王思思）

【湖南云龙大数据产业园项目正式开工】 4月8日，湖南云龙大数据产业园项目开工。该项目总面积约254.67公顷，总投资230亿元，按照“一园多区”的思路分功能区实施建设，主要分为大数据核心产业区、创业创新区、科技研发区、总部经济区、交易展示区、综合服务区和衍生及配套产业区等7大功能区，将成为全省乃至全国中部地区的区域大数据中心和以大数据为核心产业的现代化产业园区。（王思思）

【株洲经济开发区正式挂牌成立】 10月12日，株洲经济开发区党工委、管委会、纪工委在云龙发展中心正式挂牌成立。根据规划，到2020年，全区规划面积新增轨道科技城的324.09公顷，面积由原来位于芦淞区的200公顷，调整至524.09公顷，从而形成“一区两园”的发展格局。新扩区域东至规划中的长龙路，南至甘子塘，西至田心高科园、长沙县，北至新桥路。新扩区域主要发展轨道交通及零部件配套产业、电子信息、现代物流等产业。

（王思思）

荷塘工业集中区

【概况】 荷塘工业集中区总规划面积约62平方千米，包括太阳商贸集聚区、金山新城产城示范区和荷塘月色康养休闲区等3个片区，以医学健康、复合新材料、轨道交通装备以及装配式建筑材料4大产业为主导。

2017年，全区完成固定资产投资95亿元，同比增长21.6%；完成技工贸收入177.15亿元，增长11.55%；完成规模工业增加值59.33亿元，增长8.2%；完成高新技术产值157亿元，增长9.45%；上交税金8.12亿元，增长14.8%；建成国投金汇等标准厂房面积10.28万平方米，引进标厂企业30家；引进汉德车桥株洲生产基地、杭萧钢构株洲项目等投资过5亿元的重点项目13个；新开工飞鹿二期、雪宝家装、株洲金城华亿健康产业园一期等产业项目13个；完成工业项目征拆面积30.2公顷；完成土地报批59.8公顷；完成土地37.13公顷；实现融资26.82亿元，新增资产27.16亿元。

（王思思）

【招商引资】 荷塘工业集中区积极开展“走进500强、提升产业链”行动，全年共引进重点项目13个，累计引进总投资额81.8亿元。其中世界500强企业1家，中国500强企业4家，中国民企500强企业2家。新引进亿达科技、金特硬质合金、合盾工程刀具等项目30家企业入驻标厂。

（王思思）

【株洲远大建筑工业化合作项目签约】 4月19日，株洲远大建筑工业化合作项目签约仪式在金城集团一楼会议室举行。项目位于金山新城东北部，项目拟投资1.2亿元，总占地6.73公顷，建成后预计年产产业化住宅建筑面积120万~150万平方米。（王思思）

【PC装配式建筑和环保型路面新材料生产基地项目签约入园】 12月14日，远大住工PC装配式建筑生产基地项目、市政公司总部及环保型路面材料生产基地项目入园签约仪式在金山新城一楼会议室举行。远大住工PC装配式建筑生产基地项目总投资6亿元，总占地13.33公顷，拟设置PC混凝土装配式建筑材料6条生产线，设计产能150万平方米/年。环保型路面新材料生产基地建设项目由株洲市政建设有限公司投资开发。项目总投资2.5亿元，总占地约9.67公顷。项目以路面新材料为主营产品和服务，投产后预计销售收入1亿元/年。

（王思思）

【汉德车桥生产基地项目入驻金山新城】 12月26日，陕西汉德车桥汽车驱动桥、齿轮生产基地项目签约仪式在招商中心一楼会议室举行。该项目计划在荷塘区金山新城片区投资15亿元以上建设一个占地26.67公顷，集协同研发、智能制造、信息高度集成的数字化基地，力争打造一个集汽车驱动桥、齿轮和锻造业务为一体的智能制造典范和标杆。项目计划于2018年3月启动建设，建成达产后，汽车驱动桥和齿轮业务年销售收入将超过16亿元/年，税收不低于1.1亿元/年。（王思思）

董家塅高科园

【概况】 2017年，董家塅高科园园区经济指标、基础配套、项目建设、招商引资等各项工作呈现良好发展态势，被评为全国首批、湖南唯一“国家通航产业综合示范区”。

2017年，园区完成技工贸总收入157.5亿，增长12.3%；规模工业增加值26亿元，增长8.4%；固定资产投资157.5亿元，增长12.3%；高新技术产业产值80.2亿元，增长9.3%；上交税收6.47亿元，增长8.5%。招商引资完成10亿元以上项目3个；新开工工业项目11个；完成征拆44.07公顷；在建标准厂房16.5万平方米，引进企业15家。截至2017年年底，园区拥有工业企业115家，其中规模企业86家，年产值过亿元企业25家，年纳税1000万元以上8家。（王思思）

【“两机重大专项”有序推进】 12月13日，国家“两机”重大专项——航空发动机关键零部件试制中心项目开工仪式在芦淞区董家塅高科园举行。航空发动机关键零部件试制中心项目的开工，有利于加速株洲市航空工业军民融合，加强航空产业上下游企业集聚，加快国家通航产业综合示范区建设，为推进“株洲·中国动力谷”发展注入强劲动能。（王思思）

【举办通航产业高峰论坛】 5月7日，通用航空产业高峰论坛在湖南株洲市芦淞通用机场开幕。此次论坛聚焦产业前沿，汇聚高端智慧，共有100多家科研机构、高等院校及航空产业相关单位应邀参会，院士刘大响、尹泽勇、院长丁水汀、教授何清华应邀出席并发言。（王思思）

【成功引进德奥通航（上市）公司】 8月6日，由市国投集团与德奥公司签订共同投资15亿元的战略合作协议。德奥通用航空股份有限公司是一家主营通用航空高科技业务的上市公司，在通航领域具备工程研发、国际适航取证、生产制造、销售服务和市场应用等综合能力。此次战略合作，将已有的整机制造、无人机和发动机研发制造、通航运营等板块和未来发展的项目引进落户株洲·中国动力谷通用航空城。（王思思）

【签订共建中国（中部）服饰总部经济示范区协议】 3月16日，中国纺织工业联合会、株洲市人民政府与上海复星集团星泓控股有限公司签订战略合作协议，总投资200亿元，共建中国（中部）服饰总部经济示范区。该区位于株洲市芦淞区，总规划面积4.9平方千米，核心区面积约166.67公顷，项目总投资约200亿元。该项目以“四化＋四新”（产城一体化、产业智慧化、平台体系化、功能配套化＋新模式、新技术、新体验、新配套）为发展思路，以服饰商贸全配套链为核心，吸引全国服饰商贸、运营、生产、物流、研发、设计总部入驻，形成总部经济规模聚集效应，以提升株洲服饰总部经济的影响力和带动力，使之发展成为引领中部、国际同步、区域标杆、行业典范宜业、宜居、宜游的中国服饰总部经济示范区。

（王思思）

【服饰业湘商大会签约10个项目】 9月21—24日，2017湖南服饰产业博览会暨芦淞服饰节在株洲汇美国际展贸中心举行，共签约10个产业项目，合同金额达50亿元。其中，面辅料产业园项目选址白关服饰产业园内，建设中部地区最大规模的面辅料市场及总部基地，为株洲的服饰产业提供上下游配套；创创商学院项目将定期召开服饰领域各个专业、各个层级咨询研讨会，全面推动芦淞服饰专业人才培养体系；牛仔小镇项目由株洲纺织工业联合会及广东服饰企业商会牵头，组织相关企业共同参股投资20亿元，在白关服饰产业园内用地66.67公顷，建设集牛仔服设计、生产等为一体的产业园。（王思思）

【两城主次干道全线通车】 9月20日，航空城和服饰城涉及的东城大道、千亿大道、铁东路、迎新路等12条共计18.56千米主次干道全线通车，实现“两城”与主城区的无缝对接。

（王思思）

田心高科园

【概况】 田心高科园是株洲轨道交通装备产业核心区，聚集了中车株机、中车株所、中车电机等轨道交通产业企业91家，其中规模企业32家，百亿级企业2家（中车株机、中车株所）、50亿级企业2家（中车电机、联诚集团）、过亿元企业10家，拥有3家国家企业重点实验室、4家国家级工程技术（研究）中心、12家省级工程技术（研究）中心，2名中科院院士、42名国家级科技专家、5000余人的研究生以上学历专业人才队伍及52项国际标准制定权，是规模总量最大、综合实力最强、技术最先进、配套最完善的轨道交通装备产业集群。2017年，园区技工贸收入850.77亿，规模工业增加值144.59亿，高新技术产品产值

536.64 亿，上交税金总额 53.16 亿，就业人数约 4 万人。（王思思）

【园区“三办一司”格局形成】 园区管理体制机制实现破题，出台《石峰区园区管理体制改革方案》，整合优化田心高科园、经信委、商务和粮食局等部门力量，成立园区综合办公室、招商办公室、产业服务办公室和轨道公司，实行高科园领导，统一开展全区性的招商、项目推进、信息统计、企业服务等工作，体制机制进一步理顺，大园区概念初步形成。（王思思）

【项目集中签约入园】 3 月 17 日，石峰区举行株洲市清水塘老工业区搬迁改造攻坚暨轨道交通城建设项目集中签约仪式，35 个项目现场集中签约，时代金属轨道交通部件研发生产基地、湖南中电长城“智慧株洲”项目、中车特装新产业基地建设项目等 10 个重大项目入驻园区。（王思思）

【轨道峰会签约 5 个产业项目】 10 月 23 日，株洲市产业招商推介暨轨道交通城项目发布会在希尔顿酒店举行。广东福德轨道交通机车制动装置生产项目、中车时代装备城轨供电项目、武冈永锐轨道交通控制线束总成项目、九方铸造公司产业扩能和企业搬迁项目、中国铁建重工轨道装备产业扩能与制造智能化建设项目等 5 个项目现场签约。（王思思）

【广东永锐公司等 3 家企业入园】 12 月，广东福德公司、广东永锐公司和小天鹅戴斯酒店等 3 家企业相继签约入园。广东福德电子有限公司是一家国家高新技术智能制动系统的研发制造企业，产品广泛应用于军工负载、舰船驱动、轨道交通等国家战略新兴产业核心领域，其产品及技术在国内外市场已经具有较高的市场认可度，是先进轨道交通装备制造和军民融合的典范企业。广东永锐公司是专门从事电线电缆技术、新能源汽车零配件自主研发、生产和销售的智能制造企业，作为首家入驻轨道智谷二期的智能线束制造企业。小天鹅戴斯酒店是一家按五星标准建设的集客房、餐饮、商务、会议、休闲娱乐等设施为一体的现代化综合型国际商务酒店。（王思思）

【中车株洲物流基地项目开工】 12 月 28 日，中车株洲物流基地项目正式施工。该项目规划用地 38.13 公顷，投资 3.6 亿元，建设期为 3 年，建设内容包括 5 万平方米库房、2 万平方米露天堆场和 5 千米铁路线等，集装卸、仓储、配送、电子商务、贸易、增值服务等于一体的供应链物流服务中心。（王思思）

株洲渌口经济开发区

【概况】 株洲渌口经济开发区以新材料为主导，以电子信息和先进装备制造为特色，着力打造株洲市主导产业的配套基地。截至 2017 年年末，园区有 21 家轨道交通产业配套的企业，12 家汽车产业配套企业和项目，4 家航空产业配套企业。其中，南洲新区重点打造的新材料产业也初具规模，亚胺薄膜一期项目已经投产，二期项目即将建设，全部投产后年产值可达 20 亿元；芳纶材料项目正在建设，年产值可达 6 亿元；年产 30 万吨锌基材料、时代新材耐磨材料、工程塑料等一批项目即将落户。

2017 年，完成技工贸总收入 125 亿元，增长 9.9%；工业总产值 107 亿元，增长 12%；规模工业增加值 29.3 亿元，增长 12.6%；固定资产投资总额 62.2 亿元，增长 17%；高新技术产品产值 42.4 亿元，增长 13.1%；税收 3.82 亿元，增长 6.7%。（王思思）

【签约株洲节能环保产业装备制造园项目】 4 月 11 日，株洲县举行承接产业转移招商推介，致力打造“中国动力谷·南洲产业园”，成功签约株洲节能环保产业装备制造园项目，渌口经济开发区代表株洲县与投资方签订入园协议。（王思思）

【重点项目顺利推进】 2017 年，园区实施重点项目 23 个，其中产业项目 14 个，基础设施项目 9 个。新开工兆能高端电磁线、湘火炬火花塞汽车部件生产、西海岸优客创意园、亿杰科技产业园 4 个产业项目。华升雪松、晨湘环保、节能环保装备制造园等项目前期工作加快推进，株冶锌合金项目完成场地平整。完善园区 18 号道路，3 号道路北幅建成通车，南洲新区水质净化中心投入运营。（王思思）

【招商引资】 2017 年，园区共引进产业项目 19 个，总投资 25.5 亿元。其中单独供地项目 8 个，包括环保装备产业园、灯饰产业园、汽车零部件产业园、高性能发泡膜生产、年产 30 万吨锌合金等项目。标准厂房租售面

积2.3万平方米，引进项目11个，合计投资额3亿元，空置面积1.8万平方米，空置率不足10%。（王思思）

【要素保障】 2017年，园区计划征地150.67公顷，已征收土地39.07公顷；批回土地14.81公顷。加强与银行的对接，提高融资效率，全年投放贷款资金4.5亿元，获批贷款14.4亿元。（王思思）

醴陵经济开发区

【概况】 醴陵经济开发区由“一谷（中国陶瓷谷）一城（渌江新城）一园（东富工业园）”三部分组成，总规划面积100平方千米，核心区面积达到65平方千米。园区是制造强省重点领域20个新兴优势产业链（先进陶瓷材料产业链列）的重点产业基地，并先后获批“国家新型工业化产业示范基地”“陶瓷出口转型示范基地”“省高新技术产业示范基地”“省科技成果转化示范基地”。截至2017年年末，园区有企业325家，其中规模企业265家，高新技术企业34家；拥有211项国家专利、10个中国驰名商标、33个中国名牌产品以及1家国家级企业技术中心，产业工人约6万人。

2017年，实现技工贸总收入662.7亿元，增长19%；园区规模工业增加值229.1亿元，增长17.2%，占全市规模工业增加值比重达72.8%；固定资产投资227.43亿元，增长24.8%；高新技术产品产值388.94亿元，增长18.2%；上交税金18.11亿元，增长22%。新开工项目20个，标厂引进企业30个，完成土地征拆66.67公顷，招商引进5亿以上的项目7个，新增资产30.2亿元，建成标厂面积21.17万平方米。（王思思）

【陶瓷特色产业形成全产业链】 “国家级出口日用陶瓷质量安全示范区”和“国家级出口电瓷质量安全示范区”成功授牌。湖南省将先进陶瓷材料产业链列为制造强省重点领域20个新兴优势产业链之一，醴陵经开区被列为重点产业基地。（王思思）

【中国陶瓷谷被列为湖南省首批230个省级重点项目】 总投资20.33亿元的中国陶瓷谷核心子项目——陶子湖开工启动建设。总投资9.8亿元的中国陶瓷谷国际会展中心项目竣工验收并交付使用。中国陶瓷谷国际会展中心在2017年第十届中国会议产业大会上获评“2017中国最佳服务会展中心”。（王思思）

【成功举办2017中国（醴陵）陶瓷产业博览会】 9月28—30日，中国（醴陵）陶瓷产业博览会在醴陵隆重举行。博览会共接待国内外客商2.1万，国内外游客46.2万人。现场成交额约1.2亿元，合同金额6.5亿元；实现旅游收入4.23亿元。醴陵瓷谷成功入围“国家10个工业遗产旅游基地”；招商签约项目32个，合同引资总额达182亿元。（王思思）

【醴陵电力电瓷电器产业园启动】 6月23日，总投资30亿元的醴陵电力电瓷电器产业园项目启动建设，申请入园企业29家，首批4家入园企业全面开工。国家级电瓷电器检验检测中心同步启动建设并与西高院达成合作运营意向。（王思思）

攸县工业集中区

【概况】 2017年，攸县工业集中区新增规模以上工业企业34家，完成技工贸收入315.4亿元，增长22.6%；实现规模工业增加值93.8亿元，增长16.8%；完成高新技术产值225.2亿元，增长17.8%；完成固定资产投资75.6亿元，增长22.4%；上缴税收7亿元，增长15%。（王思思）

【招商引资】 2017年，新签约项目22个，签约总额43.9亿元，其中，10亿元以上的重大项目2个，1亿元以上的项目10个。引进国家“千人计划”院士团队—长明高科，首次采取政府股权投资模式，开展长明新能源产业园项目的谈判签约。（王思思）

【项目建设】 2017年，开展项目建设34个（其中市重点5个、县重点7个、企业项目10个、园区基础项目12个），年度开工项目27个，竣工项目9个。全年完成征地52.24公顷，拆迁56栋（18293.41平方米），土地报批21.07公顷，土方平整210万立方，新建标厂5万平方米，项目融资8.5亿元。恒盛新材、明珠选矿二期、安特新材料二期、标厂三期、攸州工业园污水处理厂等一批项目建成投产；松本林业、博世科环保、天睿精工等一批新开工项目推进顺利，昊华化工按期交地。（王思思）

【非公党建】 2017年10月，成立攸州工业园综合委员会（简称“综合党委”），辖17个基层党组织（其中，机关支部1个，非公企业党组织16

个），党员人数共162人（含流动党员63人）。（王思思）

茶陵经济开发区

【概况】 2017年，茶陵经济开发区完成技工贸收入165.1亿元，增长11%；完成固定资产投资57亿元，增长21%；完成规模工业增加值38.4亿元，增长9%；完成高新技术产值17.14亿元，增长12%；上缴税金6.61亿元，增长12.1%。（王思思）

【项目建设】 2017年，园区投资5亿元在三园区建设总建筑面积28万平方米集标准厂房、配套办公、科研、休闲为一体的创新创业园，建成标厂面积4.36万平方米。投资道路设施建设1.85亿元，园区20余平方千米土地呈现网格化。全年投资12.6亿元策划包装组织实施基础类、民生类、产业类项目共46个，其中市重点项目9个，县重点项目6个。三园区主干道、一园区提质改造等基础设施项目建设顺利推进，职业中专、工人文化宫、汽车南站等民生工程前期准备工作进展顺利，汇才精加工、九方石业等产业项目正落地建设，晶辉电子、琳铭科技实现投产。（王思思）

【招商引资】 2017年，茶陵经开区签约引进益达电子、光宇顺电子、伟仕达电子、林铭科技等项目，总投资8亿元。出台“头三年免租、后两年减半、与税收贡献挂钩”的标厂招商优惠政策，促推标厂招商，引进入驻企业26家。（王思思）

炎陵工业集中区

【概况】 炎陵工业集中区面积46.3平方千米，其中规划建设面积10.67平方千米，设有一区两园（“一区”即九龙经开区，“两园”即九龙工业园和中小企业创业园）。截至2017年年末，入园企业139家，投产企业96家，规模企业81家，占全县规模以上企业总数的87%。

2017年，园区完成技工贸总收入124亿元，增长15%；完成工业增加值28亿元，增长12%；完成固定资产投资29亿元，增长15%；完成高新技术产值29亿元，增长15%。炎陵工业集中区先后获评湖南省棉纺织产业基地、省级综合性高技术产业基地、湖南省承接产业转移特色园区，在全省132家省级以上产业园区中综合排名第20位。

2017年，九龙经开区签约引进项目14个。其中，国声声学项目实现当年引进，当年投产。全年园区新开工项目10个，国声声学、纺织产业园、兴泰新材料、迈龙新材料、阿木奇声学、春华锂业、圣宝龙电动车等一批项目开工建设。全年园区竣工投产项目10个，春华锂业、顺华锂业、汽车4S店、国声声学、阿木奇声学、维可达数控机床、污水处理厂等项目竣工投产。九龙湖商贸配套中心项目于年底完成主体工程，兴泰新材料项目年底竣工试产。新增顺华锂业、国声声学、一品松禽蛋制品、春华锂业、维可达数控机床等5家规模以上企业。

（王思思）

【万魔声学落户炎陵工业集中区】 6月14日，万魔声学科技有限公司投资株洲炎陵协议签署仪式在炎陵县举行。万魔声学是一家专注于声学研发设计与智能软硬件开发的公司，是小米生态链中的重要企业。公司计划用十年左右时间在炎陵县建设一个以耳机、音箱、智能穿戴、助听器为核心的声学产业园，在炎帝陵景区周边建设一个声学博物馆或声学研究中心，打造以声学文化为核心的文化旅游基地。

（王思思）

【炎陵县新材料检测中心签约入驻工业集中区】 10月25日，省产商品质量监督检验研究院炎陵县新材料检测站正式签约入驻炎陵。新材料检测站是由省质检院和炎陵县人民政府合作共建的高端现代工业服务项目，负责对企业和流通领域的商品质量进行监督检验、质量仲裁检测、新产品投产前的质量鉴定、产品认证检验、验货检验。该项目总投资1600万元，由省质检院建设、管理、运营，炎陵县政府以购买服务的方式合作共建。（王思思）

【签约引进圣宝龙电动车项目】 10月30日，炎陵工业集中区成功签约引进圣宝龙电动车项目。该项目由湖北华鑫（圣宝龙）集团有限公司在炎陵九龙经开区西园区投资兴建，规划面积10公顷，项目总投资6亿元。项目拟建设现代化大型电动车产业园，并带动电池、电机等相关产业链配套企业入园，全部建成后每年可实现工业产值10亿元以上。（王思思）

农业和农村工作

综 述

【概况】 2017年，株洲市全年实现农林牧渔总产值307.56亿元，同比增长4.1%；实现农林牧渔增加值211.1亿元，同比增长4%；实现农村居民人均可支配收入18340元，同比增长8.4%；增幅高于城镇居民人均可支配收入0.4个百分点，实现县域GDP1376亿元，同比增长8%，占全市GDP总产值比重达53.4%。

农业供给质量不断提升。全年粮食总产182.98万吨，高档优质稻播种面积3.84万公顷，优质稻产量占水稻产量比重达57.2%。年出栏生猪470.37万头，生猪规模养殖比重达76%。水稻耕种收综合机械化水平达到75.6%。新增农产品质量安全溯源点5个。新增“三品一标”认证农产品71个，7个产品通过绿色食品续展认证，“醴陵玻璃椒”获农业部地理标志农产品登记保护产品。

农村发展活力持续释放。农村土地承包经营权确权登记颁证基本完成，质量和进度均位于全省前列。14个村正式启动农村集体产权制度改革试点。农村耕地流转面积达7.09万公顷，占农户承包面积的42.81%。河长制改革有力推进，425条河流管理责任落实到人。农村金融改革深入推进，组建农村金融服务集团，农信社改革全面完成。农业新业态加快成长，家庭农场1923家，农民合作社3083家，市级以上农业产业化龙头企业191家。

基础设施条件切实改善。完成农村公路硬化235千米，窄路加宽226千米，改造危桥44座，建设农村招呼站150个。除险加固大、中型水库2座，修建“五小”水利工程986处，治理水土流失面积30.13平方千米，解决16.5万农村人口安全饮水问题。建成高标准农田1.59万公顷，完成农村机耕道建设4000千米。实施重金属污染耕地修复治理面积1.79万公顷，休耕0.61万公顷。深入推进“一廊十镇百村”美丽乡村示范工程，建成省级美丽乡村示范村4个、市级美丽乡村示范村25个。

公共服务水平明显提高。全年新增农村劳动力转移就业1.43万人。5县市农村低保标准提高到280元/月，最低生活保障标准和国家扶贫标准实现“两线合一”。完成农村危房改造9500户。新增养老床位906张，农村五保对象基本医疗费全额减免。计划生育管理服务水平不断提升，人口自然增长率达到7‰，符合政策生育率达到96.57%，连续5年获“全省计划生育工作优秀单位”，流动人口管理服务入选国家流动人口健康促进优秀案例。圆满完成全市1379个村（居）两委换届工作。完成1528名大中型水库特困移民避险解困。防汛抗灾取得全面胜利。

脱贫攻坚取得决定性进展。全面推行“四包责任制”，深入推进“七个一批”“六大工程”，全年减少贫困人口5.5万人，剩余126个贫困村全部退出，贫困发生率由2016年年底的3.15%下降到1.3%，炎陵、茶陵两个贫困县已进入向国务院和省申请脱贫摘帽阶段。 （刘 锋）

【中央农办主任唐仁健到株洲调研】 3月7日，中央农村工作领导小组副组长、中央农办主任唐仁健到株洲调研，先后考察荷塘区仙庾镇仙庾村的耕食记农耕文化创意农园、云龙示范区龙头铺镇的蛟龙社区、天元区栗雨街道高塘社区。唐仁健要求株洲市大胆探索，打造田园综合体，培育农业农村发展新动能，推动城乡一体化发展。副省长、省政协副主席戴道晋，市委书记、市人大常委会主任毛腾飞参加调研。 （谭 峥）

【农村土地承包经营权确权登记颁证工作】 截至2017年12月30日，以组为单位，完成调查摸底占98.88%；完成实地指界占99.47%；完成一轮公示占97.13%；完成二轮公示占92.05%。完成实测耕地面积16.77万公顷，与二轮承包面积的比率达

123.47%。全市进入颁证阶段。9个县市区在12月底前全部完成确权首证颁发工作。农村土地承包经营权确权登记颁证基本完成，质量和进度均位于全省前列。（喻运池）

【中科院院士专家组调研重金属污染区耕地轮作休耕试点工作】 4月25日，谢华安院士带领20名中科院院士、研究员专家组到株洲市攸县七里坪社区，醴陵市黄沙村、三狮村，开展重金属污染区耕地轮作休耕考察调研。专家们一行认真细致察看休耕现场和VIP + n重金属污染修复治理千亩示范片，听取重金属污染耕地治理项目技术人员对技术方案及项目实施情况的介绍，并对各种方案的治理效果进行对比，对各项数据进行仔细询问。市农委主任陈艳娟、总农艺师罗细明陪同调研。（谭　峥）

【美丽乡村建设】 2017年，株洲按照城乡一体、融合发展的要求，加快推进"一廊十片（镇）百村"示范创建工程全面发展，启动106国道沿线优雅示范长廊，加快建设10个示范美丽乡镇（片区），努力建设200个美丽乡村，促进廊、镇、村深度融合，构建优雅长廊、风情小镇、美丽乡村的空间格局。全年全市22个美丽乡村示范创建村纳入省绩效考核。50个美丽乡村创建村纳入市级绩效考核，截至11月底，纳入省绩效考核的22个村全面完成创建任务，其中4个村被评为"湖南省美丽乡村示范村"，纳入市绩效考核的50个村全面完成创建任务，其中25个村被评为"株洲市美丽乡村示范村"。（熊英杰）

种植业

【概况】 2017年，株洲市粮食播种面积26.82万公顷，比上年增加1440公顷。其中水稻播种面积24.82万公顷，比上年减少180公顷；粮食总产182.98万吨，比上年增加1.34万吨；全年水稻总产174.93万吨，比上年增加0.70万吨。受早稻播种面积减少及播种期间持续阴雨天气和抽穗扬花期洪涝灾害等因素影响，全市早稻单产总产略减。中、晚稻生长期间天气利好，总体苗情好于上年，单产总产均有所增加。

2017年，全市以优化品种布局，提升粮食品质为目标，大力推进优质、安全稻米生产。水稻种植品种优质化。全市优质稻种植面积达15.33万公顷，其中高档优质稻面积发展到3.73万公顷，比上年增加2万公顷。稻米卫生安全质量明显提高。近年来全市加大重金属污染耕地修复治理力度，大力实施控药控肥技术，着力推行绿色生产，稻米品质明显提高。（谭　峥）

【新建7个工厂化集中育秧设施】 2017年，株洲市新建工厂化集中育秧设施7个，其中攸县4个，茶陵、醴陵、株洲县各1个，已全部投入使用。（谭　峥）

【蔬菜提质增效】 2017年，株洲市不断加大蔬菜基地提质工作力度，全市蔬菜基地基础设施建设、蔬菜新型经营主体培育、新技术新品种推广等都取得可喜成绩，"菜篮子"工程建设进入生产稳定发展、质量安全可靠、农民增收稳定、群众得到实惠的可持续发展轨道。（李亚荣）

【蔬菜产业扶贫】 2017年，株洲市选择水源、湖口、水西、坪坑、排楼、笔和、黄甲、砖桥、龙潭、苍霞等10多个贫困村作为蔬菜产业扶贫示范点，扩大蔬菜种植面积，发展无公害、绿色蔬菜的生产与加工，推进蔬菜产业化扶贫基地建设，实现贫困村区域化布局、规模化种植、标准化生产、产业化经营，以蔬菜产业发展助力精准扶贫，取得良好效果。（李亚荣）

养殖业

【概况】 2017年，株洲市养殖业围绕供给侧结构性改革，科学调整养殖结构，合理转变养殖方式，不断推动科技创新，实现持续、健康、快速发展。

2017年，全市出栏（笼）生猪470.37万头、牛7.93万头、羊60.58万头、家禽2225.38万羽，同比分别增长3.10%、3.56%、2.98%、3.17%；肉类总产量39.37万吨、禽蛋总产量5.27万吨、水产总产量9.57万吨、饲料总产量100万吨，分别增长3.19%、2.93%、2.38%、4.17%。养殖业总产值120.26亿元，增长3.7%，其中牧业总产值107.3亿元，增长4.4%；渔业总产值12.96亿元，增长3.2%。畜牧业投资达23亿元，增速25.6%。生猪规模养殖比重达到76%。（丁尹浩）

【养殖业转型升级】 养殖业良种化。株洲市建成全省最完善的良种繁育体系，原种场、原种扩繁场、种畜禽场、种公畜供精站一应俱全，良种场达47家，生猪良种覆盖率达98%，名特优水产品的养殖比重超过70%，均名列全省前茅。投资3个多亿，开工建设湖南省育种产业园、唐人神良种猪精液供应基地，打造湖南省乃至中南地区良种生产供应中心。养殖业设施化。全市200多家规模养殖场引进饲料自动投喂系统、温控系统、智能给料系统、机械刮粪系统、废弃物处理系统和自动化管理系统，设施化比例、设施现代化的水平均在全省领先。全市共建成国家级标准化示范场12个、省级示范场48个。养殖业产业化。大力扶持家庭农场、休闲渔业、农民专业合作社等养殖业新型经营主体，推广“企业＋基地＋农户”“合作社＋农户”等生产经营模式。培植养殖专业合作社560个，其吸纳的入社养殖户占全市养殖总户数的70%以上。唐人神饲料、唐人神肉制品、炎陵福来喜、攸县鸿华鸭业、攸县佳和园禽蛋、株洲县银丹蛋业等加工企业不断涌现和发展壮大，加工总产值过百亿元。养殖业品牌化。积极推行品牌战略，科学制定品牌发展规划，着力发展地方优势产业，唐人神骆驼牌饲料、唐人神香肠、美神种猪、福来喜鹅行天下、攸县桑草猪、醴陵清泥湾肉品、吉泰三黄鸡等品牌影响力不断放大，其中炎陵白鹅、茶陵黄牛、攸县麻鸭是国家地理标志产品。同时初步形成炎陵白鹅、茶陵黄牛、攸县麻鸭、醴陵黑山羊、株洲县名优水产等“一县一品”的区域养殖产业发展格局。（丁尹浩）

【养殖业污染治理】 兴建一批治污设施。对全市规模养殖场，实行“三改两分三池一棚三利用”污染治理改造。全市1491个畜禽规模养殖场，建成沼汽池、沉淀池及干粪棚等处理设施8459个，化尸池1862个，有机肥加工厂5个，工厂化粪污处理设施28个，畜禽粪便综合利用率达85%，基本实现达标排放。加强监管，病死畜禽无害化处理基本到位。5个县市病死畜禽无害化处理中心建设列入“民生100工程”，醴陵、攸县、茶陵、炎陵4个县市已建成病死畜禽无害化处理中心，株洲县已开工建设。关退一批无防疫合格证、排污不达标的养殖场所。各县市划定、各区基本划定禁养区。关停湘江干流及市区“四港”禁养区养殖场461个，关闭洣水、渌江及城市其他禁养区畜禽养殖场464个。对茶陵东阳湖、黄堂、青年，醴陵官庄、望仙桥、雪峰山6个水库，共计11.2万平方米网箱全部清退上岸。指导新建养殖场合理选址、科学布局，做到环保“三同时”。清理一批违规建设。中央环保第六督查组要求限期整顿的271家养殖场，全面完成整改，中央环保督察组交办的29件畜禽养殖污染问题件全部整改完成。全年收到各类投诉146件，进行依法关停、整改。

（丁尹浩）

【养殖扶贫】 启动养殖业“百员联百村”结对帮扶工作，市畜牧兽医水产局68名专业技术人员深入62个贫困村，为决胜脱贫攻坚出谋划策，全市畜牧系统668名技术人员，现场指导6200余人次，累计投入省市全部养殖项目一半资金用于扶贫，开展养殖技术培训班62期，轮训贫困人员1.2万余人次。其中：以茶陵龙华农牧、炎陵福来喜鹅业为代表的“统贷统还”模式，形成扶贫贷款资金的聚集效应，茶陵林丰牧业、株洲县银丹公司为代表的“分养统收”模式，解决了养殖贫困户产品的销路问题；唐人神、醴陵吉泰禽业为代表的“畜禽代养”模式，破解养殖贫困户资金短缺的窘境；攸县枫水湾、醴陵清泥湾为代表的“合作养殖”模式，增强养殖贫困户产品的市场竞争力；龙华农牧、攸县恒发水产养殖合作社为代表的“以工代扶”模式，优先聘用贫困户劳动力做工，解决贫困人口就业难的问题；攸县宁家坪镇双松村、株洲县朱亭镇政花村为代表的“直投促产”模式，由对口帮扶部门和村集体直接投入建设养殖场，通过发展养殖业，促进村集体经济脱贫的顺利实现。全市养殖产业扶贫涉及31个村、24976户、81684人，分别占产业扶贫总村数的28.5%、总户数的85.9%、总人数的84.7%。全市从事生猪养殖的贫困户2450户，养牛262户，养羊149户，家禽养殖14326户，水产养殖447户，其他特种养殖163户；转移安置贫困劳动力465人；为养殖产业扶贫户均增加收入4382.4元、人均增加收入1328元。全市80%的贫困户和贫困人口、30%的贫困村均通过或部分通过发展养殖业脱贫。

（丁尹浩）

【动物防疫】 严格疫病防控。采取综合防控措施加强动物疫病工作，开展“双责地毯式”免疫，重大动物疫病免疫密度达到100%，阻击H7N9流感中，全市243个活禽交易市场首次全面休市21天。严格检验检测。全市共采集化验各类样品1.7万份，全面掌握畜禽带毒状态和疫情形势，制定出动物疫病流调监测方案，监测样品1500份，问卷调查60份，基本掌握全市动物疫病流行情况和发病规律。严格卫生监督。开展动物检疫推进年活动，全市共产地检疫生猪370多万头，屠宰检疫生猪155万头，产地检疫率和屠宰检疫率分别达到80%、100%。依法对各类违法行为进行查处，组织开展动物诊疗活动专项整治，全年共执法立案116起，查处不合格和病害产品7.2吨。严格安全监管。开展养殖环节监管、动物检疫、水产禁用药、饲料、兽药等5个专项整治行动，重点整治兽用抗菌药、假兽药、“三鱼两药”、违规饲料和饲料添加剂。260批次畜禽水产品抽检检测合格率达98%以上，“瘦肉精”等违禁药品检出率为零。严格屠宰管理。组织种猪和晚阉猪整治、屠宰场资格审核、屠宰场规范管理、市场“白板肉”整治、乡镇屠宰场清理5个专项整治行动。开展执法175次，关停小型屠宰场4个，查处私屠滥宰点11个。（丁尹浩）

【渔政管理】 开展湘江干流春季禁渔工作。禁渔期间，放流鱼种2000多万尾，各沿江县市区政府补贴解决贫困专业渔民生活，实现生态补偿和民生补偿协调共进。加大渔政执法，出动执法船437次、执法车253次，查获电渔船14艘，收缴电鱼设备81套，没收烧毁非法网具2000米，有效保护渔业生态环境。定期开展安全生产检查，排查整改安全隐患，全市未发生渔业生产安全事故。（丁尹浩）

【基层畜牧（草原）技术推广示范站】 2017年，经过县级自评、省级考核、现场检查、材料评审等程序，攸县畜牧水产技术推广站、株洲县畜牧兽医水产技术服务中心分别获“全国基层畜牧（草原）技术推广示范站”称号。全国共有150个基层畜牧（草原）技术推广站被确认为基层畜牧技术推广示范站，其中湖南省有6个基层站获此荣誉。（丁尹浩）

【蜜蜂养殖标准化示范场】 2017年，湖南花海生态农业有限责任公司和醴陵市再来蜜蜂养殖农民专业合作社成为株洲市首批省级蜜蜂养殖标准化示范场。湖南花海生态农业有限责任公司位于醴陵市大障镇柴冲村，饲养湖南型中华蜂种群992群，蜂蜜年产量24.8吨，产值240万元，蜜源经济作物产值10万余元，发展养殖农户19家，平均每户增收10万余元；并开展中华蜂养殖保护事业，共放飞回归大自然救助野外无生存的蜂群217群，受益地区6万多公顷，受益农民450户，一些稀有植物得到恢复和发展。醴陵市再来蜜蜂养殖农民专业合作社位于均楚镇周坊村，有社员13户，饲养蜜蜂500箱，年产12.5吨以上优质蜂蜜，年销售额125万余元，推广带动养蜂户50余户、贫困户7户，每户提高年收入2.8万余元。（丁尹浩）

【病死畜禽无害化处理中心建设】 2017年，病死畜禽无害化处理中心建设项目相继建成。其中：株洲县由深圳朗坤环保股份有限公司投资3500万元，采用间热式高温灭菌脱水工艺，预计2018年内建成日处理能力10吨的病死畜禽无害化处理中心并正式投产；醴陵市由浙江百奥迈斯生物科技有限公司投资2760万元，采用高温高压灭菌脱水干化工艺，已建成日处理能力10吨的病死畜禽无害化处理中心，购置了装有GPS定位系统的封闭冷藏收集车4台；攸县由湖南绿佳丰生物科技有限责任公司投入1500万元，采用高温常压工艺，已建成日处理能力10吨的病死畜禽无害化处理厂，建设完成8个收集点；茶陵县由茶陵宝丰生物无害化处理有限公司投资1300万元，采用高温高压干化化制工艺，已建成日处理能力10吨的病死畜禽无害化处理中心1个，建成收集点3个，配置收集运输车2台；炎陵县由政府投资500余万元，采用高温高压化制工艺，已建成日处理能力6吨的病死畜禽无害化处理中心。（丁尹浩）

【养殖品牌】 截至2017年12月31日，全市共创建养殖业品牌共27件，其中炎陵白鹅、茶陵黄牛、攸县麻鸭3件为国家地理标志产品，“骆驼牌”饲料、“唐人神”肉品2件为国家驰名商标，“美神”“好棒美”“沙坡里”“青泥湾”“攸鸭王”“玉林丰”“良强”“育灵”8件为湖南省著名商标。（丁尹浩）

林　业

【概况】 2017年，株洲市林业用地面积72.95万公顷，占国土面积64.78%；有林地面积63万公顷；活立木蓄积量2535.19万立方米；森林覆盖率61.97%；有国家级林业龙头企业2家，省级龙头企业22家；全年，市县区林业建设投入2.99亿元，同比增

长9%；林业总产值254.69亿元，同比增长12%。（何　超）

【造林绿化】 2017年，株洲市完成造林1.15万公顷，造林任务完成率和质量综合核查合格率均达100%。组织全市开展义务植树。完成义务植树820万株，在全省国土绿化工作考核中获第一名。珍稀树种造林点多面广。全市已建成青石冈、万樟园林、虎踞林场等7大珍稀树种基地。株洲县龙船镇珍贵树种培育示范基地完成造林400多公顷，将打造成全省最大的珍贵树种培育基地。茶陵县万樟园林总投入资金6亿元，计划将园区打造成全省一流的现代示范园。9月5—8日，攸县黄丰桥林场人工林经营示范基地和株洲县王十万珍稀树种培育基地受到世界自然基金会和国家林业局在株洲举办的人工林可持续经营项目培训代表的高度评价。（何　超）

【森林防火】 2017年，全市共发生森林火灾3起，较大森林火灾4起，受害面积16.8公顷。没有发生重大森林火灾，无人员伤亡事故。森林火灾发生率为每10万公顷1.1次，火灾发生率和受害率均控制在省定标准之内。（何　超）

【林业执法】 2017年，全市两级森林公安机关共查处各类涉林案件472起，打击处理违法犯罪人员465人。（何　超）

【林业产业】 2017年，株洲市林业总产值254.69亿元，较上年同期增长12%。林业安全生产未发生较大或者重大安全生产事故。年内，株洲市新增3个“省级现代特色林业产业园”。全市油茶造林企业、专业合作社92个，涉及农户1.7万户，油茶林面积14.67万公顷。安排500万元的市级专项资金助力油茶产业发展，全市油茶产值突破25亿元。（何　超）

【林业生态基础建设】 协调湘江流域退耕还林还湿试点。株洲市湘江退耕还林还湿试点项目选址云龙示范区盘龙湖玉龙路至兴龙路段，总面积31公顷。9月底，项目实施方案完成，同期邀请省市专家进行可行性论证。12月6日，市湘江流域云龙示范区盘龙湖退耕还林还湿试点工程通过省级验收。启动云峰森林植物园建设。市林业局组织专家成立专业调研队伍，进行前期调研和选址，制定《株洲云峰森林植物园项目建议书》和《株洲云峰森林植物园项目区情况调查报告》，成立综合、技术、资金3个项目组，以推进项目实施。7月31日召开专家科学论证会，主导组织项目《概念性规划方案》征集招标，11月9日进行评标，确定由中标单位进行规划方案优化整合，编制云峰森林植物园概念性规划、总体规划设计和可行性研究报告。（何　超）

【生态补偿脱贫攻坚】 2017年，全市建档立卡贫困户拟采取生态补偿作为脱贫主要措施的贫困户共有5998户19158人。生态公益林生态效益补偿基金扶贫。对5县、5区共计发放6892.09万元；按照中央、省关于生态护林员的政策，在炎陵、茶陵等地确定441名建档立卡贫困户为生态护林员，按照每人每年1万元工资标准，达到一人护林，全家脱贫的效果。营造林项目扶贫。2017年500万元市油茶产业发展专项资金284万元用于产业精准扶贫。涉林工程扶贫。市级实施长株潭“两型”实验区森防体系建设、森林病虫害防治测报点建设、林下经济示范基地建设、林路养护工程、国有林场扶贫资金等涉林工程共投入资金200余万元。实施特色产业扶贫。通过“公司+贫困户”模式，委托林业特色产业企业进行扶贫。其中：醴陵市通过支持林业企业的发展，带动贫困户连片造林，吸纳就业；茶陵县支持虎源公司加大流转油茶林地，建立优质油茶林213.33公顷以上，同时在油茶林套种农作物和发展林下经济，解决贫困人口就业2390人，人均增收1225元。支持万樟园林建立林下经济示范基地，发展种植、养殖、森林旅游等，建立苗木种植合作社，解决1000余贫困农民就业，在全国“万企帮万村”精准扶贫行动论坛上，万樟园林集团被评为全国先进，是湖南省唯一获此殊荣的涉林企业。攸县安排天华公司、中联公司吸纳120个建档立卡贫困户家庭劳动力；株洲县通过项目引导，百益嘉公司、湘春农业开发公司等12家涉林企业共安置贫困劳动力就业260名。（何　超）

水　利

【概况】 株洲市水务局是市人民政府主管水行政工作的工作机构，内设办公室、计划财务科、水利工程建设管理科、水政水资源科、水土保持科（加挂行政审批科）、河道管理科6个机构；下辖市防汛抗旱指挥部办公室、水库移民开发管理局、酒埠江灌区管理局、官庄水库管理局等19个事业单位。

2017年，株洲市完成水利投资14.35亿元，建设12类33个重点工程，防渗渠道1890千米，新建加固堤防108千米修建，加固大、中型病险水库各1座，治理5条中小河流，修建“五小”水利工程986处，综合治理水土流失30.13平方千米。全面启动10类33项水利工程，完成水利建设投资9.6亿元。（言求实）

【河湖管护】 2017年，株洲率先在全省出台《株洲市河长制工作实施方案》，核定汇编314条5千米以上河流（496段）、964座大中小型各类水库名录，明确市、县、乡、村四级河长2054人（市级5人，县级67人，乡级584人，村级1398人），实现所有河流、水库和四级河长全覆盖。制定《2017年全市河长制工作要点》，初步明确一江、两水、四港2017年一河一策工作方案。开展全市90条流域面积50平方千米以上河流的岸线登记和洣、渌江干流岸线利用规划编制工作，启动河道采砂规划编制，配合省厅开展了境内89.6千米湘江及株洲县渌江河道划界试点。（言求实）

【防汛抗旱】 2017年，株洲市先后发生14次强降雨过程，6月22日—7月3日发生罕见持续暴雨高洪水位过程。在全市上下共同奋战下，取得了未垮一库一堤，无一人因灾伤亡的全面胜利，荣获“全省抗洪救灾先进单位”。汛期，常态化排查处置隐患122处，举办防汛业务培训11期，累计发送防汛预警预报信息3万多条。（言求实）

【水利扶贫】 2017年，株洲市水务局制定出台《株洲市水务局2017年水利扶贫工程实施计划》，争取中央和省级资金8000余万元，实施农村饮水安全巩固提升、病险水库除险加固、中型灌区节水改造、小农水项目县等水利扶贫工程，解决5.2万农村贫困人口的饮水不安全问题；争取市财政1500万元“五小”水利奖补资金，重点支持贫困地区和贫困村的小型农田水利建设。结对帮扶贫困户13户。支持醴陵市沩山村脱贫建设资金50万元，沩山村整修景观河道一条。（言求实）

【水资源管理】 2017年，株洲市水务局对全市61个一、二级水功能区中的40个重要水功能区逐月进行水质监测，对其余21个水功能区进行每年两次的监督性监测。对全市入河排污口进行复核，共核查入河排污口218处，其中规模以上98处，规模以下120处。完成建设项目水资源论证报告书审查和取水许可两项行政审批的工作，对全市275个取水用户的台账进行清理和规范。落实最严格水资源管理考核制度，严格“三条红线”管理，开展水资源消耗总量和强度双控行动。开展吸砂船专项整治和船舶安装吸砂设备专项整治行动，共查处非法吸砂案件11起，查处未办理涉河项目审批，擅自开工建设项目案一起。（言求实）

【工程建管】 2017年，株洲市水务局对全市千吨万人水厂的原水、出厂水和末梢水进行3次抽查和检测，并出具检测数据结果通报。推进农田水利综合改革和农业水价综合改革，在茶陵县农田水利综合改革试点及中央财政农田水利项目县中，大力推行“项目村遴选”立项模式以及“以奖代补、先建后补、民办公助”建设管理模式。对水利工程加强动态监督和实时监管，下达质量问题整改通知书37份，通报2份，督办函7份，书面明确整改问题100余个，责令停止施工、拆除重建的7起。（言求实）

【移民管理】 2017年，株洲投入资金910万元，推进醴陵市官庄大坝村、攸县酒仙湖村、茶陵虎塘社区等6个移民村建设。投入资金1790万元，帮助移民村兴建交通道路105千米，完成农田水利配套基础设施建设项目85个、文化卫生基础设施建设项目5个、安全饮水等民生工程项目14个，对全市4个县市区1363名居住在山洪灾害易发区域，生态环境恶劣不搬迁难以摆脱贫困的特殊群体移民进行避险解困。加强移民技术技能培训，完成移民培训2000余人。及时为7万多直补移民发放直补资金4251.12元。2017年，全市库区移民实现人均可支配收入为11213元。（言求实）

水　文

【概况】 株洲市水文局承担株洲市境内湘江干流下游及主要支流洣水、渌水等水系的水文勘测、水资源分析评价、水环境监测、水文情报预报等工作，在运行各类水文（位）、雨量、墒情和水质监测等站312个。

2017年10月，株洲市水文局顺利通过水利部文明办考核，成为第八届全国水利文明单位之一。（吉惠质）

【雨水情预测预报】 在6月22日—7月6日暴雨洪水过程中，水文局及时发送水情短信1万余条，报送实时雨水情信息；滚动发布准确的洪水预警预报11站次；在抗洪的关键时刻，为各级领导科学研判、果断决策提供可靠的水文数据服务。 （吉惠质）

【水环境监测】 2017年9月，水环境中心通过国家计量认证。为保障农村饮水安全和实施“湘江保护和治理”“三年行动计划”，全年按计划完成61个农饮工程、20个省级水功能区、41个市级水功能区、39个入河排污口、14个大中型水库水质监测分析共计53批次，分析水样1500多个，编制《水资源质量状况通报》12期，《农村饮水水质通报》4期，报送市委、市人大、市政府、市政协等有关单位。

（吉惠质）

【水资源管理服务】 合理设定“三条红线”指标，为最严格的水资源管理和考核提供依据。积极参与“湘江保护和治理”第二个“三年行动计划”及水生态文明城市建设试点工作，完成2016年市、县水资源公报编制工作，公报编制能力和水平不断提升。积极参与水质调查、监测及评价等水资源项目论证工作。严格按规范要求做好61个站点水质取样、分析工作，确保成果质量。 （吉惠质）

【水文基础资料收集】 做好2016年度水文内外业基础资料收集、整编、复核工作，共完成水位16站年、流量6站年、悬移质泥沙1站年、降水93站处、水温3站年、蒸发2站年的资料审查验收，为全市桥梁、公路、铁路、风光带、防洪堤、水库等涉水工程建设，水资源开发利用、防汛抗旱及其它国民经济建设提供基础、长系列水文监测数据和分析成果。 （吉惠质）

【水文站网建设】 2017年，完成茶陵中心水文站建设、炎陵中心水文站改造，汛前完成鸭塘铺、清水江、白石港等中小河流站点改造，枧头洲水文站建设及炎陵水文站重建完成招投标，启动醴陵水文局搬迁工程。株洲水文站工作用房恢复重建完成工程设计及预算等前期工作。 （吉惠质）

农机农具

【概况】 2017年，株洲地区已实现农机装备结构提优增彩。坚持农机化新旧动能转换，开展飞防减药、精施减肥、转化减污“三减量”行动，炎陵成立全市首家飞防植保大队，水稻插秧同步精量施肥机、自走式履带旋耕机、生物质制肥机等机械逐步走入农田投入生产，农机深松耕、机械化秸秆还田等新技术广泛运用生产，农业机械化转型升级步伐明显加快。加快淘汰高耗能、小型、老旧机械，重点发展先进适用、高效节能、绿色环保机械，全市新增插秧机140台、粮食烘干机164台、无人植保飞机70台，全年报废农机更新补贴242.1万元，农机化作业水平、质量和效益明显提升。推广粮食烘干机、水稻插秧机、自动化育秧设备等新机具，醴陵、攸县、茶陵分别新建一个大型育秧工厂，全市建成4个（茶陵2个、攸县醴陵各1个）总吨位100吨、年烘干能力5000吨以上的粮食烘干示范基地，水稻生产全程机械化水平75.6%。将定补权、监控权、处置权落实到操作岗位。强化对大中型机具的核查和异常申请补贴的监管，确保农机购置补贴政策规范高效实施。全年农机购置补贴机具2157台（套），补贴资金3458.70万元。 （胡智芳）

【农机安全监管】 突出农机安全源头治理与管控，实施“安全生产大排查大管控大整治百日活动”，以农机合作社为重点督查农机“注册上户、考试发证、年审年检”情况，全市新增拖拉机330台、机手505人、年检2201台，新增联合收割机546台、机手117人、年检396台，新增农业工程机械216台、操作员37人、年检85台，农机“三率”水平进一步提升。开展农机安全“宣传月”活动。成功创建茶陵国家级 “平安农机”示范县、炎陵省级 “平安农机”示范窗口和醴陵市嘉树镇、株洲县龙船镇、攸县莲塘坳镇为省“平安农机”示范乡镇，平安县、乡镇建设率达80%以上。

（胡智芳）

【农机科技培训】 加大农机职业教育和技术培训工作，共培训新大中型拖拉机、联合收割机、履带式旋耕机驾驶员1081人。坚持农机+农艺、学用结合的原则，开展水稻机插与机植保、油菜机播与机收等技能培训班53期，发放宣传资料1.91万份，培训新型职业农民3986人。探索培训+扶贫新模式，醴陵市免费为建档立卡贫困户培训机手，获省、市媒体报道。推广油菜生产全程机械化技术，全市油菜种植面积3.40万公顷，其中机耕面积为3.27万公顷，机播面积1.75万公顷，油菜耕种收综合机械化水平达76%，机械直播油菜产量达到2250公斤/公顷，农民种植实现高产丰收。

（胡智芳）

【农机服务】 积极培育建立以农机大户为基础，农机合作社为主体，农机作业服务为纽带的新型农机社会化服务体系，加快农机化服务向便民利民推进。坚持合作社建设“五有”标准，成功申报省现代农机合作社48家、示范社7家，国家示范社1家。解决农机行路难、看病难、住房难“三难”问题，新建维修改造4000千米机耕道。探索“项目建设+壮大合作社”新模式，让发展好的合作社成为农机深松、机耕道等项目建设的主体，引导有实力的农机合作社将业务范围从耕作拓展到农机作业服务、农机维修、技术培训等领域，大力兴建机库棚、烘干间、维修间，拉长服务链条，夯实发展基础，出现一批高质量、高水准的农机合作社综合社。全市376家注册农机合作社资产总额超过3个亿，作业服务面积达7.2万公顷，服务总收入达4.3亿元，农机合作社生产经济效益蒸蒸日上。

（胡智芳）

气象服务

【概况】 防灾减灾和气象服务成效显著。2017年，株洲市气象部门全力做好监测预报预警服务，积极应对汛期内12次区域性暴雨过程，在6月22日—7月2日超历史记录的持续性暴雨洪涝灾害过程中，为党委政府及有关部门部署防灾抗灾救灾工作发挥前哨和参谋作用，最大限度减少人民生命财产损失。积极融入地方经济社会发展大局，服务地质灾害防治、森林防火、大气污染防治、美丽乡村建设、脱贫攻坚气象保障等。年内共启动应急响应3次，发布《气象专题报告》59期；发布《重大气象信息专报》3期；发布《决策服务手机短信》365期，发布预警信号188次417县次，发送手机短信8030万条，通过“96121”平台主动服务36万多次，召开新闻通报会5次、部门联动会4次，发布地质灾害预警20期，发布森林火险预警21期，发布环境空气质量预报及公报380期。市气象局获评2017年株洲市“抗洪救灾先进集体”，1人获全省“抗洪救灾先进个人”。

（廖莉芝）

【气象现代化重点项目推进】 突发事件预警信息发布系统实现市、县全部立项建设；完成71所农村中小学校舍防雷工程建设改造任务；“道安监管云”气象监测站建设完成布局规划、站点选址等任务。株洲新一代天气雷达项目获国家发改委批复，纳入中国气象局《气象雷达发展专项规划》，开展雷达选址工作。在以山洪地质灾害防治气象保障工程、省市县高清视频会商系统、县级综合业务平台等基础设施工程及关键科研业务项目的辐射带动下，气象装备保障、气象资料应用、信息支撑、数据共享能力明显增强，气象现代化评分逐年提升，基本实现气象现代化阶段目标。

（廖莉芝）

【现代气象业务能力提升】 2017年城镇天气预报、地面观测、农气观测等各项业务质量稳居全省前列；国家自动站、区域自动站等各类信息传输及时率达到99.5%以上；年气候评价连续被评为全省一等；建立基于数值预报的天气预报业务系统和省、市、县集约化业务流程，暴雨定量预报、精细化格点预报、数值预报产品释用等关键技术取得突破，年内6个科研课题结课，3人获副高级职称，9人获中级职称。申报的《抓机制补短板树品牌，以供给侧改革为引领推动气象服务提质增效》项目获全省气象部门创新工作奖第一名。在全省气象行业预报技能竞赛中，株洲市气象局取得市州气象局中团体总分第1名及1个单项团体第1名、1个单项团体第3名的优异成绩。

（廖莉芝）

【防雷安全监管】 2017年，株洲市政府出台《关于优化建设工程防雷许可的实施意见》，推动落实与事权相适应的财政保障，明确气象部门在雷电灾害防御工作上的组织管理职能。切实履职强化防雷安全监管。完成对县（市、区）政府防雷安全考评工作。联合安监、消防、卫计委等部门，针对油库、气库、弹药库、化学品仓库、烟花爆竹、石化等易燃易爆场所开展专项执法。年内派出190人/次，执法检查71家单位，下达62份执法文书，对存在的安全隐患下发整改意见通知书，年内大部分隐患得到整改。落实重大事故隐患“一单四制”，全年累计排查企（事）业单位536家，排查防雷重大事故安全隐患数量27个，年内销号隐患数量26个。举办企业主要负责人防雷安全培训班，累计培训

300余人，创新开展“一对一”防雷安全生产服务，服务65家企业获好评。2017年，全市未出现防雷安全责任事故。（廖莉芝）

【气象文化建设】 2017年，株洲市气象部门在世界气象日、防灾减灾日、科普宣传周、安全生产月多形式开展科普宣传。全年发放宣传资料3000余份，光盘120个，接待学生和公众300余人次。顺利组织全省文艺汇演预赛。开展“文明三创”评选活动。志愿服务、创文创卫、道德讲堂、慈善捐款等活动蓬勃开展。连续第三届获评“省级文明单位”。（廖莉芝）

【株洲市政府与省气象局签订合作协议】 4月20日，株洲市政府和湖南省气象局就共同推进气象服务株洲经济社会发展签署合作协议。双方立足株洲市生态环境良好、经济社会快速发展、气候与自然资源丰富、气象灾害多发等基本市情，以“四个全面”战略布局为指引，共同加强对株洲气象工作的组织领导，共同推进气象事业发展长效机制建设、气象现代化建设和气象法治建设。省气象局局长常国刚和株洲市市长阳卫国出席签约仪式。（廖莉芝）

农业产业化建设

【概况】 2017年，全市农产品加工企业达2805家，市级以上龙头企业191家，其中农业产业化国家级龙头企业2家、省级龙头企业34家、市级龙头企业155家。株洲农产品加工业实现总产值485.11亿元，销售收入480.66亿元，实现利润19.6亿元，上交税金10.1亿元，出口创汇3352万美元，新增固定资产投资15.24亿元，新增银行贷款22.48亿元，建立基地30.67万公顷，带动农户65万户。与上年同比，分别增长20.6%、20.3%、19.8%、19.2%、37.9%、3%、30%。（张琥）

【农产品质量安全】 监管网络基本健全。83个乡镇基本完成农产品质量安全监管机构规范化建设。检验检测日趋完善。全市共设立100个农产品质量安全监测点，2017年抽检农产品118255批次，合格率99.88%。综合监管不断强化。2017年共出动执法人员1853余人（次），检查重点农资生产经营企业和个体经营户1564家（次），整治市场164个（次），受理投诉举报案件46起，查处案件23起，结案19起。标准化建设稳步发展。2017年新增“三品一标”认证71个，新申报绿色食品30个，无公害农产品41个，全市“三品一标”农产品总数达139个；建立农业标准化示范基地80个；认定授牌“农业标准化示范基地”50个；面积达14.67万公顷。修订无公害标准化生产技术规程73项，标准化生产覆盖率达85%以上。质量溯源全面推进。构建全市统一的农产品质量安全信息溯源平台，在株洲县、醴陵市、天元区、荷塘区新建6个追溯试点，积极推进农产品质量安全溯源体系建设，着力打造质量安全放心的“株洲农业溯源”公共品牌。（李耀武）

【农产品推广】 2017年，株洲积极拓展农产品销路，促进产销衔接，拓宽销售渠道，实现农产品价稳顺销，助力农民增收农业增效目标。

农产品展销促销。4月26日，市委、市政府在香港举办2017湖南（香港）投资贸易洽谈周“株洲农副产品香港对接会”专题活动。湖南福来喜鹅业、攸县鸿华麻鸭、白龙野菜腊焙食品、茶陵嘉华姜业、株洲盘龙猕猴桃果酒等14家农产品加工企业参加此次对接会。活动采取品鉴会、餐叙交流的方式进行，并设置株洲农产品静态陈列区、洽谈区，6家企业与港方公司初步建立合作意向。9月21—24日，第十五届中国国际农产品交易会（以下简称“农交会”）在北京全国农业展览馆举行，株洲市唐人神肉制品有限公司、攸县鸿华麻鸭业有限责任公司等7家农业龙头企业参展，展出粮油、畜禽制品、茶叶、调味品等26个特色农产品，其中唐人神肉制品有限公司生产的手工香肠荣获农交会“金奖”产品。11月18日，第十九届中国中部（湖南）农业博览会在长沙国际会展中心开幕。此届农博会全市共有32家企业参展，展位面积495平方米，参展企业展出的农产品涉及粮油、畜禽制品、茶叶、蜂蜜、调味品、护肤品等。其中唐人神集团股份有限公司、株洲市苗妹子食品有限公司、湖南慕她生物科技发展有限公司和茶陵县茶祖印象茶业有限公司设4个企业特装展位，“炎陵黄桃”在农博会特设的“湖南十大农业品牌”展示区中单独设立展台。株洲王十万黄辣椒荣获2017年中国食品博览会金奖。

打造品牌农产品。2017年，全市申报“三品一标”60多个，同比增长40%以上；申报地理标志产品4个。截至年底，全市共有农产品注册商标

3000多个，地理标志产品8个，中国驰名商标9个，中国名牌产品4个，湖南省著名商标58个，湖南省名牌产品18个，株洲市名牌产品11个。通过“三品一标”认证的农产品达到140个。“炎陵黄桃”“唐人神”等依托品牌效应，产生巨大的经济效益和社会效益。“株洲红茶”成为“湖南十大农业区域公用品牌”重点培育对象。举办首届农业品牌建设培训班，各县市区农业部门分管领导和新型农业经营主体负责人近60人参加培训。炎陵县大院龟龙窝观光生态茶园有限责任公司生产的“龟龙窝牌高山乌龙茶”荣获“第三届亚太茶茗大奖赛特别金奖”，其生产的“龟龙窝牌炎陵红茶”和炎陵县洣溪茗峰茶叶加工厂生产的“洣溪茗峰神农白茶”双获金奖。茶陵县高陇镇石冲村（石冲脐橙）荣获农业部全国第七批（2017年）“一村一品”示范村镇。中央电视台七套《农广天地》栏目组在炎陵拍摄“炎陵黄桃”和“酃县白鹅”电视专题片。反映“炎陵黄桃”和“酃县白鹅”在品牌建设和带领当地群众脱贫致富方面取得的突出成绩。

（谭 峥 段 骁 张 琥）

【33家企业入选“株洲市2017年农业产业化市级龙头企业”】 株洲市2017年农业产业化市级龙头企业评选名单出炉，炎陵县艾香坊客家特色食品开发有限责任公司等33家企业榜上有名，被认定为农业产业化市级龙头企业。至此，株洲市已有农业产业化市级以上龙头企业191家，其中国家级2家、省级34家、市级155家。农业产业化龙头企业是构建现代农业产业体系的重要主体，是推进农业产业化经营的关键。注重龙头企业培育和行业运行监测“两手抓、两手都要硬”。一方面积极培育和扶持新的农业龙头企业，另一方面通过日常监测和定期评价相结合方式对其进行管理，并建立“留优汰劣”的动态管理机制，每两年进行一次运行监测，对监测不合格的，取消其市级龙头企业资格。

（谭 峥）

【醴陵市引进瓜蒌产业】 7月21日，醴陵市农业局与广西北海蓝海投资有限公司成功签约，引进瓜蒌种植、加工及新型农业项目。该项目计划总投资2.2亿元，用3年时间，推广种植瓜蒌面积2000公顷以上；建设集瓜蒌种植加工、种苗培育、农产品科研、农产品低温储存于一体的现代化农业产业基地；开辟瓜蒌精加工项目，开发食品、酒类、化妆品、药品方面系列产品；打造2~3个农业休闲观光基地。

（刘 亮）

【炎陵黄桃喜获丰收】 2017年，炎陵县黄桃种植面积2120公顷，比上年增加386.7公顷，涉及105个村、2.86万人，惠及贫困户2484户；挂果面积1000公顷，比上年增加406.7公顷；总产量8400吨。全年实现综合产值2.8亿元，比上年同期增加1.35亿元，增幅93.1%。其中：黄桃线上销售量占比达61.8%，比上年增加16.5%，“互联网+”销售模式日益普及与完善。

（段 骁）

农业科技研究与推广

【概况】 2017年，株洲市成功创建市四星级服务乡镇农技站3个、省五星级3个、国五星级4个。

增强农技人员服务能力与水平。全年全市共有262名农技推广人员参加各级培训，其中县级指导员82人，乡镇农技人员180人。参加田间学校辅导员培训20人。参加岗位培训水稻48人，玉米2人，油菜1人，柑橘3人，葡萄7人，猕猴桃9人，蔬菜30人，黄桃2人；植保专业培训36人，土肥专业11人，经作专业29人，粮油专业17人，农残检测1人。为加快发展株洲市现代农业提供了基础保障。

实现再生稻示范生产预期目标。全市示范种植Y两优9918等再生稻品种20余个，再生稻种植面积达2900公顷。其中：株洲县龙船镇石龙村再生稻示范百亩基地亩产为729公斤，攸县新市、茶陵县千亩示范片头季平均亩产达700公斤以上。全市再生稻头季平均亩产量达650公斤，再生季亩产超250公斤。

稻田综合种养初见成效。炎陵县在鹿原镇天星村、新坪村开展水稻+鸭综合种养技术示范面积20公顷，鸭子为水稻除草、控虫、松土、供肥和刺激分蘖生长，稻田为鸭提供水源、适量食物以及栖息场所，在同一田块里生产出无公害、安全、优质的大米和鸭子，具有明显的省肥省药省工、节本增收环保的功效，生产的稻鸭米依托电商平台销售，产销两旺。茶陵、

攸县、醴陵、株洲县稻田养鱼、养蛙等来势良好。（苏大勇）

【新型职业农民培育工程】 2017年，全市各地紧紧围绕水稻、蔬菜、生猪、特色经作等主导产业和特色优势产业开展职业农民培育工作，探索教育培训、认定管理、政策扶持“三位一体”培育模式。全市完成新型职业农民培训任务4990人，落实中央与省财政培训补助资金541万元。截至2017年年底，全市共有31012人纳入培育对象信息库，累计培训新型职业农民培育对象12350人，认定发证2420人，出台认定管理、政策扶持规范性文件8份。（尹小平）

【农业科学研究】 株洲市农科所建制于1962年，1995年加挂株洲市蔬菜研究所，是集农业科研、品种推广、科技示范、“三农”服务等于一体的正处级公益一类农业科研事业单位。主要职能包括承担、实施国家、省、市农业科研课题；承担农作物（粮食、油料、蔬菜、花卉、瓜果茶叶等）新品种的研究选育及农作物栽培技术、农业资源利用、新技术的引进、试验、示范和推广工作；承担主要农作物新品种的原原种、原种、亲本种子、优质种苗的良种繁育工作；承担农产品加工、农业生物技术的研究与科技攻关；承担农业科技培训服务，开展对外农业科技交流等。

2017年，有在职干部职工62人。具有中高级职称31人（其中：研究员3人，副高职称10人，中级职称18人）；博士1人；硕士5人；省121人才工程第二层次人才1人；市学术技术带头人2人；科技领军人才3人；核心专家4人。内设6个行政科室：办公室、人事教育科、财务科、科研管理科、科技信息科、监察室。8个科研科室：水稻研究室、蔬菜研究室、园艺研究室、旱作果茶研究室、植保土肥研究室、农产品加工研究室、生物技术研究室、良种繁育中心。2个党群部门：机关党委、工会。

2017年，市农科所承担实施科研课题16项。其中水稻科研课题4项，蔬菜科研课题7项，果茶科研课题1项，花卉科研课题2项，植保科研课题2项。开展科技合作5项（次）。发表专利与著作8篇。科研成果丰硕：1个水稻品种获省级审定，3个花卉品种获国际登记，1项成果获神农中华农业科技奖，引进农作物新品种85个。（杨文福）

【农业科研成果】 2017年，市农科所水稻“柒两优2012”2017年通过省级审定；花卉“惊鸿、玉面丹心、雪儿”2017年获国际登记。“观赏百合育种技术及抗茎腐病新品种的培育”获神农中华农业科技二等奖。引进水稻品种35个，蔬菜品种34个（甘兰类11个、白菜类4个、莴苣类5个、番茄7个、玉米2个、芹菜1个、大叶水晶冰菜1个、冬瓜1个、萝卜1个、彩椒1个），果茶14个，花卉2个（印度红莲、王莲）。（杨文福）

【农业科研课题】 2017年，株洲市农科所承担实施科研课题16项。其中水稻类4项：国家水稻产业技术体系株洲综合试验站建设项目（国家级），省水稻产业技术体系湘中试验站建设（省级），镉低积累水稻品种选育（省级），株1S穗发芽调控技术研究（省级）。蔬菜类7项：蔬菜病虫害观察试验站（国家级），湖南省镉低积累蔬菜品种筛选及大田验证（省级），不同类型土壤对辣椒镉吸收的影响（省级），湖南省特色蔬菜种质资源评价与应用研究株洲蔬菜种质资源收集与评价（省级），株洲长白苦瓜提纯复壮（省级），丝瓜新品种选育与应用（所级），茶陵紫皮大蒜脱毒（所级）。果茶类1项：刺葡萄醋酿造工艺研究（所级）。花卉类2项：百合分子育种研究（省级），百合抗病分子育种研究（市级）。植保类2项：农业基础性长期性植保数据监测（部级），镉低积累水稻品种大田验证（省级）。（杨文福）

【农业科技合作】 2017年，株洲市农科所开展科技合作5项（次）：与湖南大地种业有限公司开展种业繁殖合作；与海南广陵农业有限公司开展株1S繁殖合作；与华赣双季稻科企联合体开展优质稻示范；与省土肥所开展稻田重金属污染源解析与截源技术试验；与湖南工业大学合作建立名贵花卉分子育种研究所。（杨文福）

【农业专利与著作】 2017年，株洲市农科所先后发表专利与著作8篇：《机插密度对陵两优102群体结构及产量的影响》《播期对机插双季早稻生长特性及产量的影响》《刺葡萄紫秋远缘杂交胚挽救技术研究》《火龙果栽培及管理技术》《温敏核不育系株1S原原种冷灌繁殖技术》《株洲白丝瓜早熟高产高效栽培技术》《OT型百合与东方百合远缘杂交后代的细胞学观察》，SiXiang Zheng etal, Initial study on 2n gametes induction of Strelitzia reginae Acta Horticulturae 2016 1167: 157-162。（杨文福）

农村经济管理

【概况】 2017年，株洲农村综合改革稳步推进。农村土地确权全力推进，取得明显成效，有效促进农村土地有序流转。“三权分置”工作逐步推进。农村集体产权制度改革全面开展，出台《株洲市农村集体产权制度改革试点工作方案（试行）》，确定18个村作为农村集体产权制度改革试点村。（杨 鼎）

【全力推进农村土地承包经营权确权】 2017年，全市以组为单位，完成调查摸底占98.88%，完成实地指界占99.47%，完成一轮公示占97.13%，完成二轮公示占92.05%，完成实测面积与二轮承包面积的比率达到123.47%。9县市区均已完成首证颁发工作，全市土地确权工作基本完成。（杨 鼎）

【农村新型经营主体建设】 2017年，全市共有合作社3083家，带动农户123157户。其中国家级示范社29家、省级示范社58家。家庭农场1923家，其中录入全国家庭农场名录有483家，新增录入全国家庭农场名录150家。全市272个农民合作社参与和实施产业扶贫，特色产业扶贫“百村建百社”带动农户1720户6880人，人均受益1300元。（杨 鼎）

【农民减负维权督查工作】 对5个县、2个区进行专题督查，对查处出的6大类30多个问题，提出整改建议。与驻委纪检组一起，结合“雁过拔毛”专项整治工作，对农村“三资”和农村财务审计情况开展专项检查，共查出问题线索75条，违规资金674万元。8月底和10月，配合省减负办对攸县和天元区、株洲县的减负维权工作进行重点督查。全市连续29年未发生一起涉农恶性案件和涉农群体性事件。（杨 鼎）

【农村土地流转经营纠纷仲裁体系建设】 截至2017年年底，全市成立农村土地经营纠纷仲裁委员会的县市区达6个，120余个乡镇成立调解委员会，仲裁工作人员2000多人，全年全市共调解各类土地纠纷事件900余起。（杨 鼎）

【集体经济发展】 截至2017年年底，全市1020个村（行政村，不含社区），1004个村有经营性收入。其中100万元以上的行政村4个，占0.3%；50万~100万元的行政村14个，占1.4%；10万~50万元的行政村103个，占10%；5万~10万元的行政村328个，占32.1%；5万元以下的村555个，占54%。无经营性收入的行政村32个，占0.3%。（杨 鼎）

扶贫开发

【概况】 株洲市有炎陵、茶陵两个片区贫困县和攸县、醴陵市、株洲县3个面上县。2014年全市有建档立卡贫困人口18.4万人，贫困村166个。2017年，全市有建档立卡贫困人口17.59万人，其中未脱贫人口3.84万人。4年来，全市共减少贫困人口13.76万人，贫困发生率由5.95%下降到1.30%，166个贫困村全部退出，炎陵、茶陵两个片区贫困县已顺利通过省验收。（谭雪平）

【规范扶贫基础管理】 开展“提升基础管理”主题月活动和贫困对象动态调整工作。5县（市）通过全面核对基础数据、规范基础台账、完善“一户一档”、建设“两室两站一点”（脱贫攻坚作战室、驻村帮扶工作室、扶贫工作站、金融扶贫服务站和中国社会扶贫网信息服务点），共清理不符合条件的贫困对象27424人，重新纳入符合条件的贫困对象31736人。（谭雪平）

【深化帮扶工作】 推行“四包责任制”，实行市五套班子分别包5县（市）、市直183个部门及企事业单位驻村帮扶包52个贫困村、城市5区包重点县34个贫困村和200名贫困人口以上的非贫困村、市县乡村22099干部结对帮扶所有贫困农户，形成“结对帮扶全覆盖、整体脱贫大包干、村村都有工作队、户户都有干部帮”的精准扶贫。在“深化帮扶工作”主题月中，调整市县重叠帮扶力量，将县派帮扶单位调整到非贫困村；向187个贫困人口200人以上的非贫困村派出驻村帮扶工作队，贫困人口100人以上的非贫困村安排驻村帮扶工作队或帮扶单位；动员机关企事业单位干部职工、人大代表、政协委员等力量结对帮扶贫困户，实现驻村和结对帮扶全覆盖。浓厚攻坚氛围。在市广播电视台、《株洲日报》、株洲交通频道3家媒体开辟“脱贫攻坚在株洲”专题和“决胜脱贫攻坚”专栏报道，搭建“株洲扶贫信息网”和手机“扶贫短讯”宣传平台，实时发布株洲扶贫动态。2017年，向媒体报送的宣传稿件中，被中央级媒体采纳239条，被省级媒体采纳523条，被市级媒体和网站采纳4075条。（谭雪平）

【产业扶贫】 全市1562家新型农业经营主体带动2.35万户8.17万人参与产业扶贫，人均增收1887元。其中356家新型农业经营主体帮扶166个贫困村和142个200名贫困人口以上的非贫困村，实现贫困村专业合作社全覆盖，带动6949户2.28万名贫困人口发展产业。在166个贫困村建立金融服务站，扶贫特惠保对贫困人口做到全覆盖。（谭雪平）

【引导转移就业】 5县（市）贫困人口新增县内转移就业2.42万人，新增县外转移就业8336人。夯实脱贫基本保障。（谭雪平）

【健康扶贫】 在全面落实现有医疗保险和救助政策的基础上，对患病贫困对象实施分类救治。救治可一次性治愈贫困患者2132人，救治率100%。（谭雪平）

【教育扶贫】 全市资助家庭经济困难学生11.55万人，发放资助金1.23亿元；实施“全面改薄”，累计投入9.67亿元，完成规划资金的111.31%。（谭雪平）

【住房保障】 “十三五”期间共计实施易地扶贫搬迁4202户13434人。5县市符合“一户一宅”政策且有人居住的建档立卡贫困户土坯房改造存量数8540户，竣工8540户，完成率100%。（谭雪平）

【基础设施建设扶贫】 交通扶贫工程：4年共完成国省干线公路项目133千米，窄路拓宽工程609千米，通畅工程1342千米，所有贫困村道路已达到验收标准。水利扶贫工程：共解决6.8万贫困人口的饮水安全问题，完成37座水库除险加固工程。通信和电力、光伏扶贫工程：完成全市贫困村农网改造任务，166个贫困村有163个村筹集资金建设光伏电站或购买市光伏扶贫基地股份收益，166个贫困村无线网络、有线宽带实现全覆盖。农村环境综合整治工程：共完成饮用水源保护工程投资212.3万元、生活垃圾处理工程投资610.98万元、生活污水处理工程投资926.035万元；投资1.48亿元改厕7.63万户；“三分两池一棚”建设投资4532万元，建设项目760个，农村环境得到有效治理。旅游扶贫：大力发展全域旅游，投资2.55亿元，建设旅游项目428个；完成人才培训3379人。生态扶贫：共发放生态效益补偿基金288.73万元、退耕还林费用89.7万元、专项补贴3407万元，聘请441名贫困户为生态护林员。（谭雪平）

【提升公共服务水平】 开展文化扶贫：建成农家书屋431个；投资2.84亿元，建成村级综合文化服务中心849个；完成村村响、户户通投资3523.66万元，实现贫困村广播电视信号全覆盖。落实低保和城乡特困人员供养政策：2017年，5县（市）农村低保提高至280元/月，实现最低生活保障线和扶贫线“两线融合”。村级公共服务建设：向166个贫困村和软弱涣散村派出第一书记，选优配强基层党组织，稳定干部队伍，提升干部素质，把基层党组织打造成为一支永不撤退的工作队。（谭雪平）

【社会扶贫】 全市以试点上线“中国社会扶贫网”为契机，探索出做实“一张网（中国社会扶贫网）”、用活“一个联盟（株洲社会扶贫联盟）”、强化“一支基金（株洲产业扶贫投资基金）”的“三个一”社会扶贫株洲模式。实现了中国社会扶贫网全覆盖、爱心力量全动员、产业扶贫全带动“三大目标”。该模式得到国务院扶贫办的充分肯定和推介，并获得全国“2017精准扶贫10佳典型经验”和“‘互联网+’社会扶贫卓越贡献奖”。2017年度全省社会扶贫上线工作株洲排名第一，醴陵市在全省123个县市区中排名第一。（谭雪平）

商 贸 服 务

商务和粮食

【概况】 株洲市商务和粮食局是株洲市政府工作部门，2015年3月由原株洲市商务局与原株洲市粮食局合并成立，原市商务局下属二级机构株洲市酒类产销管理办公室和株洲市牲畜屠宰管理办公室撤销，职能分别移交至株洲市食品药品监督局和株洲市畜牧兽医水产局，原市粮食局下属企业划入湘江集团。市商务和粮食局下设19个科室、2个事业单位（市粮食质量监测站和市投资事务促进局），在编干部职工共80人。主要职责：推进株洲市国内外贸易工作，指导株洲市招商引资、承接产业转移工作，推进株洲市国际经济合作和区域经济合作工作，负责株洲市粮食流通和粮食行业发展工作。

2017年，株洲市商务、粮食和开放型经济指标保持平稳增长，质量和效益进一步提升，呈现出追赶式、跨越式发展的态势。全年实际利用外资12.1亿美元，同比增长14.7%；内联引资409.3亿元，同比增长16.9%；进出口21.89亿美元，同比增长29.9%；对外投资3.1亿美元，同比增长26.5%；对外经济合作4.1亿美元，同比增长46.7%；社会消费品零售总额1038.5亿元，同比增长10.7%；粮食收购59.8万吨，粮食产业经济实现107.3亿元。（张 敬）

【招商引资】 基础工作不断强化。开发包装招商项目200多个，总投资额4037亿元。初步建立“三库一网一刊一平台”体系，与各地商协会强化战略合作关系，扩大信息渠道。项目对接卓有成效。全市招商队伍围绕三大动力产业的补链强链，新能源、新材料、电子信息、生物医药、节能减排等新兴产业的做大做强以及现代物流、文化旅游、特色小镇等重点发展产业的培育壮大，赴京津冀、长三角等地区开展招商活动277次。先后组织举办“2017回乡企业家新春交流暨重大项目发布会”“2017年港洽周中国株洲（香港）汽车博览园专场对接推介活动”“株洲（深圳）中国动力谷产业专题对接推介活动”“第十届中博会‘对接大湘商、建设新家乡’株洲（上海）产业对接暨市情推介会”“2017株洲（深圳）招商推介会”“株洲（北京）项目对接暨市情推介会”等大型招商活动，参与“2017年全国企业家活动日暨中国企业家年会”“广东省湖南商会年会株洲市情推介会”等活动。2017年，全市新签约项目261个，合同引资2988亿元，其中500强企业32个，20~100亿元项目28个，100亿元以上项目7个。项目履约实现突破。140个重点履约项目计划，按“五个一”方式进行推动，北汽二期、两机专项、长城电脑等一批大项目相继开工、投产，全年履约和开工均完成预期目标，开工率和履约率在80%以上。（张 敬）

【外经外贸】 对外投资步伐加快。旗滨集团投资1.9亿美元的马来西亚浮法玻璃生产线项目建成投产，投资4000万美元的二期节能玻璃生产线项目启动建设；大地集团缅甸投资项目成功拿地；投资5000万美元的科晨贸易老挝综合商贸城项目启动实施；投资2200万欧元的联诚集团德国并购项目进展顺利。外贸工程来势喜人。湘安公司成功中标蒙古国4.15亿美元的乌兰巴托热电厂扩容改造项目二期工程；株洲市政进军非洲加纳基础设施建设领域，在谈工程项目金额超3亿美元。外派劳务体系逐步健全。截至2017年年底，全市共有4家对外劳务合作服务平台和1家对外劳务合作经营企业，全省首家海事学校暨国际海员海乘培训考试中心落户株洲。全市外贸形势逐步回暖，进出口贸易实现30%以上的恢复性增长。开展政策宣传和业务指导，加强对园区外贸服务中心的考核管理和服务，帮助企业提高外贸业务开展能力和水平。2017年，全市84家外贸企业实现业绩破零，83家外贸企业实现业绩倍增。外向型项目引进力度加大。强化加工贸易项目及外向型项目引进工作，积极争取政策支持，推动项目落地。帮助福建珍珠加工项目办理加工贸易批复相关手续，接洽广州市物流产业到株洲调研无水港建设、广铁集团到株洲洽谈国际物流园合作等项目，对接湖南嘉德集团到株洲商谈保税物流运营方案等工作。平台建设日益完善。铜塘湾保税物流中心（B 型）顺利完成验收并封关运营；积极对接自贸区，复制推广自贸区成功经验；大力争取省商务厅“湖南跨贸云”项目落地株洲。

（张　敬）

【内贸流通】　流通产业稳步发展。开展餐饮业发展和管理工作，举办“2017 中国餐饮行业祭拜食祖炎帝大典暨中华食祖炎帝厨王争霸赛”，株洲市获评“食祖炎帝故地　湘菜文化名城”称号；组织唐人神等 35 家企业参加“中国食品博览会”，有效展示株洲市流通企业形象；联合市妇联、市人社局举办“2017 年株洲市家政服务职业技能大赛”，促进家政服务业规范化、职业化；大力推动特许行业发展壮大，全市特许经营备案企业 7 家。电子商务发展强劲。2017 年，全市电子商务交易额实现 900 亿元，其中网络销售 145 亿元，同比增长 30%，株洲获评“全国优秀电子商务示范城市”；积极组织电商企业参加 2017 年中国国际电子商务博览会，成交量较上年增长 42%；举办株洲第四届电商峰会，助力株洲电子商务“互联网 +”行业发展；全力推动电商平台建设，截至 2017 年年底，阿里巴巴株洲产业带平台在阿里巴巴产业带运营中排名前 3，平台总交易额超过 21 亿，同比增长 22.3%，在售商品超过 70 多万件，苏宁易购株洲特色馆在苏宁易购 • 中华特色馆运营中排名 12 名，在售特色产品达 100 多件。促消费活动成效明显。社会消费品零售总额突破 1000 亿元，消费对经济增长的拉动作用明显增强。组织和参与“2017 株洲神农福地消费节”“2017 年湖南服饰产业博览会暨芦淞服饰节”“中国(醴陵）陶瓷艺术博览会”等一系列促消费活动。仅“2017 株洲神农福地消费节”参与商家达 400 余家，带动商铺 4000 余家，促销让利活动达 200 余项。有序推进市场体系建设。实施农贸市场 3 年提质行动计划，起草《株洲市旧城提质行动农贸市场建设改造工作方案》《株洲市农贸市场管理办法》，完成纳入旧城提质改造的 5 个农贸市场建设；积极推动长株潭汽车消费服务业集聚区项目建设和株洲市农副产品批发交易物流中心项目建设；全年淘汰黄标车 7649 台。企业帮扶成效显著。抓好限上企业培育工作，全年新增限上企业 185 家，其中批发业 47 家，零售业 93 家，住宿业 15 家，餐饮业 30 家；积极开展企业帮扶活动，接到市长热线反馈企业问题 24 个，办结率 100%；争取市财政专项资金 150 万元用于解决 13 家外贸系统特困企业的养老保险、医疗保险及相关历史遗留问题，有效保障未改制商贸企业改革工作平稳进行。

（张　敬）

【粮食流通】　确保粮食安全。与各县市区政府签订 2017 年落实粮食安全目标责任书；全市完成 7.87 万吨三级储备粮轮换，所有存储库点均达到“四无一符”标准，连续 6 年优秀率 100%；新增放心粮油网点 24 个。推进粮食市场监管。商务和粮食局、食品药品监督局、工商局开展联合执法；粮食安全隐患“大快严”集中行动中，纳入检查的政策性粮食 65 万余吨，自查率 100%；做好粮食质量安全监测，完成省局下达的收获环节稻谷品质测报抽样，完成株洲市粮食质量安全监测和属地库存粮食质量安全抽查工作。发展粮食产业经济。全年完成粮油产品加工 53.2 万吨，实现粮油加工及物流总产值 107.3 亿元，分别较上年增长 6.1%、5.5%；在全国大型粮食展销会上，销售产品 3.6 亿元；指导粮油企业申报省级农业产业化龙头企业 1 个、市级农业产业化龙头企业 3 个，省著名商标 2 件，27 个“全省智能粮库管理系统建设项目”启动建设；神农米业公司等企业获 2017 年省“粮油千亿产业”专项资金支持。保障军粮供应。制定《株洲市军粮质量管理实施细则》《株洲市军粮统筹配送管理办法》，强化制度保障；积极推进军粮危仓老库维修改造，完成 11 个军粮维修改造项目。

（张　敬）

【湖南（香港）投资贸易洽谈周株洲系列招商活动】　2017 年 4 月 25~28 日，湖南（香港）投资贸易洽谈周株洲系列招商活动在香港和珠三角地区展开。湖南省政府副省长何报翔应邀出席推介会，株洲市领导刘光跃、蔡溪等率领株洲市党政代表团和经贸活动团参会。全国 200 多名知名企业和重要商协会负责人参会。招商活动期间，株洲共签约重点项目 51 个，涉及投资额 490 亿元。其中：省主会场香港现场签约恒大健康产业城项目，涉及投资额200亿元；深圳专场现场签约项目31个，涉及投资额183亿元，签约项目按产业类别统计，工业制造类项目21个，占比68%；第三产业及其他9个，占比29%；能源与城市基础建设项目1个，占比3%。从引资区域来看，超过50%的项目来自于珠三角地区。（张　敬）

【株洲第四届电商峰会】　2017年12月26日，湖南株洲第四届电商峰会在株洲希尔顿酒店成功举办。电商界知名人士、企业家代表以及媒体记者超过800人参会。峰会以"链接价值·内容为王"为主题，邀请国内电子商务行业前沿人士，分析电子商务发展现状，利用"互联网+"思维促进株洲传统企业转型升级，推动电子商务与株洲实体经济的融合发展。会议授予"七十二变"等7家优秀电商企业"2017中国（株洲）第四届电商峰会电商杰出机构"奖。（张　敬）

【铜塘湾保税物流中心（B型）通过验收】　2017年9月8日，株洲铜锣湾保税物流中心（B型）顺利通过海关、财政等四部委（国家税务总局、国家外汇总局）组成的联合验收小组现场验收，市长阳卫国与长沙海关关长黎对贞签署《株洲保税物流中心（B）型验收纪要》。株洲铜塘湾保税物流中心（B型）项目的建成，对于促进株洲市开放型经济发展，促进战略性新兴产业和高新技术产业加工贸易发展，推动全市产业升级和整体发展具有十分重要的作用。（张　敬）

【组织参加"广交会"】　"广交会"即中国进出口商品交易会的简称，创办于1957年春季，每年春秋两季在广州举办，是中国目前历史最长、层次最高、规模最大、商品种类最全、到会客商最多、成交效果最好的综合性国际贸易盛会。2017年4月25日，株洲市委书记、市人大常委会主任毛腾飞率团参加第121届中国进出口商品交易会。此次交易会株洲市共有日用陶瓷参展企业55家，展位175个，株洲本地品牌企业华联、陶润、泉湘、港鹏等公司参展，醴陵参展陶瓷企业统一使用"醴陵窑"LOGO。（张　敬）

2017年株洲市招商引资10亿元以上签约项目一览表

表13

序号	项　目　名　称	项　目　投　资　方	总投资（亿元）	引进资金（亿元）
1	湖南第四代建筑　研发示范基地	湖南四为高新科技有限公司 新疆天地集团有限公司	45	45
2	新能源动力电池项目	孚能科技（赣州）有限公司	10	10
3	新型建筑模版（铝合金）模版生产基地项目	株洲成华实业有限公司	30	30
4	医养结合康复护理医院建设项目	湖南汉森医药有限公司	40	40
5	中国（中部）服饰总部经济示范区项目	复星集团星鸿控股有限公司	200	200
6	德奥航空项目	德奥通用航空股份有限公司	20	20
7	新生态品牌男装产业园项目	广州二狼狐轩服饰有限公司	15	15
8	面辅料产业园项目	柯桥（中国）轻纺城湖南商会 广东商会经编分会	15	15
9	牛仔小镇项目	广东服饰企业商会	20	20
10	汉德车桥株洲制造基地	汉德车桥（株洲）齿轮有限公司	14.73	14.73
11	关于设立湖南轨道交通投资建设（集团）	中国中车股份有限公司 中国中铁股份有限公司	20	20
12	轨道装备产业扩能与制造智能化建设项目（分二期）	中国铁建重工集团有限公司	10	10

续表 13

序号	项　目　名　称	项　目　投　资　方	总投资（亿元）	引进资金（亿元）
13	境外融资战略合作协议	中泰国际证券有限公司	14	14
14	云龙进口商品旅游小镇	平湖香都市场开发有限公司	10	10
15	北影艺术教育“一站式”培养和电影主题游乐园项目	北影控股集团有限公司	20	20
16	株洲云龙云峰湖绿城小镇	绿城房产建设管理集团有限公司	80	80
17	中核湖南国际质子治疗中心	中国中核宝原资产控股有限公司	30	30
18	株洲市人民政府与中国科学院云计算产业技术创新与育成中心共建株洲产业互联网和产业大数据协同创新基地合作协议湖南中科云科技有限公司	中科院云计算中心中科院国云科技股份有限公司	10	10
19	株洲节能环保产业装备制造园	株洲市湘绿节能环保产业股份有限公司	20	20
20	渌江新城地下综合管廊	五矿二十三冶集团	10.5	10.5
21	城市生活体验中心项目（碧桂园）	碧桂园集团	30	30
22	渌江新城核心区 PPP 项目	中国核工业华兴建设有限公司	17.5	17.5
23	醴陵城市外环线道路建设项目和地下综合管廊建设运营 PPP 项目	五矿二十三冶建设集团有限公司	29.5	29.5
24	农批城和五星级酒店项目	珠海横琴保成投资管理有限公司	40	40
25	清洁能源项目	五凌电力有限公司湖南分公司	10	10
26	松本林业公司总部及产业园区建设项目	湖南松本林业科技股份有限公司	10.88	10.88
27	“茶乡花海”生态健康产业园	湖南虎源生态园林有限公司	10	10
28	炎陵县鹿原镇人文旅游小镇项目	深圳市铁汉生态环境股份有限公司	20	20
29	株洲市铁东路（规划 26 路—新华路）和新塘西路新建工程 PPP 项目	中交第二航务工程局有限公司	29	14.27
30	房车生产基地暨全域旅游开发项目	天晟新材、云南旅游	50	50
31	中生健康“生命科学”项目	市国投集团、中生健康产业集团有限公司	50	50
32	湖南航空产业投资基金	湖南高新创业投资集团有限公司	100	80
33	2017 年株洲市城市棚户区改造项目	国家开发银行	225.8	164
34	株洲市道路基础设施及配套建设项目	国家开发银行	78	62
35	深化合作助力水环境改善开发性金融合作	株洲市水务集团有限公司国家开发银行股份有限公司湖南省分行	112.33	78.63
36	太阳村地块房地产开发项目	恒大地产集团	69.4	69.4

（张　敬）

贸易促进

【概况】 2017年，中国国际贸易促进委员会株洲市支会（中国国际商会株洲商会）围绕全市经济工作中心和对外开放大局，努力创新服务方式，拓展服务内容，全面深化和拓展贸易投资促进各项工作，在促进全市外经贸发展、扩大对外开放方面发挥了积极作用，获2017年度全省贸促工作先进单位。

企业服务有的放矢。结合“企业帮扶年”“双联”等活动，全力服务企业发展，深入企业调研60余次，帮助30余家企业免费参加涉外法律、参展实务等培训。依托中国贸促会（长株潭）法律服务中心，构筑24小时法律服务网络，解答企业涉外法律咨询300余次，协调或协助处理涉外纠纷21起，调解案件1起；加强出证认证，服务企业出口，全年签发一般原产地证明书755份，优惠原产地证明书22份，涉及货物出口金额约3185万美金，代办领事认证24份；成功举办“国际投融资与贸易便利化法律实务培训班”，被企业称为“及时雨”；组织全市外贸企业负责人参加2017年“中国仲裁周”湖南专场活动—商事仲裁暨多元化纠纷解决机制国际论坛和“湘企国际化经营知识产权保护与国际贸易便利化实务培训会”；成功争取联诚集团参加2017年金砖国家工商论坛，首次组织株洲市陶瓷企业抱团参加第22届澳门国际贸易投资展览会，引起广泛关注。

会展业发展有效推进。深入相关企业、会展场馆调研，完成《2016年度株洲市会展业发展报告》，争取市政府出台《关于加快株洲会展业发展的实施意见》标志市会展业发展进入新阶段；依托产业优势，协调各方资源，突出打造轨道交通产业国际峰会、航空产业国际峰会、新能源汽车产业峰会、芦淞服饰文化节、醴陵陶瓷产业博览会等“五张名片”，取得显著成效。其中2017中国（湖南）轨道交通产业博览会，全市27家轨道交通企业参展，株洲形象馆达3000平方米；醴陵瓷博会成交额约1.2亿元，合同额6.5亿元，签约项目32个，招商引资金额达182亿元，2017第十届中国会议产业大会上，中国陶瓷谷国际会展中心被评为“2017中国最佳服务会展中心”。

对外联络有条不紊。先后接待柬埔寨湖南商会、日本湖南总商会、印度驻广州总领事、斯洛伐克国家首席顾问以及美国轨道交通企业代表团等到株洲考察，建立了友好合作关系。加强与香港贸发局、香港欧中友好协会、澳大利亚中国商会、台湾两岸情经贸交流协会等境外商协会组织的联系，促成株洲市与香港贸发局签订战略合作协议，40余家台湾陶瓷企业参加2017中国（醴陵）国际陶瓷产业博览会。组织株洲市交通能源、农业产业化等4个经贸代表团24人次赴美国、加拿大、墨西哥、哈萨克斯坦等国考察交流，宣传推介株洲，促进相关合作。

经贸活动有声有色。全年组织98家企业参加2017汉诺威工业博览会、荷兰国际水处理展、印尼国际工程机械展等15个境（内）外展会和6个涉外经贸洽谈会，均取得良好效果，汉诺威工业博览会上，株洲市4家企业与20余家境外企业进行30多场商务洽谈。通过株洲农副产品香港对接会，全市14家农副产品企业首次进入香港，7家与港商达成意向协议，其中，株洲盘龙猕猴桃果酒酿造有限责任公司与香港企业家协会达成1亿元框架协议；湖南非你魔薯食品有限公司生产的魔芋粉丝深受香港餐饮界欢迎。

（吴玉云）

【成功举办农副产品香港对接会】 4月26日，由市人民政府主办，市贸促会、市农委、市商粮局承办，香港饮食业职工会联合会、中港食品安全交流协会协办的株洲农副产品香港对接会在港成功举行，这是株洲市农副产品首次进港。对接会紧紧围绕“合作共创双赢”这一主题，推介展示株洲优质农副产品，助推打入香港市场，并通过香港走向国际市场。副市长黄芳出席会议并致辞。对接会以推介加展示、品鉴加交流的形式，吸引香港餐饮行业的多位精英出席。湖南福来喜鹅业、攸县鸿华麻鸭等14家“有市场、有品牌、有基础、有优势”的农副产品加工企业进行了现场推介展示，7家企业与港商达成意向协议。

（吴玉云）

【组团参加新湖南·中关村协同创新发展论坛】 6月9日，由湖南省贸促会、湖南省发改委、湖南省科技厅、湖南省经信委共同承办的第二十届北京科博会“新湖南·中关村协同创新发展论坛”在北京湖南大厦举行。市贸促会率中车株机公司、中车株机所、南方阀门等企业参加。湖南省人民政府副省长何报翔、中国贸促会副会长卢鹏起出席活动并致辞。湖南省贸促会会长贺坚主持论坛开幕式。全国200余家企业、10余家科研院所、园区、湖南各市州、省直相关部门共600余人参加论坛。（吴玉云）

【组团参加阿斯塔纳世博会】 7月18—20日，以“永不落的太阳——湖南好‘风·光’”为主题的阿斯塔纳世博会湖南活动周在阿斯塔纳世博会中国馆举办，市人大副主任邓尚文率市发改委、贸促会等单位负责人组成的党政代表团和中车株机所风电事业部等企业负责人组成的企业代表团，参加2017阿斯塔纳世博会中国馆湖南周开幕式和“湖南新能源，先进产业推介洽谈会”，向境外客商和媒体推介株洲风电等新能源产业和产品；观看了中国馆展示的中车电力机车、中车风电叶片、中国醴陵瓷谷等株洲元素，拜访哈萨克斯坦阿拉木图工商会，了解阿拉木图乃至整个哈萨克斯坦的能源结构、产业现状及发展前景，并就新能源中风电项目进行深入洽谈。期间，代表团一行还赴白俄罗斯和俄罗斯等国进行交流考察。（吴玉云）

【组团参加澳门国际贸易投资展览会】 10月19日，第二十二届澳门国际贸易投资展览会在澳门威尼斯人酒店会展中心开幕。株洲市醴陵瓷艺堂有限责任公司、醴陵观前瓷业有限公司、湖南新世纪陶瓷有限公司、株洲天机巧陶瓷科技发展有限公司等9家企业抱团参展，组成独具特色的湖南展区，展出的陶瓷包括艺术瓷、日用瓷、炻瓷等。展览期间，株洲市邀请澳门特区政府、澳门贸易投资促进局、澳门相关商协会、国外参展商和国外专业采购商贸易商到展馆对接洽谈，并组织企业参加相关论坛、会议、商业配对和采购等活动。副市长黄芳参加开幕式。（吴玉云）

供销合作贸易

【概况】 2017年，株洲市供销系统实现营业总收入73.42亿元，同比增长13.5%；全市供销系统企业实现营业利润1.1亿元，同比增长25.5%；全系统实现销售额102.54亿元，连锁经营销售额15.47亿元，电子商务销售额2.85亿元，农副产品市场交易额32.09亿元，再生资源交易市场交易额3.8亿元。（李　可）

【农资供应】 强化储备督促，确保农资货源充足。组建督查队伍，对全市农资经营网点及供销农资销售网点进行全面规范，化肥、农药、地膜等价格与上年同期相比基本持平。全年供销系统销售化肥42.87万吨。其中尿素20.6万吨、磷肥2.09万吨、钾肥1.98万吨、碳铵1.34万吨、复合肥16.86万吨，销售农药3877.1吨，农地膜977.3吨，农资销售额达8.56亿元。强化服务监管，确保农资供应井然有序。先后采取举办农资经营户守法经营培训班、发放农业法律法规资料、突击抽查经营情况等方式，对农资经营网点进行无缝隙监管，鼓励农资企业开展送肥下乡、定点直供、技术咨询指导等多种形式的服务，方便农民购买农资。醴陵市社以农资储备配送中心为基地，发挥全市37家镇级农资加盟店、经营店的平台优势，将农资网点延伸到村组，通过电话预约、配送上门等方式把农资直接送到农民手中。攸县县社完善农资供应网络，206个农资供应点直接跟供货厂家对接，为农户提供质优价廉的农资产品，价格比市场上低10%左右。茶陵县社组织下属农资公司及生产厂家开展送化肥到村组活动，积极推广高含量低价格的化肥、高效低毒无残留的农药，充分发挥供销合作社农资供应主渠道的作用。（李　可）

【供销合作社综合改革】 2017年，供销合作社划归农口系统，城市五区的供销合作社综合改革工作交由区农村工作局承担。通过沟通协调，争取改革资金2172万元，将“土地托管服务5万亩”“新建惠民综合服务中心（社）100个”纳入全市“民生100”工程项目，围绕解决“谁来种地、怎么种地”问题，开展调研，大力推进“菜单式”托管服务，新增土地托管服务4933.33公顷，完成年目标的148.1%；按照“便民办事、助民致富、为民解忧、让民满意”的总体要求，新建惠民综合服务中心（社）104个，完成年目标的104%。（李　可）

【土地托管】 2017年，株洲供销系统创新农业生产服务方式，为农民和各类新型农业经营主体提供农资供应、工厂化育秧、配方施肥、农机作业、统防统治、收储加工等系列化土地托管服务。醴陵市社、茶陵县社以半托管、全托管为主要方式开展土地托管服务，分别完成土地托管面积 1733.33 公顷、800 公顷，完成率均达 200%；炎陵县社霞阳镇依托水稻种植、农业机械等专业合作社成立土地托管服务中心，完成土地托管面积 433.33 公顷，完成率 162.5%；攸县县社以惠农公司、农升联合社、大农和生态农业有限公司为依托，探索和创新农村土地托管服务模式，完成土地托管面积 1466.67 公顷，通过土地托管，实现增产增收，27 名种粮大户、3650 余名农民直接受益。株洲县社完成土地托管面积 492 公顷，超额完成工作任务。（李　可）

【基层社建设】 2017 年，株洲供销系统按照“壮大一批、规范一批、扶持一批”原则提高为农服务能力，通过资金引导、政策扶持、市场运作等手段，整合基层各方资源，推进基层供销合作社改造、恢复和提升，推动经营服务向乡镇（街道）及村居延伸，加快实施“网格化”布局，完成改造提升基层社 10 家，新建惠民综合服务中心（社）104 个。开展“党建带社建，社村共建”创新工程，引导支持基层供销社、农民合作社与行政村、城乡社区共建共享，拓展供销合作社服务群众、服务发展的空间和领域，增强农村基层党组织带领群众增收致富的能力，建成“社村共建”示范点 25 个。围绕农业优势特色产业，带动农民参与农业产业化经营，全年新领办农民合作社 22 家，截至 2017 年年底，全市领办农民合作社共 163 个，获国家评定的农民专业合作社示范社 12 家，省级农民专业合作社示范社 20 家。

（李　可）

【农产品流通体系建设】 2017 年，株洲不断改造、整合、提升经营流通网络，着力构建现代物流配送中心为支撑、大型交易市场为平台，信息化为手段的农资经营、农副产品购销网络，全年完成农副产品市场交易额 32.09 亿元，同比增长 35.66%。炎陵县社引进社会资本，成立惠民农产品经营服务有限公司，建立优质农产品名录，搭建农企、农超、农校、农餐对接平台；黄桃成熟季节，加强与省社、市社联系，积极对接广东、海南等地水果批发商，实施产销对接模式，解决农民“价低卖难”问题。攸县县社重点打造以城区为中心、网岭为次中心的“一主一辅”县域物流配送网络，对醴茶铁路沿线的新市、皇图岭等网点进行升级改造，新增仓储面积 2800 平方米。（李　可）

【农产品电商】 2017 年，株洲市供销系统农产品电子商务销售额逾 2.85 亿元。攸县县社以社有企业为实施载体，构建攸州电子商务运营服务中心，建设农特产品展示体验店，注重电商品牌建设，打造“攸州五件宝”、果美葡萄、年华稻米、丁老根蔬菜、桑草香猪等一系列生态农产品，成功举办“攸州五件宝”发布会，受到广泛好评；强化产品源头建设，培育祯桂园农场、谭家垅葡萄基地、乐茂高黑山羊基地、芳田香猪养殖基地、笔武蔬菜基地等一批优质、生态农产品电商基地。茶陵县社组织湘冠现代农业、利民牲猪、正德坛菜等专业合作社开展牲猪、土鸡、大米等农产品电子商务交易，年交易额超 6000 万元。

（李　可）

烟草专卖

【概况】 2017 年，株洲市烟草系统销售卷烟 17.31 万箱，同比增长 0.36%；销售烟叶 5.07 万担，实现零库存；单箱销售均价 3.21 万元（含税），同比增长 4.3%；实现“两烟”销售收入 49.07 亿元、利润 6.15 亿元、税利 15.47 亿元，同比增长 0.42%、2.12%、2.75%，实现税利创历史最高水平；三项费用率 4.73%，同比降低 0.1 个百分点。

2017 年，株洲市烟草专卖局连续三届保持“全国文明单位”称号，承办全省系统青年博文诵读片区赛，获全省系统首届兼职培训师教学技能竞赛团体第一、烟草制品购销职业技能竞赛团体第三，1 人获行业培训师教学技能竞赛专卖管理组二等奖、1 人获“省级技术能手”称号。

（陈文潭）

【卷烟经营】 机制创新。按时保质完成第一批省级营销平台上线任务，启用全量化指标分档评价客户；形成较为系统的自律互助小组建设规划，建成 27 个“小组之家”、运行 278 个自律互助小组、覆盖 5148 户零售客户。销售调控。引入品牌（规格）27 个、退出 22 个，举办各类培育活动 20 余场，一、二、三类烟分别占比 28.74%、8.3%、40.06%，实现品牌结构“只上不下”，社会库存控制较好。客户服务。强化营销信息传递，加大客户拜访考核比重，组织核心客户座谈培训 9 场次，零售客户基础信息采集覆盖面98.56%。运力调配。减少车组3个，增加8个车组应用“甩箱式”配送模式，节约配送费用81万元，人均卷烟配送效率同比提高6.58%。物流费用占销售收入比重、单箱物流费用值为全省标杆。（陈文潭）

【烟草市场监管】 2017年，株洲市烟草系统查办各类涉烟案件1779起，同比增长87.07%，假私烟案件占比76.5%，寄递类案件占比65.94%，查获涉案卷烟1254.64万支、烟丝29.8吨，涉案金额2628.42万元。打假破网多点开花，破获假烟网络案8起，其中国标6起（1起为部督案，2起正在申报部督和精品案件），省标2起，刑拘59人、逮捕35人、判刑8人。违法大户、非法流通治理重拳出击，依法取缔54户违法违规卖烟大户，清理“僵尸户”1045户、代开户1642户、无证户151户，新办证1793户。坚持规范经营，杜绝真烟非法流通。“双随机一公开”扎实推进，市场监管配置更加合理。（陈文潭）

【烟叶生产实现“两稳两升”】 烟叶种植规模、种植队伍稳定，种烟亩均收入、烟农户均收入逐步提升，分别达到3976.70元、8.16万元。提前15天完成5万担收购任务，茶陵县政府首次获“全省烟叶工作优秀单位”称号。质量调优有新进展。烟叶收购质量等级合格率82%，名列全省前茅，“原收原调”工作获得省局表扬。生产调绿有新进展。培育职业烟农130名，建立精益生产示范区18.65公顷，推广专业化烘烤468.07公顷，实施地膜覆盖技术866.67公顷，散放僵蚜1333.33公顷，烟苗质量好于上年，售价降低1元/盘。产业调精有新进展。5700担出口备货计划转为国内销售，增收1100余万元；烟基项目建设补贴总额同比减少50%以上，业务外包人员同比减少58%、费用减少60%，收购费用减少5.57%，合作社发展走出绿色集约的新路子。（陈文潭）

盐业专营

【概况】 2017年，湖南省轻工盐业集团有限公司株洲分公司销售各类盐21441吨，其中销售小包盐13404吨，销售中高端盐3129吨，实现营业收入4372.69万元。（毛志勇）

【盐业精准营销】 推行湖南盐业电商平台访销系统，转变营销观念，加快市场化转型，实现精准营销，促进线上线下有机融合。与邮政株洲分公司签订战略合作协议，启动“邮掌柜平台”，将盐与非盐产品交付邮政公司进行宣传推广、代为预定和配送，利用邮政在农村市场的网点覆盖和物流配送优势，打通城乡两级市场，扩大网点覆盖面，提高“雪天”盐的市场占有率。（毛志勇）

【打击涉盐违法犯罪行为】 2017年，加强食盐质量安全管理打击非法经营食用盐专项整治行动，联合工商、食药监部门查封中盐皓龙生产的“脚臭盐”50.75吨，清退中盐舞阳不合格盐5吨，封存违规销售的湖北蓝天三晶50吨、湖北久大古兰真30吨、湖北孝感广盐哈哈厨房2.5吨等不合格盐品82吨。株洲市331董家塅假盐案，4名犯罪嫌疑人分别被公安机关移送检查院起诉，法院依法进行判决。（毛志勇）

石油经销

【概况】 2017年，中国石化销售有限公司湖南株洲石油分公司下辖醴陵市、攸县、茶陵县、炎陵县、株洲县5个县（市）公司；在营加油站150座，在营油库2座，有员工1628人。全年，销售成品油50.75万吨，完成销售收入33.91亿元，上缴税费3170万元。年内，株洲公司团支部获“株洲市五四红旗团支部（总支）”称号，株洲石油被评为中国石化群众文化体育工作先进单位。（欧阳旭航）

【推进非油品发展量增质优】 坚持做大做强门店零售，通过打造专业非油督导员队伍、抓实抓牢专业化运营工作、强化培训指导和开展竞赛活动，2017年百万门店达到33座，门店重点商品铺货率、及时过机率、专业化运营能力都在全省排名前列。推进汽服网络建设，创新“IC卡+易捷汽服+佳诚车业+长城润滑油”的品牌叠加效应，带动了轻油特别是汽油销量的增长。（欧阳旭航）

非公有制经济

综　述

【概况】　2017年，株洲市中小企业42558户，增长20%。其中第一产业2682户，增长25%；第二产业10010户，增长22%；第三产业29866户，增长19%。中小企业注册资金2170亿元，较上年同期增长32%。

工业规模不断提升。2017年，全市非公有制经济实现增加值增长7.6%，占GDP比重达56.7%。规模以上非公有制工业经济实现增加值增长6.8%，对规模工业增长的贡献率达66%，拉动规模工业增长4.8个百分点。规模以下非公有制工业经济实现增加值增长7%。

发展后劲不断增强。2017年，全市高新技术产业增加值增长18%，其中非公领域比重达58%，较上年提高4个百分点。战略性新兴产业增加值增长11%，其中非公领域比重达43%，较上年提高5个百分点。

社会贡献不断扩大。2017年，全市非公企业实缴税金184亿元，占全市的比重为76%，同比上升2个百分点，对财政的贡献逐年加大。非公经济吸纳社会就业人员52万人，占全市就业人员的比重超过80%，为促进经济社会平稳发展提供了重要支撑。

（刘发源）

【股改工作】　出台《株洲市鼓励民营企业建立现代企业制度工作实施方案》（株经信〔2017〕9号），重点促进一批民营企业建立现代企业制度，完成规范化公司制改造，实现企业产权多元化、治理规范化、管理科学化。全年陆续开展湖南首场股改动员大会、与深圳证券信息公司签约仪式、湖南股权交易所全国路演大会株洲专场、工大专板开通暨50家企业挂牌仪式、股权激励训练营等系列服务活动，对缓解融资难题、构建合理可控的股权和治理结构，逐步建立现代企业管理制度有着重要的意义。2017年，株洲地区在湖南股权交易所挂牌企业441家，17家股改挂牌企业募集资金4.8亿元。

（刘发源）

【培育发展新环境】　开展企业帮扶活动，运用“手机短信＋网站链接＋微信发布”等方式精准推送惠企政策，打通政策落地“最后一公里”，全年向8000多家非公企业推送政策“干货”800多条万次。推动中车集团发布200多亿元物料采购需求，一大批非公企业成功对接，大中小企业融合发展水平稳步提升。开展企业成长培育工程，全面实行服务责任制、政策优惠制、成长激励制，全年获评小巨人企业24家，数量排名全省第二。开展强链、补链、延链行动，全市全年新增规模非公企业203家，新引进非公配套企业106家；新开工亿元以上项目179个，新竣工亿元以上项目188个，非公经济完成投资1753亿元，增长28%。

（刘发源）

【促进企业转型升级】　通过政府购买服务的方式，全面开展企业管理提升免费巡诊活动，日望精工等一批中小微企业经营管理水平和市场竞争力进一步提升。飞鹿高新、宏达电子2家企业实现主板上市。大力开展“三品”行动，引导企业技术创新，2017年非公企业入围国省重大关键技术6项、全国工业品牌培育示范企业11家；南方阀门获国家科技进步奖，洁宇日化获国家绿色产品创建试点，天一焊接等6家企业获批省级工业品牌试点。发挥商协会作用，先后组建完善北京、深圳、上海等异地商会，支持企业在海外设立生产基地，推动非公企业加快走出去步伐。2017年，全市完成进出口总额148亿元，增长33%，较上年提高58个百分点。

（刘发源）

非公有制企业选介

株洲旗滨集团股份有限公司

【概况】　株洲旗滨集团股份有限公司（以下简称“旗滨集团”）于

2005年成立，2011年8月在上海证券交易所A股主板上市（股票代码601636），是一家以生产、销售平板玻璃及节能工程玻璃为主的大型现代化企业，拥有亚洲最大规模的浮法玻璃生产线。集团致力于打造全球领先完整玻璃产业链，已成为行业极具竞争力和影响力的大型现代化企业集团。

旗滨集团总资产超128亿元，员工6000余人，产品涵盖高档浮法玻璃、节能工程玻璃、光伏太阳能玻璃及超薄电子玻璃等领域，在产玻璃生产线25条，在建玻璃生产线2条，日熔化量16600吨（不含在建项目），平板玻璃品种20多种。集团拥有湖南醴陵、郴州、福建漳州、广东河源、浙江绍兴、长兴、平湖、马来西亚八大浮法玻璃生产基地，在广东河源、浙江绍兴、马来西亚投入巨资新建三大节能工程玻璃生产基地，投产后将成为高中低透三银Low-E产品全覆盖的节能玻璃领军企业。

2017年，旗滨集团先后获评“2017湖南制造业企业50强”“2017湖南企业100强”“中国玻璃产业百强企业榜综合实力十强企业”称号，被上海证券交易所首次纳入融资融券标的证券，并被纳入“上证380稳定指数”股。（陈　勇）

【进军高端电子玻璃产业】 2017年4月13日，旗滨集团斥资5亿元，在醴陵建设高性能电子玻璃生产线项目，投产后，预计年收入10亿元。项目主要生产高强度触摸盖板玻璃，因其强度高、重量轻、透过率高的特点，产品不仅可用在智能手机、平板电脑、笔记本电脑、智能手表上，也可广泛应用于工业、医疗、太阳能光伏、新能源电动汽车、高速列车等领域。旗滨高性能电子玻璃生产线项目不仅将拓宽旗滨产品线，提升旗滨集团的核心竞争力，还将有望打破国外企业的垄断，将旗滨打造成为国际化的玻璃行业龙头。（陈　勇）

湖南华联瓷业股份有限公司

【概况】 湖南华联瓷业成立于1994年，是一家从事陶瓷制品设计、研发、生产与销售的专业化陶瓷企业。公司注册资金1.89亿元，员工4500余名，生产基地8个，日用陶瓷产能超1亿件/年。

公司拥有各类核心技术专利130多项、研发技术人才380多名，产品器型近6万种、花面约3万款、釉色近2万种，并承担“国家星火计划”等国家科研项目，主持或参与《出口商品技术指南—日用陶瓷》等国家或省级标准、规范文件的制定，以突出的产品创新优势和技术创新能力推动行业转型升级、健康发展。公司开发的色釉炻瓷，带动醴陵逐步形成以色釉炻瓷为主的产业集群，成为国际著名的色釉炻瓷出口基地。

公司产品畅销全球40多个国家和地区，成为宜家家居全球最大日用陶瓷供应商、茅台最大酒瓶供应商，2010—2017年产品出口量连续8年蝉联全国同行业第1，塑造出“华联”“红官窑”“火炬”三个中国驰名商标，成为中国国家用瓷生产企业，获中国出口名牌、中国轻工业专项能力百强企业、中国陶瓷行业名牌产品等数百项殊荣，在国内外享有较高的市场影响力和美誉度。（王　刚）

湖南湘瓷科艺有限公司

【概况】 湖南湘瓷科艺有限公司的前身系清末(1905—1906年)由熊希龄先生在醴陵举办的官立湖南瓷业学堂和湖南瓷业公司的基础上，于1955年9月成立的湖南省陶瓷研究所。2000年按湖南省科研院所转制的相关政策要求，由省属科研事业单位转制而成。经过几十年的发展，已成为一家省属高新技术企业。公司经营业务包括电力电子真空陶瓷管、陶瓷玻璃用金装饰材料、艺术陶瓷三块。主要产品包括电真空陶瓷管瓷件(白瓷)、金属化陶瓷元件，陶瓷玻璃用金水、金膏、釉下五彩颜料，其它高性能工程陶瓷，釉下五彩艺术陈设瓷、日用陶瓷套具等。

2017年2月，按照公司改制方案，以增资扩股方式，引进的株洲汇鑫市政建设工程有限公司成为公司控股股东，公司由国有股份公司改制为由民营控股的混合所有制公司。4月完成原国有职工的身份置换和安置补偿工作。全年公司投入近2000万元购买设备、完善基础设施、改善生产环境，恢复真空电子金属化陶瓷生产线的生产。通过努力，实现产量、质量腾飞，年底产能扩大到原来的两倍。不断改进生产工艺，质量达到历史新高，全面恢复公司在行业的影响力和竞争力，实现向国内外高端客户的全面供货。全年实现经营收入941万元、销售收入809万元。（旷映波）

旅游·外事侨务

旅　游

【概况】 2017年，株洲市接待旅游总人数5418.4万人次，同比增长18.89%，其中，国内旅游人数5418万人次，境外入境旅游人数7万人次，实现旅游总收入538.56亿元，同比增长36.92%。

截至年底，株洲市共有等级旅游景区18家，其中国家AAAA级景区5家，国家AAA级景区13家，国家AA级景区2家。有星级饭店34家，其中五星级1家，四星级4家，三星级17家，二星级12家。有旅行社55家。

（刘逸倩）

【旅游产业发展】 2017年，完成《株洲市旅游扶贫规划纲要》《株洲市工业旅游规划纲要》编制工作，启动《株洲市全域旅游战略策划》编制和《株洲市房车营地新业态详规》前期洽谈工作，旅游业发展规划体系不断完善。

（刘逸倩）

【工业旅游规划】 工业旅游围绕“一园两谷一带一网”布局，重点建设好五大工业旅游区：清水塘老工业基地工业旅游区、万丰湖“株洲·中国动力谷”旅游区、芦淞低空游览工业旅游区、醴陵“中国陶瓷谷”工业旅游区、田心轨道交通工业旅游区。以“动力株洲”工业旅游品牌为统领，树立精品意识，实施工业旅游景区（景点）建设、工业旅游景区（景点）提升两大工程，形成完善的株洲工业旅游景区（景点）体系。

（刘逸倩）

【旅游项目建设】 2017年，株洲旅游实现招商引资、项目策划双突破。完成古桑洲岛、朱亭古镇等5个旅游项目包装策划；充分利用2017年中国企业家年会契机，成功完成“海立方”海洋公园、翰景酒店、君叶酒店、全域旅游自驾车房车露营地等项目的招商引资，新引资金近6亿元；鹿原镇人文旅游特色小镇协议引资20亿。重点旅游项目推进良好。1915醴陵国际陶瓷文化特色街区、醴陵陶瓷会展中心对外开放；奥悦冰雪世界、假日欢乐广场、神农谷南流游客服务中心等一批重要设施主体工程已完成；炎帝陵及云阳山国家AAAAA级旅游景区改扩建提质、酒埠江旅游综合开发、茶陵花海茶乡、华强旅游小镇、醴陵枫溪谷生命科学园等一大批重点旅游项目有序推进。旅游核心吸引物打造持续加力。新增国家AAAA级旅游景区1家（红军标语博物馆）、国家AAA级旅游景区4家（卧龙山庄景区、醴陵瓷谷景区、湘江生态旅游景区、云上大院，国家AA旅游景区1家（毗塘）；炎帝陵创国家AAAAA级旅游景区已通过国家景观质量评定。一批新业态项目开发与布局取得新成果。翔为通航低空游项目在城区、炎陵启动运行，反响良好；茶陵乐翔航空基地“汽球低空观光休闲”顺利试飞；株洲房车营地项目建设启动前期调研、勘察。

（刘逸倩）

【旅游市场开发】 2017年，株洲旅游市场开发工作围绕主题做文章、围绕活动出特色，树立“炎帝福地　五彩株洲”旅游形象品牌，知名度和美誉度明显提高。大力开展节会营销。成功承办“5·19”中国旅游日、2017年湖南省夏季乡村旅游节、株洲市秋季乡村旅游节、全国自驾游携手CCTV及百家媒体走进株洲、第十届世界旅游大使总冠军决赛颁奖盛典等大型活动，吸引众多国内外游客并带来较大经济效益。指导县市区开展各类乡村旅游节会活动，如醴陵和炎陵的桃花节、攸县和茶陵的油菜花节、攸县和茶陵的美食文化节、天元区的首届乡村旅游节等。抓智慧旅游平台建设。在管理运营好“株洲旅游官方平台”微信和株洲旅游网的基础上，注册开通《株洲旅游/政务头条号》和《株洲旅游外事侨务局官方微博》，定期发布旅游资讯和特色旅游线路，“四网融合”计划初具雏形。开展客源目标市场精准营销。组织重点旅游景区赴广州、韶关、浏阳、益阳、娄底等地举办旅游专场推介会。完善旅游宣传基础资料。制作发放《株洲旅游指南》《株洲A级景区索引》《五彩株洲清凉消夏避暑胜地》《株洲市民休闲旅游导航》等旅游宣传资料。

（刘逸倩）

【旅游行业管理】 2017年，旅游行业管理日益规范。确保旅游安全。全年共开展日常、联合及专项旅游行业安全检查25次，全市未发生旅游公共安全和安全生产责任事故。加强旅游队伍建设，邀请专家学者就文明旅游相关内容对株洲市旅游从业人员进行两次培训；审批成立4家国内旅行社，备案46家旅行社服务网点，注销服务网点2家。积极开展文明旅游。充分利用《株洲日报》《株洲晚报》、微信平台等媒体进行文明旅游宣传，营造文明旅游氛围；通过开展“3·15”消费者权益保障日、“青年文明号开放周”等活动，制作发放《中国公民出境旅游文明行为指南》《文明旅游，理性消费》等宣传手册，大力推动文明旅游。

（刘逸倩）

株洲乡村旅游资源一览表

表14

等级	数量	代表性景观
五级	2	炎帝陵，神农谷等
四级	17	酒仙湖，云阳山，沩山古窑址，婆婆仙，八旦地质公园，樟仙岭，丹霞地貌群（男根、玄阴洞、一线天、杯子寨、观音寨、香炉寨、福王庙、马鞍山），仙人桥，原始森林，战国古墓群，列宁学校，潭源古道，烟坑溯溪，麻叶洞，月到岩，苏维埃政府，金紫峰等
三级	71	东阳湖，军山，险峰山，蓬源峰，原始次森林，造甲坡，千兵排，白云庵，高峰水库，官庄水库，横坑水库，东坑水库风景区，渌鸿风电工程，凤凰山，凤凰庙，耿传公祠，黄雩仙，灵岩祠，会星寨，对狮岩，观音显影，伏虎岩，滴泉岩，石梁桥，瓦子坪窑址，枫树坪窑址，王树下窑址，万樟园，坦下洲，船形山，船形人民公社旧址，东风梯田，吊水潭瀑布，南坑瀑布，飞水寨瀑布，落水源瀑布，造水垅瀑布，下到坑瀑布，千年古银杏树，千年古樟，千年古杉，马鞍山，罗家古宅，凌云塔，禹王洞，关帝庙，司空观，灵岩祠，龙家祖祠，龙家牌坊，五佛岭战争遗址，沿溪风光带，金龟望月，上石门，仙人桥竹林、红枫林道，红日庵，神农殿，水源仙庵，观音寨，谭余保故居，李俭珠故居，朱砂辽鹰嘴崖，燕子垅茶文化商贸街，石公庙，天子坟，烧架香（民俗），云阳林场，“三十六湾”，贝水漂流，茶冲水库，上官垅水库等
二级	28	古村落房屋，兴茶亭，全峰岭，东阳湖钓鱼台，朝阳仙，山木仙，太姑仙，风雨仙，仙鹤崖，红石寨，朝阳仙，茶园，金紫仙，仙人打灶，娘娘晒鞋，水上漂流，风雨仙，赏桃花及黄桃采摘，九峰坳战斗遗址，生态农家乐，湘山，草坪河，风雨仙，观音寨，筷子篓大坝式水电站，三星满月，谭御林进士匾，青石板坡等
其它	14	河流，古村房屋，树林风景，瀑布，溪流，竹林，生态农家乐，特色农产品种植基地，水电站，生态农场，黄桃采摘基地，旅游休闲农庄，地下河，船形骑楼等

（刘逸倩）

【工业旅游线路】 动力株洲——交通工业奔驰之旅：608研究所（航空）—山河智能—泛万丰湖片区（汽车）—田心电力机车研究所、电力机车厂（高铁）

辉煌株洲——工业文明探访之旅：三三一（苏联援建项目）—601厂（中国硬度）—清水塘（株洲工业记忆）—田心时代研究所、电力机车厂（中国高铁之“芯”）

创意株洲——创意产业惊奇之旅：清水塘（博物馆、艺术街、遗址公园）—湘江风光带（城市建设创意）—神农城（城市建设创意）

时尚株洲——多彩服饰魅力之旅：新芦淞（白关）服饰产业园—服饰总部创意基地—芦淞市场

飞天株洲——航天工业梦想之旅：三三一（苏联援建项目）—608所（航

空发动机研发）—山河智能科技（飞机生产、飞机展示）—山河华翔、翔为通用航空（五彩株洲低空游览）

国粹株洲——陶瓷艺术享受之旅：红官窑（红瓷）—瓷谷（瓷器博览、瓷器 DIY）—醴泉窑（艺术瓷）—新世纪陶瓷艺术城（瓷酒瓶）、沩山古窑等。（刘逸倩）

【湘江生态旅游】 株洲湘江生态旅游景区是国家 AAA 级旅游景区，南起蝴蝶谷，北至芦淞大桥桥头极限运动场，长 4.6 千米，宽 80~200 米不等。全线自南向北设有蝴蝶谷、健康广场、火车头广场、株洲故事墙广场等多个重要景点。该景区依托于株洲湘江风光带建设工程，依照湘江的地形地貌和株洲的人文历史规划设计，将“神农文化”“工业文明”“红色政权”等历史、人文元素融入其中，刻画出不同年代的历史印迹，营造格调鲜明、开放包容的株洲城市文化景区。景区占地 100 万平方米，全线 4.6 千米的休闲自行车道，将各个平台、广场及体育设施串连起来，给市民造就了亲水、运动、旅游、休闲的绝佳场所。（刘逸倩）

【卧龙山庄】 卧龙山庄是国家 AAA 级旅游景区，位于茶陵火田镇卧龙村。早在 2015 年，卧龙村因其山水资源独特、民居特色鲜明，设施条件完好等诸多因素，被国家农业部评为中国最美休闲乡村！卧龙村的旅游资源及特色主要表现在：一山一水、一文一武，即风光秀丽的泰和仙、溪水潺潺的沛江、历史悠久的文昌阁、由来已久的习武传统。除此之外，景区内的红色文化、独具特色的民居、多姿多彩的客家民俗等资源同样丰富。“乡约卧龙·诗意栖居”为其旅游总体定位。（刘逸倩）

【云上大院】 国家 AAA 级旅游景区云上大院（大院农场）位于株洲市炎陵县东南边陲，桃源洞自然保护区，罗霄山脉中段万洋山西侧，是两省三县相交之地。东接江西遂川，南与策源乡相邻，西、北与十都镇和江西井冈山市交界。总面积 88.93 平方千米，平均海拔 1350 米，森林覆盖率 96.6%，夏季最高温 26℃，年日照时间 1650 小时，负氧离子含量极高。境内拥有世界面积最大的野生杜鹃花群落、湖南落差最高的东坑瀑布、湖南面积最大最原始的万年高山湿地、300 多万年前的冰臼瀑布群、上亿块石头铺成的盐茶古道、海拔 1783 米湖南最高海拔观日台、湖南最美的云海、中国最早的红军银行、苏维埃政府、红军医院、毛泽东小道、铁瓦仙道观等数十种各类景点。景区红色文化、道教文化、茶文化、知青文化、古道文化、客家文化等特色资源丰富。（刘逸倩）

外事侨务

【因公出国（境）管理】 规范管理党政领导干部因公出访。2017 年，共办理因公临时出国 94 批 313 人次。鼓励和支持教学科研人员因公出国。2017 年，共办理 22 批 128 人次科技人员赴国外交流、培训。服务力度增强。为 8 家企业 25 人办理 APEC 商务旅行卡申请；对有重要涉外项目的政府平台企业，采取实地看项目的形式对企业因公临时出国任务进行审核。加强护照管理工作。完成护照分级管理，株洲市人员的因公普通公务护照全部收归株洲市旅游外事侨务局进行收缴和保管。（刘逸倩）

【涉外管理】 规范团组礼宾接待工作。2017 年，株洲市先后接待俄罗斯鞑靼斯坦共和国副总理兼工贸部部长一行、莫桑比克驻华大使携莫桑比克 Fleetrail 公司总裁一行、法国达斯科中学访问团、中国—东盟共建 21 世纪海上丝绸之路联合采访团等 15 个来访外国团组。做好涉外管理服务工作。先后深入醴陵华鑫电瓷电器有限公司、湖南兴联箱包有限公司等企业进行专题调研；邀请巴基斯坦驻华大使到访醴陵出席中巴友谊竹活动日；召开湖南省中俄合作产业示范园前期工作调研会议，协助开展中俄交流与合作项目；举办“外教志愿者送教下县乡活动”。邀请外国人到株洲签证工作。全年，共办理日本、肯尼亚、伊朗、巴基斯坦、土耳其、印度、阿塞拜疆、乌兹别克斯坦等 14 个国家和地区外籍人员到株洲签证邀请函 130 批、228 人次，为促进株洲市对外交流合作做出积极贡献。（刘逸倩）

【国际交流与合作】 2017 年，株洲市依托国际友好城市等渠道，开展丰富多彩的国际交流活动。

2 月，市南方中学派遣师生代表团赴美国友城的奥尼尔中学进行友好访问，收到良好效果。

7 月下旬，株洲市派遣南方中学

师生团访问德国爱尔兰根市，进行教育文化体育交流，增进中德友谊。

9月底，举行“在株外国友人国庆招待酒会”。

11月，副市长李晓葵出访美国友城德拉姆市，进行警务机制运行和公共安全信息建设等方面的交流探讨，加强友城互动交流。（刘逸倩）

【侨务工作】 全面维护归侨侨眷权益。热情接待华侨华人、归侨侨眷来访来电；做好“三侨”考生高考升学情况登记工作；协调解决侨眷社保、香港同胞在内地办理义务教育阶段入学手续等事宜；对因破产、改制、失业的困难归侨全部实行建档立卡，为33位困难归侨发放生活补助；对困难侨企湖南帅科节能环保、华源荣康药业生活相对困难的归侨进行帮扶。积极服务侨企侨商。进一步响应国家“大众创业，万众创新”号召，深入实施“万侨创新行动”，扶持回国创业的华侨和归国留学人员，推荐湖南帅科节能环保装备有限公司入选2018年国内侨务工作重点项目；指导神农城申报株洲神农坛建设“神农文化”论坛暨世界华人炎帝文化祭项目经费，获省财政经费支持；推荐归侨湖南盛世神农集团董事长张季宝、湖南远征集团董事长褚远征入选《株洲党史人物大典》。规范办理因公赴港澳审批工作，2017年共办理因公赴港澳67人次。

（刘逸倩）

交通·邮电

交 通

【概况】 株洲市交通运输局系市人民政府负责交通运输行政管理的组成部门。局机关内设12个科室，下辖市公路管理局1个正处级全额拨款事业单位；市道路运输管理处、市地方海事局（加挂市船舶检验局、市航务管理局牌子）、市交通行政执法监督处（加挂市交通建设质量安全监督处牌子）3个副处级事业单位和市交通战备办、市地方铁路管理办公室、市机动车综合性能检测站、市交通运输规划勘测设计院、局资金管理中心、局信息中心、局直属局（加挂市交通运输稽查大队牌子）7个正科行政事业单位；归口管理市邮政管理局、市公交公司、市交发集团；对市辖5县（市）交通运输局等进行行业管理和指导。

2017年，全市交通运输业健康发展。公路运输总周转量、水路运输总周转量、邮政业务总量分别完成1688217万吨千米、201052万吨千米和147102万元，分别增长13%、5%、29%。全市投入或更新中高级客车251台，增加甩挂运输车辆218台，置换双燃料出租车161台，网约出租汽车数量大幅增长。全市增加12个建制村通客车，合并后的建制村通客车率为100%。全市11家水运企业通过年度核查，276艘船舶完成吨位复核，推进库区旅游船舶改造升级，拆解老旧客船20艘，更新置换旅游客船19艘。重大节假日、重点时段期间公路水路运行顺畅。推广多式联运、甩挂运输等运输组织方式，株洲港铁公水多式联运物流中心项目启动规划工作，安迅物流铁公水多式联运技术装备与组织模式项目通过省交通运输厅审核，推送2家企业进入交通运输部“道路货运无车承运人试点”名单。公交都市创建指标中有17项达标，完成公交票价调整，刷卡乘车率提升至80%。新开、调整公交线路8条，开通定制公交10条，优化公共自行车站点200个，成功引入共享单车，更新投放自行车5000余辆，金山基地和ART快速公交两个充电站基本建成，全球首条智能轨道快运系统示范线正式试运行，快速公交项目线路已确定，启动初步设计。绿色交通城市创建有5个重点项目基本完成，其余项目积极推进。清洁能源及新能源车辆得到推广，市区新能源、清洁能源公交车占比为94.5%。联合环保、交警部门清理淘汰营运黄标车1217台。湘江保护和治理第二个“三年行动计划” 深入推进，完成污染防治水上应急设备采购，取缔13座钓鱼平台，查处3艘吸砂船舶，拖离水源保护区的摩托艇协会基地和1艘水泥趸船。开展高速公路服务区环境治理和船舶、码头、港口污染防治工作，完成省、市交办的环境保护和整治任务。 （彭 真）

【2017年春运】 1月13日—2月21日春运期间，全市交通运输系统加强组织领导，健全工作机制，加强协调配合，春运工作圆满完成。全市共核发加班牌430张、包车牌448张、进出广东春运证143张，车站、港口、旅游景点之间的衔接疏运顺畅，重点区域、重要支线、旅游热线客运运力充足，出租车、公交车与高铁换乘时间有效对接。全市道路客运日投入客车1846辆，发送旅客857万人，水路客运日投入客船116艘，发送旅客共48.6万人，铁路到达旅客78.5万人，发送旅客79.15万人，城区公交、出租车共发送旅客2882.73万人，未发生大批旅客长时间滞留事件和重大服务质量投诉事件。同时，加大安全监管力度，严格检查春运运输场所、运输工具、从业人员，开展春运安全大检查100余次，排查安全生产隐患20余处，查处违法违规车辆26台、船舶20艘，暂扣牌证22本，交通安全零上报事故，实现“平安、畅通、和谐、满意、诚信”春运目标。 （彭 真）

【出租汽车行业改革】 2017年，市交通运输局按照国、省交通运输部门的部署和要求，推进出租汽车行业改革。出台《关于深化改革推进出租汽车行业健康发展的实施意见》《株洲市网络预约出租汽车经营服务管理实施细则》《株洲市私人小客车合乘管理规定》3个规范性文件，对巡游出租车、网约出租车、私人小客车合乘的市场准入退出、经营服务管理等相关内容做出明确规定。所有出租汽车经营权有偿使用费全部退还到各出租车公司账户，并实行运管部门、银行、出租汽车企业三方管控。积极配合宣传部、政法委、公安、信访等部门开展出租汽车行业稳控工作。成立工作组进驻各出租车企业协调矛盾。主动接访，畅通利益诉求渠道，宣传政策法规，帮助出租车公司及驾驶员通过司法途径解决有关矛盾问题。加强非法营运打击。通过开展武广西站客运市场专项整治、套牌出租车专项整治、出租车“飞机表”问题专项整治等行动，加大对违法违规出租车营运行为的管控力度。（彭 真）

【驾培服务模式改革】 2017年，市交通运输局在城区驾校推广驾培服务模式改革，城区62个驾校全部安装计时培训系统，按照“按学时收费，先培训后付费”的模式进行驾驶员培训。“按学时收费，先培训后付费”，是学员在培训前将学费充入相关银行的虚拟账户内，在培训阶段，每完成一个课时的学习，银行将自动把该课时的费用拨付至驾校户头。学员如果对驾校不满意，可转换至其他驾校继续学习。“先培后付”实施后，各驾校按照统一收费标准，如果学员学时没有用完，可以退费；但如果学时延长，则超出部分按照课时加收费用。机动车驾驶员计时培训系统可以记录学员的整个培训过程，包括实际培训时间、里程、科目等内容。（彭 真）

【文明交通行动】 2017年3月1日，市交通运输局组织60多名文明交通志愿者深入城区车站、码头、货场等地开展文明交通“六进三上”（进车站、进码头、进货场、进社区、进广场、进公园，上公交、上出租、上货车）宣传活动，向驾驶员、乘客及市民发放以社会主义核心价值观、文明交通出行知识为主要内容的宣传单，提醒驾驶员安全行车，文明服务，提醒市民文明安全出行。文明交通行动是为推进文明建设再深化、上水平、提档次，开展的“十大文明行动”之一。行动由市交通运输局牵头，成员单位包括市直机关工委、市住建局、市教育局、市城管局、团市委、市交警支队等，共有文明交通“六进三上”大宣传、文明交通进站场、争当最美驾驶员、礼让斑马线、排队日、文明交通我引导、交通安全进校园、文明行车我监督、交通违法大惩治、建设文明示范路、创建交通文明路、站场秩序专项整治、创建群众满意客运站13项主题活动。（彭 真）

【无人售票公交车票价调整】 综合考虑社会承受能力、企业运营成本和交通供求状况，经依法按程序进行成本监审、价格听证、集体研究讨论并报经市人民政府同意，自2017年9月1日开始，株洲市市区内无人售票公交车基础票价低于2元的均调整为2元/人次；刷本地公交IC卡乘车实行5折优惠（即1元/人次），学生卡4折优惠（即0.8元/人次）。同时，对特殊群体实行优惠政策：65周岁以上老年人以及残疾人、现役军人、革命伤残军人、因公负伤人民警察等特殊群体，凭有效证件或本地公交IC卡（爱心卡），实行免费乘车；身高不足1.3米的儿童免费乘车。（彭 真）

交通建设

【概况】 2017年，全市投入交通建设资金130亿元，同比增长7.8%。莲株高速路基、桥涵工程基本完工，收费站东移方案得到省交通运输厅认可。醴娄高速纳入国家“十三五”规划，工可报告通过交通运输部审查，争取项目技术标准提高至六车道，增设一处互通，完成项目工可线位基本农田调整。干线公路建成通车15千米，续建323千米，新开工101千米。湘江大道一期工程竣工通车，二期工程启动前期工作。东城大道芦淞区段基本建成，株洲县段和醴陵市段大力推进。省道339网岭至酒埠江公路基本建成通车。省道105旅游通道完成设计批复，分段开工建设。长株攸快速通道启动荷塘大道延伸段、渌枫大道等段落建设。硬化农村公路县乡道235千米，建设窄路加宽工程228千米、重要县乡道76千米，实施公路安保工程728千米，改造危桥45座，续建渡改桥3座。航电枢纽二线船闸完成全部导流墩、90%的鱼道工程和80%的航道护坡工程建设。株洲港白祁庙作业区房建配套区建设完成，实现竣工投产。渌水航道梯级开发一期工程列入省、市“十三五”规划，完成可行性研究报告评审。株洲综合客运枢纽、株洲西综合客运枢纽和芦淞区现代服饰物流中心、湖南星都物流园二期、株洲市农副产品批发物流中心项目建设推进，金山公交站场主体竣工，汇通金港、神农大剧院公交站场投入使用，建设120个客运招呼站。（彭　真）

【交通扶贫】　2017年，全市交通运输系统争资引项、整合资金，共投入扶贫资金4亿余元，建成省道347、省道345、省道207等干线公路贫困村路段，在160多个贫困村实施窄路加宽工程、危桥改造工程、安全生命防护工程。积极开展定点帮扶和扶贫帮困，指导株洲县淦田镇南塘村向株洲县申报农村公路建设计划，进行人大换届选举工作以及林地开发、黑猪养殖引进、恢复水厂生产、迁移户口等工作。市交通运输局全票通过株洲市人大常委会脱贫攻坚工作满意度测评，获评全市脱贫攻坚先进市直行业部门。（彭　真）

【“四好农村路”建设】　2017年，市交通运输局推进“四好农村路”建设。研究制定《株洲市“四好农村路”建设活动实施方案》和《株洲市“四好农村路”示范县创建指导意见》，明确全市“四好农村路”建设的责任主体、时间节点和工作措施。在醴陵市、茶陵县积极试点，进行示范引领。2017年10月在茶陵县召开“四好农村路”现场会，集中展示茶陵县秩堂镇、吉川村“四好农村路”的工作经验。12月，通过评审，评定醴陵市为2017年度市级“四好农村路”示范县并推荐申报省级“四好农村路”示范县。在全市推行领导联点分片包干责任制，市交通运输局长、公路局长分别联系茶陵县和攸县，各县市政府分管领导、交通运输局长、公路局长分别联系一个乡镇，县市交通局、公路局班子成员分别联系一个村，在市级层面整合省级奖励资金和市级配套资金，相对集中安排到联系示范点，并且每个季度开展一次巡检和督导点评，以点带面，推动全市“四好农村路”工作开展。（彭　真）

【株洲火车站改建工程启动建设】2017年3月30日，株洲火车站改建工程正式启动建设。株洲火车站改建工程方案为拆除现有火车站，与长株潭城际铁路株洲中心站合二为一，建设一个新的线上站。按照改建方案，株洲火车站采用线侧式＋线上式的综合站型，站房由东、西子站房及高架候车室组成。同时，在西侧广场建设2.6万平方米平战结合的地下车库。（彭　真）

【全球首条智能轨道快运系统示范体验线试运行】　2017年10月23日，株洲智能轨道快运系统示范线一期工程体验线完成基本建设，开始线路匹配测试，投入试运行。智轨体验线位于株洲市神农大道，从神农大剧院延伸至体育中心，全长3.1千米，为株洲智轨示范线首期工程。体验线车道宽3.75米，布局在中央绿化带两侧。全程共设置4个中央岛式站台，布置于道路中央，上行线和下行线共用车站，站点间距约600~800米。站台整体长度49米，其中14米为售检票区域。首批服务于体验线的智轨列车共有3列，该智轨列车是由中车株洲所自主研制的新型交通产品。该车辆采用中车株洲所自主研发的“虚拟轨道跟随控制”技术，以车载传感器识别路面虚拟轨道，通过中央控制单元的指令，调整列车牵引、制动、转向的准确性，精准控制列车行驶在既定虚拟轨迹上。智轨列车以胶轮取代钢轮，无需铺设有形轨道，可在城市道路上行驶。智轨列车装载新能源动力，具有零排放、无污染的特性，充电十分钟可续航25千米。由于采用高铁柔性编组的模式，智轨列车能根据客流变化调节运力，实行3~5节编组，最大可容纳300~500人同时乘坐。与现代有轨电车相比，智轨列车设计最高时速同样为70千米，因不依赖钢轨行驶，一条运行线的建设周期仅需1年，能快速投入使用，且建设成本大大低于传统有轨电车。（彭　真）

【湘江大道一期竣工通车】　2017年9月14日，湘江大道一期竣工通车。湘江大道是株洲市南向发展战略的先导性工程，起于天元区王家坪互通，往南经马家河街道、群丰镇、雷打石镇、三门镇等地，止于株洲县朱亭镇。项目一期工程长11.2千米，主线采用双向6车道，设计时速80千米/小时，总投资15.5亿元。一期工程竣工通车后，该道路与渌口大桥、和谐大道、南洲大道等构成市区南部快速环线，串起天元区栗雨新城、月塘生态新城、武广新城、天易科技城、湘江新城，以及株洲县南洲新区。（彭　真）

【快速公交体系建设】　2017年2月17日，市委副书记、市长阳卫国主持召开会议，专题研究株洲市公共交通近期建设方案，初步确定采用“磁悬

浮 + 跨座式单轨（试验线）+ BRT”三种组合制式。5月2日，市委书记、市人大常委会主任毛腾飞主持第二次规委会，专题研究公共交通项目建设工作，确定3个公共交通项目建设总体目标和线路规划初步方案。5月23日，市政府第七次常务会讨论研究公共交通项目建设的方案和资金筹措模式，进一步明确建设目标和部门责任。经反复调研、规划论证、评审批复，制定快速公交BRT工程项目实施方案，规划建设两条快速公交线，一号线为建设路通道，自清石基地沿清石路向南，贯穿建设路—太子路—董家塅高科园，全长17.5千米，共设站26座；二号线为新华路通道，线路自湖南工业大学沿泰山路—珠江路—天台路—株洲大桥—新华路至车辆厂，全长12.5千米，设站18座。两条线路均采用开放式运营组织，即主线 + 支线的运营模式。途经这两条线路的27条常规公交线路，全部整合到BRT走廊，这些公交线路可灵活驶入或驶出走廊。

（彭　真）

交通监管与治理

【交通安全生产监管】 2017年，市交通运输局严格落实部门监管责任和企业主体责任，深入开展安全生产大检查、百日行动、“隐患清零”等专项整治，开展安全检查2522次，检查生产经营单位254家次，按照“一单四制”制度整改销号安全隐患39处，整治洮水水库船舶非法载客、结谷门停车场等重大安全隐患问题。对9家公司实施安全生产处罚，注（吊）销驾驶员从业资格证30个，停业整顿车辆275台，开出安全生产罚单34万元，没收非法所得、实施行政罚款93.8万元，积极纠正和严厉打击违法违规行为，实现全行业责任事故零死亡。

（彭　真）

【交通防汛监管安全】 2017年6—7月，株洲市遭遇重大洪涝灾害，市交通运输局重点加强辖区内88千米湘江以及渌水、洣水和4个水库的安全监管，对影响交通运输组织和通行的国省干线、农村公路路段开展安全排查，以及对车站、辖区内“两客一危”车辆和客运班线、交通运输施工企业和工地现场实施安全监管，及时调整城区内涝路段的公交线路，保障公路水路交通畅通和市民安全、便捷出行。

（彭　真）

【超限超载治理】 2017年，市交通运输局贯彻落实国、省要求，开展超限超载治理，共查处违法超限超载运输车辆2591台，卸载货物1.92万吨，罚款696.62万元。摸排重点货运源头单位，建立台账动态调整机制，确定106家重点货源单位，对其中年货运量20万吨以上的39家货源单位进行定位。督促重点货源单位100%安装地磅、门禁、IC卡、视频等监管设施。对所有重点货源单位都实施巡查或进驻监管，对不服从监管，多次出现违法超限车辆进出的源头单位开展10余次联合执法。组织运管、执法、公路部门，联合高速公路管理处、公安交警、地方政府等在全市32个高速公路收费站开展联合执法，通过集中整治，高速公路收费站入口超限率下降显著，顺利通过省治超办年度考核。在超限超载车辆较为集中的天元区株雷路、湘江七桥、省道313、省道320、国道106、醴陵大道及湘赣边界等路段，组织跨区域、跨部门的集中整治行动。

（彭　真）

【交通运输六大安全生产专项整治】 2017年，为解决交通运输安全工作中的突出问题和薄弱环节，保障广大市民安全、顺畅出行，市交通运输局在全市交通运输系统开展六大安全生产专项整治行动。开展为期3年的“落实企业安全生产主体责任年”活动，从7个方面20个具体措施推进全市交通运输企业落实安全生产主体责任，夯实安全生产基层基础，提升企业本质安全水平。开展安全生产督查（执法）行动，通过制定并执行安全生产执法计划，采取有力措施，加大执法频次和处罚力度，规范交通运输安全生产领域法治秩序，全面破解安全执法“宽松软”的现象；开展道路运输安全“隐患清零”行动，切实纠正和严厉打击各类道路运输违规违法行为，确保各级交通运输主管部门和道路运输管理机构所发现的安全隐患全部整治整改到位；开展“道路运输平安年”活动，提高营运驾驶员综合素质，提升车辆安全性能，规范运输企业安全管理，增强安全生产保障能力，推动道路运输安全生产形势继续稳定向好；开展交通工程建设领域预防施工坍塌事故专项整治，降低交通工程建设领域施工起重机械、支架脚手架等坍塌事故的发生几率，坚决防范和遏制重特大事故的发生；开展水上渡口设置专项整治行动，规范渡口管理，落实县、乡人民政府渡口渡船安全管理责任，确保渡口的设置符合人民群众水上交通有序、安全、畅通的出行需求。

（彭 真）

【饮用水源保护区垂钓平台整治】 2017年4月12日，根据《株洲市人民政府湘江株洲段综合整治工作方案》中关于拆除湘江饮用水源保护区水域违法搭建用于垂钓或其他用途的建筑物的要求，以及《湖南省湘江保护条例》等法律法规的相关规定，市交通运输局联合市创建办、市公安局、市城管局、市环保局等部门，开展碍航设施整治工作，对发现的垂钓平台强制拖离至枫溪港码头或桥梁厂码头进行拆除。此次整治工作共出动执法船艇4艘，执法人员40余人，处置8个垂钓平台。

（彭 真）

【高速公路护路护线综合治理】 2017年7月22—23日，市交通运输局联合高速公路交警株洲支队，在沪昆高速收费站出口、京港澳高速收费站出口开展为期两天的高速公路护路护线综合治理。行动期间，联合执法队伍对旅游客车、班线客车和“营转非”车辆进行重点检查，检查车辆上的灭火器等安全设施配置是否齐全，司机乘客是否系安全带，车辆是否超员超载，是否有道路运输证，是否超范围经营，班线牌是否符合线路要求等。现场检查登记的42台车辆中，查获涉嫌非法营运2起，客运车超范围运输1起。

（彭 真）

【长途客运实行实名制售票】 2017年10月1日，株洲汽车中心站、株洲汽车站、株洲合泰临时过渡站、株洲县汽车中心站、醴陵汽车中心站、攸县汽车中心站、茶陵汽车站和炎陵汽车中心站8个客运站的市际、省际客运班线全部实行“实名制”管理，旅客票全面实名售票和查验。旅客在窗口购票时，出示有效证件（中华人民共和国第二代居民身份证、临时身份证、居住证、户口簿、军官证、学生证、残疾证、护照及公安部门开具的有效证明）；同一班次内，一张身份证只能购买一张车票，代购车票的需同时出示购票人及被代购车票乘客的身份证。通过网络方式实名购票的，购票人需凭身份证件方能取票。车票改签或退票，均需提供购票时登记的有效证件，与之相符后方可办理相关手续。旅客遗失客票的，经核实其身份信息后，售票窗口免费为其补办客票。长途客运实名制验票实行人、证、票合一验证模式。旅客进站时，须将车票和与票面身份信息一致的有效身份证件原件交车站验票员进行查验，验票员在确认人、票、证一致后，旅客才能进站上车。

（彭 真）

交通行政执法与建设质量安全监督

【概况】 株洲市交通行政执法监督处（交通建设质量安全监督处）是株洲市交通运输局下属二级机构，负责全市交通运输建设工程质量监督管理、全市交通运输建设工程施工安全监督管理、全市交通建设造价管理、调解和仲裁全市交通基础设施建设工程造价争议、道路旅客运输站场外行政执法以及全市交通建设工程设计、监理、造价、试验检测机构与人员资质管理等工作。全处有人员102人。内设机构办公室、人事教育科、财务科、执法监督科（加挂城市客运非法营运治理办公室牌子）、工程质量监督科、工程安全监督科等，下设株洲市城市客运行政执法一大队、株洲市城市客运行政执法二大队、处罚受理中心、株洲市交通建设造价管理站、株洲市交通建设质量安全监督处直属局、株洲县交通建设质量安全监督局、醴陵市交通建设质量安全监督局、攸县交通建设质量安全监督局、茶陵县交通建设质量安全监督局、炎陵县交通建设质量安全监督局等，均为正科级。

全市客运市场秩序维护。依托交通运输综合执法联动机制，全年组织部署开展大型专项整治行动9次，共出动执法人员3670人次，上路检查客车1420台，查处无证和超许可经营客车2台、违规营运客车24台、非法营运小车91台，处置突发应急事件7起，执法成效进一步扩大。

（刘 颖）

【质安监督】 全年全市交通建设工程在监项目126个，总投资40.78亿元，质量监督覆盖率100%。全年对全市在监项目共组织231次施工现场监督检查，实施各类材料检测16次、数据345组。对检查中发现的问题及时下发整改通知书，共发出3份检查通报，停工、整改指令52份，对发现的质量安全隐患217项提出整改要求，做到监督指令闭合完整。全年全市交通建设项目主体工程质量处于受控稳定状态。

（刘 颖）

【造价审查管理】 全年完成各阶段工程造价审核14项，审查总金额

37.47万余元，核减总金额1.21万元。对市内10余家主要地材供应商进行调查询价，整理和上报地材价格信息12份，为省厅造价站编制工程预算、价差调整提供主要依据，并被评为全省交通建材价格信息采集先进单位。

（刘　颖）

【行业管理】　以问题为导向，开展多类型多形式的专项整治行动，不断加强行业管理。开展春运期间客运市场“打非治违”“市县班线非法营运”、市区旅游客运市场、道路运输行业非法、违法经营、武广西站非法营运、汽车站周边非法营运集中整治，加大对运力集中区域的巡查、值守和打击非法营运力度，维护合法客运权益，遏制了非法、违规营运势头。开展在建项目品质工程活动和工地试验室、监理工作专项检查，进一步加强全市交通建设项目质量安全监督管理，规范各勘察、设计单位质量安全管理行为，对监理、检测单位现场人员履约情况，现场监理工作质量以及工地临时试验室人员设备、试验环境管理，质量保证体系运行情况，试验检测数据、操作、报告等进行全面检查，对检查情况进行全市通报并整改到位回复。对省道331、省道205、省道207等在建工程开展造价监督专项检查。对个别项目建设单位造价综合管理资料零乱、不规范、不系统以及清单计量滞后、无设计变更管理台帐和造价从业人员证在人不在等现象进行点评并责令整改，促使项目造价管理工作得到进一步强化和提升。

规范行政执法行为，做到规范执法、文明执法，全年123份执法案卷无一份差错，无一起执法案件被撤销，无一例行政复议和行政诉讼案件。针对执法依据变化、执法程序、执法文书制作等实际，以处务会、处长办公会、执法业务培训等形式，提高客运执法文书制作水平，提升市县交通质安执法能力。依法实施处罚。全年已依法办结6起质安行政处罚案件，其中未采取措施消除事故隐患案件行政处罚10万元，未按照国家规定办理工程质量安全监督手续案件行政处罚20万元，在全市交通建设行业反响强烈，在全省起到示范效应。　（刘　颖）

【安全监管】　坚持依法依规，加强行业监管，实现安全生产“零”事故。全面落实“党政同责、一岗双责、失职追责”，加强风险防控和隐患治理力度。由市局分管领导和市处主要领导多次带队，对全市在建公路水运项目、市区客运市场进行安全生产工作专项检查、督查。大力实施“隐患清零”行动。以安全生产月、大排查大管控大整治百日行动、平安交通等整治行动为抓手，对于火车站、武广株洲西站、结谷门市场开展安全隐患排查整改，将结谷门所有客运车辆动员迁至湘运汽车南站；与高速交警在市区高速路口开展“两客一危”联合执法行动，对存在违规停靠的16家客运公司再次下达“责令改正通知书”，并抄送至市运管处备份。在全市在建干线公路（独立大桥）项目安全隐患自查自纠自改基础上，组织开展各类交通建设施工安全检查50次，出动质安监督执法人员240余人次，检查建设项目单位36家次，排查发现安全隐患100余处，下发停工令4份，办理安全生产违法处罚案件1例。以《安全生产法》《湖南省交通建设工程质量与安全生产条例》为宣传重点，共制作板报5块，制作张贴宣传画50张，发放资料1500余册，发布安全预警信息20余条。

（刘　颖）

铁　路

株洲车站

【概况】　株洲车站始建于1905年12月12日，地处京广、沪昆两大主要铁路干线的交汇点，站中心里程位于京广线K1618＋678m，沪昆线K1103＋313m处，主体站房位于株洲市芦淞区人民南路258号，属广铁集团直管的特等客运站。

2017年，管辖普铁湘潭车站（于2015年4月10日划归株洲车站管理）及长株潭城际铁路芙蓉南、暮云等11个中间站（城际铁路于2016年12月26日开通运营，其中株洲城际站还未竣工）。日均开行25趟城际列车，车站所辖段日均发送旅客4700人，运输收入8.1万元。株洲火车站设有7个站台，5个候车室（3个普通候车室，1个VIP商务候车室，1个软席候车室，候车室总面积3520平方米），5条正线，6条到发线，5个方向接发列车，车站日均接发列车448列，平均每3.21分钟办理一趟列车接发；普铁株洲站（含湘潭站）日均客流量1.7万余人。车站设11个职能科室，下设5个车间（站）。全站在册职工939人，在岗职工915人。年内，运转车间被授予全路“火车头奖杯”，周亚丹被授予“火车头奖章”。

全年为重点旅客办理接送站业务2000余人次。2017年，车站完成旅客发送820.6万人次；完成运输收入5.74亿元，运输生产任务超额完成。

2017年，车站加强安全基础建设。下发《安全预警通知书》18期，《安全风险源及防控措施》22期，日分析追踪安全信息2025件，安全分析对话52次，针对车站典型设备故障和惯性问题、安全突出问题及不良倾向性问题撰写安全深度分析报告12篇。安全过程控制。通过现场检查、音视频回放分析及实时监控相结合，全方位、全时段地促进管理规范化和作业标准化的执行，查处安全管理严重失职5件，作业安全“红线”问题3件，A类问题74件。加大对标准化作业及防止事故的奖励，奖励标准化作业5230元，防止事故35件，奖励11100元。加大科技安全的投入力度，完善安全系统，引入施工盯控系统、电子行车日志、智能铁鞋等，建设湘潭站监控分析中心，依托科技设备和信息化手段实现管理模式由“人控”向“机控”转变。截至2017年12月31日，车站连续实现安全生产4748天。

（胡　鑫）

【城际站服务】 2017年，车站结合站房实际，合理调整售票、候车等区域，简化进出站流线；协调集团客运处、城际公司、长沙信息分所，设备厂家等部门，完善城际车站客服设备设施，确保使用良好；协调市交通局和公交公司，增设、调整公交线路，加强城际各站的公交接驳。（胡　鑫）

株洲北站

【概况】 株洲北站位于株洲市东北郊，为双向纵列式三级七场布局，成立于1964年，前身是田心车站，是长江以南最大的路网性编组站。管辖范围为株洲北站、湘潭东站以及田心、白马垅和十里冲3个卫星站。主要办理京广、沪昆两大铁路干线4个方向货物列车的到发、解编作业，同时担负株洲、湘潭两市58条铁路专用线、140多家厂矿企业的货物到发和取送作业以及各方向旅客列车的通过作业，是沟通华东、华南、西南和北方的交通要道。株洲北站内设行政办公室、党群办公室、人劳科、财务科、技术统计科、安全科、车站值班室、科技教育科、信息技术科、保卫科。下设7个车间：上行车间、下行一车间、下行二车间、设备检修车间、货检车间、湘潭东站、调度车间；2个中间站：白马垅站、十里冲站。截至2017年12月31日，全站在册职工1347人，其中工人技师57人，取得技师资格33人，职业技能鉴定获得高级证书787人，中级证书517人，初级证书13人。

全年，株洲北站车站发送货物598.6万吨，同比增加12.1%；运输收入完成67776万元，同比增加15.8%；日均办理车18041车，同比增加5.4%；中时6.4小时，停时30.9小时，累计正点率98.9%。全年办理车、接发列车屡创历史新高。全年运输总支出22367.52万元。（陈　祥）

【车站运行安全管理】 2017年，公司坚持“安全第一”理念，构建人防、物防、技防三位一体管理体系，不断健全、优化各项安全管理制度措施，形成传统现场巡视检查与视频监控检查相结合的现实安全管控模式。全年举办春运、劳动安全、施工安全、接发列车应急处置、SAM系统操作培训等各类培训班31期，培训12343人次。开展货检、调车人员、管理人员接发列车等专业的技能竞赛和各工种岗位练兵，对车站值班员、调车长等7个工种123人次进行职业技能鉴定。扎实开展各类安全专项活动，大力提升安全风险防控能力，确保全年安全稳定。截至2017年12月31日，车站实现安全490天，并获铁总安全生产标准化直属站称号。（陈　祥）

【设备科技改造】 2017年，车站综合自动化系统集中自动控制正式投入使用，与之配套的各项软硬件更新改造逐步实施，在这一过程中，车站不断主导优化设备功能，使系统经受住了运量剧增、首次春运等考验，为车站大幅度优化运输生产结构、保障运输安全稳定、提高运输生产效率打下基础。（陈　祥）

株洲机务段

【概况】 株洲机务段位于株洲市石峰区清水塘，成立于1949年9月，下辖株洲、郴州、衡阳、永州4个生产地区，管辖湘潭东、耒阳、许家洞、祁阳北4个机务调车点。设有行政办公室、党委办公室、工会、团委、人劳科、财务科、计划统计科、职工教育科、技术设备科、运用科、安全科、质量检查科、材料科、信息技术科、离退休管理办公室、武装保卫科16个科室及计量室、化验室2个生产辅助机构；设株洲运用车间、株洲客车运用车间、衡阳运用车间、郴州运用车间、永州运用车间、株洲调小车间、株洲检修车间、衡阳检修车间、株洲整备车间、衡阳整备车间、衡北整备车间、郴州整备车间、株洲设备车间、株洲救援车间14个车间。2017年年末，在册职工5288人，其中管理人员378人，工人4910人，管理人员中聘任高级职称2人、中级职称86人（含业务指导2人）、初级职称173人（含业务指导2人）；在工人中取得全路技术能手11人、首席技师9人、高级技师69人、技师379人、高级工2659人、中级工134人、初级工3人。全段配属SS6B、HXD1C、HXD1、HXN5B、DF4、DF4K、DF4C、DF5、DF7C、DF7G、DF12等11种机型机车454台，其中电力机车346台、内燃机车108台；共有机械动力设备406台，固资原值737647.33万元。

株洲机务段主要担当衡阳—长沙、衡阳—株洲、衡阳—郴州、衡阳—永州、株洲—怀化、株洲—娄底间64对图定旅客列车；郴州—江村、衡阳—郴州、衡阳—永州、衡阳—井冈山、株洲—衡阳、株洲—郴州、株洲—益阳间177对图定货物列车牵引任务。全段图定担当乘务里程2485千米，其中客运乘务里程1291千米、货运乘务里程1194千米，机车牵引里程4715千米。主要承担和谐型机车C1–C3修程检修、其他机型机车小辅修和整备任务，机车整备作业涉及6个局、11个段、15种机型，日均整备机车430台。

2017年，全段完成列车牵引73132对，其中图定客车22542.5对、货运列车43649.5对、临客5909趟、军运列车269趟、路用列车762趟；完成机车牵引总重573.52亿吨/千米，机车总走行4648.65亿千米；完成和谐型机车C4–C5修送修142台、C1–C3修1179台、既有机型小辅修529台。完成清算收入14.76亿元，运输总支出14.75亿元，扣除内燃机车运行用柴油超支、营业税金及附加等，实际有权支出节约78.02万元；完成其他业务收入1539.3万元。完成支援客运乘务3690趟。（王朝盛）

【安全管理】 2017年，株洲机务段持之以恒抓标准提升、抓自主管理、抓培训实效、抓思想认同，全面推进“强基达标、提质增效”工作实践，全年全段没有发生安全事故。累计发生安全红线问题9件，比上年减少22件；发生安全质量苗头18件，比上年增加2件；下发管理严重失职问题31件，比上年减少23件；发生机车故障33件，比上年减少44件，实现安全年。

（王朝盛）

【更新改造和建设项目】 2017年，全段完成集团公司下达更新改造项目15个，更新改造资金投入459.87万元；在段成本中自筹职场环境建设资金439.34万元，全年投入改善职场环境建设资金899.21万元，建成安全生产应急指导中心、职工活动中心、电瓶摩托车集中充电棚等项目，改造衡阳北、郴州油库消防设施及场坪，完成技术质检综合楼、总务楼、衡北食堂等楼房的整体整修，做好郴州招待所、设备车间、计量室、信息科等生产办公用房整修和设施配套；对衡阳运用车间的乘务员存包从房屋整修到配备设施设备进行全面投入。同时，坚持实施备班室宾馆化管理，常态推进段、车间两级职场环境和消防安全综合性平推检查。职工的工作条件、环境进一步提质改善，工作幸福感进一步增强。（王朝盛）

【职工培训与技能竞赛】 2017年，全段通过铁总机车司机理论晋级考试49人，超集团计划指标14人；通过集团实作考试97人，按量兑现集团计划指标。在集团机务系统年度职业技能竞赛中，全段36名选手参赛，取得18个单项名次；在集团机务系统青工大学生技术比武中，全段14名选手参赛，取得7个单项名次；在铁总机务系统年度职业技能竞赛（检修类）和维修电工职业技能竞赛中，全段4名选手代表集团参赛，取得1个全能第二、1个全能第四的成绩。（王朝盛）

公　路

公路管理

【概况】 截至2017年年底，全市普通公路总里程为13489.01千米，桥梁2316座/57038.22延米，隧道3处/1429米。全市普通公路按行政等级划分：国道435.61千米，省道1499.25千米，县道2439.68千米，乡道2413.54千米，村道6700.93千米；全市普通公路按技术等级划分：一级路78.51千米，二级路1038.11千米，三级路129.61

千米，四级路11965.36千米，等外路277.42千米；全市普通公路按路面类型分：沥青混凝土1231.44千米，水泥混凝土10920.05千米，简易铺装路面76.01千米，未铺装路面1261.51千米。

株洲市公路管理局是负责全市国、省干线建设、养护、管理和全市农村公路监督指导的正处级事业单位，担负着株洲市境内5条国道（435千米）、21条省道（1499千米）的建设养护管理任务和11000余千米县乡公路的监管任务。2016年9月，全市公路管理体制改革后，下设市公路路政管理处、市城郊公路养护中心、市公路路网监测中心、市公路应急物资储备中心4个直属机构，有干部职工399人。

2017年，株洲市公路管理局顺利通过第五届全国文明单位复审，成功蝉联全国文明单位的殊荣。继续保持全国交通运输系统先进集体的荣誉，在全省公路系统目标管理考核中排名第二。（姚　洁）

【公路养护】 全年完成国省干线大中修12.8千米，352千米生命安全防护工程顺利通过交通运输部示范工程检查。顺利通过2017年度国家公路网技术状况监测工作。加强预防性养护和日常养护，及时消灭路面沉陷、坑槽。截至2017年年底，全市国省干线公路优良率达92.32%以上。（姚　洁）

【"四好农村路"】 2017年，全力推进"四好农村路"（建好、管好、护好、运营好农村公路）。全年农村公路完成窄路加宽226千米，硬化235千米。改造危桥45座，生命安全防护工程627千米。群众反映比较强烈的株雷路已完成2.3千米大修，剩余17.3千米进入正常程序。实行领导干部"联点包镇带村"，在全省首推市级示范乡镇建设。醴陵市"四好农村路"稳步推进，顺利通过省交通厅的"四好农村路"建设示范县专项考察。截至2017年年底，农村公路好路率达88.62%。（姚　洁）

【公路建设】 2017年，全市国省干线完成投资21.7亿元，续建327千米，新开工S331醴陵屏山至黄沙等6个项目101千米，完成国道106茶炎段、省道315线二期工程等7个项目的交竣工验收，全市干线公路路网通达能力进一步提升。（姚　洁）

【公路应急处置】 开展抗灾保通应急演练，市县区乡三级5支队伍近400余人按实战化模式抢险保通，进一步提升了公路队伍应急处突的能力。全年累计抢通交通中断24处、桥梁损毁2座，路基修复104万立方米、边坡168万立方米、路面80万平方米，完成国道106大风垄严重山体滑坡的抢险工程，实现了自然灾害引起的道路交通安全事故"零记录"。（姚　洁）

【公路路政管理】 株洲市公路路政管理处为城郊公路畅通提供路政管理保障，负责城郊公路路政管理和路产路权的保护，负责城区超限运输车辆行驶公路的管理，依法查处路政违法案件。2017年，全市公路路政呈现稳定的发展态势，继续保持全省公路路政目标管理考核红旗单位的荣誉。

2017年，市公路路政管理处采取"突出重点、以点带线，集中力量、重点突破"方式，开展非法棚屋和非公路标志的整治，对管辖的省道313、省道211等线路进行专项治理，拆除非法棚屋3起、非标3块，清理堆积物80处，提升公路通行质量；开展公路巡查，路政人员巡查公路人均达18天/月，巡查区域率覆盖管养线路；注重日常管理，及时处置涉路违法行为，及时办理许可案件。全年共办理涉路许可案件5起，办理公路赔（补）偿案件8起，收回赔偿费33.79万元，公路违法案件查处率100%，结案率100%。无行政复议案件、无行政诉讼案件。（段红元）

【超限运输治理】 2017年，开展城区管养公路超限超载路面联合执法。同时，抽调48名执法人员参加高速公路入口的治超工作，与交通运政、公安交警等部门组成7个联合执法小组，在城区7个收费站开展路警联合集中整治，保证城区各高速公路收费站入口的超限率环比大幅度下降。针对普通公路的个别线路、部分时段超限超载运输严重的情况，及时组织跨区域、跨部门的集中整治行动，相继在株洲市株雷路、湘江七桥等区域开展联合整治。市县站三级治超信息平台与市电子政务办对接，启动14套不停车预检系统建设工作。加强源头管理。重点货源单位、地磅、门禁、IC卡、监控设施安装率100%，马槽车纠正率100%，超限超载率控制在0.3%以内。全年依法检测货运车辆1.6余万台次，查处超限车辆1207台次，卸载货物6774.87吨，收取罚款245.14万元，平均站点车辆超限率控制在0.1%以下。全年共抄送违法超限超载车辆信息1113条。（段红元）

高速公路管理

【概况】 湖南省高速公路管理局株洲管理处成立于2012年年底，主要负责株洲境内莲易、浏醴（株洲段）、醴茶、茎茶、炎汝（株洲段)、炎陵炎睦、衡炎（株洲段）的车辆通行费征收以及高速公路养护维修和路产路权管理，并对醴潭、潭耒高速公路实行路产路权管理和行业监管，管辖里程615千米，其中还贷性路段375千米，经营性路段240千米。全处下设50个基层单位，其中收费站24个，路政中队12个，Ⅰ类治超站3个（其中1个Ⅱ类治超站已撤销），桥隧管理所5个，养护应急队3个，养护所2个，管辖服务区（停车区）14对。2017年，株洲境内还贷性高速公路实现通行费收入5亿元，较上年同期上涨16.18%。

持续深入开展“三零”“四美”“五心”“六有”规范管理工作，大力开展“建人民满意交通，树高速公路形象”劳动竞赛活动，业务能力大幅提升，文明优质服务水平进一步增强，窗口形象进一步展现。年内，株洲管理处获全省高速公路运营管理目标管理优胜单位、“两保一优一树”活动优秀单位、资金归集先进单位。联合地方政府、高速交警开展集中打击超载超限、违章建筑行动，加强路面执法和源头治理，全年受理路产理赔案件1068起，治理超限超载车辆2576台，卸载2753吨，查处破坏、偷盗、逃逸案件64起。

严格按照养护招投标合同进行履约检查，严格质量安全管理和造价审计，保证计划资金有效管控、养护施工有序，增加无人机和专业检测机构对重点高危边坡、桥梁的跟踪观测，确保道路“畅、安、洁、美”。

积极开展安全生产月活动，严格落实领导干部安全生产责任“分片包干制”，全面开展“安全隐患清零”专项行动，确保没有发生一起安全生产责任事故。（陈　英）

【“保安全、保畅通、优服务、树形象”活动】 2017年，株洲高速公路坚持问题导向，解决突出问题，深入开展“安全保卫行动、畅通攻坚行动、服务提升行动、形象亮化行动”，全面掀起“两保一优一树”活动热潮，高效推动“两保一优一树”活动在全处取得实实在在的效果。在全省率先使用路网路况信息化平台管理，与BOT路段、相邻管理处、高速交警等单位建立节假日期间信息共享机制，联合开展指挥调度，提前研判，科学组织分流，最大限度地服务广大人民群众出行。全力推进服务区“厕所革命”行动。率先在全省完成服务区公共区域的管理交接，按期进场进行全面管理。完成炎陵东服务区全处首个样板公共卫生间的改造升级，确保“厕所革命”有序推进。完善株洲高速网站及微信公众号建设，形成简报+网站+微信的宣传平台。成功申报茶陵收费站为技能型“芙蓉标兵岗”，高陇收费站李军获“最美芙蓉花”称号，株洲东路政中队唐媛媛获“最美中国路姐”称号。

（陈　英）

道路运输管理

【概况】 截至2017年年底，株洲市有三级以上客运站10个；农村客运五级站88个；道路旅客运输企业6家、客运车辆1549台；道路货物运输企业131家（10台车以上）、道路货物运输车辆27860台；机动车驾驶员培训学校61所、驾校教练车2286台；动车维修企业267家；物流企业2家、货运代理备案企业89家；出租汽车企业17家（含个体和谐服务部）、出租汽车2155台；重型车辆北斗运营商8家、“两客一危”车辆北斗运营商6家；道路运输执证从业人员约5万人，相关道路运输就业人员约15万人。

2017年，全市运输市场持续健康发展。全年全市完成道路旅客运输量0.58亿人、道路货物运输量1.54亿吨、城市出租汽车运输量0.74亿人。站场方面，加快推进株洲综合客运枢纽、株洲西综合客运枢纽建设，7个群众满意站成功通过省局复核，完成农村客运站建设投资375万元，新建农村客运招呼站150个。客运方面10个有省际、市际客运班线的客运站全部实行实名制售票和验票工作；新增通客车建制村12个，合并后的建制村通客车率100%；新增及更新中高级客车251台。货运方面，成功推送2家企业进入交通运输部“道路货运无车承运人试点”名单；新增甩挂运输车辆218台；在重型普货车辆上推广安装北斗卫星定位系统车载终端5020套。驾培方面，贯彻落实《国务院办公厅关于推进机动车驾驶人培训考试制度改革的意见》，在严格执行驾驶培训机构准入许可制度和国家标准的基础上，不再实行规划许可，放开驾驶培训等级和数量控制，实行市场调节；61家驾培机构推行“计时收费、先培后付”服务，覆盖率达100%；新增驾培模拟器30个；驾校培训学员8万余人。维修方面，对1.08万台道路运输营运车辆开展等级评定，完成机动车维修作业20余万次。出租汽车方面，全年新增出租汽车候客通道4个，置换双燃料出租汽车161台；鼓励并规范网约车发展，为社会公众多样化、个性化出行提供便利。运输保障方面，春运、“十一黄金周”等节假日期间，日均投入客运车辆1846台，累计接送旅客980万人次，开辟重点物资运输绿色通道，未发生旅客长时间滞留现象、安全生产责任事故和重大服务质量投诉。做好洪涝干旱、雨雪冰冻等特殊天气的保安全保畅通工作。

（钱鹏熙）

【增强管理服务能力】 行业管理。2017年，配合省局完成“道路运输管理三级协同管理与服务信息系统”二期工程建设，实现省、市、县三级运政信息共享和数据交互的全覆盖，运用新的管理系统办理各项业务10万余件。配合市政府信息办将“114-6”出租车服务热线与“12328”交通服务热线合并。全年共受理、办结群众咨询和投诉1500余件。强化从业人员动态管理。严格执行道路运输从业人员考试制度，组织客货从业人员考试11场次、考试驾驶员3319人，组织出租车从业人员考试6场次、考试783人；在全省率先将道路运输从业人员继续教育从传统单一的线下培训模式，逐步转变为线下线上相结合的新模式，新增网络继续教育机构5个，组织客货运驾驶员继续教育81期，培训学员7200人。强化质量信誉考核工作，评选2016年度3A企业36家，其中客运企业7家、客运站8家、货运企业5家、维修企业16家。（钱鹏熙）

【运政执法】 持续保持道路运输市场打非治违高压态势，全年全市运管机构出动执法车辆2300余台次、执法人员3800余人次，处理群众举报投诉案件200余起，暂扣违法违规营运车辆400余台、牌证300余本，共处行政罚款150余万元。（钱鹏熙）

【运输市场整治】 2017年，先后组织和参与一系列运输市场集中整治行动，配合地方政府、公路局、高管局等部门开展超限超载专项整治；联合公安、交警等部门开展武广西站城市客运市场专项整治；联合质检、交警等部门开展出租汽车非法安装使用计价器干扰器专项整治；联合环保、交警部门清理淘汰营运黄标车1217台。

（钱鹏熙）

【运政服务】 2017年，继续将全部行政审批事项进驻市政务中心交通服务窗口受理和办结，深入推进政务服务“一窗办、一网办、简化办、马上办”，共新发证件2691本、换发证件1778本。落实城乡道路客运燃油补助资金申报工作要求，完成城区2016年农村道路客运燃油补助申报车辆1144台、座位数21480个，落实补助资金2302万元；完成城区2016年出租汽车燃油补助申报系数标台2038.21台，落实补助资金2479.6万元。（钱鹏熙）

【安全生产“隐患清零”行动】 2017年，在省交通运输厅、省运管局、市交通运输局的统一安排调度下，全市道路运输系统推进“隐患清零”行动，通过大力推行隐患排查整改、处罚措施、“黑名单”制度、营运车辆联网联控考核等系列举措，确保全市道路运输安全生产形势平稳可控，全年未发生一起死亡1人及以上道路运输安全生产责任事故。全年全市运管机构开展安全生产检查200余次，整改隐患60余处，约谈企业20余家，下达整改通知书20余份，下达行政处罚决定书13份，累计罚款20余万元，停业整顿车辆38台，吊销从业资格证31本，“两客一危”车辆超速行驶率、疲劳驾驶率大幅下降，依法取缔结谷门客车停靠点。

（钱鹏熙）

【推进出租汽车行业改革】 2017年，配合市政府办出台《关于深化改革推进出租汽车行业健康发展的实施意见》，配合交通、经信、公安、商粮、工商、质监、网信等7部门联合出台《株洲市网络预约出租汽车经营服务管理实施细则》《株洲市私人小客车合乘管理规定》，为出租汽车行业深化改革、新老业态融合发展提供相关政策支持；在机构进行成本调查、评估复核的基础上，配合市出租汽车深化改革领导小组出台《关于株洲城区巡游出租汽车行业经营成本调查报告的有关意见》，为出租汽车企业及驾驶员平等协商利益分配问题提供参考依据；配合市财政清退城区出租汽车经营权有偿使用金；有序推进株洲市《巡游出租汽车服务质量信誉考核办法》《巡游出租汽车到期经营权分配方案》等文件出台工作。（钱鹏熙）

水　路

【概况】　2017年，株洲市地方海事局对湘江、渌江、洣江等10条通航河流，558千米航道（省管航道88千米、市管航道470千米），113道渡口（人行渡口111处、汽车渡口1处、旅游客运码头1处），4座有船水库（大京、官庄、酒埠江、东阳湖），497艘各类船舶（14.2万总吨），7915米可利用岸线，19家水运企业实施行业管理和安全监督。

2017年全市港口货物吞吐量1195.56万吨，较上年增长6.44%，全市水路货运量844.39万吨，水路货运周转量21.88亿吨千米，客运周转量34.12万人千米，分别比上年增长5.3%、5.4%、16.1%。其中“春运”期间，全市水路运输市场日均投放运力116艘，共计2621客位，运送旅客48.6万人次。年内，株洲市地方海事局获2017年全省“水路交通系统目标管理考核先进单位”“水上交通安全管理目标考核先进单位”等称号。　（周　蓉）

【水运基础设施建设】　2017年，株洲海事局重点推进水运项目建设。渌水航道梯级开发一期工程列入市“十三五”规划，完成可行性研究报告审批。完成《株洲市港口总体规划》修订编制和环境影响评估。株洲二线船闸及鱼道工程投资3.5亿元，完成全部导流墩、90%的鱼道工程和80%的航道护坡工程建设。改善渡运基础设施，推进渡口升级，投资2267万元改造渡口21处，投资337万元拆解老旧客船20艘。　（周　蓉）

【水上交通安全管理】　2017年，保持辖区水上交通安全“零”伤亡记录。加强水上交通安全日常监管。严格落实隐患问题排查处理制度，做到内容规范、台账优化，安全管理“有痕迹、有记录”。开展专项检查。开展春运、湘江综合整治、渡口基础信息采集、“隐患清零”“安全生产月”“打非治违”等多项专项行动，对重点时段、重要节点进行动员部署，实施全面排查，规范水运企业、船舶安全航行，筑牢全市水上安全防护网络。加强安全生产宣传。向涉水单位负责人、船员宣传安全知识、法律法规，增强水上安全意识，落实企业安全生产主体责任。全年向全市中小学校、船舶、水运企业、港口码头等发放作业本7500本、大小垃圾桶600个、PVC宣传牌2100张，其他各类宣传资料5700余份。做好抗洪抢险工作。防汛期间出动海事检查人员1280人次，开展巡航检查266次，每日检查船舶230艘次，救助遇险船舶24艘次，协助排除管涌险情2处，转移安置古桑洲居民60人及沿江风光带商业街人员财物，无人员伤亡和油污事件发生。谢钊获株洲市抗洪救灾先进个人。　（周　蓉）

【船舶污染防治】　2017年，推进湘江保护治理“一号重点工程”，提前完成污染防治“三年行动计划”。全年投资100万元购置防污设施设备，2艘40米趸船、2艘25米海巡艇、1艘28米多功能救助艇和2艘快艇完成招投标，部分船艇到港使用，保障市辖水域环境清洁及沿线群众饮水安全。优化通航环境。开展株洲城区饮用水源地综合整治行动，共取缔13座钓鱼平台，查处饮用水源地内的吸砂船舶3艘，拖离水源保护区摩托艇协会基地及1艘水泥趸船，得到市委市政府的充分肯定。加强防污检查。在空洲岛，检查通过株洲航电枢纽的砂石船舶持证上岗、生活污水处理装置使用情况等，对不符合要求的，采取限行、停航等强制措施。各县（市）交通、海事部门对重点水域开展环保现场检查，组织开展乡镇船舶管理员环保与安全知识培训，指导库区农用船舶驾驶员安全与环保工作。增强防污保障能力。在辖区安装6个饮用水取水口警示标志、24个航标，提示船舶安全通行，确保取水用水安全。新建2艘应急快艇、1艘“湘株洲救助001”具备消防、防污多功能救助艇，辖区水上防污救助投入约100万元购置PVC围油栏、吸油毡、喷洒装置等船舶防污应急物资设备。已选定5个垃圾转运站站址，督促株洲华新码头和株洲港落实污染物回收设施建设。以政府购买服务的方式，招投标组建1家水上服务公司，对辖区内所有运输船舶污油水及生活垃圾免费回收上岸处理。全年，水上服务公司共服务船舶5100艘次，收集处理船舶固体垃圾91吨，废油水47吨，组织两次沉船溢油拦截、打捞。

（周　蓉）

【海事信息化建设】　2017年，市海事局创新服务水运安全监管，信息化与水上运输服务深度融合，加快推进信息化工程建设。推行现场执法与远程监管的“动静结合”执法模式，促进海事监管从“汗水型”到“智慧型”的转变。完善视频监控配置。修复故障监控点，监控视频运行正常率逐年上升；加强视频监控日常巡查，维护正常水上通航环境和秩序。督促京水湖、攸县酒埠江库区旅游公司，按照“开航必开移动视频监控系统”的要求，确保客船移动视频监控系统上线率。加大渡口安全设施建设。通过招投标，辖区内安装26处重点渡口码头渡口气象公示牌。推广终端安装应用。严格执法检查，推广运输船舶和客渡船、采砂船AIS和VHF终端的安装和使用。（周　蓉）

【水运行业管理】 2017年，进一步规范辖区水运市场管理，增强运输保障服务能力，为水运市场提供便捷、高效、安全、绿色的环境。降低水运成本。取消船舶通行费、货物港务费、船舶检验费等费用，降低企业运输成本，促进水运行业转型升级。规范船检工作。开展船舶检验“规范年”活动，严格按要求执行检验、发证、存档工作。全市辖区内船舶吨位复核工作全部完成，共完成船舶吨位复核276艘。加强运输管理。全年完成11家运输企业、6家辅助业年度核查及179艘营运证年审换证工作，更新完善港口经营人基础台账和管理信息系统数据。强化航道管理。制定《2017年株洲市航道维护计划》，实行航道分片管理制度，航标维护正常率及标准水深年保证率90%。加强船员管理。进一步规范船员违法记分工作；开展一期65名船员内河船舶船员基本安全培训及考核；全年共签发各类船员证书207本，完成内河船员基础信息采集和证书核对工作571人，行政审批实现了办件“零差错”目标。（周　蓉）

运输企业选介

湘运集团有限责任公司

【概况】 湘运集团有限责任公司系株洲地区规模最大的专业化道路运输龙头企业，是以运输产业为主，房地产开发、汽车维修、汽配销售、住宿餐饮、保险代理、户外及车身广告、房屋及场地租赁为辅的多元化经营的企业集团。湘运集团机关设办公室、党委工作部、安全处、计财处等12个职能部门，下辖（香港）湘运企业有限公司、株洲湘运房地产开发有限责任公司、株洲湘运旅行社有限责任公司、湘运集团株洲湘运宾馆有限责任公司、湘运集团株洲出租车有限责任公司5个全资子公司，株洲客运分公司、醴陵客运分公司、攸县客运分公司、茶陵客运分公司、炎陵客运分公司、渌口客运分公司、株洲旅游客运分公司、茶陵公交分公司、醴陵出租车分公司9个分公司和湘运集团株洲汽车修理厂等10个汽车修理厂及14个等级汽车客运站。截至2017年年底，企业从业人员5000多人，拥有各类营运车辆1260余台，开通省内外客运班线300余条，幅射全国15个省（市、区），日均发送旅客20000余人次。

2017年，湘运集团顶住前所未有的客源陡减、收入骤降的经济下行压力，为繁荣经济，搞活流通，加快地区交通运输事业发展作出积极贡献。企业党委被评为“非公经济先进基层党组织”和“湖南省非公经济先进基层党组织”。企业工会获“株洲市红旗工会”“劳动关系和谐企业”，并被授予“全国模范职工之家”称号。（颜茂春）

【企业成功并购】 2017年，湘运集团投资4000余万元，成功并购县属道路客运企业——株洲县汽车客运公司，并于2017年1月19日举行“湘运集团渌口客运分公司”揭牌仪式。企业并购工作的成功实施，不仅稳定了株洲县的道路客运市场，促进了株洲县道路运输事业有序健康发展，方便了人民群众出行。（颜茂春）

【株洲至黄花机场客运专线开通】 为切实解决株洲往返长沙黄花机场的旅客乘车难问题，湘运集团与湖南空港实业汽车运输公司走地空联运合作发展的道路，于2017年9月29日正式开通“株洲汽车中心站至长沙黄花机场”客运专线，并推出网络订票、电子检票等一系列特色服务，深受广大旅客的一致好评。（颜茂春）

【客运实名制正式实施】 为切实落实客运实名制工作，湘运集团投入近300多万元，新增人证对比检票闸机、自动售票机，配置客运实名制所需的硬件设施，自10月1日开始正式实施客运实名制，顺利通过省、市两级公安、交通部门的联合验收。（颜茂春）

【株洲汽车西站建设获批】 株洲汽车西站是株洲市的重点建设工程，规划占地面积8公顷，总建筑面积90020平方米，预计总投资2.5亿元，系与武广高铁站和规划待建的城铁站、地铁站的配套工程，以实现旅客“零距离”换乘。截至2017年年底，株洲汽车西站的建设规划设计、地质勘查、灯饰亮化设计、景观设计、智能化方案设计等工作已全面完成，并获得省、市相关部门审核通过，拟于2018年正式动工。（颜茂春）

邮　政

【概况】　株洲市邮政管理局成立于2012年11月28日，属国家行政机关，接受上级邮政管理部门和市人民政府双重管理。株洲市邮政管理局的成立，结束自2005年邮政体制改革、政企分开后株洲市邮政行业管理机构缺失的历史。

株洲市邮政管理局设办公室、行业管理（机要通信）科2个内设机构，负责贯彻执行国家邮政法律法规、方针政策和邮政服务标准；研究拟定全市邮政行业发展规划；监督管理株洲市邮政市场及邮政普遍服务和机要通信等特殊服务的实施；负责行业安全生产监督管理和统计管理工作；保障邮政通信与信息安全；承办省邮政管理局和株洲市委、市政府交办的其它事项。

2017年，全市邮政行业业务总量累计完成16.42亿元，同比增长31.54%，占全省邮政业务量总量的8.53%；邮政行业业务收入累计完成9.34亿元，同比增长25.76%，占全省邮政业务收入总量的6.86%。全市快递业务量累计完成6270.53万件，同比增长26.96%；业务收入累计完成51871.90万元，同比增长21.21%。（龚　杰）

【邮政行业市场监管】　2017年，株洲市邮政管理局开展邮政行业快递市场监管执法检查201次，出检423人次，下达整改通知书62份，行政立案15起，累计罚款金额17.1万元；开展普遍服务监督检查99次，检查邮政普遍服务网点93个，下发责令改正通知书5份。对全市6个机要通信网点开展2次全覆盖检查。（龚　杰）

【提升邮政业服务质量】　2017年，株洲市邮政管理局开展服务质量专项整治，提升末端服务能力，加强网点标准化建设，推广智能快件箱建设。结合社会关注的重点热点问题，在全市开展以实现“不抛扔、不落地、不摆摊”为目标的“三不”快递服务质量专项整治行动。妥善处理消费者申诉。全年，株洲市邮政管理局处理“12305”邮政行业申诉3851件，其中有效申诉414件，挽回消费者损失61256.3元，群众满意度99.42%。迅速解决市长热线“12345”反映的问题35起。做好重要时期寄递渠道安全服务保障。全年完成“一带一路”国际合作高峰论坛、金砖国家领导人会晤、中共“十九大”、中国共产党与世界政党高层对话会等重要时期寄递渠道安全服务保障工作。（龚　杰）

【芦淞商圈收投新模式】　2017年，株洲市邮政管理局积极联合芦淞区政府、芦淞区城管局和芦淞区市场管理局等部门进行调研，推动芦淞商圈快递集散中心建设，全力促进商圈内快递与电商协同发展。新模式有效缓解芦淞商圈快递杂乱无章现象，提升行业整体形象。（龚　杰）

【落实《邮政普遍服务标准》贯标达标】　2017年3月3日，株洲市邮政管理局指导市邮政分公司召开全市普服新标准宣贯会议，部署落实新修订《邮政普遍服务标准》宣贯工作。同时通过其官网全文发布新修订《邮政普遍服务标准》和国家邮政局对新《标准》的解读。印制新修订的《邮政普遍服务标准》手册，深入茶陵、炎陵县等偏远乡镇支局送标上门。（龚　杰）

中国邮政集团公司株洲市邮政分公司

【概况】　株洲市邮政分公司下辖4个区和5个县（市）邮政分公司，有从业人员1127人，全市邮政服务面积4258.32平方千米，邮路总里程824.15万千米，投递段道合计311条，其中城市225条，农村86条。全市邮政已建成服务设施完善的城乡邮政服务网点2688个，其中金融网点119个，邮政综合便民服务站2513个，“助农取款”服务点56个。经营领域覆盖邮政普遍服务、金融、物流、文化、信息、电子商务、公共服务等多个领域，具体包括代理金融、代理保险、电子商务、快递包裹、函件、报刊发行、集邮、物流分销、便民服务、文化传媒等多种业务。截至2017年年底，公司实现业务收入4.06亿元，增幅16.16%。实现代理金融业务收入2.72亿元，列全省第2位，同比多增4460万元，增幅13.63%，列全省第3位。金融总资产突破180亿元，其中，邮储余额规模达171亿元，新增24.1亿元，增幅16.4%，列全省第5位。全年实现新单保费8.5亿元，创下历史新高，进度

132.6%，列全省第2位，同比多增2.5亿元，增幅42%，列全省第4位，点均产能933万元，列全省第1位。

2017年，株洲邮政积极进军电子商务行业，打造“县—乡—村”三级农村电商体系。县级电商服务中心提供电商咨询、宣传推广、配送、仓储、产品展示、电商孵化、人才培训、运营支撑等一揽子服务；乡镇级电商服务站以邮政支局所为中心，提供电商咨询、信息收集、培训、产品整合等服务；村级电商站点依托邮乐购、邮三湘、邮掌柜等线上平台，具备便民服务、代卖代购、农产品信息收集等服务和功能。至2017年年底，株洲邮政已建成4个县级电商公共服务中心，建成乡镇级电商服务中心68个，建成村级电商服务站点3079个；依托三级农村电商体系，上线株洲地方农特产品128种，批销单品2777种。

推进电商精准扶贫，拓展农村电商市场，推广“互联网+特色农产品”电商模式，整合邮政线上销售平台、线下快递收寄平台，融入县域经济，农产品进城项目取得突破。株洲邮政深入炎陵偏远山区，对接滞销果农，优先与其合作，对接政府，帮助炎陵黄桃走出深山走向全国。在打造三级农村电商体系的同时，成功打造县域邮政“快递+电商+金融”融合发展模式，推动黄桃寄递项目的有效开展，实现收寄35.65万件，市场占有率95%。

以“邮乐购”实体店为品牌，通过邮掌柜系统的布放，对原有综合便民服务站进行功能升级，增加和突出电商服务元素，实现电子商务进农村的用户宣传培训、代购代销、便民缴费、物流中转、惠民金融以及政务服务等功能，形成依托商超为批销站点实施工业品下乡、培训孵化创业者从事农产品进城、以政府服务为基础的综合性公共服务站点三种渠道体系。2017年，株洲邮政通过邮政综合便民服务体系，代收水电、通讯等各类费用金额达11.68亿元，其中代收水费4579.91万元、代收电费9.51亿元、代开国税发票5683.32万元，其它代收代缴11436.77万元。

做好党报党刊发行工作。全力保障党政军机关的机要通信服务，确保党和政府及军队的政令畅通。加快报刊和邮件传递速度，加大邮政通信网络和基础设施建设。全市城市投递实行周七班，每天投递两个频次；农村投递乡镇府所在地每周不低于周五班，一般行政村为周三班，偏远和交通落后的地方实行周二班投递。同时，做到村村通邮，确保农村的信报邮件妥投到户，通邮率100%。全年实现党报党刊流转额1011.6万元。

开展优质服务。开展普遍服务和特殊服务对标达标活动；规范邮件收寄行为，加强邮件全程时限检查，确保邮件各环节时限达标率均达到96%以上。强化全流程集中管控。省内互寄快递包裹平均时长21.59小时，运营综合质量一直稳居全国前列。深化市、县两级普遍服务管理体系建设，完善内控管理机制；制定出台邮政普遍服务管理与普遍服务补贴挂钩考核办法；2017年安全传递机要邮件8万余件（袋），机要通信质量全红，机要通信服务满意率100%。

（罗　磊）

【升级邮件运输网络】 2017年，株洲市邮政持续加大物流网络基础能力建设投入。为避免旺季生产出现邮件“爆仓”现象，确定栗雨、火车站、金山产业园、醴陵“一个中心、三处集散”的邮运作业模式。通过扩容生产场地、加强人员车辆等生产要素储备，强化末端投递能力建设，对省内次日递、集包发运、一干邮路邮件进行合理盘驳和集中，实行“科学分流出口邮件、及时下行进口邮件”的方式，实现了“保畅通、保质量、保安全”的目标。

（罗　磊）

【创新推动快递业务】 开创“以仓养商、以店造包”新模式。打造快递包裹新的增长极，醴陵市分公司孵化“云巢”和“春天”电商平台，造包效果显著，2017年寄递量达95.12万件。“双十一”期间，“春天”电商平台马克杯销量列全国第1位。探索园区派驻。“双十一”期间，以入驻电商产业园的方式，将人员、设备、车辆前置到园区，实现现场全流程作业，极大地提高处理效率，共计揽收园区邮件7.35万件，成功开发10家大型电商企业，提高快包的市场份额、客户粘合度，提升客户体验，为合作共赢打下坚实基础。同城项目遍地开花。因地制宜，探索株洲特色的同城模式，多个B2B项目和B2C项目逐渐步入正轨，全年创收80.96万元，同比增长290.18%，累计收寄量达22.91万件，同比增长287.45%。自建同城网络与整合社会资源两种模式双管齐下运作同城项目，与壹星麦波、神农大剧院、百姓大药房等单位签订合作协议。

（罗　磊）

【服务地方文化产业建设】 挖掘传统文化和集邮文化，发行邮票，开发地方特色邮品，展示地方文化特色，促进地方经济发展。同时，利用数据库营销，创新发展日常封片卡业务，挖掘封片卡的功能和作用。2017年，成功开发醴陵瓷博会邮品项目，开发瓷博会邮品6000册、个性化邮折5000册，醴陵新八景纪念明信片5000套、首日封10000枚，提高醴陵市的知名度和影响力。

积极推进新媒体业务。2017年6月，株洲邮政牵手腾讯新媒体，成功举办“腾讯赢客中国行”株洲站峰会，为来自政府、金融、房地产、汽车、教育、商超等行业的300余家单位提供线上线下更精准的数据服务，推动株洲经济、文化的发展。

开展集邮协会工作，推广集邮知识性与艺术性为一体的邮票，结合文化旅游，带动贫困地区经济发展。依托贫困地区文化旅游资源，建立“主题邮局”、设计开发旅游地区明信片等系列文化产品，将贫困地区优质农产品和旅游资源在全省乃至全国进行推广。在全市建立集邮专柜、专厅，开办素质教育主题邮局，组织开展集邮巡展活动，举办十九大集邮巡展、工农兵政权成立90周年集邮巡展及相关宣传活动。（罗　磊）

通　信

电　信

【概况】2017年，中国电信股份有限公司株洲分公司为广大消费者提供更多用得上、用得起、用得好的智能信息服务。全年完成业务收入7.77亿元，拥有电信客户约194.1万户，公司服务网点近800个，遍布全市城乡的每一个角落。（徐　静）

【电信网络建设】2017年，株洲电信不断完善精品移动网的覆盖及智慧光网的建设。全区移动基站规模4091个，建立了一张支持800M、1.8G、2.1G多频覆盖，速率快，覆盖面广的移动网络。至2017年年底，实现城市光网100%覆盖。市区及县城2480个小区实现光纤到户。行政村光缆通达966个，通达率99%；光网到户行政村955个，改造率98%；全区107个集镇100%实施光网改造。在实现“全光株洲”的基础上，全面推动光网建设再提速，推进“千兆光纤”计划。建设高清IPTV系统平台，全面提升OLT接入能力，提供高清晰视讯享受。通过政策补贴，惠民套餐等措施，实现全民光网宽带的推广应用；实施三网融合项目，智能ITV基础建设得到快速提升和普及，信息化发展成果普惠城乡，为百姓带来实惠和便利。（徐　静）

【万物互联·智慧株洲”天翼物联网NB—IoT发布暨云·大数据推介会】2017年11月15日，由市经信委主办，中国电信株洲分公司承办的“万物互联·智慧株洲”天翼物联网NB—IoT发布暨云·大数据推介会召开。会上，业内专家就如何构建株洲物联网产业生态圈展开热烈讨论，并展示物联网发展为工作生活带来的便利。

NB—IoT是基于蜂窝的窄带互联网（Narrow Band Internet of Things）技术，也是未来物联网建设的主要标准，是万物互联网络的一个重要分支。新一代物联网具有低成本、低功耗、大连接、覆盖广等优势，广泛应用于智慧安防监控、智联楼宇供水、智能医疗、智慧城市管理、智慧水务等领域。依托中国电信天翼物联运营体系，将“新型智慧城市”和“NB应用”作为惠民工程，为NB—IoT为主导的物联网产业联盟和生态圈建设，提供专业化的物联网服务，重点在抄表、路灯、井盖、停车等领域与行业客户及厂家开展全方位合作，共同打造物联网产业生态圈。以“能力模块化、集约化”“管道可感知、可管理”“终端可定义、可视化”“平台可开放，保安全”提供物联网“管、端、云”三大核心基础服务能力，促进物联网产业在株洲的优化布局和规模发展。（徐　静）

【城乡“六项服务承诺”】2016年株洲电信向社会公开“城区宽带六项服务承诺”即：实行8小时装机、8小时修障（时间范围为8：00—18：00），当日18：00前申报的故障当日修复，慢必赔；真宽带、真速率、低必赔；无条件受理，0拒单;老用户免费提速；新装用户免费调测无线WIFI；7×24小时在线服务。城区光网宽带/iTV装维服务水平大大提升，其中装维服务满意率97.48%，装移机精确预约工单履约率98.38%，得到广大客户的高度认可。为进一步提升宽带服务水平，缩小城乡服务差距，2017年4月，株洲电信将光网宽带/iTV“六项服务承诺”的实施范围扩大到农村，并夯实网络基础，加强对装维人员的配置和专业化培训，强化农村支局的装维服务能力，城乡光网宽带服务时效和服务质量有新的飞跃。同时，在光网宽带安装、维修、服务等方面推出拨打10000号装宽带、微信客服、预约修障、智能提速、在线测速等专业化服务举措，提升服务水平，在企业与客户之间架起一座座“贴心”的桥梁。（徐　静）

移　动

【概况】 2017年，中国移动通信集团湖南有限公司株洲分公司积极落实“网络强国”“提速降费”“信息惠民”等国家战略，全面构筑网络领先优势，持续推动市场业务发展，不断加快万物互联时代信息化布局，切实改善客户服务质量，推进企业持续、健康发展。公司全年实现收入14.99亿元、上交利税1.96亿元。截至2017年年底，株洲移动通话客户达214万户，期末市场份额达58.78%，其中4G客户数达144.9万户。（黄　奕）

【移动网络建设】 2017年，株洲移动不断完善4G网络的覆盖，促进2G用户向4G网络迁移。继续全面推进“100M光纤到户”建设，深入推进贯彻落实光纤到户国家标准，全力打造“全光网城市”，依托高品质网络推出家庭百兆宽带为统领的极光宽带，以更优服务，让客户体验到更宽、更快、更精彩的“互联网+服务”。截至2017年年底，已建成4G基站5167个，城区4G网络覆盖达100%，行政村覆盖达96%以上。有线宽带覆盖用户数133.3万户，完成行政村覆盖526个。全年顺利完成数字株洲、株洲市委马上就办“一线通”、茶陵平安城市监控等6个重点项目建设，新增政企专线6073条，较2016年年底增长338.71%。（黄　奕）

【移动通信市场发展】 2017年，株洲移动持续开展渠道业务发展竞赛，灵活调整资费政策，稳步提升用户规模，全年净增通话客户0.8万户，期末客户达214.1万，期末客户份额达58.78%。探索流量经营新模式，推进政企行业单位破冰，持续增强经营创收能力，全年通信服务收入达14.99亿元。聚焦营销资源，定向迁转2/3G客户，强化4G套餐推广，4G客户规模达144.9万户，4G客户渗透率达65.97%。搭建直销模式，拓展营销触点，加强宽带业务精细营销，全年净增宽带客户9.61万户，宽带净增份额达66.96%，魔百和渗透率72.5%。

（黄　奕）

【改善通信服务水平】 2017年，株洲移动从客户角度出发规范营销行为，做好营销推广、套餐适配，开展“我满意，我推荐”和“心服务、新体验”等服务主题互动活动，确保客户感知和业务可持续发展。重点提升“流量业务”与“家庭宽带”两类业务的服务支撑能力，做好流量使用和套餐升档的关怀提醒，面向用户普及宽带自助排障知识，完善网格化快速维护机制，提升重点业务客户满意度。始终关注客户投诉问题的一次解决和升级投诉预防，及时响应客户合理诉求，准确把握客户期望值，强调业务规定标准化解释，及时为客户排忧解难。截至2017年年底，株洲移动客户满意度领先值为7.69，家庭宽带客户满意度为80.19，集团专线客户满意度为96.75，移动客户整体NPS领先值为36.23，网络感知满意度领先值为10.01。投诉指标改善明显，万位客户投诉率52.75，同比下降4.49PP；投诉客户满意度为84.46，同比提升3.75PP。

（黄　奕）

【助推城市信息化发展】 2017年，株洲移动立足集团单位信息化需求，强化集客业务能力支撑，借助专线+工作手机+云MAS+移动办公云等多业务融合营销，打造信息化整体解决方案，助推城市信息化发展。全年拓展行业信息化大单30余单，智慧渌口、智慧株洲网格化、市民“一卡通”、电子政务内网等项目取得明显进展。全年完成通信及信息化收入1.29亿元，完成集客重点业务收入5082万元。

（黄　奕）

【推进通信扶贫】 2017年，株洲移动积极贯彻落实《株洲市扶贫攻坚三年行动计划（2015—2017年）》（株办发〔2015〕12号）和《关于加快实施贫困村基础设施扶贫“五大工程”的指导意见》（株扶发〔2016〕7号）文件要求，制定两年扶贫攻坚计划，逐步实现株洲市全区所有贫困村移动信号和无线宽带网络的覆盖工作，提升农民信息消费能力和生活品质，实现农民大幅增收、农村精准脱贫，切实推进电信普遍服务。全面推进网络能力扶贫，2017年共投入贫困村建设资金9000余万元，全年完成164个贫困村4G网络覆盖，覆盖率达98.8%，综合下载速率超过40Mbps；完成100个贫困村家庭宽带网络覆盖，宽带接入能力均超过100M。开展信息化扶贫，采取“政府+企业”的合作方式，为政府在册的贫困户和驻村扶贫干部免费发放智能手机终端并给予话费补贴；并搭建“互联网+精准扶贫”平台，免费提供精准扶贫信息化系统支撑。全面落实结对帮扶工作，开展滴灌式帮扶。2017年，自筹帮扶资金50余万元用于贫困村帮扶，协助对口帮扶的攸县酒埠江镇大田村筹集到帮扶资金141.5万元用于产业基地有机茶基地建设等脱贫项目。年底大田村已退出省级贫困村，贫困发生率降至0.99%，截至2017年年底，全村仅剩1户1人未脱贫。（黄　奕）

财政·税务

财 政

【概况】 2017年株洲市一般公共预算总收入337.84亿元，比上年增长8%，总量居湖南省第二。其中地方收入224.09亿元，比上年增长2.72%（同口径增长4.17%）；政府性基金预算收入87.30亿元，增长9.34%；国有资本经营收入2.35亿元，增长47.23%；社会保险基金收入148.96亿元，比上年增长33.88%；财政专户管理资金收入25.64亿元，增长132.85%。

市本级一般公共预算总收入83.89亿元，比上年增长6.88%，其中地方收入51.37亿元，比上年增长5.91%（同口径增长5.81%）；政府性基金收入56.95亿元，增长2.91%；国有资本经营收入0.59亿元，增长11.62%；社会保险基金收入71.71亿元，比上年增长30.53%；财政专户管理资金收入2.46亿元，增长4.55%。

全市一般公共预算支出447.08亿元，比上年增长10.33%；政府性基金预算支出76.30亿元，下降5.53%；国有资本经营预算支出0.76亿元，下降36.36%；社会保险基金支出135.03亿元，增长32.29%；财政专户管理资金支出24.15亿元，增长134.25%。

市本级一般公共预算支出122.72亿元，比上年增长2.9%；政府性基金预算支出44.08亿元，下降14.42%；国有资本经营预算支出490万元，下降61.26%；社会保险基金支出65.95亿元，增长34.30%；财政专户管理资金支出2.47亿元，增长4.56%。

收入结构方面，全市税收收入230.12亿元，比上年增长15.08%，占一般公共预算收入的68.11%，增长4.18%，占地方收入的比重提升4.4%。市本级税收收入62.75亿元，比上年增长11.08%，占市本级一般公共预算收入的74.8%，增长2.82个百分点。全市一般公共预算非税收入107.72亿元，比上年下降4.54%。市本级一般公共预算非税收入21.14亿元，比上年下降3.91%。

至2017年年底，株洲市财政机构设县（市、区）级财政局10个，乡镇财政所114个。全市财政系统有工作人员1252人。株洲市财政局有在职职工182名，其中机关行政编制88名，事业编制94名。

2017年，株洲市财政工作培植壮大财源，严控政府债务风险、收支平衡风险，强化对供给侧结构性改革、产业发展、民生之声的保障，促进财政税收收入持续健康增长，为推动改革发展提供有力的财政保障。

（唐　森）

【财政收入稳增长】 面对国家减税降费万亿行动计划、落实省政府压减非税收入的任务要求、清水塘老工业区搬迁改造等多种因素带来的严峻挑战，2017年，株洲财政部门加大财源建设的力度，加强收入征管的调度，实现收入总量稳增长、质量有提升。加强财源建设。积极服务和保障项目攻坚、企业帮扶“两个年”活动深入开展，为财政增收开辟源头。出台财源建设“十二条”政策措施，调动各方生财的积极性，政策的“含金量”换来了税收的“真金白银”。据统计，2017年“十二条”政策措施的实施，促进财政增收5亿元以上。加强收入征管调度。面对收入征管的巨大压力，2017年多次召开收入调度会议，开展“开门红”“双过半”和“最后一百天攻坚”等主题调度，科学研判全市经济形势，密切关注重点区域、重点行业、重点税种情况，分解落实收入任务，研究收入组织对策，解决收入征管中面临的困难和问题，做到以旬保月、以月保季、以季保年，确保完成全年财政收入工作目标。加强综合治税。充分发挥综合治税信息管理平台作用，利用大数据与各执收部门实行信息共享、征收共管，严格规范税收征管秩序。积极配合税务部门，开展土地出让契税、建安及房地产企业税收、混凝土和砂石行业税收等专项清查清缴，确保各项税收及时征缴入库。

（唐　森）

【财政支出惠民生】 2017年，进一步完善支出管理措施，在持续压减“三公”经费等一般性支出的同时，着力保重点、惠民生，较好地促进了株洲市经济社会发展。积极服务项目攻坚和企业帮扶活动，安排各类园区资金14.5亿元，将园区土地出让收入的80%以上返还给园区用于基础设施建设，支持园区经济发展。市本级统筹安排产业发展专项资金5.7亿元，扶持先进装备制造、新材料等战略性新兴产业发展。筹措外经外贸和现代服务业项目资金1.2亿元，支持企业开拓国际国内市场。向上争取和市本级安排清水塘老工业区搬迁改造专项资金2.1亿元，全力做好搬迁企业土地收储成本审核工作，将亩均收储成本控制在100万元以内，节约成本上10亿元。落实“营改增”等结构性减税政策，全年直接减轻企业税负10亿元以上。取消停征41项中央设立的行政事业性收费，全年减少行政事业性收费、政府性基金收入5.6亿元。安排发展资本市场引导资金，扶持18家企业上市融资。发挥政府采购政策功能，同等条件下政府性资金优先采购株洲市产品，促进全市中小企业发展。围绕脱贫攻坚强统筹。株洲市本级安排精准扶贫资金6500万元，其中扶贫专项资金3700万元，同比增长100%。积极配合其他相关部门向上争取扶贫资金，2017年累计争取各类扶贫资金7.12亿元，占全市扶贫涉农财政资金的64.1%。市县两级财政部门建立统筹整合财政涉农资金机制，统筹整合各类涉农资金12.6亿元，重点投向脱贫攻坚领域。积极发挥市级农业综合开发精准扶贫资金的作用，改善贫困村农业生产条件，加速贫困村脱贫步伐。统筹运用乡镇财政管理经费，重点改善困难财政所的基础设施和办公条件。围绕重点民生强保障。不断加大民生投入力度，支持实施“民生100”工程，有力保障了各项民生事业的发展需求。完成教育支出55.4亿元，重点提高基础教育经费保障水平，统筹改善各类学校办学条件。完成社会保障和就业支出57.3亿元，着力推进社会保障扩面，基本养老保险实现制度全覆盖。完成医疗卫生与计划生育支出30.2亿元，重点完善基本公共卫生服务政府投入机制，各项医疗保障标准稳步提高。完成公共文化财政支出10.8亿元，人均支出269元，实现全面小康指标任务。株洲市本级财政整合5亿元资金，支持开展交通畅通、城市绿荫、旧城提质、碧水蓝天等“四大行动”。争取保障性安居工程配套基础设施建设资金3.5亿元，重点推进城市棚户区改造，改善城市贫困人口住房条件。

（唐　森）

【财政管理增活力】 2017年，全市财政系统大力开展“财政管理提升年”活动，纵深推进财政改革，依法理财水平不断提升。在全省财政管理绩效综合评价中，市本级被评为“A级”。完善预算管理制度。积极推进财政资金“十大统筹”，重点推进涉农资金统筹使用，有效增强了财政资金供给能力。进一步加强专项资金管理，全面梳理和重新修订35项市本级专项资金管理办法。出台加快预算执行进度、促进经济增长的“十条”举措，国库库款压减到44.8亿元以内，推动财政“资金量”及时形成经济社会发展“实物量”。加强预算绩效管理，拓展预算绩效评价覆盖面，在预算部门全面实行项目资金和整体支出绩效自评价的基础上，对35个重点支出项目实施财政委托第三方评价。严格政府债务管理。结合上级审计检查，摸清政府债务底子。严控政府债务增量，规范平台公司举债行为，有效管控政府债务风险。2017年，市本级预算安排偿债资金9.44亿元，积极争取省财政下达市本级置换债券额度54.7亿元，综合债务率控制在“绿色安全”范围之内。创新财政财务管理。进一步深化国库集中支付改革，压减“三公”经费（因公出国经费、公务用车购置及运行经费、公务接待经费）1279万元，同比下降12%，实现“三公”经费“六连降”。完成政府采购项目金额47.5亿元，节约资金3.6亿元，节约率为7.1%。全年评审财政性投资项目709个，审查金额71.1亿元，审减9.5亿元，审减率为13.3%。出台《株洲市市直行政事业单位经营性资产集中统管实施方案》，有序推进经营性资产集中统管。

（唐　森）

【财政监督实现规划化】 积极利用现代化信息技术手段，通过互联网新模式对财政资金使用有效监督。推进“互联网+监督”模式。强化脱贫攻坚资金监督，推进166项民生资金公开目录及要素采集标准工作，配合开展财政扶贫资金、湘江保护和治理“一号重点工程”等专项检查，确保民生资金用在实处、用在明处。推进预算联网监督。预算联网会商中心及相关硬件系统已装配到位，预算联网监督系统开始运行。推进完善预决算公开平台。制定详细的预算公开操作指南，除涉密单位外，株洲市本级所有一级预算单位公开部门预决算及“三公”经费预决算。建立财政专项资金定期公开机制，定期更新专项资金分配情况。推进内部控制体系建设。出台《株洲市预算编制风险防控管理办法》等规章制度，严控关键环节和关键岗位风险，规范财政内部控制工作。以会计监督检查为手段，督促预算单位加强内控建设，实现内部控制在预算单位的全覆盖。（唐　森）

【“财源建设年”活动】　2017年，为积极应对经济下行压力，进一步培植有效财源、促进财政增收，全市开展“财源建设年活动”。出台《关于进一步培植有效财源促进财政增收的通知》（株政办函〔2017〕17号），通知在支持实体经济发展，鼓励招商引资重点，从振兴实体经济、推进项目建设、延伸产业链条、立足税收效益、完善征管举措五个方面抓好财源建设。并成立由常务副市长任组长，市政府副秘书长、市财政局局长任副组长，市发改委等18个单位为成员的财源建设领导小组。活动开展以来，在全市各级各部门的积极推动下，尽管面临国家减税降费万亿行动计划、落实省政府压减非税收入的任务要求、清水塘老工业区搬迁改造和攸县煤矿关闭退出等多种困难，株洲市仍实现财政收入总量、质量的“双丰收”。2017年，株洲市完成一般公共预算收入337.84亿元，总量位居湖南省第二，同比增长8%；其中，税收收入完成230.1亿元，增长15.08%，增速为近5年同期的最高值，同比提升16.3个百分点。

（唐　森）

【“财政管理提升年”活动】　2017年，市财政部门在全市开展“财政管理提升年”活动。活动主要内容是修订完善市本级财政专项资金管理办法、出台产业发展基金管理办法、推进涉农资金整合、深化行政事业单位经营性资产管理、加强大额项目支出绩效管理、加强政府平台公司债务管理、理顺内部科室（单位）职能、加强棚改资金管理、加强“非三公”经费的管理、加强干部作风管理等“十大管理”提升工作。（唐　森）

【规范国有资产管理】　在2016年经营性资产清理工作的基础上，经株洲市委深改领导小组审议通过《株洲市市直行政事业单位经营性资产集中统管实施方案》，有序推进行政事业单位经营性资产集中统管。出台《株洲市市直行政事业单位2018—2020年国有资产配置预算限额标准》，推进资产管理科学化、精细化水平。建立完善《株洲市财政局资产管理内部控制规范》，进一步提升防范行政事业资产管理风险能力。（唐　森）

【农业综合开发】　2017年，株洲市投入财政资金11981万元于农业综合开发，支持农业发展、助力脱贫攻坚。其中，投资7544万元，建设高标准农田；投资280万元，新建油茶林；投资1000万元，支持醴陵蔬菜特色产业园发展；投资803万元，支持16个农业经济组织提质增效；投入炎陵2354万元，纳入扶贫整合。（唐　森）

【建设投资项目审批改革】　2017年，市财政局整合建设投资项目审批环节，精简调整一批审批要素，压缩审批时限，全面提高建设投资项目审批效率，报建联合收费由过去耗时30~50个工作日，缩短至当场办结。该项工作得到国务院第四次督查组和省企业转型升级督查组的充分肯定，获评省委、省政府颁发的首届管理创新奖。

（唐　森）

【国库集中支付改革】　2017年，在全市精简国库集中支付“程序性审核环节”，提升支付速度，本着既方便预算单位用款，又有利于加强支付监管的原则，实施电子化支付网上审批事项的“扩面”。依托信息化平台，设计、开发对部分项目支出网上审批支付流程，该流程自2017年6月1日起正式实施。2017年，市直226家集中支付单位共办理支付业务18.88万笔，支付资金53.0亿元，同比增长4.1%。

（唐　森）

【财政投资评审】　2017年，全市财政投资评审工作集中评审力量，确保重点项目评审，提高评审效率；将评审管理关口前移，评审综合审减率比上年下降7个百分点，基本遏制了虚报高估等现象，节约了财政资金；对重点项目实施全过程跟踪评审服务，开辟绿色通道，实行容缺受理，实行限时审结制度。全年共审查财政性投资项目709个，审查金额71.13亿元，审减9.45亿元，审减率13.28%。与

2016年相比，审查项目增加190个，增长36.61%；审查金额增加28.7亿元，增长67.64%；审减金额增加3.04亿元，增长47.43%。（唐　淼）

国家税务

【概况】 2017年，株洲市国税局设13个内设机构、4个直属机构、2个事业单位，另设机关党委办公室和离退休干部科；下辖9个县市区国税局，19个税务分局。全市国税系统正式职工1338人，其中市局机关154人。截至2017年年底，全市国税系统共管辖纳税户11.98万户（含正常开业户、停业户、非正常户），比上年同期增加1.21万户，增长11.19%。年纳税额1000万元以上的175户，其中年纳税额过亿元的13户。

2017年，全市国税系统以收好税为天职，积极应对经济形势下行、结构性减税、新增税源不足等多重困难，落实组织收入原则，严守“有税尽收”和“无税禁收”两条底线。全年全市国税系统入库政府考核口径收入138.32亿元，同比增收35.15亿元，增长34.07%。剔除4大行业营改增收入，税收入库105.54亿元，同比增收15.08亿元，增长16.67%。入库税收排名前5的行业为：铁路、船舶、航空航天和其他运输设备制造业，批发和零售业，房地产业，建筑业，金融业。（高　岛）

【落实税收优惠政策】 2017年，全市国税系统做好全面营改增工作，开展营改增大辅导，重点对建筑安装、房地产行业、金融业纳税人开展点对点培训。全年累计辅导纳税人3.5万户，全年营改增4大行业（建筑业、房地产业、金融业、生活服务业）入库税收32.01亿元，全市98%的试点纳税人税负下降或持平，相关工作获《经济日报》推介。推进“多证合一”“两证整合”等商事制度改革。2017年累计减免各类税金39.78亿元，同比增加10.66亿元，增长36.61%，其中，小微企业优惠政策受惠面100%，减免所得税3898.56万元。加快出口退税力度，共办理出口退税4.73亿元。（高　岛）

【优化纳税服务】 2017年，全市国税系统实施“一窗一人”办税模式，加大实名办税力度，开展同城通办和全省通办业务，推进“多证合一”商事制度改革，“一表集成”推广工作顺利完成，引进自助办税终端，充分运用电子税务局、微信办税、扫码办税、网上认证、“畅易代开”等现代化办税手段方便纳税人办税。加大“黑名单”制度与联合惩戒工作的力度，对B级以上纳税人推出“善融贷”“税易贷”“税e融”等金融产品。截至2017年年底，共有507户纳税人获得融资38.93亿元，守信激励和失信惩戒作用进一步加强。（高　岛）

2017年株洲市国税收入税种完成情况

表15

项目/税种	累计收入		
	金额（万元）	同比增加额（万元）	同比增长率（%）
税收收入（含车购税、海关代征）	1492384	362855	32.12
税收收入（不含车购税、海关代征）	1375468	349581	34.08
1、国内增值税	1082015	345907	46.99
其中：免抵调库	89962	37042	70.00
其中：四大行业营改增	320093	198813	164
2、国内消费税	76993	-7395	-8.76
3、企业所得税	216458	11068	5.39
4、个人所得税	2	1	100.00

（高　岛）

2017 年株洲市国税收入区域完成情况表

表 16

项目 区域	累计收入		
	税额（万元）	同比增加额（万元）	同比增长率（%）
5、车辆购置税	64792	8064	14.22
6、海关代征	52124	5210	11.11
附：稽查查补入库税款	45576	26548	139.52
天元局	319870	119389	59.55
石峰局	365164	30843	9.23
芦淞局	171347	28670	20.09
荷塘局	127817	28716	28.98
车购办	0	0	0.00
市区小计	984198	207618	26.73
株洲县	51519	19366	60.23
醴陵市	169934	61008	56.01
攸县局	72281	28646	65.65
茶陵局	61436	21035	52.07
炎陵局	36100	11908	49.22
县（市）小计	391270	141963	56.94

（高　岛）

地方税务

【概况】 株洲市地方税务局内设 18 个科室（中心），下辖 2 个直属单位、4 个城区局和 5 个县局，基层局下设 33 个税务分局，管辖 13.18 万户纳税人（企业 3.55 万户、个体户 9.63 万户），负责 13 个税种（企业所得税、个人所得税、资源税、城镇土地使用税、城建税、印花税、土地增值税、房产税、车船税、烟叶税、耕地占用税、契税、环保税）和“4 费 2 金”（教育附件费、地方教育附加费、社会保险费、工会经费和残疾人保障基金、水利建设基金）的征管工作。截至 2017 年年底，在职干部职工 1008 人，其中，党员 743 人，“三师”（注册会计师、注册税务师、律师）85 人。

2017 年，面对营改增后续影响、148 家企业关停、结构性减税加大等困难，全市地税干部勤征细管，实现地税收入逆势增长。全年组织入库各项税费收入 101.3 亿元，同比增收 15.3 亿元，增长 17.7%。其中入库省局计划口径收入 98.9 亿元，同比增长 18.1%；入库市政府口径税收收入 92.1 亿元，同比增长 19.2%，入库费金收入 9.23 亿元。全市税额超 10 亿元的税种和征收单位分别是：契税 26.29 亿元、个人所得税 16.18 亿元、企业所得税 10.97 亿元、土地增值税 10.39 亿元；天元区局 30.36 亿元、石峰区局 17.47 亿元、醴陵市局 12.82 亿元、芦淞区局 12.22 亿元。（谭　绨）

【税收征管】 全年组织专题培训 8 期，开展专项督查 8 次，成立风险办和纳税评估机构，配备风险、评估专干 84 人，全年清理风险数据 1.8 万条，贡献税款 2.56 亿元；评估纳税人 1957

户，评估税款1.6亿元，风险评估成效明显。获得省局高度肯定。抓好数据质量管理，处理异常数据19万余条。加强综合治税。联合财政、国税成立综合治税办公室，共享涉税信息526万条，挖掘税款5361万元；联合工商部门完善股权交易“先税后更”机制，征收税款6654万元；规范个体、行政事业单位、政府平台公司征管秩序，全市48家平台公司、1404户行政事业单位全部纳入正常管理。税务稽查提质增效，全年查处案件339起，查补税款2.34亿元，收入占比达2.37%，稽查户数创历史新高。开展股权交易、城区改造、关停搬迁企业、行政事业单位个人所得税和专业市场税收等专项检查，查补税款4241万元。落实失信“黑名单”和欠税公告，实施多领域、跨部门联合惩戒，净化税收环境。依法治税稳步推进。执法资格考试通过率超过全省平均，学法考试参考率和合格率达到“双百”；规范税收执法，强化系统规范性文件和合同的合法性审查，未出现法律纠纷。（谭　缔）

【税（费）管理】　妥善处理营业税遗留问题，追缴营业税欠税1.3亿元；加强反避税工作，国际税收管理工作获省局和纳税人好评。试点上线“非住宅存量房交易评估系统”，受理业务526笔，调增入库税款2201万元，承办全省系统现场会；组织房产税、土地使用税清查，合计入库11.6亿元，同比增长29.2%；开展平台公司税收清理，清查入库税款2.1亿元；强化部门协作配合，做好环保税开征准备。做实企业所得税汇算清缴，完善平台公司企业所得税管理，入库10.9亿元，同比增长22.7%；规范个人所得税管理，全员全额明细申报率近100%，全年入库个税16.2亿元，同比增长47.8%。加大费金管理力度，工会经费实现逆势增长，残保金代征改自征后，同比增长70%。（谭　缔）

【优化办税服务】　推动服务升级，加强税收宣传和舆情应对，推送各类宣传稿件500多篇，未发生较大的负面舆情。推进国地税合作，完善合作与内控机制，落实“一窗一人办税”，国地税互办业务近20万笔，石峰区局和攸县局获得省局肯定。优化城区二手房交易办税流程，减少资料报送。加强信用建设，规范年度信用等级评定，A级纳税人达504户，同比增长96.11%；为C、D级纳税人举办专场培训6场，对91名人大代表、139名政协委员、262户省市级“守合同重信用”候选企业进行纳税信用评价审核。开展“纳税服务日”“问需求优服务促改革”和企业帮扶年等活动，深入企业调研走访、解决难题，举办纳税人学堂80余场、培训企业6800多户次；受理咨询1200余件，回访纳税人230余次，办理市长热线问题8个，及时处理率、纳税人满意度达100%。落实税收优惠，全年落实税收优惠4.6亿元，其中落实小微企业税收优惠400余万元，落实重点群体就业创业优惠120余万元，落实高新技术企业优惠6000余万元。2017年纳税服务满意率调查位居全省第一。

（谭　缔）

金　融

金融工作

【概况】 全市金融业稳健快速发展。社会融资规模快速增长。2017年全市存贷款余额分别达3068.83亿元和1578.79亿元，较年初新增241亿元、243.4亿元，增长8.52%、18.22%。新增社会融资规模达799.23亿元，其中新增直接融资517.07亿元，同比增长31.3%。社会融资规模居全省第二。保险保障能力得到增强。全年实现保费收入72.86亿元，同比增长21.08%。各项赔款和给付21.56亿元，有效发挥经济“助推器”和社会“稳定器”作用。证券期货业规范发展。全年实现股票交易额3298.97亿元，期货交易额399.83亿元。金融业各项考核指标居全省前列。金融服务体系逐步完善。通过大力实施“引金入株”工程，至2017年年末驻株银行机构达到29家（包括6家农商行、4家村镇银行），各类保险公司45家，小额贷款公司17家，融资性担保公司11家，私募股权投资公司19家，产交所1家、股交所1家、金交所1家，金融机构数量居全省第二，已基本形成国有和全国性股份制金融机构为主体、地方金融机构为骨干，新型金融和金融服务机构为补充的金融服务体系。

政银企合作不断深入。围绕开展“项目攻坚年”“企业帮扶年”积极组织银企对接，成功争取国开行棚改项目授信164亿元、交通畅通项目授信62亿元，争取商业性股份制银行针对62个重点项目授信291.41亿元，169家小微企业授信22.66亿元，较好地保障全市重点项目融资需求和高科技等优质企业发展需求。

金融改革创新。农商行改革组建工作全面完成。深入推进农信社改革，2010年5月—2016年，株洲市先后完成炎陵县、茶陵县、攸县、醴陵市4家农商行组建工作；2017年株洲农商行、株洲县珠江农商行挂牌开业，截至2017年年底，全市6家农商行组建工作全面完成。金融要素交易市场初具规模。省金融资产交易中心株洲中心于12月13日挂牌，已形成产交所、股交所、金交所三所集聚、互相支撑的金融服务格局。股交所株洲分所与深圳证券信息有限公司签订战略合作协议，成功举办湖南股权交易所2017年全国网上路演会暨“投融资直通车”，开设茶陵县、株洲县两个县域经济专板及湖南工大专板。全年股改挂牌企业新增9家，累计13家，帮助中小企业新增融资1.93亿元，累计融资4.39亿元。

金融产品和服务创新。小微企业信贷风险四方分担机制（政府＋银行＋担保＋保险）稳健运行，已为356家高新技术和产业园区中小企业提供了21亿元的信贷支持；续力贷积极推进，为489家企业提供续力贷17亿元；供应链融资稳步推进，累计为中车、北汽和唐人神等提供产业链融资82亿元，有效解决了优质小微企业融资贵、融资难问题。

促推企业挂牌上市。飞鹿股份、宏达电子实现首发上市，华联瓷业、三特环保、恒茂高科已向湖南证监局报备。截至2017年年底，全市注册首发上市企业12家，新三板企业16家，区域性股权市场（四板）挂牌企业417家，上市挂牌数量均居全省第二。

金融扶贫创新。整合小额信贷，以“分贷统还”的模式发展产业扶贫，全市农商行系统累计发放小额扶贫贷款5.97亿元。积极争取政策性、商业性金融支持，累计发放扶贫项目贷款43.37亿元，全面完成金融扶贫信贷目标任务。166个贫困村全部建立金融扶贫综合服务站。

金融发展环境持续优化。出台举报奖励等7项工作机制。强化两类公司（国有资本投资、运营公司）监管，全面完成省市两级金融安全区创建工作，株洲市在2017年度防范和处置非法集资工作综治考核排名全省第一。

（傅霞林）

【出台《金融业支持财源建设的实施细则》】 为加快全市金融业发展，提升金融服务实体经济能力，进一步增强金融业税收贡献，根据《关于进一步培植有效财源促进财政增收的通知》（株政办函〔2017〕17号）要求，制定《金融业支持财源建设的实施细则》。主要内容包括：支持中小企业做大做强；积极培育金融服务业，推进金融集聚区建设，鼓励金融机构升级和大力扶持本地金融产业；推进险资入株洲工作；优化财政性存款配置。

（傅霞林）

【企业上市数量居全省第二】 2017年，株洲宏达电子、飞鹿股份实现首发上市，全市新增科瑞变流、中天建设2家新三板企业和一批四板挂牌企业，华联瓷业、三特环保、恒茂高科已向湖南证监局报备。截至2017年年底，在全市注册首发上市企业已达12家，新三板企业16家，区域性股权市场（四板）挂牌企业417家，上市挂牌数量均居全省第二。（傅霞林）

【稳妥发展小额贷款公司】 2017年，切实加强市、县（区）两级日常监管，对小额贷款公司现场检查和非现场检查中存在问题下达督办函，进行认真督导整改。已开业17家小额贷款公司注册资本金12.76亿元，贷款余额为12.3亿元。2017年小贷公司争取风险补偿金87.3万元。（傅霞林）

【支持政策性融资性担保公司发展】 进一步规范融资性担保行业，着力推动担保行业快速发展，支持政策性融资性担保公司做大做强。2017年，全市融资性担保公司注册资本金31.03亿元，累计担保102.23亿元，融资担保余额为14.6亿元。支持丰叶担保成功增资到10亿元，推动国信财富、丰叶担保等大型担保公司向县市区延伸服务，有效发挥融资桥梁作用。

（傅霞林）

【市防范和处置非法集资综治考评全省第一】 2017年，出台举报奖励、监测预警、案件受理、资产处置、信访维稳、禁至党员领导干部参与非法集资等7项工作机制，进一步健全处非协调联动工作机制，明确工作职能，强化工作责任。全年全市共发案6起，比上年同期下降50%，守住不发生金融风险底线。稳步推进社会信用体系建设，全面完成省市两级金融安全区创建工作，株洲市在2017年度防范和处置非法集资工作综合治理考核排名全省第一，处非综治考评连续3年在全省排名第一。（傅霞林）

【株洲农村商业银行挂牌开业】 株洲农村商业银行股份有限公司由株洲市城郊农村信用社联合社、株洲市天元区农村信用社合作联社合并组建。2015年，为更好地发挥地方性银行对拉动经济增长、改善社会民生的金融驱动作用，由市委、市政府主导开始筹建株洲农商银行改革，并成立筹建工作小组；2016年2月，专业会计师事务所完成对两家联社资产、负债及所有者权益的全面审计评估；2016年6月，株洲农商银行筹建工作小组向中国银监会提交筹建申请，并于2016年11月获得中国银监会批复同意筹建株洲农村商业银行股份有限公司。

新设立的株洲农商银行总部位于天元区珠江北路199号，设市场拓展部、网络金融部、投资银行部、信贷管理部等13个部室，下设1个营业部、41个支行，网点覆盖株洲市芦淞区、荷塘区、石峰区、天元区、云龙示范区以及各区所辖镇、街道等，是株洲城区业务范围覆盖最广、营业网点最多的金融机构之一。（傅霞林）

【湖南金融资产交易中心株洲中心成立】 2017年12月13日，湖南金融资产交易中心株洲中心在天元区高科总部壹号挂牌成立，株洲市企业融资增加一个新渠道，这将有效提升株洲市企业对接资本市场能力，助推企业做实做强。

湖南金融资产交易中心是经省人民政府同意，由省政府金融办批准设立的综合性金融资产交易平台，隶属于湖南财信金控集团体系，为省内实体经济提供融资产品服务和金融创新服务。该中心依托项目收益凭证和资产收益凭证两大融资工具，建立以“中小微企业融资产品”“基础设施融资产品”“资产证券化产品”为基础的产品体系，并积极探索不良资产处置服务、前置委托交易服务、小微商户物流金融服务、市（县）域城市棚户区改造建设金融服务等创新业务。

（傅霞林）

【飞鹿股份、宏达电子登陆创业板】 2017年6月13日，株洲飞鹿高新材料技术股份有限公司在深圳证券交易所创业板首发上市，股票简称“飞鹿股份”，股票代码为“300665”，这也是株洲市首家在创业板上市的企业。飞鹿股份成立于1998年，公司专注于金属表面防腐和混凝土表面防护，拥有发明专利17项，核心技术12项，参与起草行业相关技术标准8项，主要从事轨道交通装备防腐涂料、轨道交通建设工程防水地坪涂料、新能源（风电、核电）设备防护涂料、重防腐及其他特种涂料的研发、生产、销售及涂装服务，是国内轨道交通装备防腐和轨道建设工程防护解决方案的优秀供应商。此次以“轨道交通涂料第一股”的身份登陆创业板，飞鹿股份共发行股份数量1900万股，募集资金总额为1.92亿元。

11月21日，株洲宏达电子股份有限公司成功在深圳证券交易所创业板上市交易，股票简称“宏达电子”，股票代码为“300726”。宏达电子主营业务为钽电容器等军用电子元器件的研发、生产、销售及相关服务，公司拥有20多年钽电容器研发生产经验、多条国内先进的钽电容器生产线、完善的质量检测体系和完整的钽电容器试验技术，拥有高能钽混合电容器、高分子钽电容器等军用电容器的核心技术与专利，是国内军用钽电容器生产领域的重要企业。此次公开发行股票4010万股，其中公开发行新股4010万股，发行价格11.16元/股，新股募集资金4.48亿元。（傅霞林）

银行管理

【概况】 2017年，人民银行株洲市中心支行全面提高服务实体经济的效率和水平，坚决防范和化解金融风险，努力推进金融改革创新发展，严防内控管理风险，有力支持了株洲经济金融良性循环和健康发展。截至12月末，全市金融运行总体平稳，金融机构各项存款本外币并表余额3068.83亿元，同比增长8.52%，增速下降8.7百分点；各项贷款本外币并表余额1578.79亿元，同比增长18.22%，增速提升10个百分点。

稳健货币政策传导通畅。灵活运用多种货币政策工具，累计发放支农再贷款8.13亿元，扶贫再贷款3.45亿元，再贴现1.29亿元，常备借贷便利9亿元，并推动国开行、农发行共发放棚改贷款59.1亿元。加强货币政策督导工作，定期开展存款准备金缴存等货币政策执行情况检查，对株洲农商行欠缴存款准备金的违规行为处以罚款9.5万元。进一步推进跨境人民币业务，全年累计办理跨境人民币结算119.2亿元。不断加大小面额现金供应力度，实现硬币自循环网格化管理，累计实现银企间硬币调剂金额1000余万元。扎实开展反假货币工作，开展“让货币流通更顺畅，让国家名片更亮丽”宣传活动，推动醴陵市创建“反假货币示范区”，建立农村地区反假货币工作站。加强与公安的协调配合，不断加大假币犯罪打击力度，反假工作经验在国务院反假联席会议办公室5省协作会议上做经验介绍。

强化风险监测处置。创新编写《存款保险现场核查指引》，积极参与总行《存款保险现场核查手册》编撰工作，承担总行指定投保机构存款保险现场核查主查任务。定期开展风险监测分析，建立“出险企业风险监测制度”和“法人机构涉政府信用项目融资风险监测制度”，实现企业经营风险、政策风险和项目风险监测机制化。

牢筑金融稳定基础。深入推进互联网金融风险专项整治，严密监控辖区内两领域重点整治对象，完成对相关机构的后续处置工作。进一步深化区域金融改革，重点推动株洲农商行和株洲县农信社改制工作。落实《湖南省金融消费者异常投诉行为记录制度》拟定工作，受理各类有效投诉7起、咨询112起，及时办结投诉7起，办结满意率为100%。全面落实《推进普惠金融发展规划（2016—2020年）》，积极开展金融知识宣教工作，切实提高群众金融风险防范意识。

巩固信用体系建设。进一步完善炎陵县农村信用体系建设试点，印发《炎陵县农村信用体系建设的意见》，累计完成37173户农户信息采集、更新及建档工作，占全县农户比重为96.8%。推动中小企业信用体系建设，建立企业信用档案指标，新增支持企业45户，累计采集扶持企业信息419户。研究搭建“信用株洲”服务平台，推广“三湘征信”微信公众号，建立5家诚信文化教育基地，推动营造诚实守信社会氛围。

加强金融监督。深化与人大联合监督机制，在全省率先启动市级预算联网监督工作。开发财政账户非现场监督系统，在醴陵市开展试点运行，有效提升国库监管实效性。加强金融机构代码证发放管理，开展金融业机构信息年度验证和检查工作，累计新增金融机构网点69个、撤销金融机构网点44个、变更金融机构网点797个。加强金融城域网接入管理，首创市县（区）二级财政局通过省财政厅一点接入长沙金融城域网方式。

（段晨曦）

【产融合作试点】 推动市委市政府成立产融合作领导小组，参与制定《株洲市产融合作金融支持制造业发展若干措施》，探索产融合作的株洲实践，大力推广“产业链”金融、“续力贷”等融资方式，累计为900多家小微企业融资近140亿元，为小微企业节约财务费用超过1亿元。（段晨曦）

【金融精准扶贫】 2017年，株洲市中支推动政府成立金融扶贫协调小组，下发《株洲市金融助推全市率先整体脱贫实施方案》等9个专题方案，完善金融扶贫督查考核制度，推动发放精准扶贫贷款余额36.21亿元，新增14.25亿元，增长64.89%。加强金融对特色产业支持力度，引导金融机构开发“银政保”“光伏贷”等10多种信贷产品，累计1.5万人实现产业脱贫，占全部脱贫人口的41%。加强扶贫信息精准对接，建立“贫困农户金融扶贫信息库”和“金融扶贫产业项目库”，实现建档立卡贫困户评级面100%，授信面87.9%，累计授信12.44亿元。改善金融服务基础设施，探索三站融合工作的“株洲模式”，建成金融扶贫服务站166个。株洲市中支被评为株洲市2017年度脱贫攻坚工作先进单位。（段晨曦）

【优化支付结算服务】 严格落实支付领域账户实名制度，制定《株洲市支付结算领域账户实名制落实年活动实施方案》。全年累计处罚7家违规机构，处罚金额3.5万元。做好支付、扶贫及电商服务站融合共建工作，在辖区内77个行政村实现三站融合，51个行政村实现两站融合。制定《电子商业汇票推广应用方案》，实施银行机构电票推广工作考核督办，推动全辖电票业务实现迅猛增长。（段晨曦）

外汇管理

【概况】 2017年，株洲市外汇交易主体增加，进出口企业大幅增长。全年外贸名录登记企业908家，增加141家，增长18.38%；实际发生进出口业务的企业492家，增加59家，增长13.63%；登记在册的外商直接投资企业208家，增加3家；对外投资企业24家，增加1家；外债企业22家，增加5家；办理对外担保业务的企业4家；有境外放款业务的9家；有经营外汇业务资格的银行17家，实际发生业务的16家。办理服务贸易外汇业务的有181家，增加19家；办理跨境人民币业务的企业有103家，增加12家；办理个人外汇业务的有4826人，增加1045人。

跨境收支总量有所上升，跨境资金呈净流入态势。2017年，株洲市涉外收支总额243660万美元，同比上升6.66%。其中涉外收入137822万美元，同比上升1.96%，支出105838万美元，同比上升13.4%。涉外收支实现顺差31984万美元，跨境资金呈净流入态势。受国内宏观经济运行总体平稳的影响，市内跨境收支总量出现一定幅度的上升。经常项目下涉外收入114009万美元，同比上升8.58%，经常项目下支出77248万美元，同比下降1.6%。其中：货物贸易收入109972万美元，同比上升11.1%，支出52249万美元，同比下降2.25%，货物贸易顺差57723万美元，顺差规模扩大26.8%；服务贸易收入1289万美元，同比减少56.15%，支出17933万美元，同比减少2.11%，服务贸易逆差16644万美元，逆差同比增长8个百分点。资本与金融项目下外汇收入23813万美元，支出28560万美元，由上年的顺差15751万美元转为逆差4747万美元，其中：直接投资收入由上年的97万美元增至11070万美元，同比增长将近113倍，支出22731万美元，同比增长58.11%；证券投资及金融衍生工具投资收入由上年同期的29826万美元降至4899万美元，同比下降83.57%，支出837万美元，同比增加近2.5倍，是形成资本与金融项下逆差的主要贡献因素；其他投资项下收入7844万美元，支出5010万美元，顺差由上年的499万美元扩大至2834万美元。

结售汇规模略有下降，结售汇由逆转顺。2017年，株洲市银行代客结售汇总额148257万美元，比上年同期的162202万美元，下降8.6%。其中结汇81228万美元，同比增加3802万美元，增长4.91%；售汇67029万美元，同比下降20.93%。2017年株洲市结售汇由上年同期逆差7350万美元转为顺差14199万美元。其中经常项目下结售汇顺差由上年同期的1622万美元扩大到22824万美元，是结售汇由逆转顺的主要贡献因素，而资本与金融项目下的结售汇逆差由上年的8972万美元缩窄至8625万美元。直接投资结售汇逆差由上年的13372万美元下降至7680万美元，占资本项目逆差

89.04%，同比下降59.9个百分点，其中直接投资结汇由上年的69万美元增至127万美元，购汇由上年的13441万美元降至7807万美元，同比下降41.92%。

跨境人民币结算规模回升。经历过2016年的跨境人民币结算规模大幅度下降后，2017年规模虽未恢复到2015年的水平，但与上年同期仍有较大幅度增长。2017年，株洲市跨境人民币收支总额21400万美元，比上年的12357万美元增长73.18%。其中跨境人民币收入12023万美元，同比增加4604万美元，增长62.06%；跨境人民币支出9377万美元，同比增加4439万美元，增长89.89%。从跨境人民币的交易项目来看，跨境人民币结算经常项目占主导地位，共14697万美元，占比68.68%，其中经常项目下跨境人民币收入11440万美元，占跨境人民币结算收入的95.15%。资本与金融项目下跨境人民币结算6703万美元，占比仅31.32%，而上年同期占比仅为5.94%，上升近25个百分点。

（刘　真）

【外汇服务】 加大外汇政策传导。利用多种方式和渠道，及时将国家外汇管理政策传导到市场主体，引导市场依法合规经营，帮助企业降低外汇业务风险。加强沟通与协调，先后召开年度与半年度形势分析会，通报形势，分析问题，指导方向；开展外汇宣传，在国家外汇管理局门户网站上宣传株洲外汇工作信息16条，在内网上挂宣传信息270多条；实施窗口指导，对7家银行、11家企业进行约见谈话，面对面宣示政策，警示风险；强化业务指导，组织开展个人外汇、国际收支、跨国公司外汇资金集中营运、货物贸易外汇管理等业务培训10次；答疑社会公众关注，接待解答各类业务咨询400余次。落实政策改革红利。指导银行认真落实资本金意愿结汇制度，直接投资下放银行柜台登记办理制度，引导银企积极执行全口径外债宏观审慎管理政策，运用内保外贷、境外发债、贸易融资和“投注差”融资等多种方式扩大境外融资，降低企业融资成本。截至2017年12月末，全辖累计办理贸易融资7757万美元，内保外贷9142万美元。指导2家企业开展境外发行债券的前期准备及报批工作，中资企业境外融资3.5亿美元。个案解决企业便利化需求。针对“南普惠”公司境外加工特殊贸易方式的外汇管理便利化需求，予以专题研究解决，确保企业三分之一的加工贸易业务得以延续；针对“中车株机”公司海外业务本地化需求，专题研究其总量差额不平衡问题，并予以具体指导，确保企业便利化购付汇需求。支持株洲市综合保税区（B型）建设顺利验收。

（刘　真）

【外汇监管】 围绕货物及服务贸易、个人收支、资本金融项下跨境流动展开非现场监测分析、现场核查、约谈、风险警示、案件查处等工作。全年共核查货物贸易项下企业500余家，其中实施现场核查的企业5家；核查服务贸易项下企业38家，其中实施现场核查的企业24家；参加省分局服务贸易联动监测37家；对逆差较大企业实施监测约谈，向货物贸易项下企业发放风险提示函9份；不定期对个人超限额、分拆结售汇和大额提钞等异常行为进行核查。核实上报异常线索48条，实施现场核查4次，向银行推送核查信息163条；严格新设企业管理，新登记名录企业87家，完成新设企业辅导20家；扩大B、C类企业范围，新增B类企业5家，C类企业1家，剔除名录企业3家。对辖内企业大额境外投资支付的真实性和合规性均进行资料核查，对大额利润分红汇出审核把关；严格审批大额内保外贷和对外放款业务，引导金融机构加强对境外投资、对外放款、对外担保履约等业务审核及登记管理。开展流出项下专项检查活动，核查银行8家，企业17家，个人项下高频、大额异常付汇27人，对1家违反外汇登记管理规定的企业立案查处，罚款5万元。对16家银行实施2017年度执行外汇管理制度考核评级。完成国际收支统计申报非现场核查2万余笔，金额逾20亿美元；对辖内4家外汇指定银行的国际收支统计工作开展现场核查，对银行国际收支统计和结售汇统计核查情况定期通报。

（刘　真）

银行监督

【概况】 截至2017年年末，株洲银监分局有在职工作人员52人，内设办公室（党委办、宣传部）、银行监管一科（负责国有大型银行监管）、银行监管二科（负责政策性银行、股份制银行、城市商业银行、邮储银行监管）、合作金融机构非现场监管科（负责农村法人银行机构非现场监管）、合作金融机构现场检查科（负责农村法人银行机构现场检查）、统计信息科、人事科（组织部）、监察科（纪委办）、财务会计科等9个部门。

2017年，全市银行业未发生重大突发事件和重大负面舆情，守住了风险底线。至年末，株洲银行业资产、负债总额均突破3200亿元，各项存、贷款余额保持稳定增长。

银行规模稳步扩大。银行业务规模稳步扩大。至2017年年末，株洲银行业资产、负债总额均突破3200亿元，分别达3347.31亿元、3262.37亿元，增长10.81%、10.62%。各项存款余额3068.83亿元、贷款余额1578.79亿元，分别增长8.52%、18.22%；存货比为51.4%。银行机构体系稳步扩大。至年末，株洲银行业金融机构总数29家，网点数631个，其中337个为县域网点，服务范围进一步延伸。（黄　怡）

【银行风险防控】 2017年，株洲银行业重点机构、重点领域风险得到较好控制，未发生重大突发事件和重大负面舆情，守住了不发生区域性系统性风险的底线。银行业计提贷款损失准备金41.37亿元，同比增加6.74亿元，拨备覆盖率142.54%，风险抵补能力持续增强。（黄　怡）

【农村信用社股份制改革】 株洲市城郊农村信用合作社联合社和株洲市天元区农村信用合作社经股份制改革，合并成立株洲农商行，于2017年3月24日正式开业。株洲县农村信用合作联社改革成立株洲珠江农商行，于2017年12月20日正式开业。至此，株洲辖内7家农村信用社全部完成股份制改革。（黄　怡）

【金融服务】 2017年重点推进株洲县域银行业发展，印发《关于促进株洲县域银行业发展的工作意见》，建立分局领导"一对一"对接县（市）联系机制，大力推进县域银行业发展。联合市发改委、市经济和金融工作办公室、市经信委印发《株洲市先进装备制造业供应链融资解决方案》，为全市先进装备制造业发展提供政策支持，促进支柱产业金融服务升级。建立株洲银行业服务实体经济质效统计机制，督促银行业机构将资金用于本地，较好满足全市对接国家重大区域战略、新型城镇化等重点领域金融需求。加大精准扶贫支持力度，联合人民银行下发《株洲市金融支持产业精准扶贫十条措施》，在5县市48个乡镇各确定一家主责任银行，促进政策落地。维护金融消费者权益，督促机构严格落实"三专""双录"要求，信访投诉处理群众满意度较高。开展金融知识宣传，联合团市委在辖内11所高校开展"送金融知识进校园"活动，取得良好社会反响。（黄　怡）

【银行监管】 深入推进依法监管，严格执行行政许可、现场检查、行政处罚等法律法规及操作流程，确保监管依法合规。大力整治金融乱象，检查处理、行政处罚力度达历年之最，立案16件，对6家机构罚款260万元，对5名高管给予警告、罚款；责成机构对相关责任人给予警告、撤职、开除等处理88人次。监管效能、监管权威和廉洁自律同步增强，促进银行业依法合规经营意识提高。（黄　怡）

银　行

【概况】 截至2017年年末，株洲辖内共29家银行业金融机构，其中国有大型银行5家（工商银行株洲分行、农业银行株洲分行、中国银行株洲分行、建设银行株洲分行、交通银行株洲分行）；政策性银行1家（农业发展银行株洲分行）；邮政储蓄银行株洲分行1家；城市商业银行3家（华融湘江银行株洲分行、长沙银行株洲分行、北京银行株洲分行）；股份制商业银行9家（浦发银行株洲分行、中信银行株洲分行、光大银行株洲分行、兴业银行株洲分行、招商银行株洲分行、渤海银行株洲分行、民生银行株洲支行、广发银行株洲支行、华夏银行株洲支行）；农村中小金融机构10家（农商行6家：株洲农商行、株洲珠江农商行、醴陵农商行、攸县农商行、茶陵农商行、炎陵农商行；村镇银行4家：株洲县融兴村镇银行、茶陵浦发村镇银行、醴陵沪农商村镇银行、攸县潭农商村镇银行）。法人机构10家（农村中小金融机构）、二级分行14家、经营性支行441家、分理处85家、基层网点63、社区/小微支行18家。全辖银行业金融机构从业人员8513人。（黄　怡）

中国农业发展银行株洲市分行

【概况】 2017年，中国农业发展银行株洲市分行下辖4个县级支行、1个市分行营业部，全辖员工181人，其中在岗142人。全年累放各类贷款25.31亿元，累收各类贷款22.38亿元，至年末，各项贷款余额130.42亿元，比年初增加2.69亿元；各项存款余额58.63亿元，日均存款余额75.34亿元，比年初增加8.15亿元，增长12.13%；实现账面利润3.4亿元，同比增加4955万元，增长17.1%，人均利润240.13万元，同比增加32.8万元；贷款利息收回率99.97%，比上年提高1.36个百分点；不良贷款持续保持“零”余额；圆满实现“四无”目标。

（何敬阳）

【支持粮食购销储】 2017年，市农发行积极支持粮食购销储业务，有效支持地方经济社会发展。充分发挥农发行粮食收购资金供应主渠道作用。做足储备粮油业务，全年提供各类粮油轮换资金4.9亿元，支持收储企业轮换粮油。做好最低收购价贷款业务，按照“多收粮、收好粮，防风险”要求，提供收购资金1.25亿元，支持收购粮食4.67万吨。做稳市场性收购业务，支持攸县仙竹米业发展，发放贷款4200万元，支持收购粮食4.06万吨，加工大米2.4万吨，在服务农业供给侧改革中发挥突出作用。（何敬阳）

【支持脱贫攻坚】 2017年，坚持以服务脱贫攻坚统揽全局，为打赢脱贫攻坚战提供强有力支持。助力棚户区改造。棚户区改造是重大民生工程，是“城市的易地扶贫搬迁”。准确把握当前的政策机遇，抢抓棚户区贷款业务的发展。至年末，全行新增棚改贷款17亿元，棚改贷款余额31.1亿元，其中扶贫类棚改贷款15亿元。做实精准扶贫贷款认定。做好粮油、基础设施扶贫等贷款26.7亿元认定工作，年末各类扶贫贷款36.95亿元，比年初增加24.49亿元。（何敬阳）

【夯实信贷管理】 2017年，市农发行狠抓信贷全流程标准化管理，切实提高办贷效率，信贷管理水平得到大幅提升。年内，获总行“2017年度信贷全流程标准化管理示范行”称号，全国农发行系统仅5个二级分行获此殊荣。深入县支行和企业听取情况反馈，借鉴兄弟行先进经验，以此为基础，制定标准化管理操作细则。规范CM2006系统运行数据质量，完善贷后检查工作，改善报表报送质量。规范审批操作，修订贷款资金支付审批表，建立和完善已投放信贷资金支付情况监测表，根据项目实际进展，科学合理指导企业规划资金支付，获得企业、上级行和当地政府肯定。（何敬阳）

【防控信贷风险】 2017年，市农发行加强全面风险管理体系建设，落实全面风险管理风险分析例会制度，压实风险防控责任，增强风险的识别、预判、处置能力，提高综合管理风险的水平，全员全面风险管理意识得到明显增强。全面核实粮油库存，澄清底数。在全市系统开展粮油信贷工作大检查，为期20多天，重点检查库贷挂钩、粮食轮换以及信贷基础管理工作，现场核查12家企业、54个库点、370个仓（敖），实现粮油贷款企业、品种和仓（敖）全覆盖，进一步澄清库贷挂钩底数。落实粮食库存远程监控系统建设，对8家企业、32个库点安装摄像头167个，实现粮食库存远程全程监控。全面开展抵（质）押品检查。对全辖所有企业信贷担保登记的合法性和押品价值评估的合理性进行现场专项检查，并到抵（质）押品登记权属部门查询，共计检查26家企业、33笔贷款、抵（质）押品359笔，其中：抵押品334笔、质押品25笔，涉及金额101.45亿元。对检查发现问题下发整改通知，限期整改到位，通过检查进一步核实抵（质）押品的真实性、有效性和合规性。落实“一报告一清单三台账”制度。按照管理要求，建立客户风险评价报告、正常类客户维护清单、风险类客户监管台账、无还本续贷客户监管台账等制度，进一步强化存量客户维护的针对性和有效性。（何敬阳）

中国工商银行股份有限公司株洲分行

【概况】 工商银行株洲分行本部位于株洲市天元区天台路35号，内设19个部室、中心，下辖45个营业网点，其中营业部1个、一级支行11个、二级支行32个、分理处1个、储蓄所1个，从业人员979人，全辖布设31个自助银行。

截至2017年年末，工行株洲分行各项存款余额267.14亿元，较年初新增13.09亿元；各项贷款余额130.77亿元，较年初新增14.77亿元；不良贷款余额5.26亿元、不良率4.02%，清收处置不良贷款1.91亿元；实现拨备前利润3.17亿元，实现净利润3180万元。年内，株洲工行获株洲市政府档案工作先进单位、人民银行株洲市中心支行金融统计工作先进单位、株洲市住房公积金管理优秀单位等称号，车站路支行获省分行“2017届中国工商银行湖南省分行精神文明建设先进单位”称号，醴陵支行员工谢日红当选工总行“大行工匠”，罗群获工行湖南分行第三届“感动工行”人物。

2017年，工行株洲分行增强服务实体经济和供给侧结构性改革的能力，重点支持先进制造业、上市公司、动力谷园区建设项目，满足居民消费贷款增长需求，全年累计投放各类贷款58.03亿元。

积极做好金融扶贫工作，全年共投入30多万元用于产业扶贫和帮扶贫困户。通过“龙头企业＋贫困户”的方式，为建档立卡贫困户发放扶贫贷款。利用工行融e购电商平台，专门组织为期1周的炎陵黄桃专卖活动，拓宽贫困山区农民增收渠道。

加大产品和服务创新力度，形成“贷”＋“债”＋“股”＋“代”＋“租”＋“顾”六位一体的全口径投融资体系，办理株洲区域同业第一个人民币NRA账户、株洲分行首笔外币结算跨境并购贷款、工行湖南分行第一单可交债投资、理财直投业务。　（唐忠伟）

【投行业务再创佳绩】　2017年12月27日，株洲分行4亿元理财直投业务顺利完成放款，该笔业务创造了湖南分行非标债权落地的第一单。2017年，株洲分行品牌投行业务数度开花结果，合计金额近8亿元，其中，理财直投业务和8月投放的可交债投资业务均是全省第一单。株洲分行注重拓展新的业务领域，用多元化的产品提供卓越的金融服务，实现银行与企业的互助共赢发展。通过多样化品牌投行业务服务，满足客户个性化的需求，成功抢占市场份额，并由此带动存款、国际业务、结算等传统银行业务的增长。　（唐忠伟）

【自来水e缴费项目正式投产】　2017年6月21日，株洲市自来水公司“工银e缴费”项目在工行网站成功投产。该项目正式投产后，预计年缴费金额2.6亿元以上。办理“工银e缴费”缴纳水费，优势在于：企业收费端方面，通过与企业系统直联批量代扣个人或企业水费，实现多渠道收款、查询缴费明细、推送帐单等代理收款服务，为企业提供方便、快捷、高效的收款服务；客户缴费端方面，个人客户通过开放式平台—PC、开放式平台—手机、个人网银、手机银行、柜面、自助设备、企业的缴费大厅等多渠道缴费模式，实现用户自助缴纳水费，为缴费用户提供全面、方便、安全的生活缴费服务。　（唐忠伟）

【首单工银小微金融服务平台资金存管业务】　2017年11月2日，株洲某有色金属有限公司的工银小微金融服务平台资金存管服务协议正式生效，成为湖南分行2017年首单业务，该业务为促进客户交易双方达成合作起到决定性作用。工银小微金融服务平台是工总行于2016年10月正式投产的，具有便捷易用、场景融合、聚合需求等特点。资金存管功能是针对企业需求及应用场景推出的基于支付保证新的服务模式，涵括旅游、物业、环保、家装、贸易、美食、房产、健身、美妆等多个行业，是规避客户资金交易中的信用风险，以定金、预付款等方式弥补交易双方互信度不足，促进交易达成，确保资金交易顺利开展的新业务。　（唐忠伟）

【支持小微企业发展】　2017年，株洲分行立足株洲辖区经济特点和小微企业金融服务需求，确定弱周期、强民生、优环保的领域板块为重点目标，积极开展信贷市场营销，组织营销团队走访产业园区、专业市场、核心企业，结合总行开展的500万元以下优质小微客户拓展劳动技能竞赛，加快小微客户和个人经营性客户拓展。全年新拓展小微信贷客户18户。并以网上小额贷款创新产品为抓手，率先在全省成功发放第一笔网上小额贷款50万元后，充分利用小额化、标准化的网上小额贷产品大力支持小微企业客户发展。至2017年年末，新拓展网上小额贷客户17户，累计发放贷款832万元。　（唐忠伟）

中国农业银行股份有限公司株洲分行

【概况】　截至2017年12月31日，农业银行株洲分行各项存款303.52亿元，较年初净增28.17亿元。其中储蓄存款212亿元，较年初净增11亿元；对公存款91.52亿元，较年初增长16.67亿元。各项贷款113.76亿元，较年初净增17.26亿元。实现中间业务收入2.47亿元，同比增加0.62亿元。不良贷款余额2.21亿元，较年初下降4472万元，不良率1.47%，较年初下降0.87%。实现拨备前利润6.7亿元，同比增加2.05亿元。

支持地方发展。农行株洲分行持

续加大对市政建设、交通制造、农副产品加工等行业的支持力度。为武广新城、云龙城投、株洲教投、时代新材、唐人神、汽车博览园等20多家重大客户进行授信，贷款余额达70亿元；为辖内企业办理国际结算和贸易融资业务达3.6亿美元以上，并累计投放41余亿元贷款支持80余家企业进行技术改造和产品升级，成为推动株洲城市基础设施建设和产业发展的重要力量。“湘汇贷”是2017年湖南农行针对国际业务客户重点推出的一款产品，具备不需担保抵押、融资成本低、办理时限短、绿色通道审批等优点，农行醴陵支行通过筛选，对辖内25户年进出口量在300万美元以上的重点客户进行上门营销，了解客户进出口状况、融资需求，先后为浦口电瓷、高峰瓷业等14户企业进行授信，投放贷款4790万元，保证企业迈入发展快车道。

服务三农。株洲农行针对农民有需求的现实情况，在全市推广“农民养老贷”。截至2017年年末，分行辖内的炎陵、攸县、醴陵、芦淞4家支行已投放“农民养老贷”1249户，累放养老贷款6623万元，从而破解征地农民因无钱补缴而丧失养老待遇的难题。株洲农行立足贫困县资源禀赋和产业特点，以“代理项目＋惠农卡”“金融＋”扶贫模式为抓手，积极搭建农村电商平台。全年分行共计代理民生项目3个，发放惠农卡29万张，开办惠农通服务点952个，乡镇覆盖率达100%。累计发放“油茶贷”“粮食贷”“富农贷”等三农特色贷款1.53亿元，助力贫困户从事生产，致富增收，支持带动建档立卡贫困人口1875人。

（李照斌）

【全省农行首笔国内订单融资业务】1月3日，株洲高科集团有限公司在分行开立的外债专户转入2000万美元，标志着全省农行首笔境外发债资金托管业务成功落地。该业务不仅为客户开辟新的融资渠道，也增加了分行本外币存款和国际业务收入，有效实现银企双赢。

分行了解株洲高科集团有限公司计划在香港发行美元债券的消息后，积极营销，5个多月的持续跟进，最终成为株洲高科集团有限公司海外发债项目的两个资金托管行之一。

该项目由中泰证券主承，总额度2亿美元，期限2＋1年，采用分期发行方式，本次到位的2000万美元是第一期发行募集的资金。（李照斌）

【全省首笔“惠农担·粮食贷”】2017年6月，株洲农行攸县支行向4户湖南省首笔“惠农担·粮食贷”贷款户投放共计130万元的“粮食贷”，他们分别种植53.33公顷、40公顷、33.33公顷、20公顷水田。“惠农担·粮食贷”是农行湖南省分行与省财政厅、省农委、省农信担保公司为解决种粮大户“融资难、融资贵、担保难、风险高”难题联合推出的一款农户贷款产品。自该贷款产品问世以来，受到广大粮农的欢迎。（李照斌）

中国银行股份有限公司株洲分行

【概况】2017年，中国银行株洲分行围绕“发展、效益、合规”主线，扎实做好基础工作，大力开拓市场，强化风险控制，各项工作保持健康、良好的发展态势。截至2017年12月31日，全行共有36个营业网点、10个离行式自助银行。36个营业网点中，八级网点4个，九级网点5个，十级网点11个，十一级网点13个，十二级网点2个，十三级网1个。营业网点中，有2个全国“千佳网点”，2个“五星级”网点，1个全省“十佳网点”，6个全省“百佳”网点。共有在岗员工652人，其中营业网点人员484人。

截至12月月末，人民币存款时点余额239.82亿元，较年初增长13.41亿元。日均余额237.34亿元，较年初增长18.88亿元。其中，公司存款时点余额93.50亿元，较年初增长10.36亿元；储蓄存款时点余额145.43亿元，较年初增长3.61亿元；金融机构存款时点余额0.89亿元，较年初减少0.55亿元。外币各项存款余额16,874万美元，较年初下降1,020万美元。人民币贷款时点余额138.27亿元，较年初增长17.88亿元，同比增长107.06%。其中，公司贷款余额48.46亿元，较年初增加3.85亿元；票据贴现余额2.66亿元，较年初减少1.04亿元；贸易融资余额11.61亿元，较年初增加2.74亿元；个人贷款余额71.59亿元，较年初增长13.09亿元；卡分期和透支余额3.57亿元，较年初减少0.02亿元。外币贷款时点余额1,517万美元，较年初减少936万美元。

全行全年实现净收入68,230万元，同比增长6.05%。其中：净利息收入57,084万元，同比增长8.42%；非利息净收入11,146万元，同比下降4.63%。实现拨备前利润47,978万元，同比增幅11%。实现净利润31,143万元，同比增幅55%。

12月末，全行不良贷款余额为13,493万元，较年初减少6,560万元。全行整体贷款不良率为0.97%，较年初减少0.66个百分点。（方可平）

【内控案防管理】 中国银行株洲分行完善风险体系、加强风险排查、从严管控员工、强化激励约束，为业务发展提供强有力的保障，实现了无四类案件、无重大责任事故、无中级及以上等级风险问题、无重大业务差错的良好局面。

构建“三级管控”架构，推行大内控管理，形成风控委员会——条线部门——机构内控副职三级管控模式。成立风险管理与内部控制委员会，研究解决重大风控问题，全年研究议题72个。健全内控管理机制，实行行领导内控合规工作分片负责制。组织签订《内控案防责任书》，将内控案防与绩效挂钩。约束员工行为，对查实的风险责任事件和违规责任人一律严肃问责。组织开展内控合规月赛、季赛和年度总决算，评选内控流动红旗，对先进单位、个人给予表彰和奖励。开展争当合规代言人活动，开展争创“四零网点”（“零拒绝、零督办、零柜台操作违规和零柜台操作风险事件”）活动。举办“风险管控巧宣传、合规执行我最强”为主题的内控合规电子版报设计赛。建立员工异常行为联动排查机制，派驻内控副职每月上报排查报告，召开联席会，通过帐户排查、交易核查、家访调查、外部访谈等形式开展排查工作。建立内控整改承诺制度，实行整改书面承诺制，对发现的问题全面整改，确保100%整改到位并通过验证。（方可平）

【开展个贷业务“攻坚金九银十”竞赛】 为更好地推动个人业务发展，8月，中国银行株洲分行在全辖开展个人贷款业务“攻坚金九银十”竞赛活动。下发《个人金融产品业务营销推动方案》，调整部分经营机构绩效考核指标，组织全行员工积极开展业务攻坚，取得良好的成效。活动期间全行共营销楼盘17个，投放贷款达7.8亿元，提前两个月实现全年个贷业务净增突破10亿元的目标。截至12月31日，个人贷款余额71.59亿元，较年初增长13.09亿元，创造了株洲分行个贷净增历史同期最好成绩。（方可平）

【开展“金融知识进万家”活动】 为更好地普及金融知识、服务社会，2017年，中行株洲分行组织开展形式多样的金融知识普及活动。开展走进市场、走进社区、走进院校、走进企业、走进园区“五走进”活动，宣传金融知识；开展“普及金融知识万里行”“3.15消费者权益保护日”“人民币反假”“防范金融诈骗”“远离非法集资”和“金融科技周”等主题公益宣传活动。全辖36个网点和部门“走出去服务”活动150场次，发放各类宣传资料5万多份，受到广大客户的广泛好评。（方可平）

中国建设银行株洲市分行

【概况】 中国建设银行株洲市分行下属网点43个，在职员工721名。拥有五星级网点（城西）、轻型网点、微银行各1家，网点结构和功能布局更加合理。全年新增离行式自助银行网点7个、自助设备15台，投放智慧柜员机51台。截至2017年12月31日，全行一般性存款日均余额403亿元；各项贷款余额突破200亿元；实现中间业务净收入3.3亿元；实现账面利润7.8亿元；不良贷款额1.8亿元，不良率0.90%。

发展普惠金融。纳入KPI考核，新增普惠金融贷款2.34亿元。四部委小企业贷款余额27.2亿元，增长8.5亿元，增幅45%。与市房产局、12家优质房企签约，打响了株洲市住房租赁金融市场第一枪。是全省首批上线住房租赁企业服务平台的分行。主动营销PPP项目，已获批2个项目，授信10.2亿元；正在报批2个项目，金额10.8亿元。服务医疗、教育民生工程，全年投放贷款6.5亿元，四行第一。其中“三校合一”获批贷款14.5亿元，市“三个中心”获批贷款3亿元。推进金融扶贫工作，县域金融精准扶贫贷款增长2.54亿元。

创新金融产品。全省首笔城市防洪综合治理项目贷款、首笔“出口退税贷”、首笔“云税贷”、首笔永续中票，以及第一单资本金用途的政府购买服务理财、第一单票据收益权类理财，均在株洲分行诞生。出现股权类理财、非政府平台企业债券承销、商票贴现、小微快贷，融资服务新模式。全国第一家银企直联“善E达”平台、企业网银售汇、中央非税电子化结算、企业集团“定时现金池”、多模式现金池、票据池、缴费“云”服务、慧兜圈、龙支付、金湘通等，结算服务新生态纷纷登台。

优化信贷结构。全年共压缩退出小水电、烟花鞭炮等行业信贷金额9424万元。规模向经济资本占用低、综合贡献度高的业务倾斜，个人贷款、信用卡新增贷款15.6亿元，余额108亿元，在全部贷款中新增占比43%，余额占比54%。快贷产品受欢迎，个人快贷客户1.44万户，实际净新增3.51亿元；小企业快贷客户387户，支用余额8973万元；二手房业务发展迅速，新增2.95亿元；绿色信贷也取得了较快发展。经济增加值在全省系统仍处较高水平。（张胜祥）

【服务重点项目建设】 对接株洲市“十三五”规划，全年新增基础设施贷款53亿元，支持株洲主城区供水系统改造、市枫溪港污水处理、龙母河综合治理、白关服饰城、湘水湾片区和新马创新城基础设施建设等全市重大工程、重大产业建设。拓宽融资渠道，运用债券、产业基金、理财产品以及母子公司联动等为全市企业融资41亿元。全年审批通过对公客户授信243亿元，新增59亿元；累计投放大中型公司机构客户贷款56.4亿元，同比多投放20.4亿元。（张胜祥）

【服务实体经济】 2017年10月20日，中国建设银行株洲市分行在株洲举办“服务实体经济，支持转型发展”债务资本市场系列推介会，推介会分为高科集团、时代新材两个专场，建信基金、中信建投、华夏基金、申万宏源等18家机构投资者参加推介会。活动通过中国建设银行总行邀请国内活跃度较高的债券市场投资机构对株洲企业进行实地调研，以及由株洲企业向投资机构进行现场路演的方式，促进投融资对接。活动增进了市场投资机构对株洲企业的了解和信心，搭建了株洲企业与众多机构投资者的沟通平台。

近年来，建设银行主动服务实体经济，在做大做强信贷传统业务的基础上，持续发力资管、投行等新兴融资业务，拓宽渠道服务株洲企业的发展壮大。2017年1—9月，分行完成债券承销量24亿元，完成资产配置7亿元，各项贷款比年初新增42.45亿元。至9月底，分行存款余额突破400亿元，达407.8亿元；贷款余额突破190亿元，达190.5亿元；存贷款总量均为当地同业第一。（张胜祥）

【服务县域经济】 2017年，建行株洲分行累计投放县域固定资产贷款接近20亿元。一批重点项目建设获得分行融资支持。支持醴陵市首个银团贷款项目、首支产业基金，牵手“一江两岸”“双创中心”“城市外环线”“陶瓷技术学院”等县域重点项目建设与政府合作。支持株洲县3个重点项目融资服务，与该县政府合作，服务该县职业年金归集户、公共资源交易保证金户、住房维修基金归集户，和7个财政社保基金账户。（张胜祥）

华融湘江银行株洲分行

【概况】 华融湘江银行株洲分行是株洲的“本土银行”。2017年，分行继续坚持“立足株洲、依托株洲、支持株洲、服务株洲”的发展思路，充分发挥行业职能，不断提升综合金融服务水平，围绕“服务实体经济、防控金融风险、深化金融改革”三大任务主动作为，大力支持全市重点项目建设、产业布局和民生领域，各项主要经营指标位于全市金融同业前列。

截至2017年年末，分行一般性存款达265.3亿元，较年初增长22.6亿元，总量排名全市第四；表内贷款170.7亿元，较年初增长37.1亿元，总量、增量均排名全市第二。全年上缴各类税收1.54亿元，连续5年被评为“湖南省A级纳税信用单位”，连续3年被评为“A类银行业机构”。（罗　希）

【助推地方经济建设】 分行助推地方经济发展，响应市重大战略部署和重要发展决策，贯彻落实2017“项目攻坚年”和“企业帮扶年”活动要求，重点支持产业升级、园区建设、棚户区改造、新能源汽车、轨道交通、通用航空、教育、医疗等领域。截至2017年年末，分行信用总量达233.5亿元，其中对公贷款达151.2亿元，较年初增长34.74亿元，总量、增量均排名全市第一，其中增量占全市对公贷款新增份额的24.7%。

（罗　希）

【支持株洲企业发展】 分行与辖内企业保持良性互动，准确把握企业需求，利用自身产品和服务优势加以对接，构建互利共赢的良好合作局面。截至2017年年末，分行持续为时代新材、时代电器、千金药业、株洲旗滨、唐人神、株冶、株硬、天桥起重、华晨房地产、南方宇航等上市公司和大型企业提供优质全面的综合金融服务，累计授信超过50亿元。全面落实相关监管制度和鼓励政策措施，公平对待民营企业，严格规范服务收费行为，加大信贷投放力度，利用分行“给力贷”小微品牌体系下的信用贷、信义贷、组合贷、税联贷、多抵贷、银担贷等特色产品，为处于不同周期、不同行业、不同类型、不同规模的小微企业提供个性化融资服务，培育一批行业标杆、“小巨人”企业。全力支持“双创”，积极对接市人社局、财政局，成功签约加入小额创业担保贷款，成为 3 家合作银行之一，为全市的创业者们提供更加专业的金融服务，累计为株洲近 1500 户小微企业提供了资金支持。

（罗　希）

小额贷款

【概况】 2017 年，株洲市的小额贷款公司总体保持有序、稳健和规范发展的良好态势。从 2009 年 12 月株洲市首家小额贷款公司开业，2012 年全市实现了小额贷款公司全覆盖。经历 7 年多的发展，至 2017 年年底，株洲市有小额贷款公司 18 家，开业的 17 家，1 家在筹建。全市 18 家小额贷款公司为株洲市天元区银丰小额贷款有限责任公司、株洲市天元区鸿金小额贷款有限责任公司、株洲市天元区中融小额贷款有限责任公司、株洲市荷塘区日升小额贷款有限公司、株洲市荷塘区金汇通小额贷款有限责任公司、株洲市芦淞区华中小额贷款有限公司、株洲市芦淞区鑫汇小额贷款有限公司、株洲石峰区远大小额贷款有限公司、株洲市云龙金丰小额贷款有限责任公司、株洲县惠通小额贷款有限责任公司、醴陵市方银小额贷款有限责任公司、醴陵银隆小额贷款有限责任公司、攸县国泰小额贷款有限责任公司、茶陵县龙华小额贷款有限公司、茶陵县乐源小额贷款有限公司、炎陵县银太小额贷款股份有限公司、株洲市天元区国信财富小额贷款有限责任公司、株洲高科小额贷款有限公司（筹建）。

2017 年，全市 17 家小额贷款公司全年贷款余额 11.42 亿元；全年发放贷款 2.48 亿元，累计发放贷款 54 亿元，累计上缴税金 0.59 亿元；从业人员 419 人。

（傅霞林）

融资性担保

【概况】 2017 年，株洲市融资性担保行业不断规范发展，为中小企业提供担保服务，有效发挥融资桥梁作用。全市共有 9 家融资性担保公司，较年初减少 5 家。9 家融资性担保公司分别是：株洲丰叶担保有限责任公司、湖南兆富投资担保有限公司、炎陵县信用担保有限责任公司、株洲鑫鼎投资担保有限公司、湖南大农担保有限公司、湖南典金投资担保有限公司、湖南一路歌担保投资有限公司、湖南子民融资担保股份有限公司、湖南省国信财富融资担保有限责任公司。

2017 年，株洲市融资性担保公司注册资本金 28.52 亿元，从业人员 223 人，累计为 3580 余户在保企业提供担保 95.87 亿元，较年初增长 22.4%，在保余额 18.58 亿元，较年初增长 2%，截至 2017 年 3 季度，融资担保收入 6800 万元，上缴税金 723.68 万元。

（傅霞林）

证　券

【概况】 2017 年，全市证券、期货机构实现有序竞争，健康发展。全年全市在株证券营业部 35 家，方正证券、财富证券、国泰君安证券、国信证券、安信证券、中信建投证券等均在株洲设立营业部。全年全市股票基金交易量为 3298.97 亿元，占全省 6.12%，从业人员 8426 人。期货营业部 1 家，即德盛期货有限公司株洲营业部，全年全市期货交易额 399.83 亿元。

（傅霞林）

上市公司选介

株洲千金药业股份有限公司

【概况】 株洲千金药业股份有限公司（以下简称“千金药业”）创建于 1966 年，1993 年进行股份制改造，2004 年在上海证券交易所上市（股票代码 600479），公司系湖南省制药行业的龙头企业、中国制药百强企业、中国主板上市公司价值百强企业、“全国文明单位”，“千金”商标被评为中国驰名商标，“千金”品牌连续十年被评为“健康中国 · 品牌榜”妇科用药强势品牌，品牌价值 75.02 亿元。

旗下有 11 家控股子公司，员工约 7000 人。经营范围涵盖中成药、化学药、中药衍生品（养生保健）的研制和销售，医药批发及零售，中药材种植和加工、文化娱乐、实业投资、股权投资等领域。

2017年，集团实现销售规模37.52亿元（其中工业规模18亿元），实现利润6.29亿元。销售规模、实缴税收均位居湖南省制药行业前列。

集团总资产达33.1亿元。年内，千金药业位列2017湖南企业百强第77位，制造业企业50强第37位。千金药业获“2016—2017年度湖南省创新企业文化建设十大品牌”，董事长江端预获“2016—2017年度湖南省创新企业文化建设十大功勋人物”。千金湘江药业“缬沙坦胶囊”、千金协力药业“艾普丁恩替卡韦分散片”荣登2017“中国制药·品牌榜锐榜”，千金瑰秘酒业的“千金饮诺丽酒”获“2017年度投资价值品牌”“2017年度名特优品牌”两项大奖。

（王温柔）

【“千金”两产品入选国家医保目录】 2月21日，千金药业生产的妇科断红饮胶囊成功入选《国家基本医疗保险、工伤保险和生育保险药品目录（2017年版）》。时隔8年，妇科断红饮胶囊成为千金药业独家品种妇科千金片（胶囊）、补血益母丸后又一精尖品种。千金药业子公司千金协力药业自主研发的“水飞蓟宾葡甲胺片”同时进入2017版国家医保目录乙类产品。

（王温柔）

【千金药业获批组建省中药衍生品工程技术中心】 10月，湖南省科学技术厅正式批准由株洲千金药业股份有限公司独家组建湖南省中药衍生品工程技术研究中心，这是国内首家专注于中药衍生品研究的省级科技研究平台。中心的获批对于推动中药衍生品标准体系建设，促进行业健康可持续发展，拓展中药衍生品行业市场具有重要意义。中心是继组建湖南省女性健康药物研究中心之后，成功获批组建的第二个省级工程技术研究中心，千金药业由此成为省内唯一一家同时拥有两个省级工程技术研究中心的企业。（王温柔）

株洲天桥起重机股份有限公司

【概况】 株洲天桥起重机股份有限公司成立于1999年，是国内专业从事高端智能装备制造的上市企业，注册资本10.12亿元，总资产34亿元，占地面积19.8万平方米，是株洲市两家市属国有控股上市公司之一。公司拥有株洲天桥起重配件制造有限公司、株洲优瑞科有色装备有限公司、株洲天桥舜臣选煤机械有限公司、杭州华新机电工程有限公司、湖南天桥利亨停车装备有限公司、株洲天桥嘉成智能科技有限公司6家控股子公司。公司拥有“湖南省工程技术中心”“省级企业技术中心”称号，并建立“院士专家工作站”，在起重机行业内具备较强的研发力量。公司为客户提供物料搬运装备、有色冶炼智能装备、选煤机械、立体停车库、风力发电设备的研发设计、制造、销售、维保等服务。公司产品的销售市场和工业服务范围覆盖亚洲、欧洲、美洲和非洲等多个国家和地区。

2017年，公司合并主营业务收入12.42亿元，同比增长0.27%；合并净利润11840万元，同比增长10.60%。其中母公司实现营业收入5.83亿元，同比增加2%；完成订货6.65亿元，为上年同期的95%；回款6.13亿元，为上年同期109%；产值5.82亿元，为上年同期的116%；净利润4547万元。产值创历史新高。（陈　学）

【技术攻关】 2017年，为提高设计效率和质量，公司组织成立三维设计小组，推进“600千安铝电解多功能机组”三维参数化设计工作平台。经过不断磨合、应用，设计效率较以前提升近30%，设计质量明显改善，单项目更改次数由平均60次下降到20次。（陈　学）

【产学研战略合作】 以现有产品自动化、智能化、信息化为突破口，与湖南镭目公司签订《钢铁行业无人车间项目》战略合作协议及示范基地建设；与贵阳铝镁设计研究院签订《铝行业智能装备》战略合作协议，开展电解铝智能装备关键技术攻关；与湖南工业大学签订战略合作协议，共建研究生创新创业实践基地，建立科研项目和课题研发中心，打造科技成果产业化平台；与株洲嘉成科技、贵阳铝镁设计研究院联合成立株洲天桥嘉成智能科技有限公司，以中车电机智能制造仓储物流以及生产线、新疆希望自动化炭块库项目为起点，进行智能仓储物流、冶金物料搬运行业的智能装备和MES系统开发，公司由产品供应商向系统供应商转变。（陈　学）

【科技成果转化应用】 重大科技创新成果不断涌现。全年共成功申报与立项21个，成功率57%，共获得奖励

资金511万元；全年受理完成专利或软件著作权25项，科技论文发表2篇，取得专利授权3项。（陈 学）

【对外投资呈现良好态势】 全年开展9个项目的投资调查，于2017年12月29日发起成立湖南天桥嘉成智能科技有限公司，布局有色冶炼、轨道交通产业的智能制造领域。7月，公司参股的英博尔公司在深圳创业板成功上市。（陈 学）

株洲中车时代电气股份有限公司

【概况】 株洲中车时代电气股份有限公司是中国中车旗下股份制企业，于2006年12月在香港上市，其母公司为中车株洲电力机车研究所有限公司。公司致力于被誉为列车“心脏”和“大脑”的牵引传动和控制系统研发及产业化，是国内唯一自主掌握核心技术并大批量应用的高端装备企业。公司拥有6个国家级技术创新平台、10个省级技术创新平台，并在电气系统技术、变流技术、列车控制与诊断技术等十大领域具备核心优势。产业涉及高铁、机车、城轨、轨道工程机械、通信信号、大功率半导体、传感器、海工装备、环保、新能源汽车、工程总包等多个领域，业务遍及全球20多个国家和地区。轨道交通电气系统国内市场占有率逾60%，是综合实力最强、产品谱系最完整的核心系统供应商。

2017年，公司实现营业收入超150亿元。公司拥有员工8100余名，设13个职能部门、10个资源中心、3个事业部、5个分公司及31个下属子公司（含控股、参股）、1个境外分公司、6个境外子公司、1个境外代表处。年内，时代电气获全国两化融合“创新型企业”和“2017年两化融合管理体系贯标示范企业”两项殊荣。

2017年，公司聚焦“产业经营、精益管控、卓越品牌”三大主题，多点开拓，总体发展稳中有进。

产业开拓多点突破。全年获得357台机车和超过145列动车组订单。城轨市场累计新签订单首次突破40亿元。轨道工程机械产业销售收入、新签订单总额、单笔合同额、回款、整车发运量均创历史新高。自主CBTC和有轨电车信号系统实现从0到1的跨越。半导体产业实现盈亏平衡。乘用车电驱系统获得6个批量订单，在手总量纲超180万台。海工装备新签订单突破6亿元，首次突破国内电力市场。矿用车变频器实现批量推广，光伏集中式大机逆变器销售突破1000台，中央空调螺杆机变频器销售突破500台。3C装置、传感器、减振器等高端零部件产业持续发力，取得多项突破。全年海外市场新签合同额超16亿元，海外业务收入超8亿元。

技术创新持续发力。公司破格成为IEEE标准学会团体会员。复兴号动车组运营情况良好。自动过分相、再生制动能量利用装置已经研制试用。地铁永磁同步牵引系统通过第三方能耗测试，同比异步牵引节能30%以上。自动驾驶、大数据、电磁兼容等专项技术研究取得重大进展。IGBT可靠性得到显著提升，汽车模块完成批量考核与应用。LKJ-15C装置通过CRCC产品认证，并实现小批量装车。（刘 林）

【助推国内首列“永磁地铁”运营】 2017年1月7日，中车时代电气提供核心装置的国内首列“永磁地铁”顺利通过载客运营考核评审，正式批量应用，推动中国城市轨道交通进入绿色、节能的“永磁牵引时代”。10月，在国家铁路产品质量监督检验中心的现场测试显示，相比于现有的异步牵引系统，中车时代电气研制的永磁同步牵引系统节能率超过30%。（刘 林）

【中车自主城轨信号系统实现首单突破】 2017年7月28日，中车时代电气成功中标长沙市轨道交通4号线一期工程信号系统项目，实现中车自主城轨CBTC（基于通信的列车自动控制）信号系统首单突破，一举打破行业巨头的技术封锁和垄断，成为全球轨道交通领域极少数完全掌握CBTC技术的通信信号企业之一，对中车通信信号产业发展具有划时代意义。（刘 林）

【助力国内首个批量矿山重型设备项目出口海外】 2017年9月，徐工集团举行大型成套矿业装备出口发车仪式，以110吨矿山车为核心装备的首批矿山重型设备，出口国外某大型矿山。此举开创了时代电气乃至中国矿山车牵引系统批量出口的历史，更是央企抱团发力、助力国家“一带一路”战略的典范。（刘 林）

【助力首条可实现无人驾驶地铁线路开通】 2017年12月28日，经过3年半的全面设计、试验和试运营，国内首条完全拥有自主知识产权、全自动运行的地铁线路——北京燕房线正式投入载客运营。时代电气负责提供牵引、辅助、列车控制与诊断系统。

（刘 林）

【成功研制世界最大容量压接型IGBT】 2017年12月，中车时代电气完成的“3600A/4500V压接型IGBT及其关键技术”通过中国电子学会的鉴定，被认定为世界上功率等级最高的压接型IGBT。这一成果实现了国内压接型IGBT技术“从无到有”的跨越，打破了国外大功率压接型IGBT的技术和市场垄断。（刘 林）

保 险

【概况】 2017年，株洲市保险业健康快速发展，全市保险机构数量、保费规模、赔付金额和上缴税收迭创新高。保险公司创新发展活力持续增强，外部发展环境持续优化，行业影响力呈现不断扩大的良好态势。

截至2017年年底，全市有保险行业社团组织1个（株洲市保险行业协会），45家地市级保险主体，保险四级机构（支公司、营销服务部）扩展到112家。其中45家地市级保险主体分别为经营财产险业务的中国人民财产保险股份有限公司株洲市分公司、中国平安财产保险股份有限公司株洲中心支公司、中国太平洋财产保险股份有限公司株洲中心支公司、中华联合财产保险股份有限公司株洲中心支公司、华安财产保险股份有限公司株洲中心支公司、天安财产保险股份有限公司株洲中心支公司、中国大地财产保险股份有限公司株洲中心支公司、太平财产保险有限公司株洲中心支公司、安邦财产保险股份有限公司株洲中心支公司、阳光财产保险股份有限公司株洲中心支公司、都邦财产保险股份有限公司株洲中心支公司、中国人寿财产保险股份有限公司株洲市中心支公司、中银保险有限公司株洲中心支公司、长安责任保险股份有限公司株洲中心支公司、永诚财产保险股份有限公司株洲中心支公司、亚太财产保险有限公司株洲中心支公司、英大泰和财产保险股份有限公司株洲中心支公司、华泰财产保险有限公司株洲中心支公司、紫金财产保险股份有限公司株洲营业部共19家；经营人身险业务的有中国人寿保险股份有限公司株洲分公司、中国平安人寿保险股份有限公司株洲中心支公司、新华人寿保险股份有限公司株洲中心支公司、中国太平洋人寿保险股份有限公司株洲中心支公司、泰康人寿保险有限责任公司湖南株洲中心支公司、农银人寿保险股份有限公司株洲中心支公司、中国人民人寿保险股份有限公司株洲中心支公司、合众人寿保险股份有限公司株洲中心支公司、中英人寿保险有限公司湖南分公司株洲营销服务部、富德生命人寿保险股份有限公司株洲中心支公司、民生人寿保险股份有限公司株洲中心支公司、中国人民健康保险股份有限公司株洲中心支公司、阳光人寿保险股份有限公司株洲中心支公司、平安养老保险股份有限公司株洲中心支公司、华泰人寿保险股份有限公司株洲中心支公司、太平人寿保险有限公司株洲中心支公司、幸福人寿保险股份有限公司株洲中心支公司、长城人寿保险股份有限公司株洲中心支公司、光大永明人寿保险有限公司湖南分公司株洲营业部、吉祥人寿保险股份有限公司株洲中心支公司、华夏人寿保险股份有限公司株洲中心支公司、安邦人寿保险股份有限公司湖南分公司株洲营业部、恒大人寿保险有限公司湖南分公司株洲营业部共23家；经营保险中介代理业务的有湖南泛华保险代理有限公司株洲分公司、北京联合保险经纪有限公司株洲市营业部、国泰诚信（湖南）保险代理有限公司共3家。

2017年，株洲市共实现保费收入766434万元，同比增长16.76%。财产险保费收入215650万元，同比增长21.82%，占全市总保费的28.14%。其中，机动车辆保费收入148415万元、企财险保费收入5745万元、农业保险10692万元；财产保险共赔付112200万元，同比增长14.77%，全市财产保险业务呈稳步增长趋势。全年人身险保费收入550784万元，同比增长15.68%，占全市总保费的71.86%；人身险赔付和给付共计103418万元，同比增长0.96%，人身保险业务呈稳步增长趋势。全市保险密度为1906元/人，保险深度为2.97%。全年上缴税收27560万元，同比增长17.97%，代收代缴车船税13563万元，同比增长19.70%，安置就业人员25649人，同比增长13.30%，有效缓解了社会就业压力。（粟冬红）

中国人民财产保险股份公司株洲分公司

【概况】 中国人民财产保险股份有限公司株洲分公司在各区县设有16个四级分支机构，在各区县的中心乡镇（街道）设有14个五级机构（三农营销服务部），240个三农保险服务点；机关内设部门12个。截至2017年年底，公司三版员工403人，接收外包人员145人，持证营销员1585人。

2017年，人保财险株洲分公司累计实现保费收入7.25亿元，同比增长29.01%，市场份额33.73%，承担风险保额9307.9亿元，交纳和代收税款9700万元。公司获2017年度株洲市政府保险工作“先进单位”，被总公司评为全国城市分公司“五十强”。 （朱高平）

【服务地方经济建设】 2017年，公司积极开办企业首台（套）设备和首批次材料综合保险，累计承保214台（套）国产重大技术装备，为装备制造业提供风险保障30.65亿元，实现保费收入2835.27万元。推进“险资入株”，支持小微企业做大做强，为鞭炮、瓷业、矿业、服装等中小型企业提供保险服务，降低企业经营过程中意外的风险；创新中小企业融资服务产品，设立普惠金融事业部，降低企业融资成本，开办小额贷款保证保险，解决中小企业融资难的问题。参与承办全市5个区县的大病保险业务，2017年保费规模4176万元，覆盖人群逾140万人，累计承担风险金额超2800亿元。开办“一元民生”“二元民生”、农房统保等民生保险。全力服务社会主义新农村建设，农业保险保障有力，全年参保农户达161293家，共承保1600笔，累计实现签单保费3578万元，创新推出“生猪价格指数保险”，在株洲县、攸县、茶陵实现该项目保费537万元。在扶贫攻坚方面，探索出“保险跟着扶贫走”的新模式，“扶贫特惠保”实现保费307万元。在攸县设置定点扶贫村，市、县两级定期到点开展帮扶工作，为扶贫和各类公益事业出资，2017年仅扶贫捐款就达28.8万元。 （朱高平）

【完善人伤与争议案件的处理】 2017年5月15日，与株洲市中级人民法院开展诉调对接工作座谈会，对诉讼案件处理达成基本共识，为全市“余杭模式”的推广奠定基础。12月1日，公司与株洲市中级人民法院、株洲市司法局、市保险行业协会联合召开保险纠纷诉调对接机制建设座谈会，组织成立保险争议案件调解委员会，并决定在荷塘区人民法院开展“余杭模式”试点工作。通过创新沟通协作机制，实现资源整合和优势互补，统一涉保案件赔偿标准，提升保险诉讼案件处理效率，减少因保险纠纷导致的投诉和矛盾。 （朱高平）

【完善保险服务】 全面践行“以客户为中心”的大服务理念，开展“满意在人保”主题活动，推广“综合柜面”模式，提供集投保、理赔、咨询、投诉和增值服务等业务办理于一体的一站式综合柜面服务；完善VIP客户服务内容，落实VIP客户协赔制度，举办VIP客户答谢会；推进客户俱乐部建设，丰富“人保之友”俱乐部活动。创新理赔服务模式，理赔服务有温度。10月1—8日，组织开展“中国人保心服务、伴您国庆放心玩”活动，分别在京港澳高速株洲西高速收费站及沪昆高速株洲东收费站设置两处“心服务”站点，8天共接待过往旅客280人次，为“十一黄金周”出行的广大客户保驾护航。 （朱高平）

【及时兑现理赔】 2017年6月22日以来，株洲市出现连续性强降雨天气，导致城区内涝、道路通行受阻、山体滑坡、农作物受损、房屋和财产被淹等严重灾情。7月3日，株洲分公司通过微信、手机APP及“95518”短信平台触发预警信息，向重点企事业单位发送风险预警函，安排理赔人员日夜值守灾害路段，积极参与暴雨灾害救援，最大限度地降低洪水灾害造成的损失。灾后，35台理赔车辆全部出动，理赔队伍全员参与救灾抢险。截至7月4日，株洲分公司累计接到汛期水灾报案160余起，并及时查勘、定损，赔付到位。 （朱高平）

中国人寿保险股份有限公司株洲分公司

【概况】 中国人寿保险股份有限公司株洲分公司机构覆盖全市，内设11个部门，下辖5家综合性县支公司，8家城区专业化经营机构，拥有营销服务部40余家，银邮签约网点500余个，行业代办线10余条，标准化客户服务中心6个，在岗员工283人，销售队伍近10000人。公司面向个人及团体提供人寿、养老、健康保险、意外伤害保险产品和企业（职业）年金服务，涵盖生存、养老、疾病、医疗、身故、残疾等多种保障范围，积极承办政策性医疗保险经办业务，全面满足广大群众在人身保险领域的保险需求。

2017年，分公司累计实现保费收入18.36亿元，同比增长21.33%，总保费市场份额达33.33%。其中，长险新单保费实现61800万元，同比增长4.88%；首年期交保费实现48280万元，同比增长28.15%；10年期及以上期交保费实现29792万元，同比增长74.30%；保障型业务实现9079万元，同比增长74.30%；短期险实现11847万元，同比增长17.57%。全年分公司累计支付各类给（赔）付款6.02亿元，缴纳各项税收4336万元。年内，分公司获评株洲市人民政府“保险工作先进单位”、省公司“互动业务先进集体”“创新成果奖”，醴陵支公司获总公司“实力百强县”、省公司“五好党支部”，醴陵、茶陵支公司获省公司“县域三十强”，个险城区营销部、个险城区收展部、银保城区营业区、团险城区营业区获省公司“城区十六强”，团险渠道获省公司“团险发展突出奖”。

服务水平提升。公司不断创新服务手段，通过推广国寿e家缩短出单时间，推广微信在线服务和微信回访方便客户沟通，推广国寿e宝账手机APP方便客户随时进行保单状态查询、保单借款、报案等六项保全及理赔服务，以国寿“1 + N”服务、SOS全球紧急救援、“616”国寿客户节、“7·8”全国保险公众宣传、国寿大讲堂、国寿小画家、特约商家等特惠活动为服务载体，与客户开展互动，满足客户对保险、生活等多方面的服务需求，得到广大客户的好评。

风险管控加强。2017年，公司全面推进风险管理体系建设，加强风险预警和内控评估，实施风险预警及分级管理，依法合规能力增强。深入开展内控标准执行、反洗钱自查自纠、关键岗位风险检查和各类专项风险排查等活动；创新风控手段，开发投保资料未扫描和销售人员“五高二低”查询平台，确保公司全年未发生一起重大违法违规案件，进一步增强合规能力。（姚迎迎）

【参加“医保惠民进社区”大型公益活动】 2017年10月20日，中国人寿保险股份有限公司株洲分公司作为保险机构唯一代表，全程参与由株洲市人力资源和社会保障局主办、株洲市医疗保险处承办的株洲市第四届“医保惠民进社区”大型公益活动，持续两个月的公益活动中，分公司宣传大病保险相关政策，提供医疗保险免费咨询。（姚迎迎）

中国平安财险保险株洲中心支公司

【概况】 2017年，中国平安财产保险株洲中心支公司面对日趋复杂的市场形势、持续激烈的行业竞争，坚持以“深化渠道发展、细分产品经营、优化经营成本、加快县域发展、凝聚员工士气”为经营思路，砥砺前行，实现车财意双优双超、利润贡献全省第一、财产险市场份额提升第一的业绩。公司保费规模突破4.07亿元，同比增幅17.6%，同比净增保费6100万元；实现市场份额22.9%，同比提升1.2个百分点，超市场5.9个百分点；实现综合成本率88.6%，利润贡献3150万元，盈利能力持续提升。实现税收同比增幅近20%，其中缴纳营业三税约2500万元，代扣车船税约2813万元，已连续四年获评株洲市地税局颁发的“株洲市纳税信用A级单位”，首次获株洲市保险行业协会颁发的“株洲市2017年度保险工作先进单位”称号。（许利珍）

【创新保险服务】 2017年，中国平安财产保险株洲中心支公司始终为客户提供更专业、更优质的保险产品和更具科技感、更便捷高效、更贴心的服务，更新的第三代智能门店、510城市极速查勘及一键包办、车主服务中心等项目正在推动落地。“城市极速查勘服务”打破传统的查勘调度体系，日间发生需现场查勘的交通事故，可在5~10分钟内享受理赔全流程包办。“一键包办”服务则为车主提供全透明的代办流程，可通过平安好车主APP、平安车险官方微信、“95511”等线上线下渠道申请“一键包办”服务，等待平安产险专人到预约地点取车，“理赔、修车”等全程无需参与，根据约定时间、地点即可取车，让车主安心。（许利珍）

城 乡 建 设

城乡规划

【概况】 2017年,株洲市规划局贯彻“全域规划”理念，基本建立市（县）城市总体规划、专项规划、控规、村镇规划为主要内容的城乡规划体系。3月2日，国务院办公厅以国办函〔2017〕26号文件批准《株洲市城市总体规划（2006—2020年）（2017年修订）》，按照国务院办公厅通知要求，株洲市规划局拟定全面落实总体规划的工作方案。组织编制多项以城市基础设施和公共服务设施为主体的专项规划。《株洲市公共交通近期建设整体规划》确定“磁悬浮＋跨座式单轨（示范线）＋BRT（ART）”三种制式组合的公共交通体系建设方案；《株洲市海绵城市专项规划》提出构建“自然积存、自然渗透、自然净化”的山水型生态海绵城市；《株洲市地下综合管廊专项规划》明确新建道路率先启动综合管廊建设。建立“管理分区——片区——管理单元——街坊——地块”的五级控规编制体系，形成“5区、27片区、174个控制单元”的控规编制单元，继续完成中心城区剩余20个控制单元的控规编制，控规全面覆盖中心城区范围，为相关区域发展提供可供操作的“蓝图”。落实市人大决议，编制完成全市域范围68个乡镇总体规划、以及1020个建制村中需编制的793个村庄的村庄规划，实现村镇规划全覆盖。

全面完成一区一县九镇地区“多规合一”试点任务。科学划定“三区四线”（城市生态空间、农业空间、城镇空间， 生态红线、基本农田保护控制线、城镇增长边界控制线、城镇开发建设控制线），完成“一区一县九镇”（云龙示范区、炎陵县、三门镇、仙庾镇、白关镇、白兔潭镇、左权镇、网岭镇、酒埠江镇、高垅镇、朱亭镇）试点地区“多规合一”编制工作，并提交市规划委员会审议通过。

健全规划审批制度。推行“互联网＋”政务服务方式，实行建设用地规划许可网上报建，报建单位“最多跑一次”可拿到规划许可证件；审批服务前置，在土地出让时明确规划要点，避免后期在方案设计阶段出现反复修改，影响审批效率；促进与建设业主的沟通交流，先后与城市4区政府以及天易集团、高科集团、中车株机公司等单位召开项目推进座谈会。优化项目审批程序及方式，在项目审批阶段实行容缺受理，提前进行技术审查，待相关手续完善后立即发放规划许可证件；推行分区分类管理，除重点项目外只审核是否符合规划条件。对项目规划审批情况进行“一周一调度”，全面实行园区产业项目全程代办，开展规划审批提速行动、规划促“开工”行动，邀请31家企业代表参加“企业帮扶年”集中办公活动，一次性出具马家河学校、南塘学校等5所学校的用地蓝线，华晨金水湾项目建设工程规划许可发证仅用时2天，电商产业园等疑难项目问题得到顺利解决，交通畅通工程159条道路建设方案全部审定。2017年共受理各类项目1284个，接受群众及建设单位咨询（含电话咨询）4000余人次；核发《市政建设工程规划许可证》19本，总长度3.14万米；核发《规划核实合格证明》66本，验收面积为368.8万平方米；核发《建设项目选址意见书》184本，总用地面积2461.96万平方米，同比增长237%；核发《规划条件通知书》183本，总用地面积1092.25万平方米，同比增长48%；核发《建设用地规划许可证》101本，总用地面积为471.62万平方米；核发《建设工程规划许可证》（不含调整）185本，总建筑面积875.12万平方米，同比增长45%。

有序实施保障规划。严格落实城市总体规划。根据总规要求，科学指导控制性详细规划、专项规划编制和项目规划建设，分别向市人大常委会第十三次主任会议和常委会第八次会议专题汇报，经市政府常务会议审议通过《〈关于株洲市2006版总体规划2016年以来执行情况的审议意见〉的办理情况》。严肃查处违法建设行为。加强拆违控违工作，全年共拆除违法建设116万平方米，控制违法建设22万平方米。顺利通过全国文明单位复检，成为全国规划行政管理系统中唯一的全国文明单位。（刘雅鹏）

【重点区域和重大项目规划建设】 2017年，市规划局落实加快建成“一谷三区”总任务，突出打造产业发展平台，组织完成《株洲市清水塘老工业区搬迁改造战略规划》，以迭代发展的思路，紧扣工业遗迹保护利用、土壤治理两大核心任务，构筑工业旅游休闲、科技创新、口岸开放三大核心功能区；修编《株洲市航空产业城总体规划》，按照产城融合理念，提升完善航空城片区的产业布局和城市品质。指导完成株洲火车站重建、铜塘湾保税物流中心（B型）、湘江东岸综合整治工程（枫溪港—建宁大桥）、“枫溪渔港”文化旅游区、株洲市文化馆（群众艺术馆）改扩建等重大项目的规划建设方案。（刘雅鹏）

【株洲市旧城提质规划】 2017年，落实旧城提质行动部署，制定《株洲市历史文化资源保护专项规划》《株洲市旧城提质行动历史文化特色街区保护工程工作方案》《株洲市旧城提质行动“两岸一线”景观靓化工程工作方案》，划定清水塘、建宁港、董家墩、田心、枫溪港、杜甫草堂、下河街等7个历史保护地段，完成杜甫草堂、白石人家、建宁记忆、枫溪渔港4个项目的规划设计方案；整体提升“两岸一线”周边区域的环境品质；江湾一号、神农湾、未来国际中心、恒大御景湾等一批建设精品提升城市品位。（刘雅鹏）

规划设计

【概况】 株洲市规划设计院，行政归口株洲市规划局管理，资产受株洲市国资委监管，2017年成立全资子公司——湖南智谋规划工程设计咨询有限责任公司。院下设规划分院、测绘分院、城市交通研究中心、城市设计研究中心、规划基础数据信息中心等机构。拥有城乡规划编制、工程咨询（城市规划）、测绘工程、工程勘察（工程测量）等4个甲级资质及土地规工机构1个乙级资质。全院拥有职工460余人，其中博士1人，研究生130余人，注册规划师及其他各类注册师100余人，高级工程师90余人，工程师150余人。

2017年，市规划设计院签订合同660余份，合同总金额约1.8亿元，上缴各类税金2301万元。实现营业收入1.74亿元，比2016年增长28.47%；实现利润4225万元，比2016年增长25.77%；经济增加值为2319.32万元，比2016年增长28.47%。国有资产保值增值率125.78%。

2017年，市规划设计院完成市内、市外多项重点项目。其中，规划项目：《株洲市控规动态维护》《株洲市历史文化资源保护专项规划》《株洲市技术管理规定修订》《株洲市总规实施评估（2016）》《株洲市重点项目策划开发及投资方向研究》《株洲市区域集中供能规划研究》《株洲市装配式建筑发展规划》《株洲市旧城提质改造规划》《株洲市棚户区改造规划》《株洲市武广新城核心区控规调整及城市设计》等。市政项目：清水塘片区物流大道、疏港大道及株冶路新建工程、中环大道贯通工程、新芦淞航空大道、湘江新城、龙洲路新建工程、云龙示范区云峰大道（创元路—边界）新建工程、龙母河公司云天大道、云海大道等5条道路、庐山路北师大人行天桥新建工程、株洲市城市供水工程规划、株洲市海绵城市专项规划、轨道科技城北片区近期污水处理工程、湖南省武冈市古城新区排水综合规划、金山新城污水处理厂及配套管网新建工程方案、白关镇污水处理厂新建工程、株洲县龙船、龙门、龙潭污水处理站新建工程。建筑项目：张家界市委党校的方案设计、“大庸古城”、汉寿“三馆三中心”、湘乡“霞光名府”、株洲市三个中心、美的蓝溪谷、醴陵一江两岸等。景观类项目：市委市政府大院景观提质设计、《天易自主创业园生态景观轴方案设计》《中环大道概念方案设计》《株洲市三三一老厂区景观概念规划》、枫溪港及其沿线景观概念方案、凤凰山体公园的景观概念方案、《新马动力创新园景观设计》等。勘察项目：城发时代新城三期、中车大道、时代大道南北辅道、武广新城博古山公园、响石广场改造工程、石峰大桥河东匝道新建工程详细勘察、湖南酒埠江国家地质公园博物馆改建工程、城发郦城二期、株洲天玺湾小区南地块详细勘察、中车大道桥梁工程详细勘察等。测绘项目：完成竣工测量项目90项、定位测量32项、市政道路测量41个。（刘新华）

【加大设计技术创新】 2017年，市规划设计院整合技术优势，加强专业协同设计。设计院成为恒大集团湖南省唯一地级市设计院的区域合作单位。加快推进BIM技术应用。设计院是地级市设计院中唯一成为湖南省BIM设计制标成员单位。运用BIM技术完成株洲市航空大道、凤凰山路、物流大道、滨江路、株洲县禄枫大道、沿江路等10余个项目设计；运用BIM技术对复杂剧场建筑的各专业综合完成大跨度型钢混凝土设计等建筑工程。加大创新技术研究力度。新成立海绵城市研究中心、综合管廊研究中心、装配式产品研究中心3个研究中心。全年完成株洲市海绵城市建设实施方案、天池湖公园、博古山公园及黑臭水体项目，建宁港黑臭水体治理规划方案、东西湖黑臭水体治理工程、陈埠港黑臭水体改造工程、凿石港黑臭水体治理工程、株洲市黑臭水体综合整治项目建议书等研究设计；株洲市综合管廊工程专项规划、株洲市2017年度综合管廊新建工程、武广新城栗塘路电力管廊、云龙示范区盘龙北路综合管廊、醴陵经济开发区综合管廊控制性详细规划等管廊设计；与远大集团合作完成株洲市第一个规模型（10000平方米）的预制装配式建筑设计。

（刘新华）

【优秀设计项目】 全年获株洲市优秀设计项目一等奖16项，获湖南省优秀二、三等奖有12个。株洲市城市总体规划(2006—2020年)(2017年修订)、株洲市海绵城市建设专项规划（2016—2030）、株洲湘江东岸整体建设工程规划获2017年度湖南省优秀城乡规划设计二等奖；株洲市规划区规划基础数据动态更新项目获2017年度湖南省优秀测绘地理信息工程二等奖；株洲市机场大道一期新建工程获2017年度湖南省优秀工程勘察设计二等奖； 株洲市区防洪风险图资料整理、株洲县第一人民医院获2017年度湖南省优秀工程勘察设计三等奖；株洲市城市消防专项规划（2016—2040年）、醴陵东富工业园（浙赣线以南区域)排水工程专项规划、株洲县朱亭镇龙凤村村庄规划（2016—2040）、三角叉电商创业园地块容积率及交通专项研究获2017年度湖南省优秀城乡规划设计三等奖；《株洲市田心大道（沪昆高速至时代大道）新建工程三期》获2016年度湖南省土地复垦方案编制成果奖三等奖。 （刘新华）

城镇建设

【概况】 2017年，全市资质内总承包和专业承包建筑企业416家，其中特级总承包资质建筑企业1家，一级资质建筑企业34家（一级总包企业17家、一级专包企业17家），二级资质建筑企业132家，三级及其他资质建筑企业221家，分别占全市建筑企业个数的0.2%、8.2%、31.7%、53.1%。

建筑业稳步发展。2017年，全市完成建筑业总产值695亿元，同比增长12.07%。深入开展工程质量提质行动，打造一批精品工程，创建鲁班奖1项（攸县发展中心主楼）、国家优质工程奖1项（湘水湾一期）、国家AAA工地1项（春藤小镇二期）、芙蓉奖5项、省优工程14项、神农奖65项，市国投集团总部大楼装修工程获中国建筑装饰协会2017—2018年度中国建筑工程装饰奖，省建五公司获得建筑工程总承包特级资质及建筑工程、人防工程双甲级设计资质，填补株洲市建筑施工特级资质的空白。装配式建筑顺利启动，制定《株洲市装配式建筑发展规划（2017~2020）》，出台《大力推进我市装配式建筑发展的实施意见》，市本级装配式建筑项目20个、建筑面积124万平方米，国信远大等装配式建筑基地正抓紧建设，全市全年装配式建筑占新建建筑比例达15.7%。绿色建筑发展成效明显，创省级以上绿色施工示范工程3个，完成既有居住建筑改造12万平方米；创业广场建成后将成为全球单体建筑面积最大的被动式节能建筑；青龙湾德国之家项目获得住建部和德国能源署颁发的A级证书；工程档案预验收率100%。

市政基础设施项目稳健增长。全年完成市政基础设施投资140.05亿元，同比增长21.67%，湘江七桥、湘江大道一期、环保大道等138个项目竣工，提升了全市承载能力。推进市政基础设施PPP项目建设，策划清水塘老工业产业新城整体开发等30余个项目，其中北环大道等4个项目已顺利落地。推进海绵城市、地下综合管廊建设，出台《株洲市地下综合管廊建设实施方案》《株洲市海绵城市建设实施方案》；天池路一期、武广大道、航空大道、疏港大道、物流大道、日新路、盘龙路、云峰大道8个地下综合管廊项目稳步推进，其中武广大道已开工建设，全长2.56千米，总投资1.9亿元。完成综合管线信息管理系统二、三维一体化展示改造，地下管线管理信息化程度不断提高。

民生工程扎实有效。完成河西污水处理厂提标改造工程，枫溪污水处理厂建成运行。市本级新建污水管网41.8千米；全年污水处理总量17300万吨，污水处理率为96%，均完成年度目标任务；累计完成建制镇污水处理设施11个。新增改造供水管网55千米，市级水质综合合格率达99.98%以上。完成城区新建改造市政燃气管网154千米，新增城镇管输天然气用户5.4万户，实施“气化村镇”战略，与中国燃气签订《株洲市“气化村镇”燃气项目战略合作协议》，重点推进20个特色小镇燃气项目。稳步推进全市农村土坯房改造“百日攻坚”行动，出台《株洲市农村土坯房改造百日攻坚行动方案》，完成农村危房改造9808户，超额完成省厅任务7328户；完成符合“一户一宅”政策且有人居住的农村土坯房改造7867户。

行业监管不断强化。行政审批制度改革等工作成效显著。全年完成初步设计联合审查项目104个、合并验收项目100个、竣工验收项目78个；发放建筑工程施工许可证156个、临时施工许可证43个，有效促进项目建设。开展“打非治违”等专项行动，全年共出动执法稽查800余人次，巡查项目260余个，处罚金额约153万元。组织和强化造价咨询行业执业检查、装饰装修工程巡查、建设工程监理专项整治、工程项目标后专项稽查、预拌混凝土质量专项检查、散装水泥行政执法、打击燃气行业违法违规等一系列整治行动和举措，市场秩序持续规范，市检测中心被中国建筑业协会评定为AAA级信用单位。完成政府性投资项目开标302个，节约工程建设资金2.94亿元；清理拖欠工程款约2500万元、农民工工资1100万元，促进社会和谐稳定。着力推广应用预拌混凝土和预拌砂浆，支持和引导企业积极开展新型墙材绿色建材标识评价认证工作，株洲大禹恒基新材料有限公司获得绿色建材三星标识，株洲牛力混凝土有限公司渌口分公司获中国混凝土行业绿色生产示范企业，株洲众恒建材等4家企业获得绿色建材二星标识，实现零的突破。严格落实安全生产大排查大管控大整治和“一单四制”等要求，建筑行业安全生产形势平稳可控，建设工程质量安全监管水平逐年提升，连续超过10年未发生较大安全生产责任事故，质量验收一次交验合格率100%。光纤到户、建设工作质量研究检测等工作稳步推进；园林修编工作受到省造价总站高度表扬，市造价站获得全省2017年度建设工程造价管理工作评估优秀单位称号；组织10家单位申报国家公共机构节能示范单位。市政设施维修养护成效突出，主干道完好率98%，次干道完好率95%，为市民出行保驾护航。严格落实“企业帮扶年”活动要求，共办结交办问题47个，办结率100%，满意率93.6%，开展BIM技术应用推进等13次“企业帮扶年”主题活动，拓展帮扶效果。（廖鹏军　袁思师）

【新型城镇化建设】 市委新型城镇化工作和城市工作推进会议召开，进一步明确目标任务、工作举措和部门责任。2017年全市新型城镇化率65%，较2016年提升1%。开展城乡统筹发展幸福区专项课题研究，出台《株洲市特色城镇建设实施方案》《关于支持特色城镇建设的意见》等文件。举办“千企千镇工程”进株洲论坛，第一批20个特色小镇建设初见成效，攸县皇图岭镇获批第二批全国特色小镇，醴陵白兔潭镇获批“省级美丽乡镇”；20个特色城镇全年启动东富镇电瓷产业园、白兔潭新型城镇化建设等102个项目，完成投资近80亿元。沩山村、泉坪村、华里村、双元村、霍家村、西草坪村等6个传统村落被省住建厅推荐申报第五批中国传统村落，待住建部批示。《株洲市农村村庄规划建设管理条例》正式实施，出台《株洲市农村村庄规划建设管理条例实施细则》，启动白兔潭镇、枫林镇、船湾镇等12个乡镇村庄规划建设管理行政审批试点工作。

（廖鹏军　袁思师）

【交通畅通行动】 全年全市实现项目开工142个（其中小街小巷70个），竣工132个（其中小街小巷67个），完成投资120亿元，同比增长11.7%，新建或改造道路里程119.8千米，完善了城区交通体系。

（廖鹏军　袁思师）

【城市绿荫行动】 全年完工项目70个，完成投资32.8亿元。枫溪山、新苗、凤凰山、雪峰岭等城市公园顺利开工，正加紧建设；流芳公园、小湖塘社区游园顺利完工。全市建成区绿地率39.8%，绿化覆盖率42%，人均公园绿地面积12.6平方米，提升了全市的宜居水平。（廖鹏军　袁思师）

【黑臭水体整治】 2017年，株洲市积极推进城区黑臭水体整治工作。天鹅湖、西湖、翠塘、陈埠港、枫溪港、

凿石港、建宁港7大黑臭水体整治工程进展顺利，天鹅湖、西湖、翠塘顺利完成整治。 （廖鹏军　袁思师）

建设工程质量安全监督

【概况】 株洲市建设工程质量安全监督管理处是市住房和城乡建设局直属二级机构，于2003年9月由市质监站、安监站和市政质监站“三站合一”组建而成，2004年9月升格为副县级自收自支事业单位，2007年转为全额财政拨款事业单位。主要承担对管理范围内工程实体质量安全和各方责任主体的工程质量安全行为实施监督、管理等职责。至2017年年底，有在编人员58人，其中：高级工程师15人、中级工程师18人、助理工程师13人，6人入选湖南省建筑工程质量安全协会专家库。

2017年，株洲市城区建设工程安全生产监督备案179项（其中，房屋建筑工程135项、面积675万平方米、造价107亿元，市政工程44项、造价20亿元），建设工程质量监督注册194项（其中，房屋建筑工程145项、面积728万平方米、造价127亿元，市政工程49项、造价21亿元），竣工验收备案91项（其中，房屋建筑工程90项、面积500万平方米、造价51亿元，市政工程1项、造价0.23亿元）。至2017年年底，全市有在建项目400个，其中城区214个（房建198个、面积1039万平方米，市政16个）；城区房地产开发项目134个（新报建开工14个），面积857万平方米（新报建开工面积100万平方米）。城市4区32个项目未按基本建设程序办理法定手续，占项目比例的15%。 （杨　骆）

【工程质量监督】 2017年，全市工程质量监督以质量提升行动为主线，深入开展常见质量问题治理和质量标准化示范工程创建活动，推动质量强市工作。通过引导、帮扶，二十三冶二公司、省建五公司、市建工集团装饰公司等单位成为株洲市本土品牌企业，北大资源、东帆国际、桂花城等项目经验在全省推广观摩。打造精品工程。全年培育鲁班奖2项、国家优质工程奖1项、国家AAA工地1项、芙蓉奖11项、省级质量标准化工程172项、省级质量样板观摩工程5项、市级质量标准化工程85项、神农奖65项。开展质量常见问题专项治理工作，城区项目实现质量常见问题治理“任务书、专项方案、设计专篇、监理细则”全覆盖，外墙、屋面渗漏等质量常见问题得到有效整治。加强对信访维稳工作的预控和矛盾化解。全年共处置各类信访投诉400起，重点妥善处置奥园广场楼板砼强度和财富湘江外墙渗水质量问题，确保人民群众利益不受损害。 （杨　骆）

【工程安全生产监管】 2017年，市质安监督处层层压实责任，强化履职尽责。先后开展对“两节两会”及节前、节后复工、百日行动、高温季节和高峰施工期间、“十九大”期间的地毯式安全生产大排查工作，出动人员4000余项次，消除安全隐患1000余项，以高压态势促进落实企业安全生产主体责任。安全生产专项整治工作强力推进，先后开展深基坑、脚手架和模板支撑系统坍塌、建筑起重机械倒塌等危险性较大的分部分项工程施工安全的专项整治工作；重点突出建筑起重机械监管，将1家设备检测单位清除株洲市场，动态核查16家设备安装单位，并对5家设备安装单位进行差别化管理，清除1家安装单位；通过政府购买服务的方式委托设备专业管理机构对507台设备进行全面检查，及时清除8台设备的重大隐患。 （杨　骆）

【完善工程质安监管模式】 严格执行项目安全生产考评制度，全年组织对项目安全生产考评448项次（其中，优良115个、合格321个、不合格12个），“以评促改”的工作机制基本形成，项目安全生产保证体系逐渐完善。坚持监督工作规范化日考勤、月考评、季考核，全年考核325项次、核查监督记录170套、追溯项目88项次。坚持分管领导不定期抽查监督人员信息录入情况，专人管理信息平台，全年共处置重复押证150余起，并定期通报信息录入情况，督促监督人员正确履行工作职责。坚持对监管项目基础数据收集、统计、分析，制定工作台账，做到工作重点突出、及时调度。 （杨　骆）

【建筑施工环境综合治理】 2017年，市质安监督处强化建筑施工环境综合治理工作，将环境综合治理工作与质安监管工作同部署、同落实、同考核。牵头制定《株洲市质安处环境卫生、文明施工网格监管实施方案》《关于在建工地实施扬尘在线监测的通知》等8个文件；并在上半年5月和下半年10月分别开展为期数月的的集中整治行动，派出检查人员1200余人次，检查城区工地1350（个）次，对各类不文明施工行为下达限期整改通知173个项目，全市33个10万平米以上的在建项目扬尘在线监控系统已全部安装到位。（杨　骆）

城市管理

【概况】　株洲市城管局主要负责指导、监督、管理、协调、考核全市的市容市貌、环境卫生、城管行政执法、数字城管、照明亮化、垃圾处置、户外广告等工作，至2017年年底，直辖市灯饰管理处、市城市管理行政执法支队、市城市管理监督指挥中心、市户外广告资源管理处、市垃圾处置监督管理处5个二级单位。

2017年，全市城管系统强力开展市容环境综合整治，提升城市管理一体化、法治化、市场化、信息化、精细化、社会化水平，多项工作走在全省前列。

创新城市管理。积极创新管理举措，广泛听取群众意见，制定发布夜宵地图、西瓜地图。夜宵烧烤点、西瓜临时售卖点的设置，由群众说了算，人民网把株洲西瓜地图管理作为城管形象转变的经典案例。在全市42所中小学设立城管助学岗、组织市民城管体验日活动、召开网友座谈会等举措也取得良好社会反响。坚持问题导向，解决群众最关心的城市管理热点难点问题。市区开展建设工地扬尘污染、露天烧烤油烟污染、城区行道车辆违停、非法小广告、占道占绿宣传牌指示牌招牌等25项专项整治行动，大幅提升市民的获得感、幸福感。

加大城管考评力度。坚持严格考评，实现城市管理交办函督办函常态化，共下发交办函督办函111份，有3个城区在月度城管考评中被评为不合格。每月考评成绩和考评重点均通过局长办公会议集体审定，做到公开公平公正考评。

强化株洲全域意识。加大对各县市城市管理工作的指导力度，开展暗访检查和年度综合检查。召开全市第一次县市区城管局长联席会。组织各县市区城管局长开展“看学议”活动。各县市纷纷加大力度，醴陵市以瓷博会为契机，大力开展“三创四化”，城市面貌发生巨大变化；攸县对城市管理，市容市貌治理卓有成效；炎陵县围绕“建设美丽幸福新炎陵”目标，城市更加干净、清爽、精致；株洲县、茶陵县积极开展市容环卫综合整治，城市管理水平稳步提升。年内，醴陵市获评城市管理优秀县城，天元区获评城市管理优秀城区。（黄俊锋）

【全省第一个出台城管体制改革方案】株洲城管体制改革方案于12月9日获省政府批准，12月26日以市委、市政府名义发文。科学厘定城市管理部门职责，在原有职责基础上，调整划入市政公用设施运行管理、园林绿化建设维护管理等方面职责，将市园林绿化局、市政工程维护处从市住建局成建制划入市城管局，综合设置城市管理执法机构，实现住建领域部分行政处罚权集中行使，完成城管执法人员制式服装统一。作为湖南省第一个出台城管体制改革方案的城市，株洲市两次在全国城市管理体制改革推进会上做典型发言。副省长陈文浩在全省住房和城乡建设工作会议上，高度评价株洲城管改革工作，并要求在全省推广株洲经验。（黄俊锋）

【全省非省会城市第一部城市管理综合性地方法规】　为适应城市管理体制改革的需要，加速推动城管综合立法，经过市人大常委会三审四表决，《株洲市城市综合管理条例》9月29日获省人大常委会批准，10月23日市人大常委会予以公布，2018年3月1日起施行。株洲市是全省非省会城市第一个完成城管综合立法的市，在全国新获立法权设区的城市中首开先河。整部《条例》共八章七十五条，概括为：总则、附件、法律责任、综合执法和监督检查、市容环境卫生管理、园林绿化建设维护管理、市政公用设施运行管理和其他事项管理。（黄俊锋）

【株洲市通过国家卫生城市复审】2017年国家卫生城市复审，株洲市因巩固国家卫生城市工作成效显著，在复审中成绩突出，被国家爱卫会通报表扬，在全省此次测评的6个城市中排名第一；市容环境得分在专业组中列第三位，高于平均成绩3分，是株洲市历史最好成绩。（黄俊锋）

【“文明城管”行动】　2017年2月8日，全市“十大文明行动”部署会召开后，市城管局成立文明城管办公室，负责全市文明城管行动的日常工作。制定《株洲市“文明城管”暨“强基础、转作风、树形象”专项行动工作任务分解表》，细化工作任务，落实责任，并制定“文明城管”行动考核实施细则，进行定期调度和日常考评。5月下旬，结合全市城管队伍“强基础、转作风、树形象”专项行动的开展，组织召开全市“文明城管”行动再动员大会。活动中，加强宣传造势，协调市级主流媒体报道文明城管行动70余场次，并在《株洲日报》开辟“文明城管”行动专栏；制定60余条宣传标语，在中心城区电子显示屏、广告位进行循环滚动播出；组织发放《株洲文明市民手册》3000余册；8月组织“文明城管”成果展，营造良好的社会氛围，提高活动效果。

坚持问题向导，开展专项整治。以国卫提升、国文复审等工作为抓手，针对城市管理中存在的突出问题和短板，加强城市环境综合治理，先后开展“两节两会”市容整治、“百姓过年，城管过关”、露天烧烤整治、人行道违章停车整治、城市“牛皮癣”整治、非法早市整治等24项大型整治行动，督促整改各类城市管理问题895个，拆除违规设置的指示牌和宣传牌4459余块，拆除大型户外广告牌8000余平方米，清除城市“牛皮癣”11.6万余处，清理占道僵尸车360余台，查处人行道违停车辆1.9万余台次，解决湖南工大校园周边脏、乱、差综合环境治理等城市管理难点问题。

开展主题活动，深化活动效果。先后开展“强基础、转作风、树形象”“株洲您好，请您停好”“城管五进”“门前三包最佳门店”评选、“城管体验（开放）日”“垃圾减量、资源利用”“十佳城市美容师”评选、株洲市“城管杯”书画展等9大主题活动，举办“城管进社区、市民大舞台”等5场大型公益宣传活动，完成30个路段、16000余户门店“门前三包”责任状的签订和上墙，先后组织1260余名城管志愿者对乱扔乱吐、乱穿马路、乱贴乱画、乱停乱放等不文明行为进行劝导，构建“文明城市人人共建”的氛围，真正使“文明城管”行动做到深入人心，家喻户晓。株洲城管获评全国“强基础、转作风、树形象”先进集体，经开区城管局郭德志获评住建部劳动模范，株洲县城管局杨进吉获全国“强转树”先进个人。（黄俊锋）

【取缔芦淞市场群和合泰涵洞早市】 2017年10月26日，市城管局牵头组织芦淞区、荷塘区、市公安局等相关部门，启动芦淞市场群、合泰涵洞早市取缔行动。张贴公告，拉挂宣传标语80余条；逐户宣讲相关法规政策，劝导早市经营户入室经营；疏导经营户，协调市场群38个商场精准招商，引导早市经营户入室经营。新天地服装批发市场推行半年零租金的优惠措施，并承诺租金不高于原早市标准，吸引500余经营户进驻商场负二楼闲置场地，淞南、芦东等多个市场与早市经营户签订经营合同。退还386个摊位、264户早市经营户的押金、租金、管理费等费用。在铁西路、合泰涵洞等处设立联合执法岗亭，定员、定岗、定责，每天3:00—7:00定时对芦淞市场群铁西路和合泰涵洞进行巡查执法，及时发现和处理问题。通过宣传引导、疏堵结合，依法取缔了困扰群众长达20余年的芦淞市场群和合泰涵洞早市，彻底解决了该区位脏、乱、差、堵的老大难问题。（黄俊锋）

市政管理

【概况】 2017年，株洲市市政工程维护处全面提升市政设施完好率，加强市政设施管理，做好路政应急处置工作。年内，市政工程维护处先后获得“全国青年文明号”、全市抗洪抢险先进单位、株洲市创建“全国文明城市”工作先进单位等多项荣誉。

（马怡娜）

【市政设施养护】 2017年，市政工程维护处全面提升市政管理水平，提高维护质量，狠抓市政设施养护精细化作业。全年累计完成人行道维修12055平方米，更换调升侧平石1094米，新立行道立柱及U型护柱1044根，护柱刷新468根；开挖车行道及维修21896平方米，灌缝8407米，更换调升检查井泄水井1013座次；掏挖检查井36046座次，泄水井29213座次，冲洗管道20395延米，排水设施改造35处，新建排水管道407.7米；清理桥梁伸缩缝19203延米，维修伸缩缝232米，泄水孔清理4389个，桥梁锥坡清理7897平方米，更换伸缩缝至水带306米，桥梁油漆刷新1430平方米，维修不锈钢栏杆180.5米，维修隔音屏105块，安装桥梁PVC落水管294米等。（马怡娜）

【路政管理】 强化市政设施管理工作。对市政设施开展不停巡查并建立巡查台账，实施全方位动态管理。依法有序管理各类占破道工地。全年完成破道占道初勘初审153件，督促不文明施工、无证施工整改百余起，尤其是重点大型工地，发现问题及时整改；着力解决民生诉求，特别是与市民工作生活息息相关的问题。解决清水路、贺家土、徐家桥、田心北门等路段排水不畅的问题，芦淞路皮革厂、沿江路平和堂、希尔顿等路段管道塌方问题，为老百姓做实事，解难题。增强服务意识，着力解决公众实际困难。对大润发公交站台过高进行改造方便市民出行；给东海加油站前人行道加设护柱，避免车辆闯红灯违章；为华南路行道加设护柱，保障星光小学学生出行安全。2017年，市政应急热线共接到市民投诉500余次，有效投诉累计190余次，接到市长热线派单584件，及时处理和反馈，回复率100%。

（马怡娜）

【路政应急处置】 2017年，市政工程维护处开启“人等雨”“人等雪”应急新模式，做到应急前有预案、应急中有调度、应急后有成效。全年暴雨应急处置中，共出动应急车辆140台车次、应急人员967人次。在全省普遍受灾严重的情况下，株洲市区安全度汛；及时、高效做好南环线湘江路桥、石埠路桥路段边坡发生塌方应急处理；汛期，对5座跨江大桥实行24小时不间断巡查，严密监控湘江水位变化，适时采取交通管制措施，确保5座跨江大桥安全度汛，保障道路、桥梁安全畅行。坚持开通市政官方微博、官方网站、市政应急专线“28220110”等平台，畅通市民举报、投诉、反映市政问题和突发事件的渠道。紧急支援天元区群丰镇小麦港抗洪排渍，实行24小时轮班制，连续抽排120个小时，抽排水量12万立方，高效完成救灾任务。（马怡娜）

【路政中修专项工程】 全年完成公园路、彩永路、大坪路、南方大道、李祀路5条道路中修，完成中心广场、建设中路翡翠园、青石路、华南路4条道路行道改造，桥梁专项完成磨子冲桥、石埠路桥、曹家侧桥、南华桥、枫林路桥、响田大桥等6座桥梁通道维修，完成东湖路、红旗路、清水路、石峰大桥东、建设路等5处道路排水改造和大坪路电焊条水系清淤整治工程。（马怡娜）

园林绿化管理

【概况】 2017年，以城市绿荫三年行动为抓手，以绿化考评为保障，城市园林绿化发展取得阶段性成果，城区生态环境质量不断提升。

全年全市创建省市级园林式单位（小区）25家。截至2017年12月底，全市建成区绿地率39.99%，绿化覆盖率42.32%，人均公园绿地面积12.82平方米，国家园林城市创建成果得到进一步巩固和提升。

规范绿化配套审核。全年累计完成各类城市绿化行政许可事项27件，核定项目绿地面积354389.85平方米。

（文志明）

【城市绿荫行动】 2017年是城市绿荫三年行动的攻坚之年。全年完工71个项目，在建23个项目，累计完成投资36.75亿元。

绿化重点工程共计11个项目。湘江风光带东岸综合治理、万丰湖、石峰公园提质改造、迎宾大道、沪昆高速株洲东入口、京珠高速西入口、泰山西路北侧7个项目已完工；龙母河综合治理、神农生态带、响石路南侧景观带、中环大道4个项目正在建设。

公园、广场（小游园）共计12个项目。小湖塘社区游园、流芳公园2个项目已完工；雪峰岭公园、新苗公园、博古山公园、凤凰山公园、枫溪山体公园、凤栖湖、神农公园、石峰公园北门和东入门、霞湾生态景观带、城市重要节点景观10个项目正在建设。

林荫道路建设共计16个项目。机场大道、湘江大道、新丰路、迎新路、铁东路、环保大道、千亿大道、服饰大道8条林荫道路已完工；中车大道、西站南路、昆仑山南路、云龙大道、田心大道、航空大道等8条正在建设。“一路一景，一街一品”骨架基本形成。

山体和水系生态修复共计2个项目。枫溪港综合整治一期已完工，完成投资1.67亿元，为填补城市湿地公园空白奠定了基础，成为水系生态修复和“生态园林”建设的示范项目。盘龙湖综合治理工程正在抓紧建设。

林荫停车场建设共计14个项目，已全部完工。包括红港广场示范林荫停车场、安泰安置小区、职教城实训中心等林荫停车场。

屋顶绿化建设共计5个，已全部完工。包括神农文化休闲街A地块、B地块、丽景滨江、时代•云龙城、东部美的城。

园林式单位（小区）创建。全年完成25个单位创建任务，已全部完成。在全省率先启动园林式单位（小区）复查工作，对全市2012年前授牌的386家省、市级园林式单位（小区）进行全面复查，对307家延续原称号，1家合并，1家降级，78家取消原称号。

（文志明）

【绿化养护考评】 2017年，市财政投入480万元用于城市绿化养护考评。每月进行明检、暗检各一次，及时发现、解决养护过程中的难点问题，全市通报，奖惩兑现，不断完善考评细则，形成完整的城市园林绿化养护监督考核体系，有效提高园林绿化管养水平。

（文志明）

【义务植树周活动】 3月6—12日，组织开展“绿荫行动，拥抱春天”义务植树周活动，重点开展机关植树、市民及社会团体植树、城市公园绿地树木认养认建、园林科普宣传、创建园林式单位（小区）5项活动，积极引导广大市民参加植绿、护绿、爱绿，广泛传播绿色文明，共有2.2万人次参加植树活动，植树12000多株，新增绿地面积23000平方米。开展园林科普宣传活动，在天元广场及中心广场设置咨询服务台，向市民发放宣传册，自制花肥，现场解答市民园林知识问题。（文志明）

【公园文旅活动】 市内公园通过突出自身优势，深挖文化内涵，初步形成具有株洲特色的文化旅游产业模式。3月，流芳公园利用学雷锋纪念日，组织学校学生参观雷锋纪念主题馆，引导学生以雷锋为榜样，激发他们为社会奉献的正能量；清明期间，相继举行100多场次集中的纪念仪式，接待前来参加清明公祭活动的党政机关、企事业单位、社会团体、学校等约60余家，市民5万余人次。5月，在石峰公园蔷薇园举办百合花展，园区内摆放各类花卉30万余株，同步举办美食节、蝴蝶展等系列活动，受到市民好评。天鹅湖公园在园内主岛区开展“爱生活　爱绿化”园林绿化科普活动。11月，在神农公园举办菊花展，参展面积近10000平方米，参展菊花近10万盆，奔龙山下，游龙湖畔一片花海。

（文志明）

灯饰管理

【概况】 株洲市灯饰管理处隶属于株洲市城市管理和行政执法局，为副县级公益二类事业单位；主要负责城市公共区域功能照明和景观照明的建设、管理和维护工作。至2017年年底，管理处直接维护和管理的路灯44384火，线路长度1220.87千米，亮化楼宇938栋。监控终端810台，其中亮化终端348台，路灯终端462台。

（廖雨燕）

【灯饰设施维护】 2017年，株洲市灯饰管理处围绕“为城市添彩、为市民暖心”的服务理念，完成路灯维修11619火，箱变表箱检修585起，处理线路故障433起，巡查检修路灯各类设施1797起，处理市民投诉597起，路灯亮灯率达99%，确保市民的安全出行。全年处理亮化楼栋故障500余次，督促各业主单位（未过质保期）维修亮化楼栋37次，全市楼栋亮化率97%，设施完好率95%。拆除存在安全隐患亮化楼宇246栋，老旧管线5000余米，各类废旧灯具14000余套，控制终端40余台。全年无任何亮化安全事故的发生。全年对株洲大道114基246盏高压钠灯完成灯具拆除更换工作，对天元大桥、芦淞大桥原有亮化灯具启动新建提质工作。

（廖雨燕）

【灯饰民生服务】 2017年，市灯饰管理处为徐家桥社区、南峰社区、泰园社区等老旧社区居民建设亮化设施，解决8000多户居民夜晚出行的安全问题。为茶陵县清水村、攸县排楼村、峦山镇江冲村筹措20万元用于亮化建设和扶贫建设。在企业家年会前夕，养护人员以人工装保险的方式对建设路、株洲大道等63条路段进行节能开、关灯工作；在国卫、国文迎检工作中，完成14147杆路灯灯杆的牛皮廨清除及灯杆刷漆工作；汛期期间全面检查灯箱灭火器、变压器等设备，确保雷暴雨季节的路灯设施安全运行；2017年春节前夕，在滨江北路、长江广场等路段安装灯笼和中国结258个；在国庆节、中秋节、中共十九大期间，在株洲市主要路段的521根灯杆悬挂国旗和党旗，营造节日氛围。

（廖雨燕）

城市户外广告资源管理

【概况】 2017年，株洲市城市户外广告管理处完善各项管理制度，规范广告设置，积极引导城市户外广告走向规范化、可持续发展的道路。

加大公益广告宣传力度。开展公益广告宣传，株洲·中国动力谷宣传。2017年年初，在所有公益广告宣传牌上都打上“株洲·中国动力谷”的标志，大力宣传株洲中国动力谷。初步统计，全年共发布“株洲·中国动力谷”标志的广告画面530多幅。重点工作重大活动宣传。组织开展“创卫创文”复检、“两节两会”“强转树”“文明城管行动”“重宾接待”“喜迎十九大”等公益广告宣传；为株洲项目和企业服务，组织开展“中国企业家年会”“湖南省工业观摩团”“全国老年节”“中国陶瓷节”“中国服饰节”“轨道交通”等公益广告宣传活动。全年公益广告宣传总面积达6.2万平米。

加强和规范广告监管。2017年，根据户外广告在管理方面所遇到的问题，以及户外广告行业规范发展的需要，开展一系列的制度建设和管理措施完善工作。建立大型户外广告位专家评审制度。按照“减量提质、专业决策”的原则，起草制定《新设大型户外广告位专家评审办法》，从市建筑行业、规划设计行业、城管广告行业、安全、消防和交通行业聘请25名业务水平较高的人才建立广告评审专家库。并根据申请要求组织开展两期新设大型户外广告位专家评审会，切实解决户外广告审批标准不规范审批的问题。完善督办制度。规范内控制度，加强项目监管。规范公益广告发布制作、户外广告设施安全维护等项目开支情况，制定项目开支内控制度，对广告牌拆除、公益广告制作等重大项目开支执行集体决策制度。规范安检制度，加大安全隐患广告牌整改力度。加大广告牌的日常巡查工作力度，明确一名班子成员带队，坚持每两天要巡查一次，发现问题及时整改，确保户外广告牌日常维护和安全管理到位。全年组织检查广告牌165块，拆除存在安全隐患广告牌92处，面积3800余平方米，同时，对全市21块LED电子显示屏的亮度进行检查，杜绝光污染的产生。（吴　苏）

【高立柱广告位经营权移交】 2017年，根据市政府会议纪要精神，政府产权高立柱广告位经营权移交株洲市城发集团。6月，确定对高立柱广告位进行分批移交的原则；11月，组织第一批广告位经营权移交，移交18处广告位经营权并签订协议。

（吴　苏）

【启动户外广告控制规划】 为规范全市户外广告管理，根据“城市双修”三年行动计划要求，2017年，市户外广告管理处向市政府申请开展“株洲市城市户外广告和招牌控制规划”修编工作。经与市规划局、规划设计院座谈和调研，启动户外广告控制规划工作。制定招标方案，为户外广告规划编制打下基础。（吴　苏）

【道路单位指示牌特许经营拍卖】为切实杜绝单位指示牌乱设置、不规范的现状，进一步统一和规范株洲市城区道路单位指示牌设置，8月，根据市场调查掌握的情况，制定株洲城市道路单位指示牌统一规范设置，市场化运营的工作方案。11月上旬，对株洲城市道路单位指示牌实行有偿转让，对“城市道路单位指示牌特殊经营权”进行公开拍卖，湖南春潮文化传媒有限公司和湖南吉普广告有限公司获得城市道路单位指示牌特殊经营权的建设和经营资格。（吴　苏）

城市管理行政执法

【概况】 株洲市城市管理行政执法支队组建于2006年10月，为参照公务员管理的事业单位，人员定编47人，内部机构设一大队、二大队、三大队、四大队、督查处罚科、综合科、财务科7个部门。

2017年，市城管行政执法支队加强日常执法监管，落实日常巡查、专项整治、执法联动等工作机制，加大对毁绿占绿、违规破占道、违法户外广告的日常监管和执法力度。全年查处各类行政处罚案件93起，执收罚没款21万余元，拆除违法户外广告牌9800余平方米、横条幅及喷绘布广告280余处。

提高城管执法能力。规范执法，全力推行执法全过程记录工作，出台《城管行政执法全过程记录实施方案》，督促城市5区配备执法记录仪338台，并抽查各区237份执法案卷、200个执法视频，进一步强化执法监督。规范执法文书制作，提高执法办案水平，三大队办理的一起违规破道案件被市法制办评为2017年优秀执法案卷。

加强队伍培训，提高执法水平。在市委党校举办城管执法业务专题培训班，对各县市区300余名城管队员进行集中轮训。建立微信考评机制，加大队员队容风纪和文明执法的纠察和考评力度。全年共考评城管队员违章行为600余人次。（张水玲）

【渣土管理常态化】 坚持落实24小时巡查值班、责任到人到工地、渣土企业考核等系列制度，出台《渣土运输审批流程工作规范》，渣土管理逐步实现常态化、长效化。加大对渣土运输的考核考评力度，全年共发现和处置路面污染580余起，考评渣土企业违规运输行为248起，督促各区加大对山卵石和煤灰等散装货物运输车、混凝土搅拌车滴洒漏污染的执法力度，查处违规运输车辆48台次。加强渣土行业监管，结合2017年城管课堂对全市460余名渣土车司机、21名渣土企业负责人开展资格培训和安全教育。积极推进渣土车升级换代工作，完成考察调研、方案制定等前期筹备工作。（张水玲）

【工地扬尘专项整治】 5月开始，支队牵头组织市住建局、市环保局及城市5区城管局开展建筑工地扬尘整治行动。整治期间共现场检查207个项目，对166个项目下达整改通知，督促裸露工地铺设遮阳网面积100万余平方米，硬化工地进出口道路42个，设置冲洗平台95个，督促工地现场安置防尘炮53台，购置大型雾炮车1台，清理建筑垃圾7600余立方。通过为期两个月的集中整治，全市200余个工地基本上达到“5个100%”的要求。施工扬尘污染得到有效治理。（张水玲）

【“三牌”整治】 6月下旬，支队会同市容科组织城市5区对绿化带及公共区域违规设置的指示牌、宣传牌、广告牌进行集中整治，督促区城管大队昼夜连续奋战，在不到2周时间内共拆除各类指示牌、宣传牌、广告牌7250余块，整治效果明显，城市空间秩序更加整洁、规范。（张水玲）

【人行道违停整治】 8月开始，支队组织城市5区城管大队开展为期2个月的人行道违章停车整治。整治期间共查处人行道违停车辆19288台次，现场劝离车辆6918台次，在人行道增划停车位1271个，设置人行道隔离桩1796个，协调63个单位和小区的停车场共计5449个车位对外免费开放，整治行动社会反响较好。（张水玲）

城市公用事业

供　电

【概况】 国网株洲供电公司担负着株洲城区及所辖5县（市）的供电任务，供电区域面积11262平方千米，供电区域人口401.63万人；有在册员工1782人，农电员工1566人；下设株洲县、醴陵市、攸县、茶陵县、炎陵县5个县级供电公司。株洲地区共拥有35千伏及以上变电站118座，35千伏及以上输电线路282条，10千伏配电线路811条，公用配电变压器14028台，资产总额91.04亿元。

2017年，公司完成售电量96.93亿千瓦时，同比减少1.60亿千瓦时，同比下降1.62%。售电收入67.7亿元（含税），同比减少3.35亿元，同比下降4.71%。贡献税收2.62亿元，同比减少0.16亿元。（程　钺）

【电网发展】 2017年，公司开展电力市场负荷预测和区域电力经济专题研究，完成10–220千伏电网优选排序，清水塘片区、茶陵自供区等园区规划与布局。滚动修编配电网“十三五”规划，建立株洲中心城区远景饱和年的目标电网框架，4个批次农网可研获省能源局批复，高新区马家河Ⅱ、云龙区菖塘110千伏输变电工程开工。服务地方经济社会发展，在全省率先实现央资农网投产，河西220千伏中心变、攸县菜花坪、天易新车站和醴陵老龙井110千伏输变电工程分别纳入前期计划和开工计划；争取1.18亿元项目服务新马工业园等4个园区电网配套需求。完成21条110千伏及以上线路杆迁，五公司、陶研等5家企业“三供一业”供电分离改造完毕，割接用户3万余户。（程　钺）

【优化供电服务】 营销现代化手段深入应用，全力推广电费智能核算、远程费控管理，远程费控客户占比达99.52%，预收电费5.996亿元。网格体系建设不断加强，按照“客户导向型、服务一体化、专业协同化”的思路，城区服务网格全面建成，台区经理业务后台支撑实现集中管控。“全能型供电所”建设取得成效，统一思路、细化标准、转变意识、集中管理、强化培训、提升能力。服务投诉管控力度不断加大，开展供电服务“百日攻坚”，执行“四个零容忍”，严格人为责任、人员态度类投诉考核问责力度，处理“零容忍”投诉事件27起，处罚128人，对7个单位实施预警，对3个单位的领导班子通报批评，优质服务全面从严的态势初步形成。便民服务措施更加务实，全面推广“95598”、APP、微信等线上缴费、查询、报装手段，开通“三供一业”业务办理、光伏扶贫项目等“绿色通道”、对批量缴费客户提供预约服务、推出专变购电“微服务”。服务216家企业参与市场化交易，完成交易电量8.81亿千瓦时，为企业降低用电成本2513万元。营业窗口进驻高新园区服务中心，园区服务机构建设方案编制上报。加快推进中心村、贫困村电网改造工程建设；做好自供区贫困村电网改造项目储备，做到自供区移交协议签订与电网改造项目实施无时差对接，完成非自供区中心村、贫困村和自供区贫困村电网改造。（程　钺）

【供电安全保障】　严格生产秩序管控，强化各级人员安全履责，严厉打击各类违章行为，深入开展“安全生产大检查”、隐患排查治理和安全生产问题清单专项治理工作，加强电网风险和作业现场风险管控，整改问题2980项、治理隐患560处、查处违章391起。首次开展省内电网大面积停电政企联合演习，完成“十九大”等30次重要保电任务，全力应对历史罕见洪涝灾害，平稳做好有序用电工作。安全水平进一步得到提升，实现连续第13个安全年。（程　钺）

供　水

【概况】　2017年，株洲市本级供水日综合生产能力100万立方米，供水管道总长度2893千米，比上年增长9.24%。市区用水量14220.99万立方米，同比上升3%，其中，市区工业用水总量3544.19万立方米，同比下降3.59%；市区生活用水总量10676.81万立方米，同比上升5.39%。市区用水人口110.79万人，市区人均用水128立方米。

2017年，株洲市自来水有限责任公司完成售水量1.48亿立方米（含株洲县水司售水量）；市本级综合水费回收率98.64%、产销差率18.37%；实现合并营业收入4.79亿元，合并利润2123.56万元（不含房产公司股权转让收益），上交税金3569万元，为财政代收各项费用1.46亿元。截至2017年年底，株洲市自来水有限责任公司模拟合并净资产8.07亿元，国有资产保值增值率161.27%。（徐昌龙）

【供水安全保障】　2017年，市自来水公司做好重要节点、洪涝灾害（7月3日湘江株洲站超警戒水位2.93米）的供水安全保障工作。全年综合水质合格率99.99%，管网压力合格率99.51%，抢修及时率99.96%，连续4年被评为市综合治理先进单位，获湖南省十佳“平安企业”创建示范单位、全国设备管理创新成果二等奖。全市安全生产“百日行动”中，排查治理隐患131处，安全责任事故为零。完成一水厂生产尾水整改，实现四水厂雨污分流、零排放，推进三水厂排泥水处理系统工程，顺利通过中央环保督察。开展应急演练16次，妥善处置原水水质应急事件5起，快速响应湘江铊污染，修订《水质管理工作流程》，实现全流程、全方位水质管理。全年新建、改造DN300以上供水管线61千米，湘江大道、田心大道、中车大道等重要管线完工，实现沿江路DN1000管线并网通水，打通全市南北供水大动脉，通过《株洲市城市供水工程专项规划》评审，完成四水厂提质扩建工程可研，全市供水布局日益科学、完善。（徐昌龙）

【供水服务】　2017年，实施企业帮扶专人“点对点”负责制，主动对接企业33家，服务天易科技园、职教城、轨道城等重点园区建设；积极配合清水塘老工业区搬迁改造工作，协调41家关停搬迁企业，办理拆表3960户。精简业务办理手续，提高服务响应速度。推行电子发票，40余万用户水费信息告知实现电子化，服务距离大幅缩短。组织“供水服务进社区”129次，为特困、低保户减免水费134.92万元，便民服务惠及各类用户。开展“规范消防栓取水”“跑冒漏及盗用水”举报有奖活动，规范公共用水秩序。通过网络直播、3D动画等方式方法，举办线上线下“水厂开放日”活动，实现制水工艺透明化。全年投诉处理及时率、市长热线转交办结率、企业帮扶年办结率均为100%，第四次获得“全国用户满意企业”，首获全省服务业企业50强，真正让政府放心、让企业减负、让群众满意。（徐昌龙）

【供水一户一表建设】　大力推进央企、省企“三供一业”供水改造，全年新增供水用户4.4万户，改造1.6万户。大唐华银集团株洲发电有限公司、国网株洲供电分公司、株洲电力机车研究所有限公司等12家单位基本完成改造任务，中国航发湖南南方航空科技有限公司、中国电信股份有限公司株洲分公司、湖南省第五工程有限公司等9家单位进入施工阶段。

（徐昌龙）

【城乡供排一体建设】　2017年，完成水务集团工商注册，株洲市自来水有限责任公司、城市排水有限公司等

4家子公司股权划拨全部到位，初步实现城乡供排一体。完成滨江北路塌陷、陈埠港黑臭水体综合整治等抢险任务，承接渌口经开区水质净化中心建设项目，进驻古岳峰镇、龙船镇农村饮用水工程，签订白关镇、荷塘工业集中区污水处理厂建设框架协议，布局城镇工业园区、县镇污水等新业务，集团合力逐步彰显。（徐昌龙）

供　气

【概况】 株洲新奥燃气有限公司是经株洲市委、市政府批准，由新奥（中国）燃气投资有限公司和株洲城发集团（株洲市煤气公司实物资产）共同出资成立的中外合资企业，成立于2003年11月12日，注册资本1.35亿元人民币，是株洲市政府和株洲县政府分别授予管道燃气30年“特许经营权”的燃气运营商。旗下公司包括株洲新奥神农城能源服务有限公司、株洲新奥职教城能源服务有限公司、株洲新奥渌口燃气有限公司、醴陵新奥燃气有限公司、株洲新奥云龙燃气有限公司、炎陵新奥燃气有限公司和攸县新奥燃气有限公司。

公司累计投资燃气工程11.5亿元，建成门站2座、中压调压站6座、区域调压站22座、压缩天然气（CNG）加气站3座、液化压缩天然气（L—CNG）加气站1座、分布式能源站2座。至2017年12月底，公司燃气管网东沿长长株高速至兴隆化工厂内，与茶马大道管网相接覆盖整个云龙新城；南沿1815线至株洲县渌口镇；西沿天易大道至湘潭县交接处；北至湘潭县黄茅冲，整个城区管网覆盖率达100%。有天然气居民用户44.76万户，工商户4453户，加气车辆3000余台。

公司设有自营服务网点5个，必拓、邮政代收网点300余个，为蓝牙卡、普标民用户开通“e城e家”app缴费方式，为普标民用户开通建行网上银行缴费，并开设全国统一客服热线“95158”，为客户提供日常业务咨询、用户抢险抢修、投诉等业务服务。

2017年，株洲新奥燃气有限公司通过管理重构，管理权限赋能等变革措施促使公司的业务与服务能力逐步提升。全年实现销售收入7.46亿元，销售气量2.24亿立方米，同比增长1688万立方米，扭转了连续4年气量负增长的局面。发展民用户3.35万户，发展工商用户气量30.17万立方米/日，发展小型工商户1258户，上缴税收6101万元。（吴珊珊）

【供气安全管理】 2017年，公司总投入1986万元用于安全生产工作。巡视检测管网13.64万千米；对全市所有调压设施完成12次以上的周期巡检；完成安检民用户38.2万户，工商户安检率100%。完成903台调压器的大修工作。累计整改热水器无烟道2876户、长期无人36444户、违章占压隐患44处，改造液化气小区2个，改造老旧管网4.5千米。破获全国首起偷盗气案件。全年共查处偷盗气、私接私改15起，追回费用21万元；与物业公司签订燃气保护类协议121个，开展安全宣传32次，确保生产安全、供气稳定。（吴珊珊）

【供气服务】 公司赋能重心逐渐向客户端前移，加气站实现单站自主经营，客服部实现网格化管理，市场工程实现一体化。推广e城e家APP和蓝牙智能卡，共推广远传表25492块、蓝牙智能卡1713张。（吴珊珊）

【冬季保供】 9月底，在天然气第二门站建设LNG临时供气设施，对株洲县洁宇日化厂区LNG气化站进行扩建，以上两个项目的建设在LNG气源保障的情况下，每天可向燃气管网中补气10万标准立方米，较大程度降低了公司的供气压力。与长沙新奥燃气等多家公司签订LNG保供协议，提高应急保障能力。2017年冬，公司全力保障全市居民的生活用气，最大程度保证了全市的工商企业用气。

（吴珊珊）

【市首例盗窃城市管道天然气案件】 2015年9月，公司检查发现荷塘区合泰多户存在偷盗气行为，郭某有重大嫌疑。公司于2015年12月向株洲市公安局报案。株洲市公安局接到报案后，立即成立专案组予以侦查，核实了公司报案的事实，还查实其另外参与多起盗窃燃气的案件，涉案金额较大，影响极其恶劣。 2017年6月13日，株洲市荷塘区人民法院对郭某破坏燃气设施、盗窃燃气、非法获利的犯罪事实依法判处有期徒刑7年6个月，并处罚金人民币70000元，对邀请郭某帮助其盗窃燃气、非法获利的战某判处有期徒刑8个月，并处罚金人民币8000元，对邀请郭某帮助其盗窃燃气，非法获利的陈某，判处有期徒刑6个月，并处罚金人民币7000元。此案是株洲市破获的首例盗窃城市管道天然气案件。（吴珊珊）

【无线远传智能燃气表推广应用】为大力推广使用无线远传智能燃气表，公司通过协调与沟通，2017年8月取得株洲市住房和城乡建设局、株洲市质量技术监督局、株洲市工商局、株洲市发改委的联合批文，并在株洲各大新闻媒体进行宣传报道，推广无线远传智能燃气表应用。9月开始，公司全面启动应用无线远传智能燃气表，有计划的对全市居民用户燃气表免费更换为无线远传智能燃气表。

（吴珊珊）

公共交通

【概况】 株洲市公共交通有限责任公司成立于1958年，是市属直管公益性、服务性国有企业，主营城市公交客运服务。公司下辖巴士、发展2家控股公交运营企业，健宁公共自行车、物资供应、物业管理、站场建设开发、广告文化传媒、公务用车6家全资子公司，以及湖南北汽银建巴士汽车服务有限公司、普天新能源（株洲）有限公司2家参股子公司。截至2017年年底，公司有营运车辆1090台，职工2852人，营运线路75条，线路总长度1071.86千米，城区公交车电动化率100%。

2017年，公司践行“创新、协调、绿色、开放、共享”五大发展理念，落实市委、市政府公交优先发展战略，实现了公交事业的突破和发展。全年，公司运送乘客2亿人次，完成营运里程6610万千米，全年主要经济指标、安全生产指标均控制在上级部门考核目标范围内。

打造便捷快速公交。全力落实“民生100”工程，2017年新开线路5条（T90路、T76路、T82路、D170路、D171路），调整优化线路（D169路、T61路、T23路、T63路）4条，实现城铁4站与市内常规公交的有效接驳，满足乘客换乘需求；落实企业帮扶任务，开通定制公交线路，日均近400趟次，为园区、学校等解决出行难题；合理调配运力，为节假日、全市“两会”、企业家活动日、全球华人羽毛球赛等重大活动提供优质的公交服务保障；以创文、创卫为抓手，在车厢清洁、站场整治、驾驶员规范服务等方面实行网格化管理；积极推进站场建设，金山站场主体全面竣工，汇通金港、神农大剧院站场年底投入使用，职教城、工业大学等站场在积极筹建，公交后勤设施不断完善；加强行风建设，全年办理市长信箱、市长热线、“12315”等渠道的乘客意见建议共计2496起，接听乘客来电共计18757起，积极主动解决乘客疑问，及时化解各种矛盾纠纷，群众满意率达98%。

打造平安畅通公交。层层落实安全生产责任制，开展多种形式的安全检查和隐患排查，从源头杜绝安全生产事故发生；加大对驾驶员、修理工及特种作业人员的安全培训力度，建立安全管理微信平台、驾驶员“安全日提醒”等制度，职工安全意识和应急处置能力明显增强；编制《安全生产事故应急预案》，开展安全生产标准化换证考评工作，细化岗位安全生产责任清单、管理权力清单，夯实安全生产双基工作，安全形势稳定。

着力绿色低碳公交。打造株洲市快速公共交通体系，积极推进BRT（快速公交系统）项目建设，完成前期设计及可研批复，所有站台已落点，中心城区的交叉口相位优化在紧张进行，快速公交项目2018年将正式启动。升级改造公共自行车系统，传统有桩车系统2017年累计更新车辆4318台，改造完成100个主要站点；2017年7月引进共享单车，首批投放车辆5300台，实现传统有桩车与共享单车的“统一规划，定点停放，总量控制，共存共管”，公共自行车这一城市名片焕发出新的光彩。 （罗 艳）

【全球首条智轨快运线落户株洲】2017年，株洲市委、市政府决定建设智轨快运线，旨在以其“投资小”“周期短”“无污染”“速度快”“运量大”“运营灵活”等优势，打造株洲市“智轨列车”的路面公共交通系统，实现无缝对接磁浮线路，并与常规公交、BRT线路交融、互补，为株洲人民的出行提供更多便捷。株洲智轨快运线全长约12千米，线路规划自体育中心起，途经长江北路、长江南路、衡山中路、神农大道至于体育中心。智轨体验线项目由株洲公交公司承建，是全球首条ART智轨快运线的一期工程，全长约3千米，共设神农大剧院站、珠江北路站、黄河北路站、体育中心站4个站，站间距约1000米，车道宽3.75米。4个站台均设计在神农大道B段的中央绿化带上，车站布局道路中央，上行线和下行线共用车站。2017年10月18日，完成地面设备安装及站亭施工；10月21日，进行车辆线上调试；10月23日，智轨体验线在株洲市启幕的2017中国（湖南）国际轨道交通产业博览会上亮相，供来宾乘坐体验，反响强烈。 （罗 艳）

【株洲市共享单车投放仪式】 2017年7月28日，株洲市共享单车投放仪式暨株洲首届千人骑行活动在炎帝广场举行。活动以"绿色骑行、共享蓝天"为主题，由株洲市政府主办，株洲市公共交通有限责任公司、株洲公交健宁交通服务有限责任公司、广州悦骑信息科技有限公司共同承办。活动现场投放5300辆共享单车，1000余名自行车爱好者参加骑行体验。此次共享单车投放采取企业合作模式，由广州悦骑公司公司提供小鸣单车和信标式电子围栏的技术输出，公交健宁负责小鸣单车的巡查、归集、调度、维修、保洁、保养等运营服务工作。株洲此次投放的共享单车采用电子围栏虚拟停车技术，通过物联网的信息交换方式，让虚拟停车桩与智能车锁、用户手机三点联动，实现亚米级精确停放。此后，市民只需下载小鸣单车手机app，登陆注册完成身份验证，在线缴纳199元押金后，即可手机扫码骑车。 （罗 艳）

【株洲市城区公交车票价调整】 考虑社会承受能力、企业运营成本和交通供求状况，经成本监审、价格听证、集体研究讨论后，株洲市政府决定对株洲市区无人售票公交车票价进行调整，即从2017年9月1日起，城区无人售票公交车基础票价低于2元的均调整为2元/人次。刷本地公交IC卡乘车实行5折优惠（即1元/人次），学生卡4折优惠（即0.8元/人次）。65周岁以上老年人、残疾人、现役军人、革命伤残军人、因公负伤人民警察等特殊群体凭有效证件或本地公交IC卡(爱心卡)，实行免费乘车；身高不足1.3米的儿童免费乘车。 （罗 艳）

2017年株洲市新增公交线路

表17

线路	首末站及走向	线长（千米）	票价（元）	车型	首末班（发班）时间
T90路	车站路西—沿江路—石峰桥东	6.5	2	小型客车	6:30—19:30
T76路	中心医院—长江南路—天台路—珠江北路—北汽股份	9.5	2	大型客车	6:00—19:30（夏） 6:00—20:30（冬）
T82路	滨江一村—黄河南路—枫溪大桥—枫溪大道—城铁株洲南站	12.36	2	大型客车	6:00—21:00
D170路	荷塘大道新华路口—株浏路—金龙路—金龙东路东（湘江药业）	6	2	大型客车	定制公交。 7:30—17:30
D171路	中心广场—天台路—泰山路—西环线—南环线—儿童福利院	12.5	2	小型客车	定制公交。 发班：7:10、7:30、17:10、17:30

（罗 艳）

建筑企业选介

湖南中天建设集团股份有限公司

【概况】 湖南中天建设集团股份有限公司溯源于20世纪60年代株洲市3家地方建筑企业合并组建的株洲市住宅建筑公司，1984年更名为株洲市第二建筑工程公司，2004年改制为非公企业，2016年进行股份制改造，2017年在全国股转系统挂牌上市，证券简称：中天集团，证券代码：871407。

注册资金1.19亿元，具有建筑工程施工总承包一级、市政公用工程施工总承包一级、钢结构工程专业承包一级、建筑装饰装修工程专业承包一级、地基基础工程专业承包一级及公路工程施工总承包、水利水电工程施工总承包、机电工程施工总承包、建筑幕墙工程专业承包、环保工程专业承包等资质。有职称的专业技术人员360人，其中高级工程师56人、中级职称235人，注册一级建造师58人、二级建造师85人；具有大型施工机械219台(套)，质量检测设备78台(套)；具备年竣工600万平方米的施工生产能力，公司在长沙、衡阳、岳阳、常德及海南、湖北、福建、浙江、广东等地设有分公司或建设施工项目。

2017年，公司签约合同总金额约13.47亿元，实现施工收入13.12亿元。创建全国建设工程项目施工安全生产标准化工地1项、芙蓉奖工程1项、省优工程2项、神农奖工程5项；无安全重大伤亡事故。公司获“湖南省守合同重信用企业”“株洲市建筑业诚信AAA企业”“纳税信用A级单位”等称号。（吴名欢）

【企业管理升级】2017年5月，公司顺利在全国中小企业股转系统挂牌，股票名称为中天集团，证券代码“871407”。通过挂牌上市，严格按照上市公司治理规范，扎实推进内控体系建设，规范公司运作，倒逼管理升级。逐步推广项目股份制，《项目股份制实施办法》已经在春藤小镇等项目试运行。（吴名欢）

【推进经营转型】2017年，公司稳步立足省内，突出省内项目，省内业务量得到大幅增长，新承接项目25个，较上年增加7.3亿元；有针对性地收缩省外市场，增大省内市场开拓力度，新设立怀化溆浦分公司、云龙分公司、石峰分公司。经营业务以房建为主，兼顾市政和其他类项目；在稳定传统施工总承包模式基础上，大力介入装配式建筑、工程总承包（设计施工一体化）项目，为未来布局谋篇。2017年11月，与湖南省建筑设计院、中天杭萧钢构签订EPC、DB战略合作，12月与株洲交发集团签订战略合作协议。（吴名欢）

【推动安全质量标准化】公司通过以安全生产标准化为抓手，推动项目安全生产。全力开展建筑施工安全生产标准化工作，承办2017年“安全生产月”暨“企业帮扶年”主题活动；春藤小镇项目因安全生产标准化工作表现突出，获评全国建设工程项目施工安全生产标准化工地，为株洲市唯一获奖项目。以创优为抓手，推动项目质量标准化。春藤小镇一期、凯风珑城8栋、锦绣华都、南车备料车间、茶陵创新创业园厂房等5个项目获评“神农奖”，千金药业综合楼项目获评“芙蓉奖”工程，春藤小镇项目获评质量观摩示范工地。（吴名欢）

湖南省第五工程有限公司

【概况】湖南省第五工程有限公司创建于1953年，系省属国有大型特级建筑施工企业，隶属于湖南建工集团。注册资本金10亿元。截至2017年12月31日，公司共有员工6703人，含在职职工3524人、离退休职工3179人。拥有各类专业技术人员2000多人，其中中高级职称近700人（研究员级高级工程师7人）、一二级建造师500多人；大中型施工设备3000余台（套），年施工生产能力200亿元以上。下辖分子公司21家，其中子公司4家、经营公司14家、专业公司3家，设有附属单位职工医院（株洲市康复医院）。主要资质有：建筑工程施工总承包特级资质；机电工程、市政公用工程总承包一级资质；公路工程、水利水电工程总承包二级资质；电力工程总承包三级资质；环保工程、地基基础工程、钢结构工程、建筑装饰装修工程专业承包一级资质；城市及道路照明工程专业承包三级资质；建筑行业（建筑工程、人防工程）甲级设计资质；以及施工劳务资质和其他专业资质。业务范围涉及施工、投资、开发、设计、咨询、建材、工程设备、劳务等建筑业上中下游产业领域。施工足迹遍布湖南各地州市和全国30多个省、直辖市、自治区，并承建了越南、也门、利比里亚、马来西亚、博茨瓦纳等国家的重点工程。

2017年，公司承接施工任务190.03亿元，同比增长68.01%；完成企业总产值90亿元，同比增长25%；实现营业收入83.77亿元，同比增长9.45%；上交利税2.7亿元。公开招投标市场和PPP市场同步发展、省内市场和省外市场齐头并进，经营结构不断优化。获得建筑业最高资质——建筑工程施工总承包特级资质，成为株洲市首家特级企业。装配式建筑产业化基地项目成功签约落地荷塘区，向新型产业转型迈出实质步伐。五建产业中心圆满落成。（颜　渊）

【工程品牌建设】2017年，湖南第五工程有限公司承建工程获评“2016—2017年度中国建设工程鲁班奖”5项、全国建筑业绿色施工示范工程3项、国家建设工程项目施工安全生产标准化工地2个、省芙蓉奖工程1项、省优质工程5项、省绿色施工示范工程6项、省级工程质量常见问题专项治理示范工程项目2项。科技创新成效突出，获评国家实用新型专利7项、湖南省级工法8项。醴陵·世界陶瓷艺术城项目一期工程在第八届“创新杯”建筑信息模型（BIM）应用大赛中获评优秀商业综合体BIM应用奖。（颜　渊）

湖南省工业设备安装有限公司

【概况】 湖南省工业设备安装有限公司创建于1958年，国有独资公司，注册资本10亿元，是国有大型综合施工企业，隶属于湖南建工集团有限公司。公司具有机电工程安装工程、建筑工程、市政公用工程、石油化工工程4项施工总承包一级资质；冶金工程、电力工程施工总承包二级资质；建筑机电安装工程、消防设施工程、钢结构工程施工3项施工专业承包一级资质；同时具有GA1乙级+GB类+GC1级+GD1级压力管道安装资质；锅炉安装维修一级资质；B级起重机械安装维修资质；承装（修、试）电力设施二级资质。公司下辖22家分公司，分布于湖南省内、北京、上海、苏州、深圳、广州、石家庄、厦门等地；6家全资或控股子公司；4家参股公司。公司有员工2973人，其中管理及技术人员1618人，高级职称129人，一、二级建造师370人。

2017年，公司经营规模首次突破百亿大关。全年，承接任务110.43亿元，同比增长36%；完成产值70.82亿元，同比增长23.6%；回收工程款68.58亿元，同比增长19.25%；实现利润1.11亿元，同比增长38%。

年内，公司获评“国家级高新技术企业”“湖南省文明单位”称号；成功通过联合信用和联合资信两家评级公司对公司主体长期信用“AA”双评级；连续26年获评湖南省守合同重信用企业，连续5年获评长沙市AAA信用企业。获国家优质工程奖1项，中国安装之星奖1项，全国化学工业优质工程奖2项，省（部）优质工程奖4项。

2017年，公司承接PPP项目3个，成立SPV公司3家，业务量 32.84亿元。公司致力打造的股份合作投资平台——湘安新能源在成立一年半时间内，完成光伏电站开发479兆瓦，已并网发电132兆瓦，完成经营投资15亿元。省内市场取得历史性突破，在省内承接业务56.66亿元，占总量的60%，同比增长127%，打破历年来强省外、轻省内的市场结构。海外市场实现滚动经营，公司在蒙古市场中标4.14亿美元乌兰巴托第三热电厂新建2×125兆瓦热电厂EPC工程；在加纳市场，公司签订9200万美元电网二期工程合同，预付款1300万美金已到账。 （邹　丽）

五矿二十三冶建设集团第二工程有限公司

【概况】 五矿二十三冶建设集团第二工程有限公司是国有大型工业和民用建筑安装施工企业。公司位于株洲市荷塘区红旗中路456号，有员工700余名，其中各类专业技术人员500余名。公司具有冶炼施工总承包壹级、房建施工总承包一级、消防设施专业承包一级、机电安装专业承包一级、建筑起重机械安装专业承包二级、钢结构专业承包贰级、建筑装修装饰专业承包二级、市政施工总承包三级等8项工程施工资质；具有压力容器制造、锅炉安装改造维修、起重机械安装维修、压力管道安装等4项特种设备许可资格；取得ISO 9001（质量）、ISO 14001（环境）、OHSAS 18001（职业健康与安全）管理体系、GB/T 50430建设施工企业质量管理认证。

2017年，公司持续践行绿色施工理念，致力于构筑环保节能型建筑企业，以BIM和“智慧工地”云平台应用为抓手，大力推进科技创新，全面加强安全质量标准化体系建设，获国家级、省部级安全质量荣誉奖16项，企业市场竞争力进一步增强。“智慧工地”云平台取得国家软件著作权证书，被株洲市选定为项目现场监控和环境治理指定平台，公司先后在12个项目成功推广，其中4个项目被市住建局确定为视频监控示范工地，相关应用经验在集团公司、五矿地产、行业协会进行推介，取得良好的管理和社会效益。公司全年经营收入突破38亿元，实现利费4630万元，企业发展迈上新台阶，公司连续三年被评为株洲市安全生产先进单位。并先后获评中国建筑业竞争力200强企业、全国“安康杯”竞赛优胜单位、湖南省“守合同重信用”单位、湖南省A类纳税信用单位、湖南省创新企业文化建设先进单位、湖南省劳动竞赛先进单位、湖南建工集团文明单位（连续两年）、湖南建工集团易地扶贫搬迁工程建设先进单位等30多项荣誉。（张巧云）

住宅与房地产

住房保障与房产管理

【概况】截至2017年年底，株洲市（含5县市）已登记的存量住宅7970万平方米，70.1万套，套均114平方米，套均面积比2013年增加6平方米。其中市区1990年以后建设的房屋占83%，2000年以后建设的占67%。60~90平方米的住房占19.22%，90~144平方米的占48.27%。

2017年，株洲市房地产市场继续保持趋稳向好向上发展态势，呈现投资稳定增长、成交大幅上升、商品房去化平稳可控等特点。全年完成房地产开发投资312.57亿元，同比增长16.12%；新增房地产行业“四上”企业66家；房地产行业实现税收45.5亿元，同比增长36.1%，占全市税收收入的19.8%。

房地产市场供销两旺、供销平衡。2017年，全市新建商品房网签销售766.16万平方米、69668套，同比分别增长28.36%、25.9%；其中，商品住房网签销售680万平方米，同比增长26.95%。新建商品房新增供应691万平方米，同比增长24.75%。其中市区新建商品房网签销售525万平方米、47739套，同比分别增长28.73%、22.12%；全市新建商品住房网签均价4898元/平方米（含精装房、别墅、非成套住宅），同比增长20.21%，其中毛坯商品住房4001元/平方米，同比增长8.4%。市区新建商品住房全年（含精装房、别墅、非成套住宅）5382元/平方米，同比增长21.98%，其中毛坯商品住房4806元/平方米，同比增长14.45%。

全市二手房网签成交快速增长。全年全市二手房网签成交256万平方米，同比增长73.99%，其中二手住房网签成交208万平方米，同比增长84.15%。

发展房产市场。搭建房地产开发项目跟踪服务平台，全力开展房地产开发项目“促投资、促开工”活动，分4批提请市政府对影响项目开工投资的“四证”办理的73个问题集中研究解决，共促成93个项目620万平方米提早开工，推动全年房地产开发投资突破300亿大关，同比增长15%以上。加强房地产市场销售行为专项整治，改革商品房预售许可审批流程，新建商品房网签销售面积766.16万平方米，同比增长28.4%。着力培育房地产行业企业成长，新增“四上”企业66家；实现房地产行业税收45.5亿，同比增长36.1%，占全市税收收入的19.8%。鼓励开发建设性能优良的“两型”住房产品，3个房地产项目顺利通过住宅性能认定2A预审，1个项目通过2A终审和广厦奖评审。全面提升商品住宅建设品质，市区全（精）装修房占比35%。

推进旧城提质。切实抓好市委、市政府交办的旧城提质行动牵头工作，搭建班子、制定方案、下达计划，开展一系列的调研督查，召开一系列的专门工作会议，推动工作开展。市区21051套棚户区拆除新建工程、5个农贸市场综合改造工程、100万平方米的拆违控违专项整治工程全面完成；10个老旧小区专项整治工程、74条小街小巷拉通提质工程、“三供一业”分离移交社区改造签约全部扫尾收官；杜甫草堂、白石人家、建宁记忆、枫溪渔港4个历史文化特色街区保护工程稳步推进，“两岸一线”景观靓化工程有序实施，取得积极进展。

优化房屋交易服务。在全省率先创新实行房屋交易“同城通办”试点，群众办事更加方便快捷，取得较好社会反响。全面优化简化办事流程，单套房屋交易基本做到立等可取，房屋交易合同备案由5个工作日的承诺时限缩短至1个工作日，二手房交易合同备案工作基本上做到当面办结，全年房屋交易业务超10万笔，工作效率、服务水平明显提升。贯彻落实不动产登记改革要求，全面移交不动产登记制度实施前形成的房屋交易、登记纸质档案和电子数据，支持不动产登记工作有序推进。

加强行业管理水平。开展物业管理安全年主题活动，深入“平安小区”

创建活动，10个住宅小区有望获评全市“平安小区”，物业行业岗位技能比武在全省获优秀奖。积极开展老楼危楼排查工作，全年实施行政排危25栋、4.5万平方米，对793个项目、880万平方米的房屋实施白蚁防治，高效使用房屋维修资金1451万元，有效保障了人民群众生命财产安全。严格执法检查工作“双随机”制度，加强房地产市场监管执法检查，巡查房地产行业企业200余家，抽检房地产开发项目145余个，下达整改通知书30份，房地产市场发展环境有效净化。

实施民生实事。完成棚户区改造开工32861套，为“民生100”工程目标的1.3倍。公租房基本建成5908套、分配入住14050套、发放租赁补贴8539户，分别完成年度目标的1.6、1.5、1.3倍。高效使用房屋维修资金1400余万元，实施白蚁防治880万平方米。（宋　杰　胡湘嶷）

住房保障

【概况】 2017年，全市公租房基本建成5908套（市本级3856套、县市2052套）、分配入住14050套（市本级8050套、县市6000套）、发放租赁补贴8539户（市本级4040套、县市4499套）。年内，株洲市住房保障处获得中华全国总工会授予的“全国工人先锋号”称号。（张　薇）

【特殊人群住保】 全年完成100套“人才公寓”分配入住，继续实施环卫工人等特殊群体的保障工程，群众对住房保障工作的获得感进一步增强。（张　薇）

【盘活公租房】 2017年，对全市历年公租房进行全面清理，制定《株洲市公租房盘活和处置工作方案》，采取“双创”基地、文化教育等方式，盘活企业、园区自建的闲置公租房1866套，获国务院第四次大督查督查组肯定。（张　薇）

【市级公租房清理】 2017年，组织各区住房保障部门对市本级168个项目、4.2万套公租房逐一清查，终止住房保障资格34户，追缴保障对象住户租金18.47万元，收集分配对象信息3万余户，为后续系统化智能化管理奠定基础。（张　薇）

【组织实物配租轮候摇号】 组织2016年度新增1665户低收入住房困难家庭、荷花家园及水竹湖等保障房源的实物配租轮候摇号工作。（张　薇）

【完善住保退出机制】 2017年，在全市新增住房保障家庭房产交易资格审核功能，加强对有房的住房保障家庭房屋交易资格管理。探索采取“行政非诉强制执行”方式，对不符合保障资格的家庭（有房家庭）进行强制腾退保障房。（张　薇）

棚户区改造

【概况】 2017年，省政府下达株洲市棚改计划任务为32861户，基本建成任务33897户。截至12月月底，全市开工32861户，开工率为100%；基本建成36273户。

棚改贷款力度加强，全市棚改项目贷款首次基本做到全覆盖，市本级获批国开行贷款164亿元；县市获批棚改贷款46.77亿元，有效保障棚改资金需求。

棚改实施组织渐成体系。加强棚改工作机制建设，定期采取通报、督察等方式推动工作开展，推动县市区政府为第一责任主体、县市区政府一把手为第一负责人工作机制的制度化、常态化。（贾　涛）

【推进政府购买棚改服务】 2017年，株洲市采取政府购买棚改服务和融资贷款平行推进方法，按照整体打包、一次授信、分项目使用的融资做法，全力协助市棚改投资有限公司向国开行申请棚改政策性优惠贷款，县市采用分项目或打包方式积极推进。（贾　涛）

房地产开发管理

【概况】 2017年，全市参加房地产开发企业资质年检的企业共384家，其中年检合格的309家，年检不合格的75家。年检不合格的75家有：警示的企业42家、限制开发新项目的企业11家、降级的企业1家、注销资质的企业21家。（李银芳）

【出台政策促发展】 出台《株洲市人民政府办公室关于进一步促进房地产市场平稳健康发展的通知》（株政办函〔2017〕46号），合理引导消费。（李银芳）

【“促投资、促开工”活动】 2017年，以市政府办公室名义出台《株洲市房地产开发项目“促投资、促开工”活动工作方案》。组织召开株洲市房地产开发项目“促投资、促开工”活动银企专题对接会，建行株洲分行签约12家房地产开发企业，意向贷款总额57.9亿元。 （李银芳）

物业管理

【概况】 2017年，株洲市实施组织物业管理项目招投标49起，总招标面积654.9万平方米，前期物业管理项目招投标率100%。严格物业管理前期备案管理，完成物业管理用房备案42件，备案面积24820.8平方米。（李 波）

【物业管理安全年主题活动】 2017年，全市深入开展“平安小区”的创建活动，对住宅小区的治安安全、车辆交通安全、电梯安全、消防安全、设施设备安全、管理安全等方面加强管理，10个住宅小区获评全市“平安小区”。组织区物业办、协会开展项目定期、不定期的安全防范应急演练，全省行业岗位技能比武株洲市获得1个优秀奖。 （李 波）

【特色物业管理】 2017年，加强对县市区物业办的指导、督查和协调，组织开展多个特色物业管理试点。在石峰区开展城管进小区活动；在荷塘区开展无人管理小区，发挥社区党组织和社区党员的作用开展业主自治；在芦淞区开展深化物业管理改革试点，规范物业公司的运作，规范业主委员会的运作，规范社区居委会的指导，建立社区党组织牵头，物业企业、业主委员会、小区人大代表和政协委员共同参与的小区联席会议制度；在天元区探索与社区治理相结合，聘请专业物业公司管理，将社会综合治理和加强社区建设的相关责任分解到业主委员会和物业服务企业。 （李 波）

【推进“三供一业”分离】 2017年，全市完成广铁公司、中能源电气设备厂、送变电公司、中铁电气物资公司4家中央企业“三供一业”分离工作，共计23家中央企业推进物业管理分离移交任务，15家签职工家属区物业分离移交框架协议，7家签正式协议，涉及户数71163户，涉及金额19.92亿元。 （李 波）

【协调解决小区矛盾纠纷】 全年全市接待并处理业主来电来访100余起，回复投诉信访（含市长热线、数字城管案件）208件，回复马上就办交办函59件，及时回复率100%。承办、答复政协提案、人大建议14件，党代表建议1件，结果均为“非常满意”。到企业及项目现场协调处理纠纷56件次，开展企业帮扶活动35次，帮助企业解决61个困难问题。 （李 波）

国有土地上房屋征收

【概况】 2017年，围绕全市“项目攻坚年”活动，开展房屋征收“清零行动”和“攻坚行动”。全市计划实施房屋征收项目37个、47.28万平方米，征收面积增加4850平方米。截止12月月底，37个项目已完成36个项目、征收面积53.39万平方米。其中市区26个项目（24个新征项目、2个续征项目）完成25个项目、征收面积46.91万平方米；县（市）11个新征项目、征收面积6.48万平方米。 （张 红）

【阳光和谐征收】 2017年，全年实施阳光和谐征收。大园棚户区改造项目（一期征收私房506户，面积21852.94平方米，二期征收私房348户，面积12786.73平方米），用15天时间完成一期405户私房的签约任务，签约率达80%；用25天时间完成二期289户私房的签约任务，签约率达82.47%。这刷新了株洲市单日签约记录。 （张 红）

【规范房屋征收】 2017年，制定《株洲市国有土地上房屋征收工作内部考核办法》，从组织领导、党风廉政建设、行政管理、项目管理四大块强化管理，规范征收工作。修改《株洲市国有土地上房屋征收操作规程》，加强对各区房屋征收工作的监督管理。

（张 红）

【征收保障】 坚持按照“一个政策统到底、一把尺子量到底”公平补偿原则，全市共下发补偿决定49个，行政复议回复37起，向法院申请司法强制执行21户，没有出现因征收补偿不公引起的信访维稳事件。协助区政府举办清水塘“蝶变”摄影展、排练展现征收一线工作的话剧等形式，提升广大群众对征收政策的理解程度，树立征收队伍公平公正的良好形象。

（张 红）

住房公积金管理

【概况】 株洲市住房公积金管理中心是直属市人民政府、不以营利为目的的正处级事业单位，承担行政区域内住房公积金的归集、使用和核算，内设办公室等8个科室及机关党委，下辖天元、荷塘、石峰3个城区管理部和株洲县、醴陵市、攸县、茶陵县、炎陵县5个县（市）管理部。截止2017年年底，在编人员81人，其中领导班子成员7人；劳务派遣制员工48人，临聘人员1人。

截至2017年年底，株洲共有4179家单位，34.57万职工建立住房公积金制度，制度覆盖率达90%；住房公积金缴存总额257.82亿元，缴存余额117.28亿元，贷款总额179.67亿元，贷款余额104.95亿元，在全市所有金融机构发放的个人住房贷款中，住房公积金贷款市场占有率为21.58%；提取总额140.54亿元，累计实现增值收益14.19亿元，提供廉租房建设补充资金9.35亿元。2017年12月，中心被评为“全国住房和城乡建设系统先进集体”，全国498个住房公积金管理机构仅13家中心获此殊荣，湖南省内仅此一家。

2017年，全市住房公积金业务规模位列全省第二。全年全市住房公积金归集资金39.2亿元，同比增长10.49%；新增住房公积金缴存单位356家，其中非公企业228家，占全部新增单位的64.04%；新增住房公积金缴存职工2.34万人，完成市民生实事工程任务“新增住房公积金缴存职工1.5万人”的156%，其中非公企业缴存职工1.35万人，占到全部新增缴存职工的57.69%。

节流调控保公积金安全。加强政策调控力度，先后两次调整政策，出台《归集、提取、贷款实施细则》3个规范性文件，将使用住房公积金贷款首付比例调整为30%，第二次使用住房公积金贷款最低首付比例提高到50%，限定职工家庭使用住房公积金购买（含提取、贷款）2套自住住房；对购买同套住房实行“提了不贷、贷了不提、限提1次”政策。全年全市住房公积金提取资金27.44亿元，同比增长22.18%，全年归集提取比70%；累计发放住房公积金个人贷款25.09亿元，同比增长3.51%，个贷率为89.49%，有效防控个贷率过高带来的资金流动性风险，确保资金整体运行安全。

降本增效保公积金发展。结合信息化建设，改革资金核算方式，建立与6家业务受托银行专线直联通道，实现实时办理缴存、提取和贷款业务，贷款自主核算，资金实时到账。中心业务不再依赖受托银行核算系统，年节省委贷手续费等运行成本400万元以上。加强对资金的统筹管理，对县市管理部账户全部上收，进行资金集中支付，坚持每月中心主任会议集中审议资金调度计划，合理安排资金存储，在确保资金运行安全的同时，提高资金效益。全市实现住房公积金增值收益1.98亿元，完成市非税收入任务的247%，同比增幅为12%。

（戴　枞）

【公积金“一站式”办理】　2017年，中心引入受托银行智能服务系统、房产局备案登记查询系统，设立不动产登记、担保服务和开发企业的办事窗口，实现公积金贷款受理面签、房产网签备案、办理预告预抵、放款等业务的“一站式”办理。将以前职工需要在公积金中心、受托银行、不动产登记、房产部门间往返奔波5、6次才能办好的住房公积金贷款业务，简化为只在住房公积金服务大厅一地2次即可办结。

（戴　枞）

【建设公积金综合业务管理系统】　2017年1月，新一代住房公积金综合业务管理系统上线。新系统严格对标《住房公积金信息化建设导则》和《住房公积金信息系统技术规范》，并于2017年9月，在省内率先通过部、省基础数据“双贯标”工作验收。新系统革新业务运作模式，取消职工办理住房公积金提取业务时，提交提取审批表并由职工所在单位盖章的要求，职工携相关资料在服务大厅可即到即办，当场办结；取消职工个人住房公积金账户必须绑定中国建设银行龙卡的要求，职工可自行选择中、农、工、建、交、邮储等银行的储蓄卡绑定个人住房公积金账户。通过与房产、公安、人民银行的信息共享查询机制，直接调取职工户籍、产权、抵押信息，简化职工办事流程。配合业务信息管理系统的开发，建立包含微信、微博、网站、手机APP等8个服务渠道为一体的综合服务平台，并于2017年上半年陆续开通运行。依托中心信息交换平台，客户可通过中心门户网站、微信、APP等新渠道实时查询到单位及个人的住房公积金缴交、贷款情况；短信平台则为缴存单位及个人主动推送包括住房公积金缴存、年度结息、业务办理进程、还款提醒等多项信息。

（戴　枞）

国土·环保

国土管理

【概况】 2017年，株洲市土地面积1124755.47公顷，其中：耕地208485.75公顷，占地面积18.54%；园地7286.57公顷，占0.65%；林地684115.32公顷，占60.82%；草地27092.94公顷，占2.41%；城镇村及工矿用地94663.45公顷，占8.42%；交通运输用地21136.75公顷，占1.88%；水域及水利设施用地59114.50公顷，占5.26%；其他土地22860.16公顷，占2.03%。

全市连续18年实现耕地占补平衡。2017年，全市上报建设用地1111.40公顷，其中市本级上报540.07公顷；全市批回建设用地1429.80公顷，其中市本级批回676.73公顷，确保“两机”重大专项科研试验用地、湘江大道一期、中车大道、田心大道等重点项目用地需求492.53公顷，占市本级批回总量的73%。全年全市审核通过188个建设项目用地预审，总面积1400公顷，其中新增用地1200公顷；完善土地利用总体规划调整，调整规划项目253个，涉及土地面积3100公顷；市本级追加30公顷城乡建设用地规划规模，保障轨道科技城、航空城、天易自主创业园规划发展需求。用好用活用足增减挂钩政策，建立节余指标交易机制。牵线促成湖南天易公司以10567.8万元收购炎陵县32.33公顷增减挂钩节余指标。市级土地市场招拍挂成交土地71宗，成交总面积362.28公顷，同比增长16.6%；成交总价款104.16亿元，同比增长122.71%，首次突破100亿元。上缴财政土地出让收入77.63亿元。办理划拨供地26宗，总面积108.07公顷，同比增加280%。严格节约集约用地，加大去存量力度，市级划拨供地大幅增加。建章立制，促进集体土地征地拆迁进一步依法依规。全年全市完成征地拆迁项目252个，面积2916.10公顷（市本级完成172个，面积1952.53公顷，县域完成80个，面积963.57公顷）。

年内，局政务中心国土资源分中心荣获2015—2016年度全国青年文明号，市局法规科获国土资源行政复议行政诉讼工作先进集体。（邓云恺）

【耕地保护】 全面完成全市永久基本农田划定工作，建立全市永久基本农田划定数据库。加强耕地占补平衡管理，占补平衡数质并重，完成市本级耕地质量等级调查评价与监测。全年全市完成补充耕地面积437.45公顷，超额完成省厅下达株洲市耕地开发计划320公顷计划任务。全市建设用地报批使用补充耕地指标322.73公顷，其中市本级使用补充耕地指标248.95公顷，县本级使用耕地指标73.77公顷，连续18年实现耕地占补平衡。实施土地整治、复垦项目40个，建设规模7573.33公顷，总投资1.67亿元，所有项目已验收完成。（邓云恺）

【节约集约用地】 2017年，实施“株洲市工业园区用地变化动态监测”项目，完成工业园区用地变化动态监测成果数据库建设。开展开发园区节约集约用地先进单位评选，实行年度用地计划指标分配与土地节约集约利用水平相挂钩，醴陵经开区、渌口开发区获全省2016年度开发园区节约集约用地评选二等奖，各获10公顷奖励指标。严肃整改批而未供土地问题，年内供应土地304.93公顷，余批而未供土地2293.33公顷，年底全市2012—2016年批而未供土地总量降至2000公顷左右。清除闲置土地，全市2014—2015年闲置土地82宗，已处置到位49宗，基本到位31宗，正在处置2宗，处置率97.6%，处置到位率60%。2016年闲置土地17宗，已整改到位14宗，诉讼2宗，正在处置1宗。（邓云恺）

【矿产资源管理】 2017年，加强矿山储量动态监管，深入推进矿山储量报告实地核查；严格矿产资源开发准入条件，全年共办理市级采矿权登记56宗；完成矿业权人开采信息公示填报工作；整合矿产资源，督促各县（市）第三轮矿产资源总体规划全面对接生态保护红线，市本级、株洲县、醴陵、茶陵、攸县第三轮矿规获省国土资源厅批复。加强“打非治违”力度，共开展矿山集中整治行动5次，出动执法人员185人次，有效遏制了非法开采矿产资源的行为。（邓云恺）

【地质环境治理】 2017年，成功处置6—7月强降雨期间发生各类地质灾情，全市地质灾害人员零伤亡。完成株洲市区1：50000地质灾害详细调查和野外验收。全年争取上级地质灾害防治资金1000余万元，扎实开展地质环境治理。株洲市石峰区石峰山南麓宰相坡滑坡地质灾害治理工程、白马垅强制隔离戒毒所泥石流和不稳定斜坡治理工程皆完工。组织开展地质环境综合防治方案的专家评审，完成2处矿山企业评审。完成矿山恢复治理验收15处，对12个矿山企业进行简易验收。天元区恐龙化石遗迹化石已发掘，并得到有效保护，恐龙博物馆日常维护工作和筹建工作有序推进。

（邓云恺）

【国土权籍管理】 全年核查国家下发的2432个监测图斑（市级667个），查清土地利用变化，变更调查成果已于9月通过部级审查。更新完善镇地籍数据库，核查并补录业务数据13万余，确保权属管理更有保障。完成天元区、石峰区、云龙示范区房地一体项目的外业调查和芦淞区、荷塘区宅基地和集体建设用地使用权外业调查，天元区、石峰区数据建库工作已完成80%，完成芦淞区、荷塘区的农房外业调查工作。收回土地使用权60宗，审核建设用地项目报批地籍权属资料200余卷，开展权籍调查160余宗，参与联合竣工验收120余宗。

（邓云恺）

【土地矿产执法监察】 扎实开展土地矿产卫片执法监督检查，省国土资源厅下发土地卫片图斑170个，已全部立案，共结案102宗，结案率达60%；矿产卫片监测图斑57个，经到现场核实举证，违法图斑9宗，伪变化12宗，合法36宗，违法矿产图斑已全部整改到位。积极推进拆违控违。全年共拆除违法建设1046栋（处），面积377208平方米。拆除征地项目范围内违法建设1320栋，面积787309平方米。（邓云恺）

【测绘管理】 全年完成地籍测绘成果审查856宗，土地报批勘测定界成果审查169项，征地放线测量成果审查110宗，开展涉嫌违法用地分类面积统计及核查工作等55宗。升级“天地图·株洲”，完成数据检查、数据更新、格式转换、地图配图、系统软件开发及平台搭建和脱密处理等工作，并通过省质检站检验且交付使用。更新地图挂图，针对全市域、城市4区及主城区进行地图编绘。编制地图挂图，出版《株洲市主城区影像挂图》《株洲市地图》《株洲市城区图》。稳步推进“三测合一”改革，制定《株洲市建设工程项目“三测合一”实施办法（试行）》。（邓云恺）

【服务民生】 全年全局共受理业务3131件，提前办结2317件，提前办结率74%。积极推进行政审批制度改革工作，全年未接到1宗用户投诉。优化审批环节、压缩审批时限，审批整体提速25%。深入推进“项目攻坚年”活动，办理“攻坚办”交办事项37个，继续开展“企业帮扶年”活动；承办市“企业帮扶年”活动帮扶项目52项，办结51项。全年办理不动产登记业务170961笔，帮助企业、个人融资及贷款约126.98亿元。实现统一办公，着力解决发证历史遗留问题，不动产登记中心已被省国土资源厅推荐至国土资源部参评“全国百佳不动产登记便民利民示范窗口”。抓好城乡建设用地增减挂钩，建立公平合理流转方式和价格机制，通过增减挂钩实施扶贫开发及易地扶贫搬迁的农民受益。

（邓云恺）

环境保护

【概况】 2017年，株洲市空气质量实现稳中向好。全年市区空气质量优良天数达272天，优良率为74.5%，居长株潭地区第一。PM10、二氧化硫年均浓度值较上年同期分别下降1.2%、24%。2017年，5个县市空气优良率较2016年均有大幅提升。2017年，5县市平均空气质量达标率为86.3%：其中炎陵县空气优良天数为344天，空气质量优良率为94.2%；茶陵县空气优良天数为320天，空气质量优良率为87.7%；醴陵市空气优良天数为315天，空气质量优良率为86.3%；攸县空气优良天数为311天，空气质量优良率为85.2%；株洲县空气优良天数为285天，空气质量优良率为78.1%。与去年相比，茶陵县、醴陵市和株洲县优良天数同比增加，分别增加38天、38天、19天；攸县和炎陵县优良天数同比减少，分别减少7天、2天。水环境质量实现稳中有升。全市主要地表水体水质优于国家Ⅲ类标准，其中湘江株洲段、洣水水质持续保持或优于国家Ⅱ类标准，渌江水质优于国家Ⅲ类标准。化学需氧量、氨氮全年减排1800吨、235吨，污染总量较2016年分别下降3%、2.8%。全市饮用水源水质上升到国家Ⅱ类标准，达标率为100%。土壤环境质量实现稳中提质。新增造林面积1.15万公顷，完成村庄绿化133.33公顷，森林覆盖率持续保持61.95%以上。修复治理重金属污染耕地1.83万公顷，受污染耕地安全利用率91%以上。市区污染地块安全利用率和污泥无害化处置率分别100%和95%以上。

加强污染防治，提升环境质量。全面开展“碧水蓝天”“青山净土”行动，污染防治力度不断加强。大力实施“碧水”行动。深入推进株洲市湘江保护和治理“第二个三年行动计划”，全市1949位河长全部到位履职。全年完成水污染治理项目22个，整治规模养殖场25家、污水直排口8个，基本完成天鹅湖、翠塘、西湖等黑臭水体整治任务，建成省级工业园区污水处理厂6个。持续加大饮用水源地保护力度，改建电厂温排口、取缔垂钓平台13个，查处吸砂船舶5艘次，拆除捕网4000多平米。着力推进农村人口饮水安全巩固提升工程建设，有效解决16.5万农村人口饮水不安全问题。醴陵市先后投入5000万元，完成对官庄水库的综合整治。深入推进“蓝天”行动。大力开展弃气用煤、建筑扬尘、异味扰民三大专项整治行动，全面实施改善空气质量11条非常规举措，关停煤店44家，淘汰燃煤锅炉366蒸吨，完成加油站油气回收改造59座，整治建筑施工工地166个，安装夜宵摊点移动油烟净化设施400余套，新建市区砖瓦企业除尘脱硫设施32台（套），完成市二医院煤改气、雅马哈挥发性有机物治理等项目35个。在全省率先建成机动车排放检验信息核查系统，淘汰黄标车7649台，提前完成省政府下达的任务。其中天元区、株洲县及时购置环境应急设施，茶陵县、炎陵县对砖瓦企业从源头加强粉尘无组织排放处理，云龙示范区引进第三方监测公司对企业进行监测、监管，确保空气质量稳步改善。全力进行“青山”行动。建成云龙示范区磐龙湖31公顷退耕还林还湿试点项目，清理非法使用林地13公顷。新建炎陵县西片项目区、茶陵县虎踞项目区国家水土保护治理项目，完成醴陵军山枫洞等5个尾库矿治理项目和267个行政村农村环境整治任务。积极开展“净土”行动。启动攸县天心生态养殖公司粪污第三方治理及运维试点，拆除退养网箱11598平米，完成畜禽养殖禁养区划定工作和畜禽养殖企业污染治理项目25个。实施清水、铜霞片区重金属污染土壤防治和醴陵潘家冲铅锌矿尾矿治理等项目。

强化监管执法，保障环境安全。坚持从源头、过程、后果等阶段强化环境监管，确保环境安全。严把建设项目环境准入关。全市审批新、改、扩建项目515个，否决不符合城市发展定位、环境保护要求项目39个，建设项目环境影响评价和环保“三同时”执行率100%，有效遏制污染增量。出台《株洲市大气污染防治特护期工作方案》，充分发挥“互联网+环保”作用，投入专项资金，全省首创对85家企业的各类环保设施安装智能电表99套，对建筑工地安装在线监控；启动网格化空气质量智能监测系统工程和“数字环保”系统向县扩展工程建设，完成水质自动站现场比对及质控工作，建成大京水库国家大气区域站。全面加强危险废物规范化管理工作，严格落实辐射安全许可证制度，安全转移处置危废12万余吨，规范收贮5家单位的放射源。及时受理并处置“12345”市长热线（环保热线）、市长信箱等各类环保投诉6000余起，办结率98%以上，群众满意率97%以上。大力开展“蓝天利剑”等专项执法行动，积极完善企业环境行为信用评价体系，始终保持对环境违法行为“零容忍”。全年环保立案343起，处罚金额1197余万元，刑事拘留16人，分别较2016年增长173%、285%和128.6%。

加快改革创新，完善生态体制。圆满完成中央、省委和市委部署的共计17项改革任务，先后出台《株洲市河长制实施方案》《株洲市湿地保护管理办法》《株洲市海绵城市建设实施方案》等文件，市生态文明建设制度框架得到进一步完善。启动株洲市绿色金融发展三年行动计划，扎实开展两型社会建设第三阶段工作，持续健全环境保护行政执法与刑事司法衔接工作机制，基本完成水生态文明城市、河湖管护创新试点工作。全面完成生态环保红线划定工作，环境保护与经济发展实现协同推进。扎实完成排污费“费改税”相关工作，累计发放新版排污许可证33家。成立检察院驻环保联络室。全面启动环保与安全生产、综治维稳网格化监管队伍整合试点，进一步夯实基层环境监管力量。攸县、株洲县对所有乡镇建立环保管理制度，设立相应的环保专干，全力打通环保监管“最后一公里”。

（崔　林）

环境质量

【城市空气质量】 2017年，株洲市环境空气质量优良天数为272天，优良率为74.5%，严重污染天数为1天，株洲市环境空气质量未达到环境空气质量标准二级标准，空气中首要污染物主要为PM10和PM2.5。2017年3月，国家区域环境空气监测子站大京站建成运行，正式向总站上传数据。全面客观反应全国空气质量状况，了解区域间大气污染传输规律，完善长株潭国家区域环境空气监测网络，进一步加强从区域尺度范围评价长株潭区域空气质量状况的能力。（王庆华）

【水环境】 2017年，湘江株洲段朱亭、枫溪、白石、霞湾断面水质达到Ⅱ类水质标准要求，株洲市一级支流渌江、洣江水质达标率为100%。

（王庆华）

【饮用水水源质量】 全年市区饮用水源地监测14次，市四水厂（枫溪），一水厂，二、三水厂（白石）3个饮用水水源地水质年均值和月均值均达到《地表水环境质量标准》（GB 3838—2002）Ⅱ类水质标准，株洲市区集中式饮用水源水质达标率100%。

（王庆华）

【声环境】 2017年，市区环境噪声平均等效声级为54.4分贝（安），达到GB 3096—2008《声环境质量标准》声环境功能区类别2类区昼间（60分贝（安））要求，区域环境噪声平均等效声级较上年相比下降0.2分贝（安）。2017年年度交通干线噪声加权平均等效声级为64.2分贝（安），低于GB 3096—2008《声环境质量标准》4a类标准5.8分贝（安），比上年下降0.7分贝（安），平均车流量为2235辆/小时，超过70dB（A）路长1.1K，占道路总长1.4%。

（王庆华）

【酸雨】 全年共对市区81场、对照点16场及醴陵市97场降水进行监测分析，获降水样品356个。市区降水酸度pH值在3.47—6.56之间，pH年均值为5.10，酸雨出现频率76.7%。

（王庆华）

环境监测

【概况】全年开展湘江水、饮用水源、环境空气、降水、噪声、井塘港、土壤、植物等例行监测、污染源监测、服务性委托监测和应急监测等工作，共获取环境监测数据31万余个，出具各类监测报告500余份。顺利实施地表水国控点采测分离和国家土壤环境质量监测工作。污染源监测方面，对全市150家企业的156个废水排污口和废水环保设施进行废水现场监测；对90台套(次)锅窑炉、喷涂装置进行烟尘、二氧化硫、苯系物等废气监测；对26家国控、省控重点污染源实施每季度一次的监测；对国控污染源22家企业的42套废水、废气在线设备和38家非国控污染源的38套废水、废气在线设备进行比对监测工作。2017年，完成各类监视性监测300余家企业，采集各类监测数据约2万个，提交监视性监测报告、比对监测报告、超标数据简报等监测报告近200份。应急工作方面，全年共参与应急监测33次，主要有：株洲县轮渡码头附近失事沙船漏油湘江水质监测，颐景园小区磷化铝燃烧事件，株洲黄丰桥煤矿事故，衡东鸿顺再生资源有限公司危险废物，南郊垃圾场北面护坡围墙倒塌、渗漏液外流，株洲钻石工业园蓄电池车间起火事件，荷塘区非法生产盐酸企业泄漏污染事件，醴陵平汝高速罐装车二甲基甲酰胺泄漏，茶陵县腰潞镇七里村非法采矿点，醴陵左权镇非法提炼厂，茶陵龙下工业园废气等。10月、12月，分别联合石峰分局、市环境监察支队开展应急演练，主题是化工企业和油库应急处置，有效检验监测、监察之间的联动水平，提升自身反应及处置能力。（王庆华）

【空气质量实时发布系统通过验收】 2017年3月27日，湖南省环境监测中心站在株洲市组织召开《株洲市环境监测中心站手机APP及官网发布系统》（以下简称APP及发布系统》）验收推广会。该系统管理和监控株洲全市5市县的省控点位和全市国控点位，合计有13个环境空气自动监站点实时掌握全市环境空气质量状况，实现站点仪器、网络、设备、数据等异常状态报警，实时排名，手机审核。所有用户通过权限访问 APP，保证数据的安全性、一致性、完整性及有效性；官网发布系统为广大市民实时发布株洲市环境空气质量数据。

（王庆华）

环境管理

【环保行政审批】 2017 年，市本级审批建设项目 66 个，其中报告书 34 个、报告表 32 个，建设项目环评执行率 100%。实现行政审批“两集中、两到位”，按照市政府“特事特办、立马就办”要求，缩短审批工作时限，在法定审批时限上缩短 50%，提升了行政审批服务质效。

（郑 芳 文 利）

【企业环境行为信用评价】 2017 年，开展年度企业环境行为信用评价，评出环境诚信企业 11 家，环境合格企业 194 家，环境风险企业 66 家，环境不良企业 2 家；督促环境风险和不良企业对存在的问题进行整改，并及时申请调整升级。（刘清岸）

【排污权管理】 全年全市征缴排污权有偿使用费 829 万元。完成 33 家企业主要污染物初始排污权补充分配。完成 198 吨 / 年二氧化硫、13.7 吨 / 年氮氧化物和 49.9 吨 / 年化学需氧量市本级政府指标储备和 12.5 吨 / 年化学需氧量县级政府储备。组织完成 16 笔企业之间的排污权交易，交易金额 21 万元。全面落实《株洲市主要污染物排污权交易工作规程》，稳步推进市县两级排污权交易，政府指标出让收入 213 万元分别缴入市、县财政。

（包晓凤）

污染防治

【水污染治理】 2017 年，深入推进株洲市湘江保护和治理“第二个三年行动计划”，严格落实《中华人民共和国水污染防治法》规定的“河长制”，全市 1949 个四级河长全部到位履职。全年启动水污染治理项目 33 个，完成 22 个，整治规模养殖场 25 家、污水直排口 8 个，基本完成天鹅湖、翠塘、西湖等黑臭水体整治任务，建成省级工业园区污水处理厂 6 个。持续加大饮用水源地保护力度，改建电厂温排口、取缔游艇中心和垂钓平台 13 个，查处吸砂船舶 5 艘次，拆除捕网 4000 多平方米。着力推进农村人口饮水安全巩固提升工程建设，有效解决 17.09 万人农村饮用水不安全问题。区域水环境质量稳步提升，国控考核断面水质达标率 100%，饮用水水源水质达标率 100%；全年未发生水环境污染事件。

（刘清岸）

【清水塘地区环境整治】 2017 年，市环保局积极通过“引逼”结合的方式，助推清水塘老工业区搬迁改造。在“引”字上，及时出台《清水塘老工业区环境污染综合治理方案》，积极帮助搬迁企业落实承接地，完成涉危涉重企业遗留的废渣、残液处置和场地清理 33 家，加快清水塘地区污染治理进程。在“逼”字上，大力开展“春啸利剑”等专项环保执法行动，出动 1000 余人次，对 148 家企业进行全方位执法检查，立案 30 余起，直接关停企业 18 家，严惩环保违法行为，加快退出进程。147 家企业的关停，带来了显著的效果，石峰区优良天数增加 34 天，空气主要污染物二氧化硫浓度同比下降 20% 以上。（刘清岸）

【重金属污染防治】 积极实施清水、铜霞片区重金属污染土壤防治和醴陵潘家冲铅锌矿尾矿治理等项目。

（刘清岸）

【饮用水源保护】 加强集中式饮用水水源地环境保护，加大对饮用水源保护区的执法巡查力度，严厉打击各类威胁饮水安全的环境违法行为。加快推进县级以上集中式饮用水水源地规范化建设，完成农村 1000 人万吨集中式饮用水源保护区划分工作。完成 2017 年度饮用水水源环境状况评估工作。（刘清岸）

【大气污染防治】 2017 年，制定《株洲市大气污染防治 2017 年度实施方案》和《株洲市大气污染防治特护期工作方案》，明确年度大气污染防治工作目标、任务和路线图；大力开展弃气用煤、建筑扬尘、异味扰民三大专项整治行动，全面实施改善空气质量 11 条非常规举措，关停市区散煤店 44 家，淘汰太子奶、市二医院等燃煤锅炉 366 蒸吨，累积完成加油站油气回收改造 59 座，整治建筑施工工地 166 个，安装夜宵摊点移动油烟净化设施 400 余套，新建市区砖瓦企业除尘脱硫设施 32 台（套），完成雅马哈挥发性有机物治理、春程门业喷漆房废气治理等大气治理项目 35 个，20 家汽车 4S 店烤漆房新建挥发性有机物治理设施。在全省率先建成机动车排放检验信息核查系统，使环检成为安检前置条件，淘汰黄标车7649台。推进绿色发展。大力支持绿色、新兴产业落户株洲，加快落后产能淘汰和污染企业退出。除清水塘地区外，全年淘汰水泥、造纸生产等企业13家，累计淘汰落后产能72.5万吨，基础化工、钢铁行业基本退出。（汤　炼）

【机动车污染防治】　加强机动车环境监管能力建设。建设完成国家、省、市三级联网的机动车排污监控平台。实现机动车排放检验和污染排放等数据信息的互联互通和共建共享。严格执行机动车排放检验制度。建设完成机动车排放检验信息联网核查系统。实现机动车环保检测前置，对无定期排放检验合格报告的机动车，公安交管部门不予核发安全技术检验合格标志。完成黄标车淘汰任务。市环保局、市公安局、市财政局、市交通运输局、市商务和粮食局联合印发《关于全面推进黄标车淘汰工作的方案》（株环联〔2017〕6号）。全年淘汰黄标车7649辆，完成省政府下达的目标任务。充分发挥高污染燃料管控作用，全力推广清洁能源，新能源使用比例不断提高，全市新能源公交车、出租汽车累计达1034台、2128台，占总数的90.3%和98.7%。（帅　武）

生态环境保护

【土壤污染防治】　2017年，株洲市根据《湖南省土壤污染防治工作方案》，开展系列相关工作。公布株洲市土壤污染重点行业监管企业名单；石峰区金盆岭区域土壤污染治理工程与攸县酒埠江特钢有限公司及周边污染土壤治理工程，分别获2017年土壤污染治理专项资金2239万元、1000万元；开展全市农用地土壤污染详查工作；编制完成《株洲市土壤污染地块、株洲市土壤污染源调查报告》，为进一步摸清全市土壤污染状况奠定基础。

（胡湘许）

【生态保护红线区划】　2017年，启动全市生态保护红线区划工作。通过多次核实调查，确定株洲市生态保护红线《划定方案》中拟上报生态保护红线面积2213.74平方千米，占全市国土面积比例为19.66%。（胡湘许）

【农村环境综合整治】　2017年，全市5县市4区全面启动农村环境综合整治工作。截至2017年年底，全市完成267个村的整治任务，超额完成省环保厅交付的2017年全年完成240个村的农村整治任务。（胡湘许）

【“绿盾2017”专项行动】　2017年，市环保局开展“绿盾2017”国家级自然保护区监督检查专项巡查。根据“绿盾2017”专项行动巡查情况，结合中央环保督察、卫星遥感监测、群众举报的突出重点问题，全面抓严整改，能立即解决的问题立即整改，1个月内整改到位；对需要专项整治的问题，紧盯快办，两个月内初见成效；对需要一定时间解决的问题，半年内取得阶段性明显成效；对制度层面的问题深化改革，明确措施，研究制定长效机制，并长期坚持。

（胡湘许）

废物处置与辐射监管

【危险废物规范化管理】　制定《株洲市2017年危险废物规范化管理专项整治工作方案》，成立由局长章文才任组长的专项整治工作领导小组。与各县市区政府及危险废物经营单位、产生单位签订承诺书；省环保厅对全市123家危险废物产生单位和12家经营单位开展全覆盖的抽查及交叉督查考核，考核结果产生单位达标率97.27%、经营单位达标率95%，全年组织4期业务培训，共培训环保人员91人次、企业单位135家、270余人次。严厉查处环境违法行为，加强危险废物转移、贮存、处置的有效监管，2017年共审批230批次，转移16.37万吨，并执行危险废物转移联单制度及电子联单管理；严格执行危险废物申报登记制度,《工业固体废物申报表》《危险废物申报表》《危险废物管理计划》按要求备案。（廖伟庚）

【医疗废物处置】　2017年，全市共处置医疗废物2839.65余吨。医疗废物收集处置已覆盖所有乡镇和诊所，处置率达100%。（廖伟庚）

【辐射安全与防护监管】　2017年，全市有辐射工作单位195家，注销6家，新增6家，变更、延续换证10家，其它单位在许可期限内。全年现场检查辐射工作单位170余家，及时更新《全国核技术利用辐射安全监管系统》，督促各辐射工作单位按时上报“年度评估报告”。按照环境保护部办公厅《关于开展全国放射源安全检查专项行动的通知》和省环保厅办公室《关于开展全国放射源安全检查专项行动的通知》要求，开展放射源安全检查专项行动。规范收贮攸县长江水泥有限责任公司、攸县梅城水泥有限责任公司、株洲市农产品质量监督检验检测中心、湖南柳化桂成化工有限公司、株洲市妇幼保健院5家单位长期闲置未使用的放射源；处理移动、电信、联通基站及变电站电磁辐射污染投诉共计80余次，科普电磁辐射相关知识。

（廖伟庚）

【废弃电器电子产品拆解监管】 根据电器电子产品拆解要求，开展现场检查，不定时地实行驻厂监管，每个季度组织相关部门对废弃电器电子产品拆解处理情况进行审核，并出具审核报告。2017年共拆解1375052台套废弃电器电子产品，其中电视机721284台，电脑507344套，电冰箱62877台，洗衣机83333台，空调214台。

（廖伟庚）

环保宣传

【推广环保宣传】 坚持“四轮驱动”典型带动、媒体促动、公益活动、教育推动，加大宣传广度和深度。提高环保宣传层次，加大在国家级和省级媒体的宣传力度，扩大环保工作的社会影响力。全年在《新华社》《人民日报》《中国环境报》发表17篇，《湖南日报》20篇，在《中国报道》的宣传走进全国“两会”代表驻地，省市电视媒体55条。国家、省级、市级网站刊发稿件800余篇（条）。

（文红武）

【绿色卫士】 2017年，完成株洲市30名湘江绿色卫士换选工作，其中湘江大队14人，洣江大队8人，渌江大队8人。组织开展各种环保活动70多次，对全市22个守望点日常巡查，共发现并举报污染问题40多起，在湖南省或株洲QQ群、网络论坛或发微博达130多条。得到省保护湘江绿色卫士联合办表彰，两名队员获2017年度湖南省环保志愿者保护湘江行动“优秀绿色卫士”；株洲湘江大队获2017年度“优秀绿色卫士大队”；株洲市联合办公室获2017年度“绿色卫士”先进集体。

（文红武）

环境监察

【环境执法】 严格按照“过程严控、后果严惩”的思路强化环保执法，以大气污染防治专项整治和饮用水源保护为重点开展2017年长株潭“蓝天利剑”行动、“春啸利剑”行动、长江经济带环保专项执法饮用水水源地检查和化工污染整治专项行动等16项环保专项行动，实施24小时巡查，对违法行为零容忍，大力营造严打环境违法行为的高压态势。不断强化依法履职，规范行政行为，狠抓行政执法，全年清理和审核规范性文件25个，审核政府合同31件，举办行政处罚听证会36起，行政复议23件和行政应诉6件（行政处罚全部得到维持，无一被撤销和败诉），全市行政处罚案件立案343余件，处罚金额1200余万元，社会公开案件340余件，适用行政拘留案件49起，适移送刑事案件5起，刑事拘留16人，分别较上年增长173%、285%、127%和128.6%。结合日常环境监管和各类环保专项执法行动，开展环境执法大练兵活动，规范开展排污单位现场监督检查、环境违法案件处理处罚、案件移交移送等各项执法工作。市环境监察支队和株洲县环境监察大队被环保部评为2016年度全国环境执法大练兵表现突出集体，支队执法督查科科长瞿众迎、株洲县环境监察大队大队长马泽华被评为表现突出个人。市环境监察支队和醴陵市环境监察大队再次被省环保厅推荐代表湖南省参加全国环境执法大练兵先进单位评比。（文红武　梁　军）

【环境监管随机抽查】 2017年，全市全面推广实施污染源日常监管随机抽查制度。健全完善随机抽查人员库和企业库，并在网上公示。制定《株洲市污染源日常环境监管随机抽查实施方案》，组织开展随机抽查工作，并将抽查情况和抽查结果在网上公示。全年组织开展48批次随机抽查，抽查企业195家，立案处罚48起，处罚到位金额299.3万元。

（梁　军）

【环保网格化监管】 2017年，在征求政府10个相关部门征求意见后，市政府印发《株洲市环保网格化监管实施方案》。全市9个县市区均按照要求制定网格化环境保护监管实施方案，并报同级政府审批发文。全市已划分1个一级网格，18个二级网格（含特殊网格），94个三级网格（含特殊网格），建立“属地管理、分级负责、全面覆盖、责任到人”的网格化环保监管体系，形成“县市区政府组织实施、环保部门统一协调、相关部门各负其责、社会各界广泛参与”的环保监管格局。以市环委会名义出台《关于印发〈株洲市环境保护风格化监管考核办法〉的通知》（株环委〔2017〕15号），加强网格化管理的监督考核。（梁　军）

【环保信访投诉】 全年办理信访件47件，接待群众来访28批300余人（次），调解环境污染纠纷3起，涉及农赔金额270余万元；处理“12369”和“12345”市长热线等各类环境污染投诉4595件，比上年下降12.4%；处理网络舆情件70起（包括相关网络投诉、建议、新闻报道和社评）；办理微信平台投诉162起（网络舆情和微信投诉较往年有所增加），处警率达100%，办结率达100%，群众满意率95%以上。市环境监察支队荣获全市2017年度信访、维稳“百日攻坚”优秀单位。（梁　军）

【环境安全隐患大排查】 2017年，对全市以涉重金属、涉危险废物、涉危险化学品企业以及工业园区、尾矿库企业、污水处理厂、垃圾填埋场11个工业园、93家企业为重点排查对象，开展环境安全隐患大排查专项行动。共出动环保执法人员2000余人次数，排查企事业单位623家；整改隐患60个；确定较大风险等级企业21家、重大风险等级企业10家；对全市各工业园区负责人进行全面约谈。与市安监局联合开展安全生产“打非治违”“一单四制”“百日行动”“安全生产月”等专项行动。全年共出动环境执法人员10000人次，累计排查企业4000家，把环境安全隐患消灭在萌芽状态，确保环境安全。（梁　军）

【环境应急事件处置】 2017年成功处置“1·12”815油库泄漏事件、“3·15”株洲市天元区颐景园小区磷化铝自燃事件、“8·11”岳汝高速醴陵境内危化车辆事故导致二甲基甲酰胺罐体破损并泄露事件3起突发环境应急事件。处置及时，措施有力，没有造成较大环境污染，受到省环境应急与事故调查中心的充分肯定。（梁　军）

科 学 技 术

科技工作

【概况】 株洲市科技局是市人民政府工作部门，主要负责贯彻执行国家、省关于科技工作的法律法规和方针政策，负责全市科学技术进步工作。2017年，有在编在岗职工55人，内设12个职能科室，归口管理地震局、科技创新服务中心、电子办3个事业单位。

2017年，株洲科技工作实施创新驱动发展战略，全面深化体制机制改革，着力加快先行先试，有效激活创新动能，不断提升发展质量。

全年株洲市共获得国家、省级科技计划立项119项，争取资金总额7.76亿元；有高新技术企业289家，同比增长35.7%；每万人发明专利拥有量超过10件，新增省级以上创新平台13家；获国家级科技奖励4项，省科技奖励22项，成功突破“全球首列智轨列车”“12米纯电动智能驾驭客车”等一批具有国家战略意义的重大科技成果。

优化创新环境。连续制定出台“大型科学仪器设施开放共享”“实施科技创新券”“人才优先发展30条”等政策性文件，设立科技专项资金6000万元。6月，全市召开创新与人才工作大会，发布“自创区10年发展规划”，表彰先进典型，营造重视科技、尊重人才、鼓励创新的良好氛围。编制自创区空间规划，向国省提交138平方千米的调扩区方案，力争将自创区范围扩至县域园区，努力形成核心区、拓展区、辐射区点面互动的格局。全年共完成专利申请7476件，发明申请2709件；专利授权3728件，发明授权919件；有效发明专利4087件，专利质押融资额累计超过1.5亿元。调处专利侵权纠纷案件51件，查处假冒专利案件301件，办结维权援助案件23件，接受省“双打”工作考核获得满分。全市获第十九届中国专利金奖1项（全国仅20项），优秀奖3项；获省专利特别奖1项，全省唯一。株洲市获评“2016年度湖南知识产权工作先进市”，芦淞区、天元区、攸县、茶陵县获评“2016年度湖南知识产权工作先进县市区”，湖南工业大学获评“2016年度高校知识产权工作先进单位”。

推进成果转化。组建5支服务分队，建立健全工作机制，先后赴清华大学、中科院、北航、国防科大、中南大学、香港应科院、哈工大等国内著名院所开展对接。优化要素配置和项目组合，在市级科技计划中安排3000万元专项经费，对认定项目和服务绩效突出的平台机构进行补助。将成果转化与“港洽周”“企业家年会”“院士专家株洲行”等重大活动、重要会议、品牌赛事进行结合，通过签约活动、奠基授牌等方式促使项目落地。全年共对接项目163个，认定项目110个，新注册企业50家。项目投资总额50.5亿元，已完成投资10.1亿元，总投资过亿元17家。一批重要科技成果相继在株洲转化量产，预计项目完成时，实现产值将超过100亿元。

发展高新产业。建立全市科技型企业培育库，实施梯度培育计划，加快形成以高新技术企业为骨干的创新型企业集群。落实财税优惠政策，指导企业享受研发费用加计扣除、高新技术企业所得税优惠等政策，2017年为企业减免所得税10亿元。全市高新技术企业289家，较上年新增81家，完成高新技术产业增加值666.9亿元，同比增长17.8%，在同类地区增速排名第一。时代集团牵头和参与国家科技项目8类17项，共获1.7亿元资金支持；中车株所、608所两个项目分获省重大专项立项，支持金额各1千万元；省战略性新兴产业科技攻关与重大科技成果转化项目立项4家，获批资金1350万元。抢抓“一带一路”等重大机遇，坚持引资、引技、引智并举，在更高水平上开展国际经济和科技创新合作。全市140多家企业与国外建立业务合作关系，株洲企业兼并欧美国家企业13家，建立多个海外研发生产基地。

提升创新能力。打造高端创新平

台，对新认定的国家级、省级、市级企业研发机构分别给予50万元、20万元、10万元补助，鼓励企业加大研发投入、建设研发平台、提高创新能力。全年新增3家省重点实验室、6家省工程技术研究中心、2家省级企业技术中心、2家院士专家工作站，全市技术创新平台达308家，其中国家级33家，省级149家。引进培养创新人才，聘请清华大学吴澄院士、北京优创集团董事长谭飞、宾夕法尼亚大学刘梓葵教授等5名科技顾问，确定清华、北航两名高校专家到株洲挂职，促进高校与株洲市产业技术转移。建立动力产业专家人才库，涵盖三大动力产业在内共计105位专家。评选2017年株洲市领军人才，新选派55名科技特派员进驻中小微企业，为基层和中小微企业创新增添力量。

营造创新创业氛围。搭建“株洲市科技创新公共服务平台”，着力打造集科技成果对接、知识产权交易、仪器设备共享、科技金融服务等多功能于一体的综合服务中心，开展“线上线下”科技服务。市科技局、高新区与上海新净信公司联合成立“新动力知识产权运营有限公司”，打造全国领先的知识产权综合运营及交易平台。省级以上科技企业孵化器达5家，其中国家级2家，孵化场地面积超20万平方米，在孵企业468家，累计毕业企业155家。新建示范型众创空间8个，总数达25个，众创空间总面积达112万平方米，共提供工位2784个，全年服务创业团队1219个，举办创新创业活动1439场。2017年度创新创业大赛圆满收官，吸引全市电子信息、先进制造、生物医药、新材料、新能源等领域的248个项目参赛，30个项目进行最后角逐，在全市上下形成了浓厚的创新氛围。（刘牡艳）

【创建国家创新型城市】 2017年省“两会”上，市长阳卫国向省人大提交《关于支持株洲打造创新型城市的建议》，并对市科技局作出加快创建的重要批示。科技部、省科技厅支持株洲先期启动创新型城市创建工作。市科技局牵头制定工作方案，围绕总体目标，部署“10大工程”，明确3年计划，力争2年夺牌；组织举办全市创新型城市建设培训班，市直相关部门、相关企业科技管理人员、科技系统业务骨干等120余人参训；将创建创新型城市工作纳入全市绩效考核和政府工作报告的重要内容。9月，出台《2017年株洲市建设国家创新型城市考核细则》，明确33个单位为考核对象，其中县（市）区10个，市直部门23个。创建工作进入实质性、常态化推进阶段。（刘牡艳）

【《株洲市实施知识产权战略行动计划》】 株洲市人民政府办公室印发《株洲市实施知识产权战略行动计划（2016—2020年）》。文件提出到2020年，株洲市每万人口发明专利拥有量达12.40件，比2015年翻一番，初步建成中部地区领先的知识产权密集区。（刘牡艳）

【国家肉制品加工产业科技创新联盟在株洲成立】 2017年2月16日，国家肉制品加工产业科技创新联盟成立大会在株洲召开。该联盟由株洲唐人神集团联合中国肉类食品综合研究中心、湖南农业大学等7家单位共同组成。联盟成立后，将开展肉制品关键技术研究，有效推进肉制品产业技术进步。（刘牡艳）

【科技部副部长李萌到株洲调研】 2017年3月28日，科技部副部长李萌一行到株洲市调研先进制造业发展情况。省政协副主席、省科技厅厅长赖明勇，市委书记毛腾飞，市委副书记、市长阳卫国参加调研。（刘牡艳）

【株洲市2017年科技活动周】 2017年5月28日，株洲市2017年科技活动周开幕式暨“奋力前行 株洲风采”优秀创新创业项目展示会在职教城举行。株洲市副市长何朝晖、市政协副主席余明刚等出席活动。2017年株洲市科技活动周从5月20—27日在全市范围内举行，具体包括“优秀创新创业项目展示”“科技嘉年华”“科技人员进企业、进乡村、进社区、进学校”“青少年科技创新大赛”“株洲特色产业科普宣传”等13类重点活动。以“科技强国，创新圆梦”为主题，通过展示科技精准扶贫脱贫、科技特派员派驻，农业科技园区建设等工作成效，在株洲市形成科技界精准扶贫务实行动的良好氛围。同时，通过展示与人民生活相关的科技创新成就，大众创业、万众创新成果，优秀创新人才团队和创业企业，彰显株洲市科技创新和科普事业发展水平，为株洲创新型城市建设营造良好氛围。活动中，“无障碍AGV移动机器人”等5个优秀创新创业项目还进行了路演展示。

（刘牡艳）

【全球首列虚拟轨道列车面世】 2017年6月2日，中车株洲电力机车研究所有限公司研制的全球首列虚拟轨道智能列车上路运行。这是一种采用虚拟轨迹跟随、高效电传动技术的轨道交通运输系统，也是现代有轨列车的一种全新技术形式。其无需建设真实轨道，具备建设周期短、基础设施投资少、调配灵活的特点。此次亮相的全球首列虚拟轨道列车，是该ART系统的运载工具——一种创新型现代城市低地板电车。列车为3节编组，长31.64米，宽2.65米，高3.4米，最大载客人数307人，最高运行速度70千米/时。与现代有轨电车相比，该车采用胶轮承载，取代传统钢轮钢轨，无需铺设专有轨道。通过公司自主研发的轨迹跟随控制技术智能导向，同时依靠特定信号控制技术对列车在虚拟轨道的行进进行约束，列车的安全性能进一步提高。同期，株洲建设的中国首条智能轨道快运系统示范线路进入实质规划阶段，该条示范线有望在2018年投入商业运营。

（刘灶艳）

【全球首款12米纯电动智能驾驶客车在株洲路试】 2017年7月18日，中车电动自主研发的全球首款12米智能驾驶客车在株洲路试，且自动完成牵引、转向、变道等动作，最高时速达到40千米/小时。这是国内智能驾驶技术首次应用在12米纯电动客车上。这款车可容纳80人，周身共有8个传感器，包含摄像头、激光雷达、毫米波雷达、超声波雷达、高精度组合惯导等，用于识别周边车辆、行人等障碍物；雷达可探测到前方200米范围内的障碍物；前置单目摄像头，可以识别前方行人、红绿灯和车辆种类；高精度组合惯导定位系统，实现了厘米级别的高精度定位；夜视摄像头与毫米波雷达的“超融合”，可实现白天、夜晚的智能驾驶功能，可清晰的对复杂路面进行感知。此次展示客车行驶了5千米，直线行驶时，车辆的行驶速度是40千米/小时；转弯行驶时，车辆的行驶速度是15千米/小时。

（刘灶艳）

【株洲市创新与人才工作大会】 2017年6月4日，株洲市创新与人才工作大会在市委礼堂召开，会议评选株洲市科学技术杰出贡献奖2人，表彰株洲市首届创新奖20项、科技进步奖40项。市委书记、市人大常委会主任毛腾飞出席会议并讲话，市委副书记、市长阳卫国作主题报告。市委副书记雷绍业主持会议。（刘灶艳）

【打造知识产权综合运营交易平台】 2017年6月8日，筹建国家轨道交通、新能源汽车知识产权运营中心项目合作签约仪式在株洲高新区举行。市科技局、高新区与上海新诤信公司签署战略合作协议，按市场化规则成立“新动力知识产权运营有限公司”，打造全国领先的知识产权综合运营及交易平台。（刘灶艳）

【市首家中小企业通过国家知识产权管理体系认证】 株洲壹星科技股份有限公司于2017年6月6日顺利通过《企业知识产权管理规范》（GB/T 29490—2013）国家知识产权管理体系认证，这是株洲市第一家中小企业通过该体系的认证。（刘灶艳）

【“天易杯”2017年度株洲市创新创业大赛】 2017年5月26日，株洲启动“天易杯”2017年株洲市创新创业大赛。大赛历时4个多月，30多场赛，吸引了包括电子信息、先进制造、生物医药、新材料、新能源、节能环保、互联网，以及文化创意等领域的300多个项目报名。大赛分为初创企业组、成长企业组、团队组，每组设一、二、三等奖及优秀奖。9月29日，“天易杯”2017年度株洲市创新创业大赛总决赛落下帷幕，成长组、初创组、团队组各10个项目展开最后的角逐。湖南利德电子浆料股份有限公司的新能源汽车空调制热关键部件、株洲祥能新竹材产业园区开发有限公司的竹类新材料及竹居创新产品、TUTU团队的微型涡喷航空发动机3个项目分别获得成长组、初创组、团队组第一名。获奖企业、团队将享受项目支持与奖励、投资和授信推荐、孵化器和众创空间支持、创业培训、宣传推介等扶持。

（刘灶艳）

【株洲市科技创新公共服务平台建设启动】 11月，株洲市科技创新公共服务平台正式启动建设。科创平台整合株洲市生产力促进中心、湖南优创智能科技有限公司、株洲市中小微企业公共服务平台等多方优势资源，将建设成为一站式科技创新服务中心，涵盖技术转移服务、科技金融服务、研发资源共享、科技咨询服务知识产权服务、科技创新孵化等6大科技创新服务子平台。（刘灶艳）

【株洲市科技成果转化培训班举办】 2017年，11月5—11日，株洲市科技

成果转化培训班在哈尔滨工业大学举行，有关企业代表等共53人参加培训，有10家企业与哈工大达成产学研合作协议。（刘壮艳）

【中国动力谷展示中心开馆】 2017年12月8日，国内最大的动力产业专业展示馆——中国动力谷展示中心正式开馆。展示馆总投资约1.5亿元，总建筑面积1.57万平方米，展示面积1.13万平方米。展示中心以“轨道交通城、通用航空城、新能源汽车城”为支撑，对扩大企业对外影响力，加快建成株洲·中国动力谷具有重要意义。（刘壮艳）

【防震减灾工作获国家层面肯定】 2017年12月20日，中国地震局通报2017年度全国市县防震减灾工作考核结果，株洲市地震局获“2017年度全国地市防震减灾工作先进单位”。同时，株洲市地震局获“2017年度湖南省市州防震减灾工作综合考核先进单位”，株洲县经科信局、攸县经科信局获“2017年度湖南省县级防震减灾工作综合考核先进单位”。（刘壮艳）

【株洲一专利获中国专利金奖】 2017年12月13日，第十九届中国专利奖颁奖大会在北京举行。株洲市4项专利获奖，其中中车株洲电力机车研究所有限公司的“一种三电平双模式空间矢量过调制方法及其系统”发明专利为中国专利金奖，3项为中国专利优秀奖，这是株洲市连续第2年有项目获得中国专利金奖。（刘壮艳）

2017年株洲市新增国家级、省级创新平台

表18

序号	平台类型	名　称	依托单位	组建时间	技术领域	所属学科
1	国家认定企业技术中心	株洲联诚集团有限责任公司技术中心	株洲联诚集团有限责任公司	2017	先进制造	
2	国家认定企业技术中心	株洲时代电子技术有限公司国家认定企业技术中心分中心	株洲时代电子技术有限公司	2017	电子信息	
3	国家工程研究中心	先进包装材料研发技术国家地方联合工程研究中心	湖南工业大学	2017	新材料	材料加工工程
4	国家级众创空间	智尚众创空间	株洲高科企业孵化器有限公司	2017	科技服务业	
5	国家级众创空间	天易悦创汇	湖南天易众创孵化器有限公司	2017	科技服务业	
6	湖南省重点实验室	中小型航空发动机叶轮机械湖南省重点实验室	中国航发湖南动力机械研究所	2017	航空航天	航空、航天推进系统
7	湖南省重点实验室	农牧业废弃物资源化综合利用湖南省重点实验室	湖南工业大学	2017	资源与环境	环境科学技术其他学科
8	湖南省重点实验室	临近空间探空气球材料与技术湖南省重点实验室	中国化工株洲橡胶研究设计院有限公司	2017	新材料	材料合成与加工工艺
9	湖南省院士专家工作站	马克俭院士专家工作站	湖南工业大学	2017	高技术服务	结构工程
10	湖南省院士专家工作站	印遇龙院士专家工作站	湖南唐人神集团	2017	肉制品	
11	湖南省院士专家工作站	吴澄院士专家工作站	中车株洲电力机车有限公司	2017	先进制造	
12	湖南省工程技术研究中心	湖南省中药衍生品工程技术研究中心	株洲千金药业股份有限公司	2017	生物与新医药	

续表 18

序号	平台类型	名　称	依托单位	组建时间	技术领域	所属学科
13	湖南省工程技术研究中心	湖南省热处理技术与装备工程技术研究中心	湖南特科能热处理有限公司	2017	新能源与节能	
14	湖南省工程技术研究中心	湖南省铁路工程机械电液控制工程技术研究中心	株洲嘉成科技发展有限公司	2017	先进制造	
15	湖南省工程技术研究中心	湖南省微藻生物工程技术研究中心	湖南炎帝生物工程有限公司	2017	生物与新医药	
16	湖南省工程技术研究中心	湖南省松脂工程技术研究中心	湖南松本林业科技股份有限公司	2017	生物与新医药	
17	湖南省工程技术研究中心	湖南省高铁运行安全保障工程技术研究中心	湖南铁路科技职业技术学院	2017	先进制造	
18	省级众创空间	智尚众创空间	株洲高科企业孵化器有限公司	2017	科技服务业	
19	省级众创空间	湖南铁道职业技术学院大学生创新创业中心	湖南铁道职业技术学院	2017	科技服务业	
20	省级众创空间	天易悦创汇	湖南天易众创孵化器有限公司	2017	科技服务业	
21	省级众创空间	零创空间	株洲零创空间创业孵化有限公司	2017	科技服务业	
22	省级众创空间	株洲创业广场	株洲市中小微企业成长服务有限公司	2017	科技服务业	
23	省级众创空间	醴陵电商产业园	醴陵经天纬地网络科技有限责任公司	2017	科技服务业	
24	省级众创空间	炎陵县创业园众创空间	炎陵县中小企业创业园开发有限公司	2017	科技服务业	
25	省级工程研究中心	轨道牵引电机湖南省工程研究中心	牵头单位：中车株洲电机有限公司 参建单位：湖南大学	2017	先进制造	机械、电气
26	省级工程研究中心	LED 照明视觉危害控制技术湖南省工程研究中心	牵头单位：贵派电器股份有限公司 参建单位：湖南大学	2017	先进制造	
27	省级认定企业技术中心	株洲宏达电子股份有限公司技术中心	株洲宏达电子股份有限公司	2017	电子信息	化学
28	省级认定企业技术中心	株洲中车天力锻业有限公司省企业技术中心	株洲中车天力锻业有限公司	2017	通用机械制造	金属材料热处理
29	省级认定企业技术创新中心	株洲九方装备股份有限公司企业技术中心	株洲九方装备股份有限公司	2017	先进制造	
30	省级认定企业技术创新中心	株洲醴陵旗滨玻璃有限公司企业技术中心	株洲醴陵旗滨玻璃有限公司	2017	新材料	
31	省级星创天地	神农白茶星创天地	炎陵县洣溪茗峰茶叶加工厂	2017	现代农业	
32	省级星创天地	集云生态星创天地	炎陵县集云珍贵林木种苗种植专业合作社	2017	现代农业	
33	省级星创天地	吉泰农牧星创天地	湖南省吉泰农牧有限公司	2017	现代农业	畜牧
34	省级星创天地	唐人神美神生猪育种养殖星创天地	湖南美神育种有限公司	2017	现代农业	
35	省级星创天地	沙坡里星创天地	株洲市沙坡里农土产品深加工有限公司	2017	现代农业	

（刘牡艳）

2017 年株洲市获国家科技奖项目

表 19

级别	类别	等级	项目名称	完成单位	主要完成人员
国家	进步	二等	新一代交流传动快速客运电力机车研究与应用	中国中车集团公司、中车株洲电力机车有限公司、中车大连机车车辆有限公司、中车株洲电力机车研究所有限公司、中车株洲电机有限公司	奚国华、张大勇、樊运新、闵兴、查广军、陈喜红、曲天威、黄成荣、王迁、索建国
国家	进步	二等	大型灌溉排水泵站更新改造关键技术及应用	中国农业大学、中国灌溉排水发展中心（水利部农村饮水安全中心）、中国水利水电科学研究院、株洲南方阀门股份有限公司、上海连成（集团）有限公司	王福军、许建中、陆 力、肖若富、姚志峰、李端明、徐洪泉、严海军、刘竹青、唐学林
国家	进步	二等	中国节水型社会建设理论、技术与实践	中国水利水电科学研究院、中国标准化研究院、中国电力工程顾问集团华北电力设计院有限公司、中国电子信息产业发展研究院、清华大学、株洲南方阀门股份有限公司、深圳市微润灌溉技术有限公司	王建华、王浩、陈明、赵勇、詹扬、李海红、吕纯波、白雪、胡鹏、杨庆理

（刘牡艳）

株洲市获第十九届中国专利奖项目

表 20

类别	获奖项目	获奖单位
金奖	一种三电平双模式空间矢量过调制方法及其系统	中车株洲电力机车研究所有限公司
优秀奖	硬质合金挤压成型剂及制备以及在挤压生产中的应用	株洲硬质合金集团有限公司
优秀奖	一种单片集成 IGBT 和 FRD 半导体器件	株洲时代电气股份有限公司
优秀奖	一种电力机车及其供电系统和供电方法	中车株洲电力机车有限公司

（刘牡艳）

2017 年株洲市获湖南省科技奖项目

表 21

级别	类别	等级	项目名称	完成单位	主要完成人员
省	进步	一等	耐低温、高流动性聚酰胺树脂的研制与工程化应用	株洲时代新材料科技股份有限公司，湖南工业大学，湘潭大学	杨军、刘跃军、张海良、王文志、胡天辉、姜其斌、邓凯桓、陈忠海、黄安民、王进、刘爱学、曹凯凯
省	发明	二等	列车智能重联宽带网络控制系统关键技术研究及应用	株洲中车时代电气股份有限公司，中车株洲电力机车研究所有限公司	杨卫峰、肖家博、唐军、冯江华、曾嵘、蒋国涛
省	发明	二等	1MW 微型燃气轮机及其供能系统研制	中国航发南方工业有限公司	谢卫红、赵林、王红莲、曾维、袁靖、李朝坤
省	进步	二等	汽车电动转向控制技术及其应用	株洲易力达机电有限公司	付伟、周廷明、赵斌、高明、程谆、林联伟、石广林、熊松林、游永锋
省	进步	二等	切削刀具用纳米复合硬质涂层设计及产业化	株洲钻石切削刀具股份有限公司，中南大学	陈利、李屏、李佳、王社权、杜勇、谢宏、吴明晶、裴斐、温光华

续表 21

级别	类别	等级	项目名称	完成单位	主要完成人员
省	进步	二等	高品质大功率传动控制关键技术平台研究及应用	中车株洲电力机车研究所有限公司，株洲中车时代电气股份有限公司	梅文庆、倪大成、刘良杰、徐绍龙、刘勇、戴计生、罗云飞、罗文广、甘韦韦
省	进步	二等	插电式混合动力客车研制与产业化	湖南中车时代电动汽车股份有限公司，清华大学	汪伟、欧阳明高、蒋时军、王坤俊、王征宇、唐广笛、郭淑英、刘凌、唐明忠
省	进步	二等	光伏和双馈风电并网控制关键技术及工程应用	湖南工业大学，中车株洲电力机车研究所有限公司，湖南科瑞变流电气股份有限公司	李圣清、蹇芳、匡洪海、胡家喜、丁劲松、唐海燕、林崇杰、张上洋、罗朝旭
省	进步	三等	稀有微藻葛仙米的培植、深加工技术的研究与产业化	湖南炎帝生物工程有限公司，常德炎帝生物科技有限公司，广东药学院	王玉兰、安彦君、黄泽波、张瑞华、赵立彬、黄凤飞、李海峰
省	进步	三等	2MW 高速双馈风力发电机关键技术研究	中车株洲电机有限公司	李进泽、王建良、龚天明、邹强龙、祝令帅、王晓、邓方林
省	进步	三等	余热锅炉与工业锅炉发电协调优化运行与管理控制关键技术及应用	湖南工业大学，株洲冶炼集团股份有限公司	秦斌、王欣、朱晓青、柏安民、谭云彬、凌云、彭晓波
省	进步	三等	某型机主减速器研制	中国航发湖南动力机械研究所	丁文强、李概奇、潘光奇、欧阳斌、杨振蓉
省	进步	三等	带回油油路的离心喷嘴加工与调试技术	中国航发南方工业有限公司	陈艳芳、曾庆双、黄强飞、陈意辉、申思思

（刘牡艳）

株洲市获第七届湖南专利奖项目

表 22

类别	获奖项目	获奖单位
特别奖	一种三电平双模式空间矢量过调制方法及其系统	中车株洲电力机车研究所有限公司
一等奖	一种电力机车及其供电系统和供电方法	中车株洲电力机车有限公司
一等奖	不等螺旋角立铣刀	株洲钻石切削刀具股份有限公司
一等奖	一种轨道交通二系减振方法及橡胶沙漏层叠弹簧	株洲时代新材料科技股份有限公司
二等奖	一种电机及用于电机的滑环座结构	中车株洲电机有限公司
二等奖	高强度、高耐磨锆铝硅复合自释釉陶瓷材料及制造方法	湖南泰鑫瓷业有限公司
二等奖	一种防治经期疾病的药物组合物及其制备方法和应用	株洲千金药业股份有限公司
二等奖	硬质合金挤压成型剂及制备、以及在挤压生产中的应用	株洲硬质合金集团有限公司
三等奖	电机控制器（2）	湖南中车时代电动汽车股份有限公司
三等奖	螺旋桨发动机的加速方法及加速系统	中国航发南方工业有限公司

（刘牡艳）

科学普及

【概况】 截至2017年年底，株洲市拥有县（市）区科协9个，市级学（协、研究）会53个，企业、高校科协19个，基本形成了纵通横联、覆盖城乡的科学普及、学术交流、科技咨询服务等为一体的组织网络。

株洲市科学技术协会下设办公室、科普部、学会部3个部门，下辖市科技活动指导中心、市企业科技创新服务中心、市老年科技工作者协会办公室3个事业单位，有在职人员23人。

2017年，株洲市科协履行“为科技工作者服务，为创新驱动发展服务，为提高全民科学素质服务、为党和政府科学决策服务”职责，团结广大科技工作者，积极投身“创新驱动、转型升级”战略实施主战场，扎实推进科协事业改革创新发展。年内，市科协获全国科普日优秀组织单位、湖南省科学素质大赛2017年首届青少年科普知识竞赛优秀组织单位。

促进科技创新。开展创新活动，激发创新活力。争取中国科协、省科协和市委市政府，以及张尧学、刘友梅、尹泽勇和丁荣军4位院士的支持，株洲市成功创建国家创新驱动示范市（全国仅10个）。组织参加全国“双创周”上海主会场布展活动。株洲市在上海主会场布展中国动力谷展台，重点展示全市2家企业3个项目，即中车株洲所深海高端机器人和智能轨道快运列车、长城计算机系统有限公司自主可控计算机系列产品。协助中国科协、中央电视台拍摄大型纪录片《创新强国》。9月27—30日，拍摄项目组在株洲调研采风，着力宣传株洲清水塘老工业区改造、“中国动力谷”科技创新和转型升级方面的成果。推进科技信息企业推广应用服务。开展5次知识产权战略宣讲和企业专利应用工程师的公益培训，培训科技人员300多名，为116家科技型企业注册“专利信息资源库”，产生典型案例12个，取得良好的经济效益和社会效益。

加强科普工作。扎实推进《科学素质纲要》实施，进一步强化全民科学素质工作共建机制。先后在攸县、炎陵县、茶陵县、株洲县等开展“中国流动科技馆巡展”活动。联合市直机关工委开展“科普大讲堂”活动，采取“你点课，我来讲”的方式，为市财政局、教育局等12家单位免费讲授健康科普知识。积极组织参加全市“三下乡”、全国农民科学素质网络知识竞赛。联合《株洲晚报》开辟株洲科普工作动态专栏。开展“防灾减灾日”和“全国科普日”系列科普宣传活动，发放科普宣传资料40多万份，张贴科普挂图、图片10000多张，展出展板1500余块，开展科普讲座、应急演练、技能培训等80余场次，利用微信公众号、移动互联网终端向社会公众推送科普知识60余万条，大力倡导健康文明的生活方式，累计受益群众200多万人次。深入实施“基层科普行动计划”，获批国家项目9个、省级项目7个，奖补资金155万元。实施精准扶贫科技助力工程，以各县市区科协精准扶贫帮困点为重点对象，选派科技专家小组进村入户，定点、巡回帮扶，为驻点贫困村及贫困户提供精准、便捷、有效的科技服务。广泛开展科技培训，面向广大农民，以种植业、养殖业、林果业为重点，引进新品种、推广新技术，培养了大批新型农民，群众科技致富成效更加显著。

加强青少年科技创新教育。举办第37届株洲市青少年科技创新大赛。大赛收到参赛作品468件，参赛师生780人，规模、水平超过往年，评出各类奖项296个。组团参加全省、全国赛事，获省级奖项45项、国家奖项4项。组织开展株洲市第四届机器人大赛。全市22所学校的163支队伍、364名选手参加竞赛，评出各类奖项110个。组团参加全省、全国赛事，获省级奖项26项、国家奖项1项。开展科技嘉年华活动。市科协联合省科技馆、市教育局、株洲日报社、外国语荷塘学校举办株洲市首次中小学生科技嘉年华活动，吸引近万名中小学生参加。同学们踊跃参与，尽情享受科技带来的乐趣，体验科技魅力，放飞科技梦想。受到广大学生和家长的一致欢迎，华声在线、湖南教育电台、株洲新闻网等10多家主流媒体对活动进行宣传报道。通过系列活动，进一步提升全市青少年科技教育水平，培养了青少年创新思维和实践能力。

服务科技工作者。 密切联系服务科技工作者。举办株洲市“全国科技工作者日”系列活动。邀请市委主要领导走访慰问刘友梅、丁荣军等院士及其团队，大力激发创新活力。联合市科技局、市委宣传部、市教育局在全市组织开展以“科技强国 创新圆梦”为主题的科技活动周，举办近50项各类科技活动，100余场次培训班、讲座，参与人数10万余人。大力举荐表彰优秀科技人才。成功推荐608所副总设计师包幼林获首届“全国创新争先奖”。推荐时代电气尚敬、中车株机公司杨颖等获国家级科技人物表彰。开展全市科技工作者现状调研，形成完整的调研报告，呈市委、市政府决策参考。（陈刘传）

【“院士专家株洲行”活动】 8月31日，由省科协、市委、市政府举办，市委组织部、市科协承办的“院士专家株洲行”活动在株洲启动，中国科协党组成员、书记处书记项昌乐，中组部人才工作局副局长牛伟宏，株洲市委书记、市人大常委会主任毛腾飞，市委副书记、市长阳卫国，省科协主席、中国工程院院士张尧学等领导出席见面会并见证签约。23位院士专家参加活动，其中两院院士11位。活动内容包括合作项目签约、重点项目实地考察、产业项目对接咨询和现场座谈交流等。见面会现场举行揭牌和授牌仪式。即为株洲创新驱动示范城市揭牌，为湖南工大、唐人神集团两个省级院士工作站授牌，为市科协授予“院士专家工作站和学会工作站管理服务办公室”牌匾。会、市战略合作签约。即湖南省科学技术协会与株洲市人民政府签订战略合作框架协议。企业项目与院士签约。株机所时代新材、时代电气、风电事业部，中航608所、华联瓷业、唐人神、湖南工大等分别就建立相关科研领域的合作签约。创新服务平台签约。中国航空学会、中国声学学会、中国硅酸盐学会分别与市科协就共建株洲服务站签约，分别对接服务株洲航空、轨道交通、陶瓷等几大支柱产业；中关村科技成果转化促进中心、中国科学院理化技术研究所功能陶瓷材料实验室、中国电子科技集团第12研究所大功率微波电真空国家重点实验室与湖南华联瓷业股份有限公司就共建企业联合外挂实验室签约。此次活动建立3个全国学会株洲服务站、2家省级和1家市级“院士专家工作站”，新建动力谷、株机所、工大3个省级“海智计划”基地，其中动力谷成功获批国家级基地。

（陈刘传）

【第37届株洲市青少年科技创新大赛】 2017年3月10日，株洲市举办第37届青少年科技创新大赛。大赛共收到参赛作品468件，吸引780人师生参赛。经专家评审委员会评选，共评出优秀项目一等奖27项、二等奖25项、三等奖32项；优秀实践活动一等奖5项、二等奖5项、三等奖6项；科学DV一等奖2项、二等奖3项、三等奖5项；科学幻想绘画作品一等奖34幅、二等奖45幅、三等奖57幅；创意一等奖9个、二等奖12个、三等奖15个，优秀科技教师5名，优秀组织奖单位6个。（陈刘传）

【第四届株洲市机器人大赛】 2017年4月15日，第四届株洲市青少年机器人竞赛在天元小学举行，全市22所学校的163支代表队、364名中小学生携各自组装、编程的机器人参赛。竞赛由株洲市科协、株洲市教育局主办，赛事分FLL工程挑战赛、机器人创意赛、撞击赛、即兴擂台赛、现场竞技赛等5个项目，各项目又分高中、初中、小学3个组别，旨在培养学生的创新与逻辑思维、动手能力。

（陈刘传）

【株洲市首届中小学生科技嘉年华活动】 2017年5月28日，2017科技活动周系列活动之的“株洲市首届中小学生科技嘉年华活动”在荷塘区外国语学校举行。活动由市科协联合省科技馆、市教育局、株洲日报社、外国语荷塘学校举办，以“点燃创意激情，放飞创客梦想”为主题，共设计科技体验区、青少年科技成果展示区、创新教育区、科普知识大求真区、科技秀和才艺展示舞台区、抽奖区。吸引众多中小学生参与。此次活动让孩子和市民零距离接触科技产品，感受到科技进步的飞速发展，让与会同学们对航模、球幕电影、无人机、3D打印技术、虚拟现实有了更深刻的认识，培养了青少年创新思维和实践能力。

（陈刘传）

科研院所选介

中车株洲电力机车研究所有限公司

【概况】 2017年，中车株洲电力机车研究所有限公司拥有“电气传动与自动化、高分子复合材料应用、新能源装备、电力电子（基础）器件”四大产业板块、十一大业务主体、3家上市公司、9个国家级科技创新平台、2个企业博士后科研工作站，并在美国、英国、澳大利亚、德国等地设有5个海外技术研发中心，共有员工19000多人，其中境外员工4580余名。全年实现营业收入333亿元，整体运营状态基本可控。（吴昌云）

【科技创新】 2017年，株洲所取得多项原创技术成果。“复兴号”自主核心技术塑造高端装备金名片；智轨列车全球首发，3600安/4500伏压接式IGBT填补国内空白，高压电力电子变压器、中高速磁浮、PCU功率组件、SiC器件、下一代网络通信等前沿技术均实现重大突破。聚焦市场需求，牵引产品创新，进一步巩固行业地位。动力集中动车组、双层动车组、双动力打磨车等项目顺利推进，LKJ-15C通过CRCC产品认证，地铁永磁同步牵引系统节能率超过30%，大数据智能运维技术达到国际先进水平。聚酰亚胺膜实现批量供货，抗冰冻低风速叶片研发成功。新能源客车产品型谱不断丰富，“三电”技术持续升级，智能驾驶系统创新发布；乘用车电机平台完成样机研制，汽车IGBT装车考核。2MW/D121、2.5MW/D126机型通过鉴衡设计认证，125米高塔样机成功树立。光伏米柜荣获年度匠心产品金奖，智能打磨装备实现工程化应用，军工预研项目持续推进。2017年，公司立项推进934个科研项目，重大项目完成率超过95%；获国家科学技术奖1项，湖南省科学技术奖5项。全年申请专利1150件，其中发明专利833件。12月13日，公司“一种三电平双模式空间矢量过调制方法及其系统”专利，获2017年“中国专利金奖”。主导制定国际标准3项，发布国家及行业标准16项。　（吴昌云）

【市场开拓】 全年株洲所累计新签订单419亿元，比上年增长27%。其中国铁市场保持稳定，检修服务收入超过8.5亿元。轨道工程机械市场喜获丰收，全年销售、回款、新签合同均突破30亿元。城轨自主牵引系统中标2962辆，创历史新高，自主信号系统在地铁和有轨电车领域首获应用。新能源客车快速成长，全年外销整车6328辆，规模突破45亿元，跻身行业第四；商用车电驱动系统销售过2万套，市场占有率行业第一；乘用车电控系统订单量超180万台。风电整机新签合同25亿元，新签风资源135万千瓦；风电叶片逆势前行，中标5MW、7MW海上样机项目。工程机械市场回暖，租赁业务有效盘活资产。深海ROV获得南方电网项目订单，空调、矿卡变频器销售创历史新高，空轨智能运输系统项目实现机电总包，船舶电推产品挺进公务船市场。智轨列车市场反响热烈，株洲、韶关项目稳步推进。海外市场持续发力，牵引系统、屏蔽门、轨道扣件等产品实现多点突破，海外子公司业绩稳定增长。　（吴昌云）

【产业合作】 加强政府交流，与21个地方政府达成合作意向，在促进城轨、智轨、电动客车、乘用车电控等产业异地布局落户的同时，获得一系列政府优惠政策，为当地市场开拓奠定良好基础。深化产业链合作，与6个国内外企业签订战略合作框架协议，在智轨、新能源汽车、风电整机及关键零部件等领域开展深度合作，共享资源合谋产业发展大局。加大高校合作力度，与剑桥大学、湖南大学等国内外知名院校开展研发合作，在乘用车等领域取得丰硕成果。加快全球研发布局，成立英国研发中心，参股株机公司轨道交通创新中心、国家机动车检测中心株洲分中心、海洋工程装备制造业创新中心、鉴衡（株洲）认证中心。积极申报外部资金项目，全年获科研项目资金1.46亿元、产业化项目资金1.07亿元。　（吴昌云）

【海外企业】 时代艾森迪智能装备有限公司2017年在新产品开发方面取得新突破，作为欧盟首个内陆水下采矿机研发项目Vamos的水下设备研制单位，成功完成产品研发和生产，并一次性实现湖试成功；在中国市场，为中海油定制的全球最大的重型挖沟犁顺利完成出厂试验和发运。

丹尼克斯半导体有限公司位于英国林肯市，是加拿大上市公司丹尼克斯电力电子股份有限公司的唯一运营实体，主要产品包括大功率IGBT芯片及其模块、双极器件、功率组件等，产品广泛应用于轨道交通、电力传输、航空航天、船舶驱动和新能源领域。2017年，丹尼克斯实现营业收入2830万英镑，创历史新高。

代尔克铁路有限公司在悉尼注册，以设计、销售轨道线路产品为关键业务。2017年，代尔克实现营业收入1.7亿元人民币，同比上年增长12.3%。

博戈公司是株洲所旗下时代新材2013年并购的德国采埃孚集团旗下的橡胶与塑料业务，行业内排名全球第三。2017年度，博戈销售收入为8.1亿欧元，较上年同比增长6.2%；实现净利润1093万欧元，较上年同比增长74%。　（吴昌云）

中国航发湖南动力机械研究所

【概况】 中国航发湖南动力机械研究所成立于1968年，是国内唯一集型号研制与预先研究于一体的中小型航空发动机及直升机传动系统研究、发展基地。研究所占地66.67公顷，总资产约39亿元，在职职工2500余人，其中1名中国工程院院士、60余名国家和省部级突出贡献专家、1200余名硕士博士。研究所设有博士后科研工作站、湖南省院士工作站，是国家博士和硕士学位培养授权单位。

2017年，研究所创新引领、技术推动，继续保持快速发展的良好态势，在中国航发集团年度经营业绩考核中被评为“优秀”。年内，研究所获“全国文明单位”、株洲市“首届人才工作先进单位”等称号，院士工作站被评为“全国示范工作站”。1个团队获“全国巾帼文明岗”，包幼林获“全国创新争先奖状”，赵海凤获“全国五一劳动奖章”。

2017年，研究所以“两机”专项为牵引，实现“4机鉴定”“6机定型/鉴定准备”“9个项目验收”“1机转段”“5机达标”“5机工程设计”等目标。完成29.46公顷试验用地和6.53公顷科研设计用地的征地及规划布局，并启动相关建设。“中小型航空发动机叶轮机械湖南省重点实验室”获批立项。非标设备制造、中低速磁悬浮列车传感器保持稳步增长。全年申请专利110项；获省部级以上科技成果奖18项，其中国防科技进步一等奖1项。（石东要）

中国化工株洲橡胶研究设计院有限公司

【概况】 中国化工株洲橡胶研究设计院有限公司前身为化工部乳胶工业研究所。1964年创建于广州，1965年迁建于云南省晋宁县，1988年整体搬迁至湖南省株洲市，2014年5月更名为中国化工株洲橡胶研究设计院有限公司，隶属于中国昊华化工集团股份有限公司。公司占地面积3.85万平方米，注册资本3198万元，资产总额1.7亿元。

公司是全国胶乳行业唯一专业研究机构、全国胶乳制品军工配套产品开发研制生产单位、国家火炬计划重点高新技术企业、国家乳胶制品质量监督检验中心、全国工业（乳胶制品）产品质量控制和技术评价实验室、湖南省高新技术企业、临近空间探空气球材料与技术湖南省重点实验室、世界气象组织（WMO）供应商、世界水文气象设备行业协会（HMEI）会员、中国气象局和各兵种探空气球定点研制生产企业（军委联合参谋部战场环境保障局探空气球定点研究生产企业），也是中国仅有的两家探空气球生产企业之一。公司担任中国橡胶工业协会乳胶分会副理事长、全国橡胶与橡胶制品标准化技术委员会副主任委员和全国橡胶与橡胶制品标准化技术委员会胶乳分技术委员会主任委员。湖南省橡胶与橡胶制品质量监督检验授权站、株洲市特种橡胶工程技术中心均设在公司。

公司主要从事以探空气球为主的乳胶制品、特种橡胶制品、高分子复合新材料的研制、生产与检测。主要产品和服务包括：探空气球、特种橡胶制品、高分子复合新材料；乳胶制品、橡胶与橡胶制品、油漆涂料、农药等化学品的委托检验、仲裁检验、鉴定检验；体系认证、强制认证、产品认证咨询等技术服务及乳胶制品检验设备的研制和开发。取得气象专用技术装备使用许可证、安全生产标准化三级达标企业等资质。主导产品探空气球通过质量体系认证，占据国内市场份额80%，同时远销俄罗斯、法国、美国、德国、英国等40多个国家和地区。

至2017年年底，公司有中高级专业技术人员100多人，其中，教授级高级工程师10余人，株洲市领军人才1人。

2017年，公司实现总收入13742万元，比上年增长65.79%，其中自营出口收入首次突破1000万元，同比增长9.7%；资产负债率15.38%；利润总额808万元，比上年增长101.6%。（罗碧霞）

【国有重点大型企业监事会主席调研公司】 2017年11月21日，国有重点大型企业监事会主席刘顺达在中国化工集团公司纪委书记黄埔的陪同下到公司指导生产经营、党建和监事工作。刘顺达详细了解公司生产装置运行状况、产品营销、风险管控、全员业绩考核流程和党建工作开展情况后，对公司生产经营状况、改革发展思路、军民融合、业绩考核等方面给予充分肯定。（罗碧霞）

【发布气象气球国际标准】 2017年7月27日，由公司主导制定的首项国际标准项目《气象气球规范》正式发布。该项国际标准规定以天然胶乳为主体材料经浸渍法或旋转法工艺生产，用于探测空中气象要素两大类气象气球的技术要求、检验规则、试验方法和包装、标志、运输及贮存。此项标准于2010年10月首次在荷兰召开的ISO/TC45第58次会议中提案，历时8年成功发布。这标志着中国乳胶行业主导制定的第一项国际标准诞生，提升了中国在乳胶制品领域的国际标准化水平和话语权，加强了气象气球行业在国际间的交流与合作，推动了整个气象气球行业技术进步与发展，有利于提高气象气球产品的技术含量和中国气象气球产品在国际市场中的竞争能力，降低国际贸易成本。

（罗碧霞）

【气象气球获评全国“制造业单项冠军产品”】 2017年12月14日，由国家工业和信息化部、中国工业经济联合会共同发布的《全国第二批制造业单项冠军企业中和单项冠军产品名单》中，公司“气象气球”入选“单项冠军产品”。公司是株洲市仅有的两家获得该项全国荣誉的单位之一。入选制造业单项冠军产品需符合在某特定细分产品市场，生产技术或工艺国际领先，单项产品市场占有率位居全球前5位或国内前2位，创新能力较强，经营业绩良好，利润水平高于同期一般制造企业的水平等条件。

（罗碧霞）

【湖南省重点实验室成功获批】 2017年9月18日，公司临近空间探空气球材料与技术湖南省重点实验室成功获批筹建。该实验室基于湖南省国防科技工业科技创新十三五规划临近空间浮空器产业、北斗导航产业和军民融合卫星应用产业的重大需求，以及航空航天领域发展的基础能力建设问题，通过面向前沿技术，关注基础研究，重点突破临近空间探空气球的设计技术、工艺技术和智能化技术，建立开放的研究实验平台，聚集和培养优秀科技人才，并开展国内外高水平学术交流，更好地为国防、国民建设提供临近空间环境要素获取保障，满足科学技术和社会发展对探空气球全方位多功能化发展的要求。

（罗碧霞）

教 育

综 述

【概况】 2017年，株洲市共有各级各类学校（含小学教学点）1962所，在校学生72.05万人，教职工5.49万人，专任教师4.12万人。（普通高等教育研究生毕业生409人，普通高等教育毕业生27295人，中等职业教育毕业生10582人，普通高中毕业生17930人，初中学校毕业生34421人，普通小学毕业生37972人。全年发放高校国家奖学金、助学金2859万元，落实义务教育保障资金4.4亿元。）

2017年，株洲教育以办人民满意的教育为目标，围绕建设教育强市总体部署，深化教育领域综合改革，教育质量明显提高，教育公平更加彰显。职业教育、督导评估、教师职称评定、统筹城乡义务教育发展等多项工作经验在全国、全省推介。年内，株洲市教育局被授予“全国文明单位”；株洲市二中、醴陵姜湾小学获评“全国文明校园”。（武志伟）

【教育综合改革】 2017年，全市全面实施《高中阶段教育普及攻坚实施方案》等5项重大教育改革。年底，株洲市委深改组审议通过《教育综合改革实施方案》《统筹推进县域内城乡义务教育一体化改革发展实施办法》，提高经费保障水平，改善高中办学条件，实施集团化办学，推进普通高中有特色高品质发展。加强职业院校基础能力建设，提升职业学校服务区域经济社会发展的能力，推进职高内涵特色发展，增强吸引力。完善资助体系，加大学生资助力度。

（郭　勇）

【全市教育工作会议】 2017年2月13日召开全市教育工作会议。会议总结2016年教育工作，部署2017年教育工作。市人民政府副市长杨胜跃出席会议，并强调要把时间、精力和资源更多地用在内涵建设上，要提高教育质量，实现全市教育更高质量、更有效率、更加公平、更可持续的发展。会议颁发教育工作创新奖、县级教育工作先进单位、年度发展目标达成度考核一等奖、教职工满意奖、学生满意奖、优秀校本教材等多个奖项。

（武志伟）

【重大教育项目建设】 2017年，总投资1.5623亿元的市特殊教育学校建设完工并投入使用，年度完成投资8364万元，累计完成投资额占年度139.4%。总投资5.4165亿元的工业学校新校区一期教学及实训用房、食堂、宿舍等项目基本建成，年度完成投资2.48亿元，累计完成投资额占年度139.4%。总投资5.0975亿元的幼儿师范学校新校区一期教学及实训用房、食堂、宿舍等项目基本建成，年度完成投资2.43亿元，累计完成投资额占年度121.5%。总投资1.5473亿元的市示范性综合实践基地投入使用，年度完成投资5300万元，累计完成投资额占年度106.58%。（武志伟）

【教育精准扶贫】 2017年，全市共资助学生143293人次，较上年增加43%，发放各类资助金12349万元，较上年增加51.6%，没有一个学生因贫辍学。实施特殊教育提升计划，保障适龄残疾儿童少年入读。城区接纳64503名进城务工随迁子女入学就读。组织教师“手拉手”帮扶，开展教育扶贫“清零”专项督导，实施职业技能培训，巩固提升脱贫成果。茶陵、炎陵教育扶贫工作得到市委、市政府的高度评价，醴陵教育精准扶贫获得《人民日报》点赞。（武志伟）

【创新教育督导】 2017年，株洲推进学校督导室建设。引进“第三方评估”，提高督导的科学性、公正性。开展专项督导与专项督查，对教育为民办实事项目、14所市示范性普通高中、15所市示范性幼儿园进行督导评估，针对薄弱环节，实行挂牌督导。荷塘区获全国“中小学责任督学挂牌督导创新区”，《人民日报》推介“督学责任区醴陵模式”。（武志伟）

【株洲教师教育网络学院上线】 2017年5月11日，“株洲教师教育网络学院”启动上线，标志着全国首创的教师培训与管理服务网络平台运行。建设门户首页，建立11所分院主页，为2.4万教师开通实名账号。完成本地资源平台的搭建，为教师的课程优质资源上传、分级共享提供统一平台，全市共上传课程2650节。搭建资源后台系统，实现市、区县、学校三级管理。统筹实施“国培”和“省培”项目，近2万名教师参加市级以上培训，300人被评为市级学科带头人。

（武志伟）

【全省首个全国红军小学建设工程爱国主义军事体验基地落户株洲】 2017年7月10日，全国红军小学建设工程理事会向株洲市政府回函批复，株洲市示范性综合实践基地正式命名为全国红军小学建设工程爱国主义军事体验基地。该基地为湖南省第一个，全国仅延安、井冈山、广安、淮安4地建有基地。株洲先后创立6所红军学校和28个爱国主义教育基地。株洲市示范性综合实践基地位于株洲市天元区雷打石镇，投资1.55亿元，占地40公顷，分三期建设，一期4.4公顷的建设已全部完工，并于2016年9月开始运行。规划5年后，基地建设全部完工，可对全市35.98万名中小学生提供国防教育、军事文化、军旅体验、战争体验、军训教育等方面的教育服务，并辐射周边市州。（武志伟）

【教师队伍建设】 2017年，全市通过多种形式招聘教师1522人，县市招聘教师80%被安排到农村任教；实施农村中小学、幼儿园教师定向培养专项计划，招录免费师范生363名，134名定向培养的毕业生定岗定编，均回到生源地执教；招录特岗教师118人，其中茶陵县108人，炎陵县10人。发放乡村教师补贴、武陵山片区教师人才津贴5065万元。推进教师多元交流，1568名校长教师进行城乡交流，茶陵县成为第二轮全省义务教育学校校长教师交流轮岗的试点县。（武志伟）

【师德师风建设】 2017年，全市有10人被评为省特级教师，5人被评为省优秀教师，1人被评为省优秀教育工作者。评选表彰100名优秀教师、10名先进教育工作者和11名“最美乡村教师”。（武志伟）

【德育活动】 全年全市广泛开展社会主义核心价值体系和中华优秀传统文化教育。5月24日，“向国旗敬礼——原天安门国旗护卫队株洲校园行”主题教育活动在市二中举行，来自株洲市6所红军小学和60多所中小学师生代表参加。组织开展“快乐童声·童心向党”等主题活动。指导县市区开展校外活动场所认定，组织青少年开展志愿者活动和“三下乡”等社会实践活动。创建全国心理健康教育特色学校2所，《教育从“心”出发》获评教育部德育工作优秀案例。

（武志伟）

【艺体教育】 2017年，在全市推动“一校一品”“一校多品”艺术特色发展。推广校园足球，增加国家级校园足球特色学校18所，初中男子足球队获全省青少年校园足球总决赛乙组冠军。支持一中组建全市民乐团，建立22个春天阳光师生艺术团。“十八中杯”书画大赛、“我与株洲”现场书画活动，以及建宁书院现场作文大赛为孩子们提供展示才艺的舞台。开展中小学校园社团文化博览会，评选10个市级优秀学生社团。组织“五四”交响乐会、中秋民乐会、跨年音乐会、少儿春晚等系列艺术活动。开展校园戏剧作品、校园文学作品摄影、书画、剪纸等各种系列艺术网络展播。《光明日报》2017年2月25日对株洲提升教师传统文化技艺水平进行大篇幅的报道。

（武志伟）

【教研教改】 全年对市直属高中高三年级进行专题教学视导，听课205节，80节课评为优秀。开展职业学校对口升学教学工作专题视导与诊断。组织历史、语文、道德与法治“三科”新教材培训。搭建学科竞赛平台，推进信息技术与学科教学的深度融合。在全省小学优秀校本课程成果评选中，获得一等奖6个，居全省前列。

（武志伟）

【教育交流】 全年全市有9名高中英语教师通过国家留学基金委湖南省地方合作子项目2017年中学英语教师出国研修项目，于3月赴英国留学4个月。组织和促成6批次150余名师生，赴国外5个国家和地区开展教育国际交流与合作，促成市八中、十三中与新西兰2所国际知名学校结成友好姊妹学校。接待西班牙驻北京大使馆文化参赞Gloria女士等5批67名外国友人到访。组织外籍教师赴荷塘区和天元区开展“外教送课到区校”活动。

组织株洲市教育局第三届直属学校高中生模拟联合国大会。（武志伟）

【学生实验操作】在全市随机抽取学校172所、学生5553名进行实验操作演示。2014—2017年，全市学生实验合格率分别为67.4%、73.7%、85.2%、94.6%，优秀率分别为45.2%、53.2%、64%、77.3%，学生实验合格率和优秀率大幅提升，均衡发展态势基本形成。此项工作获2017年度省教育厅特色创新奖。（武志伟）

【“互联网＋教育”活动】2017年，全市投入6712.18万元（市本级200万元），新增城域网2个，校园网196个，学生用计算机2432台，教师用计算机1024台，无线覆盖学校数358所，多媒体终端教室1632间。“株教云”建设被纳入到“智慧株洲”项目建设，全面完成“宽带网络校校通”建设任务，县市区教育城域网完成率100%，宽带接入率100%，无线网络覆盖率城区62.5%，5县31%；“优质资源班班通”任务完成95%；“网络学习空间人人通”教师开通率100%，初中以上的学生90%，班级空间91%。开展各种形式科技教育，举办全市科技创新大赛、青少年机器人大赛、创意大赛。组织学生参加省级以上电脑制作和青少年机器人竞赛。6个单位获评省教育信息化创新应用十百千万工程示范单位，其中荷塘区和茶陵县获评示范县。（武志伟）

【教育阳光服务】株洲市教育局充分发挥教育阳光服务平台作用，畅通群众诉求渠道。2017年，市本级阳光服务平台接群众来电、来信、来访1021件次，均回复和办理；接市政府“12345”热线、市长信箱交办902件，办结率100%，回复满意率99.89%。株洲市教育局教育阳光服务中心先后获评全省教育阳光服务优秀单位和株洲市文明窗口单位。（武志伟）

株洲市2017年教育“民生100”项目完成情况

表23

项目 指标名称	全年任务目标	实际完成（自年初至验收前）
1. 向民办幼儿园购买普惠服务工程	70000个学位	80098个学位，完成量占年度目标114%。
2. 乡村小规模学校提质工程	投入1800万元	投入2429万元，完成量占年度目标134.9%。
3. 全面改善农村贫困地区义务教育薄弱学校基本办学条件	投入8500万元	投入8874万元，完成量占年度目标104%。
4. 消除义务教育大班额	全市义务教育大班额率下降2个百分点	下降8.59%，完成量占年度目标430%。
5. 义务教育学位扩容计划	投入80000万元	投入93764.5万元，完成量占年度目标118%。
6. 资助家庭经济困难学生4万人	资助家庭经济困难学生4万人	全市共资助115574人，完成量占年度目标的288.9%
7. 市特殊教育学校搬迁扩建项目建成开学	投入6000万元	投入6500万元，完成量占年度目标108%。
8. 市示范性综合实践基地项目全面开放	投入4973万元	投入5300万元，完成量占年度目标106.5%。

（武志伟）

学前教育

【概况】截至2017年年底，全市有幼儿园1112所，在园幼儿148101人，教职工16601人，专任教师7851人。学前三年毛入园率90.5%。

2017年，完成《株洲市第二期学前教育三年行动计划》收官任务，向民办幼儿园购买普惠园位70000个，认定并扶持普惠性民办幼儿园526所。（文秀红）

【规范学前教育】2017年，建立“以

县为主”的学前教育管理体制，城区普惠性民办幼儿园建设相关工作回归到区，将学前教育纳入到对县市区政府年度工作考核。认真贯彻《3～6岁儿童学习与发展指南》，专项整治幼儿教育“小学化”倾向。开展小学学前班专项整治行动，基本消除学前班。开展幼儿园分类定级与评估，整治农村违规学前班。开展幼教视导、好习惯养成教育案例评选、示范性幼儿园复评，加强对城区普惠性民办幼儿园园位的核查、教育质量的监督。

（武志伟）

【学前教育送教到乡】 实行区域间的交流共享，开展送教到乡。2017年，株洲学前教育送教到乡活动由株洲市幼儿园、株洲市芦淞教育幼稚园承办，组成38人的专家团队分别到株洲县、醴陵市、攸县、茶陵县、炎陵县送教。视导先行，送教随后，自下而上，按需送教。专家团队分别深入当地幼儿园，从办园理念、办园条件、园所管理、课程建设、师资队伍等多角度全方位了解当地幼儿园的现实情况，广泛听取当地园长、老师们的心声。再根据他们的需要，立足当地的实际，确定“幼儿园一日流程”的送教主题，制定适宜“当地教师最近发展区”的送教方案。

（武志伟）

【组织普惠性幼儿园园长跟班学习】 从2015年开始，连续3年每年组织120名普惠性幼儿园园长到省示范性幼儿园跟班学习1个月，提升普惠性幼儿园园长的办园理念和管理水平。

（夏云飞）

义务教育

【概况】 2017年，全市义务教育阶段学校（含小学教学点）773所，教职工22563人，专任教师21390人。其中初中156所，在校学生109080人，教职工10277人，专任教师9430人；小学（含教学点）617所，在校学生276987人，教职工12286人，专任教师11960人。

2017年，全市义务教育更加均衡。健全市、县、校三级控流体系，小学辍学率为0，义务教育巩固率96.44%。醴陵在全省率先启动义务教育优质均衡发展创建。

（文秀红）

【“全面改薄”工程建设】 从2014年开始，全市已投入7.3027亿元实施“全面改薄”工程建设，其中2017年投入2.0428亿元。全年全市投入2429万元完成43所乡村小规模学校提质改造，株洲县乡村小规模学校提质获得中央、省级相关媒体赞誉。投入3.9492亿元完成202所标准化学校建设，超额完成年初任务。

（武志伟）

【化解大班额】 全年全市新建、改扩建中小学56所，增加学位30045个，大班额从2016年的18.91%下降到15.67%，下降3.24%，义务教育阶段起始年级班额控制在标准之内。天元区在全省城乡义务教育一体化改革发展现场推进会上介绍化解大班额经验。攸县利用招生制度改革和科学引导分流，起始年级没有新增一个大班额。

（武志伟）

【基础教育集团化办学】 实施《基础教育集团办学管理细则》，7所高中与13所初中成立7个教育集团，开展城带乡、强带弱结对帮扶。芦淞区实施城乡学校联盟，盟校之间在教育思想、教学方式、学校管理等方面融合，促进共同发展。全市有60%以上的义务教育学校参与学校联盟，在五大领域资源共享。

（武志伟）

【醴陵创建全国首批义务教育优质均衡发展县（市）】 2017年12月18日，醴陵市创建全国首批义务教育优质均衡发展县（市）动员大会召开，各乡镇、街道办事处、部门单位负责人参加会议。会议明确目标任务、注重内涵发展、强化分工协作、严格督查考核，提出“办一流的教育”“创一流学校”“做一流教师”“造一流环境”目标，誓夺全国首批义务教育优质均衡发展县（市）金字招牌。

（武志伟）

【2017年中小学考试招生政策新闻发布会】 2017年4月6日，株洲市教育局在株洲新闻发布中心召开2017年株洲市中小学招生政策新闻发布会。会上公布进城务工人员随迁子女，以及在外地读初中、需要回株洲读高中的学生入学；体育考试的各个项目科学提高95分和100分两个高分段的评分标准，提高体育中考的区分度；从2017年开始，起始年级小学和初中班额按照按标准班额配置，杜绝56人以上（含56人）大班额；普通高中招生时，考生综合素质评价结果中的“道德品质与公民素养”维度不能为C等新规定。

（武志伟）

普通高中教育

【概况】 至2017年年底，全市有普通高中39所，在校学生59206人，教职工7312人，专任教师5836人。高中阶段毛入学率103.55%。

2017年，株洲市高中学业水平考试全科一次性合格率93.74%，全省第一。高考总上线率99.08%，高出全省总上线率13.44个百分点。全市本科一批上线3111人，增加151人，上线率18.73%，比上年提高0.71个百分点。二本以上上线人数8708人，比上年增加420人，上线率52.5%，比上年提高2.05个百分点。二本以上录取9311人，录取率53.72%。全市有8人被清华大学和北京大学录取。总平均分文科超省平20.66分，理科超省平19.2分，居全省前三。（武志伟 文秀红）

【新高考改革试点】 全年全市确定株洲市二中、市九方中学、市十三中、醴陵市四中、茶陵县二中、株洲县五中6所学校为新高考改革试点校，在平台开发、课程设置、学生选课、分层分类走班、生涯规划教育等方面开展实践研究。（武志伟）

【教辅材料专项治理】 2017年，全市开展违规征订教辅材料问题专项治理活动，成立教辅材料专项治理领导小组，召开专项治理工作会议。小学一二年级没有征订任何教辅材料，小学三年级~高中三年级，严格按照“五限”原则征订，教辅征订数量大幅下降，较上年秋季减少198.3万册，下降42.4%，较2016年秋季总金额减少4731万元，下降53.1%。（武志伟）

【创新人才培养模式】 对全市遴选的29个普通高中课程基地、30个义务教育阶段课程基地进行建设指导，实施动态管理，开展达标验收工作。确定醴陵江湾小学、株洲县松西子小学、芦淞区樟树坪小学、天元区天台小学、株洲景弘学校5所学校为基础教育“核心素养培养实验校”，引领核心素养深入推进。（武志伟）

【高品质学校建设试点】 2017年，实施《普通高中高品质学校建设计划》，株洲市一中和株洲市二中作为高品质学校建设试点校。株洲市二中有6人获理化生全国竞赛一等奖，341人通过高校自主招生初审，教育部阳光高考网公示中排全国第50名，672人被本科一批院校录取，一本升学率超73%，5人录入清华大学和北京大学，获省教育厅“第三十八届湖南省青少年科技创新大赛十佳学校”。实施《非省示范高中质量提升计划》，遴选6所非省示范高中实施教学方式与管理模式改革试点。各类普通高中呈现特色化、多元化发展，组队参加“湖南省青少年科技创新大赛”和“湖南省青少年机器人大赛”分别获得省“优秀组织单位”。（武志伟）

职业教育

【概况】 2017年，全市中等职业学校23所，在校学生29603人，教职工2035人，专任教师1533人。中职毕业生就业率保持在98%以上。

（文秀红）

【全省职业教育校企合作推进会暨2017年职业教育宣传活动周启动仪式】 2017年5月22日，全省职业教育校企合作推进会暨2017年职业教育宣传活动周启动仪式在株洲职教城举行。副省长向力力出席会议并宣布活动周活动正式启动。省教育厅党组书记、厅长、省委教育工委书记肖国安介绍全省现代职业教育。市委书记、市人大常委会主任毛腾飞致辞，市委副书记、市长阳卫国代表株洲作典型发言。推进会上，株洲市政府、长沙市教育局、长沙民政职业技术学院、湖南汽车工程职业学院先后结合校企合作、产教融合经验作典型发言。2017年职业教育宣传活动周主题为“深化校企合作，推进科教强省”。

（郭毓麟）

【职教发展三年攻坚】 全市通过3年攻坚，基本完成《株洲市职业教育发展三年攻坚计划(2015—2017年)》，立项建设一批市级卓越中职学校、特色专业群、生产性实习实训基地、职教名师工作室、现代学徒制试点等项目。其中株洲工业学校等4所职校进入省卓越中职学校建设阵列，醴陵陶瓷烟花职业技术学校等2所职校的学徒制试点项目立项为国家第二批试点学校。（郭毓麟）

【株洲职业教育在全省推介】 在2017年8月召开的全省首届中职学校校长论坛上，株洲作为14个市州教育局唯一代表作《株洲的职业教育，让我们充满力量——统筹推进中职教育发展的几点做法》典型发言。株洲从以普职融通为突破口，统筹推进现代职业教育体系建设；以招生改革为切入口，统筹推进高中阶段教育协调发展；以专业建设为着力点，统筹推进产教深度融合发展；以质量提升为落脚点，统筹推进职教内涵发展；以园区建设为支撑点，统筹推进各类职业教育协同发展5个方面推介全市统筹推进职业教育发展的做法与经验。

（郭毓麟）

【职业教育竞赛获全省第一】 2017年，组织学生参加全省中等职业学校“文明风采”竞赛活动，株洲获一等奖31个，二等奖34个，三等奖41个；教师参加全省职业院校信息化教学大赛，获一等奖9个，二等奖19个，三等奖15个，成绩均居全省第一。

（郭毓麟）

【普职融通试点见成效】 2017年，株洲工业学校与市十三中首届普职融通班有6名学生经过考试考核，进入普通高中高二年级学习，湖南卫视“新闻联播”进行报道。全市普职融通试点范围扩大，由2所增加到7所，分别为市工业学校与市十三中、市幼师学校与市九方中学、醴陵陶瓷烟花职校与醴陵市四中、潇湘双语实验学校，惠及10个班480名学生。（武志伟）

民办教育

【概况】 2017年，全市有民办中小学36所，民办幼儿园986所，民办培训机构274所。在校中小学、中职学生53739人，占全市在校学生的11.32%；民办幼儿园在园幼儿123212万人，占全市在园幼儿83.19%；民办培训机构年培训13万人次。

（文秀红）

【民办学校分类管理改革】 2017年，全市召开推进民办学校分类管理改革工作座谈会，布置民办学校分类审批、分类登记工作。按照新修订的《中华人民共和国民办教育促进法》规定和要求，分类审批新设立的民办学校，启动2016年11月6日前审批的民办学校分类登记工作。全省推进民办学校分类管理改革研讨会上推介株洲的做法。（武志伟）

【民办优质资源建设】 2017年，设立民办学校、培训机构、幼儿园50所。全市各级各类民办学校固定资产投入增加4亿元左右。计划投资2亿元的茶陵县世纪星高中已开工建设；计划投资1.5亿元的株洲健坤潇湘实验学校改扩建工程，完成投资0.5亿元。株洲世纪星实验学校及7所幼儿园，获得省民办教育优质资源建设奖。省教育厅组织对株洲景炎学校及4所幼儿园进行第三批省骨干民办学校（幼儿园）验收评估。全市累计挂牌4所省骨干民办学校、15所省骨干民办幼儿园，数量全省第一。（武志伟）

【规范民办教育办学】 2017年，组织开展清理整顿无证办学专项行动。各县市区教育局联合工商、公安等执法部门，开展专项行动。查处整顿、关停无证民办培训机构40多所。严肃查处民办学校违规招生、收费、征订教辅材料行为。严肃查处株洲铁路机电职业学校违规招生行为，责令学校按要求整改到位。要求和指导民办学校不断完善法人治理结构和规章制度，维护教职员工和学生的合法权益，依法依规办学。年内，全市有19所民办学校和幼儿园获得省教育厅“民办教育规范办学行为奖励”，全省排名第一。

（武志伟）

【扶贫助学活动】 北师大株洲附校、株洲景炎学校和株洲景弘学校3所优质民办学校，对口扶助怀化市新晃自治县3所公办学校。民办中小学、职业学校通过减免家庭贫困生学费、设立奖学金等方式，全年减免、奖励家庭贫困学生近200万元。积极参与社会扶贫活动，城区民办学校捐款119万元。（武志伟）

特殊教育

【概况】 2017年，全市特殊教育学校4所，教学班46个，在校学生（含随班就读、附设特教班）1758人。教职工139人，专任教师117人。

（文秀红）

【市特殊教育学校搬迁】 株洲市特殊教育学校整体搬迁至新校，9月3日正式开学。新校总投资1.5623亿元，占地4公顷，总建筑面积19618.9平方米，新增学位150个，可容纳学生360人。搬迁扩建项目获评株洲2017年“民生100”亮点项目，是全市唯一获此荣誉的市直属单位。

（武志伟）

【“医校结合”项目】 2017年11月29日，株洲市特殊教育“医教结合”基地正式启用，这标志着株洲市特殊教育学校与市中心医院合作的“医校结合”项目进入具体实施阶段。项目由株洲市特殊教育学校与市中心医院合作开展，配备包含16名康复医师、3名副主任医师、7名主治医师、6名经治医师、7名硕士研究生、1名博后研究生、19名康复护士、50名康复治疗师在内的“医教结合”项目医学专业团队，共同探索教育教学新路径，促进株洲市特殊教育“医校结合”项目走向专业化、规范化的发展道路，搭建家校共育、全面康复的教育平台，促进特殊教育发展。（武志伟）

【推广“手之声”项目】 2017年，株洲市特殊教育学校与株洲市炎帝专修学校、手之声技术团队、郑州工程技术学院合作开发“手之声”APP正式上线，搭建聋人与听力沟通桥梁。

（武志伟）

【随班就读与送教上门】 2017年，市特殊教育学校作为株洲市随班就读与送教上门工作的业务管理中心、师资培训中心、教育教学中心、资源建设中心，充分发挥工作职能，实行义务教育阶段随班就读、送教上门三类残疾学生“一人一案”，确保一个都不漏。全年随班就读指导60次，编写的4本指导手册在实践工作中发挥着重要指导作用。（武志伟）

学校选介

湖南工业大学

【概况】 湖南工业大学是一所具有近60年办学历史的综合性大学。2006年2月，经教育部批准，学校由株洲工学院更名为湖南工业大学，同年合并株洲师范高等专科学校和湖南冶金职业技术学院。学校以包装教育为特色，是国内第一个被国际包装协会（IAPRI）接纳的会员单位，是中国包装联合会包装教育委员会的主任单位，也是全国高校中惟一的中国包装联合会副会长单位和中国包装技术培训中心。

学校有2个校区，总占地面积256.91公顷。图书馆总建筑面积为55430.29平方米，馆藏图书251.4余万册。设有23个教学学院和1个独立学院，建立以工为主，工、理、管、文、经、法、教育、艺术等协调发展的学科体系；有1个“服务国家特殊需求博士人才培养项目”，12个硕士学位一级学科硕士学位点，涵盖61个二级学科硕士学位点，15个硕士研究生专业学位的授权领域；69个本科专业；国家级教学团队1个，省级教学团队5个；国家级实验教学示范中心1个，省级基础课示范实验室实践教学示范中心6个；国家级特色专业5个，省级特色专业11个，省级重点专业5个；国家级精品课程6门，省级精品课程17门。

学校拥有生物医学工程、材料科学与工程、机械工程、电气工程、土木工程等5个湖南省重点学科；获建国家级科研平台“先进包装材料研发技术国家工程研究中心”、获批国家工商管理总局全国包装广告研究基地；建有“绿色包装与生物纳米技术应用”“先进包装材料与技术”等自然科学类省部级以上科研平台30个，“产品包装创新工业设计中心”“包装设计艺术与技术研究基地”等人文社科重点研究基地13个；与湖南省第五工程有限公司、株洲市霞湾建材有限责任公司联合组建“建筑墙体节能新材料”湖南省工程技术研究中心；与南车株洲电力机车研究所有限公司等高新技术企业联合建设“湖南省高校研究生培养创新基地”和“湖南省高校产学研合作示范基地”。学校与美国密执根州立大学、德国斯图加特应用科技大学、法国兰斯大学、韩国延世大学、香港城市大学、香港理工大学等国内外知名大学建立广泛的科研合作和学术交流关系，并与东南大学、中南大学等10多所高校联合培养博士研究生。

2017年，学校有全日制学生31192人，其中，硕士研究生1570人。有教职员工2370人，专任教师1822人，其中教授242人，副教授519人，博士373人，博士生导师15人，硕士生导师360人；享受“国务院政府特殊津贴”人员8人，湖南省优秀专家1人，全国优秀教师5人，省优秀教师4人，省教学名师3人，省级青年骨干教师71人，16人进入省“121人才工程”，4人进入省“百人工程”，9人进入省学科带头人行列；聘有两院院士6人。

全年实际招收新生9177人，在18个省实现本科一批招生，34个专业按本科一批招生2305人，占学校普通文理本科新生总人数的36.83%。2017

年毕业生初次就业率为91.08%，稳居全省同类高校前列。

2017年，学校坚持内涵发展，坚持“以师生为本、以质量为魂、以日新为道”的办学理念，校内综合改革不断深化；本科教学工作审核评估获专家组高度肯定；首次获建国家级科研平台、首次获批国家社科基金重大项目和重点项目，学科和科研平台建设取得新突破，办学特色进一步强化；创办醴陵陶瓷学院，校地、校企合作不断加强。年内，学校获“2017年度中国产学研合作创新奖”“2017年教育部国防教育特色学校”“2017年度湖南省知识产权工作先进集体”等称号，获批成为湖南省首批易班建设项目立项高校。（张美灵）

【学科建设】2017年，学校制定《中国包装行业高端智库建设方案》。启动“全国包装教育数据统计”工作，建立中国包装大数据中心。组织“第三届中国绿色环保包装与安全设计创意大赛”，推动绿色包装人才的培养。全年新增冶金工程、体育学、马克思主义理论等3个一级学科硕士点和法律硕士、教育硕士、翻译硕士、农业推广硕士等4个专业硕士学位点。组织10个一级学科参加教育部学位与研究生教育发展中心公布全国第四轮学科评估，设计学等5个一级学科进入全国前70%。落实博士项目人才培养进度的追踪管理，对2014级博士生进行了中期考核和学位论文中期检查。进一步整合校内资源，打造高水平科研成果和亮点工程，不断扩大博士项目行业影响，提升行业服务水平，为博士项目顺利通过验收夯实基础。完成《湖南工业大学博士学位授予单位建设规划》，全面整合学科资源，夯实学科基础，大力推进学校博士学位授予单位申报工作，经省博士授权单位推荐会评，学校正式成为湖南省博士学位授予立项建设单位，为2020年申报博士学位授予单位奠定了基础。（张美灵）

【科研工作】科研平台建设取得历史性突破。学校已获建国家级科研平台“先进包装材料研发技术国家工程研究中心”、获批国家工商管理总局全国包装广告研究基地为标志，国家级科研平台建设取得突破，打破学校自建校以来没有国家级科研平台的历史。同时，还获批“农牧业废弃物资源化综合利用湖南省重点实验室”“湖南省湖南工业大学大学科技园”“土木工程院士工作站”“松脂化工湖南省工程技术中心”等一批省部级科研平台，学校自然科学类省部级以上科研平台达30个。科研项目迈上新台阶。首次获批国家社科基金重大项目和重点项目各1个。获批国家自然科学基金项目30项、省自然科学基金项目38项、国家社科基金项目10项、教育部人文社科基金项目4项、省哲学社会科学基金项目40项。科研成果有新成效。获湖南省自然科学二等奖2项，省科技进步奖二等奖1项、三等奖1项；获中国包装联合会科技进步二等奖3项。专利申请量和授权量稳居全省前5，发明专利授权量增加90%，获“2017年度湖南省知识产权工作先进集体”称号。（张美灵）

【校地、校企合作】2017年，与株洲市人民政府联合成立“中国动力谷——湖南工业大学科技创新与成果转化中心”，与醴陵市人民政府联合创办醴陵陶瓷学院，与李可染画院联合成立李可染美术学院，与20多家大型企业签订战略合作协议，校地、校企合作不断加强。学校获“2017年度中国产学研合作创新奖”。（张美灵）

湖南铁道职业技术学院

【概况】湖南铁道职业技术学院是湖南省教育厅直属单位，首批国家示范性高等职业院校，首批湖南省卓越职业院校立项建设单位。学院设有铁道牵引与动力学院、铁道供电与电气学院、铁道车辆与机械学院、铁道通信与信号学院、铁道运营与管理学院、国际教育学院、马克思主义学院、体育学院、创新创业学院、继续教育学院10个二级学院，开办高职专业33个，全日制高职在校生9700余人。建成国家教学资源库1个，拥有国家精品专业1个，国家教改试点专业2个，湖南省精品专业7个，湖南省示范性特色专业2个，湖南省示范性特色专业群1个，湖南省特色专业2个，湖南省教改试点专业6个。湖南省生产性实习实训（教师认证培训）基地2个；国家精品课12门，国家级资源共享课12门，省级精品课程23门，立项“十二五”国家规划教材42本；获国家级教学成果二等奖4项、湖南省省级教学成果奖共18项。有国务院政府特殊津贴人才1名、湖南省政府特殊津贴人才2名；全国“万人计划”教学名师1名，全国优秀教师2名，湖南省新世纪121人才工程人选1名，湖南省徐特立教育奖获得者2名，全国第四届和湖南省第三届黄炎培职业教育优秀教师奖获得者1名，省级教学名师3名，省级优秀“双师教师”1名，省级职业教育专业带头人14名，省级以上青年骨干教师20名，铁道行业名师4名，湖南省辅导员年度人物2名，教育部专业教学指导委员会专家5人，湖南省职业教育评估与咨询委员会专家6人；有国家级教学团队2个，省级教学团队5个。学院是首批“国家高技能人才培训基地”，是全国重点建设职业教育师资培养培训基地，拥有轨道牵引实训中心等8大实训中心，共146间实训车间（室）。2017年，学院获“全国第二批深化创新创业教育改革示范高校”“教育部第二批现代学徒制改革试点单位”“湖南省高校大学生创新创业孵化示范基地”等称号；成为教育部“走出去”试点项目立项单位。

2017年，学院在全国28个省、市录取新生，新生报到3406人。毕业生就业率95.37%，派遣率60.9%。全年学院立项省市级课题62项；发表论文636篇，出版教材42本。立项横向课题9项；授权专利67项。学院师生获市级以上竞赛三等奖以上奖项98项。学生获国家级技能大赛一等奖3项、二等奖4项、三等奖1项，省级一等奖7项、二等奖11项、三等奖21项。刘亮君、李敬良、江丰3位同学和刘权、陈明飚、王敏3位同学组成的两个参赛组均获得“2017瑞萨杯全国大学生电子设计竞赛”一等奖；王蕴、黄艺思获2017年应用型人才技能大赛全国总决赛二等奖；李钰、胡何伟获全国高职院校工业机器人虚拟仿真大赛一等奖；叶麒龙、黄健获全国高职院校工业机器人虚拟仿真大赛三等奖。刘松林、肖扬获2017年全国职业院校铁道信号控制专业学生竞赛二等奖；凌斌、江丰、曾洁获全国职业院校技能大赛“风光互补发电系统安装与调试”赛项二等奖；王伟、李建葳获全国铁路职业院校技能竞赛“华为杯”数据通信赛项二等奖；谢福兵、吴涛两位获“智慧城域网部署与应用技能”国赛三等奖。（杨文治）

【专业建设】 2017年，学院优化专业结构，轨道交通类专业18个，在校生超过70%。电子商务专业学生省专业技能抽查通过率100%，排名全省第一；应用电子技术、广告设计与制作专业省毕业设计抽查通过率100%，排名全省第二。2017年，国家教育部公示344个全国职业院校装备制造类、邮政和快递类、旅游类、交通运输类示范专业点名单，学院机车车辆制造与维护专业、城市轨道交通车辆技术专业和铁道机车专业共3个专业成功入选。

（杨文治）

【国际化交流】 2017年，学院与俄罗斯圣彼得堡国立亚历山大一世皇帝交通大学开展3个中外合作办学项目迎来首届新生，有111名学子进入班级学习。学院成为教育部“走出去”试点项目立项单位；全年选派22人前往新西兰参加理论教学与实践教学结合的教育理念及机制建设项目，选派18人前往美国参加创新思维与创业管理师资队伍能力建设项目，选派6人去加拿大参加素质教育考查项目；同时，泰国驻昆明总领事鹏普·汪披塔亚、领事祝丹佩、德国莱茵科斯特有限公司、史太白基金会代表团等相继到学院共同探讨谋划技术创新、教育培训、合作办学等方面的交流与合作。（杨文治）

【创新创业】 2017年，学院成立创新创业学院，建立面向全体学生的与专业融合的创新创业孵化基地6.5万平方米，面向有创业意向学生的校企融合的创新创业孵化基地22个，面向工商注册项目的创新创业园区1500平方米。5月，学院被评为国家第二批“深化创新创业教育改革示范高校”，11月立项“湖南省第二批大学生创新创业孵化示范基地”项目。学生原创3D打印作品《壁虎杯》项目获“金砖国家技能发展与技术创新大赛——首届3D打印造型技术大赛”三等奖。

（杨文治）

湖南铁路科技职业技术学院

【概况】 湖南铁路科技职业技术学院位于云龙示范区职教大学城，新校区占地41公顷、建设面积24万平方米、总投资超过10亿元，其中仪器设备总价值2亿多元。学院设有铁道机车车辆与机械学院、铁道运输管理与经济学院、铁道工程与信息学院、铁道供电与电气学院、继续教育与国际学院、创新创业学院6个二级学院，基础课部、思想政治课部、体育部3个教学部，开设22个专业，拥有湖南省示范特色专业群1个，省示范特色专业1个，省特色专业1个，全国铁道行指委优秀专业点3个。有师生员工11000余人，其中，全国职业教育轨道交通行业名师3人，全国技术能手1人，全国青年岗位能手1人，省级专业教学团队1个，省级以上教学名师3人，省级专业带头人3人，省级学科带头人1人，省级青年骨干教师6人，教授14人。

学院是湖南省卓越职业院校建设单位、湖南省示范性（骨干）高职学院、教育部第一批教育信息化试点优秀单位、教育部首批数字校园实验校、教育部人才培养水平评估优秀学校、湖南省首批教育信息化创新应用示范学校、湖南省大学生就业创业示范高校、湖南省首批大学生就业一把手工程优秀示范学校、湖南省首批大学生示范性创新创业孵化基地、南方铁路运输职业教育集团牵头学校和株洲市产教联盟发起学校。

2017年，学院招录全日制大专新生3477人，实际报到3307人，同比增长3.5%，高考录取线继续保持全省同类院校前列。单招960人，报考人数4592人。2017届毕业生就业率达95.35%。全年，师生参加各级技能竞赛61项，获国家级奖项2个，省级奖项38个，市（厅）级奖项21个，为历年参加技能竞赛获奖数量之最。葛婷婷老师带领的团队以专业课组第一名的成绩，获全国职业院校信息化教学大赛高职组信息化课堂教学比赛一等奖，实现历史性突破。（李　云）

【学科建设】　2017年，学院专业建设不断加强。成立教学管理委员会，建立专家库，对22个专业开展专业分析，动态、持续推进专业建设，建立有学院特色的专业诊断与改进体系，铁道车辆、交通运营管理专业遴选为全国职业院校铁道运输类示范专业点。主持制定教育部专业教学标准2项，参与国家及专业行业标准制定11项，成功申办2018年湖南省职业院校轨道交通信号控制系统设计与应用技能大赛赛点。（李　云）

【科研创新】　2017年，学院获批省市级课题42项，院级课题21项，横向科研项目10项，科研经费到账总计近200万元。科研质量不断提高，发表论文195篇，获得实用新型专利6项。

（李　云）

【产教融合】　成立省级工程技术研究中心。由学院和广铁集团、西南交通大学三方组建的湖南省高铁运行安全保障工程技术研究中心，经省科技厅正式批准在学院挂牌成立。组织召开“南方铁路运输职业教育集团”第六次年会，举办2017全国铁路高职院校“服务新时代轨道交通产业发展”校际交流会，承办“全省职业教育校企合作推进会暨2017年职业教育宣传活动周启动仪式”“2017中国（湖南）国际轨道交通产业博览会暨轨道交通产业人才发展论坛”“第五届全国铁道行业职业技能大赛铁路信号工决赛”等重大赛事活动。与中国铁建重工集团、中铁二十五局、呼和浩特职院等单位建立深度校企、校校合作，实现互利共赢。与广铁集团合作校企共建基地，投入转辙机52套、线缆工艺设备40套，总价值600余万元。长沙高铁工务段投入18号高铁道岔一付、高铁双块式轨枕380余套、钢轨625米及相关配件，价值400余万元。

（李　云）

【开放办学】　广铁集团中层管理干部培训等行业员工管理和技能培训，全年完成培训班46个，培训5600人。作为全国唯一一所省外高职院校参加浙江省发改委举办的轨道交通人才培养推进会，开设杭州、温州地铁定向委培班5个，培训450人。国际办学迈出新步伐。赴肯尼亚继续开展二期、三期蒙内铁路培训工作，赴马来西亚开展实训基地建设工作以及实训教学督导培训工作，吉隆坡大学聘请范刚等老师指导铁路工程专业人才培养方案的制定。为马来西亚12名教师（工程师）开展“铁道工程轨道连接及钢轨焊接专业技术师资培训”。与吉隆坡大学共建“轨道交通人才培养中心”，与泰国斯巴顿大学共建“东盟铁道学院”，获得接收留学生的资格，开创学院海外办学新模式。（李　云）

【创新创业】　举办“新维度”双创大讲堂。坚持每月一期，先后邀请千金药业董事长江端预等知名企业家，与广大青年学生畅谈创业历程，激发学生创新创业激情。获批省级众创空间。学院大学生创新创业中心，被湖南省科技厅批准认定为省级众创空间，获得支持资金30万元，并被推荐参加科技部火炬中心的国家级众创空间评审。创新创业成果初显。获湖南省黄炎培职业教育奖创业规划大赛三等奖2项、优胜奖3项，株洲市大学生创新创业大赛三等奖1项、优胜奖2项。有17个项目注册个体经营，2个项目注册公司，7个项目团队获得株洲市大学生创新创业扶持资金。（李　云）

湖南工贸技师学院

【概况】　湖南工贸技师学院是一所以培养高技能人才为主要目标的高等

职业院校，是国家综合职业培训基地、国家职业教育改革发展示范学校、国家示范职业技能鉴定所、全国高技能人才培训基地、全国职工职业（工种）技能实训基地、湖南省技师培训鉴定点、湖南省高技能人才培训基地、湖南省职业技能竞赛基地、湖南省创业培训基地。学院占地20.13公顷，建筑面积138678平方米，可同时满足全日制在校生6000人和每年短期培训10000人次的需求。

2017年，学院积极推进各项工作，全面谋划学院发展。先后成功承办第44届世赛塑料模具工程项目全国2进1选拔赛、2017年湖南技能大赛·第45届世界技能大赛湖南选拔赛开闭幕式及赛事组织工作、2017年湖南省技工院校工匠精神教育系列比赛和微课比赛、2017年株洲市“技能天下”职业技能电视大赛、2017年株洲市职业院校学生技能竞赛和株洲市“数学建模核心素养的培养”教学专题研讨活动等市级及以上综合性比赛或主题活动数十次。

全年招收全日制新生1976人，其中高技1621人，技师214人，生源结构得到优化，生源层次不断提升。积极对接省市通用航空产业发展需求，建立通用航空系，新增航空机电技术、航空机械制造、低空无人机应用等3个专业。完成国家职业技能鉴定考证1903人次、特种（设备）作业人员安全人员培训考证1848人次，电大招生570人，组织各类大型考试9次，26049人次参考。学院职业技能鉴定所被评为全市优秀职业技能鉴定所。深度对接省市支柱产业和企业，构建高端就业网络，毕业生一次性就业率、专业对口率和平均薪资水平稳定在全省技工院校最前列。全年举办19场专场招聘会，进入世界500强企业就业436人。建筑装饰系毕业生专场推介会，吸引了37家装饰公司前来招聘，近130名室内设计专业毕业生一抢而空。全院70%的毕业生实现市内就业。

（黄智勇）

【教研教改】 全力推进各级职业教育项目建设，2017年在建项目13个，其中市级8个，省级5个。市卓越校、市机电专业示范性专业群、易奇名师工作室等3个市级重点项目成功立项。学院全年教科研成果层出不穷，《职业院校学生通用素质读本》获评株洲市第十三届哲学社会科学优秀成果二等奖，成为职业院校唯一获大奖的作品；“凸轮设计专家2.1”软件获得国家版权局著作权登记证书，《一种可自适应调节越野车灯》获得国家专利授权；校企共建3D打印产学研基地，成为增材制造（3D打印）企学研实践教育联盟首批成员单位，是全国首批获认证授牌的3D打印造型师能力认定与实训基地，同时被批准为一带一路暨金砖国家技能发展国际联盟单位。

（黄智勇）

【教学竞赛成绩骄人】 全年学院获得省级以上教学比赛大奖40多项，其中全国技工院校工匠精神教育系列比赛和微课比赛获得3个一等奖、4个二等奖，2个三等奖；在全省工匠精神系列竞赛活动中，学院获得总分第一和优秀组织奖；全省信息化教学大赛获得2个一等奖、4个二等奖、1个三等奖；贺红妮老师、周明刚老师获株洲市第四届学术带头人称号，周全华老师被授予“株洲市技能大师”称号，张志获评株洲市优秀教师、株洲市核心专家和领军人才，“张志劳模创新工作室”被市总工会命名并授牌。（黄智勇）

【技能大赛硕果累累】 学院师生参加各级各类技能竞赛屡获佳绩，在第45届世界技能大赛湖南省选拔赛上，包揽塑料模具工程项目前四名和焊接项目前二名，学院获得团体一等奖；在株洲市职业院校学生技能竞赛中，取得12个一等奖、14个二等奖、14个三等奖的优异成绩，稳居团体总分第一。在全国职业院校信息技术技能大赛电子商务项目比赛中，获得1个一等奖、1个三等奖；参加全国机械行业职业院校技能大赛移动机器人竞赛获得2个二等奖、1个三等奖。省级文明风采大赛获得3个一等奖、6个二等奖、3个三等奖。市级文明风采竞赛获优秀组织奖，学生男子篮球队获团体冠军，取得近十年来最好成绩，女子排球获得二等奖。株洲市首届创意设计大赛获2个一等奖、2个二等奖、3个三等奖。（黄智勇）

株洲市第二中学

【概况】 至2017年年底，株洲市第二中学有高中教学班62个，3113名学生，在编在职教职工293名。高中在岗专任教师251人，其中特级教师7人，正高级教师2人，高级教师91人，硕士研究生51人，株洲市学术技术带头人2人、市级学科带头人14人。

2017年，全面提升质量，学校事业发展达到新高度，二中教育品牌的辐射和引领作用凸显。学校荣获全国文明校园、全国中小学心理健康教育特色学校、全国优秀国学社团、湖南省青少年科技创新优秀示范学校、湖南省五四红旗团委等10余项荣誉。

（王玉彤）

【教育教学质量创新高】 2017年，学校高考一本升学率73.5%，二本升学率94.4%，600分以上人数141人，6人录入北京大学、清华大学，7人进入全省单科优秀名单，1人夺得文科综合全省第一。王浩宇以裸分全省第三的成绩夺得株洲地区文科第一名。艺体专业高考方面，专业合格率85.4%，录取率75.2%。在全国数理化生信息学竞赛中，7人获全国一等奖，其中数学1人，物理1人，化学1人，生物3人，信息学1人。自主招生共341人次通过名校初审，市二中排名全国第47名，全省第5名。学校连续5年获评株洲市高中教育质量建设先进单位。（王玉彤）

【艺体创新教育】 2017年，4人通过清华美院专业测试，1人通过北大高水平运动队男足项目招生测试；2人获省三独比赛一等奖；3人代表株洲出战省乒乓球锦标赛获团体冠军，获评国家一级运动员；校足球队夺得“我爱足球”中国足球民间争霸赛湖南赛区冠军。8月，以市二中交响乐团为主体的株洲市青少年交响乐团代表全市参加第17届湖湘文化之旅“青春畅想·乐动两岸”——海峡两岸青少年音乐会，CCTV4、《人民日报》等媒体相继报道。科技创新方面，周康杰的《行程无障救护车》项目获2项国际金奖；在全国发明展览会上，市二中获3银3铜。10月，湖南省青少年科技活动示范学校建设经验交流会在市二中举行，市二中获“湖南省青少年科技活动优秀示范学校”。

（王玉彤）

【精神文明建设】 年内，市二中获评全市文明校园、全国中小学心理健康教育特色学校、首届“全国文明校园”，学校团委被授予湖南省五四红旗团委，殷倩莲同学获评全国最美中学生。创文经验在全市推介。

集团化办学创新局面。2017年，市二中与建宁中学、天元中学、枫叶中学、十九中、云田中学5所初中学校共同组建株洲市二中教育集团。市二中创办初中部、附属小学。初中部已经招生办学。利用市二中名校资源品牌创办高水平初中、小学，推进集团化办学，进一步优化全市基础教育资源配置，推动教育优质均衡发展。

（王玉彤）

【课程改革】 学校落实立德树人的根本任务，聚焦核心素养，构建“学术性高中学生核心素养”体系，探索推进“信息加工教学模式群”建设。2017年，市二中开全省先河，主动邀请省教育督导与评价协会专家到校督导。学校作为首批合作单位参与北京大学“高中生发展与核心能力测评（ACC）”大型教育实验研究项目。开展“创新杯”教学竞赛、高三学科研讨会、教学开放日等教育科研活动，助力教学质量提升。学校连续3年获评省教育厅省示范高中督导评估优秀等第。（王玉彤）

北京师范大学株洲附属学校

【概况】 北京师范大学株洲附属学校创办于2005年5月，学校占地面积15.67公顷，建筑面积14万平方米。至2017年年底，学校有教学班156个，在校学生6709人，教职工580人，专任教师450人。

2017年，学校完善“核心素养体系、拓宽教育教研视域”的构架，致力于“智情意美，全人发展，幸福成长”课程体系的研究与开发，在课程的功能、结构、内容、实施方式和评价上进行探索改革，融合课程、课堂与测评体系，完成了独具特色的小学成长课程，这一课程体系已经成为教育行业发展的最新风向标。

2017年，学校高考重点本科（一本）上线168人；二本上线人数比上年增加80人，增长幅度为3%；艺术生文化、专业双上线人数取得历史性突破。学考一次性合格率92.8%。

2017年，学校体育竞赛捷报频传。学校获得湖南省阳光体操轻器械组冠军、株洲市“三好杯”系列体育赛事篮球赛男女队双冠军、网球赛男女子团体双冠军、天元区中小学田径运动会小学男子团体总分第一名。小学男子篮球队在第29届全国“苗苗”杯小学篮球赛上摘取总决赛桂冠。

艺术之花竞相怒放。在全国未来之星特长生比赛中，学校“筝之韵”社团、“花漾”舞蹈社团获得特金奖4枚，金奖13枚；全国啦啦操联赛总决赛“热舞精灵”啦啦操队过关斩将，荣获第四佳绩；全国青少年才艺大赛华东区比赛，学校直笛社团获金奖。

科技竞赛硕果累累。参加各级各类竞赛活动，获国家级奖59项，省级奖57项，市级奖155项。第六届国际青少年教育机器人奥林匹克竞赛中，余定泽、史习均同学斩获本次大赛“机器人轨迹赛”项目一等奖；郭彦杰、叶泽宇、刘锦城、胡乔榛4位同学获得二等奖。学校被评为“湖南省青少年科技创新示范学校”“湖南省首批中小学知识产权教育试点学校”。

（张献政）

株洲市特殊教育学校

【概况】 株洲市特殊教育学校创建于1985年，校园占地面积4公顷，是一所集聋儿学前康复教育、义务教育、高中阶段教育、中等职业教育，启智教育和特殊教育科研为一体的市级特殊教育中心学校。2017年，学校有24个教学班、234名学生、100个教职工。9月，学校从石峰区老贯冲整体搬迁至芦淞区曲尺塘。

德育工作扎实有效。积极践行社会主义核心价值观，以养成教育为重点，全面推行快乐成长代币制和“六礼三仪”教育，加大学生文明行为等方面的检查力度，并把检查结果纳入班级量化考评之中。以“规范周”“主题月”、文明餐桌评比、康复之星评选、规范班级评选、文明寝室评比等活动为抓手，进一步促进学生文明素养的提升。

教学质量稳步提升。2017年，学校努力探索适合听障、智障孩子发展的教学方法，全面提高教学质量。聋教部4名高三学生全部考入本科院校，实现了高考本科录取率100%的历史最好成绩；学生参演的舞蹈《旧时光》荣获全国一等奖；美术、书法在市级比赛中获一等奖4个、二等奖8个、三等奖10个。康复部学龄前儿童康复有效率100%，显效率75%。启智部学生行为习惯得到矫正，各种能力得以提升。

教研教改持续开展。落实和开展校内教师的国培、省培和市培，承办市义务教育阶段特殊教育学科基地研训、市特殊教育管理干部和骨干教师高级研修，以及微课教学设计与信息化课堂高端研修班。开展校本培训，全年开设近20场专题讲座。教师课堂教学比赛获省级特等奖1个、一等奖4个、二等奖1个、三等奖1个。积极探索教育教学新路径，进一步促进株洲市特殊教育“医校结合”项目走向专业化，规范化的发展道路，切实搭建家校共育、全面康复的教育平台，促进特殊教育事业的发展。推动在信息化条件下的翻转课堂模式，开发特殊教育微课资源库。在“教师走起”平台上共有40多名教师参与微课制作，成功上传微课100多节，点击率超过了30万次。搭建聋人与听力沟通桥梁，与株洲市炎帝专修学校、手之声技术团队、郑州工程技术学院合作开发“手之声”APP正式上线。全年随班就读指导60余次，编写的4指导手册在实践工作中发挥着重要指导作用。

（办公室）

文化·体育

文 化

【概况】 至2017年年底，全市共有群众艺术馆和文化馆10个，公共图书馆7个，博物馆与纪念馆10个，农家书屋1561家，美术馆1个，文物主管部门11个，文物保护管理机构5个。三级以上文化站116个，上等级率93%。村（社区）综合文化服务中心按“七个一”标准建成1101个，合格率81%，居全省第二。新建“乡村大舞台”167个，改、扩建1400多个，被正式命名为国家公共文化服务体系示范项目。业余文艺团队2828支，每年参加文体活动的人数300多万人次，城乡居民文化娱乐服务支出占家庭消费支出比重达9.4%。

全年共争取文体事业发展资金、文化产业引导资金、国家艺术基金和文物保护经费7000多万元，文化产业增长值为183.2亿元，占全市GDP的比重7.1%，居全省第二。全市商业数字影院24家，全年票房达1.26亿元，持续保持全省领先。全市体彩网点350家，体彩销售达2.65亿元，再次实现新的突破。

市文体广新局连续3年被评为全省新闻出版广电（版权）工作目标管理考核先进单位、全省文化工作年度考核先进单位。2017年，市文体广新局先后获评全国体育系统先进集体、第十三届全运会突出贡献单位、全国农家书屋建设十周年先进集体、全省文化系统宣传信息工作先进单位。市文化市场综合执法局被评为全省文化市场综合执法考评先进单位，市文物局以总分第一的优势获评全省文物工作考核先进单位。（陈林峰）

【文艺精品创作】 2017年，全市文化系统树立精品意识，文艺创作结出丰硕成果。坚持以人民为中心的创作导向，把创作生产优秀文艺作品作为文化重点工作来抓，全市形成出精品、攀高峰的良好氛围。全年共推出舞台类作品33个，美术书法摄影作品200多件，歌曲20多首，微电影8部，复排经典剧目11部。其中，由省文化厅和株洲市政府共同打造的全省重点剧目大型民族歌剧《英·雄》，在全国140多个剧目当中脱颖而出，成为文化部重点扶持的9部民族歌剧之一；首演成功，好评不断，获得国家文化部和专家组的高度肯定，得到《中国文化报》《湖南日报》等15家省级以上主流媒体报道。现代花鼓戏《五朵村花》参加全国花鼓戏优秀剧目展演，赢得高度赞誉和热捧。原创微电影《笔记》参加第二届中国戏曲微电影大赛，荣获最佳戏曲微电影纪录片大奖。醴陵五彩艺术团赴美国参加“2018UCWDC世界排舞锦标赛”获冠军。攸县创作的大型花鼓戏《一辈传一辈》，成功获得国家艺术基金扶持，在北京梅兰芳大剧院参加全国基层院团戏曲展演，获得广泛好评。大型音乐剧《天使合唱团》荣获全省“五个一工程”奖，并成功入选国家艺术基金2018年度滚动资助项目。小歌剧《山路弯弯》入选湖南省文化发展扶持资金项目，微电影《株洲梦 我的梦》、歌曲《故乡》等3个项目入选株洲市重点文艺作品扶持项目。（陈林峰）

【国家公共文化服务体系示范区创建】 进一步完善基层公共文化设施网络，创新文化体制机制，提升公共文化服务效能。7月，迎接文化部中期评估，35个考核指标有30个指标为优秀，评估结果名列中部地区第一。市群众艺术馆改扩建主体竣工，市戏剧传承中心顺利搬迁，市图书馆新馆建设前期工作顺利完成。采取PPP模式，打造“韵动株洲”公共文体服务平台、城乡电子阅报屏等创新亮点。结合“智慧株洲”，开展数字农家书屋试点，完善图书馆文化馆总分馆体系，建成图书馆分馆72个，智能书屋14个，文化馆分馆58个，实现馆际之间数字资源共建共享、互联互通。神农大剧院演出100多场，上座率75%以上。天元区图书馆正式开馆，醴陵市图书馆，茶陵县图书馆、文化馆，芦淞区图书馆正在装修，石峰区图书馆，荷塘区文化馆、图书馆建设已经动工。率先在全省完成农村广播电视村村响工程建设和中央广播电视节目无线数字覆盖工程任务。（陈林峰）

【公共文化服务】 坚持文化惠民，公共服务迈上新台阶。全年共完成各类演出、展览、培训等活动2093场次，参与人数逾200万人次。开展“百镇千村”万人大调查，对接群众需求，创新服务手段，整体走在全国前列。建立文化志愿者网格化管理平台，全市13240名文化志愿者常年活跃在基层，服务在一线。实施“春雨工程”，组织文化志愿者到云南、四川交流展演，获文化部2017年文化志愿服务示范活动典型案例。引进社会力量，打造韵动株洲的“韵动书屋”，天元区的城市书吧、石峰区的读读书吧、醴陵的五彩书吧等一批公益品牌，基本公共文化服务内容供给更加优质、更加丰富，群众参与更加积极、更加主动。市图书馆获评第四批全国学雷锋活动示范点。市湘东院线公司、攸县花鼓戏保护传承中心、石羊塘农家书屋获评全国“服务农民、服务基层”先进集体。“送戏下乡”经验获得央视《焦点访谈》称赞，基层公共文化服务体系建设获得《人民日报》报道。

积极承担11项民生100工程，全部提前或超额完成任务。其中：市、县两级完成公益演出855场；举办市民课堂，开展全民艺术普及培训人次完成12145人次；城市免费放映公益电影500场，农村免费放映公益电影18900场；举办美术书法展览16场，神农大讲坛公益讲座40场。体育免费培训班12200人次以上，免费国民体质监测12000人次以上，公共体育场馆免费开放接待40万人次，建设全民健身路径工程50套，保障了群众的基本文化需求。（陈林峰）

【重大文化活动】 坚持对接群众需求，重大文化活动精彩纷呈。2017年，株洲市主动承接全国、全省大型文化活动，用活动宣传株洲、推介株洲，扩大城市影响、彰显城市魅力。举办“2017全国少年儿童阅读年”暨“株洲读书月”系列活动，推动468项阅读活动开展。办好全国“阅读推广人”培训班，获得300余名推广人点赞。成功承办“永远的辉煌”第十九届中国老年合唱节，来自全国60支老年合唱团3000多名合唱爱好者参赛，获得文化部高度评价。组织开展“福满株洲”元宵系列文化活动，30多万群众受益。开展“欢乐潇湘·欢乐株洲”大型群众文化活动，各县市区共举办展演100多场，专场10场，经过层层选拔，精心打磨，参加全省总决赛，获得3金4银3铜的好成绩，与长沙并列第一。在炎陵举办第四届“罗霄放歌”文化扶贫主题月活动，推动文化扶贫创新开展。芦淞区打造的新芦淞最强音、石峰区推出的“文化家家亲”、荷塘区开展的“品味·荷塘”等活动特色鲜明，深入人心。

（陈林峰）

【文化遗产保护】 2017年，株洲总机厂入选中国工业遗产保护名录。起草《株洲市工业文化遗产保护条例》，基本框架已经敲定。调查登录清水塘老工业区工业遗产100多处，举办工业文化遗产保护与开发利用高峰论坛，加快推进湖南工业博物馆和工业遗址公园建设。完成炎陵县炎帝陵、洣泉书院，醴陵市醴陵窑，芦淞区中共八叠支部，株洲县杨得志故居等文保单位维修。完成攸县人字岭遗址的考古发掘工作，共发现墓葬73座，出土磨制石器、陶器等100余件，对研究南方史前文化具有重要意义。醴陵沩山村、茶陵秩塘镇、炎陵中村瑶族乡被评为全省经典文化村镇。成功告破公安部督办“9•26系列盗掘古墓葬案”，这是全省侦破的文物犯罪案中摧毁涉案团伙最多、抓获涉案成员最多、涉案地域最广的一次，中央一台“今日说法”栏目进行专题报道。深化非物质文化遗产传承。举办2017全国皮影高峰论坛与展演暨株洲市非物质文化遗产博览会，这是株洲市历年来规模最大、参与人群最多的“非遗”活动。“醴陵陈扬龙釉下五彩瓷技艺传承展”首次在国家博物馆开展，80余件作品被国家博物馆收藏。开展文教结合，深入推进“非遗”进校园工作，与市幼师学校联合免费开办3年制戏曲班，培养戏剧人才，增强传承活力。

（陈林峰）

【株洲成为首批国家文化消费试点城市】 2017年2月，株洲成为首批第二次国家文化消费试点城市。全年全市通过广泛开展“阳光娱乐节”“电影展映月”等系列活动，扩大文化消费，满足了群众多元文化需求，获得文化部考察组高度评价，《光明日报》刊文重点推介株洲文化消费创新模式。大力扶持特色骨干企业，指导醴陵“中国陶瓷艺术设计中心”和“湘瓷文化创新示范基地”两个项目获得中央文化产业引导资金；“湖南美彩印务中心精品包装创意建设”“广播电视融合媒体”“五彩株洲·智慧旅游”“湖南华强文化科技产业基地一期工程”“非物质文化遗产釉下五彩瓷的设计与推广”“省级特色文化产业园区基地奖励”“智慧梅城·攸州手机台”7个项目获得省级文化产业引导资金。完成2016年文化体育产业发展蓝皮书，开展全市文化创意产业统计工作，为整体谋划文化创意产业区域发展新格局，促进文体产业与互联网、科技旅游、金融贸易的深度融合奠定了基础。（陈林峰）

【文化行业监管】 坚持维护文化领域安全，文化市场规范有序。2017年，市文化广电新局围绕“守住底线、促进繁荣”总目标，坚持一手抓管理，一手抓繁荣，形成文化市场监管新格局。在全省率先出台《关于进一步深化文化市场综合执法改革的实施意见》，理顺机制，调整班子，配强队伍，在全国电视电话会议上得到文化部领导表扬。不断深化“放管服”改革，完善文化市场管理政策，降低市场准入门槛，优化审批程序，为市场主体营造良好发展环境。上网服务行业、文化娱乐行业转型升级深入拓展，全市有150余家网吧成功转型升级。大力开展文化市场专项整治，扎实做好“十九大”广播电视安全播出工作，实现全年零事故，国家和省督查组5次到株洲督查，给予高度评价。在全省率先启动县级播出机构违规频道频率清理整顿工作，清理县级违规频道9个，成功打掉“黑广播”3个，收缴卫星接收锅30余套，得到省委宣传部和省局肯定。积极开展扫黄打非专项整治行动，不断强化网络内容监管，查办网络贩卖传播淫秽物品牟利案件5起，办理全省首例艺术品经营案件，切实维护了意识形态领域和文化领域安全。（陈林峰）

【民族歌剧《英·雄》】 大型民族歌剧《英·雄》，是文化部2017年重点扶持的9台民族歌剧之一，是湖南省唯一入选的剧目，由株洲市戏剧传承中心创作。它通过“初恋·俚歌”“热恋·酒歌”“苦恋·离歌”“生死恋·长歌”四幕”，真实再现中国共产党第一位女党员缪伯英和丈夫何孟雄二人艰苦奋斗，坚强不屈，勇于牺牲的热血故事。歌剧大部分由湘籍和株洲艺术家合作完成，由株洲籍青年歌唱家王丽达担任女主角，聚集全国一流的主创团队、强大的表演阵容，参加演出的演员、乐队300多人。该剧在学习借鉴西方歌剧的同时，坚守民族文化本色，融入大量湖湘文化艺术元素，整部格局的35个唱段，运用大量湘东民歌、花鼓戏元素，加入大筒、唢呐等民族乐器。（陈林峰）

【“2017全国少年儿童阅读年”暨“株洲读书月”系列活动】 2017年4月12日，“2017全国少年儿童阅读年”系列活动启动仪式暨“株洲读书月”十年庆典仪式在株洲神农大剧院启动。活动以“儿童阅读与仁爱、礼仪、诚信”为主题，通过17个主旨活动，以绘本、图画、征文、表演、数字阅读等多种形式和载体，推动468项阅读活动开展，邀请儿童文学作家梅子涵和央视“汉字听写大会”“成语大会”总冠军彭敏作精彩讲座。4月12—14日，举办“阅读推广人”第七期培训班，国内知名阅读推广方面的专家、学者就儿童阅读推广、公共图书馆绘本馆的建设等多方面内容与近300名培训学员进行交流与探讨。（陈林峰）

【“永远的辉煌”第十九届中国老年合唱节】 2017年9月21日，由文化部主办，文化部公共文化司、湖南省文化厅、株洲市人民政府、中国合唱协会承办的“永远的辉煌”——第19届中国老年合唱节在神农大剧院拉开帷幕。文化部党组副书记、副部长杨志今，湖南省副省长向力力出席开幕式。本届合唱节为期4天（9月21—24日），全国各地60支老年合唱团3000多名合唱爱好者参赛。同时，来自全国文化系统老年大学规范化建设试点单位的10支团队受邀进行教学成果汇报演。还邀请特色合唱团队和文化系统老年大学代表进行惠民演出，将欢乐送到基层，让市民和游客近距离欣赏高水平的老年合唱表演。闭幕式晚会上，组委会为50支参演合唱团颁发“永远的辉煌”——第十九届中国老年合唱节展演纪念杯。北京北大荒合唱团、沈阳市总工会职工合唱团、株洲市群星合唱团等10支参演合唱团获评“最受欢迎合唱团”。

（陈林峰）

【醴陵陈扬龙釉下五彩瓷技艺传承展】 2017年9月22日，由中国国家博物馆、湖南省文化厅主办，湖南省非物质文化遗产保护中心、湖南省醴陵市人民政府协办的“薄施淡染——陈扬龙醴陵釉下五彩瓷技艺传承展”在中国国家博物馆西大厅开幕。中国国家博物馆馆长吕章申、文化部原副部长王文章、湖南省文化厅副厅长张帆、清华大学美术学院教授张守智、中国艺术研究院常务副院长吕品田、文化部非物质文化遗产司规划处处长宋伟等领导和专家出席开幕式。展览展出陈扬龙生前创作和绘制的作品78件，陈扬龙传承人陈利和申彬的作品30件，以及大量写生稿、设计稿和使用工具，全面反映了陈扬龙及其传承人的技艺全貌。开幕式现场，陈扬龙子女将其父亲80余件作品捐赠中国国家博物馆收藏。（陈林峰）

【第四届“罗霄放歌”文化扶贫主题月活动】 2017年10月25日，第四届“罗霄放歌”集中连片贫困地区文化巡演暨株洲市文化扶贫主题月专场演出在炎陵县文体中心举行。主题月活动持续两天，包括参观炎陵县文化扶贫现场点、株洲市文化扶贫成果展、第四届“罗霄放歌”——集中连片贫困地区文化巡演专场演出、2017年株洲市文化扶贫工作座谈会等4大活动。演出前，在县文体中心大厅进行株洲市文化扶贫成果展，将文化扶贫的成果用图片、展板的形式展出。晚会中，市文体广新局现场为炎陵县配送文化扶贫器材65套。（陈林峰）

【株洲市第四届电影展映月】 2017年10月17日，“喜迎十九大，电影进万家”第四届电影展映月启动式在神农城广场举行，市委常委、宣传部部长聂方红出席并宣布活动开始。本届展映月以“万张影券赠市民、千场影片惠城乡”为主题，通过“你点播，我放映”自主点播、预约放映等环节，让广大市民从《功夫瑜伽》《寒战2》《使徒行者》等百余部优秀影片中点播自己喜爱的电影。活动现场，全市17家影院联合为市民提供上万张观影券。各县市区公益电影放映单位选取上千场影片深入到社区、乡镇放映，并组织优秀影片走进福利院、工地、厂矿、

株洲市入选国家级、省级非物质文化遗产名录

表24

序号	项目类别	项目名称	申报单位	级 别
1	民 俗	炎帝陵祭典	炎陵县	国家级
2	传统技艺	釉下五彩瓷烧制技艺	醴陵市	国家级
3	传统舞蹈	三人龙	炎陵县	省 级
4	传统音乐	苏区歌谣	炎陵县	省 级
5	传统音乐	客家山歌	炎陵县	省 级
6	民间文学	炎帝传说	炎陵县	省 级
7	传统舞蹈	客家火龙	茶陵县	省 级
8	传统戏剧	茶陵湘剧	茶陵县	省 级
9	民 俗	云阳山南岳宫庙会	茶陵县	省 级
10	传统戏剧	槚山皮影	攸 县	省 级
11	传统技艺	打铁水	攸 县	省 级
12	传统舞蹈	星子灯	醴陵市	省 级
13	传统戏剧	长沙花鼓戏湘东路子	株洲市	省 级
14	传统技艺	花炮制作技艺	醴陵市	省 级
15	传统体育	瑶 拳	炎陵县	省 级

（陈林峰）

株洲市市级非物质文化遗产名录

表 25

序号	项目类别	项目名称	申报单位	批　次
1	传统音乐	思情鬼歌	醴陵市	第一批
2	传统音乐	苏区歌谣	茶陵县	第一批
3	传统舞蹈	大同桥火龙灯	攸　县	第一批
4	传统技艺	刘双喜漆画	株洲县	第一批
5	传统技艺	邹桂文木雕	株洲县	第一批
6	传统技艺	堂市乡谭建制鼓	株洲县	第一批
7	传统技艺	刘金莲剪纸	株洲县	第一批
8	传统技艺	大蒜加工工艺	茶陵县	第一批
9	传统技艺	腐乳加工工艺	茶陵县	第一批
10	传统技艺	冬酒酿造	茶陵县	第一批
11	传统技艺	蓝印花印染工艺	茶陵县	第一批
12	传统技艺	“补锅”手工技艺	茶陵县	第一批
13	传统技艺	皇图岭豆腐制作	攸　县	第一批
14	民　　俗	阳升关庙会	攸　县	第一批
15	曲　　艺	春　锣	醴陵市	第一批
16	曲　　艺	赞土地	醴陵市	第一批
17	传统戏剧	皮影戏	株洲县	第一批
18	民间文学	状元洲的传说	醴陵市	第二批
19	传统音乐	唱插话	攸　县	第二批
20	传统舞蹈	挎竹舞	攸　县	第二批
21	传统技艺	曾剑鎏金贴金	天元区	第二批
22	民　　俗	烧架香	茶陵市	第二批
23	民　　俗	花炮祖师李畋祭典	醴陵市	第二批
24	传统戏剧	醴陵皮影戏	醴陵市	第二批
25	传统体育	渌江龙舟赛	株洲县	第二批
26	传统体育	醴陵巫家拳	醴陵市	第二批
27	传统音乐	醴陵婚嫁歌谣	醴陵市	第三批

续表25

序号	项目类别	项目名称	申报单位	批　次
28	传统技艺	百井剪刻纸	芦淞区	第三批
29	传统技艺	醴陵焙肉制作	醴陵市	第三批
30	传统技艺	红薯脆片制作	醴陵市	第三批
31	民　　俗	仙庾岭庙会	荷塘区	第三批
32	民　　俗	六团三境龙王爷祭典	醴陵市	第三批
33	民　　俗	客家山歌	茶陵县	第五批
34	民　　俗	客家酿豆腐	茶陵县	第五批
35	传统技艺	严塘草席	茶陵县	第五批
36	传统技艺	茶三宝制作工艺	株洲县	第五批
37	传统技艺	石刻工艺	株洲县	第五批
38	传统舞蹈	花棍舞	茶陵县	第五批
39	传统技艺	床雕工艺	株洲县	第五批
40	民　　俗	元宵龙灯	炎陵县	第五批
41	传统音乐	瑶　歌	炎陵县	第五批
42	民　　俗	舞牙祭	攸　县	第五批
43	民　　俗	烧架香	攸　县	第五批
44	民　　俗	探　灯	攸　县	第五批
45	传统技艺	伏鱼手工制作	醴陵市	第五批
46	传统技艺	沩山豆腐制作技艺	醴陵市	第六批
47	传统技艺	醴陵毛笔制作技艺	醴陵市	第六批
48	传统舞蹈	轮灯（珠灯）	攸　县	第六批
49	民间文学	燕花歌	攸　县	第六批
50	传统体育	龙泉狮灯（双人灯）	攸　县	第六批
51	传统技艺	洪氏剪纸	攸　县	第六批
52	传统技艺	攸县米粉	攸　县	第六批
53	传统技艺	攸县坛子菜	攸　县	第六批
54	传统技艺	祖庵家菜	茶陵县	第六批
55	民　　俗	出傩神	株洲县	第六批

续表 25

序号	项目类别	项目名称	申报单位	批 次
56	传统技艺	正红蜡烛制作技艺	天元区	第六批
57	传统技艺	青山大筒制作技艺	芦淞区	第六批
58	传统体育	藤牌舞	炎陵县	第六批

（陈林峰）

学校等地，让电影丰富城乡广大群众的文化生活。（陈林峰）

文化市场管理

【概况】 至 2017 年年底，全市从事文化体育企事业单位 1800 余家，个体经营户 11800 多个，从业人员 15 万人。

2017 年，株洲市进一步做好市场监管工作，全力维护意识形态安全，努力营造风清气正的社会文化环境。全年全市文化市场没有发生政治安全事故、暴力恐怖事件和个人极端事件、大规模群体性事件、到省进京重大上访事件、重大公共安全事件。全年全市共出动执法人员 20851 人次，检查文化市场单位 8214 家次，立案查处案件 173 件，受理举报 135 起，无一例行政投诉、行政复议和行政诉讼案件，举报办理满意率达 100%。年内，株洲市文化市场综合执法局获评全省文化市场综合执法工作先进单位和全省“扫黄打非”办案有功集体。

创新管理模式。逐步摒弃以罚款数量、审批家次来衡量文化市场管理水平的旧方法，建立以终端质量为抓手的新管理模式。加强服务引导。先后组织出版物印刷发行从业人员、“小片网”负责人、互联网上网服务场所经营业主、歌舞娱乐场所经营业主、游泳场馆经营业主，开展相关法律法规培训，培训文化市场经营单位近千家次，发放宣传资料 2 万多份。建立信息网络。在各门类文化市场经营单位中建立 QQ 群、微信群，及时传达各类政令和信息。保持政务公开。及时将案件查处情况在政府门户网站公布，接受社会监督。引导转型升级。着力推进网吧、歌舞娱乐市场转型升级，全年已有 150 家网吧成功升级。

推进执法改革。认真研究国家和省里关于文化市场综合执法改革的政策，收集整理省内其他市州情况，全面摸清人员编制和领导职数设置，积极参与改革方案的设计，做好改革前期准备工作。株洲率先出台《株洲市进一步深化文化市场综合执法改革的实施方案》《株洲市文化市场综合执法局主要职责内设机构和人员编制规定》，文化执法改革工作走在全省前列。

加强安全生产。成立文化市场维稳安保工作领导小组，按照“全覆盖、零容忍、严执法、重实效”“党政同责、一岗双责、齐抓共管”的总要求，开展冬季、元旦、春节、两会期间以及十九大特护期全市文化市场安全生产大检查。全局分 4 个组，分头深入全市文化市场歌舞娱乐场所、网吧、游戏游艺场所、营业性演出场所、群众性演出活动现场、出版物印刷发行场所以及无证无照经营场所，全面排查事故隐患，堵塞安全监管漏洞。

延伸执法触角。聘请 64 名文化市场义务监督员，对网吧、游戏厅、出版物发行市场、歌舞娱乐场所等文化经营单位进行日常监督，形成文化市场管理的有益补充。（杨小红）

【新兴文化体育市场监管】 2017 年，株洲市在巩固网吧、新闻出版、娱乐、游艺等传统文化市场监管的同时，主动加强新兴文化市场监管。强化网络内容监管。开展“净网·2017”专项整治行动，巡查网站、微信公众号 450 家次，会同市公安局删除网络淫秽色情等有害信息 367 条，关闭非法网站 2 个，查办网络贩卖传播淫秽物品牟利案件 5 起。利用微信和 QQ 等方式贩卖淫秽视频的陈某贩卖传播淫秽物品案、徐某贩卖淫秽物品牟利案、郭某传播淫秽物品案等已由检察机关提起公诉，当事人分别判处有期徒刑。强化艺术品市场监管。加强对艺术品经营活动事前、事中、事后全程监管；推行艺术品经营企业信用管理制度，倡导诚信经营；推动市艺术品鉴定委员会和行业协会的创建工作，促进艺术品市场依法经营。3 月，办理全省首例艺术品经营案件，在全省乃至全国产生一定影响，提供借鉴经验。强化体育市场监管。在全省率先担负起体育市场监管职责。召开全市体育舞蹈培训机构负责人工作会议，建立体育舞蹈培训机构档案。对全市游泳场馆进行夏季专项整治。着手建设以体育管理部门为主导、社会体育指导员协会为主体、各种社会体育组织广泛参与的社会体育组织体系。

（杨小红）

【扫黄打非】 2017年，市文化市场执法局会同市工商局、邮政局、公安局、国安局等扫黄打非成员单位，联合开展系列专项整治行动。开展“清源”“固边”专项整治行动，对城区103家印刷企业和全市出版物发行市场以及邮政快递市场进行实地摸查，收缴各类非法出版物4000多册，收缴色情淫秽音像制品1000余张，查处5起擅自从事印刷经营活动和未落实五项承印制度案、8起发行非法出版物案、4起流动摊贩擅自从事出版物发行案，协助广东省查处1起贩售政治性出版物案，取缔3个地下黑印刷窝点；开展“护苗2017”专项整治行动，对全市中小学校周边63家书店、文具店进行拉网式排查，收缴《暴走漫画》等非法出版物800多本，取缔游商地摊10个；开展“秋风”专项整治行动，共查处案件3起，收缴非法报刊杂志7000余册，整治报刊亭（摊）和酒店、饭店、酒吧销售传播非法报刊行为，查处书报刊亭发行假冒出版单位出版物案1起。开展集中销毁活动。全年共销毁收缴的各类侵权盗版音像制品、软件和电子出版物、侵权盗版图书和非法出版报纸、期刊、广告宣传品等11.2万余盘（册）。开展“护苗2017•绿书签”系列宣传活动。发放10万张“绿书签”，倡导全市中小学生“远离和抵制有害出版物”“多读书、读好书、善读书”。推进“扫黄打非”进基层工作。全市104个乡镇、办事处全部成立“扫黄打非”工作办公室，1377个村、社区“扫黄打非”工作站挂牌，市、县、乡、村四级工作网络初步构建到位。

（杨小红）

【整治网吧市场】 2017年，突出重点，加强专项整治。先后开展元旦、春节、五一、暑期网吧专项整治行动，加强对重点难点区域的日常巡查。将10余家容易出现问题的网吧列入“重点监管名单”，进行专人负责、重点监控。健全机制，注重长效管理。坚持做到“三查三到位”。“三查”即抽查与普查相结合，白天查与夜晚查相结合，日常查与集中查相结合，保持对违法违规行为的高压打击态势。“三到位”即值班到位，随时应对突发事件；巡查到位，加强市场监管密度；接举报到位，保持举报电话“12318”24小时畅通。

（杨小红）

【规范广电市场】 严打“黑电台”。建设跨部门联合执法机制，与市无线电监测、公安等部门联合行动，成功打掉“黑电台”9个。整顿“小片网”。对市区“小片网”、小前端和企业台进行普查，建立完整的管理档案。召集“小片网”负责人进行安全播出培训，基本实现对“小片网”的有效控制。清理卫星电视接收环境。6—10月，在全市联合开展为期4个月的卫星电视专项清查整顿行动，严厉打击非法销售、安装、使用卫星电视接收设施行为。整顿电影市场。4月1日—6月30日，分三个阶段在全市开展为期3个月的电影市场专项整治行动，重点清查整治不规范使用票务系统、偷瞒截留票房收入、侵权放映、侵权盗录等违法违规行为。

（杨小红）

【净化娱乐市场】 3月1日—9月15日，开展歌舞娱乐市场专项整治行动，重点清查接纳未成年人行为，清理歌曲点播系统，清除未经授权的杂牌VOD点播公司的点播系统，引导各场所安装使用已经依法授权的VOD点播公司的点播系统。5月15日—7月15日，开展为期两个月的演出、娱乐市场“春雷”专项整治行动，加强对旅游景区、校园周边、城乡结合部以及居民小区的歌舞娱乐场所、游艺娱乐场所的监管，严查各类低俗、色情表演；与各县、区文体广新局及乡镇文化站建立联动机制，加强对农村集市、庙会、庆典活动的监管。

（杨小红）

文物工作

【概况】 至2017年年底，株洲市有文物机构26个，其中博物馆与纪念馆10个，文物主管部门11个，文物保护管理机构5个。全市共有全国重点文物保护单位8处，省级文物保护单位51处，省级历史文化名城名镇名村4处，市级文物保护单位243处，县级文物保护单位159处，一般不可移动文物点2351处，文物数量稳居全省第二。

株洲市文物局是株洲市文物行政管理部门，负责全市文物工作的管理、组织与协调，包括地上地下文物的保护、两建考古调查、勘探与发掘、流散文物及文物市场管理、文物旅游资源的开发利用、各类爱国主义教育基地建设及下属各县市文博机构的业务管理。2017年，全局有在职人员10人。

2017年，株洲市加大对文物的维修，共对6处文物保护单位实施维修；开展清水塘老工业区的工业文化遗产调查，推动湖南省工业文化遗产保护利用；配合“两建”考古对攸县人字岭遗址、株洲市天元区唐代庆霞寺遗址、芦淞区华兴村清代古墓群进行考古发掘，出土一批有价值的文物。市文物局全程参与公安部督办的“9•26跨省古墓被盗案”顺利告破，涉案犯罪嫌疑人已全部落网并判决。

全市各类博物馆加强品牌创建工作。红军标语博物馆和中国工农红军革命活动纪念馆被中宣部授予“全国爱国主义教育示范基地”称号，并成功创建全国社会科学普及基地。李立三故居被湖南省委宣传部列为第四批湖南省爱国主义教育基地。全年全市各级博物馆、纪念馆举办基本展览、巡展、临时展览10个，接待观众超过200万人次。（沈　晓）

【清水塘老工业区工业文化遗产保护】2017年，株洲市委、市政府实施清水塘老工业基地搬迁改造工程，为推动工业文化遗产保护利用，市文物局开展工业遗产调查保护工作。组建专题调查队深入190家厂矿调查登录170多处不可移动文物。在专项调查的基础上，专家评审出《株洲市清水塘老工业文化遗产名录》（共118多处），汇编《清水塘老工业区工业遗产》图册。划定3大工业遗址重点保护区，提出保护设想，配合规划、经信委策划湖南工业博物馆及工业主题工业园。11月24日，市人民政府、工业和信息化部工业文化发展中心联合举办“2017湖南株洲工业遗产保护与开发利用研讨会”，会议邀请国内、省内知名的工业文化遗产保护规划专家15人，较强实力的文化产业开发公司13家，共同探讨清水塘工业遗产保护与再利用模式。（沈　晓）

【开展文物消防安全大检查】结合打击法人违法三年专项行动、打击文物犯罪专项行动、文物流通市场专项整顿行动，市文物局制定下发《文物安全状况大排查行动暨夏季消防安全检查实施方案》，组织开展为期半年的专项检查。联合市公安消防支队，对全市9家省重点以上宗教类文保单位进行消防安全专项督查，共发现各类火灾隐患31处，责令当场改正26处，限期改正5处。与公安刑侦、消防部门联合举办全市文物行政执法及安防消防人员培训班。（沈　晓）

【文物维修】2017年，全市有序开展文物维修工作。全面完成炎帝陵维修、消防工程；醴陵窑地面建筑抢救性维护工程，李立三故居维修、消防、安防工程在有序推进；洣泉书院维修工程已通过初步验收；茶陵古城墙的一期维修工程在做前期准备；中共八叠支部旧址一期工程已竣工，二期消防及内部展示工程年内挂网。（沈　晓）

【考古发现】2017年，配合攸县网酒公路建设，完成攸县人字岭遗址抢救性考古发掘工作，总发掘面积1215平方米，共发现新石器时代墓葬73座，灰坑75个，柱洞遗迹100多个，出土磨制石器、陶器等文物，对研究南方史前文化提供十分重要的实物资料。配合株洲河西风光带建设，对天元区唐代庆霞寺遗址进行调查勘探，对庆霞寺建筑基址进行全面清理，摸清遗址的平面布局、基本结构和形制规模。配合株洲608所国防工程建设，对芦淞区华兴村清代古墓群进行发掘，清理清代中晚期墓葬27座，出土一批陶瓷器。（沈　晓）

【文物工作宣传】“9•26株洲古墓被盗案”的告破、“2017湖南株洲工业遗产保护与开发利用研讨会”的举办等文物工作，新华社、中央电视台、湖南卫视、湖南经视等主流媒体都进行积极报道，提高株洲文物资源在地方经济社会建设中的影响力。围绕“5•18国际博物馆日”和“中国文化遗产日”开展文物法律法规、考古新发现、馆藏文物特展等宣传活动；开展“讲述茶陵晓塘古城出土文物背后的故事”“青铜器上的动物世界”学术讲座；组织参观考古发掘工地，感受历史文化体验活动；通过《株洲日报》《株洲晚报》、株洲新闻网、株洲头条号、株洲发布、韵动株洲、文化株洲、方志株洲等新媒体对文物工作进行深入跟踪报道，提高文化遗产宣传月的社会影响力。（沈　晓）

【“9•26跨省古墓被盗案”告破】2016年9月26日发生在株洲市攸县网岭镇罗家坪村定子坳古墓被盗案，牵出了跨省系列案，涉案成员多、涉及范围广。案件已办结。2017年9月8日，湖南省公安厅召开新闻发布公布案件侦破结果。涉案犯罪嫌疑人于2017年11月1日由攸县人民法院刑事判决。案件共摧毁5个盗墓团伙，涉及湘、赣、豫、川、鄂、鲁、桂、皖、黑等9省30多个地州市，抓捕犯罪嫌疑人33人，破获盗掘古墓葬案件5起，制止盗掘古墓葬案件7起，追缴文物8件。其中，山东省淄博市临淄区被盗掘的古墓葬为第七批全国重点文物保护单位。（沈　晓）

株洲市全国重点文物保护单位名录

表26

编号	类别	序号	名称	地理位置	时代
1	古墓葬	1	炎帝陵	炎陵县鹿原镇水东村	清
2		2	网龄墓群	攸州市网岭镇杨家洲村港下垅组	东周—汉晋
3	古遗址	3	醴陵窑	醴陵市东堡乡沩山村	宋—民国
4		4	茶陵古城墙（含铁犀）	茶陵县城关镇洣水社区	宋—清
5	近现代重要史迹及代表性建筑	5	渌江书院	醴陵市城区西山	清
6		6	渌江桥	醴陵市胜利路	清末
7		7	李立三故居	醴陵市阳三石办事处立三村	1899年
8		8	湘南起义旧址群—洣泉书院	炎陵县霞阳镇新市街	1928年

（沈　晓）

图书发行

【概况】　2017年，株洲市新华书店（包括5县）实现营业收入3.15亿元，上缴利税3468.77万元。

图书发行。重点做好政治理论读物发行，为各大机关、企事业单位组织开展政治理论学习提供书源保障。全年发行586027册十九大系列读物。

加速渠道建设。4月，全新经营理念的体验式实体书店——悦阅书店建成开业。书店由市图书馆免费提供场地，面积约200平方米，书店采用“图书+咖啡+文创产品+体验互动”的传统与现代相融合的经营模式，由公司自主经营，在展示精品图书的同时，更加注重文化创意产品和休闲体验元素的打造，为爱书人提供阅读空间，为文化人提供交流平台。悦阅书店开业以来，周末人气爆棚，成为市“新华系”的文化聚集场所。11月，公司与湖岸和集形成新的合作伙伴关系，书店负责提供图书，扩大市场占有率。

丰富营销主题。2017年，新华书店开展名家进校园、专题书展等一系列的文化交流活动，助力全民阅读的推广。“湘鄂赣最美读书人”易春花亲子阅读分享会，悦阅书店开业之初举办的读书分享会，为广大爱书人、读书人打造了一场阅读盛宴。在全市7所学校举办张永将老师“关注校园安全，学会险境求生”教育讲座，邀请央视成语大会冠军、诗词大会亚军得主、株洲首席阅读推广大使彭敏走进校园与师生共同分享古典诗词。店内营销方面，发挥出版社的资源优势，开展常规的重点书、畅销书的码堆比赛、书花造型比赛、核心供应商买赠活动、各类图书联展活动，包括春秋两季品牌教辅联展，3月“诗意生活”主题营销，4月“致敬经典”——国学图书大联展，5月“十美三湘”美术书籍联展，六一童书大放价、经典名著轻松读，以及9月开心教育第六届“与书相伴　放飞梦想——盛夏阅读总动员”码堆创意大赛，10月北京读客公司有奖竞销等活动，并与新闻网联手推出时下热门的“朗读者”创意，深受广大读者推崇。门店活动接连不断，展台常换常新，提升读者对活动的关注度和参与度。微信朋友圈的“好书推荐”活动，由员工担当图书推荐人，依托图书城的良好环境，编排精美的图片、文字，每周一条对外进行推送，宣传了新书。（何　淳）

【组织创文大赛】　2017年，书店组织开展“寻找中国少年写作之星”创新作文大赛。与株洲市委宣传部、株洲市教育局、株洲市广播电视台联合下发赛事文件，在全市所有中小学校广泛宣传发动。参与初赛的学生逾5万人，经层层晋级筛选，最终参加全省现场决赛的人数达3000人。经省组委会评审，株洲共产生获奖人数481人，其中特等奖7人、一等奖29人、二等奖165人、三等奖280人。

（何　淳）

炎帝文化

【炎帝陵基金会炎帝陵祭祖典礼】　2017年5月21日，农历四月二十六（炎帝生辰日），湖南省炎帝陵基金会炎帝陵祭祖典礼在炎帝陵举办。炎帝陵基金会理事长石玉珍，省人大常委会副主任陈君文，株洲市委书记、人大常委会主任毛腾飞，市委副书记、市长阳卫国及省直相关部门，全省14个市州政府分管市长，特邀嘉宾，省市主要新闻媒体以及株洲市、炎陵县各相关方面人士代表1500多人出席活动。祭祖典礼由省炎帝陵基金会主办，旨在回顾总结省炎帝陵基金会致力炎帝陵建设发展所取得的成就，答谢社会各界对炎帝陵神农园等重大项目建设的支持，以继续推动炎帝陵建设的长足发展。（般自玲）

【筹集炎帝陵建设资金】　2017年，湖南省炎帝陵基金会办公室拓宽筹资渠道，创新投资方式，建立网上在线捐赠并以网络推介神农园文化雕塑、精品盆景和景观树项目。全年募集炎帝陵建设资金2751.5万元，其中省政府安排“祭祀炎帝陵典礼”活动专项资金2000万元，市政府下拨神农园管护提质资金370万元；大力推荐相关市州捐建炎帝陵神农园“新潇湘八景”8座大型山水盆景，永州市率先为“九嶷翠微”捐款80万元。（般自玲）

【炎帝陵神农园提质改造】　炎帝陵神农园于2015年11月建成开园。2017年，湖南省炎帝陵基金会办公室加大对园区的提质改造，继续将园区打造能凸显炎帝文化，展现湖湘特色的文化园。全年投入资金370万元，在园区种植马缨杜鹃、红叶碧桃、斑竹、椿树、乌桕、香橼树木等植物，增添精品盆景200多盆；改造大型盆景“橘子洲头”景墙、“天下南岳”景墙粉饰和标识，镌刻神农园标志石和“三母育圣”功德碑。（般自玲）

【传播炎帝文化】　2017年，湖南省炎帝陵基金会办公室相继组建炎陵中学、炎陵明德小学、芦淞区樟树坪小学“炎帝文化进校园”实验学校，充实师资队伍，开展“一堂课、一首歌、一个节、一曲舞、一本书”炎帝文化特色主题活动；在湖南工业大学商学院设立炎帝文化讲堂与活动工作室，制作炎帝文化墙；在炎陵中学开办“怀德堂”；在炎陵县明德小学开办“明德堂”；在芦淞区樟树坪小学筹建“炎帝文化墙”；组织编纂《炎帝文化千字文》校本教材；撰写学术论文12篇；参与创作株洲原创歌曲《我根是炎黄》，在央视“2017首届中国诗词春晚”、央视“2017年国庆音乐晚会”展演，《湖南日报》《三湘都市报》《潇湘晨报》《株洲日报》、株洲新闻网、红网、东方网对此宣传报道，并在全市“砥砺奋进的五年”文化建设成就展中重点展出；《〈传承中华传统文化从娃娃抓起〉——讲炎帝故事，唱炎帝歌曲，学炎帝文化，扬炎帝精神，把“炎帝文化进校园”做成品牌》一文在《株洲日报》、株洲新闻网、红网株洲站、凤凰新闻网、《三湘都市报》等媒体报道。（般自玲）

文艺创作

【概况】　截至2017年年底，全市成立8个县区级文联、1个行业文联和18家市属文艺家协会，国家级文艺家会员336人，省级文艺家会员1163人，市级文艺家会员9266人。

株洲市文学艺术界联合会成立于1963年2月，由株洲市各文学艺术家协会、各县（市）文联组成的一级正处级人民团体。1981年，市文联被市委调整为市直一级机构(正处级)，设党组。

2017年，全市文艺创作硕果累累。聂鑫森短篇小说集《贤人图》、万宁散文集《讲述》和小说集《纸牌》、晏建怀随笔集《大宋美袍上的虱子》、张雄文长篇报告文学《吹角连营》、管弦散文集《草药芬芳》等作品出版后获得好评；青年诗人玉珍多篇作品在《诗刊》等重要期刊上发表；美术创作成绩喜人，多项作品入选国家级、省级展；音乐创作方面，《你的手儿很温暖》获评湖南省第十三届“五个一工程”奖，《我根是炎黄》入选中央电视台国庆交响音乐会；市摄影家协会的“国家·责任”专题摄影展在第八届都匀国际摄影节上受到高度关注；舞蹈《鱼娃乐》在全国民族民间舞蹈大赛上获金奖，舞蹈《太阳笑了》《梦绘磁娃》在全国“小荷风采”创作舞蹈选拔赛上双获金奖，《梦绘磁娃》获得“三湘蒲公英”少儿舞蹈大赛金奖；微电影《永恒的风景》在第五届亚洲微电影艺术节上获“金海棠奖”；电视公益广告《喝安全水·圆幸福梦》获湖南省广播电视奖一等奖；市曲协选送的节目《湘东说唱》在第四届省曲艺大赛上获金奖。（李登攀）

【市文联第七次会员代表大会】 9月12—13日，召开株洲市文联第七次会员代表大会。全市文艺界代表齐聚一堂，回顾总结市第六次文代会以来的工作，共商以后五年文艺事业发展。大会选举产生由51人组成的株洲市文联第七届委员会，12人组成的第七届文联主席团，周煦惠全票当选新一届文联主席。（李登攀）

【文艺活动】 11月7—12日，主办“砥砺奋进促繁荣——株洲市文艺成果汇报展”，集中展示株洲市文艺界自第六次文代会以来（2010年始）所取得文艺创作成果。主办“童心向党”株洲市第七届“亲亲祖国杯”青少年才艺大赛，参赛人数、作品质量均创历年来新高，成为株洲青少年文艺人才培养的重要平台。8月25日，举办第三届“梦回故乡”株洲学子音乐会，组织游学在外的株洲籍音乐学子回乡汇报演出。主办株洲市“清风株洲”廉政文化书画展，结合廉政文化建设，丰富机关干部的文化生活。组织文学、文史、书法、美术、摄影、设计等相关艺术门类的10多位专家组成创意团队，广泛挖掘整理，先后召开10多次座谈会，数易其稿，编撰完成《株洲河东湘江风光带文化创意设计方案》。安排专项经费，组织专门队伍，艺术再现清水塘老工业区改造工程。创作“蝶变清水塘”图片展、清水塘老工业区改造报告文学集和主题诗歌创作笔会等项目。开设株洲文学艺术大讲堂，组织市知名文艺家为广大文艺爱好者进行公益文艺讲座。（李登攀）

【文艺创作扶持】 市文联2017年3月开始向全市公开征集文艺创作扶持项目，共收到有效申报项目68项。经过3轮专家评审并报市文艺创作扶持项目领导小组审定，最后决定对散文集《守望民间》等23项文艺创作项目进行扶持，并对入选项目进行跟踪服务和管理。（李登攀）

【市第六届炎帝文化奖评选活动】 2017年7月，株洲市第六届炎帝文艺奖评选活动启动。经过申报、初评、复评环节，评出58件获奖作品，其中“一等奖” 8件，“二等奖”13件，“三等奖”37件。（李登攀）

【承办第四届湖南省曲艺大赛决赛】 2017年12月12日，由湖南省文学艺术界联合会、株洲市委宣传部主办、株洲市文联承办的第四届湖南省曲艺大赛决赛在株洲市戏剧传承中心周末剧场举行。来自全省各市州曲协、文化馆选送的29个节目进入决赛，是历届湖南省曲艺大赛中规模最大、曲艺节目形式最多的一次集中展示。决赛现场，有湘东说唱、常德丝弦、长沙弹词、常德渔鼓、祁东渔鼓、祁阳小调、梅山弹词等富有湖南特色的曲艺形式悉数登场，更有相声、小品、快板书、评书等北方曲艺形式的节目参赛。参赛演员年龄最小的8岁，最大的65岁。60%的参赛节目为近几年新创作的作品。其中，由株洲市曲协推荐的相声《做人要文明》、相声《International》、莲花落《养崽风波》、湘东说唱《红色摇篮唱辉煌》、小品《老同学》5个节目人选。（李登攀）

党　史

【概况】 中共株洲市委党史工作办公室是财政全额拨款的正处级市委工作机构，有3个科室，在职人员10人，退休人员6人。各县（市）党史部门是党史、档案、地方志三家合一的单位，天元区、荷塘区、石峰区的党史部门设在区委办，芦淞区的党史部门和档案局合并。

2017年，全市党史部门共同努力，求真务实，党史工作开创新局面。中共株洲市委党史工作办公室被评为全省党史工作先进单位。（谭泽鑫）

【党史编研】 加强市本级党史编纂研究。全年出版4本党史著作：历时数年的《中国共产党株洲历史》第三卷编撰工作完成，11月公开出版；《建军建政在株洲》于6月完成资料收集，10月出版；《株洲党委工作纪事》2017年卷(45万字)于9月底付印出书；《中国共产党株洲文献》第四辑于11月出书。积极推进《株洲党史人物大典》(上中下三卷)的编撰工作，多次召开协调会和培训会，12月完成主要线索收集和部分初稿，计划2019年公开出版。县市区党史部门编研成果倍出。各县(市)的党史正本编写工作基本完成，天元区、荷塘区党史正本已公开出版，石峰区、芦淞区已完成评审稿。茶陵县编辑出版《茶陵开国将军画册》《红色政权耀千秋》；攸县编辑出版《北伐首战在攸县》；株洲县档案史志局和株洲市中共党史学会共同出版《井冈英魂——宋乔生传》。深入党史编纂研究。湖南省《改革开发实录》2017卷“攸县城乡同治”“芦淞区千亿产业服饰群研究”“株洲市两型社会发展研究”3项课题结题。成立市党史学会，吸纳社会各界人士参与党史研究。与湖南工业大学合作，成立株洲红色文化研究中心，利用高校的力量加强党史研究。积极组织论文参加全国性、全省性的学术研讨会，有30余篇论文入选。全年完成有关课题和上级组稿40多篇(个)。

(谭泽鑫)

【党史宣传】 2017年7月底启动“株洲党史网”的建设工作，11月正式开通，成为宣传株洲地方党史的重要阵地。强力推进株洲党史陈列馆建设，确定选址流芳公园(烈士公园)方案，进行两次初步设计，完成初步预算报告，荷塘区作为建设业主单位，已开始实质性拆迁工作。在株洲电视台、《株洲日报》等媒体联合开辟宣传专栏，利用有关节庆日，开展形式多样的党史宣传。以“两学一做”学习教育和宣传中共十九大精神为契机，做好宣讲服务，推动中共十九大精神进企业、进机关、进农村、进社区，深入基层单位讲党史课20余次。利用“株洲党史网”，开辟学习中共十九大精神专栏。各县市区党史部门深入开展各类党史主题活动，攸县利用党史的原始资料开展党史教育，取得较好效果；茶陵县在县内进行党史宣讲；炎陵县在地方电视台举办多期党史讲座；醴陵市开展党史进党校活动，安排专门的党史专家进行授课；株洲县利用微信公众号，以新兴方式进行宣教。

(谭泽鑫)

档　案

【概况】 株洲市档案局(馆)是主管全市档案工作的正处级事业单位，实行局、馆合一体制，在职干部28人，内设8个职能科室。

至2017年年底，全市有国家综合档案馆10家，其中国家一级档案馆1家，国家二级档案馆3家；省特级档案室40家，省一级档案室51家。2017年，市档案馆新增档案数量9408件(卷)，馆藏总量达282890件(卷)，其中档案为258970件(卷)，图书资料为23920件(卷)。

2017年，各级档案部门提升档案工作的科学化水平、服务质量，市档案局获得国家档案局征文活动优秀组织奖、全省档案工作先进单位、全省档案信息宣传工作先进单位、市文明单位等称号。在全省第二十五次档案学术论文评选活动中，株洲市1人获一等奖，1人获二等奖，5人获三等奖，全市有5人被推荐进入省档案局专家信息库。

(李　敏)

【档案馆藏资源建设】 2017年，各级档案部门加大档案接收力度，机关、企事业单位、重大活动、重大建设项目及民生档案等做到应收尽收，档案馆藏资源总量大幅增长。全市各级国家综合档案馆馆藏档案共计141.8万卷(册)，2017年新增档案12.6万余卷，市档案馆新接收劳教档案、改制企业档案8000余卷，天元区、荷塘区、石峰区、攸县资源增长均超过10%。

(李　敏)

【特色档案资源开发】 2017年，各级档案部门以贴近民生为宗旨，注重特色，加大特色档案收集力度。市档案局收集市委中心组学习档案、株洲对口援藏档案、市领导公务活动照片档案进馆；开展株洲老红军、老八路档案、校训档案征集活动，征集到204所大中学校的校训档案、170余册作家作品档案。芦淞区收集通航高峰论坛、服博会资料；醴陵市收集瓷博会档案，开展“城市记忆”照片档案征集活动；株洲县开展“寻找记忆中的株洲县”老照片征集评选活动；茶陵县开展家谱档案征集，征集到43个姓氏的家谱档案416本。(李　敏)

【档案基层基础建设】 2017年，全市档案馆库建设取得突破。炎陵县、攸县搬入新馆；茶陵县新馆完成内部装饰装修；醴陵市完成新馆建筑设计、评审、立项等工作，新馆建筑面积6826平方米；株洲县将新馆建设纳入县“十三五”规划。档案工作示范点逐步覆盖。2017年，荷塘区金山街道办事处、株洲县渌口镇等10个乡镇、街道成功创建档案工作示范点，全市档案工作示范乡镇（街道）、村（社区）20个。档案管理规范化水平稳步提升，石峰区地税局、株洲高科集团成功创建省特级档案室，市城管局、悠移山庄成功创建省一级档案室，全市省特级、省一级机关企事业档案室（馆）81家。（李　敏）

【档案信息化建设】 2017年，市档案局下发《关于推进全市档案信息化建设的实施意见》。全市各级档案部门加快推进档案信息化建设。全年，市档案局扫描纸质档案30万页；攸县扫描林权档案13万页；醴陵市审定通过《醴陵市数字档案馆建设方案》，扫描陶瓷及相关档案30万页；株洲县初步确定将“互联网+档案”工作纳入“智慧渌口”项目；石峰区扫描婚姻档案14.9万页。投入1200万元的市数字档案馆项目于12月23日挂网招标。（李　敏）

【档案服务】 2017年，市档案馆共接待查阅利用群众13000余人次，其中涉及综治维稳8000余人次，帮助群众解决工龄认定、社保退休、产权纠纷、房产过户、征地拆迁等各类实际问题，群众满意率100%。茶陵县接待查档群众6751人次。攸县为配合“5·7事故”调查，调阅档案30余卷。石峰区接待涉及清水塘企业改制、征地拆迁等查档群众4816人次。（李　敏）

【档案执法检查】 2017年，市档案局处置涉嫌档案违法行为3起，对158家机关企事业单位开展档案工作年度检查，对5县4区、株洲经开区的档案工作进行年度考核；天元区对57个单位开展执法检查；醴陵市全面检查25个乡镇（街道）和51个市直单位的档案工作；株洲县对8个乡镇、82个县直部门开展业务检查；芦淞区对全区61家单位进行考核。（李　敏）

【援藏档案展】 2017年6月9日，市档案局在市规划馆举办为期20天的“走进西藏——株洲对口援藏档案展”，全面展示株洲市1995—2016年7批援藏干部和技术人员的工作成果，包括领导关怀、扎囊风貌、岁月无悔、档案见证4个部分。各界人士共2000余人次前往参观，展览成果直接被湖南省山南雅砻艺术节采用。《湖南日报》、湖南经视、《株洲日报》等媒体对活动作宣传报道。（李　敏）

【劳教人员档案】 2017年，湖南省档案局、湖南省司法厅《关于印发〈湖南省劳教人员档案管理与处置工作规范〉的通知》下发后，市档案局对原劳教所劳教人员档案提出档案整理方案和档案处置工作意见，指导市强戒所完成档案整理。8月底，664盒、8406卷劳教人员档案全部移交到株洲市档案馆。（李　敏）

地方志

【概况】 至2017年年底，株洲市地方志编纂委员会办公室内设综合科、市志科、年鉴科和地方文献研究室（加挂市方志馆牌子）4个科室，在职干部15人。

2017年，全市地方志系统坚持依法治志，以实现“两全目标”为重点，各项工作取得明显成效。

修志编鉴工作稳步推进。《株洲市志》验收稿通过省志委验收，并经方志出版社审定同意公开出版。《高新区·天元区志》通过省市县三级评审，《炎陵县志》完成初稿撰写70%任务。湖南特色志《炎帝陵志》完成总纂，并通过省市县三级专家评审。《湖南乡镇简志·株洲卷》完成80%的编辑工作。指导株洲电业局、市教育局、市水利局、市信访局等单位开展《国家电网株洲供电公司志》《株洲市教育志》《株洲市水利志》《株洲市信访志》编纂相关工作。《中国名镇志》株洲部分的编写工作取得进展，醴陵市《浦口镇志》篇目通过市、省审核和中指组审定；攸县《黄丰桥镇志》篇目报省志委审批并启动编纂工作；攸县全面完成《灵龟峰志》《攸县卫生志》出版发行工作；茶陵县全面完成《县法院志》《下东乡志》出版发行工作。《株洲年鉴（2017）》出版发行。石峰区、荷塘区、芦淞区全面启动综合年鉴编纂工作，并实施一年一鉴，株洲县、天元区、荷塘区年鉴实施首次公开出版。至此，市本级和9个县（市）区综合年鉴实现“一年一鉴全覆盖”。

方志资源开发利用得到加强。加强地方志文献研究和宣传，在省级期刊《文献与人物》上策划刊登“株洲土地上的红色印记”专栏，宣传株洲历史文化。做好“方志株洲”微信公众号的运营管理，截至2017年年底，“方志株洲”微信公众号关注人数近1600人，公众号影响力和认可度位居全省方志系统前列。创新开展志鉴成果推广利用，在河东湘江风光带“文化墙”等重点文化工程建设中，发挥地方志的独特功能，挖掘、宣传株洲历史文化。在市人大、政协“两会”上首次发放《株洲年鉴（2016）》。加大向宾馆、酒店、车站、码头等公共场所发行年鉴的力度。及时更新门户网站工作动态，宣传推介全市地方志工作成果，为了解株洲、宣传株洲、建设株洲提供地情支持。（郑德丽）

【全市地方志工作会议召开】 2017年2月22日，全市地方志工作会议召开。会议总结表彰2016年全市地方志工作，安排部署2017年工作任务。市人民政府副市长杨胜跃出席会议并讲话。市政府办领导，县市区分管副县市区长，各县市区档案史（区）志局、市直有关单位负责人，有关企事业单位代表参加会议。会议强调：2017年全市地方志工作的重点是加快完成全市第二轮修志规划任务，大力推进市县两级地方综合年鉴“一年一鉴、连续出版，公开发行”的全覆盖，深入开发地方志资源，积极开展地方志信息化建设，切实推进地方志事业转型升级。会上，市志办党组书记、主任李一平向大会作题为《攻坚克难，锐意进取，努力推动全市地方志事业转型升级》的工作报告。天元区、茶陵县、醴陵市先进单位分别作典型发言，交流了工作经验和做法。（郑德丽）

【《株洲年鉴（2017）》出版发行】 2017年9月底，由株洲市人民政府主办，株洲市地方志编纂委员会办公室承编的《株洲年鉴（2017）》由方志出版社公开出版。

《株洲年鉴（2017）》为创刊以来连续出版发行的第29卷。全书共设35个类目，计120余万字，并刊载彩色图片300多幅。它全面、系统、真实地记述了2016年株洲市政治、经济、文化、社会和生态建设等方面的情况。本卷年鉴编辑在总结以往经验的同时，着力提升质量，更加注重体例严谨，层次分明，文风朴实，条目详尽，编排大方，装帧精美，可读可用，较往年更具特色。（肖　玲）

【《炎帝陵志》通过省级专家评审】 2017年10月13日，湖南省特色志《炎帝陵志》稿评审会在株洲市召开。省地方志编纂委员会党组书记、副主任易介南，省地方志编纂委员会党组成员、副主任黄俊军，株洲市人民政府副市长杨胜跃等出席会议并讲话。来自省地方志编委会、株洲市有关部门负责人、方志领域专家、学者参加会议。会上，与会的领导、专家、学者一致认为：《炎帝陵志》作为八部省级特色志丛书中即将出版的第三本志书，符合规范，极具特色，是一本具有权威性、资料性和学术性的著作。专家、学者们一致通过该志书评审，并提出修改完善意见及建议。（吴　夏）

【《株洲高新区·天元区志》稿省级评议会召开】 2017年10月20日，由市志办和天元区人民政府主办，天元区地方志编纂委员会办公室承办的《株洲高新区·天元区志》稿评议会在天台山庄召开。省地方志编纂委员会党组书记、副主任易介南，省地方志编纂委员会党组成员、副主任邓建平等出席会议，并充分肯定《株洲高新区·天元区志》评审稿。

2015年3月，《株洲高新区·天元区志》编纂工作启动。历时3年，形成近90万字的评审稿。志稿内容上限自事物发端，下限至2014年，全面、系统、客观地记叙株洲市高新区及天元区行政区域内自然、政治、经济、文化、社会的历史和现状，是第一本高新区与地方政府相结合的志书，极具特色和特殊性。

会上，与会领导和专家、学者对志稿给予充分的肯定并提出修改意见及建议。（吴　夏）

体　育

【概况】 2017年，株洲市获评全国体育系统先进集体，市少儿体校被评为新周期国家级高水平体育后备人才基地。

全力提升公共体育服务水平。完善基础设施建设，为全民健身创造“好环境”。继续将全民健身设施建设纳入株洲市政府民生100工程。市本级建设全民健身路径工程50套，社区健身路径和行政村农民健身工程覆盖率均超过100%，基本建成较为健全的市、县（市区）、乡（街道）、村（社区）四级全民健身设施网络，人均体育场地面积超过1.7平方米。进一步完善各场馆免费时段开放方案，每天免费低收费开放时间8小时、每周免费低收费开放时间35小时以上，开放了田径场、乒乓球、足球、游泳、网球等11个健身项目。公共体育场馆免费开放接待40万人次，体育免费培训班12200人次以上，免费国民体质监测12000人次以上，切实增强群众的获得感幸福感。以PPP模式，继续扶持韵动株洲APP、网站、微信、微博四位一体的公共体育服务平台，用户人数超30万人。

优化社团组织管理，为全民健身增添“新活力”。持续深化体育社团改革。大力推进规范化建设，不断提升体育社团管理水平和运作能力，采取政府购买服务的方式，逐步将办赛、培训等事务性工作交由单项体育协会来承担，2017年协会举办的赛事培训活动超过200多场次，深受市民欢迎和好评。市本级体育社团数量已达65个，会员人数超过60万人，市本级体育社团数量位居全省前茅。加强社会体育指导员培训力度，2017年举办11期二级社会体育指导员培训班，新增二级社会体育指导员600人，全市社会体育指导员人数已达6936人，社会指导员数量占全市人口比例达1.7‰。持续加强健身骨干培养。免费开展体育健身技能培训，引导市民科学健身，吸引更多的体育爱好者参与。全年免费公益培训武术、乒乓球、足球、跆拳道、桥牌、柔力球、广场舞、自行车、射箭、高尔夫球、轮滑、野战、网球、瑜伽等26个运动项目，开设1013个班次，有10684人次参加，为社会输送了大量的各类健身骨干人才。

打造品牌群体活动，为全民健身营造“浓氛围”。举办2017纪念毛泽东题词“发展体育运动，增强人民体质”65周年万人同跳广场舞活动，获国家体育总局和湖南省体育局的高度肯定；承办第九届全球华人羽毛球团体锦标赛，近3000人参与，被称为全球华人羽毛球史上“规模最大、人数最多、效果最佳”的比赛。举办全国新兴城市少儿乒乓球邀请赛，全国37支代表队参与，是近20年来湖南省举办的“规模最大、水平最高”的城市间少儿乒乓球赛事。举办株洲市第十三届运动会，1.5万人报名参赛，是株洲近年来规格最高、项目最全的一次综合性运动会。举办湘江马拉松赛株洲站，全国近千名马拉松爱好者参与比赛，扩大了城市影响，促进了文体消费，带动了产业发展。参加全省第四届群众性龙舟赛，获得亚军。

着力提高竞技体育发展质量。加强体教结合。突出“一校一特色”，坚持走具有株洲特色的体教结合之路，建立良好的体育教育部门协调机制，与教育部门联合出台体教结合新文件，互相支持形成合力，将大部分训练项目网点布局到中小学校。成功举办株洲市第十三届运动会青少年组比赛暨2017株洲市“三好杯”中小学生运动会，既发展了青少年体育，又促进了业余训练。8所学校入选全国青少年校园足球特色学校，建立校园足球小学、初中、高中三级梯队，连续举办三届株洲市“市长杯”足球联赛、足球夏令营、校园足球裁判员培训班。开展校园武术段位制试点工作，努力实现武术进校园全覆盖。

推动体育产业提档升级。推进产业融合发展。充分结合株洲相关产业发展实际，对接株洲通用航空产业，大力推广通用航空运动、航模表演、动力伞、热气球等新兴体育项目；对接株洲汽车产业，扶持株洲汽车博览园，大力发展赛车运动项目；对接文化旅游产业，依托湘江、大京水库、酒仙湖、云阳山、神农谷等生态资源，扶持AST奥悦株洲云龙冰雪世界项目，大力推进户外运动、冰雪运动和水上运动项目发展。体彩销售额快速增长。大力宣传体育彩票公益形象，做强体育彩票实体店，加快体育彩票旗舰店建设，探索彩票销售进电影院、乡镇文化站等文化场所。2017年全市体彩销量超过2.63亿元。（周谭清）

群众体育

【概况】 2017年，株洲突出全民健身，群众体育事业蓬勃发展。出台《关于加快发展体育产业促进体育消费的实施意见》和《株洲市全民健身实施计划（2016—2020年）》，激发体育发展活力。推进体育场地设施建设，完成全民健身路径工程50套，全市人均体育场地面积达1.7平方米。完善单项体育协会的组织建设，注册登记的各单项体育协会为66个，单项体育俱乐部25个，全市民间体育组织有会员16万人。广泛开展丰富多彩的全民健身活动，全年共举办各类活动200多场次，受益人数60多万人次，深受市民欢迎。举办市第十三届运会，1.5万人报名参赛，是株洲历届规格最高、规模最大、人数最多、项目最全的一次综合性运动会。承办第九届全球华人羽毛球团体锦标赛，获得全球华人羽毛球联合会和省体育局的高度肯定。举办“万人同跳广场舞”活动，中央电视台、新华社等国家级媒体集中报道，获国家体育总局和省体育局赞许。举办全国新兴城市少儿乒乓球邀请赛和湘江马拉松赛·云龙示范区株洲站，扩大城市影响，促进文体消费。市全民健身服务中心、市体校、市少儿体校、炎陵县旅游和文体广新局被评为全国群众体育先进单位；攸县举办“万步有约”健走激励赛，再次获得全国“银牌健走示范区”称号；攸县、醴陵获“全国健身球操之乡”称号。（陈林峰）

【万人同跳广场舞活动】 2017年6月10日，由中华全国体育总会、湖南省体育局、株洲市人民政府主办的“纪念毛泽东同志题词‘发展体育运动，增强人民体质’暨‘我要上全运，健康中国人’万人同跳广场舞”活动，在神农城广场举行。中国老年人体育协会主席张发强、湖南省体育局局长李舜、株洲市委副书记雷绍业等嘉宾出席活动。来自株洲市各运动协会、天元区、芦淞区、荷塘区、石峰区、云龙示范区等城区文体局和湖南陶瓷技师学院万名广场舞爱好者参与活动。

此次活动以国家体育总局、文化部等部委联合推荐的十二套健身广场舞中的《今夜舞起来》为万人同跳曲目。活动中，羽毛球世界冠军郑波宣读《全民健身倡议书》、总政话剧团国家一级演员翟万臣进行全民健身公益倡导，并与现场群众互动，在纪念毛泽东题词的同时也为全运会呐喊助威。活动期间，株洲市各体育协会、相关社会团体在现场开展体育知识联展、精品广场舞展示、全民健身嘉年华节目展演和科学健身指导交流等活动。

（陈林峰）

【第九届全球华人羽毛球团体锦标赛】 2017年5月18日，由株洲市人民政府、湖南省体育局、全球华人羽毛球联合会主办的第九届全球华人羽毛球团体锦标赛在株洲拉开帷幕，来自美国、加拿大、荷兰、新西兰、新加坡、马来西亚等15个国家和地区，以及全国34个省区市（含港澳台）490支队伍、2700名海外华人华侨、港澳台同胞及羽毛球爱好者展开角逐。大赛设混合团体赛、男子团体赛、女子团体赛、3P混合组等项目，分为公开组和业余组两个组别，共计进行935场比赛。其中，3P混合组为本届大赛首次增加的组别。鲍春来、郑波、龚睿那、黄穗等10多名羽毛球世界冠军，以及高成生、宋佳伦、王韦智等文艺界人士参加开幕式、VIP组比赛等相关活动。

（陈林峰）

【株洲市第十三届运动会】 2017年10月29日，市第十三届运动会在市体育中心开幕。省体育局党组书记、局长李舜致贺词，市委书记、市人大常委会主任毛腾飞宣布开幕，市委副书记、市长阳卫国致开幕词。开幕式由市人民政府副市长杨胜跃主持。本届运动会的主题口号是“健康株洲，市运惠民”。运动会设青少组和成年组两个组别，新增攀岩、轮滑、瑜伽、柔力球等18个大项，报名总人数超过1.5万人，是历届规模最大的市运会。芦淞区、株洲县、茶陵县获得青少年组前三名；天元区、攸县、茶陵县获得成年组前三名；市国资委、市房产局、市环保局获得市直机关组前三名。组委会对39个单位授予体育道德风尚奖，47个单位授予贡献奖，16个单位授予优秀组织奖。（陈林峰）

竞技体育

【概况】 2017年，株洲强基拓优，竞技体育实力明显增强。全力以赴抓好28个竞技体育项目的规划训练，做好参赛备战工作，持续保持株洲市竞技体育在全省的领先地位。参加第十三届全国运动会，株洲籍运动员获得2金4银4铜的好成绩。参加全省锦标赛共斩获金牌108枚，团体总分超过4000分，稳居全省第二。其中，体操、蹦床、赛艇等项目排名全省第一。承办全省青少年田径、举重、攀岩、跳水、高尔夫锦标赛，获省体育局高度肯定。参加全省第四届群众性龙舟赛，获得亚军。市少儿体校、市学训中心被评为“全国体育事业突出贡献奖”先进集体，市少儿体校被评为2016—2020年国家级高水平体育后备人才基地。（陈林峰）

2017年株洲市体育运动员在全国、全省比赛成绩

表27

序号	比 赛 项 目	项 目 名 次	姓 名
1	第十三届全运会	跳马第二	屈瑞阳
2	第十三届全运会	水球团体第三	李隆扬
3	第十三届全运会赛艇项目	团体第一	贾明亮、李树文
4	全国蹦床锦标赛暨第十三届全运会蹦床预赛	团体第三	胡子超、严浪宇、贺龙雨、肖文德
5	全国国际式摔跤总决赛	61公斤第一名	周平平
6	全国男子自由式摔跤冠军赛	61公斤第三名	周平平
7	全国青年女子摔跤锦标赛	48公斤第三名	陈俊宇
8	全国青少年U16赛艇锦标赛	乙组轻量级2000米第一名	尹家豪
9	全国青少年U16赛艇锦标赛	团体第一	贺康淋、尹家豪
10	全国体操锦标赛	跳马第一	屈瑞阳
11	全国青少年蹦床锦标赛	女子个人、双人同步第一	付莎淋
12	全国体操冠军赛	跳马第一	屈瑞阳
13	全国蹦床冠军赛	网上个人第一	朱守李
14	全国蹦床冠军赛	网上团体第二	晏骏仪、朱守李
15	全国水球冠军赛	团体第二	黄嘉钰、徐 瑞
16	全国青少年高尔夫冠军赛	第三	陈慧儒
17	全国体操锦标赛暨全运会预赛	团体第三	谭佳薪
18	湖南省青少年摔跤锦标赛	74公斤第一名	唐梓艺
19	湖南省青少年摔跤锦标赛	58公斤第一名	龚江涛
20	湖南省青少年摔跤锦标赛	49公斤第一名	王玲婷
21	湖南省青少年摔跤锦标赛	52公斤第一名	蔡 湘
22	湖南省青少年摔跤锦标赛	60公斤第一名	文 茜
23	湖南省青少年摔跤锦标赛	74公斤第一名	谢忠琪
24	湖南省青少年柔道锦标赛	66公斤第一名	杨 坚
25	湖南省青少年柔道锦标赛	48公斤第一名	谭清秀
26	湖南省青少年柔道锦标赛	63公斤第一名	刘 晗
27	湖南省青少年柔道锦标赛	70公斤第一名	高 杨
28	湖南省青少年赛艇锦标赛	乙组轻量级4000米第一名	尹家豪

续表 27

序号	比　赛　项　目	项 目 名 次	姓　名
29	湖南省青少年赛艇锦标赛	甲组公开级 2000 米第一名	陈　贇
30	湖南省青少年赛艇锦标赛	团体第一	陈贇、蔡旭军、童文博、尹洪、谭奥申、李唐杰
31	湖南省青少年赛艇锦标赛	乙组公开级 2000 米第一名、团体第一	段金霞
32	湖南省青少年赛艇锦标赛	乙组公开级 4000 米第一名、团体第一	李晓璇
33	湖南省青少年皮划艇锦标赛	甲组 500 米第一名	马　涵
34	湖南省青少年皮划艇锦标赛	团体第一	饶璇、马　涵
35	湖南省青少年皮划艇锦标赛	甲组 1000 米第一名	钟　涛
36	湖南省青少年皮划艇锦标赛	单人皮艇激流回旋第一名	陈鸿丽
37	湖南省青少年举重锦标赛	48 公斤第一名	龙紫莹
38	湖南省青少年举重锦标赛	63 公斤第一名	刘佳慧
39	湖南省青少年举重锦标赛	94 ＋公斤第一名	廖夫鸣
40	湖南省青少年跆拳道锦标赛	47 公斤第一名	余紫曦
41	湖南省青少年跆拳道锦标赛	54 公斤第一名	钟奕汶
42	湖南省青少年射击锦标赛	气手枪第一名	罗　洋
43	湖南省青少年射击锦标赛	速射团体第一名	刘杨攀、罗　洋、谢宇翔
44	湖南省青少年射击锦标赛	跪射第一名	杨　非
45	湖南省青少年射击锦标赛	卧射团体第一	杨　非、张玉炜、唐家俊
46	湖南省青少年射击锦标赛	3 种姿势团体第一	杨　非、张玉炜、唐家俊
47	湖南省青少年射击锦标赛	气步枪团体第一	杨　非、张玉炜、唐家俊
48	湖南省青少年射击锦标赛	气手枪团体第一名	马骏羽、何梓乐、何咨庆
49	湖南省青少年射击锦标赛	跪射第一名	刘佳瑶
50	湖南省青少年武术锦标赛	刀术第一名	王　帆
51	湖南省青少年武术锦标赛	刀术第一名	龙灵保
52	湖南省青少年武术锦标赛	南拳第一名	李　骞
53	湖南省青少年乒乓球锦标赛	单打第一	高维君
54	湖南省青少年乒乓球锦标赛	单打第一	张潇予
55	湖南省青少年乒乓球锦标赛	团体第一	夏芷君、陈佳乐、陈玢翰 杨　暘、萧芳冰、姚耿博 黄瑞凯、杨志诚、刘　轩

续表 27

序号	比　赛　项　目	项 目 名 次	姓　名
56	湖南省青少年网球锦标赛	团体第一	许芷昕、穆紫雯、朱子锦
57	湖南省青少年网球锦标赛	单打第一	穆紫雯
58	湖南省青少年网球锦标赛	双打第一	穆紫雯、许芷昕
59	湖南省青少年田径锦标赛	1500 米第一	史俊熙
60	湖南省青少年田径锦标赛	跳高第一	谢佳宏
61	湖南省青少年田径锦标赛	100 米第一	刘文静
62	湖南省青少年田径锦标赛	200 米第一	汤逸豪
63	湖南省青少年田径锦标赛	4×100 米第一	刘煜岩、张志豪、李昱博、汤逸豪
64	湖南省青少年田径锦标赛	800 米第一	龚卓轩
65	湖南省青少年田径锦标赛	1500 米第一	龚卓轩
66	湖南省青少年田径锦标赛	4×400 米第一	龚卓轩、张智海、易　刚、易　辉
67	湖南省青少年田径锦标赛	跳高第一	陈薪伍
68	湖南省青少年田径锦标赛	铅球第一	刘　源
69	湖南省青少年田径锦标赛	4×400 米第一	肖宇航、李星宇、贺照清、史俊熙
70	湖南省青少年高尔夫锦标赛	第一	郭帅萱
71	湖南省青少年高尔夫锦标赛	第一	伍思佳
72	湖南省青少年体操锦标赛	山羊、吊环、跳马、双杠、单杠、全能第一	谢从赟
73	湖南省青少年体操锦标赛	跳马、自由操、全能、团体、舞蹈第一	王钰婷
74	湖南省青少年体操锦标赛	团体第一、舞蹈第一	彭婉晴、郭依格、刘雅萱
75	湖南省青少年体操锦标赛	平衡木、自由操、全能、舞蹈第一	周荣熙
76	湖南省青少年体操锦标赛	舞蹈第一	陈禹涵、何熙雯、陈志怡、龚芙睿、陈紫菱、陈诗颖、文研钰
77	湖南省青少年体操锦标赛	跳马、自由操、全能、单杠、平衡木、舞蹈第一	刘紫萱
78	湖南省青少年体操锦标赛	跳马、舞蹈、团体第一	郭师师
79	湖南省青少年体操锦标赛	团体第一	王莹莹、汤湘渝、陈思妍、郭　钰
80	湖南省青少年蹦床锦标赛	团体第一	叶耀文、肖乔卓、何胜涛、孙浩宇 陈思奇、范广亮、陈晋瑞、郭冠辰 周奥胜、郭勇康、易皓轩、彭煌城

续表 27

序号	比　赛　项　目	项　目　名　次	姓　　名
81	湖南省青少年蹦床锦标赛	网上个人第一	钟海波
82	湖南省青少年蹦床锦标赛	团体第一	郭俊亚、钟海波、薛涵天、邓思文
83	湖南省青少年蹦床锦标赛	单跳第一	郭俊亚
84	湖南省青少年蹦床锦标赛	网上个人第一	谭婧怡
85	湖南省青少年游泳锦标赛	100 米、200 米蛙泳第一	刘曦麟
86	湖南省青少年游泳锦标赛	200 米蛙泳第一	刘坤仪
87	湖南省青少年游泳锦标赛	200 米蝶泳、200 米混合泳	张　霖
88	湖南省青少年游泳锦标赛	4×100 米接力第一	周　尚、张　霖、刘萱榕、赵芊芊
89	湖南省青少年游泳锦标赛	200 米蛙泳	赵芊芊
90	湖南省青少年跳水锦标赛	1 米板、跳台、团体第一	黄子轩
91	湖南省青少年跳水锦标赛	3 米台第一	谭凤玲
92	湖南省青少年花样游泳锦标赛	陆上柔韧团体第一	胡可馨、刘育彦、户雯伊、石婧雯、王　珂、周冰瑶、许明臻、黄妍宇、刘依依

（陈林峰）

出版·传媒

新闻出版

【概况】 至2017年年底，株洲市共有202家印刷企业，其中，出版物印刷和内部资料印刷企业35家，专项印刷企业1家，包装装潢印刷品企业（含1家注册资本500万以上企业）41家，其他印刷品125家；有从业人员2185人。全市印刷企业资产总额达63250.7万元。全年全市印刷企业实现销售收入32132.17万元，缴纳税金1451万元。全市有出版物发行单位296家，其中批发企业1家，零售单位295家；县及县以上发行网点数量278个，乡镇及乡镇以下发行网点数量21个；从业人员660人。全年全市出版物销售总额19273.45万元，营业收入20368.45万元，资产总额27969.81万元，实现利润3147.43万元。（彭　玲）

【新闻出版行业管理】 2017年，对全市新闻出版行业加强管理，全面开展印刷企业、连续性内部资料出版物、出版物发行年检等工作。全年通过年检印刷企业162家，暂缓年检4家。3—5月，开展出版物发行单位年度核验工作，通过年检单位286家，暂缓年检10家，其中，新华书店（包含县区级网点）9家。完成全市67家连续性内部资料性出版物准印证年度审核工作，其中，刊型31家，报型36家。进一步做好出版物市场监管工作，维护意识形态安全。2月13日，开展“两会”前印刷复制发行专项检查，检查组先后深入书城和印刷企业，对全市印刷复制发行进行检查监管。加强对湘江边的旧书摊管理。多次召集市城管局、湘江公司、文化市场综合执法局、全民阅读协会、旧书摊主召开协调会议，拟定《“湘江边的旧书摊”运营管理实施办法》，明确责任分工。加大对阅读机构或组织扶持。经调研考察，对城区经（运）营1年以上、面积20平米以上、单体的读者书店、山塘书屋、五彩文书社采取政府购买服务的形式，给予一定的资金扶持；起草《株洲市实体书店扶持奖励暂行办法》，即将出台，扶持实体书店发展。（彭　玲）

【版权管理】 落实政府软件正版化整改工作。出台《株洲市2017年推进使用正版软件实施方案》，下发到各县市区和相关市直单位，要求各单位结合实际，制定推进使用正版软件实施方案。7月19日，召开2017年推进政府机关使用正版软件（扩大）培训会议，共90余人参加会议。会上，对软件正版化迎检工作进行布置，邀请专家对正版软件的辨别等进行培训。贯彻实施《著作权法》。6月14日，省人大副主任李友志带队到株洲检查《著作权法》的执行情况，检查组充分肯定株洲贯彻实施《著作权法》所取得的成效。市新闻出版局以此为契机，在全市深入贯彻实施《著作权法》，加大学法普法力度，强化法律监督作用，严格执法。（彭　玲）

报　刊

【概况】 株洲日报社成立于1957年10月1日，是实行企业化管理的事业单位，有株洲日报、株洲晚报、株洲新媒体中心3个新闻机构。新媒体中心辖有株洲新闻网、株洲网、移动互联i株洲、株洲发布4个媒体平台及微博微信矩阵。除新闻机构外，还有全资的新闻投资公司、报业文化公司，合资的品位传媒公司、健坤文化公司、新闻国际旅行社等。1999年起，报社实行双轨制的用人机制，用工形态多样。至2017年年底，报社有各类人员700余人，其中，在编人员84人，社聘154人，部聘161人，发行员180余人，退休人员91人，股份公司约60人。员工中，高级职称17人，中级职称54人，初级职称41人。

2017年两报平均期发10.5万份，《株洲日报》发行4.5万份，《株洲晚报》发行6万份。两报广告、发行收入8125万元，新媒体收入1230万元，其它经营收入（不含合资公司）990万元。年内，株洲日报获评省“十佳报社”。

新闻宣传亮点纷呈。迎接宣传贯彻十九大主题报道出新出彩。会前，《砥砺奋进的五年》专题宣传有点有面、气势磅礴，用“株洲故事”诠释习近平新时代中国特色社会主义思想在株洲的生动实践。会中，“十九大时光”等专栏，图文并茂、形式多样，既紧扣内涵实质，保持原汁原味，又联系株洲工作，促进入心入脑。会后，《新时代、新征程，宣传贯彻十九大精神》《新时代、新征程，宣传贯彻十九大精神在基层》等专栏，全方位、多角度、宽领域、深层次宣传报道全市贯彻十九大精神热潮，主旋律高昂，正能量充沛，营造在大有可为的机遇期尽锐出战的浓厚氛围。唱响发展主旋律。围绕全市改革发展大局，紧扣市委市政府重要决策、重大部署、重点工作，采取全媒聚焦、立体联动的办法，开展重大宣传战役，开设专题专栏，聚焦发挥“四个作用”、建成“一谷三区”、实现“两个走在前列”“建设更高水平的文明城市”“清水塘老工业区搬迁改造”和决战脱贫攻坚、决胜全面小康、项目攻坚年、企业帮扶年等方面的重大举措和鲜活事例，宣传全市以新发展理念引领经济发展新常态的崭新气象、宣传全市深化供给侧结构性改革的进展成效，唱响发展主旋律，做好民生大文章，促进全市上下一心一意抓重点、补短板、强弱项。引导舆论，凝聚共识促发展。理论评论站稳立场，积极发声，大力唱响主流舆论声音，发挥株洲舆论场定海神针作用。聚焦新思想、新举措、新目标，瞄准社会热点、舆论焦点、发展重点，理直气壮引导，纸媒网媒联动发声，形成强大声势。加强城区公共直饮水设施建设的话题评论，被《经济日报》等媒体转载。

传播方式多元化。全媒体传播硬件设施完备。建成中央厨房式全媒体采编指挥中心，在省内地市报社拔得头筹。采编平台由单一PC端跃升到PC端+移动采编相结合，远程采编成为现实。视频直播室的建成，为报社向集团化、全能化迈进，从单一媒体向全媒体转型奠定基础。采编流程更加优化，全媒体中心与全媒体平台协调并进，“策、采、编、发”集中调度的全媒体传播体系逐步完善。开创新闻报道新形式。以多样化的展示、多介质的推送，使新闻报道动起来、活起来。无人机让新闻传播插上翅膀，短视频成新闻报道的利器。“报网端微”同时发力，文图影音立体呈现，传播形态向“全媒共享、多端发布、集中发力、多元呈现”变革。现场直播市运会开幕等重大活动，视频报道智轨列车首发等重大事件，开报社历史先河，赢得市民和网友点赞。媒体矩阵实现多层式拓展。新媒体建设从量的扩张向质的提升转变，朝专业、专注方向精进。株洲新闻网高举党网旗帜，创新传播方式，唱响网上主旋律。“株洲发布”两微一端政务新媒体，走在全省前列，逐渐形成品牌。株洲采编、经营均取得较大突破，实现收支平衡。晚报微信多篇稿件阅读量破10万，影响力传播力与日俱增，平台价值日益凸显。（袁毅明）

【全媒体采编中心建成】 2017年10月1日，在《株洲日报》创刊60周年之际，株洲日报社全媒体采编中心建成投入使用。全媒体采编中心是涵盖纸媒、网站、移动客户端、微博微信等一体化的采编平台，可以有效提升新闻采编的指挥调度效率，构建一个新闻主题多个语系表达，形成不同风格、不同形态传播的机制。

（袁毅明）

【株洲日报社获得中国报业协会多个奖项】 2017年，在中国报业协会年会上，“株洲发布”两微一端获得全国政务媒体新媒体示范奖，株洲日报社党组书记、社长赵先辉荣获中国传媒融合年度创新人物奖，《株洲掀起学习党十九大精神热潮》《学习贯彻十九大精神——学懂弄通做实我最行H5》分获十九大融合传播新媒体类、创新类优秀作品。（袁毅明）

2016年度湖南新闻奖市州好新闻获奖作品

表28

编号	作品标题	参评项目	作者	编辑	刊播单位	奖项
1	干部上班前扫大院，五十年未断	消息	罗建群	钟联明	株洲日报	一等奖
2	59名种粮大户子女返乡“接班”	消息	易　蓉	钟联明	株洲日报	一等奖

续表 28

编号	作品标题	参评项目	作者	编辑	刊播单位	奖项
3	人民监督员 4 次“不同意”	消息	胡文洁	赵云超	株洲日报	一等奖
4	一个研究所，并购 5 家欧美企业	消息	颜青春 高晓燕	谢中良	株洲日报	一等奖
5	点赞 的哥刘建新夜雨中站两小时，为啥？路上井盖翻立，他在提醒过路车	消息	刘 娟	沈勇跃	株洲晚报	一等奖
6	“10 分钟”的较真	通讯	罗建群 廖俊敏	钟联明	株洲日报	一等奖
7	红军渡，八十二年后走来“寻亲”的红军后人	通讯	李支国	邓金星	株洲日报	一等奖
8	明知满嘴鲜血的媄驰患有乙肝 男医生仍果断为她做人工呼吸	通讯	肖 蓉	沈勇跃	株洲晚报	一等奖
9	疯狂的曲马多	通讯	赵 露	胡 乐	株洲晚报	一等奖
10	实施“回头看”，防止项目“空心”	评论	李支国 沈全华	李支国	株洲日报	一等奖
11	株洲女子肖雅清美国救人连续报道	连续报道	胡文洁	赵云超	株洲日报	一等奖
12	我省首次兑现湘江流域生态补偿	消息	廖 明	王罗群	株洲日报	二等奖
13	1946 年，株洲人傅角今主持划定“南海九段线”	消息	吴 楚	钟联明	株洲日报	二等奖
14	中国动车组首次进入欧盟市场	消息	高晓燕	王罗群	株洲日报	二等奖
15	火车来了，老人摔倒在铁轨上 联防队员奋勇救人，不幸双双罹难	消息	姚时美	沈勇跃	株洲晚报	二等奖
16	“第一次离战争这么近”？	通讯	易 蓉	黄亚陵	株洲日报	二等奖
17	一根手术针 遗留肝脏内 33 年	通讯	郑炜青	高 玲	株洲晚报	二等奖
18	株洲 2 岁男童误食洁厕宝 引发一场中美跨国救助	通讯	肖 蓉	盛 荣	株洲晚报	二等奖
19	株洲“退二线”干部下乡当“村官” 引起中组部的关注	通讯	陈正明	盛 荣	株洲晚报	二等奖
20	说完一句“好累”39 岁快递员猝死合泰大街	通讯	刘 玺	沈勇跃	株洲晚报	二等奖
21	肖雅清是一股清流	评论	李支国	邓金星	株洲日报	二等奖
22	株洲女孩肖雅清树立了中国留学生的正面形象	评论	匡志毅	盛 荣	株洲晚报	二等奖
23	老厂区违规建起活牛交易市场	连续报道	廖 明 刘 平 沈全华	王罗群 赵云超	株洲日报	二等奖
24	私自在 33 层楼顶建游泳池？ 真当自己“本事通天”了？	连续报道	谢 嘉	盛 荣	株洲晚报	二等奖
25	株洲首个千亿产业诞生	消息	黄 进	王罗群	株洲日报	三等奖
26	河南七旬老人走失一年多，家人苦寻，近日被告知人在株洲 老人在株洲遭遇了车祸，司机将他送往医院住了半年	消息	邓石华	沈勇跃	株洲晚报	三等奖
27	全省首例环境民事公益诉讼案达成和解	通讯	胡文洁	赵云超	株洲日报	三等奖

续表 28

编号	作品标题	参评项目	作者	编辑	刊播单位	奖项
28	“小丫”这样扛起“大旗”	通讯	刘 芳	赵云超	株洲日报	三等奖
29	株洲籍科学家研发出疫苗“管家” 家长看下标签颜色就知好坏	通讯	肖 捷	肖 捷	株洲晚报	三等奖
30	株洲土豪公司年终奖发 13 台奥迪?	通讯	周 菁	沈勇跃	株洲晚报	三等奖
31	一户一策 激活民力——炎陵县策源乡倒坑村精准扶贫的 3 个故事	连续报道	王 军	钟联明 刘飞黄	株洲日报	三等奖
32	生命尽头，苦命女子向社会托孤：“谁能收养我两个可怜的孩子?”	连续报道	王 娜	盛 荣	株洲晚报	三等奖
33	少年湘江溺水，父亲水中苦寻无果 14 人组“人墙”下水救出孩子	组合报道	陈 驰 邓石华	李曙光 周 靖	株洲晚报	三等奖
34	春天的株洲，遇见“秋雨”		颜青春		株洲日报	
35	“短信”谋长远，“微言”有大义		钟联明		株洲日报	
36	看工人师傅怎么带徒弟——碎碎念？轻声“骂”慢慢引		谢中良		株洲日报	
37	二孩时代，你家遭遇“老大难”了吗?	标题	杨 龙		株洲晚报	好标题
38	天灰灰，霾雾重重莽莽，呼吸不易。更那堪，仍有工地违规，尘土飞扬	标题	匡志毅		株洲晚报	好标题

（袁毅明）

2016 年度赵超构新闻奖获奖作品

表 29

序号	标题	参评项目	作者	编辑	等级
1	疯狂的曲马多	通讯	采写赵露	胡 乐	一等奖
2	2016 年 8 月 28 日 A02 - 09 版	好版面	胡兴鑫		二等奖
3	生命尽头，苦命女子向社会托孤		王 娜	沈勇跃 盛 荣	二等奖
4	株洲女孩肖雅清树立了中国留学生的正面形象	评论	匡志毅	盛 荣	三等奖

（袁毅明）

广播电视

【概况】 2017 年，株洲市共有广播电视台 6 个：其中市级 1 个，县级 5 个；公共广播节目 5 套，其中市级 2 套，县级 3 套，全年公共广播节目播出时长约 35000 小时；公共电视节目 10 套，其中市级 3 套，县级 7 套，全年公共电视节目播出时长约 30000 小时。全市电视覆盖率为 90%，覆盖人口约 120 万；城区区域内有线电视干线 350 千米，用户 32 万户，均为数字电视用户。

株洲市广播电视台本部在职职工 396 人，管理及其他人员 137 人，编辑记者 135 人，播音主持 24 人，工程技术人员 51 人，广告人员 49 人，离退休 59 人。全台有 6 个媒体，形成“1 + 2 + 3”的媒体格局，即：1 个融媒体中心——包括株洲传媒网以及客户端“新株洲”等媒体平台，2 个广播频道——新闻频道、交通频道，3 个电视频道——新闻综合频道、公共法制频道、长株潭 2 套。台属广播电视媒体自办节目主要有：广播新闻频道的《观点》《株洲新闻》；广播交通频道的《马路新闻》《下班万岁》；电视新闻综合频道的《株洲新闻联播》《晚间报道》《株洲话》《清风株洲》；

电视公共法制频道的《24小时》《和事佬》《今晚看法》《株洲人物》等。

与频道平行的3个机构：湘东记者站、广告中心、融媒体中心。台本部设12个部门：办公室、总编室、节目部、人事教育部、资产财务部、广告管理部、行政保卫部、策划中心、纪检监察室、机关党委、技术部、播出部。台直属事业单位2个：市广播电视服务中心、市广播电视网络中心，均为正科级自收自支事业单位。台辖3个企业：湖南株洲广播电视产业集团有限公司，为台全资国有公司，现有控股或参股子公司10个，主要经营数字电视、影视剧、文化传播、房产、旅游等业务；湖南世纪天睿传媒文化有限责任公司，为台国有控股公司，主要经营和发展新媒体文化产业；株洲汇智方略创意营销有限公司，与台广告中心合署办公，主要经营电视媒体的广告与活动。2017年，全台经济总量为1.4亿元，其中广播电视媒体共创收6817.5万元，比2016年同期增加177.16万元，增幅为2.67%。

抓牢意识形态。2017年，市广播电视台严格落实意识形态工作责任制，把坚持正确政治方向摆在党的新闻舆论工作第一位，强化阵地管理，切实把坚持正确舆论导向体现到党的新闻舆论工作的全领域、各方面、全流程，管好广播、电视、网站以及“两微一端”等阵地，确保全年舆论导向正确。

做好新闻宣传。2017年，市广播电视台围绕中共“十九大”和市委市政府中心工作，高度重视传播手段建设和创新，内宣、外宣和网宣统筹兼顾，为全市加快建成“一谷三区”、加快实现基本现代化，以及推动全市政治、经济、文化、社会、生态文明建设，提供强有力的思想保证和舆论支持。围绕主题主线，做好做深中共“十九大”宣传贯彻工作，推出大型采访活动和专栏，发稿900余篇。围绕“一谷三区”“清水塘老工业区搬迁改造”、脱贫攻坚等市委市政府中心工作，播出系列报道50余组，1000余篇。创新形式，精心组织，做好全国、省、市三级“两会”，以及市委市政府历次重要会议的宣传报道。积极向上级媒体传稿，讲述株洲好故事，传播株洲好声音。全年在央视共发稿7条，在央广发稿6条，在湖南卫视发稿212条，在湖南广播电台发稿101条。

打造广播电视精品力作。2017年，市广播电视台完善节目月度质量等级评定和月讲评制度，改进和加强节目制作，节目质量大幅提升，涌现出一大批精品力作。年度节目创优在全省地州市继续名列前茅，18件作品获“湖南省广播电视奖”，其中一等奖6件；市广播电视台获“湖南广播电视宣传创优组织奖”；8件作品获“湖南省新闻奖”，其中一等奖3件；获得全国广播交通节目创优一等奖和三等奖各1件。微电影《永恒的风景》，第五届亚洲微电影艺术节上获得金海棠奖；并获得中国农民艺术节微电影“年度十佳奖”。高标准完成“中国·湖南——白俄罗斯·莫吉廖夫赠车仪式”新闻报道和电视专题片制作，并在莫吉廖夫建市750周年庆典仪式上播放，促进中外文化交流。创意、拍摄、制作的国家水利电视公益广告《保护湖河，从你我做起》《科学预防，生命至上》，在中央电视台多个频道播出。

加快媒体融合。推动传统媒体与新媒体平台深度融合，融媒体中心加强对全台媒体融合的统筹，搭建广电客户端“新株洲”；构建台和频道两级“1＋5”的广电微信矩阵，微信公众号的粉丝量总计约50万人，微博粉丝量总计约55万，《今日头条》的累计阅读量近千万。广播通过“微信＋微博＋连线＋录音报道＋视频直播”的新模式完成多个报道，让广播节目不仅听得见也看得见；电视新闻综合频道承办的“技能天下”职业技能电视大赛，较好地运用微信视频直播，单场点击量最高达33万人，被微赞直播平台推为全国十大经典案例。

（刘慧军）

【宣传贯彻中共“十九大”】 2017年，全市各媒体围绕主题主线，全力做好做深中共“十九大”宣传贯彻工作。分“喜迎、喜庆、贯彻”三个阶段推进宣传，层层递进，逐渐升温，推向高潮，广播电视发稿900余篇。传媒网、融媒体中心和媒体微信微博等新媒体平台统一部署，同步策划、同步推进，形成全方位、多层次、多声部的主流舆论矩阵。5—12月，在台属各媒体主要栏目的重点时段推出《砥砺奋进的五年》《喜迎十九大》《十九大时光》《学习贯彻十九大精神》《迈进新时代 开启新征程》《奔跑吧，株洲》等大型采访活动和专栏，以及“贯彻落实十九大，转型升级补短板”“开放发展铸就新动能”等主题宣传。在《砥砺奋进的五年》宣传中，广播、电视和新媒体密切聚焦“这五年”的大事、要事以及治国理政新理念新思想新战略、经济发展新常态，紧紧把握供给侧改革、精准扶贫、清水塘搬迁改造、我市发挥“四个作用”，加快建成“一谷三区”、实现“两个走在前列”、反腐倡廉、民生服务、生态保护、文化传承、社会新风以及政治、经济、社会、民生改革等热点，呈现与时代共进步的鲜明特征。

9月30日，《还看今朝——湖南篇》在中央电视台新闻频道喜迎中共十九大特别节目中播出。节目时长约90分钟。该片由株洲广播电视台配合中央电视台拍摄完成，片中多次体现株洲元素，更好地对外宣传和展示株洲这座城市的靓丽与活力。10月2日，组织调配骨干记者配合湖南卫视喜迎十九大特别报道《我们看见的变化——株洲篇》进行采访。（刘慧军）

【株洲“两会”宣传报道】 2月3—7日，株洲市“两会”胜利召开。市广播电视台以电视新闻综合频道为主宣传阵地，在会前会中会后做好相关宣传报道，为会议的圆满召开营造良好舆论氛围。推出主题宣传片“今日株洲，决胜小康”；准确及时报道会议期间相关议程尤其是大会开幕式、闭幕式、分组讨论、联组协商等程序；解读政府工作报告，通过关键词、字幕、特技等电视元素，对政府工作报告主要精神进行解读；推出相关评论等。推出专栏“两会看台”，在会议现场设置“两会看台”展板，主持人与代表、委员相对而坐，就创新创业、全面小康、精准扶贫、民生事业等相关话题展开访谈。推出专栏“小杜跑两会”，记者小杜在“两会”会场、分组座谈会、议案提交处等现场，发现热点、捕捉热点、感受热点，关注代表建议、委员提案等。报道好社会各界对“两会”的热切关注和反响，营造良好氛围。推出特别报道《我爱你，株洲》，展示市民群众安居乐业的幸福景象；推出《百姓心声》专栏，主要反映老百姓对当前幸福生活的满意和对未来美好生活的憧憬。（刘慧军）

【建军90周年专题报道】 2017年组织各媒体在“八一”来临之际，推出“八一”特别节目，向建军90周年献礼。电视新闻综合频道《株洲新闻联播》推出《“八一”特别节目 叶家祠：连队建党铸军魂》《“八一”特别节目 株洲舰舰长蒋永明：关注株洲 向往株洲》《“八一”特别节目 炎陵红军标语：历史的记录 精神的传承》等系列报道；《晚间报道》推出“八一专辑”，围绕株洲连续6届双拥模范城这一特点，从部队到地方全面展现军民鱼水情；电视公共法制频道与军分区合作推出《株洲军人风采录》,《株洲人物》栏目组先后远赴北京、上海、柳州、徐州等地军营，专访包括飞行员、特种兵、女特战队员、防化营侦察连连长等一批代表性的株洲籍优秀官兵，推出《标兵连长的故事》《胡晟·壮志凌云》《邓日明·利刃出鞘》《火热军营 绽放青春》等特别节目;广播新闻频道《株洲新闻》特别策划3篇《不朽的军魂》；株洲传媒网在首页开设“纪念中国人民解放军建军90周年”专栏及宣传横幅，并及时转载中央主要媒体制作播出的相关视听节目。（刘慧军）

【弘扬道德风尚】 2017年，市广播电视台发挥弘扬社会主义核心价值观主渠道作用。1月19日，电视新闻综合推出全市首档党风廉政主题类电视栏目《清风株洲》，宣传全市在党风廉政建设方面的好经验、好做法、好典型；剖析案例，以案说纪，提升全社会的廉洁认知。栏目推出《落实“八项规定”：管住嘴管住钱管出好党风》《2017正风反腐怎么干？》《“纪委喊我去领钱”张友泽的两个“没想到”》《转变作风从整治会风》《好家风是怎样炼成的？》《严肃换届纪律，坚持“露头就打”》《株洲率先在全省完成市县巡察》等。《清风株洲》已成为一档廉政文化节目品牌，被评为“湖南新闻奖”新闻名专栏。1月18—20日，《株洲新闻联播》栏目推出系列报道《清风劲吹》,共3篇《牢牢牵住全面从严治党主体责任“牛鼻子”》《驰而不息抓作风》《向违纪贪腐亮剑》。株洲市文明办、株洲市广播电视台联合主办“点燃希望、爱心前行”捐赠公益活动，长株潭二套承办。活动持续半年，截至2017年8月31日活动结束，共有101家爱心企事业单位参与其中,活动覆盖4区5县，捐赠的图书和书包共计超过9000套。

4月28日，由株洲市教育局主办，广播交通频道承办的2017中小学生经典诵读大赛在传媒大厦演播厅顺利完成。活动从初赛到决赛，持续时间约1个月，参与者突破2000人。

5月19日，由电视新闻综合频道策划、承办“《为爱撑起人生路》让截瘫患者站起来工程”大型慈善公益活动启动仪式，在传媒大厦演播厅举行。

6月6—8日，举办2017株洲爱心助考大型公益活动，这是株洲市连续十六年爱心送考,影响力遍及全市，活动吸引近3000名车主报名参与。

6月16日，2017年“好声音讲坛——讲话精神进基层”百姓微宣讲决赛在株洲传媒大厦举行。来自全市不同行业、不同群体的10位宣讲选手讲述了一个个不平凡的故事。

8月12日，由广播新闻频道策划实施的2017株洲市“向日葵助学计划”第二季公益活动启动仪式在株洲图书城举行。该活动历时1个月，通过“一步一捐”“读书改变未来”、送书下乡等环节，成功募集到10万元爱心善款和价值10余万元的爱心书籍，为贫困山区的孩子们圆梦大学助力，并建成4间“向日葵爱心书室”，将爱心书籍捐献给贫困留守儿童。

9月，《24小时》推出特别策划报道《大山里的“红烛”》，真实记录乡村教师无私奉献、甘为人梯的精神品格，分享他们对于生活和生命的感悟。

11月8日，湖南好人榜2017年三季度入选名单发布仪式在天元区举行。公共法制频道对活动内容进行精心策划；中国文明网进行现场直播，公共法制频道进行新媒体同步直播。

（刘慧军）

【助推经济广播电视报道】 元月初，电视新闻综合频道推出系列报道《中国动力谷：打造中国制造2025发展典范》，从轨道交通、汽车、航空产业方面对株洲建设中国动力谷的进展、成效、经验等进行全面展示。

3月6日起，《株洲新闻联播》推出系列报道《走基层 看扶贫》，分别为《株洲县南塘村：产业引进村致富有法宝》《炎陵金花村：因地制宜有策略 产业脱贫动力强》《穿梭在贫困村的“五人小组”》《炎陵坳头村：摸底子洗脑子找路子》《醴陵：百名干部“四不两直”抓督查》等，展现茶陵渡里村、茶陵上联村、炎陵龙上村、茶陵尧水村、醴陵沩山村等贫困村脱贫攻坚的生动实践以及由此带来的变化，对我市扶贫攻坚的做法进行宣传推介。

3月17—19日，广播交通频道举办“2017汽车乐购会”，共有48家经销商参展，50多个展位。

4月2—22日，《株洲新闻联播》推出系列报道《春之声》，共8篇，重点结合项目建设和企业帮扶等重点工作展开，突出反映各级各部门、各行各业春天加油干、实现开门红的生动景象，展现株洲的蓬勃生机。

4月17—21日，《株洲新闻联播》连续5天推出系列报道《县市区委书记谈扶贫》，分别为《黄诗燕：炎陵要做好“绿色文章”，让发展可持续、有后劲》《彭新军：做好驻村结对帮扶村村都有工作队户户都有帮扶干部》《谭润洪：积极动员社会参与打赢脱贫攻坚战》《胡湘之：发挥产业优势主攻基地搬迁》《罗绍昀：精准释良策合力拔穷根》。

4月24日，广播新闻频道策划实施的“寻找株洲最美乡村”自驾游活动启动，第一站为响水村。5月还先后组织母亲节特别企划——带着妈妈去旅行，以及文化端午亲子自驾游等系列活动，推广株洲本地乡村旅游。

5月4日起，电视新闻综合频道推出系列报道《株洲落实重大政策措施成效明显获国务院通报表扬》，共10集。报道分别为《大力发展战略性新兴产业铸就增长新引擎》《株洲制造夯实基础创新发展》《以创新驱动为引领振兴实体经济》《项目攻坚企业帮扶推动株洲经济行稳致远》《老工业城市的华丽蝶变》《高端装备挺起制造业脊梁 株洲领跑“智能制造”》《转出去请进来推动新旧动能转换》《公立医院改革：努力让老百姓看得了病看得起病看得好病》《新兴产业“加速跑”抢占发展新高地》《传统企业转型 振兴实体经济》《公立医院改革：打通农村医疗服务“最后一公里”》。

5月5日，全国企业家活动日暨中国企业家年会在株洲举行。电视新闻综合《株洲新闻联播》及时报道活动各项议程；推出《外地嘉宾看株洲》《新株洲》专栏；推出综述报道，报道省市领导、院士、专家、职能部门、企业的精彩观点、前瞻言论，对株洲项目建设、经济发展、产业振兴的拉动作用。

6月4—11日，电视新闻综合《株洲新闻联播》推出4篇系列报道《全力打造人才集聚新高地创新发展新高地》：《解码智能轨道快运系统（ART）》《中低速磁浮车辆：推动辞赋工程化产业化运用进程》《硬质合金：“工业的牙齿”削铁如泥》《荷塘区“一门式”政务服务 探路服务惠民》。

8月14—16日，电视新闻综合频道推出系列报道《落实市委全会精神·项目建设掀高潮》，巡礼市重点项目，推介项目建设经验。播出《新马汽车零部件产业园二期：科学施工抓工期开创建设新速度》《汽车博览园国际赛车场：打造体验式汽车运动文化公园》《新马金谷：筑巢引凤助推经济发展》等。

8月18—29日，株洲电视新闻综合频道推出系列报道《大道向南》，聚焦即将竣工通车的市重点工程——

湘江大道，为“项目攻坚年”活动宣传造势。

8月31日，2017年“院士专家株洲行”活动在株洲举行。电视新闻综合频道《株洲新闻联播》栏目紧扣活动主题“创新驱动 智汇株洲”连续报道；报道项目对接情况及院士专家的考察指导意见、成果；推出院士专家个人访谈；播发本台评论，扩大活动的社会反响及对株洲相关工作的启示等。

8月开始，电视新闻综合频道《株洲话》栏目推出创业沙龙之创新创业大赛选手专场。

10月25日，2017《技能天下》株洲市职业技能电视大赛颁奖典礼在株洲传媒大厦演播厅举行，主动对接全市支柱产业，把技能大赛与企业帮扶、脱贫攻坚结合起来。

12月23日，由广播新闻频道承办的株洲汽车文化季暨汽车交易中心A馆开业，这是株洲市首次举办室内大型汽车展会，副市长黄芳出席。

（刘慧军）

【关注社会民生】 2月6日下午下班高峰期，一市民向株洲交通频道求助，其身患重病的父亲被堵在路途。交通频道联合交警开展“为生命让行”特别节目，倡议沿途车辆让出抢救通道。节目播出后，听众纷纷参与和配合，病人及时送到医院。

3月15日，法制民生频道继续与市工商、市消协等部门合作，在市中心开展3.15消费者维权大型户外特别节目，为市民协调解决消费难题，倾听民众消费声音。

3月19日，《马路新闻》开展“聆听花香”关爱听障儿童的爱心活动。上百位爱心人士募捐学习生活用品，以及9700多元的爱心款。

3月21日起，由大型活动中心创意、拍摄、制作的国家水利电视公益广告《保护湖河，从你我做起》，在中央电视台综合、经济、文艺、国际、农业军事、科教、电视剧、少儿、新闻等9个频道播出。

3月22日，由广告中心执行承办的“水润株洲 湘江之行”大型公益徒步行动暨“3·22”世界水日系列活动启动仪式在炎帝广场举办，呼吁大家提高节水意识，保护人类赖以生存的水资源。

5月19日在演播厅举行让爱撑起人生路——“让截瘫患者站起来工程”大型慈善公益活动启动仪式，通过现场募捐及短片的播放，取得较好地社会反响。

5月26日，高考主题策划启动。广播新闻频道《株洲新闻》以《高考恢复40年》为主题，集中采写报道《父亲靠记忆编写复习资料，助她敲开大学的校门》《不一样的年代上演不一样的故事》等恢复高考后，一批通过高考改变命运的人物故事，见证社会变迁。

6月2日，“珍爱生命 快乐成长”未成年人主题教育活动启动仪式在演播厅举行，通过VCR、讲述、歌舞等节目，让未成年人学会珍惜生命、敬畏生命、热爱生活。

6月底—7月初，全市连续遭受强降雨袭击，整个湘江流域出现超历史最高水位洪水。市广播电视台第一时间启动媒体应急预案，现场报道防汛抗洪抢险一线，传播市委市政府防汛抗灾的权威声音，及时准确发布灾情、水情、气象、水文、交通、电力等方面的权威资讯。《株洲新闻联播》《24小时》《株洲新闻》《马路新闻》等栏目共计发稿200余条。

7月26日起，由大型活动中心创意、拍摄、制作的国家水利电视公益广告《科学预防，生命至上》，在中央电视台综合、经济、文艺、国际、农业军事、科教、电视剧、少儿、新闻等9个频道播出。

8月11日，“株洲很好，请您停好”株洲市城区人行道停车整治行动启动仪式举行。

10月20日，株洲市广播电视台法制民生频道执行承办的第四届“医保惠民进社区”公益活动启动仪式在泰山街道办事处举行，名医专家现场义诊，并提供全方位医疗咨询服务。

（刘慧军）

2017年度“湖南新闻奖” 获奖作品

表30

序号	作品标题	参评项目	作者	刊播单位	获奖等级
1	清风株洲	电视栏目	孙 岱 罗依坤 罗 辉 曾 朦 张声伟 黄泓睿	株洲市广播电视台电视新闻综合频道	一等奖
2	拥抱新丝路——2017株洲创新引领开放崛起调查备忘	广播系列报道	陈 庆 邱 浩 杨 智 王 颉	株洲市广播电视台广播交通频道	一等奖

续表 30

序号	作品标题	参评项目	作者	刊播单位	获奖等级
3	全球首列“智轨列车”在株洲开跑	电视长消息	付萱 孙岱 洪军	株洲市广播电视台电视新闻综合频道	一等奖
4	株洲用沙画创新宣讲十九大	电视短消息	樊菁 陈严	株洲市广播电视台电视新闻综合频道	二等奖
5	全球首列智能轨道快运车辆在株洲开跑	广播短消息	徐婵 邱浩	株洲市广播电视台广播交通频道	三等奖
6	蜕变	广播系列报道	曾丽云 倪伟 李佳 张谦	株洲市广播电视台广播新闻频道	三等奖
7	老吴脱贫记	广播新闻专题	集体	炎陵县广播电视台	三等奖
8	一笔养老金引发两段故事……	电视长消息	肖华林 易智强 曹娥	醴陵市广播电视台	三等奖
9	少有人看见的美－茶陵湘剧	电视社教专题	罗依坤 刘会才 孙岱 黄滔	株洲市广播电视台电视新闻综合频道	三等奖
10	女特战队员的故事	新闻访谈	彭夏琳 曾倩 陈怡 张卫明 游盟长 邢子钰	株洲市广播电视台	三等奖
11	突“围”——株洲探索居家养老服务　构建没有围墙的养老院纪实		唐灿 邱浩	株洲市广播电视台广播交通频道	三等奖

（刘慧军）

2017 年度“湖南广播电视奖”获奖作品

表 31

序号	体裁	参评单位	标题	播出时间	主创人员	获奖等级
1	系列报道	株洲市广播电视台广播新闻频道	蜕变	2017.11.26	曾丽云 倪伟 李佳 张谦	一等奖
2	系列报道	株洲市广播电视台广播交通频道	拥抱新丝路——2017 株洲创新引领　开放崛起调查备忘	2017.12.28—31	陈庆 邱浩 杨智 王颉	一等奖
3	短消息	株洲市广播电视台	中车株洲所：为高铁“心脏”安装健康“瓣膜”核心技术实现完全自主	2017.11.15	符政军 汤婷 李敦平	一等奖
4	系列报道	株洲市广播电视台电视新闻综合频道	新株洲更出彩·发力实体经济	2017.12.29、30、31	付萱 曹理微 孙岱 何璐	一等奖
5	社教专题	株洲市广播电视台	侗乡的节日	2017.9.26	易增 孙晨译 孙岱 刁俊峰	一等奖
6	公益广告	株洲市广播电视台大型活动中心	保护河湖，从你我做起	2017.3.21-27	高一歌 彭发荣 曹龙武	一等奖
7	社教专题	株洲市广播电视台广播新闻频道	不朽的军魂	2017.7.21	张谦 田健潇 胡杰锋 董小鹏	二等奖
8	长消息	醴陵市广播电视台	一笔养老金引发两段故事……	2017.12.7	肖华林 易智强 曹娥	二等奖
9	长消息	株洲市广播电视台	依托社区　株洲市打造“15 分钟养老服务圈”	2017.11.23	余俊 汤婷 张巍	二等奖
10	社教专题	株洲市广播电视台电视新闻综合频道	少有人看见的美——茶陵湘剧	2017.12.31	罗依坤 刘会才 孙岱 黄滔	二等奖

续表 31

序号	体裁	参评单位	标　　题	播出时间	主创人员	获奖等级
11	通讯	株洲新城市报	兴趣说没就没　家中乐器如何去“库存”	2017.1.26	马文章	二等奖
12	短消息	株洲市广播电视台广播交通频道	全球首列智能轨道快运车辆在株洲开跑	2017.10.23	徐　婵　邱　浩	三等奖
13	社教专题	株洲市广播电视台广播新闻频道	一份不寻常的考卷	2017.6.10	张　谦　谭　敏 胡杰锋　倪　伟	三等奖
14	新闻专题	炎陵县广播电视台	老吴脱贫记	2017.12.6	集　体	三等奖
15	短消息	株洲市广播电视台电视新闻综合频道	五分钟沙画视频推动十九大精神落地生根	2017.12.2	樊　菁　陈　严	三等奖
16	短消息	茶陵县广播电视台	“空心房”为美丽乡村建设让路	2017.11.27	吴勇志　肖振华	三等奖
17	长消息	株洲市广播电视台电视新闻综合频道	全球首列“智轨列车”在株洲开跑	2017.10.23	付　萱　孙　岱 洪　军	三等奖
18	新闻访谈	株洲市广播电视台	女特战队员的故事	2017.7.31	彭夏琳　曾　倩 陈　怡　张卫明 游盟长　邢子钰	三等奖
19	音乐电视	炎陵县广播电视台	神农谷情歌	2017.9.30	高一歌　肖美群 王建忠　张　斗 曹龙武　殷　强 李羽辰　唐鸿冰	三等奖

（刘慧军）

医疗卫生

卫 生

【概述】2017年，株洲市有医疗卫生机构2904个，其中医院79所，三级综合医院（含中医院）7个（三级甲等医院3个），二级综合医院（含中医院）22个；基层医疗卫生机构2813个，其中社区卫生服务中心27个，乡镇卫生院111个；医务室和诊所938个，村卫生室1719个。有卫生人员31654人，其中卫生技术人员25445人，包括执业（助理）医师10620人、注册护士11428人、药师（士）1243人、技师（士）1231人；每千人口卫生技术人员6.5人，每千人口执业（助理）医师数2.64人，每千人注册护士数2.84人，医护比为1∶1.09。有医疗机构病床26284张，每千人口床位数为6.5张，其中医院19204张，每千人口医院床位数为4.7张，基层医疗卫生机构6269张，千人口基层医疗卫生机构床位数1.55张。

2017年，全市孕产妇死亡率为11.82/10万，比2016年同期下降1.58%；5岁以下儿童死亡率为4.57‰，比2016年同期下降14.78%；全市出生缺陷发生率118.43/万，比2016年同期下降6.37%。

2017年，全市卫生计生财政拨款13.39亿元，其中：一般公共卫生服务0.05亿元，社会保障就业0.24亿元，医疗卫生管理1.45亿元，公立医院2.19亿元，基层医疗机构3.75亿元，疾病预防控制1.16亿元，卫生监督0.29亿元，妇幼保健0.59亿元，采供血机构0.29亿元，基本公共卫生服务1.34亿元，重大公共卫生0.19亿元，其他公共卫生支出0.05亿元，中医药0.01亿元，医疗保障0.05亿元，人口与计划生育服务1.69亿元，城乡社区支出0.02亿元，住房保障支出及其他支出0.03亿元。

2017年，全市卫生计生工作全面推进健康株洲建设，稳步提升公共防空能力，加强医疗内涵建设，提高依法行政水平，落实卫生计生民生实事，推进健康扶贫。年内，株洲市获国务院通报表彰为“公立医院综合改革真抓实干地方成效明显”城市；健康扶贫工作被推荐入选《湖南精准脱贫经典案例100》；国家卫生城市在全省接受国家检查的6个城市中以第一名的成绩顺利通过复查；连续5年获全省人口和计划生育工作优秀单位；首家医学院士工作站成功落户。市卫生计生委先后获评为全国“三八红旗集体”、全国卫生计生系统先进集体、省卫生重点工作考核优秀单位。市中心医院、省直中医医院入选全省十佳“平安医院”，市中心医院入选全国“平安医院”。

健康株洲建设。市委常委会、市政府常务会多次研究卫生计生工作，市人大主任会议专题听取健康扶贫工作，市政府将分级诊疗制度建设纳入全市民生100工程，市政协将推进分级诊疗制度建设作为主席团会议专题协商重点课题。制定出台《株洲市贯彻落实〈健康中国2030规划纲要〉加快推进健康株洲建设实施方案》、《株洲市“十三五”深化医药卫生体制改革规划》等7个文件，构建把健康融入所有政策的大卫生大健康工作格局。加强宣传引导。2017年，在湖南卫视新闻联播等媒体上刊发一类稿件5篇；在中央电视台以及《中国人口报》《健康报》《湖南日报》等国省媒体上发表二类稿件300多篇，其中《湖南株洲：贫困人员县内住院不用自己掏钱》，在8月15日被新华社通稿刊发。

公共卫生防控能力。2017年，全市城乡居民建档率86.93%，0~6岁儿童健康管理率95.35%，65岁及以上老年人健康管理人数29.63万人，高血压及2型糖尿病患者管理分别达20.77万人和6.73万人。应急防控能力明显增强，妥善完成攸县“5·7”煤矿气体中毒事件的医疗救治工作，做好人感染H7N9禽流感疫情、艾滋病、结核病、血吸虫病等重点传染病应急准备和处置工作，全市儿童免疫屏障、血防达传播阻断标准持续巩固，确保主汛期大灾后无大疫，连续20年没有发生甲类传染病。尘肺病等职业病防治工作有效推进，全面完成无责任农民工医疗救治救助任务。严重精神障碍患者治疗与管理工作逐步规范，全年没有发生精神病人肇事肇祸事件。完成重大活动医疗保障任务30起，保障对象近5800人，无一例投诉及纠纷。

医疗内涵建设。启动第二批重点医学专科建设，遴选市中心医院血液科、市三三一医院头颈甲状腺外科、市人民医院老年病科、市中医伤科医院中医骨伤与康复科、市三医院精神病科作为第二批市财政重点支持的公立医院临床医学重点专科建设项目，截至2017年年底，5个专科均与国内顶级医院对接签订了合作协议或设立了工作室。注重卫计人才培养。市卫计系统3名专家入选株洲市科技领军人才，加强住院医生规范化培训和全科医生培训工作，2017年新进的符合条件的临床医生100%参加培训。提升基层中医药服务能力，制定《株洲市加快中医药发展实施方案（2017—2020年）》，成功举办“神农医药文化产业发展论坛”，承办“中医中药中国行——中医药健康文化推进行动”湖南省启动仪式，进一步扩大了中医药影响力。

依法行政。健全监管体系，规范行政审批。完善卫生计生综合监督行政执法体系，建立“市、县、乡、村”四级执法机构与队伍。推进行政审批规范化管理，市本级行政审批事项按时办结率、服务对象满意率均为100%，全系统无行政复议和行政诉讼败诉案件发生。突出专项整治，强化执法监督。加强医疗卫生、食品安全、学校卫生、消毒产品、公共场所等执法监督监测，严厉打击各类医疗违法案件，获湖南省整治“两非”工作先进单位、株洲市2017年度文明城市创建工作先进单位、2017年度全市食品药品安全工作先进单位。注重日常监管，维护系统综治安全。严格履行社会治安综合治理工作要求，信访事项到期办结率100%，全系统未出现信访问题处置不当而造成的重大群体性事件和恶性事件。扎实开展安全生产各项大排查工作，落实领导带队检查和党政同责制，全系统未发生安全生产事故。（文　魁）

【医疗改革】　2017年，全市积极推进医联体建设，出台《株洲市中医医联体建设工作实施方案》，组建各类医疗联合体25个，涉及医疗机构169家。规范实施分级诊疗，出台《株洲市推进分级诊疗制度建设实施方案》，规范分级诊疗转诊制度，引导病人向基层医疗机构合理分流，形成上下联动的诊疗新秩序。大力实施家庭医生签约服务，制定《株洲市推进家庭医生签约服务实施方案（试行）》，共组建家庭医生团队536个，常住人口签约人数137.43万余人，签约率34.35%（国家要求30%）。健全药品供应保障体系，从2017年10月1日起，全市所有公立医院全面实施药品采购“两票制”，城市公立医院均实现药品集中配送，大幅度降低公立医院的药品采购成本，有效遏制药品价格虚高现象。株洲市公立医院改革获国务院通报表彰，被省委省政府确定为全省唯一的“公立医院改革示范市”。在全省14个市州现场复评公立医院综合改革考核中，获全省第一。（文　魁）

【健康扶贫】　精准分类。对全市建档立卡贫困人员175914人进行精准识别，共筛查出贫困患者28551人，并结合患者病情状况将其分为三类，其中Ⅰ类为病情不可逆转患者（3727名），Ⅱ类为能够一次性治愈患者（2132名），Ⅲ类需长期健康管理患者（22692名）。精准施策。实行“Ⅰ类人员兜底保障、Ⅱ类人员集中救治、Ⅲ类人员签约服务”措施。对Ⅰ类患者积极筹措医疗救治资金，加大兜底保障力度；对Ⅱ类患者实行集中救治，救治率为100%，其中有1562人成为健康劳动力；对国家明确的4类9种疾病患者1081人进行集中救治，完成1079人，救治率为99.81%；对Ⅲ类需长期健康管理患者开展家庭医师签约服务，截至2017年年底，全市建档立卡贫困人口家庭医师服务签约率100%，贫困患者管理服务率100%。精准保障。建立完善基本医疗保障、大病保险、医疗救助、商业保险补充的四道防线，全市贫困户住院实际报销比例92.59%。积极推进医疗救助“一站式”结算，贫困患者到定点医疗机构就诊，实行先诊疗后付费，极大地方便了困难群众。（文　魁）

【卫生计生民生实事】　2017年，全市农村适龄妇女“两癌”免费检查完成84319人，完成102.25%；孕产妇产前免费筛查完成44450人，完成100%；田心院区提质改造项目正式动工；全市分级诊疗政策体系建设日趋完善；远程会诊服务系统稳定运行；市妇幼保健院搬迁改扩建项目开始启用。同时，盛康·国际老年颐养苑、枫溪谷生命科学园、颐和寿康健康养老项目、宏泰健康养生园项目、株洲市妇幼保健院整体搬迁改扩建一期工程建设项目、中美医院、云龙医院、湘东医院门急诊综合大楼暨全科医生临床培养基地建设、株洲县中医院改扩建门诊住院楼建设及污水处理项目、攸县人民医院（攸州中心医院）、攸县妇幼保健院整体搬迁、网岭精神病专科医院建设等12个重点项目全力推进，全年完成投资金额17.88亿元。

（文　魁）

【计生服务管理】　2017年，全市人口自然增长率7‰，符合政策生育率96.57%，出生性别比108.66，各项主要考核工作指标均衡发展。完善服务管理机制。建立计划生育征信机制、计划生育综治部门联动工作机制，下发《关于坚持和完善计划生育目标管理责任制的实施意见》，加强对基层工作的调度、督导，提升基层工作积极性。做优流动人口服务。芦淞区“三进三免四均等”流动人口管理模式成为全省唯一入选国家流动人口健康促进优秀案例。加大计生家庭关怀力度。落实农村部分家庭奖励扶助对象、计划生育特别扶助对象、城镇独生子女父母奖励对象等对象确认与奖励，累计发放奖励金3亿多元。充分发挥计划生育协会作用。全市各级计生协会安排专项资金203.81万元，走访慰问计生特殊家庭、贫困家庭、留守儿童等对象4000余人次，安排“三结合”项目10个，资金42万元，争取省小额贴息贷款项目37户，资金48.79万元，完成计划生育系列保险1079万元，理赔495.8万元，理赔率45.9%。

（文　魁）

【株洲市卫生与健康大会召开】　2017年6月4日，全市卫生与健康大会召开，会议传达贯彻落实全国、全省卫生与健康大会精神，安排部署当前和今后一个时期全市卫生与健康工作，动员全市上下全面推进健康株洲建设。会上下发《市委、市政府关于贯彻落实〈健康中国2030规划纲要〉的实施意见（征求意见稿）》《株洲市“十三五”深化医药卫生体制改革规划》《株洲市全民健身实施计划（2016—2020年）》《株洲市加快中医药发展实施方案（2017—2020年）》等6个文件，对株洲市未来一段时间卫生与健康工作进行全面规划部署。市委书记、市人大常委会主任毛腾飞出席会议并讲话。市委副书记、市长阳卫国主持会议。市领导雷绍业、刘光跃、蔡溪、赖馨正、彭爱华、杨玉芳、何剑波、田卫军、毛朝晖、聂方红羊贵平等出席会议。

（文　魁）

【首届神农医药文化产业发展论坛在株洲举行】　7月8日，首届神农医药文化产业发展论坛在株洲市开幕。来自全国中医药界的数百名专家学者、百余家中药企业代表等汇聚株洲，弘扬中医药文化，交流中医药学术成果，推广中医药新产品、新技术，谋求作为民族瑰宝的中医药更好地服务大众，走向世界。国家中医药管理局副局长马建中，湖南中医药大学校长秦裕辉，中国工程院院士李连达，国医大师孙光荣、熊继柏、李佃贵，中华中医药学会秘书长王国辰，省中医药管理局副局长肖文明，市委书记、市人大常委会主任毛腾飞，市委副书记、市长阳卫国出席论坛。

此次论坛由中华中医药学会、中国民间中医医药研究开发协会、中国医疗保健国际交流促进会、中国民族卫生协会、省卫计委、省中医药管理局、湖南中医药大学、株洲市政府联合主办。论坛以“传承、健康、共享”为主题，以“传承神农精神与文化、促进大健康产业发展、落实医药产业扶贫、贯彻健康株洲战略”为定位，除主题论坛外，还举行健康产业与扶贫分论坛、健康株洲公益活动暨儿童健康分论坛活动等。论坛现场成功签约11个项目，总投资79.6亿元，涉及医疗器械生产、药品种植及加工、医疗扶贫、医疗服务等行业。（文　魁）

【株洲卫计委获评全国先进集体】　8月17日，在北京召开的全国卫生计生系统表彰大会上，株洲市卫计委被评为全国卫生计生系统先进集体，成为这次全省唯一获此殊荣的市州卫生计生行政主管部门。此次评选活动由人力资源和社会保障部、国家卫生计生委、国家中医药管理局联合组织。

（文　魁）

【株洲通过“国家卫生城市”复审】　2017年，株洲市在3年一次的国家卫生城市复审中获得843.6分的高分，成绩在全省6个国卫城市复审中（株洲、永州、郴州、娄底、益阳、资兴）名列第一，通过“国家卫生城市”复审，为“全国文明城市”复审奠定基础。株洲市委、市政府高度重视巩固国家卫生城市创建成果工作。强化组织领导，市政府成立“国卫”复审提升领导小组，城区各级卫生计生部门加强工作协调和政策衔接，形成合力攻坚的工作格局。完善督查机制，每周对重点区域、重点问题跟踪检查，并及时召开调度会，通报整改情况。注重沟通协调，邀请全国国卫城市复审的

资深专家到株洲模拟暗访，对存在问题进行精准会诊、专业指导，提升全市复审迎检能力。（文　魁）

【“中医中药中国行”中医药健康文化推进行动湖南启动仪式】 2017 年 9 月 26 日，“中医中药中国行”中医药健康文化推进行动湖南省启动仪式在株洲炎帝广场举行。活动由省中医药管理局主办，株洲市卫生计生委、湖南广播电视台广播传媒中心等单位联合承办，旨在推动湖南省中医药名医、名方、名药、名院、名校的发展，普及中医药文化，努力打造具有湖湘特色、区域影响的知名中医药文化传播品牌。省政协副主席欧阳斌，国家中医药管理局法监司司长余海洋，湖南省卫生计生委副主任、党组副书记、湖南省中医药管理局局长黄惠勇，株洲市委副书记、市长阳卫国；市政协主席蔡溪出席活动。来自各中医医院、中医学专科学校以及志愿企业 800 人现场参与中医药文化、中医药法和中医药养生保健知识宣传，发放中医健康宣传资料及宣传用品 800 余份。在启动仪式现场，近 50 位知名专家开展义诊活动，吸引 800 余名群众参与。

（文　魁）

【株洲首家医学院士工作站成立】 2017 年 12 月 4 日，株洲卫生行业首个院士工作站——吴孟超院士株洲工作站正式落户株洲市中心医院。这标志着株洲市公立医院改革迈出坚实的一步，也是株洲市跨区域专科联盟取得的又一丰硕成果，将为株洲市卫生行业，培养高水平学科带头人、完成高层次国家级科研课题、争创国家级奖项，实现产、学、研共同发展，奠定了坚实的基础，为推动我市卫生事业的发展提供强有力的智力支撑。该工作站揭牌仪式在上海隆重举行，中国科学院院士、海军军医大学东方肝胆外科医院院长吴孟超，海军军医大学东方肝胆外科医院副院长许劲松，海军军医大学东方肝胆外科医院原副政委李国强，株洲市人民政府副市长杨胜跃，株洲市人民政府副秘书长董小平，株洲市卫计委党委书记、主任张纯良，株洲市中心医院院长蔡安烈等领导出席揭牌仪式。（文　魁）

2017 年度全市生育情况

表 32

地区名称	2017 年度出生人数											
	合计出生	政策内出生	符合政策生育率（%）	一孩出生			二孩出生			多孩出生		
				小计	男	女	小计	男	女	小计	男	女
株洲市	53675	52327	97.49	20357	10481	9876	30753	15924	14829	2565	1442	1123
荷塘区	2304	2286	99.22	985	502	483	1257	658	599	62	31	31
芦淞区	3630	3602	99.23	1651	840	811	1883	989	894	96	52	44
石峰区	2648	2641	99.74	1187	602	585	1426	756	670	35	22	13
天元区	3981	3940	98.97	1660	878	782	2188	1116	1072	133	70	63
云龙示范区	1114	1103	99.01	400	225	175	684	335	349	30	15	15
株洲县	4678	4588	98.08	1917	991	926	2533	1347	1186	228	133	95
攸　县	10390	10086	97.07	3617	1877	1740	6217	3241	2976	556	321	235
茶陵县	8688	8300	95.53	3010	1536	1474	5053	2581	2472	625	349	276
炎陵县	2609	2537	97.24	883	427	456	1590	813	777	136	76	60
醴陵市	13633	13244	97.15	5047	2603	2444	7922	4088	3834	664	373	291

（文　魁）

公立医院管理

【概况】 至2017年年底，全市有公立医院24家，其中省管医院2家，市属公立医院7家，县级公立医院15家。株洲市公立医院管理处是隶属株洲市卫生和计划生育委员会领导和管理的副处级全额拨款事业单位，2017年在编9人，内设综合科、业务管理科、规划财务科3个职能科室。

2017年，株洲市公立医院管理处按照国家、省、市有关公立医院改革工作任务和要求，改革工作不断深化，取得一定成效。年内，株洲被国务院评为湖南省唯一“公立医院综合改革真抓实干地方成效明显”城市，被省政府评为全省唯一“省级公立医院综合改革示范城市”，在全省14个公立医院综合改革试点市州现场复评中，株洲排名第1，炎陵县被确定为全省4个“公立医院改革示范县”之一。

（谭小艳）

【医联体建设实现全覆盖】 2017年，在市区，发挥区域医疗中心和市区三级公立医院引领作用，建立以市区三级公立医院为领头羊的各种类型的城市和区域医联体；在县域，发挥县级公立医院的城乡纽带和县域龙头作用，在各县建立松散型或紧密型医共体；在市域内外，发挥专科优势，建立以市妇幼保健院、省直中医院、市中医伤科医院为代表的市内专科联盟和以脑血管、心脏、肝胆、妇产、肿瘤科为代表的市外专科联盟；在偏远贫困山区，发挥远程医疗作用，建立市级、基层医疗卫生机构优质医疗资源共享机制。全年全市9家三级公立医院均组建或参与医联体建设，为构建基层首诊、急慢分治、上下联动的就医新格局奠定扎实基础。（谭小艳）

【公立医院薪酬制度改革】 积极推进公立医院薪酬制度改革。基本建立绩效工资稳步增长机制，运用公立医院绩效考核结果，确定绩效考核奖金。2017年，城市公立医院人员支出占业务支出的37%，较上年同期提高2.36个百分点。在广泛调研、考察学习、借鉴外情的基础上，研究出台《株洲市公立医院薪酬制度改革试点实施方案》，在全市公立医院推进试点。

（谭小艳）

【公立医院监管】 根据最新公立医院改革要求和标准，修改完善2017年度市属公立医院绩效考核指标，并配合市绩效考核办制定印发《株洲市市属公立医院2017年绩效考核实施方案》。全年组织有关专家对市属公立医院开展两次绩效考核。7月起，每月书面通报各公立医院的医疗费用增长幅度、药占比、消耗的卫生耗材、医疗服务收入占比等硬性指标，取得初步成效。2017年，城市公立医院药占比为28.79%，较2016年同期下降1.42%；百元耗材为26.9元，较2016年同期减少1.31元；医疗纠纷发生率较2016年同期下降11.9%。（谭小艳）

【优化医疗服务】 2017年，按照株洲市《进一步改善医疗服务行动计划》要求，督促市属公立医院进一步改善医疗服务，继续实施服务流程优化、优质护理服务、同级公立医院检验检查结果互认、预约诊疗、分时段诊疗等一系列优化服务的举措，并开展临床路径管理，老百姓看病就医更加便捷，就医感受明显好转，患者综合满意率从86.38%上升到93.52%。

（谭小艳）

妇幼保健

【概况】 2017年，株洲市妇幼保健院按照《两纲》和全市妇幼卫生工作目标要求，开展各项妇幼保健工作。

积极促进株洲市妇幼健康计划生育服务联合体健康持续发展。落实妇女“两癌”筛查，为城市低收入人群提供免费筛查，保障妇女健康；着力出生缺陷预防和二级预防，组织实施全市孕产妇免费孕中期产前筛查民生实事项目，目标人群覆盖率100%，筛查高风险人群产前干预率85.18%。2017年，全市出生缺陷发生率119.26/万，较上年下降18.06%。

率先在省内开展孕产妇家庭医生签约服务，高危妊娠按风险预警“五色”（绿、黄、橙、红、紫）分级管理，有效落实孕产妇风险防控；实施孕产妇死亡“一例一报，一报一审，一审一考”的实时评审办法；强化新生儿窒息复苏、孕产妇管理等工作培训，定期派出专家到5县4区“点对点”指导妇幼保健工作、专业知识培训、查房答疑、手术会诊等，做到人员、时间、地点“三固定”，提升基层服务能力，全力保障母婴安全；开展全生命周期健教培训、健康知识“三进”活动（进社区、进机关、进高校），积极宣传健康惠民政策。2017年全市“两率”控制水平位居省内前列。

（贺　芬）

献血供血

【概况】 株洲市中心血站于1996年建站，是一所集血液采集、制备、供应、科研及教学于一体的采供血服务机构。至2017年年底，有员工105人，其中专业技术人员95人（高级6人，中级19人，初级63人），卫生技术人员占77%。下设办公室、财务科、检验科、质量控制科、事业发展部、成份科6个职能科室。

2017年，全市招募无偿献血者47748人次，采集血液16.52吨，采量同比增长12.8%。临床供应血液产品总量36.8吨，同比增长13.9%。常规血液检验阳性率为1.98%；核酸检测阳性率为1.32‰。报告传染病疫情96例，报告艾滋病反应性标本96例，确认20例。株洲市参加部、省两级临床检验中心室间质评成绩100%合格；株洲献血网荣获评国家卫计委“优秀官方网站”；株洲市连续8次获评全国无偿献血先进城市。（刘　娟）

【省首家献血者公益书屋】 2017年5月，株洲市中心血站建成湖南省首家属于献血者的公益书屋——“雅居爱心书屋”。书屋不仅有丰富的“精神食粮”，还有浓郁的血站文化气息，实现与市图书馆资源共享，市民们可以凭身份证进行书籍的“通借通还”。（刘　娟）

【世界献血者日活动】 2017年6月15日，“热血铸丰碑——纪念第14个世界献血者日暨无偿献血颁奖公益晚会”在市钢琴广场举行，市委副书记雷绍业、市人大副主任钟燕、市政府副市长杨胜跃、市政协副主席周雪辉等领导出席晚会，近3000位市民观看。（刘　娟）

【无偿献血体验式情境科普馆】 2017年9月，株洲市首家无偿献血体验式情境科普馆开馆。科普馆总面积约220平方米，分为5个模块、30个展区，拥有血液测量仪、血型遗传自动模拟器等多种互动教具；配套有投影系统2套；科教电视1台、IPad4个展区。从“无偿献血发展”“血液科普”“互动体验”“荣誉展示”“未来规划”等不同角度，全面展示“血”和株洲市无偿献血发展故事。对普及无偿献血健康知识，传播无偿献血引领健康生活新理念，提高市民无偿献血知晓率具有重要意义。（刘　娟）

【临床用血医疗质量控制中心挂牌成立】 2017年9月28日，株洲市临床用血医疗质量控制中心在市中心血站正式挂牌成立。质控中心的成立，可充分发挥株洲血站的人才、技术、设备等方面的资源优势，建立全市统一的临床用血质量控制评价体系，保障血液质量安全；同时也有利于锻炼和培养株洲专业技术人才队伍，提高质量评价和技术能力。（刘　娟）

【免费用血政策落实】 为方便献血者用血费用的报销，自2016年9月1日起，株洲市启动无偿献血者及其直系亲属临床用血医院直报工作，献血者可直接在就诊医院提交相关资料，工作人员将报销血款直接转账到无偿献血者指定账户上。2017年市中心血站为808位献血者共计报销输血费56.96万元，其中，310人次为医院直报，累计金额21.75万元。（刘　娟）

【无偿献血宣传】 2017年，记录株洲市无偿献血事业20年发展历程的宣传片《热血铸丰碑》完成拍摄及制作；株洲市首部无偿献血公益微电影《生命在传递》顺利出品，电影中大部分角色都是由血站工作人员和志愿者出演，为株洲无偿献血宣传，起到了良好效果。（刘　娟）

【无偿献血志愿服务】 全年全市有10206人无偿献血志愿者服务42050小时。积极开展志愿服务研讨会、骑行宣传、养老院慰问、湘江毅行等活动，弘扬志愿服务精神，推进志愿者文明建设。申报“全国无偿献血项目——无偿献血宣传与招募志愿服务”项目，成为全国17个获此资格的组织之一。株洲市无偿献血志愿者服务大队获评湖南省2017年度“优秀红十字志愿服务组织”奖。（刘　娟）

卫生执法监督

【概况】 至2017年年底，全市卫生管理医疗机构3495家、公共场所单位3439家、生活饮用水单位159家、学校587所、餐饮具集中消毒单位17家、职业健康检查机构11家、职业病诊断机构1家、职业病鉴定机构1家，实现监督检查全覆盖，监督覆盖率100%。

全年完成卫生计生行政处罚案件267件，罚没69.99万元，其中市本级53件，罚没11.9万元。暂停医师执业

1人，取缔“黑诊所”29家，向公安部门移送无证行医涉嫌犯罪案件1起，向法院移送强制执行案件1起。办理简易程序案件19件，一般程序案件34件，结案28件。开发制作微课视频资料2个，获全省二等奖。

提升公共场所和生活饮用水卫生监督管理水平。强化日常监督，监督全面覆盖不留漏洞。以推广公共场所量化分级管理制度为重要监督手段，全市评定公共场所的卫生信誉度等级3232家，其中A级145家，B级765家，C级2322家；审查未定级207家。经营单位卫生管理档案建档率100%。6—10月对全市公共场所、生活饮用水单位进行监督检测。其中空气质量抽检174家，合格162家，合格率为93%；顾客用具用品抽检239家，合格214家，合格率为89.5%；人工游泳池抽检48家，合格43家，合格率为89.6%。重点保障生活饮用水卫生安全。各级卫计执法机构全年共检查生活饮用水单位439家次，其中市政供水单位45家次，农村饮水安全工程单位182家次，二次供水单位212家次，监督覆盖率100%。全市市政供水单位整体水平较好，但部分农村饮用水安全工程单位在水源选择、水处理工艺、化验室的正常运转上存在问题。每月组织对城区公共场所卫生和饮用水单位开展工作督查，针对重点路段、偏僻区域，共检查268家单位，发现24家无卫生许可证单位；抽查563名从业人员中发现48人无健康证。针对存在的问题，及时向区卫计监督局反馈，要求限期落实，对整改不落实者进行通报批评，追究责任。

建设传染病防控“新网络”。以传染病防治国家监督抽检计划任务为纵轴，以专项行动为横轴，全面开展传染病防治法等法律法规落实情况监督检查，打造全市传染病防控网络。陆续开展传染病防治法等法律法规落实情况专项监督检查、病原微生物实验室生物安全专项检查等专项行动，结合国家重点抽检计划，全年共计检查三级医院9家，二级医院29家，一级医院89家，432家基层医疗机构，检查设立病原微生物实验室的二级以上医疗机构、疾病预防控制机构和采供血单位的58个实验室的生物安全管理工作，抽检2家二级医院的四条肠镜的消毒效果。在全年医疗卫生机构传染病防治监督检查中，共发现存在违法行为的单位31家，给予卫生行政处罚22家，罚款金额9.1万元。

强化卫生计生稽查管理。开展内部稽查，规范行政执法行为，提高行政执法水平。随机抽取各专业38家管理相对单位展开现场稽查和2016年查处的行政处罚案件的追踪稽查，稽查违法行为整改落实情况。同时发放调查问卷76份，满意率为100%。加强案件审查，案件评查制度化。完善《卫生行政处罚案件办理控制程序》、案件登记审查程序。建立案件各程序审核记录制度，逐步提高监督员办案水平，减少行政复议和行政诉讼案件的发生。在组织行政处罚案件合议中采用全程录像方式，严格规范合议程序，确保案件裁量公正合法。加强卫生监督协管督导，完善卫生计生综合监督执法工作网络。组织开展卫生计生监督协管服务工作督导，走访12家乡（镇）卫生院，1家社区卫生服务中心，12家村卫生室，指导建立健全卫生监督协管相关工作制度，规范工作程序。

（唐卉瑜）

【学校卫生监督】 结合国家监督抽检工作，在全市各级各类学校开展饮用卫生专项检查以及传染病防治专项检查。2017年2月27日—6月30日，全市各级卫生计生综合监督执法局检查595所学校（含教学点）1311户次，出具卫生监督意见书1320份，责令限期整改144所，发现重点违法行为73件；采集学生饮用水水样424份，合格312份，不合格112份，合格率73.58%。全面推行《株洲市学校及托幼机构卫生管理工作台账》，规范学校卫生（保健室）室人员、机构资质；更新档案数据，重新建立学校卫生监督分户档案。推进学校卫生综合监督评价。全年共对114家学校开展卫生综合监督评价工作，其中优秀23家、合格学校82家、不合格学校9家。对25所学校进行行政处罚，罚款2.35万元；警告、责令改正16所学校，处罚情况通报教育行政部门。（唐卉瑜）

【放射卫生监督】 2017年，在全市开展放射诊疗设备防护性能检测与许可专项整治。全年检查市直管54家放射诊疗单位，对7家单位进行行政处罚。检查使用X射线机从事放射诊疗工作的40余家牙科诊所，发现大部分口腔诊所未取得“放射诊疗许可证”。举办放射工作人员培训班，共培训全市各级各类医疗卫生机构从事放射卫生工作的人员300余人。（唐卉瑜）

【消毒卫生保卫战】 开展消毒产品专项监督检查。2017年春节期间，联动5县卫生监督机构加大全市消毒产品监管巡查力度，共检查消毒产品经营单位79家，抽查消毒产品141个，对6家消毒产品生产经营单位进行行政处罚，共计罚款0.8万元。开展消毒餐饮具专项检查。召开餐饮具集中消毒单位负责人约谈会，贯彻学习相关政策法规和标准，督促企业提升管理水平。全年市、县市区两级执法机构共检查17家单位，抽检146个样，合格141个；下达整改意见书19份，立案处罚4家单位。开展卫生用品生产企业专项监督检查工作，共检查卫生用品生产企业7家，发现生产企业原材料和成品存放不符合卫生规范、生产车间卫生设施不完善等问题，对3家企业下发整改意见书。

（唐卉瑜）

【职业卫生监督】 全年对市区11家职业健康体检机构开展专项监督检查，重点对职业健康体检机构的体检资质、体检项目、体检周期、体检资料等内容进行检查。经检查，全市11家职业健康体检机构均具备相应的技术服务资质，并在资质批准范围内开展技术服务工作；质量管理体系建立和运行情况良好；仪器设备能够满足资质范围的体检工作要求；职业健康监护档案、职业病诊断资料比较齐全；出具的职业健康检查报告书真实、有效。

（唐卉瑜）

疾病预防控制

【概况】 2017年，株洲市共报告法定传染病24种，发病数26766例，死亡34例，报告发病率、死亡率、病死率分别为662/10万、0.8/10万、0.1%。其中：全市无甲类传染病报告；报告乙类传染病17种，发病数10593例，死亡34例，发病率、死亡率、病死率分别为262/10万、0.8/10万、0.1%；报告丙类传染病7种，发病数16173例，无死亡病例报告，发病率为400/10万。

株洲市疾病预防控制中心是政府实施公共卫生职能的专业卫生机构，属公益一类事业单位，承担着全市疾病预防与控制、突发公共卫生事件应急处置、疫情及健康相关因素信息管理、健康危害因素监测与控制、实验室检测分析与评价、健康教育与健康促进、技术指导与应用等职能。截至2017年12月31日，株洲市疾病预防控制中心共设4个职能科室和14个业务科室，在编人员123人，其中高级职称21人，中级职称31人。

2017年，全市免疫规划接种门诊规范化建设工作稳步推进，已建成数字化接诊门诊14家。突发事件应急处置能力不断提升，取得救灾防病全面胜利，确保了大灾过后无大疫。成功处置H7N9禽流感疫情，艾滋病抗病毒治疗覆盖面逐步扩大。结核病防治一体化已完成，顺利通过湖南省消除疟疾考核。慢病防控开创新的领域，创新开展高血压糖尿病综合防治工作。株洲市疾控中心实验室改造竣工，检测能力显著提升，达到饮用水国家检测标准102项，位居全省前列。食品安全风险监测获得2017年全省食品安全工作考核第一名，生活饮用水水卫生监测、病媒监测等健康危害因素监测任务全面完成。年内，中心获得2017年湖南省疾控系统健康教育及新闻宣传工作先进单位、2017年湖南省卫生应急技能竞赛突发急性传染病防控项目三等奖等荣誉，继续保持湖南省文明单位称号。

（张　峻）

【冯子健督查市疫苗管理和预防接种工作】 2017年6月21日，中国疾病预防控制中心副主任冯子健、中国疾病预防控制中心免疫中心副主任尹樽栋、中国疾病预防控制中心武文娣等一行，在湖南省卫生计生委疾控处处长陈焱等陪同下，到株洲督查疫苗管理和预防接种工作。督查组首先听取以株洲市疾病预防控制中心主任龙术国、醴陵市人民政府副市长石勇辉为代表的市县两级工作汇报，并赴醴陵市疾病预防控制中心、白兔潭卫生院数字化接种门诊进行实地考察。现场考察后，督查组高度评价株洲市在疫苗管理及免疫规划信息化系统运用上取得的成效，希望株洲市认真总结疫苗及免疫规划信息化系统管理应用经验，做好带头作用，让更多的群众可以享受更规范、安全的接种服务。

（张　峻）

【巴基斯坦专家到中心交流】 2017年3月8日，来自巴基斯坦的马利克·塔杰丁、穆罕默德·哈立德·沙菲两位教授，在湖南省疾控中心副主任陈曦及相关人员的陪同下，到中心就免疫规划相关工作进行交流探讨。交流座谈会上，中心主任龙术国向外国友人介绍市免疫规划的基本情况，以及在维持无脊灰工作、预防接种门诊规范化建设工作、免疫规划信息系统建设工作上的做法和体会。两位外国专家就在实施免疫规划工作一些疑问，与中心相关人员进行交流。会后外国专家一行现场参观市首家数字化接种门诊泰山社区卫生服务中心。

（张　峻）

【气质质联用仪全面投入使用】 2017年6月8日，市疾控中心三重四极杆气质质联用仪（GC—MS/MS）成功安装，并投入使用。这是湖南省14个地市级疾控中心中第一台气质质联用仪。气质质联用仪的投入使用，将极大提高中心在食品安全监测和处理突发公共卫生事件方面的能力。同时，也为市疾控体系今后开展更多的检测项目有硬件保障。（张　峻）

【多重食源性致病菌核酸检测系统投入使用】 2017年5月，市疾控系统第一台多重食源性致病菌核酸检测系统已完成安装调试并投入使用。多重食源性致病菌核酸检测系统的投入使用实现中心细菌性传染病疫情监测技术的升级换代，有效提高细菌性传染病监测和检测能力，也极大缩短检测结果判定时间，为细菌性食物中毒和细菌性疾病诊断提供快速有效的判断依据，为市细菌性传染病防控技术平台建立奠定工作基础。（张　峻）

【重点慢性病综合防治】 2017年8月11日，株洲市高血压、糖尿病等重点慢性病综合防控工作会议暨培训在市中心医院学术报告厅举行。来自各县市区卫计局分管局长、业务股长，疾控中心分管主任、慢性病科长，各级医疗机构负责慢性病工作的业务骨干共计400余人参加会议暨培训。会议授予市中心医院、省直中医院为株洲市高血压、糖尿病市级临床指导中心。会后举办涵盖高血压、糖尿病的诊治、危急重症、并发症的处理以及中医慢病管理等内容的专题培训。

（张　峻）

【汛期救灾防病和急血防控】 2017年6月23日，省血防办主任李兴彪、省血防所副所长任光辉等一行到株洲市云龙示范区紧急召开汛期救灾防病和急血防控工作会议。株洲市卫计委、株洲市血防办、株洲市疾控中心、荷塘、芦淞、石峰三区卫计局血防办负责人和疾控中心血防科长参加会议。会上李兴彪要求严格落实省血防办《关于做好急性血吸虫感染防控工作的通知》，启动应急处置预案，做好宣传教育工作，做好接触疫水人员的登记和防护、追踪排查、预防化疗服药等工作，严防死守，全力以赴，确保疫区人民平安度过汛期。实验室装配方面要对照指标添置配齐，加强人员培训，确保基层监测基础数据可靠、准确。

（张　峻）

【启动市艾滋病哨点检测工作】 2017年5月1日，株洲市艾滋病哨点检测工作正式启动。5—7月，针对全市共7个艾滋病哨点，暗娼、吸毒者、男性性病就诊者、孕产妇、流动人口五大高危人群共监测2800余名，采血检测HIV抗体、梅毒抗体、丙肝抗体三类血液性传播疾病。同时对该类高危人群积极开展艾滋病防病知识的宣传，采取现场一对一问卷解答的形式，讲解常见性病传播途径、临床表现及治疗和预防措施，增强防患意识，遏制艾滋病在高危人群中的流行，阻断其向普通人群的扩散蔓延。（张　峻）

【举办第四期现场流行病学培训班】 2017年7月11日，株洲市疾病预防控制中心举行第四期现场流行病学培训班开班仪式暨培训，此次培训为期4天。省疾控中心高立冬副主任，市疾控中心龙术国主任和业务技术人员、各县（市）区疾控中心学员共100余人参加开班仪式和培训。培训班分为现场流行病学知识理论培训和桌面推演两部分。现场流行病学知识培训邀请省疾控中心多位流行病学和实验室领域的专家现场授课。（张　峻）

医院选介

株洲市中心医院

【概况】 株洲市中心医院为中南大学湘雅医学院附属株洲医院、全国公立医院改革首批试点单位、中南大学湘雅医学博士和硕士研究生培养单位、国家药物临床试验机构、国家第一批住院医师规范化培训基地、国家级大学生校外实践教育基地、湖南省首家牵手“TEMC”的医院、全市卫生行业首家拥有院士工作站单位、全市首个航空应急救援医院。医院有消化内科、血液科两个国家级临床重点专科建设项目，有省级重点专科3个，省级临床重点专科建设项目5个，市级重点学科、特色专科12个，1个外聘教授工作室——湘雅名医舒畅教授工作室。株洲市心脏中心、株洲市肝胆胰中心、株洲市脑血管病中心、株洲市血液病中心、生殖中心、株洲市胸痛中心均落户医院。全市首个卫生行业院士工作站——吴孟超院士工作站在医院落地。肝胆胰外科成为湖南省肝胆胰疾病临床医疗技术示范基地；消化内科成为湖南省消化疾病（内镜）临床医疗技术示范基地。

2017 年，医院服务门诊人数 168 万人次，服务住院病人 8.4 万人次；完成手术 53831 台次；全年危重病人抢救成功率为 98.9%；C、D 型病例为 65%。年内，医院公立医院改革成效获国务院表彰；获评湖南省首批“平安医院”创建示范单位、“2013—2017 年全国创建‘平安医院’表现突出集体”、湖南省改善医疗服务行动计划优秀单位。（李　萌）

【特色学科建设】 2017 年，医院加强学科建设，更好服务百姓。肝胆胰脾外科成为湖南省肝胆胰疾病临床医疗技术示范基地。株洲市血液病中心在医院成立，该中心与湘雅名医张广森签约共建，并拟与上海交通大学陈国强院士团队合作。国内著名生殖医学专家何方方教授在医院开设“何方方生殖医学工作室”。株洲市胸痛中心在医院成立。中华医学会心血管病学分会精准心血管病学组合作示范基地在医院挂牌。12 月，全市卫生行业首个院士工作站——吴孟超院士株洲工作站落户医院。湘籍在沪医疗专家将到医院开展学科对接，这为医院乃至全市卫生行业，培养高水平学院带头人。同月，消化内科获 2017 年度湖南省科技厅消化疾病（内镜）临床医疗技术示范基地。第一批“湘雅知名专家工作室”的专家（心内科、骨科、消化内科、重症医学科、肿瘤科、妇科、儿科、眼科、普外科）到医院开展坐诊、查房、教学指导、学科帮扶。成功打造湘雅名医张广森教授工作室、王万春教授工作室、周建平教授工作室、丁依玲教授工作室。（李　萌）

【医疗科研教学】 2017 年，医院 8 名学生参加中南大学第七届大学生临床技能比赛，获得团体二等奖、个人 4 个三等奖、最佳组织奖。组织开展医院第一届“教学讲课”竞赛。组织规范化住院医师院级理论培训 21 次和临床技能培训 43 场。承接 2017 年株洲市执业医生考试技能操作。全年全院共发表 SCI 论文共 4 篇；发表中文核心期刊论文 64 篇。全院获湖南省医学科技奖 1 项、株洲市科技进步奖 3 项；2017 年省自然科学基金立项 9 个，株洲市 2017 年度科技计划成功立项 2 个。湖南省卫计委 2018 年度科研计划课题立项 2 个。8 个项目获批开展药物临床试验。（李　萌）

【医疗便民惠民】 2017 年，医院整合患者办理入院接待流程，成立株洲市中心医院“床位预约，办理入院手续一站式服务中心”，全院所有科室的床位统一纳入中心管理，为需要住院的患者一站式办理床位预约登记，办理入院等服务。全年入院人数占预约人数的 93%。打造全市首个独立的日间手术治疗平台——株洲市中心医院日间手术中心，打造 24 小时手术服务圈。与普通住院患者相比，时间缩短 80% 左右；优质医疗资源惠及更多的患者，术前等待时间缩短 50% 以上；专家团队为患者服务，确保手术质量，费用纳入医保，比普通住院费用更节省。承办“第五届光明行动在株洲”活动，安排 5 县 4 区白内障筛查，共对 643 人进行眼部检查，100 人接受公益免费手术。组织公益型健康知识讲座 55 堂，听课受众达 5400 余人。举行大型义诊 26 场，获益群众达 3500 余人。（李　萌）

湖南中医药高等专科学校附属第一医院

【概况】 湖南中医药高等专科学校附属第一医院（株洲市中医院）占地 2.5 万平方米。2017 年，医院有编制床位 1200 张，临床及医技科室 48 个，专科门诊 55 个。医院职工 1711 人，其中医生 565 人（含医技人员），护士 923 人，药剂 91 人，博士 3 人，硕士 242 人。医院有国家卫生计生委临床重点专科 1 个、国家中医药管理局重点中医专科 5 个、省级重点中医专科 10 个。全国中医医院竞争力排第 77 名，省域综合医院竞争力排第 20 名。全年医院门诊诊疗人次 109 万人（次），出院约 5 万人次，手术 19200 台，药占比 29%，百元医疗收入（不含药品）中消耗的卫生材料 19.22 元。

2017 年，医院获国家自然科学基金项目 1 项，新申报各级课题立项 15 项。医务人员发表论文 260 篇，其中 SCI 论文 1 篇。

年内，医院获“母婴友好医院”、2017 年度湖南省首批“平安医院”创建示范单位等称号。省卫生应急技能竞赛获团体第 4 名、市卫生计生委 2017 年城区网络医院院前医疗急救工作绩效考核获第 1 名。医院健康管理中心获“湖南省青年文明号”称号。肿瘤一科、心内二科、 产科、急诊科、泌尿外科被评为“株洲市优质护理先进病房”。彭筱平教授获“全国卫生计生系统先进工作者”称号，郭文龙获“株洲市五一劳动奖章”称号。（张　霞）

【医联体建设】 牵头组建“株洲市中医医疗联合体”和“株洲市城区基层中医馆联盟”，协商制订中医医疗联合体、城区基层“中医馆”工作方案和协议、章程。（张　霞）

【中医药传承创新】 2017年，医院被纳入“中医药传承创新工程重点中医医院建设项目”库，申报成为全国神农养生康复保健示范基地、全国中医药炮制技术示范基地。建设省级名医传承工作室1个，获批第六批全国名老中医药专家学术经验师承指导老师3人（袁力、丁建国、戴娟），1名全国中药特色技术传承人才结业。开展中医护理技术项目30余个，创新技术项目10个。副院长伍世葵当选湖南省中医药和中西医结合学会肺系病专业委员会主任委员。（张　霞）

株洲市三三一医院

【概况】 株洲市三三一医院始建于1950年，是株洲市乃至全省最好的职工医院。2009年1月，医院从南方公司剥离移交至株洲市人民政府，成为株洲市卫计委直属管理的医疗事业单位；2010年9月，医院通过三级综合医院评审，成为一家集医疗、科研、教学和预防保健为一体的三级综合性医院；同年，医院被定为株洲市芦淞区区域医疗中心，成为全国公立医院改革首批试点单位；2011年，医院被卫生部指定为全国“市、县级医院常见肿瘤规范化诊疗试点医院”和高血压防治研究基地。医院总占地面积75961平方米，建筑面积55326平方米，医院总资产2.84亿元，编制床位610张。设有临床专业38个，医技科室11个。有在职职工825人，其中株洲市核心专家3人；株洲市卫生系统“135”人才工程学科带头人2人、学科骨干12人；拥有1.5T光纤磁共振（MRI）、64排128层螺旋CT、进口医用直线加速器、全数字X光照片机（DR）、C型臂X光机、进口生化仪及各种进口内窥镜等高档设备。

2017年医院本部实现总收入2.51亿元，比2016年增长5.4%；其中医疗收入2.25亿元，比2016年增长5.9%。眼科分院总收入8630万元，比2016年增长16%；税后净利润2313万元，比2016年增长24%。（文子千）

【医联体建设】 2017年，医院与芦淞区4家卫生院、4个社区卫生服务中心签订医联体医疗合作协议，医院从医疗管理、技术推广、人才培养、专科扶持、远程医疗、技术提升、双向转诊等方面提供全方位支援；白关镇中心卫生院正式挂牌为株洲市三三一医院医疗集团白关医院，整合后白关镇中心卫生院实行理事会管理体制，并逐步完善医疗机构分工协作机制。持续推进医联体区域心电诊断中心和远程会诊中心建设，芦淞区白关卫生院、姚家坝卫生院、董家塅社区服务中心等6家基层医疗服务机构及茶陵县18家乡镇卫生院已接入医院远程心电诊断中心，基层卫生院只需数分钟就能拿到医院医疗专家的诊断报告结果。相继开通远程数字影像、远程超声服务，通过互联网医联体远程会诊中心，基层卫生院与医院专家实现在线会诊交流、即时会诊，促进了三级医院的医疗资源下沉到社区、乡镇。推进家庭医生技术签约服务工作，在姚家坝、董家塅、白关等乡镇和社区签约6540余户。探索建立“以下转促上转”的工作路径，对上转病人从基层接诊、上转入院、住院治疗、下转康复进行一条龙跟踪服务，确保上转患者绿色通道畅通，下转患者康复治疗有保障。（文子千）

【重点学科建设】 2017年，医院与首都医科大学附属北京同仁医院签订耳鼻咽喉头颈外科技术合作协议。与中南大学湘雅二医院共同承办“2017湘江脊柱高峰论坛”学术会议，全省100余家医疗单位的500余名业内同行参加此次学术盛会；举办“临床麻醉新进展学习班暨株洲市医学会麻醉学专业委员会年会”，全市47家医疗单位参加会议；举办耳鼻咽喉—头颈外科、骨科、急诊科3个省级继续教育班，有效促进了医院相关学科的学术推广和社会影响。医院脊柱外科、颈胸科科研项目均获得株洲市科技进步三等奖；心内科获得省卫计委2017年度科研立项项目1项；《医务人员心理健康干预模式构建研究》项目成功争取到市联合自然科学基金支持。（文子千）

株洲市妇幼保健院

【概况】 株洲市妇幼保健院始建于1953年，1984年由所改院，是一所集医疗、保健、科研、教学及计划生育指导为一体的三级专科医院，是株洲市唯一实施ISO 9000质量管理体系的医院。2014年株洲市原四医院整体并入，并正式挂牌株洲市儿童医院，实行一套人马挂三块牌子，即株洲市妇幼保健院、株洲市儿童医院、株洲市妇产医院。医院坚持以保健为中心，走保健与临床相结合的道路，按照全生命周期和三级预防的理念，以一级和二级预防为重点，为妇女儿童提供从出生到老年，内容涵盖生理和心理的主动、连续的服务和管理。医院设妇科、产科、遗传优生科、新生儿科、儿科、小儿外科、乳腺外科、普通外科、内科、麻醉科、妇女保健科、儿童保健科、不孕不育生殖科、检验科、放射科、药剂科等35个临床及辅助科室。

2017年，株洲市妇幼保健院整体搬迁至新址（芦淞区车站路128号），医院占地面积1.61公顷，建筑面积约4万平方米，一期项目开放床位428张。在职职工703人，其中卫生技术人员588人，高级技术人员106人，中级技术人员175人。医院年门诊量27万余人次，年住院1.6万余人次，大中型手术3995台，分娩2180人次，实现业务总收入1.37亿元。其中，医疗收入完成1.26亿元，同比增长2.8%。全年危急重症抢救成功率97.9%。全年无重大医疗差错事故发生，无群体性上访事件及恶性伤医事件发生。经湖南省卫生计生委批准为株洲市妇女儿童医疗中心。12月31日，医院新住院大楼、体检中心、急诊中心正式启用。

2017年，医院继续实施全面质量管理，加强风险控制，深化优质护理和专科护理内涵，医疗护理质量稳步提升。加强“三防四室”建设、平安医院创建等，强化安全生产责任，医院安全生产和综治维稳工作在市卫计委考核中名列第一。出台医院《改善医疗服务行动计划实施方案》，持续完善服务流程，开通支付宝、微信等电子支付，提升群众就医获得感。

（贺　芬）

【妇幼科研教学】 组织召开院校合作交流会，促进院校资源共享、技术互补；成功申报省卫计委科研课题1项，省市联合自然科学基金课题2项，获批科研经费较上年增加3倍多，创历史新高；牵头组织成立株洲市儿科专业委员会新生儿学组、株洲市预防医学会儿童保健专业委员会；承办市围产医学会、女医师协会年会、《宋鸿钊滋养细胞肿瘤论坛》《妇科内分泌全国巡讲》等学术交流会7次。医院获批株洲市卫生135工程重点科研项目3个，重点培训项目1个；公开招聘一批高层次专业技术人才，其中，博士1人，硕士4人；周春慧、陈小林、廖积仁3名专家入选为株洲市第四批学术技术带头人。（贺　芬）

县市区

天元区

中共天元区委书记		周建光
区委副书记	董　巍	张见平
区委常委、纪委书记		许剑鸣
区委常委、宣传部部长		谢维红
区委常委、常务副区长		李征兵
区委常委、组织部部长		刘铁华
区委常委、政法委书记		何登科
区委常委、统战部部长		周玉智
区委常委、区委办主任		袁哲明
区人大常委会主任		程　燕
副　主　任	王太培	黄白玉
		谭红德
		李海泉（兼）
		董运喜
区人民政府区长		董　巍
副　区　长	李征兵	蒋　智
	黄　芳	文树忠
	刘建南	包　剑
		周天浩
		施金晨（挂职）
区政协主席		谈志明
副　主　席	曾天青	郭　飞
		李　铭（兼）
		彭　炯（兼）
		谈培蕾（兼）
区人民法院院长		杨瑞斌
区人民检察院检察长		刘仕明

【概况】　天元区位于株洲市河西，湖南省东部中段。总面积328平方千米，辖群丰、雷打石、三门3个镇，泰山路、嵩山路、栗雨、马家河4个街道办事处。2017年年末全区常住人口32.84万人。

全年天元区实现生产总值（GDP）312亿元，增长8.5%。第一产业增加值11亿元，增长4.0%；第二产业增加值116亿元，增长6.6%；第三产业增加值185亿元，增长10.5%。三次产业比重为3.7：37.1：59.3。全年完成一般公共预算收入78.7亿元，同比增长12.3%，其中完成税收61.7亿元，占一般公共预算收入的比重为78.5%。全年完成一般公共预算支出50.5亿元，增长16.0%，其中教育、卫计、社保等民生支出超过公共预算支出比重的70%。

全年实现农林牧渔增加值11.4亿元，增长4.%，全年肉猪出栏13.97万头，羊出栏1.64万头，家禽出笼144.4万羽，水产品产量0.56万吨。全年实现规模工业增加值110亿元，增长8.3%。园区规模工业产值占全部规模工业产值比重94.9%，高新技术企业总数突破100家达115家，全年高新技术产业增加值96.8亿元，增长15.1%。在全区130家规模工业企业中，主营业务收入过亿元以上企业40家，主营业务收入5~50亿元企业11家，主营业务收入过50亿元企业3家。全年完成固定资产投资464亿元，增长10.1%；实现社会消费品零售总额146.3亿元，增长10.4%。全年城镇居民人均可支配收入48538元，增长8.1%；农村居民人均可支配收入24927元，增长8.2%。

工业经济稳中向好，时代电动、时代新材、钻石切削、长城电脑等重点企业发展良好，六大主导产业实现产值400亿元，中小企业产值增长15%。北汽二工厂、长城智能硬件等项目建成投产，新增规模工业企业25家、“四上”企业81家。申请专利2130件，增长25%；授权1812件，增长38.1%。自主创新园获批“国家海智计划工作基地”、株洲高科企业孵化器公司获批国家级科技企业孵化器，国家新能源汽车检测中心株洲分中心启动建设，新增7家省级创新平台和众创空间。出台“双创人才”政策，新增4个院士工作站，共与21名两院院士、42名“千人计划”专家开展合作。全球首列智轨列车（ART）试运营，实现32项科技成果转化，连续6年获“全省知识产权工作先进区”。“中国动力谷上升国家战略”初期成果显现，承办企业家年会、院士专家株洲行等系列活动，动力谷展示中心建成开馆。

深入开展项目攻坚年活动，实现省、市重点项目开工36个、竣工20个，新建标准厂房54万平方米。完成征拆交地598.67公顷，总量全市第一，有力地服务了发展。动力谷自主创新园一期、天易科技城自主创业园一期、新马金谷等项目基本建成，汽车博览园、月塘生态新城等重点片区加快开发，万丰湖生态公园完成提质改造，被评为省级水利风景区。总规模30亿元的“动力谷产业发展投资母基金”筹备运行，宏达电子、飞鹿涂料在创业板上市。汽车交易展示中心A馆、卡丁车赛场相继建成，成功举办2017CKC中国卡丁车锦标赛总决赛。完成乡镇总体规划编制，出台南部片区“石三门”现代农业公园推进方案。组建村镇建设开发有限公司。建设26.67公顷菜篮子工程、8个标准化种养示范基地、30个惠农服务中心。悠移庄园、响水百花园等一批农业项目发展良好，首届乡村文化旅游节带动乡村旅游持续升温。实施“农村安全饮水”工程，解决35个村民小组的安全饮水问题。

实施碧水蓝天行动，落实“河长制”职责，拆除27家非法采砂场，加强城市黑臭水体治理，基本解决陈埠港等区域污水直排问题，完成沿河畜禽禁养区退养，湘江天元区段水质稳定达到三类标准。加强绿心保护，整治绿心区域内违规建设问题。开展5个村重金属污染土壤生态修复，启动8个美丽乡村创建，把乡村当花园来打造。新马大道、湘江大道一期等主干道建成通车，改造19条小街小巷，打通7条城区“断头路”，完成50千米村道硬化，城乡居民出行更加便捷。启动铁路生活小区“三供一业”分离移交，提质改造22个老旧小区、10个农贸市场，完成棚户区改造3134户，控违拆违29.8万平方米。完成6个公共绿地、小游园的提质升级。开展城市管理专项整治，武广西站、动力谷自主创新园等区域综合管理得到加强。推进保洁机械化作业全覆盖，创新推出“小环境”O2O项目。承办第三季度湖南好人发布仪式暨中国好人、湖南好人现场交流会，高科集团荣获全国文明单位，三门镇响水村荣获全国文明村镇。全民动员，实施“十大文明行动”，提升全国文明城市形象。

着力构建“1 + 7”产业招商和投资促进政策体系，招商引资取得新突破。全年合同引资438亿元，到位内资68亿元、外资4.3亿美元，新签约项目96个，其中投资额10亿元以上项目7个，亿元以上项目47个，孚能新能源动力电池、火炬安泰等一批好项目进区。组建企业发展服务中心，涉企行政审批服务实现“一窗受理、一站办结”，办理时限缩短三分之一以上，运行3个月办结业务9740件，非常满意率为99%。配售电体制改革取得突破，株洲高新区跻身全国第二批增量配电业务改革试点。推动城管体制改革，完成行政机关公务用车制度改革，农村土地确权等其他改革有序推进。加强对外交流，与德国碳纤维谷、史太白等机构建立合作关系，株洲高新区确定为碳纤维谷2018年年度大会中国的官方合作伙伴。

“民生100”工程全面完成，新马小学、尚格小学建成开学，新增学位4300个。全面实施农村学生“免费午餐”和公办学校“免费直饮水”工程。推进教育城乡一体化发展，教学质量稳步提升，破解大班额经验在全省推介。举办首届神农医药产业文化发展论坛，完成嵩山社区卫生服务中心主体工程，通过国家慢性病综合防控示范区省级复审。建成区图书馆、文体中心和一批基层文化站、全民健身中心，举办“迈入新时代，谱写新篇章”系列活动、区大众运动会。荣获株洲市第十三届运动会团体总分第一名。新增城镇就业5535人，城镇登记失业率低于3%。再次启动预征地农民参保工作。新建6家省级养老示范点、7所农村幸福院。继续实施特困人员特殊救助政策，发放救助金357万元，惠及150人。对口帮扶茶陵县、攸县9个贫困村脱贫攻坚，动员驻村工作队、后盾单位、企业、学校、医院共同推进“健康扶贫、产业扶贫和教育扶贫”。面对历史罕见的特大暴雨洪水袭击，全区众志成城，紧急处置古桑洲、三门镇街道社区、陈埠港等处的重大险情，夺取防汛抗灾的全面胜利，获评全省抗洪救灾“先进集体”。开展安全生产大宣传、大排查、大整治，强化食品安全示范工程建设。推进社会治安综合治理工程，完善矛盾多元化解机制，有效化解一批信访积案，社会秩序平稳可控，连续9年保持省“平安县市区”称号，获评省“法治县（市、区）创建工作先进单位”。

困难和问题：一是经济保持中高速增长面临较大压力，个别经济目标没有实现预期；二是创新能力不够强，实体经济水平有待提高，产业实力与周边先进园区有较大距离；三是民生诉求日益多元，各种社会矛盾和问题交织叠加，社会治理创新任重道远；四是政府效能有待提升，干部的干事激情、管理水平和担当精神与新时代的要求还不适应。 （周高林）

【“1 + 7”产业招商和投资促进政策体系】 2017年5月，株洲高新区从产业发展、招商引资、双创人才、双创团队、金融创新、企业扶持等方面，系统构建“1 + 7”产业招商和投资促进政策体系，形成产业发展的“洼地”。（周高林）

【株洲·中国动力谷频频登上国家级媒体】 6月23日，《人民日报》头版刊发《中国动力谷　世界正瞩目》专题报道；8月15日，《人民日报》海外版整版以“中国动力谷　给世界一颗‘中国芯’”为题，深度宣传中国动力谷的建设；9月26日，《人民日报》刊登新区亮相“砥砺奋进的五年”大型成就展、宣传“株洲·中国动力谷”的大型图片。全年共在中央、省级各大媒体刊（播）稿件200余件。（周高林）

【组建全省首家企业发展服务中心】 2017年10月9日，高新区企业发展服务中心正式建成并投入使用。中心采用“一口受理、后台审批、限时办结”的审批模式，实现涉企部门和涉企事项的高度集中，入驻单位29家，进驻涉企事项近200项。中心的设立，标志着天元区深化“放管服”、推进园区供给侧结构性改革迈上新的台阶，标志着天元区进入“一窗受理、一站办结”的崭新时代，朝着打造全省最优营商环境的目标迈出了坚实一步。（周高林）

【2017CKC中国卡丁车锦标赛总决赛株洲开跑】 2017年11月11日2017CKC中国卡丁车锦标赛总决赛在株洲汽车博览园国际卡丁车赛场拉开帷幕，100多名选手参赛。总决赛由中国汽车摩托车运动联合会、株洲市人民政府主办，湖南省体育总会、株洲高新区管委会联合承办。株洲国际卡丁车赛场占地面积3.8公顷，赛道长度约1.1千米，是湖南省最大的卡丁车场。这是株洲首次承办的国家级汽车运动赛事，为株洲市民参与体验赛车运动、感受汽车魅力提供良好平台和难得机会，为株洲打造千亿产业集群注入新动力。（周高林）

【中国动力谷展示中心建成开馆】 2017年12月8日，以“中国轨道交通城、中南地区通用航空城、中国新能源汽车产业城”为支撑的国内最大的动力产业专业展示馆——中国动力谷展示中心正式启用。该中心总投资约1.5亿元，总建筑面积15703平方米，展示面积11325平方米，整体建筑高度为21.8米，建筑地上2层，局部3层。其中，一层动力产业展示区5070平方米，建设有“聚焦动力谷”序厅、轨道交通、通用航空、新能源汽车的三大动力产业展厅及新能源、新材料、电子信息、现代服务业的“3 + 1”产业展厅、国家自主创新示范区展厅等六个展厅，共有37家代表企业参展，累计收集整理参展展品630余件，集中展现株洲·中国动力谷的产业特色、发展历程及创新成果。二层、三层展示面积分别为4415平方米和1840平方米，拟建设长株潭国家自主创新示范区展示区、科普展示区等内容。展示中心定位为长株潭国家自主创新示范区建设成果核心展示平台、株洲市特色产业集群和科技创新展示窗口、工业科技旅游重要支撑景点、青少年科普教育实践基地，对有效扩大企业对外影响力，加快建成株洲·中国动力谷具有重要意义。（周高林）

【湖南长城首批智能硬件下线】 12月28日，湖南长城计算机系统有限公司（简称“湖南长城”）首批智能硬件顺利下线，翻开天元区平板电脑制造产业的新篇章。项目建成后，平板电脑两年内出货量将达到1200万台/年、产值33亿元/年、税收6000万元/年。（周高林）

芦淞区

中共芦淞区委书记	王建勇
区委副书记、区长	杨晓江
区委副书记	蒋　峰
区委常委、常务副区长	稂水云
区委常委、组织部部长	李　斌
区委常委、统战部部长	冯湘玲
区委常委、宣传部部长	喻华军
区委常委、纪委书记	邹建平
区委常委、人武部部长	杨人杰
区委常委、政法委书记	文定国
区委常委、区委办主任	林　坚
区人大常委会主任	肖支前
副主任	陈　刚　尹自力　曹运社　余四丰　罗　晖
区人民政府区长	杨晓江
副区长	稂水云　樊　伟　段可文　姚　艺　肖立志　杜　益　林　涛

区政协主席 陈光国
副 主 席 汤福金 王 波
廖文聪 徐治江
区人民法院院长 高建明
区人民检察院院长 贺武夷

【概况】 2017年，芦淞区辖贺家土、建设、建宁、董家塅、龙泉、庆云、枫溪7个街道办事处，白关1个镇，大京1个风景区，拥有株洲国家高新区董家塅高科技工业园1个，省级经济开发区建宁开发区1个，共32个行政村，48个社区居委会，总面积216.8平方千米，耕地面积3447公顷，年末常住人口29.8万人。

全年地区实现生产总值365亿元，同比增长8.1%，其中，第一产业增加值6.6亿元，第二产业增加值118.4亿元，第三产业增加值240.0亿元，分别增长3.3%、6.1%、9.5%。三次产业结构比为1.8∶32.4∶65.8。全区完成一般公共预算收入140040万元、增长3.1%。

全年完成农业增加值6.6亿元，增长3.3%。粮食作物播种面积4580公顷；粮食总产量3.24万吨，蔬菜种植面积133公顷；全年肉类总产量5211吨。新增市级农业产业化龙头企业4家，“苗妹子”食品荣获中国中部（湖南）农博会金奖，乃仙种养合作社获评省级示范社。推进土地“三权分置”改革，农村土地承包经营权首证颁发。

全年完成工业增加值55.1亿元，同比增长7.5%，其中规模以上工业增加值达30.2亿元，增长8%。航空产业产值（不含南方公司）11.2亿元，增长5.7%，服饰产业产值23.7亿元，增长4.4%；通用设备制造业产值7.8亿元，增长0%；入选全省首批、湖南唯一的国家通航产业综合示范区。西迪、华锐等新材料企业成为新的经济增长点。

全区实现高新产业增加值89.8亿元，同比增长17.6%。在全省率先打造专利推送体系，实施高新技术企业育培工程，新认定高新技术企业12家，实现科技成果转化12项，西迪硬质合金增材制造技术成为国际首创；新增国际科技合作基地1个，省级重点实施室1家。

全年社会消费品零售总额271.2亿元，同比增长10.7%。其中，批发零售业248.7亿元，增长10.9%，阿里巴巴•株洲产业带销售收入突破25亿元，增长20%。株百、苏宁云商等龙头企业加速拓展，大汉•悦中心成为全市时尚消费热点。白关服饰产业园入驻企业56家，辖区魔美名作、狐轩等品牌效应凸显。芦淞商圈快递集散中心获批国家电子商务与物流快递协同发展试点。

全年完成固定资产投资总额361.1亿元，同比增长14.5%。大力开展“项目攻坚年”活动，实施重点项目100个，开工33个，竣工26个，完成投资116亿元，开竣工项目在全市数量最多，省级重点项目占比排名全市第一。国家两机重大专项、航空科创园、白关服饰产业园二期等项目开工建设，全省首个通用机场建成运营，中心城区连接航空城、服饰城的18.56千米主干线全线贯通，发展空间实现历史性突破。易力达、西迪、华锐等项目竣工投产。湘江河东风光带中心段竣工开园，中心品位大幅提升。临港路等9条道路建成通车。公园西路、创业五路等23条小街小巷完成改造。莲株高速加快建设，收费站实现东移。改扩建农村公路66千米，改造农村危房100户。实施旧城提质行动，完成棚改2245户，完成36个无物业管理小区下水管网、1个农贸市场、4个老旧小区提质改造。实施碧水蓝天行动，完成翠塘黑臭水体治理，洗水工业园、枫溪污水处理厂建成运行，关停洗水企业35家，淘汰黄标车989台。城市功能更加完善，城乡环境更加宜居。

维护民生民利，坚持以人民为中心，一批惠民举措落地实施。“民生100”工程全面完成，民生支出占一般公共预算支出70%。新增城镇就业9871人，失业人员再就业3164人，登记失业率低于4.5%。失地农民养老保险工作取得突破性进展，惠及1.46万失地农民。投入1122万元，帮扶炎陵县8个贫困村通过省级脱贫验收。何家坳枫溪学校、市特殊教育学校建成开学，完成龙泉小学等14所学校标准化建设。流动人口健康促进经验在全国推介，计生工作排城区第一，获“省优”。社区文化创建经验登上《人民日报》，市十三届运动会青少年组荣获团体第一。加强社会治安综合治理，信访工作、禁毒民调排城区第一，综治民调排城区第二，连续11年保持省平安县（市）区称号。获评全省民族团结进步创建活动示范单位。建设街道荣获全国创建无邪教示范街道。

存在的困难和不足：经济发展的支撑体系还不健全，带动强、贡献大的龙头企业还偏少；园区承载能力还不够强，路网还不够完善，公共配套相对滞后；发展质量和效益有待提高，公共服务供给与人民日益增长的美好生活需要仍存在差距；经济社会发展中的风险不容忽视，安全生产、污染防治、信访维稳等领域还存在一些薄弱环节；少数干部思想观念、责任担当、能力素质与新时代的要求还有不相适应的地方。（汤雨薇）

【中国企业家年会通用航空产业高峰论坛】 2017年5月7日，由株洲市人民政府主办，芦淞区人民政府、盘古智库承办，以“中国动力谷·国家通用航空产业综合示范区”为主题的“2017年全国企业家活动日暨中国企业家年会通用航空产业高峰论坛”在株洲芦淞通用机场召开。论坛共吸引涵盖航空发动机研发制造、整机制造、航空零部件、通航运行、衍生配套等全产业链111家航空产业重要单位参加，中国企业家联合会、国家发改委、省政协、省发改委、省经信委、市政府、市政协等领导出席会议。省政协副主席、省科技厅厅长赖明勇作重要讲话，市委副书记、市长阳卫国致辞，市政协主席蔡溪主持，区委副书记、区长杨晓江作主题报告，中国工程院院士尹泽勇、刘大响和北航能源与动力学院院长丁水汀、盘古智库理事长易鹏、山河智能董事长何清华分别在大会上作主旨演讲。论坛的举办，有效提升通航区域品牌，提振通航发展信心，提速通航产业集聚，受到与会省市领导、专家学者和企业家代表们的好评，促成2个项目签约，在谈项目3个，涉及项目资金达15亿元。（尹 琦）

【中国航发株洲航空动力产业园开工建设】 2017年8月30日，“两机”专项中国航发株洲航空动力产业园开工。省委副书记、省长许达哲出席开工动员仪式，并宣布开工，中国航发集团党组书记、董事长曹建国出席并致辞。产业园位于芦淞区航空城，规划用地82.67公顷，固定资产投资达61亿元，一期工程计划于2018年12月底竣工交付并投入使用。园区将全面融入精益生产理念和智能制造技术，逐步建成航空发动机科研试验基地、设计仿真中心、机匣叶片叶轮叶盘等零件生产制造中心，以及发动机装配试车中心、工艺技术应用研发中心等。项目实施后，将加快提升中国航空发动机的自主研发和制造生产水平，满足国防建设对中小航空动力的需求，推动湖南省军民深度融合和产业转型升级。（刘 斌）

【航空城、服饰城“生命通道”全线通车】 2017年9月30日，从江渌路至董服路，全长18.56千米，计划总投资23.7亿元的航空城、服饰城“生命通道”全线通车。两城“生命通道”涵盖江渌路、铁东路、迎新路、东城大道、千亿大道、服瑞大道、董航路、董服路等8条主次干道。通车后，从芦淞区政府行政中心到株洲芦淞通用机场仅需10分钟，到白关产业园仅需15分钟，时间节省一倍以上。（刘 斌）

【株洲芦淞通用机场建成运营】 2017年12月2日，湖南省首个通用机场——株洲芦淞通用机场试飞成功。株洲芦淞通用机场是湖南省首个通用机场，也是株洲航空城最重要的公共基础设施，总投资4.73亿元，占地42.6公顷。一期按昼间目视飞行要求建设，飞行区等级为1B，跑道长800米、宽30米，可起降最大起飞重量5500公斤以下的各型通用飞机、直升机；远期按照3C等级标准建设，规划1800米跑道，可以起降各型公务机和中型客机。（刘 斌）

【2017湖南服饰产业博览会暨芦淞服饰节】 2017年9月21—24日，由中国纺织工业联合会指导，中国纺织工业联合会流通分会、湖南省商务厅、株洲市人民政府联合主办的2017湖南服饰产业博览会暨芦淞服饰节在芦淞区举办。此次服博会以“相聚融合·共促服饰产业新发展”为主题，紧扣服饰行业转型升级发展契机，在中部省份首开全国性服饰产业博览会先河，为行业搭建高规格的一站式商贸交流平台。同期举行的九大主题活动（开幕式、新闻发布会、湘商大会、高峰论坛、服饰博览会、项目对接、设计师大赛、时尚沙龙、市场群购物节），以展览、论坛、大赛、对接会、考察等丰富多彩的呈现方式，向省市领导、行业协会、服饰企业家多角度地展现湖南服饰产业发展现状。（汤 宁）

【白关镇获评第五届全国文明村镇】 2017年，白关镇启动全国文明村镇创建工作，成立创建领导小组，制订创建计划，建立定期会议、督查、联动等制度，形成上下联动的创建机制。加大宣传，在主要道路、公共场所显著位置张贴绘制公益广告和宣传标语220处，新增遵德守礼提示牌83处，发放创建公开信、倡议书等资料5000多份。提升人居环境，对主次干道60处破损垃圾容器进行及时修复，新增绿色垃圾桶100个，拓宽村级道路45千米，认真落实“河长制”，对镇区内山塘渠坝进行全面除险加固改造。深化乡风文明，广泛开展“身边好人”评选表彰和学习宣传活动，云山村罗立新家庭获评湖南省“最美家庭”。将核心价值观等融入村规民约，鼓励村民自治，通过举办巡回宣讲、镇村大舞台演出、志愿服务活动等方式将“新风”带进乡村，推动形成社会新风正气。11月，白关镇获评第五届全国文明村镇。（欧阳夕）

荷　塘　区

中共荷塘区委书记	邬凌云
副　书　记	王利波　赖晓智
区委常委、统战部部长	王顺安
区委常委、常务副区长	刘国梁
区委常委、纪委书记	郑志富
区委常委、宣传部部长	陈三龙
区委常委、组织部部长	刘政凯
区委常委、区委办主任	文韶松
区委常委、政法委书记	成良池
区人大常委会主任	陈友元
副　主　任	张赐华　刘湘林
	彭物明　喻秋良
	郭　莉
区人民政府区长	王利波
副　区　长	刘国梁　程铁辉
	王　冬　陈柏文
	刘必林　余　鹏
政协荷塘区委员会主席	何恒仁
副　主　席	朱兴来
	廖　山（兼）
	肖宏琳（兼）
	冯　晓（兼）
	方　芳
区人民法院院长	黄玉丰
区人民检察院检察长	黄伟波

【概况】 荷塘区全区总面积143平方千米，辖1镇1个管委会、1个管理办公室、6个街道办事处和1个省级工业集中区。有34个社区居委会、24个行政村，总人口30.5万人。全年全区共出生2307人，出生人口性别比为106.72，自然增长率为4.29‰。

2017年，全区实现地区生产总值（GDP）214.32亿元，同比增长8.1%。其中,第一产业增加值4.41亿元，第二产业增加值92.27亿元，第三产业增加值117.64亿元，分别增长3.8%、6.9%和9.7%。全区三次产业结构比由上年同期的1.9：52.95：45.12调整为2.0：43.1：54.9。

全年实现农林牧渔业总产值7.73亿元，增加值4.46亿元，同比增长3.9%。全区粮食播种面积4.96千公倾，粮食产量3.54万吨，同比增长2.29%。油菜籽播种面积0.42千公倾，收获油菜籽0.08万吨。蔬菜种植面积2.86千公倾，收获产量13.13万吨，瓜果种植面积0.19千公倾，收获0.14万吨。全区出栏生猪8.45万头，出栏羊2.06万只，出笼家禽36.17万羽。肉类总产量0.72万吨，禽蛋产量为0.08万吨。水产品产量完成3806吨。

全年规模以上工业增加值49.8亿元，同比增长7.7%，其中：园区规模工业占全部规模工业比重为91.1%。新增规模工业企业18家。新增高新技术企业1家，打造科技创新平台1个，全区实现高新技术产品产值42.37亿元，增长9.0%。全年完成固定资产投资211.9亿元，同比增长14.8%。其中，工业固定资产投资完成60.1亿元，增长2.4%。

全年全区完成外贸进出口额1.6亿美元，同比增长-4.2%。全年社会消费品零售总额71.35亿元，同比增长10.9%。全区利用外资到位1.42亿美元，同比增长13.46%。引进内资到位53.2亿元，同比增长16.9%。全年全区接待旅游总人数765.96万人次，同比增长17.91%，完成旅游总收入91.86亿元，同比增长36.95%，其中国内游客765.21万人次，入境游客0.75万人次，国内旅游收入91.73亿元，旅游外汇收入205.44万美元。

2017年，全区一般公共预算完成113607万元，比上年增长1.42%；地方收入完成78474万元，比上年同期下降4.01%。全区城乡居民可支配收入41377元，增幅8.6%。一般公共预算支出168731万元，较上年同期增长24.59%。

区域教育均衡发展。有8所公办幼儿园，普惠性幼儿园43所；小学招生人数4261人，同比增长2.23%，小学在校学生23867人，同比增长4.73%；普通初中招生人数3429人，同比增加2.82%，普通初中在校学生9404人，同比增长7.03%。适龄儿童小学入学率100%，小学升学率100%，普通初中生升学率99.51%。

2017年，全区高新技术企业新认定9家，全区高新技术企业达31家，高新技术产品企业12家，国家级研发机构6家，省级研发机构15家。全区申请专利581件（新统计口径），全年全区完成高新技术增加值42.37亿元，同比增长9%。

项目攻坚实现新突破。扎实开展

“项目攻坚年”活动，全年共实施市、区级重点项目136个，时代电气与车辆厂电气轨道工程机械制造基地等17个项目竣工，株洲农副产品批发交易物流中心等53个项目开工建设，格斯特航空发动机等22个续建项目进展顺利，新文化路等44个项目前期工作推进有序。大力实施全民招商和精准招商。全年接洽三一集团、华夏幸福、杭萧钢构等500强企业28家，引进汉德车桥、省第五工程有限公司装配式产业基地、中天杭萧钢构等5亿元以上项目7个，三一芙蓉筑工、远大住工等2亿元以上项目6个，涉及投资总额62亿元，装配式建筑新材料产业加速聚集，全市装配式建筑产业园落户金山新城。引进电商企业32家，累计完成销售额6亿元，为园区建设、产业发展注入新动力。承办硬质合金产业高峰论坛，促成中钨高新材料股份有限公司等29家企业签订产需协议或合作合同。积极拓展融资渠道，金科、金城两家平台公司融资43.4亿元，平均融资成本大幅降低。大力开展“企业帮扶年”活动，为辖区重点项目、骨干企业解决各类问题和困难230个，开展惠企培训37次，定期举办硬质合金、轨道交通等产业专题沙龙，积极搭建企业家沟通交流平台。充分发挥科技银行作用，通过银企对接，为辖区内企业提供贷款5997万元，有效缓解制约企业发展的资金难题。

片区建设成呈现新态势。日月湖及配套路网PPP项目有序推进，香榭路、金精路、悦舍路建成通车，嘉德二期、金城·国投等标厂项目建成运营，夏普新材料等50家企业入驻，铁达能源轨道交通装备制造配套二期等3个项目竣工投产，飞鹿二期等13个项目推进顺利。金龙路沿线产城一体初见雏形。株洲火车站改建工程开工建设，铁东路核心段桥梁和隧道建设加速推进，红旗广场西南角城市综合体项目一期启动征拆，银泰财富广场开门迎客，株洲希尔顿欢朋酒店项目签约入驻，中央商务区更具活力。恒大林溪郡、水木阳光里、东部美的城二期等高端房地产项目开工建设，建宁港路、芙蓉路、迎风路、升龙路等道路建设有序推进，水竹湖科教新区、太阳商贸集聚区日趋繁荣。仙庾镇成功列入省级特色小镇，仙庾康养服务业集聚区申报获批，完成樟霞村、蝶屏村市级美丽乡村建设。大力发展观光种植产业，积极创建荷塘月色国家农村产业融合发展示范园，建设农业标准化生产示范基地8个、菜篮子工程29.33公顷，片区内特色更加凸显，休闲康养接待能力进一步增强。

改革创新注入新活力。仙庾镇、荷塘月色示范区管委会便民服务中心建成运行，“一门式”政务服务实现城乡区域全覆盖。可一窗办理的政务服务事项增至295个。“一门式”改革荣获全省首届管理创新奖，政务服务中心荣获“第二届全国优秀行政服务大厅”称号。大胆创新系列扶持企业发展、助推项目建设的体制机制，依托项目办、招商办、企业服务中心工作职能，健全和完善从招商引进到落地建设、从生产运营到发展帮扶的全流程服务体系，有力助推了全区实体经济加速振兴。

城乡建设焕发新面貌。全年建设城区道路36条，桂花路、金桥路等10条道路建成通车，升龙路、芙蓉路等26条道路推进顺利。完成小街小巷提质拓宽21条，农村公路提质改造、窄路加宽27千米。完成袁家湾社区和中南小区提质工程，推进前进小区、地质勘察院416队小区改造，建成红港广场、601厂、千金药业3个林荫停车场，建设十九中、外国语学校等7家园林式单位，全区新增绿地面积1.8万平方米，城镇建成区绿化覆盖率达43%。提质提标环卫水平，市容市貌持续改善，中南蔬菜市场管理经验在全市推介。切实开展南郊垃圾场环保治理整改，加快株洲市餐厨垃圾处理项目建设。深入开展“十大文明行动”，顺利通过全国文明城市复查，袁家湾社区荣获“全国文明社区”称号。强力推进湘江保护和治理第二个“三年行动计划”，辖区建宁港、白石港和主要湖泊水库全部实行河长制管理。启动建宁港、天鹅湖、西湖三处黑臭水体整治，完成人民医院医疗废水治理。

民生服务满足新需求。全面完成“民生100”工程8大类55项指标，民生支出12.2亿元，占一般公共预算支出的72.4%，增长29.1%。全年实现新增城镇就业8922人，城镇失业率控制在3.28%以内。完成低保、临时救助、医疗救助8.7万人次，发放金额3401万元。推进棚户区改造项目26个，完成农村危房改造30户，群众住房条件得到有效改善。扎实做好对口茶陵扶贫工作，累计投入资金2000万元，帮扶贫困家庭327户。优先发展教育，戴家岭小学过渡校区投入使用，桂花小学新建、博雅小学改扩建工程推进顺利，新增学位1700个。完成十九中东校区、明照小学、601中英文小学等维修改造项目7个，黄塘小学、龙洲小学等农村学校给水改造项目3个。优化公共医疗卫生服务，加强医联体建设，推动分级诊疗。积极开展全科医生流动巡诊，组建28个全科医生团队，深入辖区193个流动巡诊点服务居民7.2万人次，将巡诊服务送到居民身边。深入开展“欢乐潇湘”“清风株洲”“品味·荷塘”等专项主题活动，成功举办荷塘区首届足球球迷联赛，圆满承办株洲市第十三届运动会乒乓球、足球比赛，群众文化体育事业更加繁荣。

存在的困难和问题：经济总量仍然偏小；主导产业还不够强；融资难、融资贵制约发展；基础设施建设压力较大；政府系统能力建设有待加强。

（黄宇晖）

【幸福荷塘系列民生行动】 2017年，荷塘区通过深入调研、广泛发动、系统推进，从“三社联动”、公共卫生服务、社区养老破题，陆续启动平安荷塘建设、“一门式”政务服务再提升、复转军人之家建设、无物业管理小区业主自治等系列民生行动，不断提升群众获得感、幸福感、安全感。其中“一门式”政务服务创新与实践荣获湖南省首届管理创新奖，并得到《人民日报》、新华社、《半月谈》等新闻媒体报道推介；政务服务中心获“第二届全国优秀行政服务大厅”称号；“复转军人之家”的建设工作经验先后得到中央政法委、省军区的高度肯定，并在《人民日报·内参》刊发。

（黄宇晖）

【飞鹿股份、宏达电子相继上市】 2017年6月13日，株洲飞鹿高新材料技术股份有限公司登陆创业板，成为资本市场挂牌的“名副其实的轨道交通涂料龙头股”，股票简称“飞鹿股份”，股票代码：300665。11月21日，株洲宏达电子股份有限公司成功登陆深圳交易所创业板，正式挂牌上市交易，股票简称“宏达电子”，股票代码300726。两家企业相继上市，填补了株洲市近7年来企业上市的空白。

（黄宇晖）

【株洲市装配式建筑产业园落户金山新城】 装配式建筑具有减少资源浪费、减少建筑垃圾和环境污染、减少劳动强度等优势。2017年，荷塘区坚持把装配式建筑这一国家提倡采用的高端、环保、新型方向性产业作为支柱产业，抓招商、促征收、跑前期，强力推广。在市委、市政府的支持下，随着汉德车桥、省第五工程有限公司装配式产业基地、中天杭萧钢构、三一芙蓉筑工、远大住工等装配式建筑项目入驻金山园区，装配式建筑新材料产业集群初步成形。（黄宇晖）

石峰区

中共石峰区委书记	张建勇
副书记、区长	邓元连
副书记	李红
区委常委、纪委书记	汤小红
区委常委、统战部部长	李立新
区委常委、常务副区长	兰军
区委常委、宣传部部长	刘文星
区委常委、组织部部长	李军
区委常委、区委办主任	欧阳政
区委常委、政法委书记	钟水根
区人大常委会主任	屈邵阳
副主任	翁领先　阳健　周立君　罗艳　单湛君
区人民政府区长	邓元连
副区长	兰军　张伟文　朱斌　贺建平　欧雷　言晓军　彭梁
区政协主席	颜曼文
副主席	王湘琳　曾嵘　娄健　龙峰　谢洁
区人民武装部政治委员	吴安平
区人民武装部部长	沈松鹏
区人民法院院长	刘新文
区人民检察院检察长	李云开

【概况】 石峰区总面积91.3平方千米，辖5个街道，9个行政村，36个社区居委会，拥有株洲轨道科技城（田心高科园）、清水塘循环经济工业区两大国家级工业园区。2017年末，全区常住人口为26.3万人，比上年末增加0.1万人。2017年常住人口出生率12.5‰，死亡率6.2‰，自然增长率6.3‰。全年空气质量优良率为75.3%，增长11.1%；空气良好天数为275天，同比增长40%；细颗粒物（PM2.5）浓度下降率为54%。

石峰区全年地方生产总值比上年增长7.4%。其中，第一产业增长3.4%；第二产业增长7.1%；第三产业增长8.9%，全区三次产业结构比为0.7∶75.3∶24。

全年完成公共财政预算收入20.3亿元，比上年增长1.2%。其中地方财政收入11.9亿元，比上年增长1.5%。全年公共财政预算支出19.3亿元，比上年增长18.9%。

全区农林牧渔业增加值2.15亿元，比上年增长3.5%。全年农作物播种面积1.41千公顷；粮食播种面积0.65千公顷；蔬菜种植面积0.38千公顷。全年主要农副产品产量保持基本稳定。

全年工业增加值比上年增长7.2%，其中规模以上工业增加值增长7.4%。在规模以上工业中，股份制企业增加值增长9.5%，占比达97.3%。全年19家大中型工业企业增加值增长30.5%。高新技术产业增加值比上年增长6.5%，占规模以上工业增加值比重达到89.6%。规模以上工业企业实现主营业务收入659.5亿元，比上年下降3.0%。其中国有及国有控股工业企业实现利润总额51.4亿元，同比下降5.2%。

全年完成全社会固定资产投资总额215.6亿元，比上年增长14%。全年亿元以上投资项目58个。全年重点工程项目36个，完成投资101.3亿元。

全年实现实现社会消费品零售总额57.0亿元，比上年增长10.3%。全年完成进出口总额4889万美元，同比增长3.1%。其中，出口额为4412万美元，进口额为478万美元。全年实际利用外资13353万美元，增长13.5%。实际引进境内省外资金44.9亿元，增长16.9%，其中工业引资39.6亿，同比增长3.2%。

全年居民人均可支配收入41227元，同比增长8.6%。其中城镇居民人均可支配性收入42359元，比上年增长8.1%；农村居民人均纯收入20764元，比上年增长8.1%。年末参加城镇基本养老、基本医疗、失业保险人数分别为37157人、202571人、15244人。参加城乡居民养老保险人数为5822人。机关事业单位在职参保人数2145人，参加新型农村合作医疗的人数为21549人，参保率为97.5%。

年末共拥有九年一贯制学校1所（搬迁1所），初级中学3所（撤并1所），小学11所。小学、初中在校生共18352人。全年小学适龄儿童入学率和毕业生升学率继续保持100%，九年义务教育巩固率100%；教育经费占公共财政预算支出的比17.6%；全年救助贫困学生689人次。

年末共拥有3家国家企业重点实验室、4家国家级工程技术（研究）中心、12家省级工程技术（研究）中心、13家省级企业技术中心、2个院士工作站、3个博士后工作站，2名中科院院士、42名国家级科技专家。专利申请量与授权量分别为1830件和1018件，分别同比增长8.3%和4.3%，其中发明专利申请量与授权量分别为902件和394件，分别同比增长10.1%和11.6%。

全年全区共有卫生机构133个，其中医院9个，社区卫生服务中心（站）7个。拥有床位2236张。有各类专业卫生技术人员2880人，其中执业（助理）医师1140人。

搬迁改造成效显著。清水塘老工业区全年关停搬迁企业147家，收储土地54宗，61家企业实现转移转型，实现职工再就业4000余人。通过棚改、征拆等方式安置居民1万余户，铜霞路以南片区全面启动厂房拆除，腾地333.33公顷。第三方治理、霞湾港等污染治理项目完工，铜塘湾保税物流中心（B型）验收运营，清水塘城市公园、广铁物流项目正式开工，清湖路、清霞路一期工程竣工通车，真正实现了企业关停与土地收储、搬迁转型、人员安置、污染治理、新城建设5项工作同步推进。空气优良天数比上年增加39天，湘江石峰段水质达到国家二类标准，区域环境质量明显好转。

振兴实体经济，千亿产业动能更强。深入开展“项目攻坚年”“企业帮扶年”活动，坚持服务提升、环境优化、产业引导多管齐下，积极破解制约轨道交通产业发展的瓶颈性难题。制定《石峰区轨道交通产业三年行动计划纲要（2017—2019年）》，有效整合田心高科园等部门力量，积极实施重大基础设施建设工程，田心大道、中车大道、藏龙路、日新路等骨干道路加快推进，九方小学完成提质改造，石峰区第二幼儿园如期开园，雪峰小镇、雪峰岭公园启动建设。围绕建链、补链、强链，实施精准招商，湖南城市轨道投资建设有限公司等33个产业项目落户石峰，田心片区完成征拆交地140余公顷，中车电气技术与材料工程研究院等8块工业用地挂牌出让，株所功率半导体重点实验室等4个产业项目竣工，株机智能制造等13个产业项目开工，IGBT产业化二期等17个“智造”项目顺利推进。中车株机电动车组成功获得欧洲市场通行证，中车株所研发的全球首列智轨列车面世运行。轨道交通产业集群获全国产业集群区域品牌建设试点。

城乡面貌改观。响石广场立体改造工程正式启动，花果山路、言家塘路等11条小街小巷三年改造任务一年完成；万博珑商业广场启动改建，广汇、煤气公司等老旧小区完成提质，央企“三供一业”分离移交稳步推进；三级“河长制”全面建立，湘江石峰段砂石码头基本建成，湘江保护与治理年度任务如期完成。城管体制改革不断深化，城市管理职能全面向基层延伸、向一线压实，拆违控违在全市率先引进无人机航拍巡查，累计拆除违章建筑33万平方米。成功通过全国文明城市、全国卫生城市复检。创新绿心保护与管理模式，成立九郎山片区绿心保护与管理领导小组，代管片区4个行政村，实施生态修复386.66公顷，四季花海正式迎客，危旧土坯房实现“清零”，乱埋乱葬现象基本遏制，“美丽乡村”建设步伐加快，改革经验获得省两型办高度肯定。

改善民生，发展成果全民共享。在全市率先实行城乡居民大病医疗再次补偿。设立石峰区关心下一代基金，贫困学生资助实现学段全覆盖，义务教育阶段贫困学生享受免费午餐。湘天桥等农贸市场完成改造，全市首家智慧农贸市场杉木塘农贸市场提质迎客。47个“民生100”项目全部完成，192个“微民生”“微服务”项目落实到位。累计新增城镇就业9339人，城镇登记失业率控制在4%以下。城乡低保扩面提质、应保尽保。公共卫生服务大楼完成建设，石峰区医联体正式成立，重点人群家庭医生签约率达63%。霞湾新村、长石等5个安置小区建成分房，1200多户安置户喜获新居。华垅等5家社区服务场所完成提质，花果山等3个居家养老服务场所投入使用，全市首个残疾人工疗站建成运营。国家公共文化服务体系建设深入推进，区图书馆加快建设，文化便民服务网络实现全覆盖。国家科技惠民计划项目通过验收。黄标车全面按期淘汰。（李　俊）

【推进棚户区征拆征收】 2017年，石峰区紧紧围绕“项目攻坚年”“企业帮扶年”和“产业项目建设年”等活动主题，集中力量强力推进规范高效、精准阳光征拆。全区完成集体土地征拆交地339.20公顷，实现挂牌出让土地15宗；完成国有棚改征收9503套、面积23.1万平方米。在全市征拆征收工作暨“百日攻坚”行动中，石峰区名列城市五区第一，被评为征拆征收先进集体并获得一等奖。

2017年，株洲市政府下达的石峰区共7个项目国有土地上房屋征收任务，需完成36家单位、2118户的征收户数、167419平方米的征收面积。面对艰难、复杂的征拆征收工作，石峰区积极探索分类集中签约模式，对项目中同类型或存在相似问题的拆迁户实行“集中会商、集中答复、集中谈判、集中签约”，阳光透明操作，让被征拆户明明白白签字。清水塘棚改三期铁桥棚改项目通过推行集中签约，半个月签约率超过90%。清水塘棚改三期丁山地块通过试行“预签约”，一周时间“预签约”90%，启动正式签约后，一个月内签约率95%。政策执行更加公开公正、阳光透明，既降低了征拆难度，又提高了工作效率。截止到2017年年底，石峰区实际完成23.09万平方米的征收面积；3521户的征收户数和36家单位都已签约并拆除。超额完成1403户住户，6.35万平方的房屋征收面积，实际完成签约率为166.24%。（李　俊）

【清水塘老工业区搬迁改造】 为加快推进清水塘老工业区中央、省属企业以及中小企业的关停收储、转移转型。2017年，石峰区全面开展清水塘老工业区相关企业的搬迁改造工作。成立区内转移转型工作组，实行挂图作战、每日报进度、每周一调度的方式，认真把好资产调查、收储价格评定、谈判签约、资金支付、资产移交等关口，做好入企动员、关停收储、转移转型、维稳接访等工作。3月17日，石峰区举行清水塘老工业区搬迁改造项目集中签约仪式，市委书记、市人大常委会主任毛腾飞，市委副书记、市长阳卫国出席签约仪式并讲话，区委书记张建勇，区委副书记、区长邓元连参加签约仪式。20个项目同时签约落地，涵盖10个清水塘老工业区企业土地收储项目、10个清水塘老工业区内转移项目，涉及先进装备制造、新能源新材料和研发创新等领域。截至2017年年底，清水塘老工业区搬迁改造工作，共完成土地收储企业54家，收储土地面积239.67公顷；完成交厂验收企业38家；19家区内转移转型企业全部完成关停验收；61家有意向转移转型的企业在区内转移29家，全面实现了中小企业签约任务。（李　俊）

【九郎山美丽乡村建设】 九郎山片区位于石峰区西北部，北接长沙、西连湘潭，地处长株潭生态绿心地带。片区涉及4个行政村、63个村民小组，总面积约17平方千米，总人口8643人。片区交通便捷，拥有城际铁路九郎山站；人文底蕴深厚，有秋瑾故居、九郎寺、上林寺等文化资源；生态优势明显，森林覆盖率90%以上，拥有九郎山省级森林公园和5座小型水库；是长株潭地带集人文景观、乡村美景于一体的旅游景区。

2017年，石峰区专门成立九郎山片区绿心保护和管理领导小组，下设办公室代管片区4个村，实施网格化管理。组建绿色九郎公司，政府5年内每年安排1000万元财政资金给公司，采取市场模式负责九郎山片区保护与开发。3月起，九郎山片区开始进行植树造林，全年完成九郎山生态修复一期26.67公顷、二期332.33公顷的植树造林，并制定三期约359.13公顷造林的工作方案。加强森林火灾防范，按照网格化管理模式把九郎山片区的林区划分为21个网格，分别从绿心办、村、组三个层级安排专人负责网格内的护林防火工作，形成横向到边，纵向到底的护理防火格局。加快项目建设。打造美丽乡村示范点，完成10.73公顷荷花种植、16万余盆薰衣草种植和8.78公顷四季花海景点，与秋瑾故居形成九郎山旅游开发窗口景观；加快基础设施建设，实现村组水泥路全贯通；分类退出工业项目，推进片区内工业项目关闭停产，片区5个工业项目已全面关闭停产并张贴封条。年内，九塘村授牌为株洲市美丽乡村建设示范村，大冲村成为宜居宜游的美丽乡村。（李　俊）

株　洲　县

中共株洲县委书记　罗绍昀
县委副书记、县长　刘克胤
县委副书记　朱　江
县委常委、宣传部部长　刘美和
县委常委、纪委书记　谭伟生
县委常委、统战部部长　刘奇伟
县委常委、政法委书记　张德云
县委常委、人武部部长　易运华
县委常委、常务副县长　武挪强
县委常委、县委办主任　刘　辉
县委常委、组织部部长　谭成华
县人大常委会主任　罗禧瑰
副　主　任　郭兴龙
何　沙(兼)
李桂香　张国雄
唐定文
县人民政府县长　刘克胤
副　县　长　武挪强　晏永辉
于大平　黄团结
郭海滨(挂职)
吴宏亮　漆帅花
刘行国
政协株洲县委员会主席　王亚男
副　主　席　李文亮
瞿　梅(兼)
陈代陆(兼)
邓霞云　齐满珍
县人民法院院长　邓国平
县人民检察院检察长　凌　辉

【概况】 2017年，株洲县辖8个镇，另设1个场。共有10个居民委员会、129个村民委员会，3189个村民小组。土地总面积1053.6平方千米，其中耕地保有量25364.38公顷。年末全县户籍总人口35万人，常住人口29.83万人。全县出生人口4056人，出生率为11.6‰，死亡人口5707人，死亡率16.3‰，人口自然增长率-4.7‰。

2017年，全县地区生产总值140.9亿元，增长8.0%。其中，第一产业增加值22.3亿元，增长3.6%；第二产业增加值71.3亿元，增长7.4%；第三产业增加值47.3亿元，增长11.3%。全县三次产业结构由上年的16.8∶51.5∶31.7调整为15.8∶50.6∶33.6。全县完成一般公共预算总收入14.4亿元，比上年增长9.8%。全县完成一般公共预算支出26.2亿元，增长16%。其中社会保障和就业支出3.6亿元，增长32.4%。年末全县金融机构本外币各项存款余额171.1亿元，增长15%。株洲珠江农商行挂牌营业。全县全体居民人均可支配收入21190元，比上年增长8.8%。

全县实现农业总产值32亿元，比上年增长3.8%。粮食种植面积3.64万公顷，增长2.1%，粮食总产量24.4万吨，增长1.4%。稻谷产量23.5万吨，增长0.9%。玉米产量0.27万吨，下降3.2%；蔬菜产量27.6万吨，增长9.8%；水产品产量11764吨，增长0.8%；禽蛋产量5720吨，下降12.9%；全年出栏肉猪60万头，增长9.5%。继续保持产粮先进县、生猪调出大县等国字招牌，成功创建全省家庭农场示范县、畜禽水产品质量安全示范县。农产品加工企业70家，省级龙头企业3家，市级龙头企业22家，建立基地4.53万公顷，带动农户1.1万户。湘春蕨菜、银丹皮蛋等企业发展壮大。

全县社会消费品零售额46.1亿元，比上年增长11.3%。全年新增市场主体2000余个，省市名牌产品达26个。商贸物流产业长足发展，商贸综合服务体电商平台正式运营。进出口企业3家破零、2家倍增，全年进出口总额（海关口径）1364万美元，比上年增长95.1%，增幅居全市第一。

全县引进内资项目91个，合同引进县外资金152.9亿元，实际到位县外资金42.3亿元，比上年增长14.6%。实际利用外资5199万美元，比上年增长13.5%。全年接待国内外游客98.6万人次，同比增长19%；实现旅游总收入5.9亿元，同比增长20%。全县实现交通运输、仓储和邮政业增加值2.3亿元，比上年增长5.8%。全年公路货运量1286万吨，比上年增长19.1%。公路货运周转量29319万吨千米，增长19.7%。集中整治车辆超限超载，干线公路优良率达到90%以上。打造省五星级乡村旅游示范点2个，创建省旅游扶贫示范点1个，紫涵湖温泉度假酒店建设加快。成功举办乡村文化旅游节，杨得志故居获批省爱国主义教育基地。

全县完成固定资产投资120.3亿元，比上年增长14.6%。全年施工项目285个，增长22.3%。其中新开工项目234个，增长12%。全县建筑业实现增加值31.7亿元，比上年增长增长7.9%。

扎实开展"项目攻坚年""企业帮扶年"活动，产业发展后劲增强，项目建设全面提速，57个市县重点项目进展顺利。全年工业增加值39.6亿元，增长7.1%。规模以上工业增加值38.5亿元，增长7%。全年全县实现高新技术产业总产值42.2亿元，比上年增长7.9%；实现高新技术产业增加值13.2亿元，增长7.2%。按期建成亚胺薄膜等7个项目，相继开工时代芳纶等6个项目，签约引进节能环保产业装备制造园等21个产业项目，支持时代电气等35家企业技术改造。

大力推进"十大民生实事"，"民生100"工程全面完成。各项民生支出达15.6亿元，连续多年占财政支出的70%以上。新建、改扩建和维修139个村级服务平台，启动6个镇周转房建设。全力推进精准脱贫"七个一批"、基础设施扶贫"六大工程"建设，县级扶贫专项资金增长159%。实现脱贫550户1803人，10个贫困村全部退出，贫困发生率下降至1.48%，实现全县整体脱贫。全年棚户区住房改造2587户，危房改造429户，公租房（含廉租房）完成开工建设4981套。开展农村危旧土坯房专项整治，拆除农村危旧土胚房429余栋（处），拆除危旧土坯房3885户。升级改造4个城区农贸市场，完成县级美丽乡村建设村8个、人居环境整治村10个、新农村示范片1个。渌湘大厦、渌湘市场竣工验收。全面启动河西片区等12处安全饮水工程，解决了1.9万人的安全饮水问题。完成农村通畅工程100千米，新改建农村公路200千米。新设一批城市公交亭以及18个农村客运招呼站。标准化渡口码头改造10座。完成农村公路安保设施100.8千米，窄改宽公路41.7千米，危桥改造8座。实施龙潭水库除险加固、河包防洪保护圈、昭陵港治理等重点水利工程，建设"小农水"项目82处，修复水毁工程177处。打造"南北畅通、东西联通"融城通道。"三纵"路网加快建设，完成渌口大桥工程建设，东城大道、渌枫大道、渌水二桥、二线船闸加速推进。年末拥有固定电话用户1.57万户，移动电话用户22.5万户，互联网宽带接入用户4.2万户。

全县申请专利172件，增长4.9%。申报市级科技专项9个，完成"百项科技成果转化"任务8项，1人获评市级科技创业领军人才。全县共有基础教育校（园）135个。其中，幼儿园65所，教学点22个，小学23所，初中5所，一贯制学校14所，普通高中4所，职业高中2所。全县基础教育共有在校学生31665人。其中，学前教育7233人，小学教育13722人，初中教育5539人，高中教育5171人。2017年高考二本以上录取508人，录取率44.88%。全县在编在职教师2314人。全年发放助学金1058万元，资助贫困学生1.145万人次。购买普惠性民办幼儿园园位3452个，投入7200多万元改善50个学校办学条件，完成48所薄弱学校改造，建设114套教师周转房，推进3所城区小学扩建增容，实现公办幼儿园各镇全覆盖。年末全县共有文化馆1个，公共图书馆1个，广播台1座，电视台1座，有线电视用户18318户。深入推进国家公共文化服务体系示范区创建，群众文体活动蓬勃开展。成功举办"欢乐潇湘·幸福渌湘"等大型文体活动。两馆一所免费开放，其中杨得志故居接待9.8万人次。开展送戏下乡30场，完成送电影下乡3000场，实现综合文化站覆盖率100%。非物质文化遗产传承示范基地在松西子田园山庄挂牌成立。全县体育设施达531个。成功申报昭陵社区多功能运动场和淦田镇农民健身工程项目。组织县代表团成年组11支队伍和青少年组参加株洲市第十三届运动会取得较好成绩。全县有医疗卫生计生单位18个，医疗卫生人员1346人，开放床位1363张，每千人拥有床位4.7张。农村适龄妇女"两癌"免费筛查8011人，孕产妇免费产前筛查3943人，确保贫困人口健康档案建档率和健康管理率均为100%。县中医院门诊住院楼建设进展顺利，县疾控中心通过“县级乙等”达标验收，淦田、朱亭中心卫生院获评“全国群众满意乡镇卫生院”。计生工作获评全省优秀单位。（办公室）

【杨得志故居被评为省爱国主义教育基地】 杨得志故居坐落在株洲县南部交通便利的南洲镇湘渌村（原南阳桥乡三望冲村），是湖南省省级文物保护单位、株洲市爱国主义教育基地。2011年1月3日杨得志故居开馆，实行对外免费开放，故居每年接待游客10万人次以上。2010年，为纪念杨得志将军诞辰100周年，株洲县按照“修旧如旧”的原则，对故居进行修缮和加固，修缮后的杨得志故居占地面积789.5平方米，展厅面积400平方米，布展陈列分2个展厅，分别为杨得志生平业绩展和杨得志故居复原陈列。2013年新建游客服务中心，2014年、2015年新建人民英雄纪念碑、抗战浮雕墙、军事博物馆、大型纪念广场并树立铜像，2016年新建景区门楼、进景区道路。2017年1月，杨得志故居被湖南省确定为爱国主义教育基地。（张恺鹏）

【株洲“珠江农行银行”挂牌营业】 株洲珠江农商银行的前身是株洲县农村信用社，该社最早成立于1953年，2011年完成统一法人改革。下辖33个营业网点。2017年，株洲县委、县政府积极履行政府主导责任，把株洲县联社改制作为深化县域农村金融改革的重要举措和重点工程统筹推进。县政府召开专题会议，大力支持株洲县联社开展不良贷款清收，开展房屋、土地类固定资产确权，给予土地资产置换不良资产等政策支持，优化了改制环境，减轻了改制主体负担。2017年12月26日，株洲珠江农商银行股份有限公司正式开业。（张恺鹏）

【株洲湘江七桥工程竣工通车】 株洲湘江七桥（K2+522）位于渌水湘江出口上游约400米，株洲航电枢纽下游约5千米处。桥梁全长957.13米，其中主桥长650米，引桥长307.13米。桥宽28.0米，双向六车道。株洲湘江七桥总投资3.35亿元，于2014年10月20日开工，2017年3月21日竣工通车。（张恺鹏）

【举办乡村文化旅游节】 2017年，株洲县成功举办“花约松西子”“庆‘三·八’”“金色松西子”摄影、“妙手绘花海”绘画写生、“我最油菜花”晒图拿奖等活动。通过登山、观花、摄影、绘画活动的开展，丰富了株洲县乡村文化旅游节内容，将生态农业、乡村旅游、文化活动有机融合，充分展示生态松西子、人文株洲县的美丽形象，进一步促进全县旅游产业的发展，开发松西子生态休闲旅游，推动全县公共文化服务体系示范区和国家AAA级景区的创建。（张恺鹏）

【株洲王十万黄辣椒】 株洲县龙船镇（于2015年11月由堂市乡、王十万乡合并）地处株洲县西南湘江之滨。镇域内最具盛名的是黄辣椒，其果实长指状，顶端渐尖且常弯曲，未成熟时为绿色，成熟后成独特的金黄色，皮透明，比普通辣椒更辣，微甜、香脆，口感极佳。王十万黄辣椒种植有1400多年的历史，其独特的品质主要来源于由湘江支流河口泥沙淤积形成的特殊砂质土壤——青夹泥，青夹泥其母质为第四纪红色粘土，湖积物和板页岩，石灰岩风化物等，PH值呈弱感性。该镇内只有河包、长源、榜头、赤石、神山等几个靠河口的村种植的黄辣椒具有独特的品质。黄辣椒成为龙船镇的特色产品，畅销省内外。（张恺鹏）

醴陵市

中共醴陵市委书记		胡湘之
市委副书记、市长		康月林
市委副书记		邹志超
市委常委、纪委书记		易文星
市委常委、市人武部部长		李云星
市委常委、常务副市长		曾毅鹏
市委常委、组织部部长		刘华章
市委常委、统战部部长		刘海龙
市委常委、政法委书记		廖胜云
市委常委、市委办公室主任		王志强
醴陵市人大常委会主任		贺小玲
副主任	廖宏力	李亿平
		李荣佳
		唐青柏（兼）
		翁菊清
醴陵市人民政府市长		康月林
副市长	曾毅鹏	何忠明
	石勇辉	谭艳
	钟国建	陈佳
		王吉祥
		黄平伟（挂职）

政协醴陵市委员会主席	江曙明
副　主　席	李忆湘
	钟富强（兼）
	程曙光　肖建辉
	易召群（兼）
醴陵市人民法院院长	刘望鸣
醴陵市人民检察院检察长	黄晓军

【概况】 2017年，醴陵市辖湖南醴陵经济开发区1个，城区管理委员会1个，长庆示范区1个，街道4个，镇19个，设55个居委会、215个村委会；土地总面积2157.2平方千米。年末，全市户籍人口1051919人，常住人口96.85万人，城镇化率61.24%。全市年平均气温18.7℃，较常年偏高0.7℃；年降水量1605.5毫米，较常年偏多113.7毫米；日照时数为1351.6小时，较历年偏少169.6小时，年内平均气温高、光照少、降水不均匀，属于正常偏暖年。

2017年，醴陵市县域综合发展实力位居全国百强县（市）第56位，前进17位；工业竞争力位居“中国工业百强县（市）”第86位，前进7位；首次进入中国县域成长竞争力50强榜单，位居第45位。全年实现地区生产总值607.2亿元，按可比价计算，比上年增长8.2%。第一产业实现增加值55.8亿元，增长4%；第二产业实现增加值352.6亿元，增长6.9%，第三产业实现增加值198.8亿元，增长12.3%。三次产业结构9.2∶58.1∶32.7。完成公共财政预算收入54.1亿元，增长8.1%。公共财政预算支出75.3亿元，增长11.7%。全市金融机构各项存款余额343.3亿元，比年初增加22.2亿元，增长6.9%；各项贷款余额177.2亿元，比年初增加39.4亿元，增长28.6%。

全年实现农林牧渔业总产值81.1亿元，增长4.2%。农作物播种面积为109.4千公顷，增长2.6%，其中：粮食作物种植72.7千公顷，增长0.3%。粮食总产量达51.3万吨，其中稻谷48.6万吨，蔬菜产量79.4万吨，增长7.9%；水果产量10.2万吨，增长0.9%。全市种粮大户（2公顷以上）、家庭农场、农民种植专业合作组织等规模经营主体共发展到7641户（个），流转耕地24.13千顷。肉类总产量11万吨，增长1.6%；水产品产量2.6万吨，增长4.4%。出栏肉猪120.68万头，增长3.8%；出栏羊37.45万只，增长1.7%；出笼家禽849.03万羽，增长2.8%。全年完成农村公路（窄路加宽工程）建设27.113千米，农村公路（县乡道路面硬化“边界路”“断头路”）建设44.861千米，农村公路安保设施建设216.142千米，改造危桥19座，完成双江口渡改桥建设，建成农村客运招呼站30个。完成小Ⅱ型病险水库除险加固13座，建成农饮工程33处，解决8.5万农村人口饮水不安全问题。建设10个“美丽乡村”，其中枫林镇隆兴坳村授牌省“美丽乡村”示范村。

全市完成工业总产值1192.3亿元，增长12%，实现工业增加值325.7亿元，增长7.1%。其中：规模以上工业企业580家，完成产值1067.8亿元，增长15.4%。陶瓷、花炮两大传统支柱产业产值分别达708亿元、202亿元，增长13.5%和3.4%。建筑业实现增加值27.2亿元，增长3.4%。全市完成固定资产投资441.9亿元，增长14.6%。社会消费品零售总额204.6亿元，增长11.4%。

全市新批进出口企业32家，年末拥有自营进出口权的企业297家。全市实现进出口业绩“破零”企业24家，“倍增”企业19家。全市完成外贸进出口总额24.6亿元，增长13.1%。春秋两届广交会，107家日用陶瓷企业收获订单1.38亿美元，增长16.5%。接待国内外游客554.91万人次，增长24.36%；实现旅游综合收入58.47亿元，增长38.65%。实际利用外资2.1亿美元，增长13.5%；内联引资49.3亿元，增长16.8%。

全年交通运输、仓储和邮政业实现增加值16.9亿元，增长6.8%。全市农村公路总里程5169.782千米，桥梁443座、10471.56延米。农村客运班线40条，通客运班车里程539千米，建制村通班车率100%。完成邮电业务总量5.93亿元。年末固定电话用户1.66万户，移动电话用户65.64万户，互联网用户14.6万户。

全年全市万元规模工业增加值能耗下降7.3%。工业“三废”处理率100%；全年空气质量优良天数314天，优良率达86.3%。共发生各类生产安全事故10起，死亡5人，受伤20人，直接经济损失52.8万元，事故起数同比下降58.3%。

全年申请专利1133件。专利授权451件，其中发明专利授权27件。科技计划项目申请40个，科技计划项目立项23项，科学技术经费本级支出1.44亿元。全市有湖南银和瓷业有限公司等25家企业通过国家高新技术企业认定，年末拥有高新技术企业53家，实现高新技术产业增加值214.2亿元，同比增长29.7%。有中、小学校267所，其中小学（含教学点）213 所、初中 44 所（含九年一贯制学校）、高中 9 所（普高 5 所、中职 4 所）、特殊教育学校 1 所。有公、民办幼儿园 369 所（含小学附属学前班 65 所）。在校学生、在园幼儿共 148918 人。全市参考人数为 3333 人，上线人数为 3323 人，上线率为 99.69%。其中，本科上线人数 2473 人。录取人数及录取率再创历史新高，一本上线人数再次达到 600 人大关，达到 627 人，比上年净增 10 人，一本上线率达 21.2%。一本上线率蝉联株洲各县第一名、首获株洲地区第一名。全市小学入学率为 100%、辍学率为 0、升学率为 100%，初中辍学率为 0.11%、升学率为 97.1%，幼儿三年入园率为 95%、一年入园率为 100%。电视用户总数 11.71 万户，全市广播综合覆盖率为 100%，电视综合覆盖率为 100%。举办大型文化体育活动 165 场次，送戏下乡 171 场，送电影下乡 4092 场；结合乡镇综合文化站建设开展“一周一乐、半月一赛”系列活动 90 场次；市文化馆、图书馆、博物馆、纪念馆和乡镇综合文化站已经全部实现免费开放。拥有各级各类医疗卫生机构 692 个。有执业（助理）医师 1881 人，执业护士 2315 人，每千人口拥有医生 1.93 人、护士 2.38 人；有全科医生 67 人，村卫生室人员 531 人，有床位 5705 张，每千人口拥有 5.88 张。全市新型农村合作医疗农民 74.6 万人，参合率 95.10%；累计补助 25.24 万人次，补助金额 4.19 亿元，统筹地区政策范围内补偿率 75.03%。

全市城乡居民人均可支配收入 30664 元。全市新增城镇就业 6968 人，新增农村劳动力转移就业 4577 人，城镇人口登记失业率控制在 3.4% 以内。养老保险、医疗保险、生育保险、失业保险、工伤保险等九项社会保险参保总人数达 162.77 万人次，支付各类待遇 14.01 亿元。新改扩建农村敬老院 5 所，农村五保分散供养标准达 3804 元 / 年，农村五保集中供养标准达 5760 元 / 年。完成农村危房改造 933 户，开工建设公共租赁住房（含廉租住房）707 套，发放住房困难租赁补贴 1193 户。实施精准扶贫，对贫困户实现结对帮扶全覆盖。全年实现 1919 户 7130 名贫困人口“摘帽脱贫”，15 个贫困村成功出列，至此全市所有贫困村均实现出列，贫困发生率降低至 1.64%。（陈　灏）

【醴陵瓷谷获评十大国家工业遗产旅游基地】 2017 年 11 月 14 日，全国旅游资源规划开发质量评定委发布公示，推出 10 个国家工业遗产旅游基地。其中，醴陵瓷谷成为湖南省唯一一个上榜旅游景点，湖南由此再添国家级旅游新名片。醴陵瓷谷（醴陵·世界陶瓷艺术城）作为首批国家工业旅游创新单位，包括陶瓷博物馆、湖南官立瓷业学堂、中国陶瓷艺术设计中心、醴陵瓷谷美术馆、国际陶瓷展览中心、沩山国际陶艺村等。（陈　灏）

【醴陵获评全国首批中小学校责任督学挂牌督导创新市】 2017 年 3 月 20 日，公布第一批“全国中小学校责任督学挂牌督导创新县（市、区）”名单，醴陵市成为全国 29 个创新县（市、区）之一，并作为湖南省唯一代表被《人民日报》图文推介。实施责任督学挂牌督导制度，是国家教育治理和教育督导改革的重大制度创新。醴陵市自 2015 年申创全国中小学校责任督学挂牌督导创新县（市、区）以来，不断优化流程和环节，建立较为完善的责任督学挂牌督导工作制度，研究开发中小学校素质教育督导评估工具，全市专职督学人数达 40 人，构建和实施“片区督学责任区—责任督学—挂牌学校”三级挂牌督导、挂牌学校“五个一”建设、“片区工作月点评制度”等工作机制，取得了良好的挂牌督导效果。（陈　灏）

【全国第一个出口电瓷质量安全示范区】 2017 年 11 月 16 日，湖南省醴陵市“国家级出口日用陶瓷质量安全示范区”和“国家级出口电瓷质量安全示范区”正式授牌，醴陵成功跻身“国家级出口日用陶瓷质量安全示范区”和“国家级出口电瓷质量安全示范区”。成为全国第一家出口电瓷质量安全示范区和全国第二家出口日用陶瓷质量安全示范区，也是湖南省唯一的两个国家级出口工业产品质量安全示范区。

醴陵陶瓷产业历史悠久，是全国三大“瓷都”之一。陶瓷产品涵盖日用瓷、电瓷、工艺瓷、建筑瓷、新型陶瓷五大系列 4000 多个品种，形成以日用陶瓷、电瓷、釉下五彩艺术瓷生产为核心，集装备制造、新材料研发、陶瓷物流等配套产业于一体的较完整的产业链条，产品畅销美国、欧洲、日本、中东和南美等 150 多个国家和地区。2017 年，醴陵实现陶瓷产业总值 708 亿元。较上年增长 13.5%。醴陵出口示范区内有企业 38 家，其中龙头企业 7 家，省高新技术企业 16 家，奥运、亚运、世博特许商 2 家，国家

文化出口重点企业2家，中国质量诚信企业2家。（陈 灏）

【2017中国醴陵国际陶瓷产业博览会】 2017年9月28日，以“中国陶瓷谷·五彩新醴陵”为主题的2017中国醴陵国际陶瓷产业博览会在中国陶瓷谷国际会展中心开幕。此次瓷博会由国务院发展研究中心指导，中国陶瓷工业协会、省商务厅、省贸促会、市人民政府联合主办。瓷博会为期3天，吸引国内外671家知名陶瓷企业参展商前来。其中，来自亚洲、北美洲、欧洲、非洲的参展商有89家，国内陶瓷主产区参展商250家，醴陵辖内参展商332家。各大参展商带来五大类的超10万件展品，涵盖日用瓷、艺术瓷、电瓷、陶瓷新材料和陶瓷装备。初步统计，瓷博会期间，共有46.2万人次云集醴陵。借助展会平台，醴陵招大商、引大资，集中签约重大项目32个，合同金额达182亿元，是醴陵近3年来项目最多、金额最大的一次集中签约。（陈 灏）

【醴陵被列入全国畜禽粪污资源化利用重点县】 2017年8月16日，醴陵市被列入全国畜禽粪污资源化利用重点县，获得3650万元中央财政资金支持，重点用于规模养殖场改进养殖工艺和设备，建设畜禽粪污收集、贮存、处理设施和输送管网，建设畜禽粪污集中处理和资源化利用设施等。近几年，醴陵坚持把畜禽粪污资源化利用作为推进养殖业转型升级的重要举措，按照“减量化、无害化、生态化、资源化”的目标要求，全面推广农林牧结合、沼气工程—有机肥、生物发酵床—有机肥、高床漏粪与工业化集中处理等模式，畜禽粪污资源化利用取得了显著成效。（陈 灏）

【醴陵入选国家农村综合性改革试点试验县（市）】 2017年8月23日，醴陵市成功入选国家级农村综合性改革试点。农村综合性改革试点主要通过综合集成政策措施，完善乡村治理机制，健全村级集体经济发展机制，构建农民持续增收机制，建立农村生态文明发展机制，推动农村改革向纵深发展。醴陵市将通过建设“醴北十村”农村综合性改革示范区，打造经济基础更牢固、农民生活更舒心、农村社会更稳定、乡村环境更宜居的新农村。（陈 灏）

【醴陵·世界陶瓷艺术城获全省首届“文化创新奖”】 2017年5月18日，醴陵·世界陶瓷艺术城获得湖南省首届文化创新奖。醴陵·世界陶瓷艺术城，融陶瓷文化艺术交流、陶瓷科技研发、陶瓷创新营销与陶瓷文化旅游于一体，打造中国陶瓷文化艺术创新交流平台、中国陶瓷科技创新研发平台、中国陶瓷产业转型升级“互联网+”创新引擎平台、中国陶瓷文化旅游创新体验平台，促进陶瓷产业、文化产业与旅游产业融合发展的价值链、生态圈的持续健康成长，服务于湖湘文化、陶瓷文化乃至中华民族、中华文明的伟大复兴。（陈 灏）

【醴陵文明建设结硕果】 2017年11月17日，醴陵市检察院、珊田村、姜湾小学3家单位获评国家级文明建设先进单位。姜湾小学获评首届“全国文明校园”，成为株洲地区唯一获此殊荣的小学。市人民检察院狠抓干警队伍建设，多项工作获得国家级荣誉，成功获评第五届“全国文明单位”。长庆示范区珊田村注重除陋习、树新风，工作开展有声有色，成功获评第五届“全国文明村镇”。2017年，醴陵市大力推进文明城市、文明村镇、文明单位、文明校园创建，再次启动道德模范评选，举办“文明餐桌、文明城管、文明网络”多种主题活动，城乡居民的获得感、幸福感和安全感不断增强，公民文明素质和社会文明程度显著提升。（陈 灏）

【全国第一家黑火药联合配送中心投入使用】 2017年12月12日，醴陵市黑火药联合配送中心在醴陵李畋镇正式投入使用，这是全国第一家黑火药联合配送中心。醴陵市黑火药联合配送中心管理、销售、配送、运输“四统一”的模式，让黑火药配送变得公开、透明、规范，行业安全生产得到有效保障。企业一个电话，所有手续都由黑火药联合配送中心办理，效率大为提高。黑火药“上路”前，将贴上产品标识码。运输车辆驶出中心起，就接受“零死角”监管，工作人员通过监控中心的大屏幕，可实时掌握车辆的行驶轨迹、状况等，做到源头可溯、去向可查。配送中心为醴陵市所有黑火药生产企业安装502个摄像头，从生产、入库，到最后出库，实行24小时专人值守，全程监控，确保安全。（陈 灏）

【东岗村入选全国首批农村幸福社区】 2017年12月12日，醴陵市茶山镇东岗村入选全国首批农村幸福社区。东岗村位于醴陵市西南部，村域总面积14.2平方千米，辖37个村民小组，有961户3950人。近年来，东岗村大力完善基础设施，村级主干道拓宽至5.5米，村、组干道硬化率达100%，水泥路到户率达95%以上；村内安装路灯580盏，实现全村公共场所、道路照明设施全覆盖，95%的居民安装使用自来水；村级文体中心、文化广场配套设施齐全，村级老人日间照料中心面积达1450平方米，可提供床位20余张；村内重要场所、道路实现绿化全覆盖，对村民生活垃圾、农业生产垃圾，进行集中回收利用及无公害化处理；积极引导村民崇尚科学、尊老爱幼、扶贫济困、移风易俗，构建平等友爱、融洽和谐的良好风尚。2014年以来，东岗村连续获得株洲市文明村镇、湖南省美丽乡村示范村、湖南省文明村镇等荣誉。（陈　灏）

【启动烟花自动化生产线三年行动计划】 2017年5月26日，醴陵市充分发挥花炮机械化、自动化方面的领先优势，大力提升花炮生产的科技水平和创新能力，推动从花炮制造向花炮智造的升级发展，制定《醴陵市推广烟花自动化生产线三年行动计划》，力争用3年时间完成“1235”的工作目标，即打造一个高水平的烟花自动化生产示范区、控制全市生产企业数量在200家以内，建成30条烟花自动化生产线，构建生产、研发、服务、监管、环保五大产业体系。至2017年年底，醴陵有烟花爆竹生产企业298家，其中，烟花企业60家、爆竹企业180家、综合性企业32家、引火线企业22家、黑火药企业4家。

（陈　灏）

【醴陵“玻璃椒”获评国家地理标志产品】 2017年12月7日，醴陵市明月镇贺家桥的玻璃椒获评农业部认证的“农产品地理标志”，至此醴陵市地理标志产品达14个，其中农产品类达9个。据《醴陵县志》记载，清光绪年间醴陵引入牛角椒，玻璃椒是在牛角椒品种上，经过选育形成的，已有一百多年历史。辣椒是醴陵大宗出口农产品之一，20世纪70年代，醴陵被认定为省级玻璃椒出口基地，产品远销东南亚和欧美等20多个国家和地区。“农产品地理标志”的范围包括明月镇和毗连的船湾镇。

（陈　灏）

攸　县

中共攸县县委书记　谭润洪
副　书　记　苏　涛　唐卫湘
县委常委、常务副县长　李子善
县委常委、政法委书记　陈可勇
县委常委、武装部部长　曾富勇
县委常委、纪委书记　刘秀云
县委常委、县委办主任　陈运发
县委常委、宣传部部长　杨喜兰
县委常委、统战部部长　宋长征
县委常委、组织部部长　李易常
攸县人大常委会主任　尹诺昂
副　主　任　罗正初　唐晓明
周志强　过凤文
刘凯平（兼）
县人民政府县长　苏　涛
副　县　长　李子善　周文安
蒋芷境　罗　曼
易屹东　唐军全
刘建华　彭顺昌
政协攸县委员会主席　吴爱清
副　主　席　李良俊　陈百忠
刘艳舞（兼）
文小凤（兼）
县人民法院院长　帅团结
县人民检察院检察长　陈卫华

【概况】 2017年，攸县辖13个乡级建制镇，即：鸾山镇、皇图岭镇、丫江桥镇、酒埠江镇、渌田镇、石羊塘镇、桃水镇、黄丰桥镇、网岭镇、新市镇、莲塘坳镇、菜花坪镇、宁家坪镇；4个街道办事处，即：江桥街道办事处、联星街道办事处、谭桥街道办事处和春联街道办事处。县人民政府驻东城新区（春联街道）攸县发展中心。年末，全县户籍在册总人口81.73万人，同比减少0.76万人；人口出生率5.17‰，死亡率6.9‰，自然增长率-1.73‰。全年出生9025人。全县土地总面积为2648平方千米，耕地总面积为57086公顷。年降水量1480.8毫米，年平均气温18.7℃，极端最高气温39.0℃，极端最低气温-2.3℃。

2017年，全县实现地区生产总值（GDP）401.09亿元，比上年增长7.5%。其中，第一产业增加值54.81亿元，增长4.1%；第二产业增加值203.64亿元，增长6.2%；第三产业增加值142.60亿元，增长10.8%。三次产业结构比由上年的14.1∶51.4∶34.5调整为14.3∶45.7∶40.0。全县实现地方财政总收入25.69亿元，增长7.0%。

全年全县实现农业（农、林、牧、渔及其服务业）总产值87.61亿元，比上年增长4.2%。全年实现农业增加值56.57亿元，增长4.2%。主要农产品产量为：粮食50.07万吨，增长3.54%；油料1.68万吨，蔬菜107.22万吨，果用瓜6.38万吨，豆类4358吨，薯类7008吨。出栏生猪137.9万头，增长4.1%；出栏牛2.45万头，增长4.3%；出栏6.08万只，增长3.9%　；出笼家禽772.1万羽，增长5.5%；蛋品产量1.74万吨，增长4.8%；水产品产量2.40万吨，增长2.9%；产蜂蜜460.2吨。大户流转耕地面积22493公顷。发展各类农民专业合作社825家，家庭农场713家，耕地流转面积4667公顷。农产品加工省级龙头企业8家，市级龙头企业达到25家；省著名商标15个，省名牌产品3个，市名牌产品3个。全县脱贫21903人，5个省级贫困村脱贫。完成异地搬迁2172人，危房改造337户。有1770人实现兜底保障，200名贫困学生实行校车免费，免费资金200余万元。

2017年，实现全部工业增加值190.70亿元，比上年增长6.5%。全县共有规模以上企业266家，年内新增34家；规模工业总产值513.33亿元，增长14.5%；规模工业增加值168.14亿元，增长6.5%。产原煤232.1万吨，下降52.65%；产水泥322万吨，增长502.99%；发电量48.20亿千瓦时，增长132.40%。园区规模以上工业增加值93.8亿元，增长16.8%。全县有高新技术企业78家，其中经湖南省科技厅认定的18家高新技术产业产值192.94亿元，比上年增长23.58%；完成高新技术产业增加值64亿元，比上年增长20.6%。全县完成专利申请404件。其中，发明167件、实用新型159件、外观设计78件，企业专利申请75件，增长4.12%；完成专利授权115件。其中，发明专利15件、实用新型51件、外观设计49件，企业专利26件，下降2.54%。

2017年全县完成固定资产投资342.26亿元，比上年增长13.3%（其中房地产投资完成26.34亿元，下降0.9%）。5000万元以上投资项目86个，完成投资额121.09亿元。加快推进攸州工业园和网岭循环经济园基础建设，完成龙山路、禹王路建设，攸州工业园污水处理厂建成投入使用，新建成标厂10.2万平方米。推进119个重点项目建设，39个省市重点项目完成年度投资97.5亿元。义乌国际商贸城建成开业；顺利推进长明高科、酒埠江生态新镇、阳升观第二水源等项目建设。洣水三桥、四桥等一批重大项目开工建设，五凌风电、旭日陶瓷二期等一批项目加快推进，星都物流仓储、职业中专等11个项目顺利竣工。基本完成东城新区紫云路、环湖路、凤凰北路以及纬二东路，启动老城区吉兴路、文风路建设。实施城区绿化、亮化提质改造工程，新增绿化面积20万平方米，提质改造绿化面积10万平方米；完成76栋高层建筑楼宇亮化，新增路灯1000余盏。西阁棚户区、百花城中村改造有序推进，完成棚户区改造2475户，建成公租房1198套。加快特色小城镇建设，完成镇区提质改造等项目54个，启动酒埠江镇、黄丰桥镇、皇图岭镇污水处理厂建设。省道345攸县段基本建成，省道211公路完成大修，网酒公路改造有序推进，农村公路提质改造970千米，完成窄路加宽、边界路、断头路建设88千米，改造危桥17座，建设安全生命防护工程138千米、农村客运招呼站30个，有序推进8000处错车道建设、13道义渡码头改造。实施水利项目22个，除险加固小型水库24座，治理中小河流40千米。完成61个村电网改造。

全年公路客运量及旅客周转量分别为1956万人、16.07亿人千米，货运量及货物周转量分别为1408万吨、134.81亿吨千米，水路客运量及旅客周转量分别为78.75万人、1666.1万人千米，城市公交、出租车客运量分别为713.04万人次、734.74万人次，春运期间全县公路水路共运送旅客229万人次。532个“城乡驿站”配送物资787万吨。从10月1日起，市际、省际道路客运班线试行实名售票；行政村客运班车通达率达100%。全县共有宽带互联网用户9.8万户，移动电话用户40.9万户。

2017年，全县社会消费品零售总额138.59亿元，比上年增长11.04%。全景区接待游客463.8万人次，实现综合收入33.8亿元，增长93.81%。完成外资9638万美元，增长20.05%，引进内资48.55亿元，增长16.82%。完成外贸出口总额208万美元，增长202.9%。积极参加“沪洽周”、“港洽周”以及全国企业家年会等活动，成功签约引进昆山地博、恒盛岩棉生产等38个项目，签约总额59.48亿元。

全年完成一般公共预算支出47.03亿元，增长0.15%。全县居民人均可支配收入30047元，增长8.4%；城镇居民人均可支配收入35755元，增长8.2%；农村居民人均纯收入24050元，增长8.4%。

全县共有公立教育机构147所，其中小学（教学点）117所，初中24所（含2所九年一贯制学校），县属普通高中4所，职业中等专业学校1所，幼儿园9所，特殊学校1所；在职在编教职工5121人。有民办教育机构182所，其中中小学6所，幼儿园149所，培训机构27所。全县中小学在校学生82635人，其中普通高中12533人、职业高中1793人、初中21332人、小学48770人；入园幼儿23531人。适龄儿童入学率100%，小学升初中升学率100%，初中升高中升学率97.74%，初中毕业学业水平考试全科合格率96.6%，三类残儿入学率为100%。全县高考参考人数4174人，本科二批以上上线2080人，上线率54.79%，其中一本上线781人；应届生上线1939人。二本以上万人上线率连续13年居株洲市排名第一。全县有公共文化场（馆）8个；乡镇文化站17个，村级综合文化服务中心246个，创建农家书屋304所，青少年活动中心1所；综合档案馆1个，馆藏档案20万卷（册）；乡村大舞台103个，组级文化小广场137个，公共文化设施面积198.30万平方米。体育健身会所公共体育实施面积91.8万平方米。全年开展文化惠民送戏下乡240场，放映农村公益电影3116场、城区广场公益电影200场；组织开展大型群众文艺体育活动18项。开展第四届春节民俗文化节暨“展农村新姿、赏非遗文化、促文明阅读”活动；举办“欢乐潇湘·文明攸州”群众文艺汇演攸县专场文艺晚会、“欢庆十九大·共创文明城”专题文艺晚会；组织开展第二届“万步有约”职业人群健走活动；举办首届“幸福新攸州”健身广场舞微视征集大赛。全县有县级广播电台1座，国内广播节目1套，广播“村村响”工程为全省的示范样板工程。有县级电视台1座，电视发射台1座；数字电视用户11.1万户。全县共有各类医疗卫生和计生服务机构570个，开设病床3658张。年末实有总人口85.81万人；年内出生人口10390人，出生婴儿性别比为109.86，人口出生率12.11‰；人口自然增长率6.39‰。

2017年，攸县获“全市维护稳定工作先进县”和“全市反邪防邪工作先进县”荣誉，县法院获评“全国优秀法院”，县检察院获评“全省检察服务大厅建设示范院”，县公安局获评“全市压发案工作先进单位”等荣誉称号。全年共发生各类安全生产事故16起，比上年下降60.5%，死亡24人，上升78.6%；造成经济损失1708.7万元。

全县经济社会发展仍存在的一些亟待解决的困难和问题：一是经济结构不优，产业支撑不强，创新能力不足，新旧动能转换缓慢，转型升级任重道远；二是财政收支平衡压力较大，政府投融资渠道收窄，经济运行风险不容忽视；三是涉军、涉企等遗留问题较多，安全维稳压力大，煤炭、烟花、危化等行业风险隐患点依然较多；四是发展环境亟待优化，政府服务效能有待提升。（焦润泉）

【获评2017年度全国“平安农机”示范县】 2018年1月3日，国家农业部和国家安全监管总局公布2017年度全国“平安农机”示范县名单，我县成功上榜。攸县是农业大县，近年来，全县认真贯彻落实党中央国务院关于安全生产的决策部署，积极开展“平安农机”创建活动，并以农业供给侧结构性改革为主线，加快推进农业现代化、机械化，农业大县正逐步转变为农业强县。截止2017年年底，全县农业机械拥有量9.914万台套，总动力达101.62万千瓦，其中有耕整地机械3万余台、农用排灌机械2.9万余台、农用拖拉机1.5万余台、收获机械4045台、播种机49台、插秧机254台、谷物烘干机130台、农用飞机29架，水稻生产耕种收等主要环节全程机械化水平达81%。全县农业机械总值12.09亿元，农机作业服务总收入11.47亿元。（罗延福）

【成功创建国家园林县城】 2017年10月27日，在国家住建部发布的关于命名2017年国家园林城市的通报中，攸县作为株洲市地区唯一代表，入围国家园林县城名单。2014年攸县获得“湖南省园林县城”后，乘势而上，提出创建国家园林县城的发展目标。经过近几年的努力，截止到2017年9月，全县建成区绿化覆盖面积849.07万平方米，绿地面积740.56万平方米，人均公园绿地面积11.09平方米；建成区绿化覆盖率为39.2%，绿地率达34.19%；生活垃圾无害化处理率达100%，全年大气优良指数为318天；城市供水普及率92.3%，水质综合合格率99%以上，城区污水处理率达92%，污泥处理率达75%，城区燃气普及率98%，道路亮灯率98%以上，

各项指标均达到或超过国家园林县城标准。（罗延福）

【皇图岭镇晋升全国特色小镇】2017年8月22日，住建部公示全国第二批276个特色小镇名单，攸县皇图岭镇成功上榜，成为株洲市第一个国家级特色小镇。2017年3月，皇图岭镇着手准备申报全国特色小镇工作；6月上旬，在省市各部门的指导支持下正式开始申报；6月底，在省住建厅进行国家级特色小镇申报集中答辩；7月上旬，在国家住建部进行国家级特色小镇申报集中答辩。皇图岭镇以创建“共享农业特色小镇”为目标，规划建设高速路口经济区万亩现代产业园、丹陵大道新镇区、106国道老镇区、沙河沿岸风光带、一村一品特色农业基地等五大板块，形成特色农业基地+特色农业园区+特色农业商贸+特色共享镇区“四位一体”产镇融合格局。（李呈念）

【酒埠江生态新镇综合开发入选2017年全国优选旅游项目】2017年5月，国家旅游局发布《2017全国优选旅游项目》，攸县酒埠江旅游生态新镇综合开发项目成功入选。该项目是湖南省第一个旅游PPP项目，项目一期计划投资19.54亿元。项目定位以“休闲度假、康体养生”为主题，以山水观光体验、运动健身娱乐、宗教文化、温泉疗浴等为主要内容，重点建设以酒埠江镇为核心的特色旅游名镇，打造长株潭（包括衡阳、郴州、萍乡）都市休闲的后花园、湖南省著名的旅游目的地、全国知名旅游休闲度假区。2016年开工，至2017年年底已累计完成总投资8.5亿元，启动项目12个，竣工项目2个，其中同心湖酒店在2017年6月15日正式开业营运。（许　彬）

【攸县原创花鼓戏《一辈传一辈》登上国家舞台】2017年7月19—20日，由湖南攸县花鼓戏保护传承中心原创的大型现代花鼓戏《一辈传一辈》，在首都北京梅兰芳大剧院连续上演两场，吸引近3000名戏曲爱好者观看，获得专家和观众好评。该剧目是2017年湖南省唯一入选由中宣部和文化部联合举办的“2017年全国基层院团戏曲会演”的剧目。《一辈传一辈》是根据攸县老百姓的真实故事创作而成，该剧共分七个章节，以“孝”字为主线，生动演绎了军人石源感恩叔叔养育之恩、敬老爱亲的感人故事。2016年11月，该剧目参加首届株洲艺术节演出3场，荣获首届株洲艺术节专业舞台戏剧比赛“金奖”。（许　彬）

【推动电力直接交易试点】2017年9月27日，攸县举行电力直接交易对接暨签约仪式，10家用电企业与10家售电公司签订意向合作协议，这标志着攸县企业即将迎来更多“电改红利”。11月21日，网岭循环经济园列入国家第二批增量配电业务改革试点园区。电力直接交易是指符合准入条件的电力用户与发电企业，按照自愿参与、自主协商的原则直接进行的购售电交易，电网企业按规定提供输配电服务。2017年，全县共有59家企业进入直接交易准入目录，29家企业签订了三方协议，电力直接交易量达3571万千瓦时，大幅降低了企业用电成本。（李呈念）

【长明高科招商落地】2017年10月14日，攸县人民政府与深圳市长明新材料科技有限公司正式签约，建设长明高科新能源产业园一期工程，11月30日，双方签订二期项目，并组建湖南长明高科实业有限公司。长明高科新能源产业园项目选址攸州工业集中区，投资10亿元，占地33.33公顷，在攸县主要布局“光电液晶显示模组”“生物质石墨烯”“生物传感及医疗器械”“汽车动力电池及储能电池”等四大重点产业板块，并计划在酒仙湖景区建立长明高科院士工作站及科研中心。（李呈念）

【阳升观第二水源项目破土动工】2017年11月5日，攸县重点民生工程、攸县第二饮水源阳升观水库项目正式开工。阳升观水库是攸县规划建设的县城第二水源，是株洲市“十三五”期间的重点水利项目之一。该水库位于攸县莲塘坳镇幽居村境内，距离县城27千米，项目总投资3.8亿元，计划新建一座大坝以及27千米长的输水线路（含隧道）。建成后，预计库存量将达1526万方，可解决城区35万人饮水和县东南区域1.93万亩农田的灌溉问题，增加发电量500万度，是防洪抗旱、城乡供水、旅游开发、蓄能发电等多重功能、多种效能于一体的重大水利综合枢纽工程。（罗延福）

【攸州义乌国际商贸城盛大开业】2017年11月28日，攸州义乌国际商贸城正式开业营运，这标志着湘东南地区重要商业集群初步建成。攸州义乌国际商贸城是2017年株洲市十大产业服务项目，也是义乌中国小商品城全国第167家分市场。该项目将以义乌强大的商户资源和湖南本地区域商会的商业支持为依托，借助义乌商业管理公司先进的经营管理理念和“义乌购”的电子信息资源，重点打造一个以攸县为中心、辐射湘东南赣西北的超大型、多功能综合商贸批发基地。项目总规划面积73.33公顷，预计投资16亿元，分八期开发。建成的一期市场已引进浙江、广东、福建、江苏等全国各地义乌商家2100家，国内外品牌数百个，服装、百货、日杂用品、皮草、童装、孕婴等小商品种类达10万种。（罗延福）

茶陵县

中共茶陵县委书记	彭新军
县委副书记、县长	江小忠
县委副书记	谢志军
县委常委、常务副县长	李鹏程
县委常委、宣传部部长	周　萍
县委常委、纪委书记	文广平
县委常委、组织部部长	肖锦霞
县委常委、副县长	毛　政（挂职）
县委常委、统战部部长	黄　勇
县委常委、人武部政委	马永章
县委常委、政法委书记	何文龙
县委常委、县委办主任	马文平
县人大常委会主任	姜衡湘
副　主　任	刘池生　肖　雄　陈小花　李爱斌　尹兰青
县人民政府县长	江小忠
副　县　长	李鹏程　毛　政　杨定桃　周　胜　刘晓伟　李甜甜　刘新明　张征良　张　锋
政协茶陵县委员会主席	王友文
副　主　席	刘福明　刘小琴　王福庚　吴国旗
县人民法院院长	杜　波
县人民检察院检察长	王亚波

【概况】　茶陵下辖12个乡镇、4个街道、2个办事处，总面积2500平方千米，耕地总面积38350公顷。2017年末总人口64.9万人。人口出生率为13.18‰，人口自然增长率为8.64‰。全年平均气温19.0℃，较常年偏高0.8℃，年最高39.0℃，出现在7月26日；最低0.0℃，出现在12月18日。初霜出现在2月12日，无霜期307天。年日照时数1636.2小时，较常年偏多2.8小时。年降水总量1613.8毫米，较常年偏多151.9毫米。

综合实力稳步提升。经济规模不断扩大，2017年，全市完成GDP178.1亿元，同比增长8.2%；实现第一产业增加值35.90亿元，增长3.8%；实现第二产业增加值57.51亿元，增长5.9%；实现第三产业增加值84.70亿元，增加12.3%。实现社会固定资产投资157.26亿元，同比增长14.4%。发展动能不断增强，全县规模以上工业企业单位171家，完成规模工业总产值138.47亿元，规模工业增加值45.87亿元，同比分别增长16.2%、6.4%；实现固定资产投资总额157.25亿元，比上年增长14.4%；全县实现农林牧渔业总产值为51.39亿元，同比增长4.1%，完成农林牧渔业增加值35.97亿元，增长3.9%。完成社会消费品零售总额72.87亿元，同比增长11.2%。发展效益不断提高，完成财政收入14.49亿元，同比增长8.78%；实现城镇居民人均可支配收入30824元，同比增长7.9%；实现农村居民人均可支配收入8740元，同比增长10.4%。

脱贫攻坚成效明显。扎实开展精准扶贫。2017年脱贫7546户27559人，综合贫困发生率降为0.853%，已顺利通过省、市评估验收检查。结对帮扶全覆盖。开展“全面走访农户、全面核查情况、全面整改问题”集中行动，“三走访三签字”活动落到实处；选派229支工作队、4000余名县乡机关干部进驻贫困村和非贫困村。积极推广委托帮扶“造血”扶贫模式，21家企业、385家合作社、72个基地、1142个大户带领近4万贫困人口增收。完成易地扶贫搬迁1581户5003人；完成危房改造5274户，其中修缮加固4040户，幸福安居495户，拆旧建新739户。资助建档立卡贫困学生26765人次，发放资助金1694.88万元。68个贫困村实现“一村一室、一村一医”。统筹安排各类财政性扶贫资金8.15亿元；积极争取市产业扶贫投资基金5.2亿元；发放贫困户贷款5290户，2.48亿元。基础设施全面提升。投资6.92亿元，大力实施贫困村基础设施项目，所有贫困村达到通畅标准；101个村架设节能路灯近5000盏，完成31个贫困村的农网提质改造任务。62个贫困村建成光伏电站并实现并网发电。成功入选全国电子商务进农村综合示范县，68个贫困村实现“三站合一”。

产业转型步伐加快。全县三次产业结构比为20.1 ∶ 32.3 ∶ 47.6。实现农业总产值50.97亿元，同比增长3.8%。新种茶叶153.33公顷、油茶800公顷；发展烤烟1453.33公顷，入选全省28个重点产烟县。农业龙头企业增加到30家，认证37个“三品一标”农产品，万樟园林获评“国家休闲农业和乡村旅游五星级企业（园区）”。成功创建全国平安农机示范县。规模工业企业达163家，完成新增“四上”企业40家，创新创业园项目8栋标准厂房如期完工。推进生态电子科技园、开发区污水处理厂和配套管网等产业和基础设施建设，产业集聚明显提升。出台全域旅游实施方案，启动云阳山创国家5A景区，重点推进赤松游客集散中心（一期）、东阳湖生态旅游开发、工农兵政府红色陈展提质和游客服务中心等30个旅游项目。举办“油菜花海•春赏大典”、第六届祖庵家菜美食节、首届茶陵石冲脐橙采摘节等文化旅游活动，成功创建湖南省旅游扶贫示范县。全年全县实现旅游总收入11.05亿元，比上年增长4%，全年共接待国内外旅游人数249.2万人次，同比增长6.1%。

项目攻坚深入推进。开展“项目攻坚年”活动。全年共安排市、县重点项目100个，县内列入市重点建设项目41个。签约引进佳邦建设、汇才精加工、维也纳酒店等15个项目，合同引资31.5亿元；洣水河前农保护圈防洪工程PPP项目成功落地。城北农贸市场、高标准农田建设、“天使之橙”、宏泰健康养生园、龙华农牧（东冲二期）等项目进展顺利。持续推进“企业帮扶年”活动，共收集解决企业问题108个，办结率100%。全面落实《茶陵县工业企业发展十条》，开通湖南股权交易所茶陵县专板，首批50家企业集体挂牌。鼓励园区企业Q板上市进行股权融资，已对接联系19家园区企业申报。完成市科技成果转化2项，完成专利质押融资1200万元，居全市前列。全年完成征地拆迁项目50个，征地面积212.02公顷，国有房屋征收面积15100平方米。5个平台公司融资到位22.2亿元。

城乡面貌焕然一新。深入推进“多规合一”，编制4个镇总体规划、103个村庄规划，完成91项市政设施、23个学校以及农村建房选型图册规划设计。马湖公路、国道106至水源旅游公路建成通车，提质改造犀城大道、朝阳街支路等7条城区道路，西环线、省道345（二期三期）、省道347、国道356、渡瑶公路、望云东路、茶祖路建设加快推进。依法拆除违法建筑78起、7682平方米。农村土地承包经营权确权登记颁证工作初步完成，流转土地34513.33公顷。完成棚户区改造3002户。腰潞石材工业小镇、高陇商旅文化小镇、界首边界贸易小镇、严塘生态园林小镇等4个市级特色镇建设稳步推进。马吉村成功创建省级美丽乡村，左垅村、沿河村等美丽乡村示范点创建工作有序开展。继续实施封山育林，承办全省推进国土绿化工作现场会，新造林3466.67公顷，森林覆盖率达64.16%。大力推行“河长制”，建立县、乡、村三级河长管控体系。全力整治非法采砂，非法采砂厂全部关闭拆除。开展矿山打非治违整治行动10次，查处土地矿产资源违法案件13宗。强力推动中央环保督察问题整改，立案5起，问责25人。

社会事业全面进步。全年财政民生支出32.8亿元，占公共财政预算支出的80%，同比增长23.1%，“民生100”工程任务指标全部完成。启动职业中专搬迁，解放学校云阳分校教学楼建成并投入使用；投入2673万元实施“全面改薄”项目8个，获国务院教育督导组充分肯定。争取北京健康扶贫基金会1.32亿元的医疗设备全部配备到卫生院，成为全国少有的所有卫生院配齐DR、彩超、全自动生化分析仪等“新三件”的县。金山广场全面竣工，公园广场一期基本完工。城西农贸市场投入使用。通过国卫复审和省级文明县城复检。洮水水库移民安置终验顺利通过。举行“万步有约”健走活动，获得“全国优秀健走示范区”称号。获评2017年度全国老龄工作先进单位。全县专利申请量与授权量分别为324件和186件，分别比上年增长27.1%、38.8%。

存在的困难和问题：一是经济向好的基础还不牢固，经济总量不大，经济结构不优，实体经济不强，产业发展层次不高；二是脱贫攻坚对标对表、精准精细、因户施策还需持续发力；民生保障还有短板，就学、就医、社会保障、环境治理等方面仍需加大工作力度；三是受征地拆迁、土地报批、环评等条件的制约，项目推进速度不快，重大产业项目偏少；四是发展环境有待优化，干部作风、能力仍有待改进加强。（伍志华　罗军平）

【开通湖南股权交易所茶陵县专版】 2017年7月14日，由湖南股权交易所和茶陵县人民政府主办，茶陵县委统战部、县工商联、县经科局联合承办的“湖南股权交易所茶陵县专板”开通暨首批县域50家企业集体挂牌仪式”在湖南股权交易所株洲分所成功举办。挂牌后企业可享受品牌营销宣传、资本运作培训、专家服务诊断等一系列综合金融服务，开启茶陵县企业集体对接资本市场的新征程。“湖南股权交易所茶陵县专板”的开通，是湖南省区域股权市场首个县域经济专板，是落实省委省政府金融扶贫和补县域经济短板的一项重要举措，对于推进茶陵普惠金融建设，畅通和拓宽融资渠道，激发企业的内在发展动力有着重要的意义。（陈志华）

【推进农村危房改造】 2017年，茶陵县按照“四类重点对象”应报尽报、应改尽改原则，通过贫困户自行申请、村民评议、乡镇（街道）初审、县危改办逐户核查，三级审核、三级公示的程序，扎实推进危房改造工作。全年全县共完成危房改造对象6490户，其中修缮加固5235户，幸福安居516户，拆旧建新739户，分三批共拨付资金15902万元。同时，结合城乡建设用地增减挂钩工作，对全县主干道沿线可视范围内的空心破败房、废弃杂屋、不符合一户一宅的危旧土坯房予以拆除，共拆除40885间。为切实做好农村危房改造工作，茶陵县委、县政府高度重视，采取有效措施。定期调度。严格实行一月一督查、一月一调度、一月一通报制度，及时解决工作中的难点、热点问题。逐户丈量。联合第三方公司，乡镇（街道）和村组人员共同参与，分9个工作组对所有修缮加固改造项目逐一入户丈量、造价核算。分户包保。严格落实“县领导包镇、帮扶单位帮村、结对干部包户”的责任制度，做到任务落实到人、目标落实到人、实绩考核落实到人，强化行政问责，强力推进工程进度。四是强力督查。2017年共开展危房改造逐村入户专项督查12次，对危房改造的工作进度、质量安全等方面进行全方位督查并全县通报。（谭小斌）

【实施易地扶贫搬迁】 实施易地扶贫搬迁脱贫一批是解决生活在自然条件恶劣地区的贫困人口脱贫和发展的一项重大扶贫开发工程。根据“十三五”易地扶贫搬迁规划和省政府要求，茶陵县易地扶贫搬迁任务5003人，总投资3亿元，搬迁期限为2016至2017年。截至2017年，易地扶贫搬迁已完成1600户5003人的安置房建设任务，竣工率100%。逐户审核，精准识别。以建档立卡贫困户为核查基础，逐村逐户进行“过筛式”排查和复核，确保扶贫对象的真实性和精确度。精心规划，因户施策。统一规划设计，每户都持有一册设计图，做到美观大方，面积控制；统一推进建设，按照分片管理、全程监理、乡镇具体负责的项目推进模式，逐级签订责任书，建立目标责任制、进度通报制、督查问责制推进机制，确保项目顺利实施。严格标准，合理补助。对山区村贫困户，每户搬迁对象另外增加7000元运输费，对按时拆除旧房交出老宅基地的另外再补助2万元，对集中安置的每户补助3万元基础设施建设费，最大限度地减轻了贫困户搬迁压力。创新方法，用情服务。对无能建房和无管理能力的贫困户，实行帮筹措启动资金、帮请施工队、帮工程质量把关、帮催工程进度、帮安置房验收“五帮”政策。注重搬迁，产业联动。将易地扶贫安置点尽量选择靠近工业园区和旅游开发区的地方，为贫困户创业就业提供条件；出台产业扶持政策，积极整合各项资金，支持搬迁户的后续产业发展，确保扶贫搬迁对象“搬得出、稳得住、能致富”，提升推进精准扶贫工作成效。（伍志华）

【茶陵县首届石冲脐橙采摘节】 2017年11月19日，茶陵县首届石冲脐橙采摘节在高陇镇石冲村开幕。本届石冲脐橙采摘节是高陇镇以石冲脐橙产业、祖庵家菜、李东阳故居、光泉等资源为平台，以资源促产业、以品牌促质量、以服务促消费，带动全县脐橙产业与乡村旅游的知名度和影响力的提升，着力打造高陇“商旅文化特色小镇”乡村旅游目的地的一大举措。活动时间从11月19日持续到11月下旬。石冲脐橙果形圆润，味道甜酸可口，含有大量的维生素C和胡萝卜素，有极高的保健价值和药用价值，2014年、2015年连续两年获得中国中部农博会金奖。2017年石冲村的脐橙种植面积有200多公顷，产量达140万斤，成了当地农民增收的“黄金果”。（陈志华）

【纪念茶陵县工农兵政府成立90周年】 1927年11月28日，毛泽东指示在茶陵建立了中国第一个红色政权——茶陵县工农兵政府，2017年是茶陵县工农兵政府成立90周年。为此，茶陵县委、县政府开展以“红色政权耀千秋——纪念毛泽东缔造的第一个红色政权茶陵县工农兵政府成立 90 周年”为主题的系列活动，共 5 项，即“红色印象”书画摄影展、红色歌舞文艺周活动、茶陵县工农兵政府成立 90 周年座谈会、红色讲坛名家谈以及纪念毛泽东缔造的第一个红色政权茶陵县工农兵政府成立 90 周年征文活动。并投资 1300 万元对茶陵县工农兵政府旧址进行提质改造，提质改造后的茶陵县工农兵政府旧址新增景区自助游览、语音讲解、WIFI 全覆盖等多项便民服务功能。（罗军平）

炎 陵 县

中共炎陵县委书记	黄诗燕
县委副书记、县长	文专文
副 书 记	饶祥明
县委常委、县委办主任	黄建中
县委常委、政法委书记	谭新林
县委常委、纪委书记	文 斌
县委常委、统战部部长	彭 志
县委常委、组织部部长	刘继承
县委常委、常务副县长	夏胜利
县委常委、宣传部部长	杨 慧
县委常委	周忠东（挂职）
县人大常委会主任	戴诗平
副 主 任	廖子强 张金华（兼） 吴先德 曾宪昌 刘福贵
县人民政府县长	文专文
副 县 长	夏胜利 盘晓文 谭红波 陈黎明 沈红星 罗光辉（挂职） 杨红兵 贺春福 唐 迅（挂职）
政协炎陵县委员会主席	欧阳鹏志
副 主 席	黄建林 谭芳林 刘留燕（兼） 唐瑜云（兼） 邱华丽（兼）
县人民法院院长	刘永初
县人民检察院检察长	唐厚雄

【概况】 2017 年，炎陵县辖 5 个镇、5 个乡（其中 1 个民族乡）、1 个国有农场，120 个行政村，9 个居委会。土地总面积 2030 平方千米，耕地面积 16126.8 公顷。年末全县常住人口 20.42 万人。年末全县户籍总人口 19.3 万人。人口出生率 12.04‰，人口自然增长率 -3.04‰。全年平均气温 17.8℃，年降水量 1611.8 毫米，年日照时数 1455.8 小时，年极端最高气温 37.4℃，年极端最低气温 -3.6℃。

全年地区生产总值 65.7 亿元，增长 8.3%，其中第一产业增加值 9.2 亿元，增长 3.9%；第二产业增加值 26.8 亿元，增长 6.4%；第三产业增加值 29.7 亿元，增长 12.4%。三次产业结构比 14.0 ∶ 40.8 ∶ 45.2。固定资产投资 114.2 亿元，增长 10.1%。公共财政预算收入 10.72 亿元，增长 8.3%。社会消费品零售总额 22.5 亿元，增长 11.1%。年末全县金融机构各项存款余额、贷款余额分别为 85.5 亿元、59.8 亿元，分别增长 2.4%、15.2%。房地产开发投资 2.4 亿元。建筑业增加值 4.2 亿元，增长 4.6%。邮政电信业务总量 1.13 亿元，增长 7.8%。

项目建设有新成效。持续开展“项目攻坚年”活动，策划包装项目 82 个，申报中央、省预算内投资项目 54 个，争取项目资金 6 亿元。成功引进欧科亿、万魔声学、神农百草园、圣宝龙电动车等一批大项目、好项目，合同引资 49.71 亿元。市重点项目开工 25 个，完成投资 38.97 亿元。县重点项目开工 49 个，完成投资 19.86 亿元。迈龙新材料、205 省道大和塘至沔渡公路、207 省道草坪至大院公路、湘山公园综合开发等项目开工建设，炎帝陵华夏广场、城市防洪工程、电子商务产业园等项目投入使用或竣工投产，中医院、妇幼保健计生服务中心整体搬迁等项目加快推进。

脱贫攻坚取得决定性成效。全年有 2913 户 9163 名建档立卡贫困人口实现稳定脱贫，37 个贫困村退出，系统贫困发生率下降至 0.58%，顺利通过市级初审、省级核查和第三方评估。发展产业带动 6861 户 21889 名贫困人口实现稳定增收。新增农村贫困劳动力转移就业 696 人，开发各类农村公益性岗位 599 个。4456 户贫困户享受生态保护脱贫政策，发放生态补偿资金 627 万元。农村社会保障兜底政策覆盖 315 户 548 人，标准提高到每人每月 280 元，实现扶贫和低保“两线”融合。1459 户 4669 人通过易地扶贫搬迁搬入新居。建档立卡贫困学生资助实现全覆盖，发放教育资助 473.95 万元，义务教育入学率 100%、巩固率 99.2%，建档立卡贫困学生因贫辍学率为零，教育扶贫工作经验获全省推介。落实贫困人口医疗保障，3221 名“因病致贫、因病返贫”人员得到分类管理、分类救治。建设国省干线 31 千米、重要县乡道路 36 千米，完成窄路加宽工程 44 千米、边界断头路 45 千米、整村推进公路66千米。建成农村饮水安全工程41个，巩固提升9477名贫困人口饮水安全。贫困村实现宽带、2G~4G网络全覆盖，35个贫困村完成电网升级改造，51个贫困村光伏电站全部建成并实现并网发电。投入资金1.4亿元，实施2060户贫困对象农村安居工程和6122户农村危旧土坯房集中整治工程，5632名贫困人口搬入新居。贫困村综合文化服务中心实现全覆盖。着力打造“神奇湘东”文化生态旅游精品线路，创建旅游扶贫电商村20个、旅游扶贫示范村10个。统筹整合财政涉农资金3.24亿元，实施帮扶项目386个，新增金融扶贫小额信贷2421万元，扶贫经济组织贷款余额3086万元。

产业发展呈现良好势头。生态工业持续壮大。新增规模以上工业企业、资质等级建筑企业、限额以上批零住餐企业、规模以上服务业企业27家。规模工业增加值增长6.8%。完成工业税收1.91亿元，增长36.4%，创历史最好水平。顺华锂业、春华锂业、一品松禽蛋加工等7个项目投产。文化旅游加速发展。创建国家全域旅游示范区工作有序推进。炎帝陵创建国家AAAAA级旅游景区通过景观质量评审，完成投资1.89亿元。神农谷旅游服务中心投入使用，十都至南流道路完成提质改造。红军标语博物馆成功创建国家AAAA级旅游景区，云上大院成功创建国家AAA级旅游景区。成功举办丁酉年“祭祀炎帝陵”典礼、2017年湖南夏季乡村旅游节等大型节会活动。获评“湖南省旅游产业发展十佳县”，红军标语博物馆和中国工农红军革命活动纪念馆获评“全国爱国主义教育示范基地”。绿色农业提质扩面。炎陵黄桃总产量8400吨，产值2.8亿元，1319户4325名贫困人口直接受益，发展黄桃产业促进精准脱贫的做法获湖南卫视推介；获评“湖南十大农业区域公用品牌”，入选央视“国家品牌计划——广告精准扶贫”项目，品牌影响力不断扩大。炎陵茶叶获国家、省级茶叶评比金奖10个，炎陵红茶进入“湖南商品中东展示中心”现场推介。新增专业合作社65家、家庭农场13家、专业大户12家、省级示范合作社8家。新增“三品一标”农产品认证8个，建成农产品标准化基地12个，申报现代农业特色产业园省级示范园2家，成功入选全省农村一二三产业融合发展试点县。大力发展“互联网+”，全国电子商务进农村综合示范县顺利通过验收，电商产业园入驻企业53家，建成农村电商服务站128个，实现电商交易额4.5亿元，电子商务进农村的经验获全国推介。

城乡面貌发生显著变化。县城扩容提质步伐加快。县城控制性详规加快编制，控违拆违1.4万余平方米。炎陵大道一期、康乐大道一期、神农大道延伸段建成通车，井冈东路提质改造、石玉路建设基本完工，炎陵大道二期和康乐大道二期全面启动。城区雨污分流改造进展顺利，县城污水处理厂提标改造工程开工建设。城市给排水管网及配套设施建设加快推进，新增、改造供水管网16.67千米。成功引进天然气利用工程项目，新建、改造市政燃气管网4.21千米，新增城镇管输天然气用户1027户。乡村面貌不断改善。新建村镇供水工程26处、农村饮用水源保护工程70余处。下村省际边界口子镇项目开工建设，中村瑶族乡梅岗村等9个美丽宜居乡村示范村建设加快推进，霞阳镇星潮村获评“全国文明村镇”。生态环境持续向好。生态保护红线划定和农村环境综合整治整县推进工作全面完成。建立县乡村三级河长体系，完成湘江保护和治理项目10个。

改革开放释放新活力。重点改革取得突破。深化供给侧结构性改革，为企业减税8000余万元，降费350万元，出台《进一步促进房地产健康发展的六条措施》。国库集中支付制度改革顺利实施，建立以单一账户体系为基础的国库管理制度，预决算信息全面公开。农村综合改革进一步深化，耕地流转5120公顷。推进供销合作社综合改革，建成乡镇、村惠民综合服务中心10个，完成土地托管433.33公顷。开展城乡建设用地增减挂钩工作，完成第一批13.47公顷复垦任务。深入推进简政放权、放管结合、优化服务工作，加快行政许可标准化建设。取消县本级行政许可事项10项，梳理公布行政许可事项180项，全面清理规范中介服务事项65项、公共服务事项256项，权责清单动态管理制度逐步建立。对外开放成效显著。成立广东省湖南炎陵商会。开展省级出口食品农产品质量安全示范区创建工作，与湖南省质检院成功签约合作共建全省首家县级园区新材料检测站。实现“外贸破零”企业6家，3家企业通过国家高新技术企业评审认定。完成外贸进出口总额2251万美元。

人民生活明显改善。全年民生支出15.09亿元，占一般公共预算支出比重的77.3%。社会保障不断加强。新增创业主体1279户，城镇就业1400人，农村劳动力转移就业1406人。企业退休人员养老金连续13年提高，城乡居民基础养老金最低标准提高到每人每月85元。全面完成农村低保认定清理整顿工作，城乡低保应保尽保。建设公租房120套，完成城市棚户区改造货币化安置237户。社会事业全面进步。完成3所义务教育学校标准化建设和4所薄弱学校改造，启动8所村级公办幼儿园建设，纳入全省贫困地区义务教育“芙蓉学校”建设项目县，炎陵中小学科教研基地社区被中央电化教育馆评为“优秀精品专题教育社区”。县级公立医院综合改革成效明显，分级诊疗和居民健康卡发行应用工作获全省推介；与株洲市中心医院成功开展医疗合作，县人民医院年度外转病人下降26.8%；成功通过国家卫生县城第二次复审。开展惠民演艺活动114场，成功举办纪念水口连队建党90周年、“欢乐潇湘”“罗霄放歌”等大型活动17场，建成乡镇综合文化站10个、村（社区）综合文化服务中心95个，获评省级公共文化服务体系示范区；再次获评湖南省文明县城，中村瑶族乡获评“湖南省经典文化村镇”，龙渣村获评“中国少数民族特色村寨”。

存在的问题和困难：一是思想解放的力度不够，少数干部因循守旧、抱残守缺，创造性推进工作的办法不多；二是在经济下行压力加大的情况下，发展实体经济、推进转型升级的任务十分艰巨；三是人民日益增长的美好生活需要和不平衡不充分的发展之间的矛盾突出，社会矛盾叠加凸显，维护社会安全稳定的压力加大；四是少数干部抓工作的拼劲、狠劲、韧劲还不够，作风不实，效率不高，执行力不强。（刘延平　尹铭哲）

【炎陵县再获湖南省文明县城称号】2017年5月25日，炎陵县再次被授予湖南省文明县城称号。炎陵县委、县政府高度重视文明县城创建工作，坚持把创建工作作为德政工程、民心工程来抓。坚持优化环境，促进文明创建，以政务环境、生态环境、市场环境、生活环境、成长环境、社会环境等“六个环境”为重点，着力提升文明创建水平。建立健全领导、责任、考核等系列工作机制，利用电视台、政府网站、手机报、微信公众号等宣传阵地，统筹推进文明县城创建各项工作。广泛开展道德建设“六进工程”，开设“道德讲堂”“婆媳讲堂”“生态讲堂”，坚持教育教化，以道德示范塑造人。精心组织“美丽炎陵文明先行”主题实践活动、清明节群众性纪念活动、烈士纪念日、炎帝陵祭祖、美丽幸福新炎陵征文大赛等活动，引导市民学文明礼仪、树核心价值、做文明市民。（刘延平）

【湖南国声声学科技股份有限公司落户炎陵】2017年6月14日，万魔声学科技有限公司投资株洲炎陵协议签署仪式在炎陵县举行。万魔声学科技有限公司是一家专注于声学产品研发设计与智能软硬件开发的公司，是小米生态链中的重要企业。根据协议，2017—2020年，万魔声学在炎陵投资2亿元成立湖南国声声学科技股份有限公司，计划十年左右在炎陵县打造一个以耳机、音箱、智能穿戴、助听器为核心的声学产业园，在炎帝陵景区周边建设一个声学博物馆或声学研究中心，打造以声学文化为核心的文化旅游基地，全力助推脱贫攻坚、老区发展。截至2017年年底，该公司实现产值1.2亿元，缴纳税收400余万元，安排就业超过500人。（刘延平）

【2017年湖南夏季乡村旅游节】2017年6月28日，2017年湖南夏季乡村旅游节在炎陵启航，活动吸引来自全国的5000余人参与。此次旅游节由湖南省旅游发展委员会、株洲市人民政府主办，株洲市旅游外事侨务局、炎陵县人民政府承办，活动主题为“养生祭祖避暑炎陵”，活动时间为6月27日至8月31日，旨在进一步宣传推介炎陵县炎帝文化、红色文化、生态文化和民俗文化，提升炎陵旅游产业的知名度和美誉度，探索一条推进旅游与农村产业、旅游与脱贫攻坚的有机融合，让乡村旅游成为繁荣农村经济、富裕农民生活的新兴支柱产业之路。乡村旅游节是湖南省展示和营销乡村旅游产品，促进乡村旅游发展的重要平台，从2016年开始，省旅游局联合有关部门和市州，按春夏秋冬不同的旅游季节举办乡村旅游节，形成了规格高、影响大的全国著名旅游节会品牌。（刘延平）

【丁酉年“祭祀炎帝陵”典礼】2017年9月27日，丁酉年“祭祀炎帝陵”典礼在炎帝神农氏陵寝圣地——株洲市炎陵县炎帝陵举行。典礼活动由湖南省人民政府主办，株洲市人民政府及炎陵县承办，中共湖南省委副书记、省长许达哲担任主祭人，副省长向力力主持祭典仪式，湖南省领导李友志、欧阳斌、赖明勇、许凤元，湖南省炎帝陵基金会理事长石玉珍，中华炎黄文化研究会常务副会长张补旺等出席并敬献花篮，省内外各界人士代表及现场群众4000余人参加祭祀典礼。（刘延平）

【广东省湖南炎陵商会成立】 2017年11月18日，广东省湖南炎陵商会在广州举行成立庆典。广东省湖南炎陵商会是炎陵县迄今为止第一个筹建的跨省异地商会。商会的成立，既有利于炎陵与沿海经济发达地区开展商贸合作交流、推动炎陵县招商引资工作，又有利于进一步宣传和推介炎陵、做大做强旅游产业，也有利于凝聚炎陵外出创业老乡情感、汇聚各方共识携手共建美丽幸福炎陵。

据初步统计，炎陵县在粤经商、办厂及就业人数近3万人，法人企业或实体逾400家，涉及行业和领域有金融、房产、电子、卫浴、陶瓷、物联网、家具、物流等，是炎陵劳务输出人员最多最集中的省份。（刘延平）

【红军标语博物馆景区晋升AAAA】 2017年12月31日，红军标语博物馆景区获评国家AAAA级旅游景区。该馆于2011年建成，是全国首家红军标语博物馆，入选全国红色旅游经典景区，先后成为全国爱国主义教育示范基地、湖南省全民国防教育基地、国防科技大学当代军人核心价值观培育基地、中国井冈山干部学院现场教学点、湖南省思想政治教育基地。2013年，红军标语博物馆开始创建国家AAAA级旅游景区。先后投入资金建成游客服务中心、生态停车场、文化墙、旅游购物小区等系列基础服务设施；同时，不断加强人员培训，创新讲解服务模式，提供更优质高效地人性化服务，景区服务能力、服务水平得到极大提升。（刘延平）

【炎陵黄桃入选央视“国家品牌计划——广告精准扶贫”项目】 2017年，炎陵黄桃成功入选央视“国家品牌计划——广告精准扶贫”项目。“国家品牌计划——广告精准扶贫”项目是中央电视台广告经营管理中心推出的公益性扶贫项目，主要针对全国脱贫攻坚任务较重地区，是中央电视台“国家品牌计划”公益部分的主要内容。央视除常规的舆论宣传外，以屏幕资源对贫困地区进行帮扶和支持，用广告形式贯彻精准扶贫战略。

炎陵县30年前从上海引进锦绣黄桃试种，经过改良、摸索实践，加上炎陵好山好水好生态，孕育“个大、形正、色艳、肉脆、味甜、香浓、绿色”的炎陵黄桃，深受消费者青睐。炎陵县被誉为“中国优质黄桃之乡”，炎陵黄桃获评“国家地理标志证明商标”，入选“湖南十大农业品牌”。2017年，炎陵黄桃种植面积2120公顷，总产量8400吨，62.8%的炎陵黄桃通过淘宝、京东、微信等电商平台，销往全国各地，综合产值2.8亿元。（刘延平）

【炎陵龙渣村被评为“中国少数民族特色村寨”】 2017年3月，国家民委公布第二批中国少数民族特色村寨命名挂牌名录，炎陵县中村瑶族乡龙渣村榜上有名，全国共有717个村寨被评为第二批“中国少数民族特色村寨”。中村瑶族乡龙渣村地处株洲、郴州两市及炎陵、桂东和资兴3县交界处，下辖6个村民小组，总人口610余人，其中少数民族人口580余人，主要以瑶族、畲族为主。近年来，中村瑶族乡龙渣村大力实施少数民族特色村寨的保护和发展项目，已逐步形成了民居特色突出、民族文化浓郁、人居环境优美、民族关系和谐的民族特色，并在保护传统民居、弘扬优秀瑶族文化，开展民族风情休闲旅游、改善群众生产生活条件、巩固民族团结等方面取得了显著成效。此次中村瑶族乡龙渣村获评“中国少数民族特色村寨”，将进一步扩大炎陵县少数民族特色村寨品牌的影响力和辐射力，将给龙渣村特色村镇保护与建设带来更广阔的发展空间。（刘延平）

示 范 区

云龙示范区

党工委书记	蔡周良
党工委副书记、管委会主任	付访华
党工委委员、纪工委书记	欧阳真云
党工委委员、管委会副主任	刘曙红
	章定良 周小毛
党工委委员	罗春风
管委会副主任	柳怀德
党工委委员	易维良
党务工作部部长	文 毅
国土建设部部长	陈文元
招商合作部部长	李 浩
财政金融部部长	刘一卫
综合管理部部长	刘新华

【概况】 云龙示范区是国务院批复的长株潭城市群“两型”社会建设综合配套改革试验区五大示范区之一。区党工委、管委会成立于2009年，作为株洲市委、市政府派出机构，对辖区进行统一管理。2017年3月，株洲市委、市政府决定，在中共株洲云龙示范区工作委员会、株洲云龙示范区管理委员会的基础上，设立中共株洲经济开发区工作委员会、株洲经济开发区管理委员会，分别作为株洲市委、市政府派出机构，合署办公，并于10月12日正式挂牌运行。

2017年，示范区管辖面积97.9平方千米，辖1镇（云田）2街道（龙头铺、学林）、23个社区，常住人口12万人。全年示范区总出生1114人，出生人口性别比106.66，人口自然增长率12.89‰，出生率18.56‰，全年死亡人数340人，死亡率5.66‰。

2017年示范区实现GDP26亿元，同比增长8.4%，其中第一产业增加值3.6亿元，同比增长3.2%；第二产业增加值11.6亿，同比增长7%；第三产业增加值10.8亿元，同比增长11.9%。三次产业结构比重为13.9：44.5：41.6。实现农林牧渔总产值增长3.4%。完成工业增加值11.1亿元，增长7.1%。其中规模以上工业总产值24.9亿元，同比增长3.3%，实现规模工业增加值6.9亿元，同比增长7.7%。完成公共财政预算总收入为10.3亿元，同比增长11.8%。民生支出进一步加大，民生投入约11.2亿元，占到支出比重的70%。全年共融资到位100.08亿元。实现社会消费品零售总额7.9亿元，同比增长10.6%。全年完成固定资产投资197.9亿元，同比增长14.2%。5000万以上项目完成投资65.2亿元；5000万以下项目完成投资114.8亿元；房地产投资完成17.9亿元。全年新入库5000万以上项目19个，其中产业项目5个，基础设施项目14个。云龙示范区21个市级重点项目。

项目建设加快推进。深入开展“项目攻坚年”活动，全力推动开发建设提速提效。一批项目开工竣工。湖南云龙大数据产业园、污水处理厂、云龙创业创新园、华强旅游小镇等19个项目实现新开工。云龙假日欢乐广场等14个项目竣工。首个招商引智项目——“多肽库研发和生产基地”正式组建，引进国家“千人计划”王珠银等归国博士3人。华强方特两园接待游客200万人次，完成旅游收入4亿元，同比增长63%；云龙水上乐园二期投入运营，累计接待游客25万人次，实现收入4300万元。一批项目加快推进。湖南中医药高等专科学校、奥悦冰雪世界等在建项目加快推进。龙母河生态新城启动征拆；湖南移动数据中心全面开工建设；轨道交通城5条主干道路基全面成形；盘龙湖6条围湖道路正在加快建设，2018年可实现蓄水目标；长郡株洲云龙实验学校加快推进；42条在建路网，实现竣工37.6千米；与中国二十冶集团合作的60亿元盘龙湖及基础路网建设PPP项目落地实施。一批项目签约落户。深入开展“招商引资年”活动，主动对接长三角、珠三角地区产业转移，利用“港洽周”“沪洽周”“中国企业家年会”等活动进行招商，云龙国际进口商品旅游小镇、绿城理想小镇、安信建设、美好新材料基地等16个项目成功签约落户。总投资141亿元的华夏幸福云龙产业新城PPP项目签约落地。

产业培育持续发力。优化产业布局。委托中国城市规划设计研究院上海分院、中国（深圳）综合开发研究院、上海绿色工业和产业发展促进会等国内一流规划策划机构，分别对《云龙总规》《产业规划》《龙母河项目城市设计》等规划进行修编，优化升级。委托中科院云计算中心和湖南国际工程咨询中心、湖南社科院经济研究所分别策划包装湖南云龙大数据产业园、长株潭金融产业城等重大项目。着力构建“一带三片八组团”产业发展格局，即龙母河生态景观和公共服务带，北部文旅商贸、中部智造创新、南部高职研发等三大片区，智能制造、商贸物流、大数据产业、金融服务、总部经济、文旅度假、健康养生、职教科研等八大组团，产业定位精准，布局明晰。加大政策扶持。出台加快总部经济发展等一系列政策制度。引进湖南通信服务公司落户并实现税收3017万元，完成外地企业注册分支机构15家。吸引诸多全国知名企业到云龙投资洽谈，高桥大市场公司拟投资建设长株潭商贸采购中心；祥源凤凰公司拟投资建设云龙文化旅游产业园；深圳云传智联技术公司拟建设中国“传感科技谷”；泰康人寿拟打造株洲云龙高端康养社区海尔集团、游漾互娱、好运电竞等公司拟投资建设互联网项目。全力帮扶企业。深入开展“企业帮扶年”活动，重点协调解决湘火炬火花塞周边转供电等问题。市长热线派单“企业帮扶”类问题113个，办结113个，办结率100%。设立1亿元的产业发展引导扶持基金，引导鼓励企业发展实体经济。筹资1500万元搭建中小企业公共服务平台，引导零创空间等成长性好的中小微企业做大做强。零创空间已经入驻无人机研发、3D打印等企业53家、创业团队6个，成功创建为省级众创空间。

民生民利切实改善。民生投入约11.2亿元，占财政支出70%，38项省市为民办实事工程全面完成，努力让群众共享云龙改革发展成果。强化民生保障，全面落实被征地农民养老保险“即征即保”，率先在全市出台《被征地农民社会保障实施细则》，为8350名失地农民办理退休待遇，人均退休金1327元/月。完成危房改造20户、土坯房改造31户，兴隆山公租房服务“双创”人才模式，得到国务院督查组高度评价。成立云龙慈善会，区财政每年安排100万元慈善救助资金。开展“大爱云龙，牵手暖心”帮扶活动，机关干部与254户困难家庭进行“一对一”“多对一”结对帮扶，切实解决困难群众的实际问题。提升公共服务，继续实施义务教育零收费政策和免费营养午餐工程。投入900万元完成7所中小学提质改造，启动云田学校二期主体工程建设，加快磐龙公办幼儿园工程建设，办学条件明显改善，办学质量不断提高。提质改造综合文化站3个，社区文体中心13个。举办湘江马拉松赛株洲站赛事、“欢乐潇湘”等系列文体活动，丰富群众文化生活。启动三甲医院云龙医院建设，完成4所村卫生室标准化创建。改善人居环境，严格落实“河长制”，实施龙母河综合治理工程，加强湘江保护和治理，取缔白石港禁养区内的违法经营活牛交易市场。创新社会治理，开展“平安云龙”创建活动，加快数字化城管平台建设，推进城乡网格化社会治理。开展“暖民心，解民困，大走访”活动，收集群众意见和建议1092条，全部办理、整改或答复到位。

（李友芳）

【长郡中学签约落户云龙】 2017年1月17日，云龙示范区和长郡中学合作创办“长郡株洲云龙实验学校”签约仪式在腾龙大酒店举行。协议约定，长郡云龙学校一期开办一所公办高标准九年制学校。项目选址于中南林科大原株洲校区开发项目范围内，计划总投资约3.85亿元，规划总面积约13.53公顷，建筑面积约9.8万平方米。此次合作办学是株洲引进优质教育品牌，完善云龙示范区综合配套的重大举措，对于加快建设教育强区，让人民群众更多更好地享受优质教育资源具有重要意义。（李友芳）

【兴隆山公租房项目获国务院督查组高度评价】 7月22日，国务院第十二督查组到云龙示范区，了解兴隆山公租房项目的入住率、运营管理、租户反馈等情况，对云龙示范区着力为外地青年才俊打造“幸福小窝”的做法给予高度评价。兴隆山公租房是云龙示范区保障性住房重点项目，于2015年投入使用，共有544套，已出租522套，出租率达95%以上，月租金仅需450元；租客多为“双创”基地、大专院校、平台公司的青年员工。（李友芳）

【华夏幸福云龙产业新城项目正式签约】 2017年11月28日，在株洲（北京）项目对接暨市情推介会上，株洲经开区、云龙示范区与华夏幸福基业股份有限公司正式签署《株洲云龙产业新城PPP项目整体合作协议》。华夏幸福云龙产业新城PPP项目，是株洲市首例采用竞争性磋商方式进行政府采购的新型城镇化PPP项目。项目位于云龙示范区中部，总投资约141亿元。项目建设分基础设施工程和公共服务配套工程，其中基础设施工程包括道路建设、市政服务设施建设和环境提升等工程；公共服务配套工程包括中央公园、规划展馆、教育设施、医疗设施、体育设施和社区公共服务设施等。该项目拟打造以轨道交通、电子信息等为主的产业园，并按照产城融合发展、产业引领、城市配套建设同步的设想，建设一座“产业高度聚集、城市功能完善、生态环境优美”的产业新城。（李友芳）

人物

新当选的市级领导

覃万成 男，土家族，1973年1月生，湖南张家界人，1995年7月参加工作，1996年5月加入中国共产党，在职研究生学历，法学硕士学位。

1991年9月—1995年7月，吉首大学物理系物理教育专业学习，获理学学士学位；1995年7月—1996年10月，吉首市万溶江乡政府科员、团委书记；1996年10月—1997年10月，共青团吉首市委干部；1997年10—12月，湖南省信访局科员；1997年12月—2000年12月，湖南省信访局副主任科员；2000年12月—2004年8月，湖南省信访局主任科员；2004年8月—2008年1月，湖南省人民政府驻北京办事处社会事务处副处长（其间：2007年9月—2010年11月中南大学法学院法学专业在职研究生学习，获法学硕士学位）；2008年1月—2011年4月，湖南省人民政府驻北京办事处社会事务处处长（其间：2009年3月—2011年2月挂职任冷水江市委常委、副市长）；2011年4月—2012年7月，湖南省信访局办公室主任；2012年7月—2013年1月，湖南省信访局综合调研处处长；2013年1月—2016年1月，湖南省信访局党组成员、副局长，省人民政府驻北京办事处党组成员、副主任（兼）（其间：2015年9—11月中共湖南省委党校厅干班学习）；2016年1月—2017年7月，湖南省人民政府驻北京办事处党组成员、副主任；2017年7月— 株洲市委常委、统战部部长。

李　智 男，汉族，1961年12月生，湖南株洲县人，1978年12月参加工作，1985年1月加入中国共产党，中央党校函授本科学历。

1978年12月—1989年4月，株洲市委办公室机要科、综合科干部（其间：1982年8月—1986年1月湖南电大株洲分校汉语言文学专业大专学习）；1989年4月—1990年2月，株洲市委办公室综合科副科长；1990年2月—1993年6月，株洲市委办公室综合调研室正科级研究员；1993年6月—1994年8月，株洲市委办公室副处级督查员；1994年8月—1997年7月，炎陵县委副书记（其间：1995年9月—1996年2月省委党校中青班学习）；1997年7月—1998年4月，株洲高新区党工委副书记，天元区委副书记；1998年4月—2001年8月，株洲市委政法委副书记、综治办主任（其间：1996年6月—1998年6月中国人民大学区域经济研究所区域经济专业课程班学习）；2001年8月—2007年1月，株洲市委政法委副书记（其间：1999年8月—2001年12月中央党校函授学院法律专业本科学习）；2007年1月—2009年1月，株洲市荷塘区委书记；2009年1月—2010年12月，株洲市芦淞区委书记；2010年12月—2011年12月，株洲市芦淞区委书记，株洲国家高新区董家塅高科技工业园党工委书记（兼）；2011年12月—2012年1月，株洲市人民政府党组成员，株洲高新区党工委副书记，天元区委副书记；2012年1月—2016年9月，株洲市人民政府党组成员，株洲高新区党工委副书记、管委会主任，天元区委副书记；2016年9月—2017年1月，株洲市人民政府党组成员，株洲高新区党工委副书记、管委会主任；2017年1—3月，株洲市人大常委会副主任，株洲高新区党工委副书记、管委会主任；2017年3月— 株洲市人大常委会副主任。

中共湖南省第十次代表大会代表，中共株洲市第九次、十次、十一次、十二次代表大会代表，株洲市第十二届、十三届、十四届、十五届人大代表。

邓尚文 男，汉族，1960年5月生，湖南蓝山人，1976年9月参加工作，1986年12月加入中国共产党，中央党校研究生学历，讲师。

1976年9月—1978年3月，蓝山县正市中学民办教师；1978年3月—1982年1月，湖南师范学院数学系数学专业学习，获理学学士学位；1982年1月—1987年9月，零陵师专数学系教师、讲师；1987年9月—1989年10月，零陵师专团委副书记兼机关团总支书记；1989年10月—1991年3月，零陵师专办公室副主任；1991年3月—1992年2月，株洲教育学院函授部主任；1992年2月—1995年3月，株洲教育学院教务处主任（其间：1992年3—5月市委党校中青班学习）；1995年3月—1996年8月，株洲外贸集团天丰房地产开发公司经理；1996年8月—1998年12月，株洲市人民政府外事侨务办公室友城科科长；1998年12月—2003年8月，株洲市外事侨务办公室党组成员、副主任（其间：2000年9月—2003年7月中央党校研究生院政治经济学专业在职研究生学习）；2003年8月—2011年7月，株洲高新区党工委委员、管委会副主任，天元区委常委、区人民政府副区长、常务副区长；2011年7—12月，株洲高新区党工委委员、管委会副主任，天元区委常委、统战部部长、区人民政府常务副区长；2011年12月—2015年3月，株洲市交通运输局党组书记、局长；2015年3月—2016年1月，株洲市委组织部常务副部长；2016年1月—2017年1月，株洲市政协副主席，市委组织部常务副部长；2017年1—4月，株洲市人大常委会副主任，市委组织部常务副部长；2017年4月—株洲市人大常委会副主任。

中共株洲市第十一次、十二次代表大会代表，株洲市第十四届、十五届人大代表，市第十四届人大常委会委员，株洲市第八届政协委员。

刘春生 男，汉族，1961年12月生，湖南攸县人，1983年7月参加工作，1986年4月加入民革，中央党校函授本科学历。

1981年9月—1983年7月，湖南省粮食学校会计统计专业中专学习；1983年7月—1987年3月，醴陵县粮食局阳三石大米厂会计、厂长；1987年3月—1995年3月，醴陵市粮食局财基股股长、经理（其间：1990年12月湘潭大学行政管理专业自考专科毕业）；1995年3月—1996年2月，醴陵市粮食局副局长；1996年2—10月，醴陵市人民政府市长助理（兼醴陵市企业改革办主任）；1996年10月—1997年11月，醴陵市人民政府市长助理，民革醴陵市委主委；1997年11月—2001年8月，醴陵市人民政府副市长；2001年8月—2007年9月，醴陵市人民政府副市长，民革株洲市委副主委（兼）（其间：1999年8月—2001年12月中央党校函授学院法律专业本科学习）；2001年4月—2004年6月，华中科技大学西方经济学专业课程班学习）；2007年9月—2008年4月，醴陵陶瓷科技工业园管委会主任，民革株洲市委副主委（兼）；2008年4月—2015年4月，株洲市物价局局长、民革市委副主委（兼）（其间：2010年4—6月国防科技大学人文与社会科学学院湖南省领导干部公共管理培训班学习）；2015年4—7月，株洲市公共资源交易中心主任，民革市委副主委（兼）；2015年7月—2016年1月，民革株洲市委主委，株洲市公共资源交易中心主任；2016年1月—2017年1月，株洲市政协副主席（兼），民革株洲市委主委，市公共资源交易中心主任；2017年1—6月，株洲市人大常委会副主任，民革株洲市委主委，市公共资源交易中心主任；2017年6月— 株洲市人大常委会副主任，民革株洲市委主委。

湖南省第九届、十届、十一届政协委员，民革湖南省委第十三届委员会常委，株洲市第十五届人大代表。

钟 燕 女，汉族，1974年1月生，湖南沅江人，1994年7月参加工作，1999年6月加入中国共产党，函授本科学历，公共管理硕士学位。

1991年9月—1994年7月，益阳师专历史系历史专业大专学习；1994年7月—1997年5月，株洲县渌口镇中学教师；1997年5月—2002年2月，共青团株洲县委副书记（其间：1996

年7月—1999年7月湖南师范大学历史系历史专业函授本科学习）；2002年2月—2006年11月，株洲市妇联党组成员、副主席(其间: 2003年9月—2005年12月国防科技大学信息系统与管理学院公共管理专业学习，获公共管理硕士学位）；2006年11月—2009年11月，株洲市妇联党组书记、主席；2009年11月—2013年12月，株洲市教育局党委副书记、局长（其间：2011年9月—2012年1月省委党校中青班学习）；2013年12月—2017年1月，株洲市教育局党委书记、局长；2017年1—4月，株洲市人大常委会副主任，市教育局党委书记、局长；2017年4月— 株洲市人大常委会副主任。

中共湖南省第十次代表大会代表，中共株洲市第十一次、十二次代表大会代表，株洲市第十三届、十五届人大代表，市第十三届人大常委会委员。

黄　芳　女，汉族，1972年3月生，湖南冷水江人，1991年7月参加工作，1997年11月加入中国共产党，研究生学历，历史学博士，副教授。

1989年9月—1991年7月，湘潭师范学院地理系地理教育专业学习；1991年7月—1995年9月，冷水江市中连中学教师；1995年9月—1998年7月，湖南师范大学经管学院区域地理专业硕士研究生学习，获理学硕士学位；1998年7月—2003年9月，湖南商学院讲师；2003年9月—2005年1月，新化县人民政府副县长；2005年1月—2007年7月，娄底机电工程学校党委副书记、校长（其间：2001年9月—2005年6月湖南师范大学历史文化学院中国近现代史专业博士研究生学习，获历史学博士）；2007年7月—2008年1月，娄底职业技术学院党委副书记、副院长；2008年1月—2016年10月，中国国际贸易促进委员会湖南省分会党组成员、副会长（其间：2009年12月—2010年3月美国弗吉尼亚州欧道明大学学习）；2016年10月—2017年1月，株洲市人民政府党组成员；2017年1月— 株洲市人民政府副市长。

中共湖南省第九次代表大会代表。

顾　峰　男，汉族，1966年3月生，湖南常德人，1988年7月参加工作，1988年7月加入中国共产党，大学学历，工学学士学位，高级工程师。

1984年9月—1988年7月，河北地质学院水文地质与工程地质专业学习，获工学学士学位；1988年7月—1990年2月，湖南地矿局409队技术干部；1990年2月—1996年5月，株洲市市政工程公司政工科、质检科、二分公司干部；1996年5月—1997年9月，株洲市城建局政工科副科长；1997年9月—1999年9月，株洲市城建局政工科科长（其间：1996年9月—1998年7月湖南大学土木系道桥专业课程班学习）；1999年9月—2004年11月，株洲市市政建设总公司党委副书记、总经理（其间：2002年9—12月市委组织部县处级干部英语培训班学习）；2004年11月—2005年10月，株洲市建设局党组副书记、副局长；2005年10月—2008年2月，株洲市自来水公司党委书记、经理；2008年2月—2010年12月，株洲市国土资源局党组书记、局长（其间：2006年9月—2008年7月湖南大学工商管理学院EMBA班学习；2009年9月—2010年1月省委党校中青班学习）；2010年12月—2011年12月，株洲云龙示范区党工委副书记、管委会主任（其间：2010年12月—2011年6月任株洲市荷塘区委副书记）；2011年12月—2012年1月，株洲高新区党工委委员、管委会副主任，天元区委副书记；2012年1月—2013年7月，株洲高新区党工委委员、管委会副主任，天元区委副书记、副区长、代区长、区长；2013年7月—2016年8月，株洲市荷塘区委书记；2016年8—11月，株洲市人民政府副秘书长、市人民政府办公室党组成员；2016年11月—2017年1月，株洲市人民政府党组成员；2017年1月— 株洲市人民政府副市长。

湖南省第十二届人大代表，中共株洲市第十次、十一次、十二次代表大会代表，株洲市第十四届人大代表。

何朝晖　男，汉族，1973年4月生，湖南攸县人，1995年9月参加工作，1993年6月加入中国共

产党，在职研究生学历，管理学博士学位，工程师、高级经济师。

1992年9月—1995年7月，湖南纺织高等专科学校机制工程专业学习；1995年9月—1998年7月，中国重型汽车集团公司株洲汽车齿轮厂六分厂技术员、厂办秘书；1998年7月—2000年12月，株洲齿轮股份有限公司办公室主办科员（其间：1996年8月—1998年12月中央党校函授学院经济管理专业本科学习）；2000年12月—2001年5月，株洲齿轮股份有限公司董事会办公室副主任；2001年5月—2003年5月，株洲齿轮股份有限公司六分厂厂长兼党支部书记（其间：2000年3月—2002年12月湖南大学工商管理学院学习，获工商管理硕士学位）；2003年5—8月，株洲齿轮有限责任公司综合管理处处长；2003年8月—2008年12月，株洲齿轮有限责任公司副总经理（其间：2007年11月—2008年12月借调市人民政府负责市汽车办的筹备与汽车产业招商工作）；2008年12月—2011年12月，株洲市人民政府副秘书长、市人民政府办公室党组成员（其间：2005年9月—2009年12月中南大学管理科学与工程专业博士研究生学习，获管理学博士学位）；2011年12月—2012年11月，株洲市人民政府副秘书长、市人民政府办公室党组成员，芦淞区委副书记（兼）；2012年11月—2015年4月，株洲市湘江建设发展集团有限公司党委副书记、总经理；2015年4月—2016年11月，株洲市经信委党组书记、主任；2016年11月—2017年1月，株洲市人民政府党组成员；2017年1月— 株洲市人民政府副市长。

中共株洲市第十二次代表大会代表。

金继承　男，汉族，1963年9月出生，湖南汨罗人，1986年7月参加工作，2000年5月加入九三学社，研究生学历，哲学博士学位，教授，博士生导师。

1979年9月—1983年7月，湘潭大学数学系数学专业学习，获理学学士学位；1983年9月—1986年7月，湘潭大学计算数学专业硕士研究生学习，获理学硕士学位；1986年7月—1994年7月，湘潭大学数学系助教、讲师；1994年7月—1999年4月，湘潭大学数学系副教授；1999年4月—2004年11月，湘潭大学图书馆副馆长、数学系副教授（其间：2001年11月—2004年11月香港浸会大学理学院数学系计算数学专业学习，获哲学博士学位）；2004年11月—2005年9月，湘潭大学数学与计算科学学院副教授；2005年9月—2007年11月，湘潭大学数学与计算科学学院教授、教务处副处长；2007年11月—2008年1月，湘潭大学数学与计算科学学院教授、图书馆馆长；2008年1月—2016年5月，湖南工业大学副校长；2016年5—6月，湖南工业大学副校长，九三学社株洲市委主委；2016年6月—2017年1月，湖南工业大学副校长，九三学社株洲市委主委，湖南省普通高校本科专业建设与评估专家委员会主任委员；2017年1月— 市政协副主席（兼），湖南工业大学副校长，九三学社株洲市委主委，湖南省普通高校本科专业建设与评估专家委员会主任委员。

湖南省第十一届政协委员，株洲市第九届政协委员。

黄诗燕　男，汉族，1964年7月生，湖南攸县人，1983年8月参加工作，1984年10月加入中国共产党，省委党校研究生学历。

1980年9月—1983年8月，湘潭地区农业学校农学专业学习；1983年8月—1984年10月，攸县莲塘坳乡党委秘书；1984年10月—1990年5月，攸县县委办干事、秘书组副组长（其间：1989年6月湘潭大学党政干部基础科自考专科毕业）；1990年5月—1991年3月，攸县县委办副科级督察员；1991年3月—1994年3月，攸县县委办副主任；1994年3月—1995年11月，攸县城关镇党委副书记、镇长（其间：1995年9—11月市委党校中青班学习）；1995年11—12月，攸县城关镇党委书记；1995年12月—1996年3月，茶陵县人民法院党组书记、代院长；1996年3月—2001年11月，茶陵县人民法院党组书记、院长；2001年11月—2003年8月，株洲市委政研室副主任；2003年8月—2004年12月，株洲市委副秘书长；2004年12月—2009年11月，株洲市委宣传部副部长，株洲日报社社长、总编辑（其间：2005年9月—2008年7月省委党校经济学专业在职研究生学习；2008年9月—2009年1月省委党校中青班学习）；2009年11月—2011年6月，株洲市委副秘书长，市委办主任、市委政研室主任；2011年6月—2017年1月，炎陵县委书记；2017年1月—株洲市政协副主席（兼）、炎陵县委书记。

中共湖南省第十次、十一次代表大会代表，中共株洲市第十次、十一次、十二次代表大会代表，株洲市第十四届、十五届人大代表，株洲市第九届政协委员。

周雪辉 女，汉族，1966年10月生，湖南湘潭人，1990年10月参加工作，1998年9月加入中国共产党，中央党校研究生学历，高级会计师。

1987年9月—1990年10月，湖南省农业广播电视学校湘潭市分校乡镇工业会计专业学习；1990年10月—1995年1月，湘潭汽修厂会计；1995年1月—1996年8月，湖南省莲易高等级公路主管会计；1996年8月—1998年6月，株洲市交通局计财科科员；1998年6月—2000年8月，株洲市交通局计财科副科长（其间：1997年8月—1999年12月中央党校函授学院经济管理专业本科学习）；2000年8月—2002年8月，株洲市交通局计财科科长；2002年8月—2003年12月，株洲市交通局党组成员、工会主席；2003年12月—2006年12月，株洲市交通局党组成员、纪检组长（其间：2003年9月—2006年7月中央党校函授学院经济管理专业在职研究生学习）；2006年12月—2008年12月，湖南省炎帝陵基金会办公室主任；2008年12月—2009年4月，湖南省炎帝陵基金会办公室党组书记、主任；2009年4月—2017年1月，株洲市委组织部副部长（其间：2015年9月—2016年1月省委党校中青班学习）；2017年1—4月，株洲市政协副主席、市委组织部副部长；2017年4月—株洲市政协副主席。

株洲市第八届、九届政协委员，市第八届政协常委。

先进人物

赵海凤 女，汉族，本科学历，1980年1月出生，中国航发湖南动力机械研究所主任设计师。

赵海凤入所以来，刻苦钻研技术，先后从事发动机粒子分离器、发动机总体结构设计等工作，相继参加8个型号项目研制，其中包括国家级重点工程型号研制2项、国家863科技攻关和某部重点预研4项。入所15年，赵海凤一心扑在中国航空发动机事业上，坚持探索，勇于创新，在型号技术攻关、试验排故、改进改型等方面作出突出贡献。她先后获得部级及集团级科技进步奖一、二、三等奖各1项，立二等功、三等功各1次。

2017年，获全国五一劳动奖章。

张智勇 男，汉族，中共党员，1971年2月生，湖南省株洲县人，株洲百货股份有限公司超市中心店店长。

张智勇勇于创新、乐于奉献、吃苦耐劳，从事商业27年，带领超市中心店的管理团队和员工奋勇拼搏，砥砺前行，创造了2016年年销售额1.8亿元、利润近2100万元的骄人业绩，超市中心店凭借单位面积营业额和利润贡献值，跻身全省超市排行前列。他先后获得湖南省职工职业道德建设十佳标兵、株洲市双文明建设先进工作者、湖南省五一劳动奖章等称号，并连续多年被公司评为先进个人和标兵，成为公司创新经营、勇于竞争的标杆。

2017年，获全国五一劳动奖章。

曾艳梅 女，汉族，1974年12月生，湖南省桃江县人，群众，教授级高工，中车株洲电力机车有限公司产品研发中心转向架总体主管。

曾艳梅十余年如一日，始终专注于轨道交通车辆转向架设计工作，顺利主持完成轻轨车辆及铰接式转向架、Ⅱ型动力集中动车组转向架、Ⅲ型动力集中动车组转向架、马其顿电力机车转向架等多个项目，为中国轨道交通走向世界立下赫赫战功。先后荣获公司先进个人，优秀班长，株洲市最美女性，株洲市第一批高层次人才，中车首届技术专家，并连续被公司评为女工十佳和优秀科技工作者，获中国专利金奖1项，湖南省专利特等奖1项，授权专利35项，株洲市科学技术奖1项，中车科学技术奖3项，湖南省科学技术奖3项。

2017年，获全国五一巾帼奖章。

逝世人物

李异建 男，汉族，1953年11月生，江西玉山人，1970年3月参加工作，1972年12月加入中国共产党，中央党校函授学院经济管理专业专科毕业。

1970年3月—1970年12月，株洲车辆厂工人；1970年12月—1977年7月，北京军区二十七军高炮团战士、司令部战士、七十九师警卫连排长；1977年7月—1979年7月，北京军区二十七军七十九师二三五团副指导员、指导员；1979年7月—1982年7月，北京军区二十七军司令部军务处参谋；1982年7月—1986年3月，株洲市东区人武部正连职参谋（1983年6月副营职参谋）；1986年3月—1989年9月，株洲预备役步兵师第一团一营营长；1989年9月—1990年8月，南京陆军指挥学院学员；1990年8月—1992年12月，株洲预备役步兵师第一团参谋长，作训科科长；1992年12月—1997年6月，株洲军分区副参谋长；1997年6月—1998年12月，株洲预备役步兵师参谋长（1998年7月任副师长兼株洲军分区副司令员）；1998年12月—2003年10月，湖南陆军预备役步兵师副师长；2003年10月—2007年5月，株洲军分区司令员；2007年5月—2013年1月，株洲市副市长；2014年1月退休；2017年6月16日病逝。

陈　岳 1932年8月生，湖南湘潭人，1954年10月，加入中国共产党。

1951年5月—1955年8月，株洲百货公司先后任业务员、计划股副股长、股长；1955年4月—1960年10月，株洲市市委财贸部先后任科员、组织科副科长、科长；1960年10月—1966年5月，任株洲市商业局副局长；1966年5月—1968年10月，任株洲市粮食局党委副书记；1968年10月—1969年1月，株洲市五七干校学习；1969年1—12月，株洲县砖桥公社劳动；1969年12月—1970年11月，株洲县“五七”干校劳动；1970年11月—1975年4月，任株洲市粮食局局长；1975年4月—1993年4月，任株洲市劳动局党组书记、局长，兼任株洲市中级技工学校党委书记、校长；1993年1月—1996年7月，任株洲庆云股份有限公司董事长；1993年10月，经中共湖南省委批准享受副厅级待遇退休；2017年10月病逝。

市党、政、军及各部门、单位负责人

中共株洲市委及其工作部门负责人

中共株洲市委

书　　记　毛腾飞
副 书 记　阳卫国　雷绍业
常　　委　赖馨正　胡鹏飞
杨玉芳　何剑波
田卫军（挂职）
毛朝晖　聂方红
覃万成　羊贵平
秘 书 长　毛朝晖
副秘书长　尹朝晖　尹光良
彭建国　方　靖
曹贤仁
市纪委派驻市委办纪检组组长　王　翔

中共株洲市纪律委员会

书　　记　赖馨正
副书记、市监察局局长、市预防腐败局局长
朱胜辉
副 书 记　黄亮文　金　勇
常委、市监察局副局长　罗显明　言罗根
常委、秘书长　颜文明
常　　委　黄　慧
市监察局副局长　谢一明　黄青松
市预防腐败局副局长　罗伏林
办公室主任　冯　杰
组织部部长　王　斌
宣传部部长　陆　文
调研法规室主任　任吉钊
党风政风监督室主任　吴　明
信访室主任　钟兴安
案件监督管理室主任　程永江
第一纪检监察室主任　邓　峰
第二纪检监察室主任　仝林海
副处级纪检监察员　王　忠
第三纪检监察室主任　陈新苗
第四纪检监察室主任　罗　超
第五纪检监察室主任　陈跃平
案件审理室主任　粟　顺
纪检监察干部监督室主任　周　平
预防腐败室主任　曾治平
市委巡察办主任　蒋羽翔
市委巡察办副主任　汪金庚　王　剑
市纪委副处级纪检监察员　黄卫国
市纪委驻市委办公室纪检组组长　王　翔
市纪委驻市委组织部纪检组组长　李志君
市纪委驻市委宣传部纪检组组长　董　琦
市纪委驻市委统战部纪检组组长　张卓勇
市纪委驻市委政法委员会纪检组组长　王海宁
市纪委驻市人大常委会机关纪检组组长　张　华
市纪委驻市人民政府办公室纪检组组长　朱建军
市纪委驻市发展和改革委员会纪检组组长　洪　伟
市纪委驻市教育局纪检组组长　刘永东
市纪委驻市经济和信息化委员会纪检组组长　陈宇奇
市纪委驻市财政局纪检组组长　黄　光
市纪委驻市人力资源和社会保障局纪检组组长　莫旭亮

市纪委驻市国土资源局纪检组组长 李小冬
市纪委驻市环境保护局纪检组组长 陈 波
市纪委驻市住房和城乡建设局纪检组组长 李金华
市纪委驻市交通运输局纪检组组长 朱悦先
市纪委驻市农业委员会纪检组组长 唐海国
市纪委驻市商务和粮食局纪检组组长 曾 杰
市纪委驻市卫生和计划生育委员会纪检组组长 谭韶峰
市纪委驻市食品药品监督管理局纪检组组长 李 彦
市纪委驻市政府国有资产监督管理委员会纪检组组长 李 庆
市纪委驻市政协机关纪检组组长 刘 翡
市纪委驻市中级人民法院纪检组组长 龙年喜
市纪委驻市人民检察院纪检组组长 贺观连
市纪委驻市总工会机关纪检组组长 凌春华

市国家保密局
局 长 苏立群
副 局 长 凌 冰

市专用通信局
局 长 邬 涛

市委组织部
部 长 羊贵平
常务副部长 晏首先
副 部 长 马民杰 周 琪 朱志强 吴佳辉（兼） 蒋湘晖（兼）
市纪委驻市委组织部纪检组组长 李志君

市委宣传部
部 长 聂方红
常务副部长 颜 峻
市委网信办主任 邓天日
副 部 长 汤建平 张 莉
副部长、市文明办主任 欧阳元初
市纪委驻市委宣传部纪检组长 董 琦

市委统战部
部 长 覃万成
常务副部长 段晓茅
市纪委驻市委统战部纪检组长 张卓勇
副 部 长 杨志华 王 坚

市委政法委员会（综治办）
书 记 杨玉芳
常务副书记、综治办主任 何建红
副 书 记 陈国连
委 员 李 大
市纪委驻市委政法委纪检组组长 王海宁
委 员 刘鹏飞
委员、政治部主任 何冬祥
综治办副主任 倪正泉

市委政策研究室（市委全面深化改革领导小组办公室）
主 任 周伟任
副 主 任 颜三元
市委改革办副主任 徐江琪 付书地
副 主 任 欧阳建斌

市直机关工委
书 记 颜国庆
副 书 记 李 辉 曾广新 赵大喜
纪工委书记 袁章孝
委 员 胡铁男 庞 慧
市直机关工会主席 黄继先

市机构编制委员会办公室
党组书记、主任 欧阳瑞丰
党组成员、副主任 寻 锋 李景林

市委老干部局
局 长 吴佳辉
副 局 长 邓跃武 蒋 丹 王政文

市老干部休养所主任 周立刚

市委台湾工作办公室

主　　任　蔡　平

副 主 任　禹雄根　聂小明

市信访局

党组书记、局长　彭小中

党 组 成 员　贺亚兵

党组成员、副局长　谭　辉（援藏）

唐　杰（挂职）

谭云祥　段和明

市委市政府接待处

党 组 书 记　彭建国

处　　长　周建明

党组成员、副处长　廖景福　周清明

市委讲师团

主　　任　许志汉

副 主 任　丁建平

市委党史办

主　　任　段谭云

副 主 任　吴志平　肖思寒

市委党校、行政学院

副校（院）长　赖建明　周康波

乔英镭　黄夏先

市委巡察组组长　宋定奇

教 育 长　唐新建

市档案局

党组书记、局长　莫大德

党组成员、副局长　田承文

市委巡察组副组长　宁平花

党组成员、副局长　陈　绯

株洲市十五届人大常委会、市人大专门委员会、常委会工作机构负责人

市人大常委会

主　　任　毛腾飞

党组书记、常务副主任　刘光跃

党组副书记、副主任　王建之

副 主 任　刘柏生　李　智

冯建湘　邓尚文

刘春生　钟　燕

秘 书 长　宾兴林

副 秘 书 长　王龙才　易笑平

尹　舜

市人大常委会办公室

副 主 任　曾建佳

市纪委驻市人大机关纪检组组长　张　华

市人大内务司法委员会

主 任 委 员　夏昌武

副主任委员　张胜全　刘　览

市人大财政经济委员会

主 任 委 员　唐亚明

副主任委员　傅依全　喻正仁

刘利忠

市人大教育科学文化卫生（民族华侨外事）委员会

主 任 委 员　李向军

副主任委员　张艾萍

市人大城乡建设环境资源保护委员会

主 任 委 员　崔玉新

副主任委员　文中东　王　隽

市人大农业与农村委员会

主 任 委 员　曾　仡

副主任委员　　肖和贵　周　刚

市人大法制委员会

主 任 委 员　　李文波

副主任委员　　赵卫民

市人大常委会选举任免联络工作委员会

主　　任　　刘畅儿

副 主 任　　言　鹏

市人大常委会研究室

主　　任　　潘　庆

副 主 任　　左慕军　陈定纯

市人大常委会预算工作委员会

主　　任　　傅依全

副 主 任　　郭俭平

市人大常委会法制工作委员会

主　　任　　李文波

副 主 任　　赵卫民

市人大常委会机关党委

书　　记　　钟学群

副 书 记　　王文南

株洲市人民政府及工作部门负责人

市人民政府

市　　长　　阳卫国

常务副市长　　何剑波

副 市 长　　田卫军　李晓葵　黄　芳　杨胜跃　谭可敏　顾　峰　何朝晖

秘 书 长　　龙志华

党 组 成 员　　朱胜辉

副 秘 书 长　　向　平　王事兴　董小平　周南洋　郑　剑　李必农　潘才良　彭小中

市人民政府办公室

党 组 书 记　　龙志华

党组副书记　　向　平

党 组 成 员　　王事兴　董小平　周南洋　郑　剑　李必农　潘才良

副 主 任　　盘淑芳　罗光明

市纪委驻市政府办纪检组组长、党组成员　　朱建军

市优化环境领导小组办公室

主　　任　　欧阳辉东

市人民政府创建工作领导小组办公室

主　　任　　郑　剑

副 主 任　　胡　旭　黄　萍　曾湘华

市政务服务中心

主　　任　　郝建东

党组成员、副主任　　胡　灿　刘远见

市发展和改革委员会

党组书记、主任　　龚红果

党组副书记、副主任　　徐业伟　张　文

党组成员、副主任　　张　勇　梁国荣　宋　宇

党组成员、总经济师　　周述勇

党 组 成 员　　刘和球

市纪委驻市发改委纪检组长、党组成员　　洪　伟

委　　员　　陈朝阳

市经济和信息化委员会

党组书记、主任　　刘海宾

党组副书记、副主任　　刘日炎

党组成员、副主任 周文军 张熠云 万 晖
党组成员、总经济师 邹 毅
市纪委驻市经信委纪检组长、党组成员 陈宇奇
党组成员、副主任 李 恒 张 镇
委 员 尹东林

市教育局
党委书记、局长 吴安浩
党委副书记、副局长 毛大训
党 委 委 员 谢再荣
党委委员、副局长 李建国
副 局 长 吴春雪
党委委员、副局长 徐晓芳
市纪委驻市教育局纪检组长、党委委员 刘永东
主 任 督 学 夏立威
副主任督学 赵湘兵

市科技局
党组书记、局长 陈大雄
党组成员、副局长 杨 洁 朱 亿 龚道富
副 局 长 李黎明
地震局局长 万义民

市公安局
党委书记、局长、督察长 李晓葵
党委副书记、副局长 黄进革
党委委员、副局长 高 军 凌 娅 贺建初 阴福安 肖国斌 傅晓峰
市纪委驻市公安局纪检组组长、党委委员 周祥会
工 会 主 席 徐远明

市公安局交通警察支队
党委书记、支队长 黄耀斌
党委副书记、政委 晏猛条
党委副书记、副支队长 李 阳
党委委员、副支队长 朱安琪 蒋沙阳

市民政局
党组书记、局长 易湘东
党组副书记、副局长 习志芳
党组成员、副局长 汤爱军 曾文飞 童举纲 卢仲良
工 会 主 席 刘志红
市委巡察组副组长 周艳玲
民间组织管理处主任 黄童华
慈善办主任 巫金桂
老龄办主任 陈 韬

市司法局
党组书记、局长 龙松林
副 局 长 夏 剑
党组成员、副局长 刘文清 周运斌
党组成员、政治部主任 程建梓

市财政局
党组书记、局长 李能斌
党组副书记、副局长 杨光昊
党组成员、副局长 邓小荣 肖建忠 陈方照
市纪委驻市财政局纪检组长、党组成员 黄 光
工 会 主 席 刘桃珍
党 组 成 员 周湘滨
政府采购管理办公室主任 王庆玲
国库集中支付核算中心主任 李拥军
财政投资评审中心主任 叶 晖
市非税收入征收管理处处长 汤智勇
市农业综合开发办公室 金宏君
机关事务服务中心主任 夏朝晖

市人力资源和社会保障局
党组书记、局长 蒋湘晖
党组成员、副局长 廖文辉 陈志鸿 田智思 柏国顺

市纪委驻市人社局纪检组长、党组成员　莫旭亮

市国土资源局

党组书记、局长　蒋开建
党组副书记、副局长　谢洪富
党组成员、副局长　丁桂云　黄晓军　何若愚
党组成员、总工程师　熊永生
党组成员、总规划师　巫智敏
市纪委驻市国土资源局纪检组长、党组成员　李小冬
党组成员、执法监察支队长　王承才

市环境保护局

党组书记、局长　章文才
党组副书记、副局长　胡方林
党组成员、副局长、总工程师　何　冰
党组成员、副局长　刘倩生
市纪委驻市环保局纪检组长、党组成员　陈　波
党组成员、副局长　何长顺　毛亚文
党 组 成 员　王定升
监测站站长　钟学才
监测站党委书记　黄卫军
监察支队支队长　颜少龙
环科院院长　李小江
环科院党委书记　刘国胜

市住房和城乡建设局

党组书记、局长　何安国
党组成员、副局长　罗兵和　毛承义
党组成员、总工程师　谭家利
党组成员、副局长　陈华仁　屈　纲　刘骏清
市纪委驻市住建局纪检组长、党组成员　李金华

市园林局

副　局　长　王志坚

市建筑工程质量安全监督管理处

处　　长　曾　靖
党 委 书 记　骆文玲

市城建党案馆处、市建设信息中心

馆长（主任）　颜春成

市政工程维护处

处　　长　傅晓红
党 委 书 记　陶文辉

市城市管理和行政执法局

党组书记、局长　李晓彤
党组成员、副局长　夏荣明　丁奇志　刘　坚　杨建平

市城市管理行政执法支队

党委书记、支队长　晏东方

市灯饰管理处

处　　长　肖极夫
党 委 书 记　彭检定

市交通运输局

党组书记、局长　刘正平
党组成员、副局长　江余生　朱文龙　崔旭艳　王永忠
党组成员、总工程师　胡志明
市纪委驻市交通运输局纪检组长、党组成员　朱悦先

市道路运输管理处

处　　长　赵智星

市地方海事局

局　　长　刘家文
党 委 书 记　谢跃飞

市交通行政执法监督处（市交通建设质量安全监督处）

处　　长　朱卫全

市农业委员会

党组书记 刘智勇
主任 陈艳娟
党组副书记、副主任 刘新宇
党组成员、副主任 陈汉林
市纪委驻农委纪检组长、党组成员 唐海国
党组成员、副主任 王佑云
党组成员、总农艺师 罗细明
党组成员、副主任 胡湘生 肖学慧
党组成员、副主任、市扶贫办主任 张智敏

市农业科学研究所（市蔬菜科学研究所）

党委书记、所长 漆本蛟
副书记、副所长 凌文彬
副所长 吴龙云 罗智勇
总农艺师 龚建华
党委委员、工会主席 樊韶平
党委委员、纪委书记 王敏敬
党委委员、副所长 邹新建

市水务局

党组书记、局长 彭良平
党组成员、副局长 钟勇军 范柏春 谭建根
市委巡察组副组长 汤水平
党组成员、副局长 罗海林
党组成员、总工程师 廖嫦娥
市防汛抗旱指挥部办公室主任 邱运众
市水库移民开发管理局局长 肖立光
市酒埠江灌区管理局局长 邱铁勇
市酒埠江灌区管理局党委书记 张秋良
市官庄水库管理局局长 吴志兵
市官庄水库管理局党委书记 王四海

市林业局

党组书记、局长 陈诚
党组成员、副局长 言新明 沈建平 陈显军
党组成员、总工程师 苏勇
总会计师 于波

市商务和粮食局

党组书记、局长 姚永告
党组成员、副局长 张国民 杨夏鸣 黄克琦 李迅 胡刁军
市纪委驻商务和粮食局纪检组长、党组成员 曾杰

市供销合作社联合社

党组书记、理事会主任 郭敏祥
党组成员、监事会主任 周峰
党组成员、理事会副主任 章湘玲

市文体广电新闻出版局

党组书记、局长 杨小幼
党组副书记、副局长 邓斌贵 马建平
党组成员、副局长 王建志 陈建新
党组成员、文物局局长 席道合
党组成员、副局长 龙庆云
党组成员、副局长、总工程师 谢春利
党组成员、副局长 彭喜雨

市卫生和计划生育委员会

党委书记、主任 张纯良
党委委员、市公立医院管理处处长 龙国锋
党委委员、副主任 刘续跃 邓跃东 刘飞 杜志强 姚智辉 李晓兵 刘世文 刘建军
市纪委驻市卫计委纪检组长、党委委员 谭韶峰
党委委员 郭裕新

市审计局

党组书记、局长 刘方

党组成员、副局长　邓海林　戴　勇　王小琴
副局长　颜梦香
党组成员、市领导干部经责审计领导小组办公室副主任　刘运华
党组成员、总审计师　龚军军

市工商行政管理局

党组书记、局长　吉振君
党组副书记、副局长　刘奔汉
党组成员、副局长　吴申华
党组成员　姚　晓
党组成员、副局长　李　俊　陈文力　李学明
工会主席　刘亚芹
高新分局党委书记、局长　陈雪桃

市质量技术监督局

党组书记、局长　刘　伟
党组成员、副局长　汤岳庆　谭勇征　肖阳伟　李德胜
党组成员、总工程师　潘文虎

市安全生产监督管理局

党组书记、局长　殷顺堂
党组成员、工会主席　刘　元
党组成员、副局长　刘映雷　刘　永　董冬林　王中凡
总工程师　王明锋

市规划局

党组书记、局长　黄升阳
党组成员、副局长　王亚军　郭　敏
党组成员、总规划师　曹　阳

市食品药品监督管理局

党组书记、局长、食药安委办主任　李余根
党组成员、食品药品检验所长　唐小鹏
党组成员、副局长　张　波　胡泽文　陈成钢
党组成员、副局长、食药安委办副主任　彭爱云
市纪委驻市食药监局纪检组长、党组成员　李　彦
党组成员　李　红
党组成员、副局长　陈　凯　尹楚平

市统计局

党组书记、局长　陈玉明
党组成员、副局长　信长华　姚应龙　谭祖德　刘慧龙
市委巡察组副组长　杨陵安
工会主席　彭再强
党组成员、总统计师　庄云庭
调查中心主任　杨连平
普查中心主任　张利华

市人民政府法制办公室

党组书记、主任　曹跃良
党组成员、副主任　刘海英　马小勇　彭文骅　肖力钧

市旅游外事侨务局

党组书记、局长　黄上峰
党组副书记、副局长　马建辉
党组成员、副局长　成小兵　熊芳明　刘玉光　汪正祥
党组成员　喻丽珍

市人民政府经济研究和金融工作办公室

党组书记　崔家盛
主任　唐　琪
党组成员、副主任　万正春　崔静波
副主任　张江华
党组成员、副主任　田　灿　易正坤

市人民防空办公室

党组书记、主任　谭智勇
党组成员、副主任　刘国瑞　罗立新　朱新莫

工会主席　周孔明
党组成员、副主任　唐　俊

市人民政府国有资产监督管理委员会
党委书记、主任　吴晓光
党委副书记、副主任　李　葵
党委委员、副主任　欧阳光　刘建荣
党委委员、总经济师　傅永东
党委委员、副主任　罗贵斌
市纪委驻市国资委纪检组组长、党委委员　李　庆

市“两型社会”建设综合配套改革办公室
党组书记、主任　刘湘元
副主任　付深根
党组成员、副主任　彭朝晖　陈银河

市行业办
党委书记、主任　朱继明
党委委员、副主任　冷大潮　彭广焰
谭学扬　姚新明

市畜牧兽医水产局
党组书记、局长　丁石春
党组成员、副局长　贺定文　吴飞鹏
董艳德
总工程师　刘正坤
党组成员、纪检组长　张　芳
市动物卫生监督所所长　李飞跃

市房产管理局
党委书记、局长　边　宁
党委副书记、副局长　杨晓斌
党委委员、副局长　游贵祥
总工程师　李跃纲
党委委员、纪委书记　傅铁桥
党委委员、副局长　刘　波　左　皓
市委巡察组组长　刘希山
市房地产开发管理办主任　李　圣
市房地产权属与交易管理处处长　罗旭光
市房地产权属与交易管理处党委书记　李　灿
市房地产经营管理处党委书记　覃志东
市物业管理处处长　陈　琪
市国有土地上房屋征收处处长　殷钢梁

市地方志编纂委员会办公室
党组书记、主任　李一平
党组成员、副主任　金祖远　陈北宏
党组成员　吴　娜

市公路管理局
党委书记、局长　邓锡华
党委委员、纪委书记　刘展科
党委委员、总会计师　刘晓贞
党委委员、副局长　易树松　刘文元
党委委员、路政处处长　马意军

市住房公积金管理中心
主任、党组副书记　徐冬生
党组书记　唐耀辉
党组成员、副主任　吴维申　唐建平
吴桂云
总稽核师　戴韶湘
党组成员、总会计师　袁　敏

市文化市场综合执法局
局长　胡　炯
副局长　刘吉余

市公共资源交易中心
党委书记　杨泽民
党委副书记、副主任　曾祥明
副主任　田志高　刘铁文
易晓阳

市广播电视台
党委书记、台长、总编辑　刘会才

党委副书记、副台长　张耀刚
党委委员、副台长　向小陶　宁光辉
党委委员、总工程师　谢刚祥
党委委员、编委会副总编辑　欧　斌　李跃社
党委委员　陈永春
党委委员、副台长　唐旻粲
总会计师　王　频
编委会副总编辑　袁　鹏
编委会委员　唐声强　孙　岱

湖南省炎帝陵基金会办公室
党组书记、主任　朱建军
党组成员、副主任　黄　毅　宋慧玲

政协株洲市九届委员会及机关负责人

主　席　蔡　溪
副主席　余明刚　朱庸靖　余群明　周　恕　金继承　黄诗燕　周雪辉
秘书长（提名人选）　袁生华
副秘书长　封向东　陈思龙　孙　丹　胡家湘

提案委员会
主　任　王岿然
副主任　刘　昕

经济和科技委员会
主　任　江　华
副主任　易正佳

人口和资源环境委员会
主　任　彭剑文
副主任　闫春杰

文教卫体委员会
主　任　石慧彬
副主任　周建新　唐　琳

社会法制和民族宗教委员会
主　任　褚彭明

港澳台侨外事和文史学习委员会
主　任　王　扬
副主任　蔡业海

研究室
主　任　何全明
副主任　刘李波

市纪委驻市政协机关纪检组组长　刘　翡

信访办
主　任　王　萍

株洲市人民法院、人民检察院负责人

市中级人民法院
党组书记、院长　周凯军
党组副书记、副院长　李知文　刘君瑜
党组成员、副院长　蔡　怡　黄　文
副院长　戴晓辉
市纪委驻市中级人民法院纪检组长、党组成员　龙年喜
党组成员、政治部主任　马　丽
党组成员、审委会专职委员　欧阳曦
党组成员、执行局局长　颜会明
审委会专职委员　肖青松

市人民检察院
党组书记、检察长　胡　波
党组副书记、副检察长　湛晓丹
党组成员、副检察长　陈自力
副检察长　袁满玖

党 组 成 员 丁子明
党组成员、副检察长 张 展
党组成员、市纪委驻市检察院纪检组组长 贺观连
党组成员、政治部主任 唐秉成
检察委员会专职委员 刘玮晴 谭益平
反贪污贿赂局局长 王友武
反贪污贿赂局政委 陈 平
反渎职侵权局局长 周育平
反渎职侵权局政委 李文春
法警支队支队长 徐达江
副处级检察员、公诉二处处长 曹 青
云龙地区检察院党组书记、检察长 丁子明
云龙地区检察院党组成员、副检察长 陈毅清 范 琳
云龙地区检察院党组成员、政治部主任 冯雅文

各民主党派、群众团体负责人

中国国民党革命委员会株洲市委员会
主 任 委 员 刘春生
副主任委员 汪迎伟
李忆湘（兼）
娄 健（兼）
文新宇（兼）

中国民主同盟株洲市委员会
主 任 委 员 柳怀德
副主任委员 尹剑峰
何 沙（兼）
汤建新（兼）
许峻峰（兼）

中国民主建国会株洲市委员会
主 任 委 员 周煦惠
副主任委员 李 昱
李跃纲（兼）
周石旺（兼）
肖云华（兼）

中国民主促进会株洲市委员会
主 任 委 员 郝建东
副主任委员 刘朝晖
邹艳君（兼）
卞 华（兼）

中国农工民主党株洲市委员会
主 任 委 员 周 恕
副主任委员 肖长海
蔡安烈（兼）
袁仕炜（兼）
李秋平（兼）

中国致公党株洲市委员会
主 任 委 员 余群明
副主任委员 罗立宇
罗 曼（兼）
张季宝（兼）
郑 刚（兼）

九三学社株洲市委员会
主 任 委 员 金继承
副主任委员 肖运平
周红兵（兼）
周建明（兼）
袁满玖（兼）

市工商业联合会（总商会）
书记、直属会员综合党委书记 王 坚
党组成员、副主席 石 强
党组成员、直属会员综合党委副书记 王云娥
党组成员、副主席 周道平
市委巡察组副组长 唐海明

市总工会
主 席 王建之
党组书记、副主席 谭鑫华
党组副书记、副主席 杨正文
市纪委驻市总工会机关纪检组组长、党组成员
凌春华
党组成员、副主席 冯 辉 胡建明
党组成员、经审委主任 刘金伟

党组成员、副主席　袁建武
女工委主任　詹秀玲

共青团株洲市委员会
党组书记、书记　梁天琛
党组成员、副书记　袁　媛　汤　立
副　书　记　蔡丽平（挂职）
李金龙（兼）
屈贝儿（兼）

市妇女联合会
党组书记、主席　邹展晖
党组成员、副主席　杨　琼　罗玉珍

市科学技术协会
党组书记、主席　胡　湘
党组成员、副主席　张瑞琳
党 组 成 员　管　葵
党组成员、副主席　林　强

市文学艺术界联合会
党 组 书 记　黄　勇
主　　席　周煦惠
副　主　席　娄　雷
党组成员、副主席　马学华

市残疾人联合会
党组书记、理事长　戴碧蓉
党组副书记、副理事长　李克武
党组成员、副理事长　邓彬华
党 组 成 员　张琳君
党组成员、副理事长　彭红宇

市红十字会
会　　长　杨胜跃
党组书记、常务副会长　顾晓芳
党组副书记、副会长　谭剑新
党组成员、副会长　田　璐

党组成员、秘书长　高　兰

市社会科学界联合会（市社会科学院）
党组书记、主席　周文杰
党组成员、副主席　郭　燕　刘合群

市慈善总会
会　　长　张　雄
常务副会长　张长高

市保险行业协会
会　　长　李仁松

株洲市消费者委员会
会　　长　吉振君

株洲驻军、武警部队负责人

株洲军分区
司　令　员　李　波
政 治 委 员　胡鹏飞
副 司 令 员　胡小合
战备建设处处长　吴文静
动员处处长　周　勇
政治工作处主任　欧阳权

中国人民武装警察部队株洲市支队
支　队　长　付必胜
第一政治委员　李晓葵
政 治 委 员　谢交军
副 支 队 长　肖国辉　邹奇勋
副政治委员　肖余强
参　谋　长　武小军
政治处主任　马志勇
后勤处处长　李建东

市公安消防支队
支　队　长　刘　钧

政治委员　黄立军
副支队长　龙义坤　银卫华
副政治委员　严路明
司令部参谋长　邹联盟
政治处主任　蔡宏伟
后勤处处长　王　彪
防火处处长　刘　超

湖南陆军预备役步兵师炮兵团
团　长　詹　睿

中央、省驻株洲机构负责人

市国税局
党组书记、局长　傅森河
党组成员、副局长　杨红叶　张一波
李文科
党组成员、纪检组长　颜建民
党组成员、总经济师　陈　陵

市地方税务局
党组书记、局长　龙晓红
党组副书记、副局长　邱旭辉
党组成员、副局长　汪明毅　杨小兰
党组成员、纪检组长　刘晋湘
党组成员、总经济师　董　锋
党组成员、总会计师　陈正跃
系统工会主任　程　燕

株洲海关
关　长　王晓晖
副关长　周孝华　颜资桥

市气象局
党组书记、局长　陈　媛
党组成员、副局长　张克非
党组成员、纪检组长　曾树华
党组成员、副局长　瞿优超

国网株洲供电公司
总经理、党委副书记　张治国
党委书记、副总经理　张　民
党委委员、副总经理　李国雄
党委委员、纪委书记、工会主席　凌志勇
党委委员、副总经理　白又兵　侯继辉
党委委员、总会计师　周智勇
党委委员、副总经理　方　鹏

国家统计局株洲调查队
党组成员、副队长　倪志华　楚　锂
党组成员、纪检组长　谭耀文

湖南省轻工盐业集团有限公司株洲分公司（株洲市盐务管理局）、湖南盐业股份有限公司株洲市分公司
党委书记、总经理、局长　丁朝晖
副总经理、副局长　石振球

市烟草专卖局
党组书记、局长、经理　陈新田
党组成员、副局长　肖跃华
党组成员、纪检组长　张红兵
党组成员、副局长　何江平
党组成员、副经理　齐刚毅

株洲出入境检验检疫局
党组成员、副局长　陈弼飞　谭艳芳

中国邮政集团公司株洲市分公司
党委书记、总经理　段　皓
副总经理　周时兴
副总经理、纪委书记、工会主席　黄　华
党委委员　胡锦华

中国电信株洲分公司
党委书记、总经理　周　旭
纪委书记、工会主席、副总经理　赵小明

副总经理　易葱黎明　刘明

中国移动通信集团湖南有限公司株洲分公司

总经理、党委书记　杨群林

副总经理　李长林　戴芳红　胡芬献

中国石化销售有限公司湖南株洲石油分公司

经理　李小平

党委书记　高劲松

副经理　龙虎　唐志勇

市水文局

党委书记、局长　朱兆军

市新华书店

总经理　朱桂生

部分园区负责人

高新区

工委书记　周建光

工委副书记、管委会主任　朱振湘

工委委员、管委会副主任　董巍　马立恒　陈远瑞　罗克俭　黄继军

工委委员、纪工委书记　许剑鸣

工委委员　张见平　谢维红　李征兵　刘铁华　何登科　周玉智

管委会副主任　施金晨（挂职）

工委委员、工委办主任　袁哲明

管委会办公室主任　黄志斌

劳动人事局局长　齐艳辉

招商合作局局长　聂敏林

财政局局长　陈文君

开发建设局局长　刘卫军

创业服务中心主任　谭茗

株洲金山科技工业园

党工委书记　丁国祥

管委会主任　易海平

醴陵经济开发区

党工委书记　黎平

党工委副书记、管委会主任　谢圣才

党工委委员、管委会副主任　林志祥

党工委委员、纪工委书记　刘高飞

党工委委员、管委会副主任　赖洪

株洲市属事业单位负责人

株洲日报社

党组书记、社长　赵先辉

党组副书记、总编辑、副社长　颜青春

党组成员、副社长　刘白杨

党组成员、社委、副总编辑　于波　张绿林　翁少平

党组成员、副总编辑　谭秋茂

编委委员　陈汉秋　万宁　刘珍龙　易军　罗峰

市规划设计院

院长　李良

党委书记　黄革平

市公共交通有限责任公司

党委书记、总经理　肖长江

党委副书记　谭剑平

纪委书记　周红兵

常务副总经理　袁迎春

副总经理　宋太松

总会计师　刘杰军

副总经理　易莹　谢星

工会主席　彭蒙

株洲市卫生计生综合监督执法局

局　　长　唐　峰

副局长　谭建芳

市疾病预防控制中心

党委副书记、主任　龙术国

党 委 书 记　毛将二

市中心血站

站　　长　刘昕晨

中国国际贸易促进委员会株洲市支会（中国国际商会株洲商会）

党组书记、会长　周志辉

党组成员、副会长　陈其云

株洲市金融、保险机构部分单位负责人

中国人民银行株洲市中心支行

行　　长　李庆旗

副 行 长　胡坚强　郑桂华　朱　论

工 会 主 席　刘文革

国家外汇管理局株洲市中心支局

局　　长　宋利亚

副 局 长　朱　论

中国银行业监督管理委员会株洲监管分局

党委书记、局长　周　云

党委委员、纪委书记　刘伟良

党委委员、副局长　尹　立　张龙保

中国农业发展银行股份有限公司株洲市分行

党委书记、行长　汪明炎

党委委员、副行长　熊　征　彭伟奇

中国农业银行股份有限公司株洲分行

党委书记、行长　李凤云

党委委员、副行长　王岁松　罗　谞

党委委员、纪委书记　杨　波

党委委员、副行长　桂　芳

中国银行股份有限公司株洲分行

党委书记、行　长　胡靖宇

党委委员、副行长　谭文明　黄子立

纪 委 书 记　杨杖藜

中国建设银行株洲市分行

行　　长　陈伟乔

副 行 长　江　波　滕红斌　罗立峰　陈花蓉　田　炜

华融湘江银行株洲分行

党委书记、行长　蒋玄薰

党委副书记、副行长　何瑞颖

党委委员、纪委书记、副行长　周　燕

党委委员、行长助理、风险总监　唐　杰

党委委员、行长助理　吴意刚

中国工商银行股份有限公司株洲分行

党委书记、行长　侯　军

党委副书记、副行长　张日强

党委委员、副行长　黄小鹏　范兴辉　柳晶晶

党委委员、纪委书记　刘益群

中国人民财产保险股份有限公司株洲分公司

党委书记、总经理　李先良

纪委书记、副总经理　刘剑锋

党委委员、副总经理　曹依乐　邵　卫

中国人寿保险股份有限公司株洲分公司

党委书记、总经理　李仁松

党委委员、副总经理、工会主席　易桂香

党委委员、总经理助理　邓晓明　裴硕果

党委委员、纪委书记、总经理助理　朱曼芳

部分企业负责人

中国航发湖南动力机械研究所

所长、党委副书记　吴施志
党委书记、副所长　缪仲明
副所长　李概奇　艾克波
党委副书记、纪委书记、工会主席　吴　静
副所长、总会计师　严建华
副所长　高　洁　李荣华　陈国智　黄学怀　温　泉

中车电力机车研究所有限公司

董事长　丁荣军
总经理　李东林
副总经理　刘连根　冯江华　曾鸿平　范宝林　熊锐华　彭华文　陈　剑
总工程师　冯江华（兼）
财务总监　熊锐华（兼）
党委书记　杨首一
党委副书记　李东林（兼）　丁荣军　刘建勋
监事会主席、纪委书记、工会主席　刘建勋

中国化工株洲橡胶研究设计院有限公司

党委书记、总经理　孙建华
常务副总经理　谢引玉
党委副书记、纪委书记　梁　勇
副总经理、工会主席　符剑喜

中国航发南方工业有限公司

执行董事、党委书记　彭建武
总经理、党委副书记　王南海
高级专务、副总经理　李　侃
党委副书记　唐宏伟
副总经理、总工程师、技术中心执行副主任　宁　勇
监事、纪委书记、工会主席　朱黎明
副总经理　张爱平　刘忠杰　徐文良　白创军　徐义军
副总经理、总会计师　张智勇
副总经理　闫福全

中车株洲电力机车有限公司

董事长　周清和
总经理　傅成骏
副总经理　罗崇甫　索建国　何恩广　廖洪涛　张力强　张旻宇　陈　成　陈志新　肖高华
财务总监　张力强（兼）
总工程师　索建国（兼）
党委书记　周清和
党委副书记　傅成骏　刘志平
纪委书记、工会主席　刘志平（兼）

中车长江车辆有限公司株洲分公司

总经理　姜强俊
党委书记　蒋庆平
党委副书记、纪委书记、工会主席　姚建云
副总经理　戴述炎　彭刚强　申宏梁　金亮群

中车株洲电机有限公司

董事长、党委书记　周军军
董事、总经理　肖安华
董事、副总经理　江有名　王小方　李敏良　胡雄辉　聂自强
副总经理　余　乐　晋　军
总工程师　江有名（兼）
财务总监　李敏良（兼）

党委副书记　肖安华（兼）
余　斌
纪委书记、工会主席　余　斌（兼）

北京汽车股份有限公司株洲分公司
党委书记、总经理　高建军
党委副书记、纪委书记、工会主席　杨　明
党委委员、副总经理　袁兆才　张华川
党委委员、财务总监　马学义

株洲天桥起重机股份有限公司
董　事　长　肖建平
总　经　理　邓乐安
副总经理、总工程师　郑正国
董秘、副总经理　范洪泉
副 总 经 理　楚星群
监事会主席　张兴仁
财 务 总 监　范文生
党委副书记、工会主席、纪委书记　谭竹青

株洲硬质合金集团有限公司
董　事　长　李仲泽
总　经　理　谢康德
党 委 书 记　王辉平
常务副总经理　毛善文
党委副书记、纪委书记、工会主席　韩　东
副总经理　蔡家发　胡启明
徐　涛

株洲冶炼集团股份有限公司
董事长、党委书记　黄忠民
总经理、党委副书记　刘朗明
工 会 主 席　何　茹
副总经理、总工程师　刘文德
副 总 经 理　李雄姿
党委副书记、纪委书记　刘伟清
财 务 总 监　何献忠

株洲千金药业股份有限公司
党委书记、董事长　江端预
总　　裁　蹇　顺
监事会主席　沈健斌
党委副书记、纪委书记、工会主席　吕芳元
副 总 裁　谢爱维　李伏君
刘建武　陈智勇

市自来水有限责任公司
总　经　理　谢锦辉
党委书记、纪委书记　王洪安
副 总 经理　李　民
副总经理、工会主席　胡恢利
总 工 程 师　贺海生
总 会 计 师　刘国宜
总 经 济 师　陈　趁
副 总 经 理　罗　武　汤峥嵘
於晓明

湖南省第五工程有限工程公司
董事长、党委副书记　叶有泉
党委书记、副董事长　罗贵生
党委委员、董事、总经理　龙　兴
监事会主席　陈跃峰
党委委员、纪委书记　王周斌
党委委员、董事、工会主席　李金玉
党委委员、董事、副总经理、总经济师　刘育奇
党委委员、副总经理　周松树　陈光林
王文革　张晚生
董范君
党委委员、总会计师　刘飞跃
副总经理、总工程师　龙新乐

五矿二十三冶建设集团第二工程有限公司
董事长、党委书记　宁必军
总经理、党委副书记　黎胜良
工会主席、纪委书记　黄正需
副总经理、总工程师　林会平
副总经理、总会计师　熊　敬

副总经理、总经济师　薛沧洋
副 总 经 理　李　斌

湖南省工业设备安装有限公司

董 事 长　周　慧
党 委 书 记　梁细华
总　经　理　杜运辉
常务副总经理　付江华
工会主席、纪委书记　尹帮军
副 总 经 理　曾乐樵
党委副书记　周春林
总 会 计 师　彭少林
总 工 程 师　毛文祥
副 总 经 理　苏东方　彭麒麟
郑书伟

株洲中铁电气物资有限公司

党委书记、执行董事　李　滨
总　经　理　李云辉
总 会 计 师　王　晖
副 总 经 理　周素承
纪 委 书 记　吴定州

株洲醴陵旗滨玻璃有限公司

总　经　理　周　军
副 总 经 理　希日莫　邓凌云
高级工程师　唐树森

株洲新奥燃气有限公司

董事长、党委书记　文三忠
总　经　理　张晓阳
常务副总经理　彭志伟
副总经理、工会主席　肖雄兵
副 总 经 理　尹　勇　罗　毅
总 会 计 师　程雅礼

湖南中天建设集团股份有限公司

董事长、党委书记　杨中杰
副董事长、总经理　刘小红
监事会主席　杨海军
副 总 经 理　谭学文　闵世雄
陈培润　周　平
易　宇
财 务 总 监　沈　强
工 会 主 席　周向阳

湘运集团有限责任公司

董事长、总经理　朱　聃
党 委 书 记　朱远东
常务副总经理　刘洪波
党委副书记　刘金石
工 会 主 席　胡卫国
监事会主席　姚钟达
副 总 经 理　刘　平　张海涛

大唐华银株洲发电有限公司

总　经　理　欧艳清
党 委 书 记　张　宇
副 总 经 理　王　飞　汤世文
纪 委 书 记　曾嘉湘
工 会 主 席　龙宁晖
总 工 程 师　文贻艳
总 会 计 师　邓仙桂

湖南湘瓷科艺有限公司

董　　事　欧阳笑天
监　　事　陈思铭
总　经　理　姚其伟
常务副总经理　刘秋生
副 总 经 理　陈金华

湖南华联瓷业股份有限公司

董 事 长　许君奇
总　　裁　丁学文

市国有资产投资控股集团有限公司

党委副书记、董事长　杨尚荣

党委书记　罗　勇
党委委员、总经理　龙九文
党委委员、监事会主席　刘金鹏
党委委员、纪委书记　王志红
党委委员、财务总监　周富强
党委委员、副总经理　王洪平　罗太平　张文澍
党委委员、工会主席　陈小玲

市城市建设发展集团有限公司

党委书记、董事长　廖　晖
党委委员、总经理　李柏坚
党委委员、工会主席　邓树松
党委委员、副总经理　肖才胜　袁　斌
党委委员　黄元政
党委委员、总工程师　李云华
党委委员　文三忠　肖和政

株洲高科集团有限公司

党委书记、董事长　巢　亮
党委副书记、总经理　王洪宇
党委副书记、工会主席　杨　宇
党委委员、副总经理　刘　倩　段新宇　何胜华
党委委员、运营服务中心总经理　朱田径

湖南天易集团有限公司

党委书记、董事长　吴　兵
党委副书记、副总经理、工会主席　贺文辉
党委委员、副总经理　肖　波　张水平
党委委员、纪委书记　赵　凯

市地产发展中心（地产集团）

党委书记、主任　谢洪富
党委副书记、副主任　王勇明
党委委员、副主任　何应平　刘细兰
党委委员、财务总监　杨大明
党委委员、副主任　蔡　勇

市交通发展集团有限公司

党委副书记、董事长　关坦良
党委委员、监事会主席、纪委书记　刘润生
党委委员、副总经理　汤　军　唐清兰　白　琼

市清水塘投资集团有限公司

党委书记、董事长　黄元政
党委副书记、总经理　陈红云

市云龙发展投资控股集团有限公司

党委书记、董事长　谭跃飞
党委委员、董事、总经理　罗　广
党委委员、副总经理　苏晓青　郭若波
党委委员、工会主席　周国平

市教育投资集团有限公司

市政协副主席、董事长　柳怀德
党委书记　张建兵
总经理　王宏杰
副总经理　曹道忠　龚守仁

市清水塘老工业区搬迁改造工作协调指挥部办公室

主任　冯建湘
常务副主任　张建勇
专职副主任　刘湘元

株洲新芦淞产业发展集团有限公司

党委书记、董事长　骆先辉
总经理　黄　波
党委委员、监事会主席　汪靖宜
党委副书记、纪委书记　宋　扬
党委委员、副总经理　陈立新　叶天毅
副总经理　张　波　余路文　邓　敏

财务总监　匡智勇

部分医院、学校负责人

市中心医院（中南大学湘雅医学院附属株洲医院）

院　　长　蔡安烈
党委书记　郭晓丹
党委副书记、副院长　蒋会平
副 院 长　李　璨　包正军　何　毅　彭怀德　李文灿
纪委书记　陈典照
工会主席　黄小云

湖南中医药高等专科学校附属第一医院（株洲市中医院）

院长、党委副书记　徐伟辉
党委书记　陈建龙
工会主席　罗　琼
纪委书记　林　萍
副 院 长　夏建成　全　韩　侯启龙　伍世葵（援藏）　李永仪（挂职）　尹晖明
党委委员　袁通立

市三三一医院

院长、党委副书记　张志勇
党委书记　彭　雁
纪委书记　何鹏云
党委委员、副院长　胡　良
党委委员、工会主席　卢玉霞
党委委员、总会计师　裴　艳
党委委员、副院长　彭俊敏

市妇幼保健院

院　　长　周春慧
党委书记　朱忠彪
副 院 长　文朝晖
纪检书记　李秋良
副 院 长　宋兵文　王季青
工会主席　周树林

湖南工业大学

党委书记　唐未兵
党委副书记、校长　谭益民
党委副书记　韩清波
党委委员、副校长　张昌凡　罗定提
副 校 长　金继承
党委委员、副校长　王利华
党委委员、纪委书记　张亚东
党委委员、副校长　范晓阳　李可兴　李若梅
党委委员　吕志明

湖南工贸技师学院

党委书记　张格林
院　　长　陈洪星
副 院 长　肖　翔　唐　懿　皮步安　易辛育
纪委书记　余祖斌

湖南铁道职业技术学院

党委书记　姚和芳
院长、党委副书记　方小斌
党委副书记　杨利军
党委委员、副院长　胡应平　彭新宇　首　珩　唐伟奇　张　莹
党委委员、纪委书记　郑明望
工会主席　林克励

湖南铁路科技职业技术学院

党委书记　刘剑飞
院长、党委副书记　戴联华
党委副书记　彭　举

党委委员、副院长　陈　彬
党委委员、纪委书记　高　兴
党委委员、副院长　陈忠林　袁清武
副　院　长　石纪虎
党委委员、工会主席　邵建平
党 委 委 员　于训全　李　玲
袁　杰

市第二中学
校长、党委副书记　曾湘漳
党 委 书 记　张　辉
党委委员、纪委书记　黄国雄
党委委员、工会主席　唐曦之
党委委员、副校长　李学红　赵振翔
陈捍东

株洲铁路部分单位负责人

株洲车站
站　　长　汪恒明
党 委 书 记　金凌龙
纪 委 书 记　凌建华
工 会 主 席　罗心阳
副　站　长　吴建华　王湘琼
杨　晖　刘勃恩

株洲北站
站　　长　徐一平
党 委 书 记　林建伟
党委副书记、纪委书记　彭武生
副　站　长　段克修　符益群
卢建平　汤　勇
刘　广
工 会 主 席　孟　梁
总 工 程 师　陶玉石

株洲机务段
党委书记、副段长　黎　巍
段长、党委副书记　陈　恺
党委副书记、纪委书记　涂学革
党委副书记　李果南
工 会 主 席　姜正斌
副　段　长　陈积俊　颜学名
吴　杰　王　健
总 工 程 师　汤武平
总 会 计 师　李庆山

文件选登

株洲市城市综合管理条例

第一章 总则

第一条 为了加强城市综合管理，规范综合执法行为，提高城市公共服务水平，建设文明宜居城市，根据《湖南省城市综合管理条例》和有关法律法规，结合本市实际，制定本条例。

第二条 在本市行政区域内的城市建成区、县城建成区和市、县（市）人民政府确定的其他区域实施城市综合管理，适用本条例。

市、县（市）人民政府应当将辖区内实施城市综合管理的其他区域的确定及调整情况通过政府网站等向社会公布。

第三条 城市综合管理的范围包括：市容环境卫生管理，园林绿化建设维护管理，市政公用设施运行管理，市、县（市）人民政府依法确定的其他事项管理，以及综合执法。

第四条 城市综合管理坚持以人为本、依法治理、源头治理、权责一致、协调创新的原则。

第五条 市人民政府应当制定城市综合管理目标，建立城市综合管理统筹协调机制，研究解决城市综合管理中的重大问题。

县（市）区人民政府负责领导、组织、协调本级各部门、街道办事处、乡镇人民政府及相关单位开展城市综合管理工作。

街道办事处、乡镇人民政府负责组织落实辖区内城市综合管理具体工作，指导、督促居（村）民委员会及相关单位参与城市综合管理工作。

第六条 市、县（市）区城市管理和综合执法部门（以下简称城市管理部门）是本辖区城市综合管理的行政主管部门。

市城市管理部门负责全市城市综合管理工作的统筹、指导、协调、监管、考核，以及跨区域、重大复杂违法案件的查处。

县（市）区城市管理部门负责本辖区范围内城市综合管理工作的组织实施。

公安、民政、环境保护、住房城乡建设、国土、城乡规划、交通运输、水务、商务、文化广电新闻出版、工商、质量技术监督、卫生和计生、食品药品监督等城市管理相关部门，应当按照各自职责，共同做好城市综合管理工作。

供水、供电、供气、邮政、通信和公共交通等单位，应当在各自经营服务范围内提供公共服务，承担设施维修养护责任，配合做好城市综合管理工作。

第七条 市、县（市）人民政府城乡规划部门应当会同城市管理等相关部门依法编制市容、环境卫生、户外广告、招牌等市容环境卫生专项规划，园林绿化专项规划，地下管线、城市照明、给排水、供气、污水处理、城市道路桥梁、加油加气充电设施、公共厕所和公共停车场等市政公用设施专项规划，报同级人民政府审批后组织实施，并通过政府网站等向社会公布。

经依法批准的专项规划不得擅自修改。确需修改的，应当依照原编制批准程序进行。

第八条 居（村）民委员会应当通过完善社区（村）公共服务设施、制定和实施居（村）民公约等，增强社区（村）在城市综合管理中的自治功能，引导社区居（村）民参与城市综合管理活动。

公民、法人或者其他组织可以通过参与志愿服务活动，履行临街门店前的市容环境卫生责任，提出批评、建议等方式参与城市综合管理活动。

第二章 市容环境卫生管理

第九条 市容环境卫生管理实行责任区制度。城市管理部门应当合理划定责任区域，明确责任人、责任事项和监管单位等。责任区管理应当符合下列要求：

（一）保持环境卫生整洁；

（二）保持环境卫生设施完好；

（三）车辆停放有序；

（四）城市容貌标准和环境卫生质量标准规定的其他要求。

责任人对责任区内违反市容环境卫生管理规定的行为，有权予以劝告和制止，有权要求城市管理部门处理。

第十条　从事车辆清洗经营活动，应当符合下列规定：

（一）不得占用道路、绿地、公共场所等场地；

（二）采取措施处置污水、污泥、油污等污染物、废弃物；

（三）不得堵塞排水管道或者损害市政设施。

第十一条　城市临街建（构）筑物的造型、色调、风格，以及防盗网、遮阳篷、空调外机等附属设施应当符合城市市容规划和容貌标准。外立面保持整洁，定期进行维护和保洁。

建（构）筑物的所有人是保持建（构）筑物外立面整洁的责任人；所有人与使用人有约定的，从其约定。

产权不明或者由政府代管的建（构）筑物外立面保持整洁工作由城市管理部门负责组织实施。

城市公共设施的保持整洁工作由其管理单位负责组织实施。

第十二条　设置户外广告，应当符合专项规划、技术规范和城市容貌标准。

大型户外广告的设置必须征得城市管理部门同意后，按照有关规定办理审批手续。大型户外广告是指任意一边边长大于四米或者单面面积超过五平方米的户外广告。

户外广告中的公益广告应当占有一定的比例。

第十三条　设置户外招牌，应当符合专项规划、技术规范和城市容貌标准。

有下列情形之一的，不得设置户外招牌：

（一）利用交通安全设施、交通标志的；

（二）影响市政公共设施、交通安全设施、交通标志、消防设施、消防安全标志使用的；

（三）妨碍生产或者人民生活，损害市容市貌的；

（四）在国家机关、文物保护单位、风景名胜区等的建筑控制地带，或者县级以上地方人民政府禁止设置户外招牌的区域设置的。

第十四条　市、县（市）区人民政府应当推行垃圾分类投放和处理制度，建设完善的垃圾收集处理设施，统筹垃圾处理及循环利用。

城市生活垃圾、餐厨垃圾经营性清扫、收集、运输、处理和城市建筑垃圾处置应当取得城市管理部门的行政许可。

第十五条　城市生活垃圾应当按照规定的时间、地点、方式倾倒。环境卫生作业企业和单位收集、清运生活垃圾，应当日产日清、密闭运输，到指定的垃圾处理场所统一处理。

宾馆、饭店、餐馆以及机关、院校、厂矿企业等单位的食堂（餐厅）应当将餐厨垃圾交给有资质的垃圾处理单位收集、运输、处理。

第十六条　处置城市建筑垃圾应当按照规定的范围、方式、路线、时间、地点等进行堆放、运输、倾倒、处置，不得沿途丢弃、遗撒。

第十七条　建设工程施工现场管理应当符合下列要求：

（一）实行围挡作业，按照相关规范设置围挡、防护设施和夜间照明装置。围挡的设置应当减少对行人和交通的影响。墙体围挡应当设置不低于百分之三十的公益广告。

（二）出入口采取硬化处理措施，对出入口和出场车辆进行冲洗保洁。

（三）施工现场采取洒水、覆盖、铺装、绿化等降尘措施。

（四）对易产生扬尘的建筑材料采取密闭运输。

（五）工程竣工后，及时清理和平整场地。

（六）施工车辆有序通行、规范停放，不得妨碍场外城市道路其他车辆、行人通行。

第十八条　办理丧事和进行祭奠活动，不得在城市道路等公共场所、住宅小区等物业共用部位搭设灵棚、停放遗体、打鼓奏乐、抛撒冥纸、焚烧祭品。

第十九条　公民应当爱护公共卫生环境，不得有下列行为：

（一）随地吐痰、便溺；

（二）乱扔纸屑、饮料瓶、塑料袋、果皮、果核、烟蒂、烟盒、口香糖、槟榔渣、动物尸体等废弃物；

（三）乱倒生活垃圾、污水、粪便；

（四）法律法规规定的其他影响环境卫生的行为。

第三章 园林绿化建设维护管理

第二十条 市、县(市)区人民政府应当加强山体、水体、林地、草地、古树名木的保护。

鼓励建设林荫道路、林荫广场、林荫停车场；鼓励发展屋顶绿化、墙体绿化、阳台绿化、桥体绿化等多种形式的立体绿化和开放式绿化。

第二十一条 工程建设项目的附属绿化工程应当符合国家有关设计和建设规定。

工程建设项目的附属绿化工程设计方案，按照基本建设程序审批时，应当有城市管理部门参加审查。

建设单位应当按照批准的设计方案进行施工。设计方案确需改变时，应当经原批准机关审批。

第二十二条 任何单位和个人不得擅自改变城市绿化规划用地性质或者破坏绿化规划用地的地形、地貌、水体和植被。确需改变的，应当按照法定权限和程序进行。

任何单位和个人不得擅自占用城市绿化用地。因建设需要临时占用城市绿化用地的，应当经城市管理部门审核同意，按照有关规定办理临时占用手续；临时占用结束后，应当在规定期限内恢复原状。

除正常养护外，不得擅自砍伐树木。确需砍伐的，应当经城市管理部门批准，并按照国家有关规定补植树木或者采取其他补救措施。

城市行道树影响管线的安全使用，影响交通信号灯、路灯和指示牌的使用或者妨碍道路交通安全，相关单位告知的，城市管理部门应当及时组织修剪。

第四章 市政公用设施运行管理

第二十三条 城市道路、桥梁、隧道及其附属设施的养护管理，应当符合下列要求：

（一）建设单位应当将规划、设计、施工等资料与主体工程一并在验收的同时移交城市管理部门。城市管理部门可以参与设计审查和施工验收。移交前，由建设单位进行维护管理。

（二）保持设施完好、路面整洁；主干道有盲道、缘石等无障碍设施并保持完好通畅；地名标志等公共标识设置完好、整洁、规范。

（三）临时占用或者挖掘城市道路、桥涵以及在桥梁上架设各类管线的，应当经过批准。

（四）城市桥梁下的空间确需进行公益性开发利用的，应当取得城市管理部门同意。

（五）法律法规规定的其他要求。

第二十四条 任何单位和个人都应当保护市政公用设施，不得实施下列行为：

（一）在市政公用设施上刻画、涂写；

（二）侵占、拆毁、损坏市政公用设施；

（三）在市政公用设施范围内擅自堆放物品或者敷设、架设管线以及装置其他设施；

（四）在市政公用设施范围内擅自摆摊、搭棚、盖房或者修建其他建（构）筑物、挖砂、取土、采石等，影响市政公用设施安全。

第二十五条 市、县（市）人民政府应当合理规划布局路网体系，统筹停车场所（设施）、非机动车道和人行道建设，优先发展城市公共交通。

城市新建、改建、扩建的建设项目应当按照规划要求和建设标准同步建设停车场所（设施），不得擅自将停车场所（设施）改作他用或者停止使用。

不得擅自在人行道、公共场所施划停车区、停车位，设置地锁等设施。

第二十六条 城市道路、隧道、广场、公园、公共绿地、名胜古迹以及其他建（构）筑物的功能照明或者景观照明，应当按照城市照明规划建设，与主体工程同步设计、施工、验收和使用。城市管理部门应当参与照明工程设计方案审查和工程竣工验收。

第五章 其他事项管理

第二十七条 市、县（市）区人民政府应当对违法建设进行有效治理，建立健全违法建设防控和处置机制，依法拆除违法建（构）筑物。

对违法建（构）筑物，城市管理部门应当告知相关部门不得将其登记为生产经营场所；对尚未使用的，供水、供电、供气、通信等相关单位不得办理供应或者接入手续。

第二十八条 环境噪声污染防治应当符合下列要求：

（一）歌舞、游艺等文化娱乐场所，其边界噪声不超过国家规定的环境噪声排放标准；

（二）在商业经营活动中使用空调器、排风扇、冷却塔等可能产生环境噪声污染的设备、设施的，其边界噪声不超过国家规定的环境噪声排放标准；

（三）禁止任何单位、个人在机关、医院、学校、住宅小区等噪声敏感建筑物集中区域内使用高音广播喇叭；

（四）在公园、广场、街道等公共场所组织广场舞等娱乐活动，使用音响器材产生的音量应当符合相关规定；

（五）十二时至十四时、二十二时至次日六时禁止在噪声敏感建筑物集中区域内从事产生环境噪声污染的建筑施工作业，但抢修、抢险作业要求或者特殊需要必须连续作业并经有关部门批准的除外。

高考等重大社会活动期间，市、县（市）人民政府可以对噪声排放采取临时性管制措施。

第二十九条　排放油烟的餐饮服务业经营者应当安装油烟净化设施并保持正常使用，或者采取其他油烟净化措施，使油烟达标排放，并防止对附近居民的正常生活环境造成污染。

禁止在居民住宅楼、未配套设立专用烟道的商住综合楼以及商住综合楼内与居住层相邻的商业楼层内新建、改建、扩建产生油烟、异味、废气的餐饮服务项目。

任何单位和个人不得在当地人民政府禁止的区域和时段内露天烧烤食品或者为露天烧烤食品提供场地。

第三十条　禁止在人口集中地区和其他依法需要特殊保护的区域内焚烧沥青、油毡、橡胶、塑料、皮革、垃圾以及其他产生有毒有害烟尘和恶臭气体的物质。

第三十一条　市、县（市）人民政府可以根据本行政区域的实际情况，确定限制或者禁止燃放烟花爆竹的时间、地点和种类。

燃放烟花爆竹后应当及时清理燃放废弃物。

第三十二条　机动车和非机动车应当在规定的地点停放。临时停车的，不得妨碍其他车辆和行人通行。

使用道路临时停车非收费泊位或者非经营性公共停车区域停放车辆的，不得连续超过三十日。

第三十三条　市、县（市）人民政府应当组织建设城市公共停车信息系统，并向社会及时公布停车信息。大中型商场、酒店餐饮、文化娱乐等场所的公共停车场，其经营管理者应当将停车信息纳入城市公共停车信息系统。

任何单位和个人不得故意毁损、移动、涂改道路停车泊位等交通设施。

使用道路临时停车收费泊位停放的，应当及时、足额缴纳停车费。

第三十四条　驾驶摩托车、电动摩托车、助力车应当遵守相关法律法规的规定。

摩托车、电动摩托车、助力车不得加装伞具。

第三十五条　在城市河道管理范围内不得从事下列活动：

（一）倾倒废弃物、垃圾；

（二）种植蔬菜、饲养家禽家畜；

（三）擅自从事餐饮、食品加工、摆摊设点等经营活动；

（四）擅自搭建建（构）筑物或者堆放物品、物料；

（五）违规取土；

（六）法律法规禁止的其他活动。

第三十六条　市、县（市）区人民政府应当合理规划布局各类市场，完善配套设施，引导农副产品、日用小商品等经营者进入集贸市场和各类专业市场从事经营活动。

集贸市场和各类专业市场应当达到下列要求：

（一）保持场内环境卫生整洁、设施完好；

（二）保持场内通道畅通；

（三）场内经营者按照核定的经营范围、经营方式，在指定区域经营。

第三十七条　在不影响城市交通和市容环境卫生的情况下，市、县（市）区人民政府可以确定摆摊设点的区域、时段，并向社会公布。

摊点、流动商贩经营应当达到下列要求：

（一）在规定的区域、时段内经营；

（二）按照规定处理废弃物，保持设施和环境整洁；

（三）使用电、燃气等清洁能源。

任何单位和个人不得擅自占用人行道、桥梁、人行天桥、地下通道、公共广场等公共场所从事摆摊设点、加工制作等经营性活动。

第三十八条　饲养犬只等动物应当遵守有关规定，不得干扰他人正常生活，不得影响市容环境卫生。

携犬只出户时，应当采取系牵引带等约束性措施。

对饲养的动物在城市道路、其他公共场所排泄的粪便，饲养人应当及时清除。

除盲人携带导盲犬外，禁止携带犬只等动物进入机关、学校、科研院所、医院、体育场馆、博物馆、图书馆、文化娱乐场所、候车（机、船）室、餐馆、商场、宾馆等公共场所或者乘坐公共汽车、电车、有轨车辆等公共交通工具。

第三十九条　住宅小区范围内，有下列行为之一的，小区居民、业主委员会、物业服务单位和社区居民委员会有权进行劝阻；劝阻无效的，物业服务单位和社区居民委员会应当及时向城市管理部门或者城市管理相关部门报告，并协助处理：

（一）高空抛物；

（二）占用公共区域种植蔬菜；

（三）侵占绿地、毁坏绿化和绿化设施；

（四）违反规定饲养家畜家禽；

（五）违反规定停放车辆、不在规定区域给电动车充电；

（六）擅自摆摊设点、占道经营；

（七）违法将住宅及其附属车库、杂物间、储藏室改变为从事加工、餐饮、废旧物品收购、车辆清洗、修理等经营性用房；

（八）擅自利用楼道、阳台、屋顶等共有部分搭建建（构）筑物或者其他设施；

（九）法律法规禁止的其他行为。

第四十条　市、县（市）区人民政府应当制定相应的城市管理突发事件应急预案，建立完善城市管理应急响应机制，提高专业队伍素质，建设应急避难场所，保持水、电、气、交通、通信等系统畅通，提高突发事件处置能力。

大型社会活动主办者，公共交通工具、公共场所和其他人员密集场所的管理者或者经营者，危险区域、危险源的管理者应当制定具体的突发事件应急预案。

第六章　综合执法和监督检查

第四十一条　城市管理部门集中行使下列行政处罚权：

（一）住房城乡建设领域法律法规规章规定的全部行政处罚权；

（二）社会生活噪声污染、建筑施工噪声污染、建筑施工扬尘污染、餐饮服务业油烟污染、露天烧烤污染、城市焚烧沥青塑料垃圾等烟尘和恶臭污染、露天焚烧秸秆落叶等烟尘污染、燃放烟花爆竹污染等环境保护管理方面的行政处罚权；

（三）工商管理方面户外公共场所无照经营、违规设置户外广告的行政处罚权；

（四）食品药品监管方面户外公共场所食品销售和餐饮摊点无证经营，以及户外违法回收贩卖药品等的行政处罚权；

（五）交通管理方面侵占人行道、违法停放车辆等的行政处罚权；

（六）水务管理方面向城市河道倾倒废弃物和垃圾及违规取土、城市河道违法建筑物拆除等的行政处罚权；

（七）市人民政府报经省人民政府批准由城市管理部门集中行使的其他行政处罚权。

城市管理部门可以实施与前款规定范围内法律法规规章规定的行政处罚权有关的行政强制措施。

行政处罚权集中后，原主管部门不再行使已由城市管理部门集中行使的行政处罚权。

第四十二条　对县（市）区城市管理部门应当查处而未查处的案件，市城市管理部门应当责令其查处。

市城市管理部门可以将本部门管辖的案件委托县（市）区城市管理部门查处。

有管辖权的县（市）区城市管理部门由于特殊原因，不能行使管辖权的，报请市城市管理部门查处或者由市城市管理部门指定其他县（市）区城市管理部门查处。

县（市）区城市管理部门之间对管辖权发生争议的，由市城市管理部门指定管辖。

第四十三条　城市管理部门、城市管理相关部门之间对职权范围发生争议的，由同级人民政府依法明确。

第四十四条　城市管理部门应当文明、公正执法，坚持管理与服务、执法与疏导、处罚与教育相结合。

城市管理应当维护公民、法人和其他组织的合法权益。公民、法人或者其他组织对于城市综合管理中的违法或者不当行为，有权依法向法定机关反映情况，提出建议、意见，进行检举、控告。接到检举、控告的机关应当依法调查处理，在规定时间内将处理结果反馈检举人、控告人。

第四十五条　城市管理部门开展执法活动，可以依法采取下列措施：

（一）以勘验、拍照、录音、摄像等方式进行现场取证；

（二）在现场设置警示标志；

（三）询问案件当事人、证人等；

（四）查阅、调取、复制有关文件资料等；

（五）法律法规规定的其他措施。

第四十六条　城市管理部门应当与司法机关、政府相关部门进行信息共享、案情通报、案件移送和执法联动协作。

城市管理部门查处违法行为需要查询有关资料、需要相关部门提供专业意见的，相关部门应当依法提供。

城市管理相关部门应当依法履行相关城市管理职责，发现有违反城市管理法律法规行为的，应当及时将证据材料和行政处罚建议移送同级城市管理部门或者相关单位。

第四十七条　市、县（市）区人民政府及其城市管理相关部门应当建立投诉举报制度，向社会公布投诉举报的电话、信箱和电子邮箱，对收到的投诉举报应当及时处理，反馈处理结果，并为投诉人、举报人保密。

城市管理相关部门对不属于本部门职责范围的投诉举报事项，应当告知投诉人、举报人向有权查处的城市管理相关部门举报，并及时移送有权查处的城市管理相关部门处理。

投诉举报事项涉及多个部门管理职责的，接到投诉举报的部门应当在其职责范围内先予处理或者制止，并及时通知其他相关责任部门依法予以处理。

第七章　法律责任

第四十八条　城市综合执法人员有下列情形之一的，依法追究直接负责的主管人员和其他直接责任人员的责任；构成犯罪的，依法追究刑事责任：

（一）违法查封、扣押、没收财物或者违法所得的；

（二）违反规定使用执法证件的；

（三）刁难、辱骂、殴打或者唆使他人殴打当事人的；

（四）损毁当事人财物的；

（五）索要、收受他人财物的；

（六）截留、私分或者变相私分查封、扣押、没收的违法财物、违法所得或者罚款的；

（七）对应当处理的违法行为不制止、不处罚的；

（八）不履行或者不正确履行本条例规定的其他职责的。

第四十九条　城市管理部门、城市管理相关部门有下列情形之一的，由市、县（市）区人民政府责令改正，并视情节轻重，追究直接负责的主管人员和其他直接责任人员的责任：

（一）应当移送有权处理部门或者执法机关处理而不及时移送的；

（二）继续行使已经交由城市管理部门集中行使的行政处罚权的；

（三）拒绝提供或者不按规定提供资料或者专业意见的；

（四）不履行或者不正确履行本条例规定的其他职责的。

第五十条　违反第九条第一款第一项规定未保持环境卫生整洁的，由城市管理部门责令改正；拒不改正的，处二百元以上二千元以下的罚款。

第五十一条　违反第十条规定的，由城市管理部门责令改正，可以处一千元以上一万元以下的罚款；造成市政设施损害的，依法承担赔偿责任。

第五十二条　违反第十二条第二款规定未经城市管理部门同意，擅自设置大型户外广告，影响市容的，由城市管理部门责令改正，限期拆除，可以处五百元以上五千元以下的罚款。

第五十三条　违反第十三条规定设置户外招牌影响市容的，由城市管理部门责令改正，可以处五百元以上五千元以下的罚款。

第五十四条　违反第十四条第二款规定未取得行政许可从事城市生活垃圾、餐厨垃圾经营性清扫、收集、运输、处理和城市建筑垃圾处置的，由城市管理部门责令改正，处三千元以上三万元以下的罚款。

违反第十五条第二款规定未将餐厨垃圾交给有资质的单位运输、处置的，由城市管理部门责令限期改正；逾期不改正的，处一千元以上一万元以下的罚款。

第五十五条　违反第十六条规定，不按照规定的方式、路线、时间运输建筑垃圾的，由城市管理部门责令改正，处五百元以上五千元以下的罚款；在运输过程中沿途丢弃、遗撒建筑垃圾的，由城市管理部门责令改正，处五千元以上五万元以下的罚款。

第五十六条　违反第十九条规定的，由城市管理部门责令改正，可以处警告或者一百元以下的罚款。

第五十七条　违反第二十一条规定，工程建设项目的附属绿化工程设计方案未按照基本建设程序审批或者未按照批准的设计方案施工的，由城市管理部门责令停止施工、限期改正或者采取异地绿化等补救措施。

第五十八条　违反第二十二条第二款规定，擅自占用城市绿化用地的，由城市管理部门责令限期退还，恢复原状，赔偿损失，可以处三千元以上三万元以下的罚款。

第五十九条　违反第二十三条规定，擅自占用或者挖掘城市道路、占用或者破坏盲道等无障碍设施、占用城市桥梁下空间的，由城市管理部门责令改正；拒不改正的，由城市管理部门采取措施恢复原状，费用由违法者承担，可以处二千元以上二万元以下的罚款。

第六十条　违反第二十四条第一项、第三项规定的，由城市管理部门责令改正，赔偿损失，对单位处一千元以上五千元以下的罚款，对个人处一百元以上五百元以下的罚款。

违反第二十四条第二项、第四项规定的，由城市管理部门责令改正，赔偿损失，对单位处一千元以上一万元以下的罚款，对个人处二百元以上一千元以下的罚款。

第六十一条　违反第二十五条第三款规定，擅自在人行道、公共场所施划停车区、停车位，设置地锁等设施的，由城市管理部门责令改正，可以处二百元以上二千元以下的罚款。

第六十二条　违反第二十八条第一款规定的，由城市管理部门责令改正；拒不改正的，对单位处二千元以上二万元以下的罚款，对个人处一百元以上五百元以下的罚款。

第六十三条　违反第二十九条第一款规定的，由城市管理部门责令改正，处五千元以上五万元以下的罚款；拒不改正的，责令停业整治。

违反第二十九条第二款规定的，由城市管理部门责令改正；拒不改正的，予以关闭，并处一万元以上十万元以下的罚款。

违反第二十九条第三款规定的，由城市管理部门责令改正，没收烧烤工具和违法所得，并处二千元以上二万元以下的罚款。

第六十四条　违反第三十条规定的，由城市管理部门责令改正，对单位处一万元以上十万元以下的罚款，对个人处五百元以上二千元以下的罚款。

第六十五条　违反第三十一条第二款规定，燃放烟花爆竹后未及时清理燃放废弃物的，由城市管理部门责令改正，可以处一百元以上二千元以下的罚款。

第六十六条　违反第三十二条第一款规定，在人行道上违法停车，驾驶人不在现场或者虽在现场但拒绝立即驶离，妨碍行人通行的，由城市管理部门处二十元以上一百元以下的罚款，同时录入公安机关交通管理部门行政处罚信息系统。城市管理部门可以将车辆拖离现场，但应当及时告知当事人。

第六十七条　违反第三十三条第二款规定，故意毁损、移动、涂改道路停车泊位等交通设施的，由公安机关交通管理部门责令改正，赔偿损失，处五百元以上二千元以下的罚款。

违反第三十三条第三款规定，使用道路临时停车收费泊位停放车辆未及时、足额缴纳停车费，经催告仍不缴费的，经营管理者可以报请相关部门将机动车所有人的相关信息纳入株洲市公共社会信用信息系统。

第六十八条　违反第三十四条第二款规定，摩托车、电动摩托车、助力车加装伞具影响交通安全的，由公安机关交通管理部门责令改正；拒不改正的，处二十元以上二百元以下的罚款。

第六十九条　违反第三十五条第一项、第二项规定影响市容环境卫生的，由城市管理部门责令改正，可以对单位处二千元以上二万元以下的罚款，对个人处二百元以上一千元以下的罚款。

违反第三十五条第三项、第四项、第五项规定影响市容环境卫生的，由城市管理部门责令改正，处二千元以上二万元以下的罚款。

第七十条　违反第三十六条第二款第二项、第三项规定的，由城市管理部门责令限期改正；逾期不改正的，对市场开办者处一千元以上一万元以下的罚款。

第七十一条　违反第三十七条第二款规定的，由城市管理部门责令改正；拒不改正的，处一百元以上五百元以下的罚款。

第七十二条　违反第三十八条规定饲养犬只等动物影响市容环境卫生的，由城市管理部门责令改正；拒不改正的，处二百元以下的罚款。

第七十三条　公民、法人或者其他组织违反本条例规定，本条例没有规定行政处罚，其他法律法规规章规定了行政处罚的，从其规定。

第八章　附则

第七十四条　按照本条例规定实施行政处罚的，市城市管理部门应当制定行政处罚裁量标准，通过政府网站等向社会公布，并报市人民代表大会常务委员会备案。

第七十五条　本条例经湖南省人民代表大会常务委员会批准，由株洲市人民代表大会常务委员会公布，自2018年3月1日起施行。

株洲市农村村庄规划建设管理条例实施细则

第一条　根据《株洲市农村村庄规划建设管理条例》及其他相关法律法规规定，制定本细则。

第二条　本细则所称村民，是指户口在当地农村且享有本村集体经济组织土地承包经营权和集体经济组织其他权益，履行本集体经济组织成员义务的成员。

第三条　编制村庄规划，应当将城镇建成区周边、交通干线两侧和河流、湖泊、水库周边等地段划定为乡村建设重点控制区。乡村建设重点控制区划定前已经合法修建的建（构）筑物，不得进行扩建和危害公路、铁路、水源和防洪等安全的改建。

乡村建设重点控制区由县级人民政府根据当地实际情况在村庄规划中确定。

第四条　对既有村庄编制村庄规划时，应当以整治规划为主，尊重既有村庄格局，重点改善村庄人居环境和生产条件，保护和体现农村历史文化、地区和民族以及乡村风貌特色。

第五条　乡、镇人民政府组织编制村庄规划，应当委托具备相应规划编制资质的村庄规划编制单位编制，编制人员应当熟悉农村情况。

第六条　村庄规划内容应当以农民住宅建设管理要求和村庄整治项目为主，落实县（市）域乡村建设规划确定的主要内容。分散型或者规模较小的村庄可以只编制农民住宅建房管理要求，条件不具备的村庄可以只以文字规定农民住宅建房管理要求。

乡、镇人民政府应当在本行政区域内各村民委员会村务公示栏公布村庄规划编制内容和成果。

第七条　村庄新建住宅应当适度聚集，控制单户分散选址。确需分散选址建设住宅的，在规划定点审批时，应当优先使用原有宅基地、村内空闲地和其他未利用土地。

第八条　村庄新建住宅应当在规划确定的居民点选址，避开地质灾害易发地段和地下采空区。不得在基本农田保护区、生态资源保护区、饮用水源一级保护区、历史文化核心保护范围、河道管理范围和公路两侧建筑控制区建设住宅。

第九条　按照平等协商、群众自愿的原则，以村民小组为单位，将村庄规划区内已退出的宅基地、其他空闲建设用地、未利用地等土地进行整合，由村民小组提出申请，经村民委员会提出调整方案，报乡、镇人民政府审批。在编制村庄规划时可以纳入村庄建设用地范围，并报县（市）人民政府批准。村庄规划建设用地规模不得超过土地利用规划确定的建设用地规模。

第十条　农村住宅建设涉及占用农用地的，县（市）人民政府应当根据省国土资源行政主管部门下达的农村村民建设住宅占用农用地的计划指标和农村住宅建设的实际需求，办理农用地转用审批手续。

农村住宅建设使用耕地的，应当实行先补后占、占补平衡，由县（市）人民政府统筹补充。

第十一条　村民申请农村住宅建设，应当提交以下资料：

（一）住宅建设申请报告；

（二）建房人身份证及其户口簿复印件；

（三）房屋用地四至图及房屋设计方案或通用设计图；

（四）改建、扩建住宅的，原宅基地的建设用地使用权证；

（五）经村民小组会议讨论同意、村民委员会签署的意见和所在村民小组公示情况报告；

（六）涉及四邻关系的，提供四邻利害关系人的书面意见。四邻利害关系人有异议的，由村民委员会协调解决；

（七）应当提交的其他资料。

第十二条　村民申请农村住宅建设，应当经过本村民小组同意并提交村民委员会签署意见，报乡、镇人民政府办理审批手续。

乡、镇人民政府自收到村民住宅建设申请之日起五个工作日内，应当组织有关单位和人员到现场勘查，并对拟批准的内容在宅基地所在地村民委员会村务公示栏公示，公示期不得少于七天。符合批准条件的，由乡、镇人民政府核发乡村建设规划许可证并报县级人民政府批准核发个人建房用地批准书，其中涉及农用地的依照农用地转用规定办理审批手续；不符合批准条件的，应当书面说明不批准的理由。

第十三条　乡、镇人民政府和村民委员会应当鼓励和指导申请建设住宅的村民与农村建筑工匠或者施工单位签订农村住宅建设施工合同，明确质量安全责任、质量保证期限和双方权利义务。

市住房城乡建设行政主管部门应当编制农村住宅建设施工合同范本，由乡、镇人民政府向申请建设住宅的村民无偿提供。

第十四条　村民自建低层住宅的，可以选择具有相应资质的施工企业承接工程或者委托经培训合格的农村建筑工匠施工。

第十五条　乡、镇人民政府在申请人取得乡村建设规划许可证和农村集体土地建设用地批准书后五个工作日内，应当组织相关单位和人员到现场实施定位放线。

第十六条　申请人应当严格按照审批要求施工，并按照有关标准配套建设污水排放、化粪池、生活垃圾收集池等设施，不得擅自移动用地四至、扩大用地面积和改变建筑风格。

第十七条　新建农村住宅的，受委托的农村建筑工匠或者施工单位应当根据建房地块的地质条件，选用适合修建农村住宅的天然地基持力层，对地基地质进行必要的勘察验证。

第十八条　改建、扩建农村住宅的，农村建筑工匠或者施工单位不得危害原房屋建筑结构安全。

第十九条　申请人应当在住宅竣工六个月内向乡、镇人民政府申请规划核实。乡、镇人民政府应当在收到核实申请后五个工作日内，组织村民委员会、村民小组相关人员到现场核实。符合乡村建设规划许可证的，乡、镇人民政府应当出具规划核实文件。

第二十条　申请人在乡、镇人民政府规划核实后，应当持本人身份证明、乡村建设规划许可证、建设用地审批文件和规划核实文件等资料，依法向不动产登记机构办理不动产登记。

第二十一条　乡、镇人民政府和县级人民政府住房城乡建设行政主管部门应当对农村住宅建设的勘察设计、现场施工和质量安全等提供咨询服务、技术指导。

乡、镇规划建设管理委员会负责农村住宅建设施工安全监督管理，应当组织技术服务机构或者专业技术人员，对农村住宅建设的地基基础、主体结构、屋面等重要部位实行全程监督检查，巡查现场施工安全管理，形成检查记录。

第二十二条　乡镇企业、乡村公共设施和公益事业建设按照相关法律、法规、规章规定审批和实施。

第二十三条　乡、镇人民政府应当依照国家建设档案管理的规定，建立农村住宅建设档案。有条件的乡、镇人民政府应当建立农村住宅建设电子档案数据库。

第二十四条　乡、镇规划建设管理委员会应当定期组织人员对村庄规划实施、用地和村庄设施等情况进行巡查，及时发现和制止违法行为，制作记录，并向乡、镇人民政府和相关部门报告。国土资源、住房城乡建设、城乡规划等行政主管部门应当加强业务指导。

第二十五条　县级人民政府住房城乡建设主管部门应当按照自愿参加的原则，定期免费对农村建筑工匠开展专业技能培训，提高施工技能。

第二十六条　本细则自　2017 年 12 月 1 日起施行。

索 引

说明：

一、本索引把年鉴的专稿、条目（特载，大事记，市党、政、军及部门、单位负责人，单位选介，县市区，示范区，文件选登，表格，彩页除外）用主题分析的方法，按汉语拼音字母顺序排列。

二、类目、专稿标题和地名用黑体字标明。

三、索引名称后的阿拉伯数字标示内容所在的页码，英文字母（a、b、c）表示栏别（从左至右分1、2、3栏）。

D

E

H

T